U1002259

"十四五"职业教育国家规划教材

企业纳税实务

QIYE NASHUI SHIWU

（第四版）

新准则 新税率

主　编　梁文涛
副主编　苏　杉　薄异伟　张清亮

新形态教材

本书另配：微课视频
教学课件
教学讲义
教学大纲
试题库
参考答案

中国教育出版传媒集团
高等教育出版社·北京

内容提要

本书是“十四五”职业教育国家规划教材。

本书以最新税法和企业会计准则为依据，主要介绍企业实际工作所必需的各税种的认知、计算及纳税申报，根据不同税种的日常核算要求，整合出八个项目作为主要教学内容。为培养应用型、技能型财税专业人才，本书采用“项目导向、任务驱动”的编写模式，贯彻“理实一体、学做合一”的理念。每个项目除“知识准备与业务操作”板块讲解理论知识外，还设计了“情境认知”“情境引例”“情境辨析”“情境答疑”“情境讨论”“实务释疑”“实务咨询”“情境实例”“情境实战”“实务讨论”等栏目。为了利教便学，部分学习资源以二维码形式提供在相关内容旁，可扫描获取。此外，本书另配有教学课件、习题与实训参考答案等教学资源，供教师教学使用。

本书不仅可以作为高等职业院校财会类专业教材，还可以作为各种财税培训机构的培训教材，也适合企业管理人员、财税专业人员等阅读。

图书在版编目(CIP)数据

企业纳税实务/梁文涛主编.—4版.—北京：高等教育出版社，2023.1（2024.1重印）

ISBN 978-7-04-059210-8

Ⅰ.①企… Ⅱ.①梁… Ⅲ.①企业管理-税收管理-中国-高等职业教育-教材 Ⅳ.①F812.423

中国版本图书馆CIP数据核字(2022)第213372号

策划编辑 毕颖娟 刘雅方 责任编辑 刘雅方 钱力颖 封面设计 张文豪 责任印制 高忠富

出版发行	高等教育出版社	网　址	http://www.hep.edu.cn
社　址	北京市西城区德外大街4号		http://www.hep.com.cn
邮政编码	100120	网上订购	http://www.hepmall.com.cn
印　刷	上海叶大印务发展有限公司		http://www.hepmall.com
开　本	787 mm×1092 mm 1/16		http://www.hepmall.cn
印　张	27.25	版　次	2014年7月第1版
字　数	680千字		2023年1月第4版
购书热线	010-58581118	印　次	2024年1月第4次印刷
咨询电话	400-810-0598	定　价	59.00元

物 料 号 59210-A0

第四版前言

本书是“十四五”职业教育国家规划教材。

由于近几年税收政策不断出台和修订，因此有必要对教材进行改版。本书贯彻落实党的二十大精神，以最新税法和会计准则为依据，主要介绍企业实际工作所必需的各税种的认知、计算及纳税申报，根据不同税种的日常核算要求，整合出八个工作项目作为主要教学内容。

修订后的本书具有以下特色：

1. 落实立德树人，实施课程思政

为贯彻落实党的二十大精神，进一步落实立德树人根本任务、实施课程思政、培养德智体美劳全面发展的社会主义建设者和接班人，本书结合教学内容，在每个项目开头设置“素养提升”，引导学生强化纳税信用，学习财税知识，运用税收政策，合法依规纳税。同时，引导学生强化会计职业道德，通过诚实守信、提高技能等来做好会计税收工作；引导学生不做假账、不偷税漏税；通过强化服务意识等培养学生做好财税管理等工作。

2. 校企“双元”合作开发，实现产教融合

本书校企“双元”合作开发，行业企业专家深度参与编写，充分反映产业发展最新进展，服务会计行业发展，对接会计人员职业标准和市场需求，及时吸收比较成熟的新会计准则、新纳税申报技术等，反映会计岗位职业能力要求。

3. 结合1+X证书制度试点工作以及初级会计专业技术资格考试，在一定程度上实现课证融通、书证融通

本书结合1+X证书（中联集团教育科技有限公司的“智能财税”）中部分典型工作任务，以及财政部颁布的2022年《初级会计专业技术资格考试考试大纲》中的部分内容，在一定程度上实现课证融通、书证融通。

4. 采用符合技术技能人才成长规律和学生认知特点的模式

本书结合技术技能人才成长规律和学生认知特点，对接国际先进职业教育理念，适应人才培养模式创新和优化课程体系的需要，突出理论和实践相统一，强调实践性；以典型工作项目、工作任务等为内容，注重以真实工作项目、典型工作任务、经典实务案例等为载体组织教学单元，支持分类别、分层次教学。

5. 体例新颖，表述规范

本书编排科学合理、梯度明晰，图、文、表并茂，生动活泼，形式新颖。名称、名词、术语等符合国家会计和税收政策标准和规范。

本书编写采用“一体三融合”模式。“一体”是指根据工作项目设置工作情境，通过“情境认知”“情境引例”“情境辨析”“情境答疑”“情境讨论”“实务释疑”“实务咨询”“情境实例”“情

境实战”“实务讨论”等方式实现“教学做”一体化，与此同时设置“点拨指导”“特别提示”“举例说明”“归纳总结”“知识链接”“区别比较”等模块，让学生体验案例学习的趣味；“三融合”是指本书通过配套用书《企业纳税实务习题与实训》(第四版)，将项目理论学习与项目实训相融合，手工纳税申报实训与网上纳税申报实训相融合，校内实训与校外顶岗实习相融合。

本书每个项目中的“情境讨论”“实务咨询”和“实务讨论”在教材中未给出答案(任课教师可通过书末页“教学资源服务指南”索取)，任课教师可以根据实际情况对“情境讨论”“实务咨询”和“实务讨论”进行合理运用，或是采用课堂讨论后提问的方式，或是采用课后作业的方式，目的在于启发学生的思维，锻炼同学们课堂及课后独立解决问题的能力。其中“实务讨论”可以通过扫描二维码的方式查看“讨论提示或参考答案”。

6. 与时俱进，内容新颖

本套教材根据截稿之日(2022年12月15日)的最新会计税收政策编写，而且在本套教材以后加印、修订或再版时，将根据最新会计税收政策及时修订和完善。

7. 围绕深化教学改革和“互联网+职业教育”发展需求，打造一体化新形态教材

本书应用互联网技术等现代化教育信息技术手段，通过植入二维码等方式，提供微课视频、案例解读等丰富教学资源，打造一体化新形态教材。

8. 资源丰富，利教便学

为了利教便学，部分学习资源以二维码形式提供在相关内容旁，可扫描获取。此外，本书另配有微课视频、教学课件、教学讲义(可供任课教师制作教案)、教学大纲、试题库、习题与实训参考答案等教学资源，供教师教学使用。

本书由梁文涛担任主编，苏杉、薄异伟、张清亮担任副主编。

为方便任课教师制订授课计划，作者给出《企业纳税实务》(第四版)教材以及配套的《企业纳税实务习题与实训》(第四版)教材的教学安排建议，仅供参考。

教学安排建议表

项目名称	理论学时	实践学时	合　计
项目一　企业纳税实务认知	6	4	10
项目二　增值税纳税实务	22	18	40
项目三　消费税纳税实务	4	2	6
项目四　关税纳税实务	2	2	4
项目五　企业所得税纳税实务	12	8	20
项目六　个人所得税纳税实务	6	4	10
项目七　其他税种纳税实务(上)	4	2	6
项目八　其他税种纳税实务(下)	4	2	6
合计	60	42	102

在本书编写过程中，我们参考、借鉴了大量本学科相关著作、教材与论文，在此向其作者表示由衷的感谢。由于作者水平所限，以及会计税收等法律、法规、政策不断修订变化，本套教材定会存在不当之处，读者在实际运用时应当以最新的法律、法规、政策为准。同时，竭诚欢迎广大读者批评指正。本书中的个人姓名及相关信息、单位名称以及相关信息均为虚构，如有雷同，纯属巧合。

编　者

目　录

资源导航

项目一　企业纳税实务认知

【素养提升】

税收取之于民，用之于民。

1. 征税主体（税务机关、海关）应当结合“深化简政放权、放管结合、优化服务改革”精神，做好纳税服务，依法依规征税。

2. 纳税主体（纳税人）应当增强法治观念，践行社会主义核心价值观，持守纳税信用，合法合规纳税。

【情境认知】

背景：李丽是一名高职财务管理专业学生，本学期按照培养计划开设“企业纳税实务”课程，每次在学习新知识前，李丽都要到某企业财务科见习。

刘主管是某企业集团财务主管，该集团有十几家下属企业，涉及工业、商业、建筑业、房地产业、交通运输业、服务业等多种行业，整个集团公司缴纳的税收涵盖了我国所有的税种。刘主管负责整个企业集团的财税工作，对不同的行业和不同的税种都有实务操作的经验。

初学《企业纳税实务》的李丽到公司见习

李丽：刘主管您好！这学期我们准备学习“企业纳税实务”课程，您能介绍一下企业税务岗位的主要任务吗？

刘主管：好的，李丽。从广义上来说，企业税务岗位的工作任务主要有四个方面：税的计算、纳税申报、税的会计核算和纳税筹划。其中，税的计算是基础，纳税申报是责任，税的会计核算是工具，纳税筹划是目的。但“企业纳税实务”课程有可能只包括税的计算和纳税申报，税的会计核算和纳税筹划可以单设为其他课程。

除此以外，在企业设立之初及以后的生产经营过程中，企业税务岗位的工作任务还有税务登记，包括设立税务登记、变更税务登记、停业复业税务登记、注销税务登记、跨区域涉税事项报验管理等，日常工作还包括发票的申领、发票的开具等工作，符合一般纳税人条件的还要进行一般纳税人登记工作等。

总之，这门课要学的东西有很多，它们对于以后的工作也非常重要，好好学吧。

李丽：好的，谢谢刘主管，我一定好好学习这门课。

任务一 税收的认知

【情境引例】

媒体中经常说到个人所得税“起征点”为每月 5 000 元，你认为关于“起征点”的说法正确吗？

【知识准备与业务操作】

一、税收的含义与特征

（一）税收的含义

税收是国家为行使其职能，满足社会公共需要，凭借公共权力，按照法律所规定的标准和程序，参与国民收入分配并调整税收分配关系，强制地、无偿地且较为固定地取得财政收入的一种方式。

对税收的内涵可以从以下四个方面来理解：①国家征税的目的是行使其职能，满足社会全体成员获得公共产品和公共服务的需要；②国家征税凭借的是公共权力（政治权力），税收的征收主体只能是代表社会全体成员行使公共权力的政府，其他任何社会组织或个人都无权征税，与公共权力相对应的必然是政府运用税收来管理社会和为社会全体成员提供公共产品和公共服务的义务；③税收是国家财政收入的主要来源；④税收必须借助法律形式进行。

【特别提示】税收不仅是经济领域的问题，而且还是政治领域、社会领域的大问题。

（二）税收的特征

税收作为政府筹集财政收入的一种规范形式，具有区别于其他形式财政收入的特征。税收的特征可以概括为强制性、无偿性和固定性。

（1）强制性。税收的强制性是指国家凭借其公共权力以法律的形式对税收征纳双方的权力（权利）与义务进行制约，既不是由纳税主体按照个人意志自愿缴纳，也不是由征税主体按照其意愿随意征税，而是按照法律的规定进行征税。

【点拨指导】国家征税是凭借政治权力，而不是凭借财产所有权。

（2）无偿性。税收的无偿性是指国家征税以后，所有税款一律纳入国家财政预算，由财政统一分配，而不直接向个体（具体）的纳税人返还或向其支付报酬。税收的无偿性是对个体（具体）纳税人而言的，其享有的公共产品和公共服务与其缴纳的税款并非一对一的对等；但就纳税人整体而言，两者是对等的。政府使用征得的税款的目的是向社会全体成员包括个体（具体）纳税人提供公共产品和公共服务。因此，税收的无偿性表现为个体的无偿性，整体的有偿性。

（3）固定性。税收的固定性是指国家事先以法律的形式规定了统一的征税标准，包括纳税人、征税对象、税率、纳税期限、纳税地点等。这些征税标准一经确定，在一定时间内是相对（而非绝对）稳定不变的。

二、税收的分类

（一）按征税对象性质分类

按征税对象性质分类，税收可分为流转税、所得税、财产税、行为税、资源税、特定目的税六种。

（1）流转税。流转税，又称流转税类，是指以货物、劳务、服务、无形资产或者不动产买卖的流转额为征税对象征收的各种税，包括增值税、消费税、关税等。流转税发生在生产、流通或服务领域，按照纳税人取得的销售收入或营业收入等流转额征收。

【点拨指导】流转税的征税数额（税收负担，简称"税负"）整体上不受成本、费用、利润变化的影响，而对销售价格的变化较为敏感。

（2）所得税。所得税，又称所得税类，是指以所得额为征税对象征收的各种税，包括企业所得税、个人所得税等。其中，所得额一般情况下等于总收入减除为取得收入耗费的各项成本费用后的余额。

【点拨指导】所得税的征税数额（税负）受收入、成本、费用、利润高低的影响。

（3）财产税。财产税，又称财产税类，是指以纳税人拥有或支配的财产为征税对象征收的各种税，包括房产税、车船税等。

【点拨指导】财产税的征税数额（税负）与财产价值、数量关系密切，有利于缩小财富差距、调节分配关系。

（4）行为税。行为税，又称行为税类，是指以纳税人发生的某种行为为征税对象征收的各种税，包括印花税、契税、船舶吨税等。

【点拨指导】行为税征税的选择性比较明显，税种较多，具有较强的时效性。

（5）资源税。资源税，又称资源税类，是指以各种应税自然资源或者其他资源为征税对象征收的各种税，包括资源税、土地增值税和城镇土地使用税等。

【点拨指导】资源税的征税数额（税负）高低与资源级差收入水平关系密切，征税范围的选择比较灵活。

（6）特定目的税。特定目的税，又称特定目的税类，是指为了达到某种特定目的，对特定对象和特定行为征收的一种税，包括车辆购置税、耕地占用税、环境保护税、城市维护建设税和烟叶税等。

【点拨指导】特定目的税征税的政策目的非常鲜明，其政策目的远远大于财政收入目的，其征收并不看重财政收入是多少。

【特别提示】自 2021 年 6 月 1 日起，纳税人申报缴纳城镇土地使用税、房产税、车船税、印花税、耕地占用税、资源税、土地增值税、契税、环境保护税、烟叶税中一个或多个税种时，使用"财产和行为税纳税申报表"。纳税人新增税源或税源变化时，需先填报"财产和行为税税源明细表"。"财产和行为税纳税申报表"和"财产和行为税税源明细表"中的"财产和行为税"是个广义的概念，包括城镇土地使用税、房产税、车船税、印花税、耕地占用税、资源税、土地增值税、契税、环境保护税、烟叶税。而狭义的"财产和行为税"中的财产税包括房产税、车船税；行为税包括印花税、契税、船舶吨税。

（二）按计税依据分类

按计税依据分类，税收可分为从价税、从量税和复合税三种。

（1）从价税。从价税是以征税对象的一定价值单位（价格、金额）为标准，按一定比例税率计征的各种税，如增值税、个人所得税、房产税等。一般而言，从价税的税额直接或间接与商品销售收入挂钩，也就是说，从价税的税额可以随商品价格的变化而变化，因此从价税的适用范围很广。

（2）从量税。从量税是以征税对象的一定单位（重量、件数、容积、面积、长度等）的数量为标准，采用固定单位税额计征的各种税，如车船税、城镇土地使用税等。从量税的税额不随商品价格的变化而变化，单位商品税负固定，由于通货膨胀等因素的影响，从量税的税负实际上处于下降的趋势，因此从量税不能大范围使用。

（3）复合税。复合税是从价税和从量税的结合，是既按照征税对象的一定价值单位又按照征税对象的一定数量单位为标准计征的各种税，如卷烟和白酒的消费税。

（三）按税收与价格的关系分类

按税收与价格的关系分类，税收可分为价内税和价外税两种。

（1）价内税。价内税是指税金包含在商品价格之中，作为价格构成部分的各种税，如消费税。消费税的计税依据为含消费税的价格。

（2）价外税。价外税是指税金不包含在商品价格之中，价税分列的各种税，如增值税。增值税的计税价格为不含增值税的价格，购买方在购买商品时，除需要支付约定的价款（不含增值税价款），还须支付按规定税率计算出来的增值税税款，这两者是分开记载的。

（四）按税收管理权限和税收收入的归属分类

按税收管理权限和税收收入的归属分类，税收可分为中央税、地方税和中央地方共享税三种。

（1）中央税。中央税是指收入归中央政府支配使用的税种，如消费税、关税等。

（2）地方税。地方税是指收入归地方政府支配使用的税种，如城镇土地使用税、耕地占用税等。

（3）中央地方共享税。中央地方共享税是指收入由中央政府和地方政府按一定比例分享的税种，如增值税，中央分享50%，地方分享50%。

（五）按税收负担能否转嫁分类

按税收负担能否转嫁分类，税收可分为直接税和间接税两种。

（1）直接税。直接税是指纳税义务人同时是税收的实际负担人（负税人），纳税人不能或不便于把税收负担转嫁给别人的各种税，如企业所得税、个人所得税、车辆购置税等。直接税的纳税人不但在形式上有纳税义务，而且实际上也是税收负担者，即纳税人与负税人是一致的。

（2）间接税。间接税是指纳税义务人不是税收的实际负担人（负税人），纳税人能够通过销售商品来把税收负担转嫁给别人的各种税，如关税、消费税、增值税等。间接税的纳税人虽然在形式上负有纳税义务，但实际上已将自己需要缴纳的税款加入所销售商品的价格中而由购买方负担或用其他方式转嫁给别人，即纳税人与负税人是不一致的。

【点拨指导】我国目前是以间接税和直接税为双主体的税制结构。

三、税收与税法的关系

税法是指税收法律制度，是国家权力机关和行政机关制定的用以调整国家与纳税人之间在税收征纳方面的权利与义务关系的法律规范的总称，是国家法律的重要组成部分。

税收与税法密不可分，税法是税收的法律表现形式，税收则是税法所确定的具体内容。有税必有法，无法不成税。

从税收与税法的联系上看，它们是辩证统一、互为因果关系的。具体来说，税收与税法都是以国家的存在为前提，都与国家财政收入密切相关；国家对税收的征管决定了税法的存在，而税法的存在决定了税收的分配关系；税法是税收内容的具体规范和权力保障，而税收是税法的实行结果，同时税收又是衡量税法科学性、合理性、可行性的重要尺度。

从税收与税法的区别上看，税收属于经济基础范畴，税法则属于上层建筑范畴。

四、税法的构成要素

税法的构成要素又称课税要素、税收制度的构成要素，是指各种单行税法具有的共同的基本要素的总称。了解税法的构成要素，有助于全面掌握和执行税法规定。税法的构成要素包括：总则、纳税义务人、征税对象、税目、税率、纳税期限、减税免税、纳税环节、纳税地点、罚则、附则等项目。具体说明如下。

（一）总则

总则主要包括税法的立法意图、立法依据、适用原则等。

（二）纳税义务人

纳税义务人又称纳税人、纳税主体，是指依法直接负有纳税义务的法人、自然人和其他组织。由于各具体税收法律关系不同，各税种的税法具体调整对象也不同，因此纳税主体（纳税人、纳税义务人）也有所不同。

【特别提示】纳税人不一定就是负税人。在实际经济生活中，有的税收由纳税人自己负担，纳税人本身就是负税人，如企业所得税、个人所得税等；有的税收虽然由纳税人缴纳，但实际上是由他人（购买方）负担的，如增值税、消费税等。

【点拨指导】我国税收法律关系的主体包括征税主体和纳税主体。征税主体是指代表国家行使征税职责（权力）的国家行政机关，包括国家各级税务机关、海关。纳税主体（纳税人、纳税义务人）是指依法直接负有纳税义务的法人、自然人和其他组织。

情境讨论：什么叫自然人？什么叫法人和其他组织？

（三）征税对象

征税对象又称课税对象、征税客体，是税收法律关系中征纳双方（征税主体和纳税主体双方）权利义务所指向的客体或标的物，是区别一种税与另一种税的重要标志。

【举例说明】企业所得税的征税对象为所得额；车船税的征税对象为车辆、船舶。

【点拨指导】征税对象与计税依据的关系。征税对象是指征税的客体或标的物，计税依据则是在征税的客体或标的物已经确定的前提下，对征税的客体或标的物据以计算应纳税款的依据或标准；征税对象是从质的方面对征税的规定，计税依据则是从量的方面对征税的规定，是征税对象量的表现。征税对象计税金额可以简称为“计税依据”。

（四）税目

税目是各税种所规定的具体征税项目，反映征税的具体范围，是对征税对象质的界定。税目体现了征税的广度。

【点拨指导】有些税种的征税对象比较复杂，需要设置税目，例如，我国的消费税设置了烟、酒、高档化妆品等 15 个税目。但并非所有的税种都必须设置税目（这一点和税法的构成要素的基本含义并不矛盾），例如我国的企业所得税就不需要设置税目。

（五）税率

税率是税额与计税依据之间的比例，是计算税额的尺度。税率的高低，直接关系到国家财政收入的多少和纳税人负担的大小。税率体现征税的深度，是衡量税负轻重的重要标志。我国现行的税率形式主要有以下几种：

（1）比例税率，是指对同一征税对象或同一税目不分计税金额的大小，都按规定的同一比例计征税款。

【举例说明】我国增值税采用比例税率。

（2）超额累进税率，是按征税对象的计税金额划分若干级距，每一级距分别规定相应的差别税率，税率依次提高，计税金额每超过一个规定的级距，对超过的部分就按高一级的税率计征税款的一种累进税率。

【举例说明】我国居民个人综合所得汇算清缴时的个人所得税采用超额累进税率。

（3）超率累进税率，是按征税对象计税金额的相对率划分若干级距，每一级距分别规定相应的差别税率，税率依次提高，相对率每超过一个规定的级距，对超过的部分就按高一级的税率计征税款的一种累进税率。

【举例说明】我国土地增值税采用超率累进税率。

（4）定额税率，是按征税对象的一定计量单位，直接规定一个固定的税额计征税款。

【举例说明】我国啤酒的消费税采用定额税率。

【情境辨析 1-1】

1. 情境辨析目的

掌握我国现行税制中采用的累进税率。

2. 情境辨析设计

我国现行税制中采用的累进税率有（　　）。

A. 全额累进税率　　B. 超率累进税率　　C. 超额累进税率　　D. 超倍累进税率

3. 情境辨析过程

答案：B、C

解析：我国现行税制中没有采用全额累进税率和超倍累进税率。

情境答疑：超额累进税率和全额累进税率有什么区别？

答：超额累进税率，是按征税对象的计税金额划分若干级距，每一级距分别规定相应的差别税率，税率依次提高，计税金额每超过一个规定的级距，对超过的部分就按高一级的税率计征税款的一种累进税率。超额累进税率的特点是：①计算方法比较复杂，征税对象计税金额越大、等级越多，计算过程就越复杂。在实际工作中，为了解决超额累进税率计算税款这一比较复杂的问题，可以采取“速算扣除法”。②累进幅度逐次递进且比较缓和，整体的税收负担较为合理。特别是征税对象的计税金额刚刚超过某一等级时，只就超过部分的计税金额按高一级的税率计算，不会出现增加的税额大于增加的收入金额的不合理现象，有利于鼓励纳税人增加收入。③边际税率和平均税率不一致，税收负担透明度差。例如：假定累进税率规定为：应纳税所得额在 1 000 元以下时，税率为 10%；超过 1 000 元至 3 500 元时，税率为 20%；超过 3 500 元至 10 000 元时，税率为 30%；超过 10 000 元至 25 000 元时，税率为 35%。假设某纳税人应纳税所得额为 1 000 元，其应纳税额为 100 元（1 000元 ×10%）；如果应纳税所得额为 3 500 元，其应纳税额为 600 元（1 000 元 ×10% + 2 500 元 ×20%）；如果应纳税所得额为10 000元，其应纳税额为 2 550 元（1 000 元 ×10% + 2 500 元 ×20% + 6 500 元 ×30%）。

全额累进税率，是按征税对象的计税金额划分若干级距，每一级距规定一个税率，税率依次提高，以征税对象的全部数额为基础，按与之相适用的级距税率计征税款的一种累进税率。全额累进税率的特点是：①计算方法简单，在征税对象的计税金额确定以后，相当于按照比例税率计征税款。②税收负担不合理。特别是征税对象计税金额刚刚超过某一等级时，就要以全部计税金额按高一级的税率计算，导致税负出现跳跃式递增，甚至会出现增加的税额大于增加的收入金额的不合理现象，不利于鼓励纳税人增加收入。例如：我国 1950 年的工商业税中对所得的征税，就适用全额累进税率。它规定应纳税所得额在 300 元以下的，税率为 5%；300 元至 400 元的，税率为 6%；10 000 元以上的，税率为 30%。假设某纳税人应纳税所得额为 200 元，其应纳税额为 10 元（200 元×5%）；如果应纳税所得额为 350 元，其应纳税额为 21 元（350 元×6%）；如果应纳税所得额为10 100 元，其应纳税额为 3 030 元（10 100 元×30%）。

（六）纳税期限

纳税期限是指纳税人按照税法规定缴纳税款的期限。纳税期限一般为一个时间段，可按年纳税、按期纳税和按次纳税。

【举例说明】《中华人民共和国增值税暂行条例》（以下简称《增值税暂行条例》）规定，增值税的纳税期限为 1 日、3 日、5 日、10 日、15 日、1 个月或者 1 个季度。

（七）减税免税

减税免税是税法对某些纳税人或征税对象基于税收减免的鼓励或照顾措施。减税是对应纳税额给予少征一部分税款的优惠，而免税是对应纳税额给予全部免征税款的优惠。减税免税是税率的重要补充，它的最大优点就在于把税法的普遍性与特殊性、统一性与差异性结合起来，可以对不同类型的纳税人和征税对象实行不同层次的税收减免，有利于因地制宜地实施国家的经济政策。减税免税可以分为税基式减免、税率式减免和税额式减免 3 种形式。

（1）税基式减免。税基式减免是指通过直接降低计税依据的方式来实现的减税免税。税基式减免涉及的概念包括起征点、免征额、项目扣除以及跨期结转等。

起征点是征税对象达到一定金额才开始征税的起点，若征税对象计税金额未达到起征点，则不予征税；若征税对象计税金额达到起征点，则按全部金额计征税款。免征额是在征税对象的全部金额中免予征税的那一部分数额，对免征额的部分不予征税，仅对超过免征额的部分计征税款。项目扣除则是指在征税对象中扣除一定项目的金额，以其余额作为计税依据计征税款。跨期结转是指将以前纳税年度的亏损从本纳税年度的利润中予以扣除。

【点拨指导】享受免征额税收优惠的纳税人要比享受同额起征点税收优惠的纳税人税负轻。起征点只能鼓励或照顾一部分纳税人，而免征额可以鼓励或照顾适用范围内的所有纳税人。

【举例说明】自 2011 年 11 月 1 日起，增值税按期限纳税的起征点为月销售额 5 000～20 000 元，按次纳税的起征点为每次（日）销售额 300～500 元。增值税起征点的适用范围限于个人。

【举例说明】自 2019 年 1 月 1 日起，非居民个人的工资、薪金所得，以每月收入额减除费用 5 000 元后的余额为应纳税所得额。这里的减除费用额 5 000 元就是免征额。

【情境引例解析】

情境引例中关于“起征点”的说法是不正确的。

起征点和免征额不一样。假设起征点和免征额每年均为 60 000 元，且不考虑其他扣除项目，应该如何纳税呢？若实际年应纳税所得额为 50 000 元，则无论是按照起征点的规定还是免征额的规定，都不需要纳税。若实际年应纳税所得额为 70 000 元，情况就不一样了：按照免征额的规定，国家只能对超过部分的 10 000 元（70 000 元－60 000 元）进行征税；而按照起征点的规定，国家必须对全部金额 70 000 元进行征税。我国居民个人综合所得个人所得税汇算清缴的征税模式，显然是按照 10 000 元的模式而不是按照 70 000 元的模式，因此，媒体上对个人所得税中居民个人综合所得普遍采用“起征点”的说法是错误的，实际上应为“免征额”。

（2）税率式减免。税率式减免是指通过直接降低税率的方式实现的减税免税。税率式减免具体包括重新确定较低的税率、选用其他较低的税率、零税率。

（3）税额式减免。税额式减免是指通过直接减少应纳税额的方式实现的减税免税。税额式减免具体包括全部免征、减半征收、核定减征率以及另定减征额等。

（八）纳税环节

纳税环节是指纳税人依据税法规定针对征税对象应当缴纳税款的环节。

【点拨指导】不同税种的纳税环节有可能分布在生产、批发、零售、进出口、取得收入、发生成本费用等各个环节上。

（九）纳税地点

纳税地点是指根据各税种征税对象的纳税环节以及便于对税源进行控制而规定的纳税人（包括代征代缴、代扣代缴、代收代缴义务人）的具体纳税地点。

【点拨指导】税法上规定的纳税地点主要有机构所在地、销售地、服务发生地、劳务发生地、财产所在地、报关地等。

（十）罚则

罚则又称法律责任，是指对纳税人违反税法的行为所采取的处罚措施。

（十一）附则

附则主要规定某项税法的解释权和生效时间。

【情境辨析 1-2】

1. 情境辨析目的

掌握税法的构成要素。

2. 情境辨析设计

下列关于税法构成要素的表述中，不正确的有（　　）。

A. 并非所有税种都需要规定税目

B. 税目是对课税对象的量的规定

C. 税目体现征税的深度

D. 消费税、企业所得税都规定了税目

3. 情境辨析过程

答案：B、C、D

解析：税目是对课税对象质的界定；税目体现征税的广度；消费税规定了税目，但企业所得税没有设置税目。

五、税务机构的设置

中央政府设立国家税务总局（正部级），省及省以下税务机构设立税务局。

2018 年 3 月 17 日发布的《国务院机构改革方案》规定：改革国税地税征管体制。将省级和省级以下国税地税机构合并，具体承担所辖区域内各项税收、非税收入征管等职责。国税地税机构合并后，实行以国家税务总局为主与省（区、市）人民政府双重领导管理体制。2018 年 6 月 15 日上午，按照党中央、国务院关于国税地税征管体制改革的决策部署，在前期做好统一思想、顶层设计、动员部署等工作的基础上，全国各省（自治区、直辖市）级以及计划单列市国税局、地税局合并且统一挂牌，标志着国税地税征管体制改革迈出阶段性关键一步。此次省级新税务局挂牌后，在 2018 年 7 月底前，市、县级税务局逐级分步完成集中办公、新机构挂牌等改革事项。

此外，海关总署及下属机构负责关税、船舶吨税征管和受托征收进口环节的增值税和消费税等税收。

六、税收征收管理范围的划分

目前，我国的税收分别由税务局、海关负责征收管理。

（1）税务局主要负责下列税种及非税收入等的征收和管理：增值税（进口环节增值税除外）、消费税（进口环节消费税除外）、城市维护建设税、教育费附加、地方教育附加、企业所得税、个人所得税、车辆购置税、印花税、资源税、城镇土地使用税、土地增值税、房产税、车船税、契税、环境保护税、出口退税（增值税、消费税）、非税收入和社会保险费等。

（2）海关主要负责关税、船舶吨税的征收和管理。另外，进口环节的增值税和消费税也由海关代征。

【情境辨析 1-3】

1. 情境辨析目的

掌握我国税收征收管理的范围。

2. 情境辨析设计

甲房地产开发企业本年①自行开发并销售房地产项目，需要缴纳的下列税种中，应当向该市税务局申报缴纳的有(　　)。

A. 增值税　　　　B. 进口环节增值税

C. 进口关税　　　　D. 土地增值税

3. 情境辨析过程

答案：A、D

解析：进口环节增值税和进口关税均由海关系统负责征收和管理。

七、中央政府与地方政府税收收入的划分

根据国务院关于实行分税制财政管理体制的规定，我国的税收收入分为中央政府固定收入、地方政府固定收入和中央政府与地方政府共享收入。

(1) 中央政府固定收入包括消费税(含进口环节海关代征的部分)、车辆购置税、关税、海关代征的进口环节增值税、储蓄存款利息所得的个人所得税等。

(2) 地方政府固定收入包括城镇土地使用税、耕地占用税、土地增值税、房产税、车船税、契税、环境保护税。

(3) 中央政府与地方政府共享收入主要包括：①增值税(不含进口环节由海关代征的部分)：中央分享 50%，地方按税收缴纳地分享 50%。②企业所得税：中国铁路总公司(原铁道部)、各银行总行及海洋石油企业缴纳的部分归中央政府，其余部分中央与地方政府按 60% 与 40%的比例分享。③个人所得税：除储蓄存款利息所得的个人所得税外，其余部分的分享比例与企业所得税相同。④资源税：海洋石油企业缴纳的部分归中央政府，其余部分归地方政府。⑤城市维护建设税：中国铁路总公司(原铁道部)、各银行总行、各保险总公司集中缴纳的部分归中央政府，其余部分归地方政府。⑥印花税：证券交易印花税收入归中央政府，其他印花税收入归地方政府。

任务二　税 务 登 记

【情境引例】

张某和李某于本年 1 月成立了一家有限责任公司，于本年 1 月 20 日领取了营业执照，在领取“一照一码”营业执照后，便没有再到税务机关办理任何手续了。张某和李某认为：反正我们的公司规模不大，况且国家不是已经在全国全面推行“多证合一、一照一码”登记改革了吗？因此无须再到税务机关办理任何手续了。

你认为张某和李某的说法对吗？

① 没有特殊说明，本书中的本年均指 2022 年。

【知识准备与业务操作】

一、税务登记的认知

税务登记是税务机关依据税法规定对纳税人的生产经营活动进行登记管理的一项基本制度。企业，企业在外地设立的分支机构和从事生产、经营的场所，个体工商户和从事生产、经营的事业单位，均应当按照《中华人民共和国税收征收管理法》(以下简称“《税收征收管理法》”)、《中华人民共和国税收征收管理法实施细则》(以下简称“《税收征收管理法实施细则》”)和《税务登记管理办法》的规定办理税务登记。

税务登记[①]的基本类型有设立税务登记(简称“设立登记”，又称“开业登记”)、变更税务登记(简称“变更登记”)、停业复业税务登记(简称“停业复业登记”)、注销税务登记(简称“注销登记”)、跨区域涉税事项报验管理等。

根据《国家税务总局关于落实“三证合一”登记制度改革的通知》(税总函〔2015〕482 号)的规定及有关工作部署，从 2015 年 10 月 1 日起在全国全面推行“三证合一、一照一码”登记改革。“三证”是指原先由工商部门核发的工商营业执照、质监部门核发的组织机构代码证、税务部门核发的税务登记证。根据《国务院办公厅关于加快推进“五证合一、一照一码”登记制度改革的通知》(国办发〔2016〕53 号)、《工商总局等五部门关于贯彻落实〈国务院办公厅关于加快推进“五证合一、一照一码”登记制度改革的通知〉的通知》(工商企注字〔2016〕150 号)，从 2016 年 10 月 1 日起在全国范围推行“五证合一、一照一码”登记改革。“五证”是指原先由工商部门核发的工商营业执照、质监部门核发的组织机构代码证、税务部门核发的税务登记证、社保部门核发的社会保险登记证、统计部门核发的统计登记证。2017 年 4 月，国务院常务会议审议通过《关于加快推进“多证合一”改革的指导意见》。2017 年 4 月 28 日，国家工商行政管理总局表示，要求 2017 年 10 月底前，在全国全面推行“多证合一”。“多证合一、一照一码”登记制度改革即在全面实施企业、农民专业合作社工商营业执照、组织机构代码证、税务登记证、社会保险登记证、统计登记证“五证合一、一照一码”登记制度改革和个体工商户工商营业执照、税务登记证“两证整合”的基础上，将涉及企业、个体工商户和农民专业合作社(以下统称企业)登记、备案等有关事项的各类证照进一步整合到营业执照上，实现“多证合一、一照一码”，使“一照一码”营业执照成为企业唯一“身份证”，使统一社会信用代码成为企业唯一身份代码，实现企业“一照一码”走天下。

除以上情形外，其他税务登记按照原有法律制度执行。

市场监督管理登记“一个窗口”统一受理申请后，申请材料和登记信息在部门间共享，各部门数据互换、档案互认。各级税务机关要加强与登记机关沟通协调，确保登记信息采集准确、完整。

各省税务机关在交换平台获取“多证合一”企业登记信息后，依据企业住所(以统一代码为标识)按户分配至县(区)税务机关；县(区)税务机关确认分配有误的，将其退回至市(地)税务机关，由市(地)税务机关重新进行分配；省税务机关无法直接分配至县(区)税务机关的，将其分配至市(地)税务机关，由市(地)税务机关向县(区)税务机关进行分配。

对于市场监督管理登记已采集信息，税务机关不再重复采集；其他必要涉税基础信息，

---

① 由于现已将“外出经营活动税收管理”更名为“跨区域涉税事项报验管理”，因此广义的税务登记还包括跨区域涉税事项报验管理。

可在企业办理有关涉税事宜时，及时采集，陆续补齐。发生变化的，由企业直接向税务机关申报变更，税务机关应及时更新税务系统中的企业信息。

二、“一照一码”营业执照申请核发

“一照一码”营业执照申请核发的具体办理流程如图 1-1 所示。

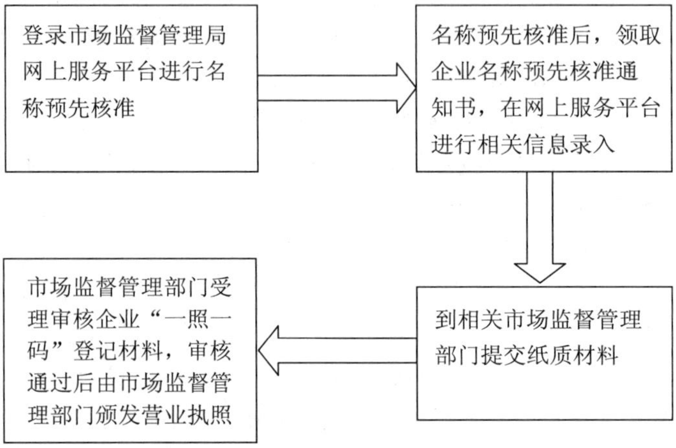

图 1-1 “一照一码”营业执照申请核发的具体办理流程

其中，名称预先核准后需要做的工作如下：

（一）填写相关资料

填写“公司登记（备案）申请书”，如表 1-1 所示；填写“法定代表人信息”，如表 1-2 所示；填写“董事、监事、经理信息”，如表 1-3 所示；填写“股东（发起人）出资情况”，如表 1-4 所示；填写“财务负责人信息”，如表 1-5 所示；填写“联络员信息”，如表 1-6 所示；制作公司章程，如图 1-2 所示；制作股东会决议，如图 1-3 所示；提供产权证明、租赁合同此处略。

表 1-1 公司登记（备案）申请书

注：请仔细阅读本申请书《填写说明》，按要求填写。

□基本信息			
名　　称	青岛宏远电子有限公司		
名称预先核准文号/注册号/统一社会信用代码	91370203765676788N		
住　　所	山东 省（市/自治区） 青岛 市（地区/盟/自治州） 市北区 县（自治县/旗/自治旗/市/区）＿＿＿＿乡（民族乡/镇/街道） 辽阳路 村（路/社区） 120 号		
生产经营地	山东 省（市/自治区） 青岛 市（地区/盟/自治州） 市北区 县（自治县/旗/自治旗/市/区）＿＿＿＿乡（民族乡/镇/街道） 辽阳路 村（路/社区） 120 号		
联系电话	0532-87686423	邮政编码	266000

续 表

<table>
<tr><td colspan="6">□设立</td></tr>
<tr><td>法定代表人姓名</td><td colspan="2">王宝</td><td>职　　务</td><td colspan="2">□董事长 ☑执行董事 ☑经理</td></tr>
<tr><td>注册资本</td><td colspan="2">500 万元</td><td>公司类型</td><td colspan="2">有限责任公司(自然人投资或控股)</td></tr>
<tr><td>设立方式(股份公司填写)</td><td colspan="5">□发起设立　　□募集设立</td></tr>
<tr><td>经营范围</td><td colspan="5">计算机、打印机等电子产品的生产</td></tr>
<tr><td>经营期限</td><td colspan="2">□______年　　☑长期</td><td>申请执照副本数量</td><td colspan="2">1 个</td></tr>
<tr><td colspan="6">□变更</td></tr>
<tr><td>变更项目</td><td colspan="2">原登记内容</td><td colspan="3">申请变更登记内容</td></tr>
<tr><td></td><td colspan="2"></td><td colspan="3"></td></tr>
<tr><td></td><td colspan="2"></td><td colspan="3"></td></tr>
<tr><td></td><td colspan="2"></td><td colspan="3"></td></tr>
<tr><td></td><td colspan="2"></td><td colspan="3"></td></tr>
<tr><td></td><td colspan="2"></td><td colspan="3"></td></tr>
<tr><td></td><td colspan="2"></td><td colspan="3"></td></tr>
<tr><td></td><td colspan="2"></td><td colspan="3"></td></tr>
<tr><td colspan="6">□备案</td></tr>
<tr><td rowspan="2">分公司
□增设□注销</td><td>名　称</td><td></td><td>注册号/统一社会信用代码</td><td colspan="2"></td></tr>
<tr><td>登记机关</td><td></td><td>登记日期</td><td colspan="2"></td></tr>
<tr><td rowspan="2">清算组</td><td>成　员</td><td colspan="4"></td></tr>
<tr><td>负责人</td><td></td><td>联系电话</td><td colspan="2"></td></tr>
<tr><td>其他</td><td colspan="5">□董事 □监事 □经理 □章程 □章程修正案 □财务负责人 □联络员</td></tr>
<tr><td colspan="6">□申请人声明</td></tr>
<tr><td colspan="6">本公司依照《公司法》《公司登记管理条例》相关规定申请登记、备案，提交材料真实有效。通过联络员登录企业信用信息公示系统向登记机关报送、向社会公示的企业信息为本企业提供、发布的信息，信息真实、有效。

法定代表人签字：王宝　　　　公司盖章
(清算组负责人)签字：　　　　2021 年 11 月 10 日</td></tr>
</table>

1

表 1-2 法定代表人信息

姓　　名	王　宝	固定电话	0532-87785×××
移动电话	1351234××××	电子邮箱	×@163.com
身份证件类型	身份证	身份证件号码	370212198503150632
（身份证件复印件粘贴处）（略）			
法定代表人签字：王宝　　2021 年 11 月 10 日			

表 1-3 董事、监事、经理信息

姓名 王辉 职务 监事 身份证件类型 身份证 身份证件号码 370212198902423532 （身份证件复印件粘贴处）（略）
姓名 王宝 职务 执行董事兼总经理 身份证件类型 身份证 身份证件号码 370212198503150632 （身份证件复印件粘贴处）（略）
姓名____ 职务____ 身份证件类型____ 身份证件号码________ （身份证件复印件粘贴处）

表 1-4 股东（发起人）出资情况

股东（发起人）名称或姓名	证件类型	证件号码	出资时间	出资方式	认缴出资额/万元	出资比例
王　宝	身份证	370212198503150632	2040-11-09	货币	200	40%
青岛润泉集团公司	营业执照	91370213989344568P	2040-11-09	货币	200	40%
刘　方	身份证	370962198203153326	2040-11-09	货币	100	20%

表 1-5 财务负责人信息

姓　　名	张　丽	固定电话	0532-87784×××
移动电话	1361234××××	电子邮箱	×@163.com
身份证件类型	身份证	身份证件号码	370212198002286322
（身份证件复印件粘贴处）（略）			

表 1-6 联络员信息

姓　　名	王　宝	固定电话	0532-87785×××
移动电话	1351234××××	电子邮箱	×@163.com
身份证件类型	身份证	身份证件号码	370212198503150632
（身份证件复印件粘贴处）（略）			

青岛宏远电子有限公司章程

……

第一章 公司名称和住所

第一条 公司名称:青岛宏远电子有限公司

第二条 公司住所:青岛市市北区辽阳路120号

第二章 公司经营范围

第三条 公司经营范围:计算机、打印机等电子产品的生产

第三章 公司注册资本

第四条 公司注册资本:人民币500万元

公司增加注册资本,需经三分之二以上表决权的股东通过,形成决议。公司减少注册资本,还应当自作出决议之日起十日内通知债权人,并于三十日内在报纸上公告。公司变更注册资本应依法向登记机关办理变更登记手续。

第四章 股东的姓名或名称、出资方式、出资金额、出资日期

第五条 股东的姓名或名称、出资方式、出资金额、出资日期如下:

股东姓名或名称	证照号码	出资方式	认缴出资	余额缴付期限
王 宝	370212198503150632	货币	200万元	2040年11月09日之前
青岛润泉集团公司	91370213989344568P	货币	200万元	2040年11月09日之前
刘 方	370962198203153326	货币	100万元	2040年11月09日之前

第六条 公司成立后,应向股东签发出资证明书。

第五章 公司的机构及其产生办法、职权、议事规则

……

第六章 公司法定代表人

……

第七章 其他事项

……

全体股东签字(盖章): 王宝 刘方

2021年11月10日

图1-2 青岛宏远电子有限公司章程

青岛宏远电子有限公司股东会决议(设立)

青岛宏远电子有限公司全体股东王宝、刘方、青岛润泉集团公司于2021年11月10日在本公司会议室召开了股东会,会议就公司设立、选举公司成员事项形成如下决议:

1. 全体股东一致同意选举王宝为公司执行董事,选举王宝为公司法定代表人;

2. 全体股东一致同意选举王辉为公司监事;

以上职务任期三年,可连选连任。

3. 聘任王宝为公司经理。

本次股东会的召开及决议内容符合《公司法》和公司章程的有关规定,并已履行了相关程序,如有不符,由公司全体股东承担责任。

全体股东盖章或签字: 王宝 刘方

2021年11月10日

注:决议由法人股东(企业)盖章,自然人股东签字;决议内容或盖章签字可附页,并加盖骑缝章。

图1-3 青岛宏远电子有限公司股东会决议

（二）需到相关市场监督管理部门提交下列登记申请文书、资料

（1）公司登记（备案）申请书。

（2）法定代表人信息表。

（3）董事、监事、经理信息表。

（4）股东（发起人）出资情况表。

（5）财务负责人信息表。

（6）联络员信息表。

（7）公司章程。

（8）股东会决议。

（9）产权证明。

（10）租赁合同。

（11）企业名称预先核准通知书。

若公司法定代表人及股东（发起人）不能自己办理，除提交上述资料之外，还需提交指定代表或者共同委托代理人授权委托书。

（三）市场监督管理部门颁发营业执照

企业办理设立登记提交所需登记申请文书和提交材料规范，经市场监督管理部门核准通过后，颁发加载统一社会信用代码的“一照一码”营业执照。“一照一码”营业执照（副本）如图 1-4 所示。

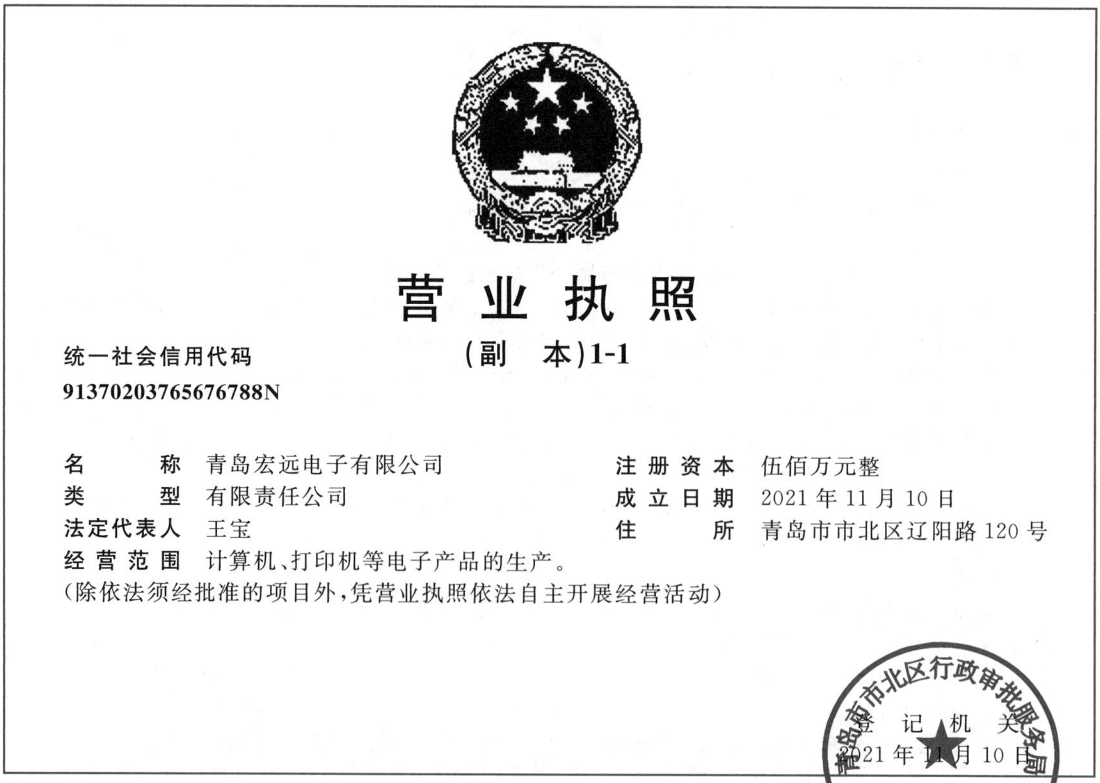

营　业　执　照

（副　本）1-1

统一社会信用代码
91370203765676788N

名　　称　青岛宏远电子有限公司
类　　型　有限责任公司
法定代表人　王宝
经营范围　计算机、打印机等电子产品的生产。
（除依法须经批准的项目外，凭营业执照依法自主开展经营活动）

注册资本　伍佰万元整
成立日期　2021 年 11 月 10 日
住　　所　青岛市市北区辽阳路 120 号

登　记　机　关
2021 年 11 月 10 日

青岛市市北区行政审批服务局

图 1-4　“一照一码”营业执照（副本）

【情境实例 1-1】

1. 工作任务要求

填报青岛宏远电子有限公司向市场监督管理部门提交公司成立的相关资料。

2. 情境实例设计

2021 年 11 月 10 日，青岛宏远电子有限公司向市场监督管理部门提交公司成立的相关资料。名称预先核准通知书上注明的编号为 91370203765676788N。主要经营业务为计算机、打印机等电子产品的生产。公司的注册地址和经营地址为青岛市市北区辽阳路 120 号，邮政编码为 266000，联系电话为 0532-87686423。公司注册资本 500 万元，其中自然人王宝投资 200 万元，青岛润泉集团公司投资 200 万元，自然人刘方投资 100 万元。该公司的法定代表人、财务负责人、监事基本情况和投资者基本情况分别如表 1-7 和表 1-8 所示。

表 1-7 法定代表人、财务负责人、监事基本情况

项　目	姓名	身份证件		固定电话	移动电话	电子邮件
		种类	号　码			
法定代表人	王宝	身份证	370212198503150632	0532-87785×××	1351234××××	×@163.com
财务负责人	张丽	身份证	370212198002286322	0532-87784×××	1361234××××	×@163.com
监事	王辉	身份证	370212198902423532	0532-87786×××	1501234××××	×@163.com

表 1-8 投资者基本情况

投资方名称	投资方经济性质	投资比例	证件种类	证件号码	国籍或地址
王宝	自然人	40%	身份证	370212198503150632	青岛市市南区宁夏路 12 号
青岛润泉集团公司	其他有限责任公司	40%	营业执照	91370213989344568P	青岛市李沧区夏庄路 88 号
刘方	自然人	20%	身份证	370962198203153326	青岛市李沧区峰山路 16 号

3. 任务实施过程

(1) 填写“公司登记(备案)申请书”(表 1-1)、“法定代表人信息”(表 1-2)、“董事、监事、经理信息”(表 1-3)、“股东(发起人)出资情况”(表 1-4)、“财务负责人信息”(表 1-5)、“联络员信息”(表 1-6)。

(2) 制作公司章程(图 1-2)。

(3) 制作股东会决议(图 1-3)。

三、设立登记

（一）办理设立登记的时间要求

在领取“一照一码”营业执照后，企业无需再到质监、社保、统计等部门办理任何手续，但应在领取营业执照后 15 日内，将其财务、会计制度或处理办法报送主管税务机关备案，并向税务机关报告企业全部存款账号。

自 2020 年 3 月 1 日起，从事生产、经营的个人应办而未办营业执照，但发生纳税义务的，可以按规定申请办理临时税务登记。

【情境引例解析】

在领取“一照一码”营业执照后，企业无需再到质监、社保、统计等部门办理任何手续，但应在领取执照后 15 日内，将其财务、会计制度或处理办法报送主管税务机关备案，并向税务机关报告企业全部存款账号。因此，张某和李某的说法是错误的。

（二）办理设立登记的程序

根据国家“一照一码”登记制度改革的规定：企业领取由市场监督管理部门核发加载法人和其他组织统一社会信用代码的“一照一码”营业执照后，无需再次进行税务登记，不再领取税务登记证。企业在领取营业执照的同时，相关信息已通过市场监督管理部门共享到税务部门。但纳税人应在领取营业执照后 15 日内，去税务部门完成信息确认。在税务部门完成信息确认后，纳税人凭加载统一社会信用代码的营业执照即可代替税务登记证的使用。

1. 纳税人到税务部门完成信息确认时，应提供的证件和资料

（1）“一照一码”营业执照原件。

（2）公章。

其他需要提供的有关证件、资料，由省、自治区、直辖市税务机关确定。

2. 纳税人填报“税务登记表”

纳税人领取并填写“税务登记表”，如表 1-9 所示（注：“一照一码”登记之后，“税务登记表”一般由税务机关直接打印，纳税人只需在上面填写经办人姓名、公司法人名称并盖上公章）。

表 1-9 **税务登记表**

（适用单位纳税人）

填表日期：2021 年 11 月 20 日

<table>
<tr><td>纳税人名称</td><td colspan="3">青岛宏远电子有限公司</td><td colspan="2">纳税人识别号</td><td colspan="2">91370203765676788N</td></tr>
<tr><td>登记注册类型</td><td colspan="3">其他有限责任公司</td><td colspan="2">批准设立机关</td><td colspan="2">青岛市市场监督管理局市北分局</td></tr>
<tr><td>组织机构代码</td><td colspan="3">765676788</td><td colspan="2">批准设立证明或文件号</td><td colspan="2"></td></tr>
<tr><td>开业（设立）日期</td><td>2021 年 11 月 10 日</td><td>生产经营期限</td><td>2021 年 11 月 10 日—</td><td>证照名称</td><td>营业执照</td><td>证照号码</td><td>91370203765676788N</td></tr>
<tr><td>注册地址</td><td colspan="3">青岛市市北区辽阳路 120 号</td><td>邮政编码</td><td>266000</td><td>联系电话</td><td>0532-87686423</td></tr>
<tr><td>生产经营地址</td><td colspan="3">青岛市市北区辽阳路 120 号</td><td>邮政编码</td><td>266000</td><td>联系电话</td><td>0532-87686423</td></tr>
<tr><td>核算方式</td><td colspan="4">请选择对应项目打“√” ☑ 独立核算 □ 非独立核算</td><td>从业人数</td><td colspan="2">100 其中外籍人数 2</td></tr>
<tr><td>单位性质</td><td colspan="7">请选择对应项目打“√” ☑ 企业 □ 事业单位 □ 社会团体 □ 民办非企业单位 □ 其他</td></tr>
<tr><td>网站网址</td><td colspan="3"></td><td colspan="2">国标行业</td><td colspan="2">□□□□□□□□</td></tr>
</table>

续 表

适用会计制度	请选择对应项目打"✓" ☑ 企业会计制度 □ 小企业会计制度 □ 金融企业会计制度 □ 行政事业单位会计制度
经营范围:计算机、打印机等电子产品的生产	请将法定代表人(负责人)身份证件复印件粘贴在此处

项目 内容 联系人	姓 名	身份证件		固定电话	移动电话	电子邮箱
		种类	号码			
法定代表人(负责人)	王 宝	身份证	370212198503150632	0532-87785×××	1351234××××	×@163.com
财务负责人	张 丽	身份证	370212198002286322	0532-87784×××	1361234××××	×@163.com
办税人	王 晓	身份证	370212197502023532	0532-87783×××	1371234××××	×@163.com

税务代理人名称	纳税人识别号	联系电话	电子邮箱

注册资本或投资总额	币种	金 额	币种	金额	币种	金额
注册资本	人民币	500 万元				

投资方名称	投资方经济性质	投资比例	证件种类	证件号码	国籍或地址
王 宝	自然人	40%	身份证	370212198503150632	青岛市市南区宁夏路 12 号
青岛润泉集团公司	其他有限责任公司	40%	营业执照	91370213989344568P	青岛市李沧区夏庄路 88 号
刘 方	自然人	20%	身份证	370962198203153326	青岛市李沧区峰山路 16 号

自然人投资比例	60%	外资投资比例		国有投资比例	

分支机构名称	注册地址	纳税人识别号

续 表

<table>
<tr><td>总机构名称</td><td colspan="3"></td><td>纳税人识别号</td><td></td></tr>
<tr><td>注册地址</td><td colspan="3"></td><td>经营范围</td><td></td></tr>
<tr><td>法定代表人姓名</td><td></td><td>联系电话</td><td></td><td>注册地址邮政编码</td><td></td></tr>
<tr><td rowspan="4">代扣代缴、代收代缴税款业务情况</td><td colspan="3">代扣代缴、代收代缴税款业务内容</td><td colspan="2">代扣代缴、代收代缴税种</td></tr>
<tr><td colspan="3"></td><td colspan="2"></td></tr>
<tr><td colspan="3"></td><td colspan="2"></td></tr>
<tr><td colspan="3"></td><td colspan="2"></td></tr>
<tr><td colspan="6">附报资料：</td></tr>
<tr><td colspan="2">经办人签章:王晓
2021年11月20日</td><td colspan="2">法定代表人(负责人)签章:王宝
2021年11月20日</td><td colspan="2">纳税人公章:
2021年11月20日</td></tr>
</table>

纳税人在相关位置盖上单位公章并在经办人签章、法定代表人(负责人)签章处签上相关人员姓名,然后将“税务登记表”送交税务登记窗口。

【情境实例1-2】

1. 工作任务要求

填写青岛宏远电子有限公司的“税务登记表”。

2. 情境实例设计

2021年11月10日,青岛宏远电子有限公司,经青岛市市场监督管理部门批准注册成立。办税人王晓,身份证号码370212197502023532,固定电话0532-87783×××,移动电话1371234××××,电子邮件×@163.com。其他相关信息沿用【情境实例1-1】中的资料。2021年11月20日,该公司到税务部门完成信息确认。

3. 任务实施过程

填写“税务登记表”(表1-9)(注:“税务登记表”一般由税务机关直接打印,纳税人只需在上面填写经办人姓名、公司法人名称并盖上公章)。

四、变更登记

变更登记,是指纳税人办理设立税务登记(“一照一码”登记之后为领取“一照一码”营业执照)后,因登记内容发生变化,需要对原有登记内容进行更改,而向主管税务机关申报办理的税务登记。纳税人办理税务登记后,如发生下列情形之一,应当办理变更税务登记:①改变名称或法定代表人;②改变经济性质或经济类型;③改变住所或经营地点(不涉及主管税务机关变动);④改变生产经营范围、经营方式或经营期限;⑤改变注册资金(资本);⑥改变隶属关系、生产经营权属或增减分支机构;⑦改变开户银行和账号;⑧改变其他税务登记内容。办理变更登记的程序如下:

（一）纳税人提出书面申请报告，并提供下列证件、资料

若纳税人已在市场监督管理机关办理变更登记的，应当自市场监督管理机关办理变更登记之日起 30 日内，持下列证件、资料到主管税务机关申报办理变更税务登记。

（1）“一照一码”营业执照原件及其复印件。

（2）纳税人变更登记内容的有关证明文件原件及其复印件。

（3）公章。

（4）其他有关资料。

若纳税人按照规定不需要在市场监督管理机关办理变更登记，或者其变更登记的内容与市场监督登记内容无关的，应当自税务登记内容实际发生变化之日起 30 日内，或者自有关机关批准或者宣布变更之日起 30 日内，持下列证件到主管税务机关申报办理变更税务登记。

（1）纳税人变更登记内容的有关证明文件原件及其复印件。

（2）公章。

（3）其他有关资料。

（二）纳税人填报“变更税务登记表”

纳税人领取并填写“变更税务登记表”，如表 1-10 所示。

表 1-10　　变更税务登记表

纳税人名称	青岛宏远电子有限公司		统一社会信用代码（纳税人识别号）	91370203765676788N
变更登记事项				
序号	变更项目	变更前内容	变更后内容	批准机关名称及文件
1	财务负责人	张　丽	孙　强	
送缴证件情况：				
纳税人 经办人：王晓 2022 年 2 月 20 日		法定代表人（负责人）：王宝 2022 年 2 月 20 日		纳税人（签章）： 2022 年 2 月 20 日
经办税务机关审核意见： 经办人： 年　月　日		负责人： 年　月　日		税务机关（签章） 年　月　日

纳税人填写完相关内容后，在相关位置盖上单位公章并在经办人签章、法定代表人（负责人）签章处签上相关人员姓名，然后将“变更税务登记表”交至税务登记窗口。

情境答疑：换了“一照一码”营业执照的企业，发生生产经营地址、财务负责人、核算方式三项信息变更，应向市场监督管理机关申请还是向主管税务机关申请？

答：办理“一照一码”营业执照的企业，生产经营地、财务负责人、核算方式由企业登记机关在新设时采集，在税务管理过程中，上述信息发生变化的，由企业向主管税务机关申请变更。除上述三项信息外，企业在登记机关新设时采集的信息发生变更，均由企业向登记机关（工商行政管理机关）申请变更。

【情境实战 1-1——税务变更登记表】

1. 工作任务要求

填写青岛宏远电子有限公司的“变更税务登记表”。

2. 情境实战设计

沿用【情境实例 1-1】及【情境实例 1-2】中的案例，2022 年 1 月 30 日，青岛宏远电子有限公司召开股东会决定更换财务负责人为孙强。2022 年 2 月 20 日该公司向主管税务机关办理变更税务登记。

3. 实战操作步骤

填写“变更税务登记表”（表 1-10）。

五、停业复业登记

停业复业登记，是指实行定期定额征收方式的纳税人，因自身经营的需要暂停生产经营或恢复生产经营而向主管税务机关申请办理的税务登记手续。

实行定期定额征收方式的个体工商户需要停业的，应当在停业前向税务机关申报办理停业登记。纳税人的停业期限不得超过 1 年。

【知识链接】《国家税务总局关于简化办理市场主体歇业和注销环节涉税事项的公告》（国家税务总局公告 2022 年第 12 号）规定，自 2022 年 7 月 14 日起，市场主体因自然灾害、事故灾难、公共卫生事件、社会安全事件等原因造成经营困难，按照《中华人民共和国市场主体登记管理条例》第三十条规定办理歇业的，不需要另行向税务机关报告。

【特别提示】对于暂停生产经营，不同的文件用词不完全一致，有的文件用“停业”一词，有的文件用“歇业”一词。

（一）停业登记程序

纳税人在申报办理停业登记时，应如实填写“停业申请登记表”，说明停业理由、停业期限、停业前的纳税情况和发票的领、用、存情况，并结清应纳税款、滞纳金、罚款。税务机关应收存其未使用完的发票和其他税务证件。

【特别提示】纳税人在停业期间发生纳税义务的，应当按照税收法律、行政法规的规定申报缴纳税款。

（二）复业登记程序

纳税人应当于恢复生产经营之前，向税务机关申报办理复业登记，如实填写“停、复业报告书”，领回其停业前申领的发票。

纳税人停业期满不能及时恢复生产经营的，应当在停业期满前到税务机关办理延长停业登记，并如实填写“停、复业报告书”。

纳税人应按税务机关要求如实填写“停、复业报告书”后，把表交给税务登记窗口。

六、注销登记

注销税务登记，是指纳税人由于出现法定情形终止纳税义务时，向原主管税务机关申请办理的取消税务登记的手续，办理注销税务登记的，该当事人不再接受原主管税务机关的管理。

纳税人发生解散、破产、撤销以及依法终止纳税义务情形的，应当在向市场监督管理机关或者其他机关办理注销登记前，持有关证件和资料向原主管税务机关申报办理注销税务登记。

按照规定不需要在市场监督管理机关或者其他机关办理注销登记的纳税人，应当在有关部门批准或宣告注销之日起 15 日内，持有关证件向原主管税务机关申报办理注销税务登记。

纳税人被市场监督管理机关吊销营业执照或者被其他机关予以撤销登记的，应当自营业执照被吊销或者被撤销登记之日起 15 日内，持有关证件向原主管税务机关申报办理注销税务登记。

纳税人因住所、经营地点变动，涉及改变主管税务机关的，应当在向市场监督管理机关或者其他机关申请办理变更、注销登记前，或者住所、经营地点变动前，持有关证件和资料，向原主管税务机关申报办理注销税务登记，并自注销税务登记之日起 30 日内到迁达地重新注册登记。

境外企业在中国境内承包建筑、安装、装配、勘探工程和提供劳务的，应当在项目完工、离开中国前 15 日内，持有关证件和资料，向原主管税务机关申报办理注销税务登记。

已实行“一照一码”登记模式的企业办理注销登记，须先向税务主管机关申报清税，填写“清税申报表”。

税务机关应当分类处理纳税人清税申报，扩大即时办结范围。根据企业经营规模、税款征收方式、纳税信用等级指标进行风险分析，对风险等级低的，当场办结清税手续；对于存在疑点情况的，企业也可以提供税务中介服务机构出具的鉴证报告。税务机关在核查、检查过程中发现涉嫌偷、逃、骗、抗税或虚开发票的，或者需要进行纳税调整等情形的，办理时限自然中止。在清税后，经举报等线索发现少报、少缴税款的，税务机关将相关信息传至登记机关，纳入“黑名单”管理。

过渡期间未换发“一照一码”营业执照的企业申请注销，税务机关按照原规定办理。

办理注销登记的程序如下：

（一）纳税人提出书面申请报告，并提供下列证件、资料

纳税人在向市场监督管理机关办理注销登记前和营业执照被吊销或终止日起 15 日内或迁出日前，向原主管税务机关申报办理注销税务登记，同时向税务登记窗口提供如下资料：

（1）主管部门或董事会（职代会）的决议及其他有关证明文件。

（2）营业执照被吊销的应提交市场监督管理部门发放的吊销决定。

（3）“清税申报表”（适用于已实行“一照一码”登记模式的纳税人办理注销登记）或“注销税务登记申请审批表”（适用于过渡期间未换发“一照一码”营业执照的纳税人办理注销登记）。

（4）分支机构的注销税务登记通知书（涉外企业提供）。

(5) 未使用的发票。

(6) 税务机关要求提供的其他有关证件和资料。

(二) 填报“清税申报表”或“注销税务登记申请审批表”

已实行“一照一码”登记模式的纳税人办理注销登记，须先向税务主管机关申报清税，填写“清税申报表”(略)。纳税人填写完相关内容后，在相关位置盖上单位公章并在经办人签章、法定代表人(负责人)签章处签上相关人员姓名，然后将“清税申报表”交至税务登记窗口。受理税务机关根据清税结果向纳税人统一出具“清税证明”。

过渡期间未换发“一照一码”营业执照的纳税人申请注销，需要领取并填写“注销税务登记申请审批表”。纳税人填写完相关内容后，在相关位置加盖单位公章并在经办人签章、法定代表人(负责人)签章处签上相关人员姓名，然后将“注销税务登记申请审批表”交至税务登记窗口。

(三) 税务机关核准

纳税人办理注销税务登记前，应当向税务机关提交相关证明文件和资料，结清应纳税款、多退(免)税款、滞纳金和罚款，缴销发票及相关税务证件，经税务机关核准后，办理注销税务登记手续。

【特别提示】自 2022 年 7 月 14 日起，简化市场主体注销环节的清税文书办理的规定如下：

(1) 营业执照和税务登记证“两证整合”改革实施后设立登记的个体工商户，向市场监管部门申请简易注销，符合下列条件之一的，可免于到税务机关办理清税证明：

① 未办理过涉税事宜的；

② 办理过涉税事宜但没有领用、没有申请代开过发票，且没有欠税和没有其他未办结事项的。

(2) 经人民法院裁定强制清算的市场主体，持人民法院终结强制清算程序的裁定向税务机关申请开具清税文书的，税务机关即时开具。

七、跨区域涉税事项报验管理

根据《国家税务总局关于创新跨区域涉税事项报验管理制度的通知》(税总发〔2017〕103号)和《国家税务总局关于明确跨区域涉税事项报验管理相关问题的公告》(国家税务总局公告 2018 年第 38 号)，就创新跨区域涉税事项报验管理制度、优化办理流程、自 2018 年 7 月 5 日起的新税务机构挂牌后跨区域涉税事项报验管理等有关事项归纳如下：

1. 外出经营活动税收管理的更名与创新

(1) 将“外出经营活动税收管理”更名为“跨区域涉税事项报验管理”。外出经营活动税收管理作为现行税收征管的一项基本制度，是《税收征管法实施细则》和《增值税暂行条例》规定的法定事项，也是落实现行财政分配体制、解决跨区域经营纳税人的税收收入及征管职责在机构所在地与经营地之间划分问题的管理方式，对维持税收属地入库原则、防止漏征漏管和重复征收具有重要作用。按照该项制度的管理实质，将其更名为“跨区域涉税事项报验管理”。

(2) 纳税人跨区域经营前不再开具相关证明，改为填报《跨区域涉税事项报告表》。纳税人跨省(自治区、直辖市和计划单列市)临时从事生产经营活动的，不再开具《外出经营活动税收管理证明》，改向机构所在地的税务机关填报《跨区域涉税事项报告表》。纳税人在省(自治区、直辖市和计划单列市)内跨县(市)临时从事生产经营活动的，是否实施跨区域涉税事项报验管理由各省(自治区、直辖市和计划单列市)税务机关自行确定。

(3) 取消跨区域涉税事项报验管理的固定有效期。税务机关不再按照 180 天设置报验管理的固定有效期，改按跨区域经营合同执行期限作为有效期限。合同延期的，纳税人可向经营地或机构所在地的税务机关办理报验管理有效期限延期手续。

(4) 实行跨区域涉税事项报验管理信息电子化。跨区域报验管理事项的报告、报验、延期、反馈等信息，通过信息系统在机构所在地和经营地的税务机关之间传递，实时共享。

2. 跨区域涉税事项报告、报验及反馈

(1)《跨区域涉税事项报告表》填报。具备网上办税条件的，纳税人可通过网上办税系统，自主填报《跨区域涉税事项报告表》。不具备网上办税条件的，纳税人向主管税务机关（办税服务厅）填报《跨区域涉税事项报告表》，并出示加载统一社会信用代码的营业执照副本（未换照的出示税务登记证副本），或加盖纳税人公章的副本复印件（以下统称"税务登记证件"）；已实行实名办税的纳税人只需填报《跨区域涉税事项报告表》。

(2) 跨区域涉税事项报验。跨区域涉税事项由纳税人首次在经营地办理涉税事宜时，向经营地的税务机关报验跨区域涉税事项。

(3) 跨区域涉税事项信息反馈。纳税人跨区域经营活动结束后，应当结清经营地的税务机关的应纳税款以及其他涉税事项，向经营地的税务机关填报《经营地涉税事项反馈表》。

经营地的税务机关核对《经营地涉税事项反馈表》后，及时将相关信息反馈给机构所在地的税务机关。纳税人不需要另行向机构所在地的税务机关反馈。

(4) 跨区域涉税事项反馈信息的处理。机构所在地的税务机关要设置专岗，负责接收经营地的税务机关反馈信息，及时以适当方式告知纳税人，并适时对纳税人已抵减税款、在经营地已预缴税款和应预缴税款进行分析、比对，发现疑点的，及时推送至风险管理部门或者稽查部门组织应对。

任务三　增值税一般纳税人登记

【情境引例】

甲公司为一家工业企业，年应税销售额为400万元，属于增值税小规模纳税人。近期甲公司的主要客户要求甲公司必须开具税率为13%的增值税专用发票，否则将不再购买甲公司的产品，这迫使甲公司要积极成为增值税一般纳税人。请问甲公司如何才能成为增值税一般纳税人？

【知识准备与业务操作】

增值税纳税人分为一般纳税人和小规模纳税人两类，分别规定其计税办法和管理办法。自2015年4月1日起，增值税一般纳税人资格实行登记制，登记事项由增值税纳税人向其主管税务机关办理。

一、增值税一般纳税人的标准和登记程序

（一）增值税一般纳税人的标准

增值税纳税人（以下简称"纳税人"），年应税销售额超过财政部、国家税务总局规定的小规模纳税人标准的，应当向其机构所在地主管税务机关办理一般纳税人登记。其中"年应税销售额"，是指纳税人在连续不超过12个月或4个季度的经营期内累计应征增值税销售额，包括纳税申报销售额、稽查查补销售额、纳税评估调整销售额。其中，纳税申报销售额是指纳税人自行申报的全部应征增值税销售额，其中包括免税销售额和税务机关代开发票销售额。稽查查补销售额和纳税评估调整销售额计入查补税款申报当月（或当季）的销售额，不

计入税款所属期销售额。经营期是指在纳税人存续期内的连续经营期间，含未取得销售收入的月份或季度。

自 2018 年 5 月 1 日起，增值税小规模纳税人的标准统一为年应征增值税销售额 500 万元及以下。年应税销售额未超过财政部、国家税务总局规定的小规模纳税人标准的纳税人，会计核算健全，能够提供准确税务资料的，可以向主管税务机关申请办理一般纳税人登记。

（二）增值税一般纳税人登记程序

1. 新开办（“新开办”可以简称为“新办”）企业一般纳税人登记程序

新开办企业填报“新办纳税人涉税事项综合申请表”，如表 1-11 所示。

表 1-11　　新办纳税人涉税事项综合申请表

<table>
<tr><td rowspan="3">基本信息</td><td>纳税人名称</td><td>青岛宏远电子有限公司</td><td>统一社会信用代码</td><td>91370203765676788N</td></tr>
<tr><td>经办人</td><td>王　晓</td><td>身份证件类型</td><td>身份证</td></tr>
<tr><td>证件号码</td><td>370212197502023532</td><td>联系电话</td><td>0532-87783×××</td></tr>
<tr><td rowspan="5">增值税一般纳税人资格登记</td><td colspan="4">是否登记为增值税一般纳税人：是□；否☑（无需填写以下一般纳税人资格登记信息）</td></tr>
<tr><td colspan="2">纳税人类别：</td><td colspan="2">企业□　个体工商户□　农民合作社□　其他□
（请选择一个项目并在□内打“√”）</td></tr>
<tr><td colspan="2">主营业务类别：</td><td colspan="2">工业□　商业□　服务业□　其他□
（请选择一个项目并在□内打“√”）</td></tr>
<tr><td colspan="2">会计核算健全：</td><td colspan="2">是□　（请选择一个项目并在□内打“√”）</td></tr>
<tr><td colspan="3">一般纳税人资格生效之日：</td><td>当月 1 日□　次月 1 日□
（请选择一个项目并在□内打“√”）</td></tr>
<tr><td rowspan="11">首次办税申领发票</td><td>发票种类名称</td><td>单份发票最高开票限额</td><td>每月最高领票数量</td><td>领票方式</td></tr>
<tr><td></td><td></td><td></td><td></td></tr>
<tr><td></td><td></td><td></td><td></td></tr>
<tr><td></td><td></td><td></td><td></td></tr>
<tr><td>领票人</td><td>联系电话</td><td>身份证件类型</td><td>身份证件号码</td></tr>
<tr><td></td><td></td><td></td><td></td></tr>
<tr><td></td><td></td><td></td><td></td></tr>
<tr><td colspan="2">税务行政许可申请事项：</td><td colspan="2">增值税专用发票（增值税税控系统）最高开票限额审批</td></tr>
<tr><td colspan="2">增值税专用发票（增值税税控系统）最高开票限额申请</td><td colspan="2">一千元□　一万元□　十万元□
（请选择一个项目并在□内打“√”）</td></tr>
<tr><td colspan="4"></td></tr>
<tr><td colspan="4"></td></tr>
<tr><td colspan="5">纳税人声明：能够提供准确税务资料，上述各项内容真实、可靠、完整。如有虚假，愿意承担相关法律责任。
经办人：王晓　　代理人：　　纳税人（印章）：青岛宏远电子有限公司
2021 年 11 月 20 日</td></tr>
</table>

【填表说明】：1. 本表适用于新办企业，新办个体工商户、农民合作社可参照适用；
2. 表单一式一份，由税务机关留存。

2020年6月底前，企业开办涉税事项办理全部实现一套资料、一窗受理、一次提交、一次办结。进一步压缩企业开办首次办税时申领增值税发票时间，有条件的地区可以压缩至1个工作日内。新开办企业时，纳税人依申请办理的事项包括登记信息确认、发票票种核定、增值税一般纳税人登记、增值税专用发票最高开票限额审批、增值税税控系统专用设备初始发行（含税务UKey发放）、发票领用等6个事项；税务机关依职权办理的事项为主管税务机关及科所分配、税（费）种认定等2个事项。除上述事项之外，各地不得擅自增加其他事项作为企业开办事项。企业开办实现"一表集成"。企业开办首次申领发票涉及相关事项所需填写、确认的"增值税一般纳税人登记表""纳税人领用发票票种核定表""税务行政许可申请表""增值税专用发票最高开票限额申请单"等集成至"新办纳税人涉税事项综合申请表"，由纳税人一次填报和确认，实现企业开办"一表集成"。

2. 非新开办企业一般纳税人登记程序

非新开办企业向主管税务机关填报"增值税一般纳税人登记表"，如表1-12所示，如实填写固定生产经营场所等信息，并提供税务登记证件（包括纳税人领取的由工商行政管理部门核发的加载法人和其他组织统一社会信用代码的营业执照）。

纳税人填报内容与税务登记信息一致的，主管税务机关应当场登记。

纳税人填报内容与税务登记信息不一致，或者不符合填列要求的，税务机关应当场告知纳税人需要补正的内容。

纳税人年应税销售额超过规定标准的，且不符合可以选择按小规模纳税人纳税的有关政策规定，应当在年应税销售额超过规定标准的月份（或季度）的所属申报期结束后15日内按照上述规定办理一般纳税人登记手续；未按规定时限办理的，主管税务机关应当在规定期限结束后5个工作日内制作"税务事项通知书"，告知纳税人应当在5个工作日内向主管税务机关办理一般纳税人登记手续。逾期仍不办理的，次月起按销售额依照增值税税率计算应纳税额，不得抵扣进项税额，直至纳税人办理一般纳税人登记手续为止。

纳税人自一般纳税人生效之日起，按照增值税一般计税方法计算应纳税额，并可以按照规定领用增值税专用发票，财政部、国家税务总局另有规定的除外。生效之日，是指纳税人办理登记的当月1日或者次月1日，由纳税人在办理登记手续时自行选择。

表1-12　　增值税一般纳税人登记表

<table>
<tr><td>纳税人名称</td><td colspan="2">青岛宏远电子有限公司</td><td>社会信用代码
（纳税人识别号）</td><td colspan="2">91370203765676788N</td></tr>
<tr><td>法定代表人
（负责人、业主）</td><td>王宝</td><td>证件名称及号码</td><td>身份证
370212198503150632</td><td>联系电话</td><td>0532-87785×××</td></tr>
<tr><td>财务负责人</td><td>孙强</td><td>证件名称及号码</td><td>身份证
370212198302285601</td><td>联系电话</td><td>0532-87784×××</td></tr>
<tr><td>办税人员</td><td>王晓</td><td>证件名称及号码</td><td>身份证
370212197502023532</td><td>联系电话</td><td>0532-87783×××</td></tr>
<tr><td>税务登记日期</td><td colspan="5">2021年11月20日</td></tr>
<tr><td>生产经营地址</td><td colspan="5">青岛市市北区辽阳路120号</td></tr>
<tr><td>注册地址</td><td colspan="5">青岛市市北区辽阳路120号</td></tr>
</table>

续 表

纳税人类别：企业☑ 非企业性单位☐ 个体工商户☐ 其他☐	
主营业务类别：工业☑ 商业☐ 服务业☐ 其他☐	
会计核算健全：是☑	
一般纳税人生效之日：当月1日☑ 次月1日☐	
纳税人(代理人)承诺： 会计核算健全，能够提供准确税务资料，上述各项内容真实、可靠、完整。如有虚假，愿意承担相关法律责任。 经办人：王晓 法定代表人：王宝 代理人： （签章） 2022年7月16日	
以下由税务机关填写	
主管税务机关受理情况	受理人： 主管税务机关(章) 年 月 日

【情境引例解析】

根据《关于增值税一般纳税人登记管理办法》(国家税务总局令第43号)的规定，年应税销售额未超过财政部、国家税务总局规定的小规模纳税人标准的纳税人，会计核算健全，能够提供准确税务资料的，可以向主管税务机关办理一般纳税人登记。会计核算健全，是指能够按照国家统一的会计制度规定设置账簿，根据合法、有效凭证进行核算。

根据《财政部 税务总局关于统一增值税小规模纳税人标准的通知》(财税〔2018〕33号)的规定，自2018年5月1日起，增值税小规模纳税人标准统一为年应征增值税销售额(年应税销售额)500万元及以下。

甲公司要成为一般纳税人，应当满足下列条件之一：①使自身年应税销售额超过财政部、国家税务总局规定的小规模纳税人标准。即甲公司应当努力使自身年应税销售额超过500万元。②若甲公司自身年应税销售额不能超过500万元，则努力使自身满足“能够按照国家统一的会计制度规定设置账簿，根据合法、有效凭证核算，能够提供准确税务资料”这一条件。

无论满足上述哪种条件，甲公司均需要向主管税务机关办理一般纳税人登记，主管税务机关应当为其办理一般纳税人登记。

二、不办理一般纳税人登记的情况

下列纳税人不办理一般纳税人登记：

（1）按照政策规定，选择按照小规模纳税人纳税的；

（2）年应税销售额超过规定标准的其他个人。

纳税人年应税销售额超过财政部、国家税务总局规定标准（以下简称“规定标准”），且符合有关政策规定，选择按小规模纳税人纳税的，应当向主管税务机关提交书面说明，如表 1-13 所示。

表 1-13　　选择按小规模纳税人纳税的情况说明

<table>
<tr><td>纳税人名称</td><td></td><td>社会信用代码
（纳税人识别号）</td><td></td></tr>
<tr><td colspan="2" rowspan="2">连续不超过 12 个月或四个季度的经营期内
累计应税销售额</td><td colspan="2">货物劳务：　年　月至　年　月共　　元。</td></tr>
<tr><td colspan="2">应税行为：　年　月至　年　月共　　元。</td></tr>
<tr><td>情况
说明</td><td colspan="3"></td></tr>
<tr><td colspan="4">纳税人（代理人）承诺：
上述各项内容真实、可靠、完整。如有虚假，愿意承担相关法律责任。

经办人：　　法定代表人：　　代理人：　　（签章）
年　月　日</td></tr>
<tr><td colspan="4">以下由税务机关填写</td></tr>
<tr><td>税务
机关
受理
情况</td><td colspan="3">受理人：　　受理税务机关（章）
年　月　日</td></tr>
</table>

纳税人年应税销售额超过规定标准的，且符合有关政策规定，选择按小规模纳税人纳税的，应当在年应税销售额超过规定标准的月份（或季度）的所属申报期结束后 15 日内向主管

税务机关提交书面说明；未按规定时限办理的，主管税务机关应当在规定期限结束后5个工作日内制作“税务事项通知书”，告知纳税人应当在5个工作日内向主管税务机关提交书面说明。逾期仍不提交书面说明的，次月起按销售额依照增值税税率计算应纳税额，不得抵扣进项税额，直至纳税人提交书面说明为止。

【特别提示】个体工商户以外的其他个人年应税销售额超过规定标准的，不需要向主管税务机关提交书面说明。

三、增值税一般纳税人登记的其他规定

除国家税务总局另有规定外，纳税人一经登记为一般纳税人后，不得转为小规模纳税人。主管税务机关可以在一定期限内对下列一般纳税人实行纳税辅导期管理：①新登记为一般纳税人的小型商贸批发企业；②国家税务总局规定的其他一般纳税人。

纳税辅导期管理的具体办法详见“国家税务总局关于印发《增值税一般纳税人纳税辅导期管理办法》的通知(国税发〔2010〕40号)”文。

为配合“一照一码”登记制度改革，国家税务总局对增值税一般纳税人管理有关事项进行了调整，主管税务机关在为纳税人办理增值税一般纳税人登记时，纳税人税务登记证件上不再加盖“增值税一般纳税人”戳记。经主管税务机关核对后，退还纳税人留存的“增值税一般纳税人登记表”，可以作为证明纳税人具备增值税一般纳税人资格的凭据。

【情境实例1-3】

1. 工作任务要求

(1) 填写青岛宏远电子有限公司的“新办纳税人涉税事项综合申请表”中的“基本信息”和“增值税一般纳税人资格登记”部分(其他部分为“任务四 发票管理”的内容)。

(2) 填写青岛宏远电子有限公司的“增值税一般纳税人登记表”。

2. 情境实例设计

沿用【情境实例1-2】中的案例，青岛宏远电子有限公司成立时未登记为增值税一般纳税人，而是选择了增值税小规模纳税人身份，2021年11月20日该公司填写“新办纳税人涉税事项综合申请表”。青岛宏远电子有限公司2021年11月至2022年6月累计应税销售额共530万元(超过500万元)。2022年7月16日该公司办理增值税一般纳税人登记。其中财务负责人孙强的身份证号码为370212198302285601，联系电话为0532-87784×××。

3. 任务实施过程

(1) 填写“新办纳税人涉税事项综合申请表”中的“基本信息”和“增值税一般纳税人资格登记”部分(表1-11)。

(2) 填写“增值税一般纳税人登记表”(表1-12)。

任务四 发票管理

【情境引例】

甲公司在乙商场设立销售专柜，由乙商场统一收款，请问开具发票时，是以乙商场的名义开具还是以甲公司的名义开具？

【知识准备与业务操作】

一、发票的申领

发票，是指在购销商品、提供或者接受服务以及从事其他经营活动中，开具、收取的收付款凭证。

【点拨指导】发票是确定经济收支行为发生的证明文件，是财务收支的法定凭证和会计核算的原始凭证，也是税务稽查的重要依据。

国务院税务主管部门统一负责全国的发票管理工作。省、自治区、直辖市税务局（以下统称"省、自治区、直辖市税务机关"）依据各自的职责，共同做好本行政区域内的发票管理工作。财政、审计、市场监督管理、公安等有关部门在各自的职责范围内，配合税务机关做好发票管理工作。发票的种类、联次、内容以及使用范围由国务院税务主管部门规定。发票的类型主要有增值税专用发票（含机动车销售统一发票）、增值税普通发票、特定范围继续使用的其他发票。

增值税专用发票由国务院税务主管部门确定的企业印制；增值税专用发票以外的其他发票，按照国务院税务主管部门的规定，由省、自治区、直辖市税务机关确定的企业印制。禁止私自印制、伪造、变造发票。

需要申领发票的单位和个人，应当持经办人身份证，到主管税务机关的发票自助申领机器办理发票申领手续；或登录手机"税税通"应用软件，进行发票申领，选择发票邮寄，经主管税务机关审核通过后，由税务机关统一进行快递邮寄。

依法办理税务登记的单位和个人首次申领发票时，申领发票的单位和个人应当提出购票申请，提供"一照一码"营业执照副本、经办人身份证明或者其他有关证明，以及发票专用章的印模，经主管税务机关审核后，准予申领发票。申领发票的单位和个人凭经办人身份证到主管税务机关的发票自助申领机器办理发票申领手续，或登录"税税通"应用软件，进行发票申领，选择通过"邮寄"的方式来取得发票，经主管税务机关审核通过后，由税务机关统一进行快递邮寄。

需要临时使用发票的单位和个人，可以凭购销商品、提供或者接受服务以及从事其他经营活动的书面证明和经办人身份证明，直接向经营地税务机关申请代开发票。依照税收法律、行政法规规定应当缴纳税款的，税务机关应当先征收税款，再开具发票。税务机关根据发票管理的需要，可以按照国务院税务主管部门的规定委托其他单位代开发票。禁止非法代开发票。

临时到本省、自治区、直辖市从事经营活动的单位或者个人，应当凭购销商品、提供或者接受服务以及从事其他经营活动的书面证明，向经营地税务机关申领经营地的发票。临时在本省、自治区、直辖市以内跨市、县从事经营活动申领发票的办法，由省、自治区、直辖市税务机关规定。税务机关对外省、自治区、直辖市来本辖区从事临时经营活动的单位和个人申领发票的，可以要求其提供保证人或者根据所申领发票的票面限额及数量缴纳不超过 1 万元的保证金，以限期缴销发票。按期缴销发票的，解除保证人的担保义务或者退还保证金；未按期缴销发票的，由保证人或者以保证金承担法律责任。税务机关收取保证金应当开具资金往来结算票据。

（一）增值税普通发票和增值税专用发票申领的申请、核发和首次申领

2020 年 6 月底前，企业开办涉税事项办理全部实现一套资料、一窗受理、一次提交、一次

办结。进一步压缩企业开办首次办税时申领增值税发票的时间，有条件的地区可以压缩至1个工作日内。规范企业开办涉税事项。

新开办企业时，纳税人依申请办理的事项包括登记信息确认、发票票种核定、增值税一般纳税人登记、增值税专用发票最高开票限额审批、增值税税控系统专用设备初始发行（含税务 UKey 发放）、发票领用等6个事项；税务机关依职权办理的事项为主管税务机关及科所分配、税（费）种认定等2个事项。除上述事项之外，各地不得擅自增加其他事项作为企业开办事项。

推行企业开办"一表集成"。企业开办首次申领发票涉及相关事项所需填写、确认的"增值税一般纳税人登记表""纳税人领用发票票种核定表""税务行政许可申请表""增值税专用发票最高开票限额申请单"等集成至"新办纳税人涉税事项综合申请表"（表1-11），由纳税人一次填报和确认，实现企业开办"一表集成"。

同时满足下列条件的新办纳税人首次申领增值税发票，主管税务机关应当自受理申请之日起2个工作日内办结，有条件的主管税务机关当日办结：①纳税人的办税人员、法定代表人已经进行实名信息采集和验证（需要采集、验证法定代表人实名信息的纳税人范围由各省税务机关确定）；②纳税人有开具增值税发票需求，主动申领发票；③纳税人按照规定办理税控设备发行等事项。即时办结的，直接出具和送达《准予税务行政许可决定书》，不再出具《税务行政许可受理通知书》。

纳税人首次申领增值税普通发票、增值税专用发票时，经办人应当持身份证，到主管税务机关填报和确认"新办纳税人涉税事项综合申请表"，并加盖纳税人公章。然后经办人可以持身份证，当场通过主管税务机关的发票自助申领机器办理发票申领手续，当场就可以通过自助申领机器取得发票；经办人也可以不当场申领发票，而是登录"税税通"应用软件，进行发票申领，选择通过"邮寄"的方式来取得发票，经主管税务机关审核通过后，由税务机关统一进行快递邮寄发票。

（二）增值税普通发票、增值税专用发票的非首次申领

纳税人非首次申领增值税普通发票、增值税专用发票时，经办人可以持身份证到主管税务机关通过发票自助申领机器办理发票申领手续，当场就可以通过自助申领机器取得发票；经办人也可以不到主管税务机关申领发票，而是登录"税税通"应用软件，进行发票申领，选择通过"邮寄"的方式来取得发票，经主管税务机关审核通过后，由税务机关统一进行快递邮寄发票。

二、发票的开具和保管

销售商品、提供服务以及从事其他经营活动的单位和个人，对外发生经营业务后收取款项，收款方应当向付款方开具发票；特殊情况下，由付款方向收款方开具发票。

情境讨论："由付款方向收款方开具发票"是什么意思？

发票的开具和保管应注意以下问题：

（1）所有单位和从事生产、经营活动的个人在购买商品、接受服务以及从事其他经营活

动支付款项，应当向收款方取得发票。取得发票时，不得要求变更品名和金额。

（2）不符合规定的发票，不得作为财务报销凭证，任何单位和个人有权拒收。

（3）开具发票应当按照规定的时限、顺序、栏目，全部联次一次性如实开具，并加盖发票专用章。具体来说，单位和个人在开具发票时，必须做到按照号码顺序填开，填写项目齐全，内容真实，字迹清楚，全部联次一次打印，内容完全一致，并在发票联和抵扣联加盖发票专用章。任何单位和个人不得有下列虚开发票行为：①为他人、为自己开具与实际经营业务情况不符的发票；②让他人为自己开具与实际经营业务情况不符的发票；③介绍他人开具与实际经营业务情况不符的发票。

（4）安装税控装置的单位和个人，应当按照规定使用税控装置开具发票，并按期向主管税务机关报送开具发票的数据。使用非税控电子器具开具发票的，应当将非税控电子器具使用的软件程序说明资料报主管税务机关备案，并按照规定保存、报送开具发票的数据。

（5）任何单位和个人应当按照发票管理规定使用发票，不得有下列行为：①转借、转让、介绍他人转让发票、发票监制章和发票防伪专用品；②知道或者应当知道是私自印制、伪造、变造、非法取得或者废止的发票而受让、开具、存放、携带、邮寄、运输；③拆本使用发票；④扩大发票使用范围；⑤以其他凭证代替发票使用。

税务机关应当提供查询发票真伪的便捷渠道。

（6）除国务院税务主管部门规定的特殊情形外，发票限于申领单位和个人在本省、自治区、直辖市内开具。省、自治区、直辖市税务机关可以规定跨市、县开具发票的办法。

（7）除国务院税务主管部门规定的特殊情形外，任何单位和个人未经批准，不得跨规定的使用区域携带、邮寄、运输空白发票。禁止携带、邮寄或者运输空白发票出入境。

（8）开具发票的单位和个人应当建立发票使用登记制度，设置发票登记簿，并定期向主管税务机关报告发票使用情况。

（9）开具发票的单位和个人应当在办理变更或者注销税务登记的同时，办理发票缴销手续。

（10）开具发票的单位和个人应当按照税务机关的规定存放和保管发票，不得擅自损毁。已经开具的发票存根联和发票登记簿，应当保存5年。保存期满，报经税务机关查验后销毁。

（11）自2017年7月1日起，购买方为企业的，索取增值税普通发票时，应向销售方提供纳税人识别号或统一社会信用代码；销售方为其开具增值税普通发票时，应在“购买方纳税人识别号”栏填写购买方的纳税人识别号或统一社会信用代码。不符合规定的发票，不得作为税收凭证。企业，包括公司、非公司制企业法人、企业分支机构、个人独资企业、合伙企业和其他企业。

（12）销售方开具增值税发票时，发票应按照实际销售情况如实开具，不得根据购买方要求填开与实际交易不符的内容。销售方开具发票时，通过销售平台系统与增值税发票税控系统后台对接，导入相关信息开票的，系统导入的开票数据内容应与实际交易相符，如不相符应及时修改完善销售平台系统。

（13）国家税务总局编写了《商品和服务税收分类与编码》，并在新系统中增加了编码相

1

关功能。

纳税人应当及时完成增值税发票税控开票软件升级和自身业务系统调整，并按照更新后的《商品和服务税收分类编码表》开具增值税发票。

【特别提示】2016 年 1 月 1 日起，全国范围使用增值税电子发票系统开具增值税电子普通发票。增值税电子普通发票的开票方和受票方需要纸质发票的，可以自行打印增值税电子普通发票的版式文件，其法律效力、基本用途、基本使用规定等与税务机关监制的增值税普通发票相同。

【特别提示】自 2020 年 12 月 21 日起，在天津、河北、上海、江苏、浙江、安徽、广东、重庆、四川、宁波和深圳等 11 个地区的新办纳税人中实行专票电子化，受票方范围为全国。其中，宁波、石家庄和杭州等 3 个地区已试点纳税人开具增值税电子专用发票（以下简称“电子专票”）的受票方范围扩至全国。自 2021 年 1 月 21 日起，在北京、山西、内蒙古、辽宁、吉林、黑龙江、福建、江西、山东、河南、湖北、湖南、广西、海南、贵州、云南、西藏、陕西、甘肃、青海、宁夏、新疆、大连、厦门和青岛等 25 个地区的新办纳税人中实行专票电子化，受票方范围为全国。电子专票由各省税务局监制，采用电子签名代替发票专用章，属于增值税专用发票，其法律效力、基本用途、基本使用规定等与增值税纸质专用发票相同。

【情境引例解析】

《中华人民共和国发票管理办法》规定，销售商品、提供服务以及从事其他经营活动的单位和个人，对外发生经营业务收取款项，收款方应向付款方开具发票。考虑经营实质内容，乙商场统一收款，因此，应当由乙商场开具发票。

【情境辨析 1-4】

1. 情境辨析目的

掌握我国发票管理的有关规定。

2. 情境辨析设计

根据我国《税收征管法》和《发票管理办法》的规定，下列关于发票管理的说法中，正确的有（　　）。

A. 国务院税务主管部门统一负责全国的发票管理工作

B. 纳税人申领发票，主管税务机关有权要求其提供担保人，不能提供担保人的，可以视其情况，要求其提供保证金，并限期缴销发票

C. 增值税专用发票由省、自治区、直辖市税务机关确定的企业印制

D. 未经批准，任何单位和个人不得携带空白发票跨省开具

3. 情境辨析过程

答案：A、D

解析：选项 B，税务机关只有对外省、自治区、直辖市来本辖区从事临时经营活动的单位和个人申领发票的，可以要求其提供保证人或者根据所申领发票的票面限额及数量缴纳不超过一万元的保证金，以限期缴销发票。选项 C，增值税专用发票由国务院税务主管部门确定的企业印制；增值税专用发票以外的其他发票，按照国务院税务主管部门的规定，由省、自治区、直辖市税务机关确定的企业印制；禁止私自印制、伪造、变造发票。

实务咨询：我公司因发票违法被处罚后再次出现同样的问题，再次受到处罚，请问再次处罚是否违反一事不二罚的原则？

实务讨论：我公司承接甲方的一项工程改造项目，在施工过程中需要耗用电力。电力公司开通线路时，要求必须是由业主方办理。由于我公司是承包单位，故线路的开通方是甲方，电力公司收费时开具的发票抬头也是甲方，并由甲方支付电费。但实际用电的是我公司，在承包合同中我公司已与甲方约定电费由我公司承担，故我公司与甲方约定将电费款从工程进度款中扣除。由此造成我公司会计做账时，电费成本无发票入账。请问我公司是否可以用发票复印件入账？如果不能，应当怎样处理？

讨论提示

任务五　纳 税 申 报

【情境引例】

甲公司从事免税项目，但未办理纳税申报。后来税务机关查出了该问题，对甲公司进行了处罚。请问税务机关的做法正确吗？

【知识准备与业务操作】

一、纳税申报的认知

（一）纳税申报的含义

纳税申报，是指纳税人、扣缴义务人根据税法规定，定期或者不定期地就计算缴纳或扣缴税款的有关事项向税务机关提交书面报告或者电子报告的法定手续。纳税申报是判定纳税人、扣缴义务人是否履行纳税义务或者扣缴税款义务，界定法律责任的主要依据。

【特别提示】由于我国纳税人负有教育费附加、地方教育附加等附加费的缴纳义务，严格来说，纳税申报应当称为“税费申报”。为统一起见，本书整体上仍采用“纳税申报”等专业术语。

（二）纳税申报的主体

凡是按照国家税收法律规范负有纳税义务的纳税人（含享受减免税的纳税人）、扣缴义务人，无论本期有无应纳税款或者应扣缴税款，都必须按照税法规定的期限如实向主管税务机关办理纳税申报。

纳税人应当指派专门的办税人员持《办税员证》办理纳税申报。纳税人必须客观、真实地填报纳税申报表及相关附表（或附列资料），并加盖单位公章，同时按照税务机关的要求保存或者提供有关纳税申报资料。纳税人对报送资料的真实性和合法性承担法律责任。

（三）纳税申报的内容

纳税人、扣缴义务人的纳税申报或者代扣代缴、代收代缴税款报告表的主要内容包括：税种、税目，应纳税项目或者应代扣代缴、代收代缴税款项目，计税依据，扣除项目及标准，适用税率或者单位税额，应退税项目及税额、应减免税项目及税额，应纳税额或者应代扣代缴、代收代缴税额，税款所属期限、延期缴纳税款、欠税、滞纳金等。

（四）纳税人需要报送的纳税资料

纳税人必须依照法律、行政法规规定或者税务机关依照法律、行政法规的规定确定的申报期限、申报内容如实办理纳税申报，报送纳税申报表、财务会计报表以及税务机关根据实际需要要求纳税人报送的其他纳税资料。纳税人办理纳税申报时，应根据不同的情况相应报送下列有关证件、资料：

（1）财务会计报表及其他说明材料；

（2）与纳税有关的合同、协议书及凭证；

（3）税控装置的电子报税资料；

（4）跨区域涉税事项报告表和异地完税凭证；

（5）境内或者境外公证机构出具的有关证明文件；

（6）税务机关规定应当报送的其他有关证件、资料。

另外，扣缴义务人办理代扣代缴、代收代缴税款报告时，应当如实填写代扣代缴、代收代缴税款报告表，并报送代扣代缴、代收代缴税款的合法凭证以及税务机关规定的其他有关证件、资料。

二、纳税申报方式

纳税申报方式是指纳税人、扣缴义务人在发生纳税义务和代扣代缴、代收代缴义务后，在其纳税申报期限内，依照税收法律规范的规定向指定税务机关进行申报纳税的形式。目前我国纳税申报方式主要有以下几种。

（一）直接申报

直接申报，又称上门申报，是指纳税人、扣缴义务人直接到税务机关的办税服务厅进行纳税申报。

【点拨指导】直接申报是传统的纳税申报方式。

（二）数据电文申报

数据电文申报是指纳税人、扣缴义务人通过税务机关确定的电话语音、电子数据交换和网络传输等电子方式进行的纳税申报。数据电文申报运用了先进的电子信息技术，代表着纳税申报方式的发展方向和趋势，使用范围越来越普遍。纳税人、扣缴义务人采取数据电文方式办理纳税申报的，应当按照主管税务机关规定的期限和要求保存有关资料，并定期书面报送主管税务机关。

【点拨指导】纳税人的网上申报，是数据电文申报方式的一种形式。

【特别提示】纳税人、扣缴义务人采取数据电文方式办理纳税申报的，其申报日期以主管税务机关计算机网络系统收到该数据电文的时间为准，与数据电文相对应的纸质纳税申报资料的报送期限由主管税务机关确定。

（三）委托申报

委托申报是指纳税人、扣缴义务人委托中介机构（如会计师事务所、税务师事务所、会计代理记账公司等）代为纳税申报。

（四）邮寄申报

邮寄申报是指纳税人、扣缴义务人通过邮政部门邮寄纳税申报表等纳税资料给税务机关的方式进行的纳税申报。纳税人、扣缴义务人采取邮寄方式办理纳税申报的，应当使用统一的纳税申报专用信封，并从邮政部门索取收据作为申报凭据。

【特别提示】邮寄申报以寄出的邮戳日期为实际申报日期。

（五）简易申报与简并征期

对实行定期定额征收方式缴纳税款的纳税人，可以实行简易申报、简并征期等申报纳税方式。"简易申报"是指实行定期定额征收方式缴纳税款的纳税人在税收法律规范规定的期限内或者税务机关依照税收法律规范的规定确定的期限内缴纳税款的，税务机关可以将缴纳税款视同申报。"简并征期"则是指实行定期定额征收方式缴纳税款的纳税人，经税务机关批准，可以采取将纳税期限合并为按季、半年、一年的方式缴纳税款，税务机关可以将缴纳税款视同申报。

三、纳税申报的具体要求

（1）纳税人、扣缴义务人，不论当期是否发生纳税义务，除经税务机关批准外，均应当按照规定办理纳税申报或者报送代扣代缴、代收代缴税款报告表。

（2）纳税人享受减税、免税待遇的，在减税、免税期间应当按照规定办理纳税申报。

（3）纳税人、扣缴义务人按照规定的期限办理纳税申报或者报送代扣代缴、代收代缴税款报告表确有困难，需要延期的，应当在规定的期限内向税务机关提出书面延期申请，经税务机关核准，在核准的期限内办理。

纳税人、扣缴义务人因不可抗力，不能按期办理纳税申报或者报送代扣代缴、代收代缴税款报告表的，可以延期办理；但是，在不可抗力情形消除后，应当立即向税务机关报告。税务机关应当查明事实，予以批准。

经核准延期办理前款规定的申报、报送事项的，应当在纳税期内按照上期实际缴纳的税额或者税务机关核定的税额预缴税款，并在核准的延期内办理税款结算。

实务释疑：我公司不能按期办理纳税申报的，经税务机关核准，可以延期申报，在纳税期内按照税务机关核定的税额预缴税款，并在核准的延期内办理税款结算。我公司办理税款结算时，发现预缴税款小于实际应纳税额，需要补缴税款，请问对补缴的税款是否征收滞纳金？

答：《国家税务总局关于延期申报预缴税款滞纳金问题的批复》（国税函〔2007〕753号）规定："①《中华人民共和国税收征收管理法》（以下简称"《税收征管法》"）第二十七条规定，纳税人不能按期办理纳税申报的，经税务机关核准，可以延期申报，但要在纳税期内按照上期实际缴纳的税额或者税务机关核定的税额预缴税款，并在核准的延期内办理税款结算。预缴税款之后，按照规定期限办理税款结算的，不适用税收征管法第三十二条关于纳税人未按期缴纳税款而被加收滞纳金的规定。②经核准预缴税款之后按照规定办理税款结算而补缴税款的各种情形，均不适用加收滞纳金的规定。在办理税款结算之前，预缴的税额可能大于或小于应纳税额。当预缴税额大于应纳税额时，税务机关结算退税但不向纳税人计退利息；当预缴税额小于应纳税额时，税务机关在纳税人结算补税时不加收滞纳金。"

(4) 纳税人和扣缴义务人在有效期间内，没有取得应税收入或所得，没有应缴税款发生，或者已办理税务登记但未开始经营或者开业期间没有经营收入的纳税人，除已办理停业审批手续的以外，必须按规定的纳税申报期间进行零申报。纳税人进行零申报，应在申报期间内向主管税务机关正常报送纳税申报表及有关资料，并在纳税申报表上注明"零"或"无收入"字样。

【情境引例解析】

《税收征收管理法实施细则》第三十二条规定：纳税人享受减税、免税待遇的，在减税、免税期间应当按照规定办理纳税申报。《税收征收管理法》第六十二条规定：纳税人未按照规定的期限办理纳税申报和报送纳税资料的，或者扣缴义务人未按照规定的期限向税务机关报送代扣代缴、代收代缴税款报告表和有关资料的，由税务机关责令限期改正，可以处2 000元以下的罚款；情节严重的，可以处2 000元以上10 000元以下的罚款。因此，税务机关的做法是正确的。

【情境辨析1-5】

1. 情境辨析目的

掌握我国纳税申报管理的有关规定。

2. 情境辨析设计

下列关于纳税申报管理的表述中，正确的是(　　)。

A. 扣缴人不得采取邮寄申报的方式

B. 纳税人在纳税期内没有应纳税款的，不必办理纳税申报

C. 实行定期定额征收方式缴纳税款的纳税人可以实行简易申报、简并征期等申报纳税方式

D. 主管税务机关根据纳税人实际情况及其所纳税种确定的纳税申报期限不具有法律效力

3. 情境辨析过程

答案：C

解析：选项A，纳税人、扣缴义务人纳税申报的形式主要有直接申报、邮寄申报、数据电文申报等形式。选项B，纳税人在纳税期内没有应纳税款的，也应按照规定办理纳税申报。选项D，税务机关按照法律行政法规的原则规定，结合纳税人生产经营的实际情况及其应缴纳税种予以确定的纳税申报期限，与法律规定的具有同等法律效力。

四、非正常户的认定与解除

自2020年3月1日起，关于非正常户的认定与解除的规定如下：

(1) 已办理税务登记的纳税人未按照规定的期限进行纳税申报，税务机关依法责令其限期改正。纳税人逾期不改正的，税务机关可以按照《税收征收管理法》第七十二条规定处理。

《税收征收管理法》第七十二条规定：从事生产、经营的纳税人、扣缴义务人有本法规定的税收违法行为，拒不接受税务机关处理的，税务机关可以收缴其发票或者停止向其发售发票。

纳税人负有纳税申报义务，但连续三个月所有税种均未进行纳税申报的，税收征管系统

自动将其认定为非正常户，并停止其发票领用簿和发票的使用。

（2）对欠税的非正常户，税务机关依照税收征管法及其实施细则的规定追征税款及滞纳金。

（3）已认定为非正常户的纳税人，就其逾期未申报行为接受处罚、缴纳罚款，并补办纳税申报的，税收征管系统自动解除非正常状态，无需纳税人专门申请解除。

任务六　税款的征收与缴纳

【情境引例】

甲公司为一家工业企业，2022 年 10 月新任会计主管李丽在对该公司以往的涉税资料进行查阅时，无意中发现该公司于 2020 年 1 月多缴了一笔税款，金额多达 10 万元。李丽便及时向公司老总汇报并准备要求税务机关退还。

请问这笔税款甲公司可以要求税务机关退还吗？

【知识准备与业务操作】

一、税款征收的含义

税款征收是税务机关依照税收法律规范的规定，将纳税人或扣缴义务人依法应当缴纳或扣缴的税款组织入库的一系列活动的总称。

二、税款征收方式

税款征收方式是指税务机关根据各税种的不同特点和纳税人的具体情况而确定的计算、征收税款的形式和方法。目前我国税款征收方式有以下几种：

（一）查账征收

查账征收是指税务机关根据纳税人提供的会计账簿、会计报表等会计核算资料，依照税法规定计算应纳税款并予以征收的方式。查账征收方式一般针对会计核算比较健全、能够正确计算应纳税款且认真履行纳税义务的纳税人。

【点拨指导】查账征收方式较为规范，符合税收法定原则。扩大查账征收纳税人的范围，向来是税务管理努力的方向。

（二）查定征收

查定征收是指税务机关根据纳税人从业人数、生产设备、耗用原材料、经营成本、平均利润率等因素，查定核实其产量、销售额、应纳税所得额等指标，据以计算其应纳税款并予以征收的方式。查定征收方式一般针对会计核算不够健全、生产经营规模较小、产品零星、税源分散，但是能够控制原材料或进销货的纳税人。

（三）查验征收

查验征收是指税务机关对纳税人的应税商品或产品通过查验数量，按照市场同类产品的平均价格，计算其销售收入，据以计算其应纳税款并予以征收的方式。查验征收方式一般针对会计核算不够健全、生产经营不固定、零星分散、流动性大的纳税人。

（四）定期定额征收

定期定额征收，是指税务机关对小型微型个体工商户在一定经营地点、时期、范围内的应税销售额(包括应税销售数量)或应纳税所得额进行核定,并以此为计税依据,据以计算其应纳税款并予以征收的方式。定期定额征收方式,一般针对经主管税务机关认定和县级以上(含县级)税务机关批准的生产经营规模小,未达到《个体工商户建账管理暂行办法》规定设置账簿标准,难以查账征收,不能准确计算计税依据的个体工商户(包括个人独资企业,简称定期定额户)。

(五) 扣缴税款征收

扣缴税款征收是指税务机关按照税法规定,对负有代扣代缴、代收代缴税款义务的单位和个人,征收其代扣代缴、代收代缴税款的方式。扣缴税款征收方式针对有代扣代缴、代收代缴税款义务的单位和个人。

【点拨指导】负有代扣代缴、代收代缴税款义务的单位和个人,在其向纳税人支付或收取交易款项的同时,应当依法从交易款项中扣取或收取纳税人应纳税款并按规定期限和缴库办法申报解缴的税款。

(六) 委托代征

委托代征是指税务机关依法委托有关单位和个人作为代征人,代其向纳税人征收税款的方式。委托代征方式一般针对零星、分散、流动性大的纳税人。

【点拨指导】对集贸市场纳税人税款的征收和车船税的征收等,一般适用委托代征的方式。

(七) 其他征收方式

其他征收方式包括税务机关利用纳税人或扣缴义务人网络申报、用IC卡纳税申报等来征收税款的方式。

三、税款缴纳程序

(一) 正常缴纳税款

纳税人纳税申报成功后,可自行选择以下两种方式进行税款的缴纳:一是三方协议缴纳税款,二是银行端查询缴纳税款。

1. 三方协议缴纳税款

三方协议缴纳税款,是指纳税人、税务机关、银行三方先签订《委托银行代扣缴税费协议书》,然后由银行从纳税人银行账户划缴税款进行税款的缴纳。

2. 银行端查询缴纳税款

银行端查询缴纳税款,是指在未签订三方协议的情况下,或者以三方协议缴纳税款之外的方式进行税款的缴纳。具体来说,银行端查询缴纳税款主要有以下几种情况。

(1) 纳税人可通过微信、支付宝或者银联云闪付扫描电子税务局缴费界面生成的二维码进行税款的缴纳。

(2) 纳税人若采用现金方式缴纳税款,可持在电子税务局网站打印出来的《银行端查询缴税凭证》,到银行办理税款的缴纳。

(3) 纳税人若采用银联卡转账方式缴纳税款,可持在电子税务局网站打印出来的《银行端查询缴税凭证》,到银行通过银联卡转账办理税款的缴纳。

【点拨指导】纳税人缴纳税款成功后,若需取得完税证明的,可到主管税务机关办税大厅或自行登录电子税务局网页进行完税证明的开具及打印。

纳税人未按照规定期限缴纳税款的、扣缴义务人未按照规定期限解缴税款的，税务机关除责令其限期缴纳外，从滞纳税款之日起，按日加收滞纳税款0.5‰的滞纳金。

加收滞纳金的起止时间为法律、行政法规规定的或者税务机关依照法律、行政法规的规定确定的税款缴纳期限届满次日起至纳税人、扣缴义务人实际缴纳或者解缴税款之日止。

【特别提示】自2020年3月1日起，对纳税人、扣缴义务人、纳税担保人应缴纳的欠税及滞纳金，不再要求同时缴纳，可以先行缴纳欠税，再依法缴纳滞纳金。

【情境实例1-4】

1. 工作任务要求

计算甲公司因延期纳税而应缴纳的税收滞纳金。

2. 情境实例设计

甲公司本年2月生产经营应纳增值税10 000元（以1个月为一个纳税期限），甲公司于本年3月21日实际缴纳税款。假设本年3月14日和15日均不是法定节假日。

3. 任务实施过程

按照增值税的纳税期限和结算缴纳税款的期限，甲公司应于本年3月15日前缴纳税款，甲公司滞纳6天，则应加收滞纳金＝10 000×0.5‰×6＝30（元）。

（二）延期缴纳税款

纳税人或扣缴义务人必须按法律、法规规定的期限缴纳税款，但有特殊困难不能按期缴纳税款的，按照《税收征收管理法》的规定，可以申请延期缴纳税款。

纳税人申请延期缴纳税款应符合下列条件之一，并提供相应的证明材料：

（1）水、火、风、雹、海潮、地震等自然灾害的灾情报告。

（2）可供纳税的现金、支票以及其他财产遭受查封、冻结、偷盗、抢劫等意外事故，有法院或公安机关出具的执行通告或事故证明。

（3）国家经济政策调整的依据。

（4）货款拖欠情况说明及所有银行账号的银行对账单、资产负债表。

纳税人延期缴纳税款申报的具体操作程序为：

（1）向主管税务机关填报“延期缴纳税款申请审批表”进行书面申请。

（2）主管税务机关审核无误后，必须经省（自治区、直辖市）税务局批准方可延期缴纳税款。

【特别提示】延期期限最长不能超过3个月，且同一笔税款不得滚动审批。

四、税款的退还和追征制度

（一）税款的退还

《税收征收管理法》第五十一条规定：“纳税人超过应纳税额缴纳的税款，税务机关发现后应当立即退还；纳税人自结算缴纳税款之日起3年内发现的，可以向税务机关要求退还多缴的税款并加算银行同期存款利息，税务机关及时查实后应当立即退还；涉及从国库中退库的，依照法律、行政法规中有关国库管理的规定退还。”

《税收征收管理法实施细则》第七十八条规定：“税务机关发现纳税人多缴税款的，应当自发现之日起10日内办理退还手续；纳税人发现多缴税款，要求退还的，税务机关应当自接到纳税人退还申请之日起30日内查实并办理退还手续。”

1

【情境引例解析】

《税收征收管理法》第五十一条规定："纳税人超过应纳税额缴纳的税款，税务机关发现后应当立即退还；纳税人自结算缴纳税款之日起3年内发现的，可以向税务机关要求退还多缴的税款并加算银行同期存款利息，税务机关及时查实后应当立即退还；涉及从国库中退库的，依照法律、行政法规中有关国库管理的规定退还。"

甲公司于2022年10月发现该公司于2020年1月多缴了一笔税款，金额多达10万元，属于"纳税人自结算缴纳税款之日起3年内发现"的情况。因此，甲公司可以要求税务机关退还。

（二）税款的追征

《税收征收管理法》第五十二条规定："因税务机关责任，致使纳税人、扣缴义务人未缴或者少缴税款的，税务机关在3年内可要求纳税人、扣缴义务人补缴税款，但是不得加收滞纳金。

因纳税人、扣缴义务人计算等失误，未缴或者少缴税款的，税务机关在3年内可以追征税款、滞纳金；有特殊情况的，追征期可以延长到5年。

对偷税、抗税、骗税的，税务机关追征其未缴或者少缴的税款、滞纳金或者所骗取的税款，不受前款规定期限的限制。"

《税收征收管理法实施细则》第八十二条规定："《税收征收管理法》第五十二条所称特殊情况，是指纳税人或者扣缴义务人因计算错误等失误，未缴或者少缴、未扣或者少扣、未收或者少收税款，累计数额在10万元以上的。"

五、责令提供纳税担保

税务机关有根据认为从事生产、经营的纳税人有逃避纳税义务行为，可以在规定的纳税期限之前，责令限期缴纳应纳税款；在限期内发现纳税人有明显的转移、隐匿其应纳税的商品、货物以及其他财产或者应纳税收入的迹象的，税务机关可以责成纳税人提供纳税担保。

六、税收保全措施和强制执行措施

税收保全措施和强制执行措施如表1-14所示。

表1-14　　税收保全措施和强制执行措施

类型	前　提	具体措施	批准	不适用的财产	关系
税收保全措施	税务机关依法责成纳税人提供纳税担保而纳税人不能提供纳税担保，税务机关可以采取税收保全措施。	（1）书面通知纳税人开户银行或者其他金融机构冻结纳税人的金额相当于应纳税款的存款； （2）扣押、查封纳税人的价值相当于应纳税款的商品、货物或者其他财产。	经县以上税务局（分局）局长批准。	个人及其所扶养家属维持生活必需的住房和用品、单价5 000元以下的其他生活用品，不采取税收保全措施和强制执行措施。机动车辆、金银饰品、古玩字画、豪华住宅或者一处以外的住房不属于"个人及其所扶养家属维持生活必需的住房和用品"。	强制执行措施与税收保全措施之间只有可能的连续关系，但没有必然的因果连续关系。也就是说，强制执行措施之前不一定有税收保全措施做铺垫，而税收保全措施的结果也不一定就是强制执行措施。
强制执行措施	（1）税务机关采取税收保全措施之后，纳税人在规定的限期内缴纳税款的，税务机关必须立即解除税收保全措施；限期期满仍未缴纳税款的，税务机关可以采取强制执行措施。 （2）从事生产经营的纳税人、扣缴义务人未按照规定的期限缴纳或者解缴税款，纳税担保人未按照规定的期限缴纳所担保的税款，由税务机关责令限期缴纳，逾期仍未缴纳，税务机关可以采取强制执行措施。	（1）书面通知其开户银行或者其他金融机构从纳税人、扣缴义务人的存款中扣缴税款； （2）扣押、查封、依法拍卖或者变卖相当于应纳税款的商品、货物或者其他财产，以拍卖或者变卖所得抵缴税款。 税务机关采取强制执行措施时，对纳税人、扣缴义务人、纳税担保人未缴纳的滞纳金，同时强制执行。			

【情境辨析 1-6】

1. 情境辨析目的

掌握我国税务机关实施的税收保全措施。

2. 情境辨析设计

下列关于税收保全措施的表述中，正确的有（　　）。

A. 税收保全措施仅限于从事生产、经营的纳税人

B. 只有在事实全部查清、取得充分证据的前提下才能进行

C. 冻结纳税人的存款时，其数额要以相当于纳税人应纳税款的数额为限

D. 个人及其抚养家属维持生活必需的住房和用品，不在税收保全措施的范围之内

3. 情境辨析过程

答案：A、C、D

解析：选项 B 不正确。税务机关有根据认为从事生产、经营的纳税人有逃避纳税义务行为，可以在规定的纳税期限之前，责令限期缴纳应纳税款；在限期内发现纳税人有明显的转移、隐匿其应纳税的商品、货物以及其他财产或者应纳税收入的迹象的，税务机关可以责成纳税人提供纳税担保。税务机关依法责成纳税人提供纳税担保，而纳税人不能提供纳税担保，税务机关可以采取税收保全措施。选项 A、C、D 正确。

【情境辨析 1-7】

1. 情境辨析目的

掌握我国税务机关实施的税收强制执行措施。

2. 情境辨析设计

下列关于税收强制执行措施的表述中，正确的是（　　）。

A. 税收强制执行措施不适用于扣缴义务人

B. 作为家庭唯一代步工具的轿车，不在税收强制执行的范围之内

C. 税务机关采取强制执行措施时，对纳税人未缴纳的滞纳金同时强制执行

D. 个人及其所扶养家属维持生活必需的住房和用品、单价 10 000 元以下的其他生活用品，不采取税收保全措施和强制执行措施

3. 情境辨析过程

答案：C

解析：税收强制执行适用于从事生产、经营的纳税人、扣缴义务人和纳税担保人，因此选项 A 不正确。个人及其所扶养家属维持生活必需的住房和用品、单价 5 000 元以下的其他生活用品，不采取税收保全措施和强制执行措施。机动车辆、金银饰品、古玩字画、豪华住宅或者一处以外的住房，不属于“个人及其所扶养家属维持生活必需的住房和用品”，因此选项 B 和选项 D 均不正确。

项　目　小　结

本项目内容的小结如表 1-15 所示。

表 1-15 项目小结

项目名称	任务名称	典型工作任务	职业能力目标
企业纳税实务认知	税收的认知	税收的含义与特征	能理解税收的含义与特征
		税收的分类	能对税收进行分类
		税收与税法的关系	能明确税收与税法的关系
		税法的构成要素	能明确税法的构成要素
		税务机构的设置	能明确税务机构的设置
		税收征收管理范围的划分	能对税收征收管理范围进行划分
		中央政府与地方政府税收收入的划分	能对中央政府与地方政府税收收入进行划分
	税务登记	税务登记的认知	能识记税务登记的类型
		“一照一码”营业执照申请核发	能根据相关业务资料进行“一照一码”营业执照登记
		设立登记	能根据相关业务资料进行设立登记
		变更登记	能根据相关业务资料进行变更登记
		停业复业登记	能根据相关业务资料进行停业复业登记
		注销登记	能根据相关业务资料进行注销登记
		跨区域涉税事项报验管理	能根据相关业务资料进行跨区域涉税事项报验管理
	增值税一般纳税人登记	增值税一般纳税人的标准和登记程序	能办理增值税一般纳税人登记
		不办理一般纳税人登记的情况	能填写“选择按小规模纳税人纳税的情况说明”
		增值税一般纳税人登记的其他规定	能运用“增值税一般纳税人登记的其他规定”
	发票管理	发票的申领	会申领发票
		发票的开具和保管	会开具发票
	纳税申报	纳税申报的认知	能明确纳税申报的主体
		纳税申报方式	能区分纳税申报方式
		纳税申报的具体要求	能把握纳税申报的具体要求
	税款的征收与缴纳	税款征收的含义	能理解税款征收的含义
		税款征收方式	能区分税款征收方式
		税款缴纳程序	能明确税款缴纳的程序
		税款的退还和追征制度	能理解税款的退还和追征制度
		责令提供纳税担保	能明确责令提供担保的前提
		税收保全措施和强制执行措施	能区分税收保全措施和强制执行措施

项目二　增值税纳税实务

【素养提升】

纳税人应当充分运用国家出台的增值税税收政策，合法合规纳税。

1. 我国出台了与复工复业相关的增值税减免税政策，有利于减轻疫情期间停工停产给纳税人带来的压力，促使纳税人尽快恢复生产经营。

2. 我国出台了与农产品相关的增值税减免税政策，有利于贯彻“坚持农业农村优先发展”精神，鼓励农业生产，保护农业生产者的利益，保障国家的粮食安全。

【情境认知】

初学增值税纳税实务的李丽到公司见习

李丽：刘主管您好！我已经学习了税务登记、发票的申领、一般纳税人登记等工作。接下来我们准备学习增值税纳税实务，您能具体介绍一下增值税纳税实务的典型工作任务吗？

刘主管：好的，李丽。增值税是我国非常重要的一大税种。系统学习增值税纳税实务，首先要对增值税有一个大体了解，包括学会增值税纳税人和征税范围的确定、税率和征收率的判定、优惠政策的运用，以及增值税专用发票的使用和管理；接着要学会增值税的计算，包括学会增值税一般计税方法下应纳税额的计算、简易计税方法下应纳税额的计算和进口货物应纳税额的计算，对于有出口业务的企业，还要学会增值税出口退（免）税的计算；最后还要学会增值税的纳税申报。其中，一般纳税人增值税的计算、纳税申报是重点，增值税进项税额的计算、出口退（免）税的计算是难点。

总之，增值税纳税实务的内容比较多，也比较难，细心一点，慢慢学吧。

李丽：好的，谢谢刘主管，看来增值税纳税实务的内容比较多，我必须加把劲了。

任务一 增值税的认知

【情境引例】

甲公司由于连续亏损，股东准备把该公司包括资产、债权、债务整体转让给另一家企业。请问甲公司转让存货、固定资产是否应当缴纳增值税？

【知识准备与业务操作】

一、增值税纳税人和扣缴义务人的确定

（一）增值税的纳税人

增值税是指对在我国境内销售货物，提供加工修理修配劳务，销售服务、无形资产或者不动产①，以及进口货物的企业单位和个人，就其销售货物、劳务、服务、无形资产或者不动产的增值额和进口货物金额为计税依据而课征的一种流转税。因此，在中华人民共和国境内销售货物、劳务、服务、无形资产或者不动产，以及进口货物的单位和个人，为增值税的纳税义务人②。

【点拨指导】在境内销售货物、提供加工修理修配劳务是指销售货物的起运地或者所在地在境内，提供的应税劳务发生在境内。

“在境内销售服务、无形资产或者不动产”是指：

① 服务（租赁不动产除外）或者无形资产（自然资源使用权除外）的销售方或者购买方在境内；

② 所销售或者租赁的不动产在境内；

③ 所销售自然资源使用权的自然资源在境内；

④ 财政部和国家税务总局规定的其他情形。

【特别提示】下列情形不属于在境内销售服务或者无形资产：

① 境外单位或者个人向境内单位或者个人销售完全在境外发生的服务；

② 境外单位或者个人向境内单位或者个人销售完全在境外使用的无形资产；

③ 境外单位或者个人向境内单位或者个人出租完全在境外使用的有形动产；

④ 境外单位或者个人为出境的函件、包裹在境外提供的邮政服务、收派服务；

⑤ 境外单位或者个人向境内单位或者个人提供的工程施工地点在境外的建筑服务、工程监理服务；

⑥ 境外单位或者个人向境内单位或者个人提供的工程、矿产资源在境外的工程勘察勘探服务；

⑦ 境外单位或者个人向境内单位或者个人提供的会议展览地点在境外的会议展览服务；

⑧ 财政部和国家税务总局规定的其他情形。

---

① 销售货物、提供加工修理修配劳务、销售服务、无形资产或者不动产，简称为“销售货物、加工修理修配劳务、服务、无形资产或者不动产”或者“销售货物、劳务、服务、无形资产或者不动产”。

② 根据学习的需要，本书将增值税纳税人分为原增值税纳税人和营业税改征增值税（简称营改增）试点纳税人两大类。原增值税纳税人的主要涉税行为包括销售货物、提供加工修理修配劳务以及进口货物。营改增试点纳税人的主要涉税行为包括销售服务、无形资产或者不动产。

实务讨论：如何判断境内税务机关对营改增业务是否具有税收管辖权？

讨论提示

单位是指企业、行政单位、事业单位、军事单位、社会团体及其他单位；个人是指个体工商户和其他个人。

对于销售货物、提供加工修理修配劳务或者进口货物的行为，单位租赁或者承包给其他单位或者个人经营的，以承租人或者承包人为纳税人。

对于销售服务、无形资产或者不动产的行为，单位以承包、承租、挂靠方式经营的，承包人、承租人、挂靠人（以下统称"承包人"）以发包人、出租人、被挂靠人（以下统称"发包人"）名义对外经营并由发包人承担相关法律责任的，以该发包人为纳税人。否则，以承包人为纳税人。

【特别提示】2017 年 7 月 1 日（含）以后，资管产品运营过程中发生的增值税应税行为，以资管产品管理人为增值税纳税人。

建筑企业与发包方签订建筑合同后，以内部授权或者三方协议等方式，授权集团内其他纳税人（以下简称"第三方"）为发包方提供建筑服务，并由第三方直接与发包方结算工程款的，由第三方缴纳增值税并向发包方开具增值税专用发票。与发包方签订建筑合同的建筑企业则不缴纳增值税。发包方可凭实际提供建筑服务的纳税人开具的增值税专用发票抵扣进项税额。

实务释疑：甲公司拥有的车辆挂靠在乙运输企业并对外开展运输业务，请问：这部分运输业务的增值税纳税人如何确认？

答：根据《财政部　国家税务总局关于全面推开营业税改征增值税试点的通知》（财税〔2016〕36 号）的规定，单位以承包、承租、挂靠方式经营的，承包人、承租人、挂靠人以发包人、出租人、被挂靠人名义对外经营并由发包人、出租人、被挂靠人承担相关法律责任的，以该发包人、出租人、被挂靠人为纳税人。否则，以承包人、承租人、挂靠人为纳税人。因此，如果挂靠车辆以乙运输企业（被挂靠人）名义对外提供运输服务，且由乙运输企业（被挂靠人）承担相关法律责任，则以乙运输企业（被挂靠人）为纳税人；否则以提供运输服务的车辆所有人甲公司（挂靠人）为纳税人。

（二）增值税的扣缴义务人

境外的单位或者个人在境内提供加工修理修配劳务，在境内未设有经营机构的，以其境内代理人为增值税扣缴义务人；在境内没有代理人的，以购买方为增值税扣缴义务人。

境外单位或者个人在境内销售服务、无形资产或者不动产，在境内未设有经营机构的，以购买方为增值税扣缴义务人。财政部和国家税务总局另有规定的除外。

二、增值税纳税人身份的确定

增值税纳税人分为小规模纳税人和一般纳税人两类，并实行不同的征收和管理方式。

2

（一）小规模纳税人和一般纳税人的标准

1. 小规模纳税人的标准

小规模纳税人是指年销售额在规定标准以下，并且会计核算不健全，不能按规定报送有关税务资料的增值税纳税人。

情境答疑：什么叫做会计核算不健全？

答：《增值税暂行条例实施细则》规定："会计核算健全，是指能够按照国家统一的会计制度规定设置账簿，根据合法、有效凭证核算。"因此，会计核算不健全，是指不能够按照国家统一的会计制度规定设置账簿，不能够根据合法、有效凭证核算。

根据规定，凡符合下列条件的视为小规模纳税人：

（1）自2018年5月1日起，增值税小规模纳税人标准统一为年应征增值税销售额500万元及以下。

（2）年应税销售额超过小规模纳税人标准的其他个人（指自然人）按小规模纳税人纳税（不属于一般纳税人）。

（3）对于原增值税纳税人，超过小规模纳税人标准的非企业性单位、不经常发生应税行为的企业可选择按小规模纳税人纳税；对于营改增试点纳税人，年应税销售额超过小规模纳税人标准但不经常发生应税行为的单位和个体工商户可选择按照小规模纳税人纳税。

2. 一般纳税人的标准

增值税纳税人，年应税销售额超过财政部、国家税务总局规定的小规模纳税人标准的，除税法另有规定外，应当向其机构所在地主管税务机关办理一般纳税人登记。其中年应税销售额是指增值税纳税人在连续不超过12个月或4个季度的经营期内累计应征增值税销售额，包括纳税申报销售额、稽查查补销售额、纳税评估调整销售额。纳税申报销售额是指增值税纳税人自行申报的全部应征增值税销售额，其中包括免税销售额和税务机关代开发票销售额。稽查查补销售额和纳税评估调整销售额计入查补税款申报当月（或当季）的销售额，不计入税款所属期销售额。经营期是指在增值税纳税人存续期内的连续经营期间，含未取得销售收入的月份或季度。

销售服务、无形资产或者不动产有扣除项目的增值税纳税人，其应税行为年应税销售额按未扣除之前的销售额计算。增值税纳税人偶然发生的销售无形资产、转让不动产的销售额，不计入应税行为年应税销售额。

年应税销售额未超过规定标准的增值税纳税人，会计核算健全，能够提供准确税务资料的，可以向主管税务机关办理一般纳税人登记。会计核算健全，是指能够按照国家统一的会计制度规定设置账簿，根据合法、有效凭证进行核算。

一般纳税人如果会计核算不健全，或者不能够提供准确税务资料，应按销售额依照增值税税率计算应纳税额，不得抵扣进项税额，也不得使用增值税专用发票。

实务咨询：我公司年应税销售额未超过小规模纳税人标准，可以办理增值税一般纳税人登记吗？

（二）小规模纳税人和一般纳税人的征税管理

小规模纳税人实行简易计税方法，不得抵扣进项税额。

除税法另有规定外，纳税人销售额超过小规模纳税人标准，未办理一般纳税人登记手续的，应按销售额依照增值税税率计算应纳税额，不得抵扣进项税，也不得使用增值税专用发票。经税务机关审核登记的一般纳税人，可按规定领购和使用增值税专用发票，按《增值税暂行条例》的规定计算缴纳增值税。

【特别提示】除国家税务总局另有规定外，纳税人一经登记为一般纳税人后，不得再转为小规模纳税人。一般纳税人符合以下条件的，在2020年12月31日前，可选择转登记为小规模纳税人：转登记日前连续12个月（以1个月为1个纳税期）或者连续4个季度（以1个季度为1个纳税期）累计销售额未超过500万元。

自2020年2月1日起，增值税小规模纳税人（其他个人除外）发生增值税应税行为，需要开具增值税专用发票的，可以自愿使用增值税发票管理系统自行开具。选择自行开具增值税专用发票的小规模纳税人，税务机关不再为其代开增值税专用发票。

情境讨论：以购买货物为例，一般纳税人与小规模纳税人选择供货商的纳税人身份时，需要注意什么问题（假设一般纳税人适用的增值税税率为13%，小规模纳税人适用的征收率为3%）？

情境答疑：增值税一般纳税人和小规模纳税人在税收征收管理上有何不同？

答：增值税一般纳税人和小规模纳税人在税收征收管理方面有以下不同：

（1）税款抵扣的方式不同。一般纳税人在符合规定的情况下可以凭增值税专用发票等扣税凭证抵扣进项税额。国家在设定小规模纳税人的征收率（一般为3%、5%等，是比较低的）时已统一考虑了税负因素，因此，小规模纳税人没有凭增值税专用发票等扣税凭证抵扣进项税额的权利。

（2）应纳税额的计算方法不同。一般纳税人在一般计税方法下采用由当期销项税额抵扣当期进项税额的方法计算应纳增值税额，即：应纳税额＝当期销项税额－当期进项税额。小规模纳税人实行简易计税方法（简易方法）计算应纳增值税额，即按照销售额和规定的征收率计算应纳税额，即：应纳税额＝不含税销售额×增值税征收率（一般纳税人在简易计税方法下也按照该公式计算应纳增值税额）。

有下列情形之一者，应按销售额依照增值税税率计算应纳税额，不得抵扣进项税额，也不得使用增值税专用发票（即：应纳税额＝不含税销售额×增值税税率）：①一般纳税人会计核算不健全，或者不能够提供准确税务资料的；②除税法另有规定外，纳税人销售额超过小规模纳税人标准，未办理一般纳税人登记手续的。

（3）含税的销售额换算公式类似但不完全相同。

一般纳税人的含税销售额换算成不含税销售额，其换算公式为：

不含税销售额＝含税销售额÷(1＋增值税税率)

小规模纳税人的含税销售额换算为不含税销售额，换算公式为：

不含税销售额＝含税销售额÷(1＋增值税征收率)

【情境辨析 2-1】

1. 情境辨析目的

掌握增值税纳税人身份。

2. 情境辨析设计

下列关于增值税一般纳税人和小规模纳税人的说法中，正确的有(　　)。

A. 通常情况下，小规模纳税人与一般纳税人身份可以相互转换

B. 年应税销售额超过小规模纳税人标准的其他个人，按小规模纳税人纳税

C. 自 2018 年 5 月 1 日起，增值税小规模纳税人标准统一为年应税销售额 500 万元及以下

D. 年应税销售额未超过规定标准的增值税纳税人，会计核算健全，能够提供准确税务资料的，可以向主管税务机关办理一般纳税人登记

3. 情境辨析过程

答案：B、C、D

解析：选项 A，除国家税务总局另有规定外，纳税人一经登记为一般纳税人后，不得转为小规模纳税人。

三、增值税征税范围的确定

(一) 增值税征税范围的一般规定

1. 销售或进口货物

销售货物，是指有偿转让货物的所有权。“有偿”是指从购买方取得货币、货物或者其他经济利益。“货物”是指有形动产，包括电力、热力、气体。

进口货物，是指申报进入中国海关境内的货物。只要是报关进口的应税货物，均属于增值税的征税范围，除享受免税政策外，在进口环节缴纳增值税。

【特别提示】国际进出口通行规则：以货物为例，对进口货物征收增值税，对出口货物退(免)增值税(增值税“免抵退税”办法或者“免退税”办法)。

2. 提供加工修理修配劳务

加工是指受托方接受来料承做货物，加工后的货物所有权仍属于委托方的业务，即通常所说的受托加工业务或者委托加工业务。委托加工业务是指由委托方提供原料及主要材料，受托方按照委托方的要求制造货物并收取加工费的业务。修理修配是指受托方对损伤和丧失功能的货物进行修复，使其恢复原状和功能的业务。

【点拨指导】提供加工修理修配劳务是指有偿提供加工修理修配劳务。有偿是指取得货币、货物或者其他经济利益。单位或个体工商户聘用的员工为本单位或雇主提供加工修理修配劳务则不包括在内。

【区别比较】加工修理修配的对象限于有形动产，对不动产的是修缮行为，属于建筑服务。

3. 销售服务、无形资产或者不动产

销售服务、无形资产或者不动产，是指有偿提供服务、有偿转让无形资产或者不动产，但属于下列非经营活动的情形除外。

(1) 行政单位收取的同时满足以下条件的政府性基金或者行政事业性收费：①由国务院或者财政部批准设立的政府性基金，由国务院或者省级人民政府及其财政、价格主管部门批准设立的行政事业性收费；②收取时开具省级以上(含省级)财政部门监(印)制的财政票据；③所收款项全额上缴财政。

(2) 单位或者个体工商户聘用的员工为本单位或者雇主提供取得工资的服务。

(3) 单位或者个体工商户为聘用的员工提供的服务。

(4) 财政部和国家税务总局规定的其他情形。

【点拨指导】有偿，是指取得货币、货物或者其他经济利益。

实务咨询：我公司与购货方签订一份购销合同，后来对方违约，合同随之取消，请问我公司收取的违约金是否需要缴纳增值税？

(二) 销售服务、无形资产或者不动产的具体规定

1. 销售服务

销售服务，是指提供交通运输服务、邮政服务、电信服务、建筑服务、金融服务、现代服务、生活服务。

(1) 交通运输服务。

交通运输服务，是指利用运输工具将货物或者旅客送达目的地，使其空间位置得到转移的业务活动。包括陆路运输服务、水路运输服务、航空运输服务和管道运输服务。

① 陆路运输服务。陆路运输服务，是指通过陆路(地上或者地下)运送货物或者旅客的运输业务活动，包括铁路运输服务和其他陆路运输服务。

【特别提示】出租车公司向使用本公司自有出租车的出租车司机收取的管理费用，按照陆路运输服务缴纳增值税。

情境答疑：出租汽车业务中，出租汽车连带配司机的，如何缴纳增值税？

答：根据《财政部　国家税务总局关于全面推开营业税改征增值税试点的通知》(财税〔2016〕36号)，结合山东省国家税务局营改增试点工作领导小组发布的《营改增税目注释执行参考》的规定，出租汽车业务中，出租汽车连带配司机的，属于“交通运输服务”，适用9%的增值税税率；而出租汽车业务中，汽车租赁不配司机的，属于“现代服务——租赁服务”中的“有形动产租赁服务”，适用13%的增值税税率。

② 水路运输服务。水路运输服务，是指通过江、河、湖、川等天然、人工水道或者海洋航道运送货物或者旅客的运输业务活动。

水路运输的程租业务和期租业务，属于水路运输服务。

程租业务，是指运输企业为租船人完成某一特定航次的运输任务并收取租赁费的业务。

期租业务，是指运输企业将配备有操作人员的船舶承租给他人使用一定期限，承租期内听候承租方调遣，不论是否经营，均按天向承租方收取租赁费，发生的固定费用均由船东负担的业务。

③ 航空运输服务。航空运输服务，是指通过空中航线运送货物或者旅客的运输业务活动。

航空运输的湿租业务，属于航空运输服务。湿租业务，是指航空运输企业将配备有机组人员的飞机承租给他人使用一定期限，承租期内听候承租方调遣，不论是否经营，均按一定标准向承租方收取租赁费，发生的固定费用均由承租方承担的业务。

【特别提示】航天运输服务，按照航空运输服务缴纳增值税。航天运输服务，是指利用火箭等载体将卫星、空间探测器等空间飞行器发射到空间轨道的业务活动。

【区别比较】水路运输的程租、期租业务属于水路运输服务；航空运输的湿租业务属于航空运输服务。远洋运输的光租业务、航空运输的干租业务属于现代服务中的租赁服务。

【点拨指导】通过实质重于形式的原则来区分：程租、期租、湿租是连人（司机等）带交通工具一起出租，实质上是提供运输服务；干租、光租是只出租交通工具不带人（司机等），实质上是提供租赁服务。

④ 管道运输服务。管道运输服务，是指通过管道设施输送气体、液体、固体物质的运输业务活动。

（2）邮政服务。

邮政服务，是指中国邮政集团公司及其所属邮政企业提供邮件寄递、邮政汇兑和机要通信等邮政基本服务的业务活动。包括邮政普遍服务、邮政特殊服务和其他邮政服务。

① 邮政普遍服务。邮政普遍服务，是指函件、包裹等邮件寄递，以及邮票发行、报刊发行和邮政汇兑等业务活动。

② 邮政特殊服务。邮政特殊服务，是指义务兵平常信函、机要通信、盲人读物和革命烈士遗物的寄递等业务活动。

③ 其他邮政服务。其他邮政服务，是指邮册等邮品销售、邮政代理等业务活动。

【知识链接】邮政储蓄业务按照金融服务缴纳增值税。

（3）电信服务。

电信服务，是指利用有线、无线的电磁系统或者光电系统等各种通信网络资源，提供语音通话服务，传送、发射、接收或者应用图像、短信等电子数据和信息的业务活动。包括基础电信服务和增值电信服务。

① 基础电信服务。基础电信服务，是指利用固网、移动网、卫星、互联网，提供语音通话服务的业务活动，以及出租或者出售带宽、波长等网络元素的业务活动。

② 增值电信服务。增值电信服务，是指利用固网、移动网、卫星、互联网、有线电视网络，提供短信和彩信服务、电子数据和信息的传输及应用服务、互联网接入服务等业务活动。

【特别提示】卫星电视信号落地转接服务，按照增值电信服务缴纳增值税。

（4）建筑服务。

建筑服务，是指各类建筑物、构筑物及其附属设施的建造、修缮、装饰，线路、管道、设备、设施等的安装以及其他工程作业的业务活动。包括工程服务、安装服务、修缮服务、装饰服务和其他建筑服务。物业服务企业为业主提供的装修服务，按照“建筑服务”缴纳增值税。纳税人将建筑施工设备出租给他人使用并配备操作人员的，按照“建筑服务”缴纳增值税。

① 工程服务。工程服务，是指新建、改建各种建筑物、构筑物的工程作业，包括与建筑物相连的各种设备或者支柱、操作平台的安装或者装设工程作业，以及各种窑炉和金属结构

工程作业。

② 安装服务。安装服务，是指生产设备、动力设备、起重设备、运输设备、传动设备、医疗实验设备以及其他各种设备、设施的装配、安置工程作业，包括与被安装设备相连的工作台、梯子、栏杆的装设工程作业，以及被安装设备的绝缘、防腐、保温、油漆等工程作业。

③ 修缮服务。修缮服务，是指对建筑物、构筑物进行修补、加固、养护、改善，使之恢复原来的使用价值或者延长其使用期限的工程作业。

【区别比较】有形动产修理属于加工修理修配劳务；建筑物、构筑物的修补、加固、养护、改善属于建筑服务中的修缮服务。

④ 装饰服务。装饰服务，是指对建筑物、构筑物进行修饰装修，使之美观或者具有特定用途的工程作业。

⑤ 其他建筑服务。其他建筑服务，是指上列工程作业之外的各种工程作业服务。

【知识链接】疏浚属于其他建筑服务，但航道疏浚属于物流辅助服务。

（5）金融服务。

金融服务，是指经营金融保险的业务活动。包括贷款服务、直接收费金融服务、保险服务和金融商品转让。

① 贷款服务。贷款，是指将资金贷与他人使用而取得利息收入的业务活动。

各种占用、拆借资金取得的收入，包括金融商品持有期间（含到期）利息（保本收益、报酬、资金占用费、补偿金等）收入、信用卡透支利息收入、买入返售金融商品利息收入、融资融券收取的利息收入，以及融资性售后回租、押汇、罚息、票据贴现、转贷等业务取得的利息及利息性质的收入，按照贷款服务缴纳增值税。

融资性售后回租，是指承租方以融资为目的，将资产出售给从事融资性售后回租业务的企业后，从事融资性售后回租业务的企业将该资产出租给承租方的业务活动。

【点拨指导】融资性售后回租属于金融服务中的贷款服务；融资租赁属于现代服务中的租赁服务。此外，融资租赁仍可进一步分为动产融资租赁和不动产融资租赁，前者适用13%的税率，后者适用9%的税率。

【特别提示】以货币资金投资收取的固定利润或者保底利润，按照贷款服务缴纳增值税。

② 直接收费金融服务。直接收费金融服务，是指为货币资金融通及其他金融业务提供相关服务并且收取费用的业务活动。包括提供货币兑换、账户管理、电子银行、信用卡、信用证、财务担保、资产管理、信托管理、基金管理、金融交易场所（平台）管理、资金结算、资金清算、金融支付等服务。

③ 保险服务。保险服务，是指投保人根据合同约定，向保险人支付保险费，保险人对于合同约定的可能发生的事故因其发生所造成的财产损失承担赔偿保险金责任，或者当被保险人死亡、伤残、疾病或者达到合同约定的年龄、期限等条件时承担给付保险金责任的商业保险行为，包括人身保险服务和财产保险服务。

④ 金融商品转让。金融商品转让，是指转让外汇、有价证券、非货物期货和其他金融商品所有权的业务活动。

其他金融商品转让包括基金、信托、理财产品等各类资产管理产品和各种金融衍生品的转让。

（6）现代服务。

现代服务，是指围绕制造业、文化产业、现代物流产业等提供技术性、知识性服务的业务活动。包括研发和技术服务、信息技术服务、文化创意服务、物流辅助服务、租赁服务、鉴证咨询服务、广播影视服务、商务辅助服务和其他现代服务。

① 研发和技术服务。研发和技术服务，包括研发服务、合同能源管理服务、工程勘察勘探服务、专业技术服务。

② 信息技术服务。信息技术服务，是指利用计算机、通信网络等技术对信息进行生产、收集、处理、加工、存储、运输、检索和利用，并提供信息服务的业务活动。包括软件服务、电路设计及测试服务、信息系统服务、业务流程管理服务和信息系统增值服务。

③ 文化创意服务。文化创意服务，包括设计服务、知识产权服务、广告服务和会议展览服务。宾馆、旅馆、旅社、度假村和其他经营性住宿场所提供会议场地及配套服务的活动，按照“会议展览服务”缴纳增值税。

④ 物流辅助服务。物流辅助服务，包括航空服务、港口码头服务、货运客运场站服务、打捞救助服务、装卸搬运服务、仓储服务和收派服务。

【特别提示】车辆停放服务属于不动产经营租赁服务，而不属于货运客运场站服务。

⑤ 租赁服务。租赁服务，包括融资租赁服务和经营租赁服务。

水路运输的光租业务、航空运输的干租业务，属于经营租赁。

光租业务，是指运输企业将船舶在约定的时间内出租给他人使用，不配备操作人员，不承担运输过程中发生的各项费用，只收取固定租赁费的业务活动。

干租业务，是指航空运输企业将飞机在约定的时间内出租给他人使用，不配备机组人员，不承担运输过程中发生的各项费用，只收取固定租赁费的业务活动。

【区别比较】有形动产融资租赁、不动产融资租赁，按照现代服务中的租赁服务缴纳增值税。但融资性售后回租服务属于贷款服务，应按照金融服务缴纳增值税。

实务释疑：我公司出租建筑物、构筑物等不动产或者飞机、车辆等有形动产的广告位应按什么征税？

答：《财政部 国家税务总局关于全面推开营业税改征增值税试点的通知》(财税〔2016〕36 号)规定：“将建筑物、构筑物等不动产或者飞机、车辆等有形动产的广告位出租给其他单位或者个人用于发布广告，按照经营租赁服务缴纳增值税。”

【情境辨析 2-2】

1. 情境辨析目的

掌握租赁服务的业务范围。

2. 情境辨析设计

下列各项中，属于租赁服务的有(　　)。

A. 运输企业的程租业务　　B. 运输企业的光租业务

C. 航空运输的湿租业务　　D. 航空运输的干租业务

3. 情境辨析过程

答案：B、D

解析：选项 A、C，运输企业的程租业务和航空运输的湿租业务属于交通运输服务。

⑥ 鉴证咨询服务。鉴证咨询服务，包括认证服务、鉴证服务和咨询服务。

⑦ 广播影视服务。广播影视服务，包括广播影视节目（作品）的制作服务、发行服务和播映（含放映，下同）服务。

⑧ 商务辅助服务。商务辅助服务，包括企业管理服务、经纪代理服务、人力资源服务、安全保护服务。纳税人提供武装守护押运服务，按照“安全保护服务”缴纳增值税。

⑨ 其他现代服务。其他现代服务，是指除研发和技术服务、信息技术服务、文化创意服务、物流辅助服务、租赁服务、鉴证咨询服务、广播影视服务和商务辅助服务以外的现代服务。

2

【特别提示】纳税人对安装运行后的电梯提供的维护保养服务，按照“其他现代服务”缴纳增值税。纳税人提供植物养护服务，按照“其他生活服务”缴纳增值税。

（7）生活服务。

生活服务，是指为满足城乡居民日常生活需求提供的各类服务活动。包括文化体育服务、教育医疗服务、旅游娱乐服务、餐饮住宿服务、居民日常服务和其他生活服务。

① 文化体育服务。文化体育服务，包括文化服务和体育服务。纳税人在游览场所经营索道、摆渡车、电瓶车、游船等取得的收入，按照“文化体育服务”缴纳增值税。

② 教育医疗服务。教育医疗服务，包括教育服务和医疗服务。

③ 旅游娱乐服务。旅游娱乐服务，包括旅游服务和娱乐服务。

④ 餐饮住宿服务。餐饮住宿服务，包括餐饮服务和住宿服务。提供餐饮服务的纳税人销售的外卖食品，按照“餐饮服务”缴纳增值税。纳税人现场制作食品并直接销售给消费者的，按照“餐饮服务”缴纳增值税。纳税人以长（短）租形式出租酒店式公寓并提供配套服务的，按照“住宿服务”缴纳增值税。

⑤ 居民日常服务。居民日常服务，是指主要为满足居民个人及其家庭日常生活需求提供的服务，包括市容市政管理、家政、婚庆、养老、殡葬、照料和护理、救助救济、美容美发、按摩、桑拿、氧吧、足疗、沐浴、洗染、摄影扩印等服务。

⑥ 其他生活服务。其他生活服务，是指除文化体育服务、教育医疗服务、旅游娱乐服务、餐饮住宿服务和居民日常服务之外的生活服务。

2. 销售无形资产

销售无形资产，是指转让无形资产所有权或者使用权的业务活动。无形资产，是指不具实物形态，但能带来经济利益的资产，包括技术、商标、著作权、商誉、自然资源使用权和其他权益性无形资产。

技术，包括专利技术和非专利技术。

自然资源使用权，包括土地使用权、海域使用权、探矿权、采矿权、取水权和其他自然资源使用权。

其他权益性无形资产，包括基础设施资产经营权、公共事业特许权、配额、经营权（包括特许经营权、连锁经营权、其他经营权）、经销权、分销权、代理权、会员权、席位权、网络游戏虚拟道具、域名、名称权、肖像权、冠名权、转会费等。

3. 销售不动产

销售不动产，是指转让不动产所有权的业务活动。不动产，是指不能移动或者移动后会引起性质、形状改变的财产，包括建筑物、构筑物等。

建筑物，包括住宅、商业营业用房、办公楼等可供居住、工作或者进行其他活动的建造物。

构筑物，包括道路、桥梁、隧道、水坝等建造物。

转让建筑物有限产权或者永久使用权的，转让在建的建筑物或者构筑物所有权的，以及在转让建筑物或者构筑物时一并转让其所占土地的使用权的，按照销售不动产缴纳增值税。

个人转让住房，在2016年4月30日前已签订转让合同，2016年5月1日以后办理产权变更事项的，应缴纳增值税，不缴纳营业税。

【特别提示】单独转让土地使用权，按销售无形资产缴纳增值税。

（三）属于征税范围的特殊行为

1. 视同销售货物行为

单位或者个体工商户的下列行为，视同销售货物，征收增值税：

（1）将货物交付其他单位或者个人代销。

【点拨指导】本条是指代销业务中的委托方将货物交付其他单位或者个人代销。

（2）销售代销货物。

【点拨指导】本条是指代销业务中的受托方销售代销货物。

（3）设有两个以上机构并实行统一核算的纳税人，将货物从一个机构移送至其他机构用于销售，但相关机构设在同一县（市）的除外。

【点拨指导】这里的“用于销售”是指受货机构发生以下情形之一的经营行为：向购货方开具发票；向购货方收取货款。受货机构的货物移送行为有上述两项情形之一的，应当向所在地税务机关缴纳增值税；未发生上述两项情形的，则应由总机构统一缴纳增值税。

（4）将自产或者委托加工的货物用于非增值税应税项目。

【特别提示】自2016年5月1日起全面营改增，营业税退出了历史舞台，此处的“非增值税应税项目”已经失去了意义。根据财税〔2016〕36号文及增值税相关原理，本条失效。

（5）将自产或者委托加工的货物用于集体福利或者个人消费。

（6）将自产、委托加工或者购进的货物作为投资，提供给其他单位或者个体工商户。

（7）将自产、委托加工或者购进的货物分配给股东或者投资者。

（8）将自产、委托加工或者购进的货物无偿赠送其他单位或者个人。

对上述视同销售货物行为，应按规定计算销售额并征收增值税。企业若发生固定资产视同销售行为，对已使用过的固定资产无法确定销售额的，以固定资产净值为销售额。

【特别提示】药品生产企业销售自产创新药的销售额为向购买方收取的全部价款和价外费用，其提供给患者后续免费使用的相同创新药，不属于增值税视同销售范围。

实务咨询：我公司把货物运到异地物流中心或者配货点（即受货机构），然后往各购货单位送货、配货，这种行为是否属于视同销售货物行为？

情境答疑：以物抵债、以物易物是否也属于视同销售货物行为？

答：以物抵债、以物易物虽然不包含在上述税法规定的视同销售货物行为的条文中，但实际上也应当视同销售缴纳增值税。因为，以物抵债和以物易物都存在流转额或新增价值。只要存在流转额或新增价值，那么就应当缴纳增值税。

【情境辨析 2-3】

1. 情境辨析目的

能够识别增值税视同销售行为。

2. 情境辨析设计

下列各项行为中，属于视同销售货物，应当缴纳增值税的有（ ）。

A. 甲商店为服装厂代销儿童服装

B. 乙批发公司将购进的部分饮料用于集体福利

C. 丙工业企业将购进的纯净水用于无偿赠送

D. 丁建筑公司将购进的洗衣粉用于个人消费

3. 情境辨析过程

答案：A、C

解析：选项 A、C 属于增值税视同销售货物行为；选项 B、D 仅属于将购进的货物内部支配，不属于增值税视同销售行为。

2. 视同销售服务、无形资产或者不动产行为

下列情形视同销售服务、无形资产或者不动产：

（1）单位或者个体工商户向其他单位或者个人无偿提供服务，但用于公益事业或者以社会公众为对象的除外。

（2）单位或者个人向其他单位或者个人无偿转让无形资产或者不动产，但用于公益事业或者以社会公众为对象的除外。

（3）财政部和国家税务总局规定的其他情形。

【点拨指导】根据国家指令无偿提供的铁路运输服务、航空运输服务，属于用于公益事业的服务。

【特别提示】纳税人出租不动产，租赁合同中约定免租期的，不属于视同销售服务。

情境讨论：税法规定视同销售的目的是什么？

3. 混合销售行为

详见“6.特殊销售行为销售额的确定”，第 81 页。

4. 兼营行为

详见“6.特殊销售行为销售额的确定”，第 82 页。

（四）不征收增值税项目

（1）根据国家指令无偿提供的铁路运输服务、航空运输服务，属于《营业税改征增值税试点实施办法》第十四条规定的用于公益事业的服务。

（2）存款利息。

（3）被保险人获得的保险赔付。

（4）房地产主管部门或者其指定机构、公积金管理中心、开发企业以及物业管理单位代

收的住宅专项维修资金。

（5）纳税人在资产重组过程中，通过合并、分立、出售、置换等方式，将全部或者部分实物资产以及与其相关联的债权、负债和劳动力一并转让给其他单位和个人时，其中涉及的货物转让行为。

（6）纳税人在资产重组过程中，通过合并、分立、出售、置换等方式，将全部或者部分实物资产以及与其相关联的债权、负债和劳动力一并转让给其他单位和个人，其中涉及的不动产、土地使用权转让行为。

（7）自2020年1月1日起，纳税人取得的财政补贴收入，与其销售货物、劳务、服务、无形资产、不动产的收入或者数量直接挂钩的，应按规定计算缴纳增值税；纳税人取得的其他情形的财政补贴收入，不属于增值税应税收入，不征收增值税。

【情境引例解析】

《国家税务总局关于纳税人资产重组有关增值税问题的公告》（国家税务总局公告2011年第13号）规定，纳税人在资产重组过程中，通过合并、分立、出售、置换等方式，将全部或者部分实物资产以及与其相关联的债权、负债和劳动力一并转让给其他单位和个人，不属于增值税的征税范围，其中涉及的货物转让，不征收增值税。根据上述规定，如果甲公司是在资产重组过程中，通过合并、分立、出售、置换等方式，将全部或者部分实物资产以及与其相关联的债权、负债和劳动力一并转让给其他单位和个人，即整体转让企业资产、债权、债务及劳动力的行为，涉及的存货、固定资产的转让不缴纳增值税；反之，涉及的存货、固定资产的转让应按规定缴纳增值税。

四、增值税税率和征收率的判定

增值税一般纳税人在一般计税方法下适用三种情况的比例税率：第一种是基本税率；第二种是低税率；第三种是出口货物、劳务、服务或者无形资产适用的零税率。一般纳税人特殊情况下采用简易计税方法适用征收率。小规模纳税人缴纳增值税采用简易计税方法适用征收率。增值税税率和征收率的具体适用范围如下：

（一）基本税率

增值税的基本税率为13%，适用于纳税人销售或者进口货物（适用9%的低税率的除外）、提供加工修理修配劳务、销售有形动产租赁服务。

【点拨指导】有形动产租赁包括有形动产融资租赁和有形动产经营性租赁。水路运输的光租业务和航空运输的干租业务，属于有形动产经营性租赁。

（二）低税率

增值税的低税率分以下两档。

1. 低税率9%

（1）一般纳税人销售或者进口下列货物，税率为9%。

农产品（含粮食，不含淀粉；含干姜、姜黄，不含麦芽、复合胶、人发制品）、自来水、暖气、石油液化气、天然气、食用植物油（含橄榄油，不含肉桂油、桉油、香茅油）、冷气、热水、煤气、居民用煤炭制品、食用盐、农机、饲料、农药、农膜、化肥、沼气、二甲醚、图书、报纸、杂志、音像制品、电子出版物。

【点拨指导】农产品是指种植业、养殖业、林业、牧业、水产业生产的各种植物、动物的初级产品。具体征税范围暂继续按照《财政部 国家税务总局关于印发〈农业产品征税范围注释〉的通知》

(财税字〔1995〕52 号)及现行相关规定执行。其中:玉米胚芽属于初级农产品,玉米浆、玉米皮、玉米纤维(又称喷浆玉米皮)和玉米蛋白粉不属于初级农产品;淀粉不属于农产品的范围。

实务释疑:我公司准备在本地开办一家矿泉水厂,请问对矿泉水、纯净水可否比照自来水征收增值税?

答:根据《增值税暂行条例》和《国家税务总局关于印发〈增值税部分货物征税范围注释〉的通知》(国税发〔1993〕151 号)的规定,自来水是指自来水公司及工矿企业经抽取、过滤、沉淀、消毒等工序后,通过供水系统向用户供应的水。矿泉水、纯净水不属于自来水范围,应按 13%的税率征收增值税。

2

(2) 一般纳税人销售交通运输、邮政、基础电信、建筑、不动产租赁服务,销售不动产,转让土地使用权,税率为 9%。

2. 低税率 6%

一般纳税人销售增值电信服务、金融服务、现代服务和生活服务,销售土地使用权以外的无形资产,税率为 6%。

【特别提示】租赁服务属于现代服务,但并非所有的租赁服务适用税率均为 6%。一般纳税人销售有形动产租赁服务,税率为 13%;一般纳税人销售不动产租赁服务,税率为 9%。一般纳税人销售有形动产租赁服务和不动产租赁服务以外的租赁服务,税率为 6%。

(三) 零税率

1. 货物或者劳务适用的零税率

纳税人出口货物或者劳务,适用增值税零税率,但是,国务院另有规定的除外。零税率是税收优惠的一种体现,是为了鼓励企业出口货物或者劳务而采用的一种税率。

2. 服务或者无形资产(统称为"跨境应税行为")适用的零税率

中华人民共和国境内(以下简称"境内")的单位和个人销售的下列服务或者无形资产,适用增值税零税率:

(1) 国际运输服务。国际运输服务是指:①在境内载运旅客或者货物出境;②在境外载运旅客或者货物入境;③在境外载运旅客或者货物。

(2) 航天运输服务。

(3) 向境外单位提供的完全在境外消费的下列服务:①研发服务;②合同能源管理服务;③设计服务;④广播影视节目(作品)的制作和发行服务;⑤软件服务;⑥电路设计及测试服务;⑦信息系统服务;⑧业务流程管理服务;⑨离岸服务外包业务,包括信息技术外包服务(ITO)、技术性业务流程外包服务(BPO)、技术性知识流程外包服务(KPO),其所涉及的具体业务活动,按照《销售服务、无形资产、不动产注释》相对应的业务活动执行;⑩转让技术。完全在境外消费,是指服务的实际接受方在境外,且与境内的货物和不动产无关;无形资产完全在境外使用,且与境内的货物和不动产无关;财政部和国家税务总局规定的其他情形。

(4) 财政部和国家税务总局规定的其他服务。

【点拨指导】零税率不同于免税。以出口货物为例,出口货物免税仅指在出口环节免征增值税销项税额(一般计税方法下)或者应纳增值税税额(简易计税方法下),该出口货物在出口前相应的进项税额不能抵扣,也不能退还;而零税率是指对出口货物除了在出口环节免征增值税销项税额(一般计税方法下)或者增值税应纳税额(简易计税方法下)外,还要将该出口货物在出口前相应的进项税额按照税法规定的计算公式计算后予以直接退还(免退办法)或者先抵扣后退还(免抵退办法),使该出口货物在出口时完全不含增值税税款,从而以无增值税货物的形式进入国际市场。

(四) 征收率

一般纳税人特殊情况下采用简易计税方法适用征收率。小规模纳税人缴纳增值税采用简易计税方法适用征收率。我国增值税的法定征收率是3%;一些特殊项目适用3%减按2%的征收率;自2020年5月1日至2023年12月31日,从事二手车经销的纳税人销售其收购的二手车,减按0.5%征收率征收增值税。全面营改增后的与不动产有关的特殊项目适用5%的征收率;一些特殊项目适用5%减按1.5%的征收率(详见本项目任务二)。

自2020年3月1日至2021年3月31日,湖北省增值税小规模纳税人,适用3%征收率的应税销售收入,免征增值税;适用3%预征率的预缴增值税项目,暂停预缴增值税。自2021年4月1日至2022年3月31日,湖北省增值税小规模纳税人,适用3%征收率的应税销售收入,减按1%征收率征收增值税;适用3%预征率的预缴增值税项目,减按1%预征率预缴增值税。自2020年3月1日至2022年3月31日,除湖北省外,其他省、自治区、直辖市的增值税小规模纳税人,适用3%征收率的应税销售收入,减按1%征收率征收增值税;适用3%预征率的预缴增值税项目,减按1%预征率预缴增值税。

自2022年4月1日至2022年12月31日,增值税小规模纳税人适用3%征收率的应税销售收入,免征增值税;适用3%预征率的预缴增值税项目,暂停预缴增值税。自2022年4月1日起,小规模纳税人对上述免征增值税等征收管理事项的规定如下:

(1) 增值税小规模纳税人适用3%征收率应税销售收入免征增值税的,应按规定开具免税普通发票。纳税人选择放弃免税并开具增值税专用发票的,应开具征收率为3%的增值税专用发票。

(2) 增值税小规模纳税人取得应税销售收入,纳税义务发生时间在2022年3月31日前,已按3%或者1%征收率开具增值税发票,发生销售折让、中止或者退回等情形需要开具红字发票的,应按照对应征收率开具红字发票;开票有误需要重新开具的,应按照对应征收率开具红字发票,再重新开具正确的蓝字发票。

(3) 增值税小规模纳税人发生增值税应税销售行为,合计月销售额未超过15万元(以1个季度为1个纳税期的,季度销售额未超过45万元,下同)的,免征增值税的销售额等项目应当填写在《增值税及附加税费申报表(小规模纳税人适用)》"小微企业免税销售额"或者"未达起征点销售额"相关栏次。

合计月销售额超过15万元的,免征增值税的全部销售额等项目应当填写在《增值税及附加税费申报表(小规模纳税人适用)》"其他免税销售额"栏次及《增值税减免税申报明细表》对应栏次。

(4) 此前已按照《财政部 税务总局关于统一增值税小规模纳税人标准的通知》(财税〔2018〕33号)第二条、《国家税务总局关于小规模纳税人免征增值税政策有关征管问题的公告》(2019年第4号)第五条、《国家税务总局关于明确二手车经销等若干增值税征管问题的公告》(2020年第9号)第六条规定转登记的纳税人,根据《国家税务总局关于统一小规模纳税人标准等若干增值税问题的公告》(2018年第18号)相关规定计入"应交税费——待抵扣进项税额"科目核算、截至2022年3月31日的余额,在2022年度可分别计入固定资产、无形资产、投资资产、存货等相关科目，按规定在企业所得税或个人所得税税前扣除，对此前已税前扣除的折旧、摊销不再调整；对无法划分的部分，在2022年度可一次性在企业所得税或个人所得税税前扣除。

（5）已经使用金税盘、税控盘等税控专用设备开具增值税发票的小规模纳税人，可以继续使用现有设备开具发票，也可以自愿向税务机关免费换领税务UKey开具发票。

【归纳总结】小规模纳税人按照征收率征收或者减征、免征增值税具体计算模式的区别归纳如表2-1所示。

表2-1　小规模纳税人按照征收率征收或者减征、免征增值税具体计算模式的区别归纳

具体情形	税务处理
适用3%的征收率减按2%征收增值税	应纳增值税＝含税销售额÷（1＋3%）×2%
适用5%的征收率减按1.5%征收增值税	应纳增值税＝含税销售额÷（1＋5%）×1.5%
自2020年5月1日至2023年12月31日，从事二手车经销的纳税人销售其收购的二手车，减按0.5%征收率征收增值税	应纳增值税＝含税销售额÷（1＋0.5%）×0.5%
自2021年4月1日至2022年3月31日，湖北省增值税小规模纳税人“自2020年3月1日至2022年3月31日，除湖北省外，其他省、自治区、直辖市的增值税小规模纳税人”，适用3%征收率的应税销售收入，减按1%征收率征收增值税	应纳增值税＝含税销售额÷（1＋1%）×1%
自2022年4月1日至2022年12月31日，增值税小规模纳税人适用3%征收率应税销售收入免征增值税的，应按规定开具免税普通发票；纳税人选择放弃免税并开具增值税专用发票的，应开具征收率为3%的增值税专用发票	（1）选择免税，应纳增值税＝0； （2）放弃免税并开具增值税专用发票，应纳增值税＝含税销售额÷（1＋3%）×3%

【特别提示】增值税的征收率不仅仅适用于小规模纳税人，一般纳税人在某些特殊情况下采用简易计税方法也适用征收率。

五、增值税优惠政策的运用

（一）纳税人销售货物或者劳务的增值税优惠政策

1.《增值税暂行条例》规定的免征增值税政策

（1）销售自产农产品，指农业生产者销售的自产初级农产品（包括制种、“公司＋农户”经营模式的畜禽饲养）。

（2）避孕药品和用具。

（3）古旧图书（指向社会收购的古书和旧书）。

（4）直接用于科学研究、科学试验和教学的进口仪器、设备。

（5）外国政府、国际组织无偿援助的进口物资和设备。

（6）由残疾人的组织直接进口供残疾人专用的物品。

（7）销售的自己使用过的物品。

【点拨指导】销售的自己使用过的物品指其他个人销售自己使用过的物品。个人有两种：一种是个体工商户；另一种是其他个人。因此，其他个人指的是个体工商户以外的个人，即自然人。

【举例说明】自然人张某出售自己使用过的电脑、手机或者汽车，免征增值税。

【点拨指导】增值税的免税是指对货物、劳务、服务、无形资产或者不动产在本流转环节的增值税销项税额（一般计税方法下）或者增值税应纳税额（简易计税方法下）予以免征。免税只免征本流转环节的增值税销项税额或者增值税应纳税额，对货物、劳务、服务、无形资产或者不动产在以前流转环节所缴纳的增值税税额（指的是增值税进项税额）不予退还，因此，免税货物、劳务、服务、无形资产或者不动产仍然负担一定的增值税。

2. 财政部、国家税务总局规定的增值税优惠政策

（1）资源综合利用产品和劳务增值税优惠政策。增值税一般纳税人销售自产的资源综合利用产品和提供资源综合利用劳务，符合税法规定的相关条件的，可享受增值税即征即退政策。

（2）医疗卫生的增值税优惠政策。

① 非营利性医疗机构：自产自用的制剂免征增值税。

② 营利性医疗机构：取得的收入，按规定征收各项税收。自执业登记起 3 年内对自产自用的制剂免征增值税。

③ 疾病控制机构和妇幼保健机构等的服务收入：按国家规定价格取得的卫生服务收入免征增值税。

④ 血站：供应给医疗机构的临床用血免征增值税。

⑤ 供应非临床用血：可按简易计税方法计算应纳税额。

（3）修理修配劳务的增值税优惠。飞机修理，增值税实际税负超过 6%的部分即征即退。

（4）软件产品的增值税优惠。增值税一般纳税人销售其自行开发生产的软件产品，按 13%税率征收增值税后，对其增值税实际税负超过 3%的部分实行即征即退政策。

$$\text{即征即退税额} = \text{当期软件产品增值税应纳税额} - \text{当期软件产品销售额} \times 3\%$$

（5）对供热企业向居民个人供热而取得的采暖费收入继续免征增值税。

（6）蔬菜流通环节增值税免税政策。

① 对从事蔬菜批发、零售的纳税人销售的蔬菜免征增值税。各种蔬菜罐头不属于免征增值税范围。

② 纳税人既销售蔬菜又销售其他增值税应税货物的，应分别核算蔬菜和其他增值税应税货物的销售额；未分别核算的，不得享受蔬菜增值税免税政策。

（7）制种行业增值税政策。制种企业生产经营模式下生产种子，属于农业生产者销售自产农产品，免征增值税。

实务咨询：我公司为一家制种企业，请问销售种子是否免征增值税？

情境答疑：生产并销售用砍伐的野生红柳枝做成的烤肉扦子，是否免征增值税？

答：根据《农业产品征税范围注释》（财税字〔1995〕52 号）的规定，用砍伐的野生红柳枝做成的烤肉扦子不属于农产品，应按适用税率征收增值税，应当开具发票按规定缴纳增值税。

（8）自 2018 年 11 月 30 日至 2023 年 11 月 29 日，对经国务院批准对外开放的货物期货品种保税交割业务，暂免征收增值税。

(二)纳税人销售服务、无形资产或者不动产的增值税优惠政策

1. 营业税改征增值税过渡期间免税政策

下列项目免征增值税:

(1) 托儿所、幼儿园提供的保育和教育服务。

(2) 养老机构提供的养老服务。

(3) 残疾人福利机构提供的育养服务。

(4) 婚姻介绍服务。

(5) 殡葬服务。

(6) 残疾人员本人为社会提供的服务。

(7) 医疗机构提供的医疗服务。

(8) 从事学历教育的学校提供的教育服务。

(9) 学生勤工俭学提供的服务。

(10) 农业机耕、排灌、病虫害防治、植物保护、农牧保险以及相关技术培训业务,家禽、牲畜、水生动物的配种和疾病防治。

(11) 纪念馆、博物馆、文化馆、文物保护单位管理机构、美术馆、展览馆、书画院、图书馆在自己的场所提供文化体育服务取得的第一道门票收入。

(12) 寺院、宫观、清真寺和教堂举办文化、宗教活动的门票收入。

(13) 行政单位之外的其他单位收取的符合《营业税改征增值税试点实施办法》第十条规定条件的政府性基金和行政事业性收费。

(14) 个人转让著作权。

(15) 个人销售自建自用住房。

(16) 2023 年 12 月 31 日前,公共租赁住房经营管理单位出租公共租赁住房。

(17) 台湾航运公司、航空公司从事海峡两岸海上直航、空中直航业务在大陆取得的运输收入。

(18) 纳税人提供的直接或者间接国际货物运输代理服务。

(19) 符合条件的利息收入。

(20) 被撤销金融机构以货物、不动产、无形资产、有价证券、票据等财产清偿债务。

(21) 保险公司开办的一年期以上人身保险产品取得的保费收入。

(22) 符合条件的金融商品转让收入。

(23) 金融同业往来利息收入。

(24) 符合条件的担保机构从事中小企业信用担保或者再担保业务取得的收入(不含信用评级、咨询、培训等收入)3 年内免征增值税。

(25) 国家商品储备管理单位及其直属企业承担商品储备任务,从中央或者地方财政取得的利息补贴收入和价差补贴收入。

(26) 纳税人提供技术转让、技术开发和与之相关的技术咨询、技术服务。

(27) 符合条件的合同能源管理服务。

(28) 自 2021 年 1 月 1 日起至 2023 年 12 月 31 日,免征图书批发、零售环节增值税。

(29) 2023 年 12 月 31 日前,科普单位的门票收入,以及县级及以上党政部门和科协开展科普活动的门票收入。

(30) 政府举办的从事学历教育的高等、中等和初等学校(不含下属单位),举办进修班、

培训班取得的全部归该学校所有的收入。

(31) 政府举办的职业学校设立的主要为在校学生提供实习场所、并由学校出资自办、由学校负责经营管理、经营收入归学校所有的企业，从事《销售服务、无形资产、不动产注释》中“现代服务”(不含融资租赁服务、广告服务和其他现代服务)、“生活服务”(不含文化体育服务、其他生活服务和桑拿、氧吧)业务活动取得的收入。

(32) 家政服务企业由员工制家政服务员提供家政服务取得的收入。

(33) 福利彩票、体育彩票的发行收入。

(34) 军队空余房产租赁收入。

(35) 为了配合国家住房制度改革，企业、行政事业单位按房改成本价、标准价出售住房取得的收入。

(36) 将土地使用权转让给农业生产者用于农业生产。

(37) 纳税人采取转包、出租、互换、转让、入股等方式将承包地流转给农业生产者用于农业生产。

(38) 涉及家庭财产分割的个人无偿转让不动产、土地使用权。

(39) 土地所有者出让土地使用权和土地使用者将土地使用权归还给土地所有者。

(40) 县级以上地方人民政府或自然资源行政主管部门出让、转让或收回自然资源使用权(不含土地使用权)。

(41) 随军家属就业。

(42) 军队转业干部就业。

(43) 自 2019 年 2 月 1 日至 2023 年 12 月 31 日，企业集团内单位(含企业集团)之间的资金无偿借贷行为。

(44) 提供社区养老、抚育、家政等服务取得的收入。

(45) 纳税人将国有农用地出租给农业生产者用于农业生产。

(46) 自 2022 年 1 月 1 日至 2022 年 12 月 31 日，航空和铁路运输企业分支机构暂停预缴增值税。2022 年 2 月纳税申报期至文件发布之日已预缴的增值税予以退还。

(47) 自 2022 年 1 月 1 日至 2022 年 12 月 31 日，纳税人提供公共交通运输服务取得的收入。

2. 营业税改征增值税过渡期间即征即退政策

(1) 一般纳税人提供管道运输服务，对其增值税实际税负超过 3%的部分实行增值税即征即退政策。

(2) 经中国人民银行、中国银行保险监督管理委员会或者商务部批准(含备案)从事融资租赁业务的试点纳税人中的一般纳税人，提供有形动产融资租赁服务和有形动产融资性售后回租服务，对其增值税实际税负超过 3%的部分实行增值税即征即退政策。商务部授权的省级商务主管部门和国家经济技术开发区批准(含备案)的从事融资租赁业务和融资性售后回租业务的试点纳税人中的一般纳税人，2016 年 5 月 1 日后实收资本达到 1.7 亿元的，从达到标准的当月起按照上述规定执行；2016 年 5 月 1 日后实收资本未达到 1.7 亿元但注册资本达到 1.7 亿元的，在 2016 年 7 月 31 日前仍可按照上述规定执行，2016 年 8 月 1 日后开展的有形动产融资租赁业务和有形动产融资性售后回租业务不得按照上述规定执行。

【点拨指导】上述“增值税实际税负”是指纳税人当期发生应税行为实际缴纳的增值税税额占纳税人当期发生应税行为取得的全部价款和价外费用的比例。

2

3. 营业税改征增值税优惠承继政策

本地区营业税改征增值税试点实施之日前，如果试点纳税人已经按照有关政策规定享受了营业税税收优惠，在剩余税收优惠政策期限内，可以按照《营业税改征增值税试点实施办法》继续享受有关增值税优惠。

4. 营业税改征增值税试点前发生业务的处理

（1）试点纳税人发生应税行为，按照国家有关营业税政策规定差额征收营业税的，因取得的全部价款和价外费用不足以抵减允许扣除项目金额，截至纳入营改增试点之日前尚未扣除的部分，不得在计算试点纳税人增值税应税销售额时抵减，应当向原主管税务机关申请退还营业税。

（2）试点纳税人发生应税行为，在纳入营改增试点之日前已缴纳营业税，营改增试点后因发生退款减除营业额的，应当向原主管税务机关申请退还已缴纳的营业税。

（3）试点纳税人纳入营改增试点之日前发生的应税行为，因税收检查等原因需要补缴税款的，应按照营业税政策规定补缴营业税。

5. 营业税改征增值税零税率政策

详见“三、增值税税率和征收率的判定”下的“（三）零税率”，第59页。

6. 营业税改征增值税境外服务免税政策

境内的单位和个人销售的下列服务或者无形资产免征增值税，但财政部和国家税务总局规定适用零税率的除外。

（1）下列服务。

① 工程项目在境外的建筑服务。

② 工程项目在境外的工程监理服务。

③ 工程、矿产资源在境外的工程勘察勘探服务。

④ 会议展览地点在境外的会议展览服务。

⑤ 存储地点在境外的仓储服务。

⑥ 标的物在境外使用的有形动产租赁服务。

⑦ 在境外提供的广播影视节目（作品）的播映服务。

⑧ 在境外提供的文化体育服务、教育医疗服务、旅游服务。

（2）为出口货物提供的邮政服务、收派服务、保险服务。

为出口货物提供的保险服务，包括出口货物保险和出口信用保险。

（3）向境外单位提供的完全在境外消费的下列服务或者无形资产。

① 电信服务。

② 知识产权服务。

③ 物流辅助服务（仓储服务、收派服务除外）。

④ 鉴证咨询服务。

⑤ 专业技术服务。

⑥ 商务辅助服务。

⑦ 广告投放地在境外的广告服务。

⑧ 无形资产。

（4）以无运输工具承运方式提供的国际运输服务。

（5）为境外单位之间的货币资金融通及其他金融业务提供的直接收费金融服务，且该服务与境内的货物、无形资产和不动产无关。

(6) 财政部和国家税务总局规定的其他服务。

7. 税额抵减

试点增值税纳税人在制度转换以后，初次购买增值税税控系统专用设备(包括分开票机)所支付的费用，可凭购买增值税税控系统专用设备取得的增值税专用发票，在增值税应纳税额中全额抵减(抵减额为价税合计额)，不足抵减的可结转下期继续抵减。非初次购买所支付的费用由纳税人自行负担。

增值税纳税人在制度转换以后，缴纳的技术维护费(不含补缴的转换日以前的技术维护费)，可凭技术维护服务单位开具的技术维护费发票，在增值税应纳税额中全额抵减，不足抵减的可结转下期继续抵减。技术维护费按照价格主管部门核定的标准执行。

增值税一般纳税人支付的两项费用在增值税应纳税额中全额抵减的，其增值税专用发票不作为增值税抵扣凭证，其进项税额不得从销项税额中抵扣。

实务释疑：甲公司为营改增之后的新办企业，本年8月购买用于开具税控发票的电脑，并按购买电脑支付的费用全额抵减增值税。你认为甲公司的做法正确吗？

答：《财政部 国家税务总局关于增值税税控系统专用设备和技术维护费用抵减增值税税额有关政策的通知》(财税〔2012〕15号)规定："增值税纳税人2011年12月1日(含，下同)以后初次购买增值税税控系统专用设备(包括分开票机)支付的费用，可凭购买增值税税控系统专用设备取得的增值税专用发票，在增值税应纳税额中全额抵减(抵减额为价税合计额)，不足抵减的可结转下期继续抵减。增值税纳税人非初次购买增值税税控系统专用设备支付的费用，由其自行负担，不得在增值税应纳税额中抵减。

增值税税控系统包括：增值税防伪税控系统、机动车销售统一发票税控系统。

增值税防伪税控系统的专用设备包括金税卡、IC卡、读卡器或金税盘和报税盘；机动车销售统一发票税控系统包括税控盘和传输盘。"

上述专用设备中不包括用于开具税控发票的电脑，因此，购买电脑支付的费用不能全额抵减增值税。

8. 放弃免税权等规定

纳税人发生应税行为适用免税、减税规定的，可以放弃免税、减税，依照税法规定缴纳增值税。放弃免税、减税后，36个月内不得再申请免税、减税。一般纳税人可以在增值税免税、减税项目执行期限内，按照纳税申报期选择实际享受该项增值税免税、减税政策的起始时间。一般纳税人在享受增值税免税、减税政策后，按照《营业税改征增值税试点实施办法》(财税〔2016〕36号文件印发)第四十八条的有关规定，要求放弃免税、减税权的，应当以书面形式提交纳税人放弃免(减)税权声明，报主管税务机关备案。一般纳税人自提交备案资料的次月起，按照规定计算缴纳增值税。纳税人发生的应税行为同时适用免税和零税率规定的，纳税人可以选择适用免税或者零税率。

【点拨指导】纳税人放弃免税权的原因主要有两种：一是放弃免税权后，有远远超过销项税额的大额进项税额可以抵扣；二是多数购买方有取得增值税专用发票的要求或者需求，销售方只有放弃免税权，才能对外开具增值税专用发票。

实务咨询：我公司为增值税一般纳税人，现已放弃了增值税免税，请问以后是否还可以再申请享受增值税免税？

（三）增值税的起征点

个人发生应税行为的销售额未达到增值税起征点的，免征增值税；达到起征点的，全额计算缴纳增值税。增值税起征点的适用范围仅限于个人，不包括登记为一般纳税人的个体工商户。

1. 纳税人销售货物或者劳务的增值税起征点的幅度规定

（1）销售货物的，为月销售额 5 000～20 000 元（含本数）。

（2）销售加工修理修配劳务的，为月销售额 5 000～20 000 元（含本数）。

（3）按次纳税的，为每次（日）销售额 300～500 元（含本数）。

2. 纳税人销售服务、无形资产或者不动产的增值税起征点的幅度规定

（1）按期纳税的，为月销售额 5 000～20 000 元（含本数）。

（2）按次纳税的，为每次（日）销售额 300～500 元（含本数）。

起征点的调整由财政部和国家税务总局规定。省、自治区、直辖市财政厅（局）和税务局应当在规定的幅度内，根据实际情况确定本地区适用的起征点，并报财政部和国家税务总局备案。

（四）小微企业暂免征收增值税的优惠政策

自 2021 年 4 月 1 日起执行的小微企业暂免征收增值税的优惠政策规定如下：

（1）小规模纳税人发生增值税应税销售行为，合计月销售额未超过 15 万元（以 1 个季度为 1 个纳税期的，季度销售额未超过 45 万元，下同）的，免征增值税。

小规模纳税人发生增值税应税销售行为，合计月销售额超过 15 万元，但扣除本期发生的销售不动产的销售额后未超过 15 万元的，其销售货物、劳务、服务、无形资产取得的销售额免征增值税。

（2）适用增值税差额征税政策的小规模纳税人，以差额后的销售额确定是否可以享受上述规定的免征增值税政策。

“增值税及附加税费申报表（小规模纳税人适用）”中的“免税销售额”相关栏次，填写差额后的销售额。

（3）按固定期限纳税的小规模纳税人可以选择以 1 个月或 1 个季度为纳税期限，一经选择，一个会计年度内不得变更。

（4）《增值税暂行条例实施细则》第九条所称的其他个人，采取一次性收取租金形式出租不动产取得的租金收入，可在对应的租赁期内平均分摊，分摊后的月租金收入未超过 15 万元的，免征增值税。

（5）按照现行规定应当预缴增值税税款的小规模纳税人，凡在预缴地实现的月销售额未超过 15 万元的，当期无需预缴税款。

（6）小规模纳税人中的单位和个体工商户销售不动产，应按其纳税期、上述第（5）条规定以及其他现行政策规定确定是否预缴增值税；其他个人销售不动产，继续按照现行规定征免增值税。

（7）已经使用金税盘、税控盘等税控专用设备开具增值税发票的小规模纳税人，月销售额未超过15万元的，可以继续使用现有设备开具发票，也可以自愿向税务机关免费换领税务Ukey开具发票。

六、增值税专用发票的使用和管理

增值税专用发票是增值税一般纳税人销售货物、劳务、服务、无形资产或者不动产开具的发票，是作为一般纳税人的购买方支付增值税额并可按照增值税有关规定据以抵扣增值税进项税额的凭证。一般纳税人应通过增值税防伪税控系统使用专用发票。使用，对于一般纳税人来说，包括申领、开具、缴销、认证纸质专用发票及其相应的数据电文。

【点拨指导】增值税一般纳税人本期申报抵扣的增值税专用发票必须先进行认证，纳税人可以持增值税专用发票的抵扣联在办税服务厅认证窗口认证，或进行远程认证（指的是网上增值税专用发票认证，包括扫描认证、勾选确认认证两种）。

自2020年2月1日起，增值税小规模纳税人（其他个人除外）发生增值税应税行为，需要开具增值税专用发票的，可以自愿使用增值税发票管理系统自行开具。选择自行开具增值税专用发票的小规模纳税人，税务机关不再为其代开增值税专用发票。也就是说，自2020年2月1日起，小规模纳税人也可以使用增值税专用发票。使用，对于小规模纳税人来说，包括申领、开具、缴销。

（一）增值税专用发票的申领和开具范围

1. 申领范围

自2020年2月1日起，全面推行小规模纳税人自行开具增值税专用发票之后，增值税一般纳税人和增值税小规模纳税人均可以申领增值税专用发票。有下列情形之一的，不得申领增值税专用发票：

（1）会计核算不健全，不能向税务机关准确提供增值税销项税额、进项税额、应纳税额数据及其他有关增值税税务资料的。上列其他有关增值税税务资料的内容，由省、自治区、直辖市和计划单列市税务机关确定。

（2）应当办理一般纳税人登记而未办理的。

（3）有《中华人民共和国税收征收管理法》规定的税收违法行为，拒不接受税务机关处理的。

（4）有下列行为之一，经税务机关责令限期改正而仍未改正者：

①虚开增值税专用发票。②私自印制增值税专用发票。③向税务机关以外的单位和个人买取增值税专用发票。④借用他人增值税专用发票。⑤未按《增值税专用发票使用规定》第十一条开具增值税专用发票。⑥未按规定保管增值税专用发票和专用设备。有下列情形之一的，为未按规定保管专用发票和专用设备：未设专人保管专用发票和专用设备；未按税务机关要求存放专用发票和专用设备；未将认证相符的专用发票抵扣联、“认证结果通知书”和“认证结果清单”装订成册；未经税务机关检查，擅自销毁专用发票基本联次。⑦未按规定申请办理防伪税控系统变更发行。⑧未按规定接受税务机关检查。

有上列情形的，如已领取增值税专用发票，主管税务机关应暂扣其结存的增值税专用发票和税控专用设备。

2. 开具范围

纳税人发生应税销售行为，应当向索取增值税专用发票的购买方开具增值税专用发票，并在增值税专用发票上分别注明销售额和销项税额。

属于下列情形之一的，不得开具增值税专用发票：

(1) 应税销售行为的购买方为消费者个人的。

(2) 发生应税销售行为适用免税规定的。

(3) 部分适用增值税简易征收政策规定的。①增值税一般纳税人的单采血浆站销售非临床用人体血液选择简易计税的。②纳税人销售旧货，按简易办法依3%征收率减按2%征收增值税的。③纳税人销售自己使用过的固定资产，适用按简易办法依3%征收率减按2%征收增值税政策的。

【特别提示】纳税人销售自己使用过的固定资产，适用简易办法依照3%征收率减按2%征收增值税政策的，可以放弃减税，按照简易办法依照3%征收率缴纳增值税，并可以开具增值税专用发票。

(4) 法律、法规及国家税务总局规定的其他情形。

【特别提示】商业企业一般纳税人零售的烟、酒、食品、服装、鞋帽(不包括劳保专用部分)、化妆品等消费品不得开具专用发票。

【特别提示】金融商品转让，不得开具增值税专用发票；从事经纪代理服务，向委托方收取的政府性基金或者行政事业性收费，不得开具增值税专用发票；选择差额计算方法计算销售额的纳税人，提供旅游服务向旅游服务购买方收取并支付的可以从全部价款和价外费用中扣除的费用，不得开具增值税专用发票。

实务释疑：我公司为增值税一般纳税人，向小规模纳税人销售货物时能否开具增值税专用发票？

答：根据《增值税暂行条例》第21条规定，纳税人发生应税销售行为，应当向索取增值税专用发票的购买方开具增值税专用发票，并在增值税专用发票上分别注明销售额和销项税额。

属于下列情形之一的，不得开具增值税专用发票。

(1) 应税销售行为的购买方为消费者个人的。

(2) 发生应税销售行为适用免税规定的。

根据《增值税专用发票使用规定》(国税发〔2006〕156号)第10条规定，商业企业一般纳税人零售的烟、酒、食品、服装、鞋帽(不包括劳保专用部分)、化妆品等消费品不得开具专用发票。

税法并没有明确规定一般纳税人不得向小规模纳税人开具增值税专用发票。因此，如果增值税一般纳税人向小规模纳税人的销售行为不属于上述规定的不得开具增值税专用发票情形的，在购买方索取的情况下，增值税一般纳税人可以向小规模纳税人开具增值税专用发票。但因小规模纳税人不能抵扣进项税额，因此，一般纳税人向小规模纳税人通常开具的是增值税普通发票。

【情境辨析2-4】

1. 情境辨析目的

掌握增值税专用发票的开具范围。

2. 情境辨析设计

纳税人在境内销售货物时，下列情形中，不能开具增值税专用发票的有(　　)。

A. 向药店销售免税药品

B. 向消费者张某个人销售电脑

C. 零售化妆品

D. 一般纳税人之间的以电脑换机器的以物易物交易

3. 情境辨析过程

答案：A、B、C

解析：一般纳税人之间以电脑换机器的以物易物交易，可以开具增值税专用发票。

（二）增值税专用发票的基本内容和开具要求

1. 增值税专用发票的联次

增值税专用发票由基本联次或者基本联次附加其他联次构成，基本联次为三联：发票联、抵扣联和记账联。发票联，作为购买方核算采购成本和增值税进项税额的记账凭证；抵扣联，作为购买方报送主管税务机关认证和留存备查的凭证；记账联，作为销售方核算销售收入和增值税销项税额的记账凭证。其他联次用途，由一般纳税人自行确定。

根据规定，自 2014 年 8 月 1 日起启用新版增值税专用发票和普通发票。2014 年 8 月 1 日起启用的新版增值税专用发票样本如图 2-1 所示。

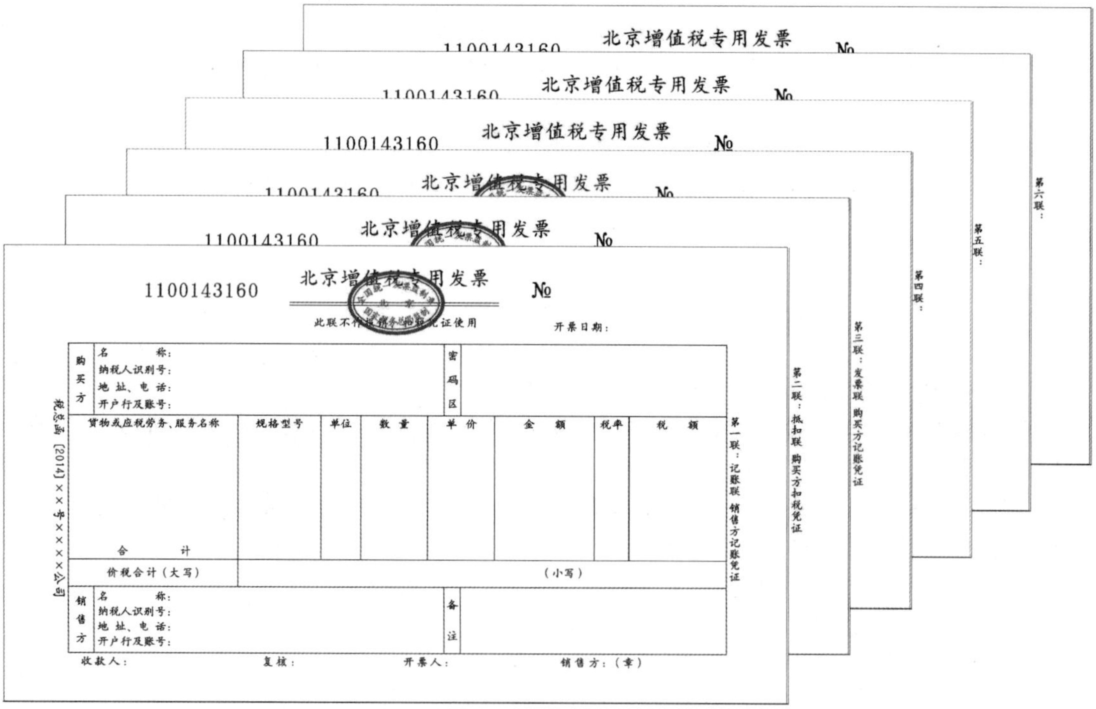

图 2-1　新版增值税专用发票样本

2. 增值税专用发票的基本内容

增值税专用发票的基本内容如下：

（1）购销双方的纳税人名称，购销双方地址。

（2）购销双方的纳税人识别号。

（3）发票字轨号码。

（4）销售货物、劳务、服务、无形资产或者不动产的名称、计量单位、数量。

（5）不包括增值税在内的单价及总金额。

（6）增值税税率、增值税税额、填开的日期。

3. 增值税专用发票的开具要求

增值税专用发票的开具要求如下：

（1）项目齐全，与实际交易相符。

（2）字迹清楚，不得压线、错格。

（3）发票联和抵扣联加盖发票专用章。

【特别提示】自2011年2月1日修订实施的《中华人民共和国发票管理办法》第二十二条规定，“开具发票应当按照规定的时限、顺序、栏目，全部联次一次性如实开具，并加盖发票专用章。”由此可知，发票上只能加盖发票专用章，不能加盖财务专用章。

（4）按照增值税纳税义务发生时间开具。

不符合上列要求的增值税专用发票，购买方有权拒收。

（三）增值税专用发票进项税额的抵扣时限

自2020年3月1日起，增值税一般纳税人取得2017年1月1日及以后开具的增值税专用发票、海关进口增值税专用缴款书、机动车销售统一发票、收费公路通行费增值税电子普通发票，取消认证确认、稽核比对、申报抵扣的期限。纳税人在进行增值税纳税申报时，应当通过本省（自治区、直辖市和计划单列市）增值税发票综合服务平台对上述扣税凭证信息进行用途确认。

自2020年3月1日起，增值税一般纳税人取得2016年12月31日及以前开具的增值税专用发票、海关进口增值税专用缴款书、机动车销售统一发票，超过认证确认、稽核比对、申报抵扣期限，但符合规定条件的，仍可按照《国家税务总局关于逾期增值税扣税凭证抵扣问题的公告》（2011年第50号，国家税务总局公告2017年第36号、2018年第31号修改）、《国家税务总局关于未按期申报抵扣增值税扣税凭证有关问题的公告》（2011年第78号，国家税务总局公告2018年第31号修改）规定，继续抵扣进项税额。

（四）开具红字专用发票的处理流程

2016年8月1日起，针对红字发票开具的有关问题规定如下。

（1）增值税一般纳税人开具增值税专用发票（以下简称“专用发票”）后，发生销货退回、开票有误、应税服务中止等情形但不符合发票作废条件，或者因销货部分退回及发生销售折让，需要开具红字专用发票的，按以下方法处理。

① 购买方取得专用发票已用于申报抵扣的，购买方可在增值税发票管理新系统（以下简称“新系统”）中填开并上传“开具红字增值税专用发票信息表”（以下简称“信息表”），在填开“信息表”时不填写相对应的蓝字专用发票信息，应暂依“信息表”所列增值税税额从当期进项税额中转出，待取得销售方开具的红字专用发票后，与“信息表”一并作为记账凭证。

购买方取得专用发票未用于申报抵扣、但发票联或抵扣联无法退回的，购买方填开“信息表”时应填写相对应的蓝字专用发票信息。

销售方开具专用发票尚未交付购买方，以及购买方未用于申报抵扣并将发票联及抵扣联退回的，销售方可在新系统中填开并上传“信息表”。销售方填开“信息表”时应填写相对应的蓝字专用发票信息。

② 主管税务机关通过网络接收纳税人上传的“信息表”，系统自动校验通过后，生成带有“红字发票信息表编号”的“信息表”，并将信息同步至纳税人端系统中。

③ 销售方凭税务机关系统校验通过的“信息表”开具红字专用发票，在新系统中以销项负数开具。红字专用发票应与“信息表”一一对应。

④ 纳税人也可凭“信息表”电子信息或纸质资料到税务机关对“信息表”内容进行系统校验。

（2）税务机关为小规模纳税人代开专用发票，需要开具红字专用发票的，按照一般纳税人开具红字专用发票的方法处理。

（3）纳税人需要开具红字增值税普通发票的，可以在所对应的蓝字发票金额范围内开具多份红字发票。红字机动车销售统一发票需与原蓝字机动车销售统一发票一一对应。

（五）增值税专用发票不得作为抵扣进项税额凭证的规定

（1）经认证，有下列情形之一的，不得作为增值税进项税额的抵扣凭证，税务机关退还原件，购买方可要求销售方重新开具专用发票。

① 无法认证。无法认证，是指专用发票所列密文或者明文不能辨认，无法产生认证结果。

② 纳税人识别号认证不符。纳税人识别号认证不符，是指专用发票所列购买方纳税人识别号有误。

③ 专用发票代码、号码认证不符。专用发票代码、号码认证不符，是指专用发票所列密文解译后与明文的代码或者号码不一致。

（2）经认证，有下列情形之一的，暂时不得作为增值税进项税额的抵扣凭证，税务机关扣留原件，待查明原因后，分别情况进行处理。

① 重复认证。重复认证，是指已经认证相符的同一张专用发票再次认证。

② 密文有误。密文有误，是指专用发票所列密文无法解译。

③ 认证不符。认证不符，是指纳税人识别号有误，或者专用发票所列密文解译后与明文不一致。本项所称认证不含（1）项的第②、③所列情形。

④ 列为失控专用发票。列为失控专用发票，是指认证时的专用发票已被登记为失控专用发票。

（3）专用发票抵扣联无法认证的，可使用专用发票发票联到主管税务机关认证。专用发票发票联复印件留存备查。

（六）增值税专用发票的丢失

一般纳税人丢失已开具专用发票的发票联和抵扣联，如果丢失前已认证相符的，购买方凭销售方提供的相应专用发票记账联复印件及销售方所在地主管税务机关出具的“丢失增值税专用发票已报税证明单”，经购买方主管税务机关审核同意后，可作为增值税进项税额的抵扣凭证；如果丢失前未认证的，购买方凭销售方提供的相应专用发票记账联复印件到主管税务机关进行认证，认证相符的，凭该专用发票记账联复印件及销售方所在地主管税务机关出具的“丢失增值税专用发票已报税证明单”，经购买方主管税务机关审核同意后，可作为增值税进项税额的抵扣凭证。

一般纳税人丢失已开具专用发票的抵扣联，如果丢失前已认证相符的，可使用专用发票发票联复印件留存备查；如果丢失前未认证的，可使用专用发票发票联到主管税务机关认证，专用发票发票联复印件留存备查。

一般纳税人丢失已开具专用发票的发票联，可将专用发票抵扣联作为记账凭证，专用发票抵扣联复印件留存备查。

（七）在新办纳税人中实行增值税专用发票电子化有关事项

（1）自2020年12月21日起，在天津、河北、上海、江苏、浙江、安徽、广东、重庆、四川、宁波和深圳等11个地区的新办纳税人中实行专票电子化，受票方范围为全国。其中，宁波、石家庄和杭州等3个地区已试点纳税人开具增值税电子专用发票（以下简称“电子专票”）的受票方范围扩至全国。

自2021年1月21日起，在北京、山西、内蒙古、辽宁、吉林、黑龙江、福建、江西、山东、河南、湖北、湖南、广西、海南、贵州、云南、西藏、陕西、甘肃、青海、宁夏、新疆、大连、厦门和青岛等25个地区的新办纳税人中实行专票电子化，受票方范围为全国。

实行专票电子化的新办纳税人具体范围由国家税务总局各省、自治区、直辖市和计划单列市税务局（以下简称“各省税务局”）确定。

（2）电子专票由各省税务局监制，采用电子签名代替发票专用章，属于增值税专用发票，其法律效力、基本用途、基本使用规定等与增值税纸质专用发票（以下简称“纸质专票”）相同。

（3）电子专票的发票代码为12位，编码规则：第1位为0，第2—5位代表省、自治区、直辖市和计划单列市，第6—7位代表年度，第8—10位代表批次，第11—12位为13。发票号码为8位，按年度、分批次编制。

（4）自各地专票电子化实行之日起，本地区需要开具增值税纸质普通发票、增值税电子普通发票（以下简称“电子普票”）、纸质专票、电子专票、纸质机动车销售统一发票和纸质二手车销售统一发票的新办纳税人，统一领取税务UKey开具发票。税务机关向新办纳税人免费发放税务UKey，并依托增值税电子发票公共服务平台，为纳税人提供免费的电子专票开具服务。

（5）税务机关按照电子专票和纸质专票的合计数，为纳税人核定增值税专用发票领用数量。电子专票和纸质专票的增值税专用发票（增值税税控系统）最高开票限额应当相同。

（6）纳税人开具增值税专用发票时，既可以开具电子专票，也可以开具纸质专票。受票方索取纸质专票的，开票方应当开具纸质专票。

（7）纳税人开具电子专票后，发生销货退回、开票有误、应税服务中止、销售折让等情形，需要开具红字电子专票的，按照以下规定执行：

① 购买方已将电子专票用于申报抵扣的，由购买方在增值税发票管理系统（以下简称“发票管理系统”）中填开并上传《开具红字增值税专用发票信息表》（以下简称“《信息表》”），填开《信息表》时不填写相对应的蓝字电子专票信息。

购买方未将电子专票用于申报抵扣的，由销售方在发票管理系统中填开并上传《信息表》，填开《信息表》时应填写相对应的蓝字电子专票信息。

② 税务机关通过网络接收纳税人上传的《信息表》，系统自动校验通过后，生成带有“红字发票信息表编号”的《信息表》，并将信息同步至纳税人端系统中。

③ 销售方凭税务机关系统校验通过的《信息表》开具红字电子专票，在发票管理系统中

以销项负数开具。红字电子专票应与《信息表》一一对应。

④ 购买方已将电子专票用于申报抵扣的，应当暂依《信息表》所列增值税税额从当期进项税额中转出，待取得销售方开具的红字电子专票后，与《信息表》一并作为记账凭证。

(8) 受票方取得电子专票用于申报抵扣增值税进项税额或申请出口退税、代办退税的，应当登录增值税发票综合服务平台确认发票用途，登录地址由各省税务局确定并公布。

(9) 单位和个人可以通过全国增值税发票查验平台(https://inv-veri.chinatax.gov.cn)对电子专票信息进行查验；可以通过全国增值税发票查验平台下载增值税电子发票版式文件阅读器，查阅电子专票并验证电子签名有效性。

(10) 纳税人以电子发票(含电子专票和电子普票)报销入账归档的，按照《财政部 国家档案局关于规范电子会计凭证报销入账归档的通知》(财会〔2020〕6 号)的规定执行。

七、深化增值税改革中有关增值税发票的规定

(1) 增值税一般纳税人在增值税税率调整前已按原 16%、10%适用税率开具的增值税发票，发生销售折让、中止或者退回等情形需要开具红字发票的，按照原适用税率开具红字发票；开票有误需要重新开具的，先按照原适用税率开具红字发票后，再重新开具正确的蓝字发票。

(2) 纳税人在增值税税率调整前未开具增值税发票的增值税应税销售行为，需要补开增值税发票的，应当按照原适用税率补开。

(3) 增值税发票税控开票软件税率栏次默认显示调整后税率，纳税人发生上述(1)、(2)所列情形的，可以手工选择原适用税率开具增值税发票。

(4) 税务总局在增值税发票税控开票软件中更新了《商品和服务税收分类编码表》，纳税人应当按照更新后的《商品和服务税收分类编码表》开具增值税发票。

(5) 纳税人应当及时完成增值税发票税控开票软件升级和自身业务系统调整。

任务二 增值税的计算

【情境引例】

甲公司为增值税一般纳税人。本年 7 月，甲公司销售给乙公司一批货物，增值税专用发票上注明的不含增值税销售额为 50 000 元，适用增值税税率为 13%；同时向乙公司收取包装物租金 1 330 元。本年 7 月，甲公司购进货物，取得的增值税专用发票上注明增值税税额为 3 685.6 元，甲公司取得的增值税专用发票本年 7 月符合抵扣规定。要求：计算甲公司当期的销项税额、应缴纳的增值税税额。

【知识准备与业务操作】

一、一般计税方法下增值税应纳税额的计算

增值税的计税方法，主要包括一般计税方法和简易计税方法。我国目前对增值税一般纳税人增值税的计算一般情况下采用一般计税方法，某些特殊情况下采用或者选择采用简易计税方法；我国目前对增值税小规模纳税人增值税的计算采用简易计税方法。

(一) 一般计税方法的含义和计算公式

一般计税方法，也就是国际上通行的购进扣税法，即先按当期销售额和适用税率计算出

销项税额(这是对销售额进行全额征税,而非差额征税),然后对当期购进项目已经缴纳的税额(即进项税额)进行抵扣,从而间接计算出对当期增值额部分的应纳税额。

增值税一般纳税人在一般计税方法下的增值税应纳税额等于本期销项税额减本期进项税额。应纳税额的计算公式如下:

应纳税额=当期销项税额-当期准予抵扣进项税额

【特别提示】当期销项税额小于当期进项税额不足抵扣时,其不足部分可以结转下期继续抵扣。

【区别比较】境外的单位或者个人在境内销售劳务、服务、无形资产或不动产的增值税的计缴。

境外的单位或者个人在境内提供加工修理修配劳务,在境内未设有经营机构的,以其境内代理人为扣缴义务人;在境内没有代理人的,以购买方为扣缴义务人。

境外的单位或者个人在境内销售服务、无形资产或不动产,在境内未设有经营机构的,以购买方为增值税扣缴义务人。

上述扣缴义务人应扣缴税额的计算公式如下:

应扣缴税额=购买方支付的价款÷(1+税率)×税率

(二)销项税额的计算

销项税额,是指一般纳税人在一般计税方法下销售货物、劳务、服务、无形资产或者不动产按照销售额和增值税税率计算并收取的增值税税额。销项税额的计算公式如下:

销项税额=销售额×税率

在增值税税率确定的情况下,计算销项税额的关键在于正确合理地确定增值税销项税的税基,即销售额。

1. 一般销售方式下的销售额的确定

(1) 一般销售方式下销售货物、劳务的销售额的确定。

销售货物、劳务的销售额是指纳税人销售货物或提供加工修理修配劳务向购买方收取的全部价款和价外费用。

【点拨指导】如果销售的货物是消费税应税产品或者进口产品,则全部价款中包括消费税或进口关税(价内税)。

价外费用,包括价外向购买方收取的手续费、补贴、基金、集资费、返还利润、奖励费、违约金、滞纳金、延期付款利息、赔偿金、代收款项、代垫款项、包装费、包装物租金、储备费、优质费、运输装卸费以及其他各种性质的价外收费。但下列项目不包括在内:

① 受托加工应征消费税的消费品所代收代缴的消费税。

② 同时符合以下条件,代为收取的政府性基金或者行政事业性收费:由国务院或者财政部批准设立的政府性基金,由国务院或者省级人民政府及其财政、价格主管部门批准设立的行政事业性收费;收取时开具省级以上财政部门印制的财政票据;所收款项全额上缴财政。

③ 销售货物的同时代办保险等而向购买方收取的保险费,以及向购买方收取的代购买方缴纳的车辆购置税、车辆牌照费。

【特别提示】一般情况下,价外费用本身都为含增值税的价外费用,在计算增值税销项税时，需换算成不含增值税的价外费用。其换算公式如下：

不含税价外费用＝含税价外费用÷(1＋税率)

另外，销售额应以人民币计算。如果纳税人以外汇结算销售额的，应当以外币价格折合成人民币计算。其销售额的人民币折合率，可以选择销售额发生的当天或当月1日中国人民银行公布的市场汇价。纳税人应事先确定采用何种汇率，一旦确定后，在一年内不得变更。

2

实务咨询：我公司是一家从事电力产品经营的企业，现有部分用户需要临时用电，与我公司签订了临时用电协议，并缴纳了一定数额的保证金，我公司对逾期未退还的保证金作为“营业外收入”。请问我公司收取的逾期未退还的保证金是否应当作为价外费用计算缴纳增值税？

(2) 一般销售方式下销售服务、无形资产或者不动产的销售额的确定。

销售服务、无形资产或者不动产的销售额，是指纳税人销售服务、无形资产或者不动产向购买方收取的全部价款和价外费用，财政部和国家税务总局另有规定的除外。其中，价外费用是指价外收取的各种性质的价外收费，但不包括代为收取的政府性基金或者行政事业性收费，以及以委托方名义开具发票代委托方收取的款项。

【情境引例解析】

(1) 不含税价外费用＝1 330÷(1＋13%)＝1 176.99(元)

甲公司当期销项税额＝(50 000＋1 176.99)×13%＝6 653.01(元)

(2) 甲公司应纳增值税＝6 653.01－3 685.6＝2 967.41(元)

2. 价税合并收取情况下销售额的确定

含税销售额需换算成不含税销售额，作为增值税的计税依据。其换算公式如下：

销售额＝含税销售额÷(1＋税率)

【点拨指导】增值税属于价外税，一般情况下，题目中会明确指出销售额是否含增值税。在未明确指出的情况下，应当根据以下原则进行判断：①商业企业的“零售价”肯定含增值税；②增值税专用发票和增值税普通发票上注明的不含税金额(不含税销售额)肯定不含增值税；③增值税专用发票和增值税普通发票上注明的价税合计金额肯定含增值税；④价外费用和收取的包装物押金视为含增值税收入。

【特别提示】有人认为增值税专用发票上注明的金额是不含增值税的金额，而增值税普通发票上注明的金额是含增值税的金额，这种认识是错误的。因为增值税专用发票和增值税普通发票的格式整体上是一样的，票面上既有不含增值税的金额，又有含增值税的金额(价税合计金额)。

【特别提示】一般纳税人采用一般计税方法计算“销项税额”的基数“销售额”是不含增值税的；小规模纳税人或一般纳税人采用简易计税方法计算“应纳税额”的基数“销售额”也是不含增值税的。如果是含增值税的销售额，先要换算成不含增值税的销售额后，再计算“销项税额”或者“应纳增值税税额”。

3. 特殊销售方式销售额的确定

（1）采取折扣方式销售。

① 折扣销售，在会计上又称商业折扣，是指销货方在销售货物时，因购货方购货数量较大或与销货方有特殊关系等原因而给予对方价格上的优惠（直接打折）。其销售额和折扣额在同一张发票上的“金额”栏分别注明的，可按折扣后的销售额征收增值税。未在同一张发票“金额”栏分别注明折扣额，而仅在发票的“备注”栏注明折扣额的，折扣额不得从销售额中扣除。折扣销售仅限于货物价格的折扣，如果销货者将自产、委托加工或者购进的货物用于实物折扣的，则该实物折扣额不能从货物销售额中减除，且该实物应按《增值税暂行条例实施细则》“视同销售货物”中的“无偿赠送其他单位或者个人”计算缴纳增值税。

实务咨询：我公司本年 7 月发生了一笔折扣销售业务，在对购买方开具发票时，在同一发票上备注栏填写了折扣额。请问该折扣额是否可以从销售额中减除？

【情境实例 2-1】

1. 工作任务要求

情形一：销售额与折扣额在同一张发票上的“金额”栏分别注明，计算甲公司下列业务的增值税销项税额。

情形二：折扣额另开发票，计算甲公司下列业务的增值税销项税额。

2. 情境实例设计

甲商场为增值税一般纳税人，其销售的月饼标明零售价为每 500 克 25 元（含增值税）。甲商场本年 7 月 8 折对外销售 50 千克。月饼适用的增值税税率为 13%。

3. 任务实施过程

情形一：销售额与折扣额在同一张发票上的“金额”栏分别注明。

$$增值税销项税额 = 25 \times 50 \times 2 \times 80\% \div (1 + 13\%) \times 13\% = 230.09（元）$$

情形二：将折扣额另开发票。

$$增值税销项税额 = 25 \times 50 \times 2 \div (1 + 13\%) \times 13\% = 287.61（元）$$

② 销售折扣，在会计上又称现金折扣，是指销货方在销售货物或提供应税劳务后，为了鼓励购货方及早偿付货款而协议许诺给予购货方的一种折扣优待，用分数表示，如 2/10、1/20、n/30（信用期 30 天，10 天内付款，货款折扣 2%；超过 10 天至 20 天内付款，货款折扣 1%；超过 20 天全价付款）。销售折扣发生在销货之后，是一种融资性质的理财费用，因此销售折扣不得从销售额中扣除。

【区别比较】在计算增值税时，销售折扣不得从销售额中扣除，但是在计算企业所得税时，销售折扣作为财务费用可以在企业所得税税前扣除。

③ 纳税人向购买方开具增值税专用发票后，由于累计购买到一定量或市场价格下降等原因，销货方给予购货方的价格优惠或补偿等折扣、折让行为，可按规定开具红字增值税专用发票。

④ 纳税人销售服务、无形资产或者不动产，将价款和折扣额在同一张发票上分别注明的，以折扣后的价款为销售额；未在同一张发票上分别注明的，以价款为销售额，不得扣减折扣额。

⑤ 纳税人销售服务、无形资产或者不动产，开具增值税专用发票后，发生开票有误或者销售折让、中止、退回等情形的，应当按照国家税务总局的规定开具红字增值税专用发票；未按照规定开具红字增值税专用发票的，不得扣减销项税额或者销售额。

(2) 采取以旧换新方式销售。

① 金银首饰以外的以旧换新业务，应按新货物的同期销售价格确定销售额，不得减除旧货物的收购价格。对于换取的旧货物，若取得增值税专用发票等合法扣税凭证，则增值税专用发票等合法扣税凭证上注明的进项税额可以从销项税额中抵扣。

② 金银首饰的以旧换新业务，按销售方实际收到的不含增值税的全部价款征税。

【情境实例 2-2】

1. 工作任务要求

计算甲公司下列业务的增值税销项税额。

2. 情境实例设计

甲超市为增值税一般纳税人，本年 7 月采取“以旧换新”方式向消费者（均为“其他个人”）销售新电视机 100 台，每台零售价为 3 800 元，每台旧电视机折价为 500 元。电视机适用的增值税税率为 13%。

3. 任务实施过程

增值税销项税额 $=3\,800\times100\div(1+13\%)\times13\%=43\,716.81$（元）。

【情境实例 2-3】

1. 工作任务要求

计算甲公司下列业务的增值税销项税额。

2. 情境实例设计

甲金店为增值税一般纳税人，本年 7 月采取“以旧换新”方式向消费者销售全新的金项链 100 条，全新的金项链每条零售价为 5 000 元，每条旧金项链折价为 1 500 元。金项链适用的增值税税率为 13%。

3. 任务实施过程

增值税销项税额 $=(5\,000-1\,500)\times100\div(1+13\%)\times13\%=40\,265.49$（元）。

(3) 采取还本销售方式销售。还本销售，是指销售方将货物出售之后，按约定的时间，一次或分次将货款部分或全部退还给购货方，退还的货款即为还本支出。采取还本销售方式销售货物，其销售额就是货物的销售价格，不得从销售额中减除还本支出。

(4) 采取以物易物方式销售。以物易物双方以各自发出货物核算销售额并计算销项税额。

【点拨指导】对于一般纳税人之间的以物易物，双方是否可以抵扣进项税额，需要看能否取得对方开具的增值税专用发票等合法扣税凭证、换入的货物是否属于可以抵扣进项税额的货物等。若能取得对方开具的增值税专用发票等合法扣税凭证，且换入的货物是可以抵扣进项税额的货物，则可以抵扣进项税额。

(5) 包装物押金是否计入销售额。包装物是指纳税人包装本单位货物的各种物品。纳税人销售货物时另收取包装物押金，目的是促使购货方及早退回包装物以便周转使用。根据税法规定，纳税人为销售货物而出租出借包装物收取的押金，单独记账核算的，时间在1年以内又未过期的，不并入销售额征税，但对因逾期未收回包装物不再退还的押金，应按所包装货物的适用税率计算销项税额。

上述规定中，逾期是指按合同约定实际逾期，或者以1年为期限，对收取1年以上的押金，无论是否退还均并入销售额征税。当然，在将包装物押金并入销售额征税时，需要先将该押金换算为不含税价，再并入销售额征税。纳税人为销售货物出租出借包装物而收取的押金，无论包装物周转使用期限长短，超过1年（含1年）仍不退还的均并入销售额征税。

【特别提示】包装物押金不应混同于包装物租金。包装物租金在销货时作为价外费用并入销售额计算销项税额。

对销售除啤酒、黄酒外的其他酒类产品而收取的包装物押金，无论是否返还以及会计上如何核算，均应并入当期销售额征税。对销售啤酒、黄酒所收取的押金，按一般押金的规定处理。

【情境实例2-4】

1. 工作任务要求

计算甲公司下列业务的增值税销项税额。

2. 情境实例设计

甲公司为增值税一般纳税人，本年5月销售啤酒，取得不含增值税销售额100万元，收取啤酒的包装物押金10万元，没收逾期啤酒的包装物押金8万元。甲公司收取包装物押金单独记账，并约定包装物应当于提货之日起6个月内返还，若逾期未归还，则没收押金。啤酒适用的增值税税率为13%。

3. 任务实施过程

增值税销项税额＝[100＋8÷(1＋13%)]×13%＝13.92(万元)。

【情境实例2-5】

1. 工作任务要求

计算甲公司下列业务的增值税销项税额。

2. 情境实例设计

甲公司为增值税一般纳税人，本年5月销售白酒，取得不含增值税销售额100万元，收取白酒的包装物押金10万元，没收逾期白酒的包装物押金8万元。甲公司收取包装物押金单独记账，并约定包装物应当于提货之日起6个月内返还，逾期未归还则没收押金。白酒适用的增值税税率为13%。

3. 任务实施过程

增值税销项税额＝[100＋10÷(1＋13%)]×13%＝14.15(万元)。

(6) 贷款服务，以提供贷款服务取得的全部利息及利息性质的收入为销售额。自2018年1月1日起，金融机构开展贴现、转贴现业务，以其实际持有票据期间取得的利息收入作为贷款服务销售额计算缴纳增值税。此前贴现机构已就贴现利息收入全额缴纳增值税的票据，转贴现机构转贴现利息收入继续免征增值税。

(7) 直接收费金融服务，以提供直接收费金融服务收取的手续费、佣金、酬金、管理费、服务费、经手费、开户费、过户费、结算费、转托管费等各类费用为销售额。

(8) 纳税人销售电信服务时，附带赠送用户识别卡、电信终端等货物或者电信服务的，应将其取得的全部价款和价外费用进行分别核算，按各自适用的税率计算缴纳增值税。

4. 差额征收方式下销售额的确定

详见“三、差额征收增值税应纳税额的计算”，第 108 页。

5. 需要核定的销售额的确定

(1) 纳税人销售货物价格明显偏低并无正当理由或者有视同销售货物行为而无销售额者，在计算时，其销售额要按照如下规定的顺序来确定。

① 按纳税人最近时期同类货物的平均销售价格确定。

② 按其他纳税人最近时期同类货物的平均销售价格确定。

③ 用以上两种方法均不能确定其销售额的情况下，可按组成计税价格确定销售额。其计算公式如下：

组成计税价格＝成本＋利润＝成本×(1＋成本利润率)

若销售的货物属于消费税应税消费品，其组成计税价格还需再加上消费税税额。其计算公式如下：

a. 实行从价定率办法计算纳税的组成计税价格计算公式如下：

组成计税价格＝成本＋利润＋消费税税额
＝成本×(1＋成本利润率)＋消费税税额
＝成本×(1＋成本利润率)÷(1－消费税比例税率)

b. 实行从量定额办法计算纳税的组成计税价格计算公式如下：

组成计税价格＝成本＋利润＋消费税税额
＝成本×(1＋成本利润率)＋消费税税额
＝成本×(1＋成本利润率)＋计税数量×消费税定额税率

c. 实行复合计税办法计算纳税的组成计税价格计算公式如下：

组成计税价格＝成本＋利润＋消费税税额
＝成本×(1＋成本利润率)＋消费税税额
＝[成本×(1＋成本利润率)＋计税数量×消费税定额税率]
÷(1－消费税比例税率)

式中，销售自产货物的成本为实际生产成本；销售外购货物的成本为实际采购成本。成本利润率由国家税务总局确定，一般为 10%。但属于应采用从价定率及复合计税办法征收消费税的货物，其组成计税价格中的成本利润率为国家税务总局确定的应税消费品的成本利润率，全国统一。详见项目三的“表 3-3 应税消费品的全国平均成本利润率”，第 167 页。

【情境实例 2-6】

1. 工作任务要求

计算甲公司下列业务的增值税销项税额。

2. 情境实例设计

甲公司为增值税一般纳税人，本年 7 月将其自产的一批账面成本为 130 000 元，含增值税售价为 210 600 元的 A 电器作为实物福利发放给职工；同时，将其自产一批账面成本为 200 000 元的 B 电器捐赠给某灾区，且 B 电器无同类货物价格，成本利润率为 10%。

3. 任务实施过程

增值税销项税额＝210 600÷(1＋13%)×13%＋200 000×(1＋10%)×13%
＝52 828.32(元)

---

(2) 纳税人销售服务、无形资产或者不动产价格明显偏低或偏高且不具有合理商业目的，或者发生视同销售服务、无形资产或者不动产行为而无销售额的，主管税务机关有权按照下列顺序确定销售额：

① 按照纳税人最近时期销售同类服务、无形资产或者不动产的平均价格确定。

② 按照其他纳税人最近时期销售同类服务、无形资产或者不动产的平均价格确定。

③ 按照组成计税价格确定。组成计税价格的计算公式如下：

组成计税价格＝成本×(1＋成本利润率)

成本利润率由国家税务总局确定。

【点拨指导】不具有合理商业目的，是指以谋取税收利益为主要目的，通过人为安排，减少、免除、推迟缴纳增值税税款，或者增加退还增值税税款。

6. 特殊销售行为销售额的确定

(1) 混合销售行为。一项销售行为如果既涉及货物又涉及服务，为混合销售。从事货物的生产、批发或者零售的单位和个体工商户的混合销售行为，按照销售货物缴纳增值税；其他单位和个体工商户的混合销售行为，按照销售服务缴纳增值税。从事货物的生产、批发或者零售的单位和个体工商户，包括以从事货物的生产、批发或者零售为主，并兼营销售服务的单位和个体工商户在内。

【特别提示】纳税人销售活动板房、机器设备、钢结构件等自产货物的同时提供建筑、安装服务，不属于混合销售，应分别核算货物和建筑服务的销售额，分别适用不同的税率或者征收率。

【举例说明】货物生产企业销售货物的同时提供运输服务，按照销售货物缴纳增值税；培训机构提供培训的同时销售培训纸质资料，按照销售服务(生活服务)缴纳增值税。

实务释疑：顾客到酒店吃饭的同时消费了烟酒，请问酒店给顾客开具增值税发票的税率应当是多少？

答：根据《财政部　国家税务总局关于全面推开营业税改征增值税试点的通知》(财税〔2016〕36 号)附件 1《营业税改征增值税试点实施办法》的规定，从事货物的生产、批发或者零售的单位和个体工商户的混合销售行为，按照销售货物缴纳增值税；其他单位和个体工商户的混合销售行为，按照销售服务缴纳增值税。从事货物的生产、批发或者零售的单位和个体工商户，包括以从事货物的生产、批发或者零售为主，并兼营销售服务的单位和个体工商户在内。

酒店(属于餐饮行业)提供餐食的同时售卖烟酒，属于既涉及货物(烟酒)又涉及服务(餐饮服务)的混合销售行为。酒店以餐饮服务为“主业”，因此，酒店应按照销售服务(餐饮服务)缴纳增值税，为顾客开具增值税发票的税率为 6%(即餐饮服务的增值税税率)。

(2) 兼营行为。纳税人销售货物、加工修理修配劳务、服务、无形资产或者不动产适用不同税率或者征收率的，应当分别核算适用不同税率或者征收率的销售额，未分别核算销售额的，按照以下方法从高适用税率或者征收率：

① 兼有不同税率的销售货物、加工修理修配劳务、服务、无形资产或者不动产，从高适用税率。

② 兼有不同征收率的销售货物、加工修理修配劳务、服务、无形资产或者不动产，从高适用征收率。

③ 兼有不同税率和征收率的销售货物、加工修理修配劳务、服务、无形资产或者不动产，从高适用税率。

【特别提示】纳税人兼营免税、减税项目应当分别核算免税、减税项目的销售额；未分别核算销售额的，不得免税、减税。

【情境辨析 2-5】

1. 情境辨析目的

能够确定兼营行为的增值税适用税率。

2. 情境辨析设计

增值税一般纳税人对外既提供运输服务又提供咨询服务，未分别核算销售额的，应当适用(　　)的税率计算缴纳增值税。

A. 3%　　　B. 6%　　　C. 9%　　　D. 13%

3. 情境辨析过程

答案：C

解析：运输服务的增值税税率为 9%，咨询服务的增值税税率为 6%。纳税人兼营销售货物、劳务、服务、无形资产或者不动产，适用不同税率或者征收率的，应当分别核算适用不同税率或者征收率的销售额；未分别核算的，从高适用税率。

【情境实例 2-7】

1. 工作任务要求

计算甲公司下列业务的增值税销项税额。

2. 情境实例设计

甲公司为增值税一般纳税人，兼有销售货物、建筑服务、租赁服务、咨询服务等业务，本年 1 月共取得含税销售收入 113 万元，且未分别核算。

3. 任务实施过程

增值税销项税额 $=113\div(1+13\%)\times13\%=13$(万元)。

实务咨询：我公司为增值税一般纳税人，本年 6 月既提供设计服务并取得含增值税收入 30 万元，又提供建筑服务并取得含增值税收入 40 万元。请问：如何确定其增值税的计税销售额？

实务释疑：酒店业增值税一般纳税人销售单独收费的货物、服务，应当如何计算缴纳增值税？

答:(1) 长包房、餐饮、洗衣、美容美发、按摩、桑拿、沐浴等按6%的税率计税;商务中心的打印、复印、传真、翻译等收入,按6%的税率计税。

(2) 电话费收入按9%的税率计税。

(3) 酒店商品部、迷你吧的收入按所售商品的适用税率(13%或者9%)计税。

(4) 避孕药品和用具等免税货物可以免征增值税。

(5) 接送客人取得的收入按9%的税率计税。

(6) 停车费收入、将场地出租给银行安放ATM机、给其他单位或个人做卖场取得的收入,均为不动产租赁服务收入,按9%的税率计税。该不动产在2016年4月30日前取得的,可选择简易办法按5%征收率计税。

(7) 酒店送餐到房间的服务,按照6%的税率计税。

需要注意的是,纳税人销售货物、劳务、服务、无形资产或者不动产适用不同税率或者征收率的,应当分别核算适用不同税率或者征收率的销售额;未分别核算销售额的,从高适用税率。

情境答疑:全面营改增后,混合销售行为与兼营行为有什么区别?

答:2016年5月1日起全面推开营改增试点。《营业税改征增值税试点实施办法》(财税〔2016〕36号)附件1第三十九条规定:"纳税人兼营销售货物、劳务、服务、无形资产或者不动产,适用不同税率或者征收率的,应当分别核算适用不同税率或者征收率的销售额;未分别核算的,从高适用税率。"第四十条规定:"一项销售行为如果既涉及服务又涉及货物,为混合销售。从事货物的生产、批发或者零售的单位和个体工商户的混合销售行为,按照销售货物缴纳增值税;其他单位和个体工商户的混合销售行为,按照销售服务缴纳增值税。"

通过以上规定可以看出,全面营改增后不再有非增值税应税项目的说法,也不再有混业经营的概念,混合销售和兼营行为都只涉及增值税,两者区别在于是否发生在同一项销售行为上。混合销售行为是同一项销售行为既涉及服务又涉及货物,兼营指不同的销售行为涉及不同的增值税应税项目。

例如,A金属材料有限公司(以下简称"A公司")的经营范围包括钢材销售、建筑用脚手架租赁。A公司为增值税一般纳税人,适用一般计税方法计税。本年7月,A公司销售200吨螺纹钢给B公司,不含税售价为每吨2 200元,货物由A公司的车辆运输至B公司,运费收费标准为每吨129.87元(含增值税);A公司出租脚手架给C建筑公司,取得收入50 000元(含增值税);A公司出租店面取得收入10 000元(含增值税)。

在全面营改增之后,销售螺纹钢并负责运输属于混合销售行为,收取的运费按销售货物缴纳增值税;出租脚手架和出租店面出租则属于兼营行为。

增值税应税收入=[2 200+129.87÷(1+13%)]×200+50 000÷(1+13%)+10 000÷(1+9%)=516 407.94(元),增值税销项税额=[2 200+129.87÷(1+13%)]×200×13%+50 000÷(1+13%)×13%+10 000÷(1+9%)×9%=66 766.06(元)。

(三) 进项税额的计算

进项税额,是指纳税人购进货物、加工修理修配劳务、服务、无形资产或者不动产,支付或者负担的增值税税额。

1. 准予从销项税额中抵扣的进项税额

增值税一般纳税人下列进项税额准予从销项税额中抵扣：

（1）从销售方取得的增值税专用发票（含税控机动车销售统一发票，下同）上注明的增值税税额。具体来说，购进货物或接受加工修理修配劳务，从销售方或提供劳务方取得的增值税专用发票上注明的增值税税额为进项税额，准予从销项税额中抵扣；购进服务、无形资产或者不动产，取得的增值税专用发票上注明的增值税税额为进项税额，准予从销项税额中抵扣。

2

2016 年 5 月 1 日后取得并在会计制度上按固定资产核算的不动产或者 2016 年 5 月 1 日后取得的不动产在建工程，其进项税额应自取得之日起分 2 年从销项税额中抵扣，第一年抵扣比例为 60%，第二年抵扣比例为 40%。取得的不动产，包括以直接购买、接受捐赠、接受投资入股、自建以及抵债等各种形式取得不动产，不包括房地产开发企业自行开发的房地产项目。融资租入的不动产以及在施工现场修建的临时建筑物、构筑物，其进项税额不适用上述分 2 年抵扣的规定。自 2019 年 4 月 1 日起，上述规定停止执行，即纳税人取得不动产或者不动产在建工程的进项税额不再分 2 年抵扣。此前按照上述规定尚未抵扣完毕的待抵扣进项税额，可自 2019 年 4 月税款所属期起，从销项税额中抵扣。

（2）从海关取得的海关进口增值税专用缴款书上注明的增值税税额。

实务释疑：我公司为增值税一般纳税人，委托外贸企业进口，收到的海关增值税专用缴款书上既有我公司的名称，又有该外贸企业的公司名称，请问我公司可否办理进项税额抵扣？

答：根据《国家税务总局关于加强进口环节增值税专用缴款书抵扣税款管理的通知》（国税发〔1996〕32 号）规定：①对海关代征进口环节增值税开具的增值税专用缴款书上标明有两个单位名称，即既有代理进口单位名称，又有委托进口单位名称的，只准予其中取得专用缴款书原件的一个单位抵扣税款；②申报抵扣税款的委托进口单位，必须提供相应的海关代征增值税专用缴款书原件，委托代理合同及付款凭证，否则，不予抵扣进项税款。因此，你公司可按上述规定执行。

（3）自 2018 年 5 月 1 日起，纳税人购进农产品，原适用 11% 扣除率的，扣除率调整为 10%。自 2019 年 4 月 1 日起，纳税人购进农产品，原适用 10% 扣除率的，扣除率调整为 9%。自 2019 年 4 月 1 日起，纳税人购进农产品，按下列规定抵扣进项税额：

① 除第②项规定外，纳税人购进农产品，取得一般纳税人开具的增值税专用发票或海关进口增值税专用缴款书的，以增值税专用发票或海关进口增值税专用缴款书上注明的增值税税额为进项税额；从按照简易计税方法依照 3% 征收率计算缴纳增值税的小规模纳税人取得增值税专用发票的，以增值税专用发票上注明的金额和 9%（自 2017 年 7 月 1 日起至 2018 年 4 月 30 日，为 11%；自 2018 年 5 月 1 日起至 2019 年 3 月 31 日，为 10%）的扣除率计算进项税额；取得（开具）农产品销售发票或收购发票的，以农产品销售发票或收购发票上注明的农产品买价和 9%（自 2017 年 7 月 1 日起至 2018 年 4 月 30 日，为 11%；自 2018 年 5 月 1 日起至 2019 年 3 月 31 日，为 10%）的扣除率计算进项税额（买价，是指纳税人购进农产品在农产品收购发票或者销售发票上注明的价款和按照规定缴纳的烟叶税）。

② 自2019年4月1日起的营改增试点期间，纳税人购进用于生产或者委托加工13%税率货物的农产品，按照10%的扣除率计算进项税额(自2017年7月1日起至2018年4月30日的营改增试点期间，纳税人购进用于生产销售或委托加工17%税率货物的农产品，按照13%的扣除率计算进项税额。自2018年5月1日起至2019年3月31日的营改增试点期间，纳税人购进用于生产销售或委托加工16%税率货物的农产品，按照12%的扣除率计算进项税额)。

【特别提示】自2016年5月1日起全面推开营改增，有人因此错误地认为营改增试点已经结束。实际上当前仍然是营改增试点期间，至于营改增试点何时结束，需要等国家税务总局发布相关文件。

【点拨指导】自2019年4月1日起，纳税人购进用于生产或委托加工13%税率货物的农产品，按照10%的扣除率计算进项税额。具体来说，在购买时先抵扣9%，领用用于生产销售或委托加工13%税率货物时再抵扣1%。

③ 继续推进农产品增值税进项税额核定扣除试点，纳税人购进农产品进项税额已实行核定扣除的，仍按照《财政部 国家税务总局关于在部分行业试行农产品增值税进项税额核定扣除办法的通知》(财税〔2012〕38号)、《财政部 国家税务总局关于扩大农产品增值税进项税额核定扣除试点行业范围的通知》(财税〔2013〕57号)执行。其中，《农产品增值税进项税额核定扣除试点实施办法》(财税〔2012〕38号印发)第四条第(二)项规定的扣除率调整为9%(自2017年7月1日起至2018年4月30日，为11%；自2018年5月1日起至2019年3月31日，为10%)；第(三)项规定的扣除率调整为按上述第①项、第②项规定执行。

④ 纳税人从批发、零售环节购进适用免征增值税政策的蔬菜、部分鲜活肉蛋而取得的普通发票，不得作为计算抵扣进项税额的凭证。

⑤ 纳税人购进农产品既用于生产销售或委托加工13%(自2017年7月1日起至2018年4月30日，为17%；自2018年5月1日起至2019年3月31日，为16%)税率货物又用于生产销售其他货物服务的，应当分别核算用于生产销售或委托加工13%(自2017年7月1日起至2018年4月30日，为17%；自2018年5月1日起至2019年3月31日，为16%)税率货物和其他货物服务的农产品进项税额。未分别核算的，统一以增值税专用发票或海关进口增值税专用缴款书上注明的增值税税额为进项税额，或以农产品收购发票或销售发票上注明的农产品买价和9%(自2017年7月1日起至2018年4月30日，为11%；自2018年5月1日起至2019年3月31日，为10%)的扣除率计算进项税额。

⑥ 销售发票，是指农业生产者销售自产农产品适用免征增值税政策而开具的普通发票。

餐饮行业增值税一般纳税人购进农业生产者自产农产品，可以使用税务机关监制的农产品收购发票，按照现行规定计算抵扣进项税额。

有条件的地区，应积极在餐饮行业推行农产品进项税额核定扣除办法，按照《财政部 国家税务总局关于在部分行业试行农产品增值税进项税额核定扣除办法的通知》(财税〔2012〕38号)有关规定计算抵扣进项税额。

(4) 自用的应征消费税的摩托车、汽车、游艇，2013年8月1日(含)以后购入的，其进项税额准予从销项税额中抵扣。

【特别提示】可以抵扣进项税额的摩托车、汽车、游艇，仅限于购入用于生产经营用的摩托车、汽车、游艇；用于个人消费的摩托车、汽车、游艇，则不能抵扣进项税额。

(5) 自境外单位或者个人购进劳务、服务、无形资产或者境内的不动产，从税务机关或者扣缴义务人取得的代扣代缴税款的完税凭证上注明的增值税税额。

【特别提示】纳税人凭完税凭证抵扣进项税额的，应当具备书面合同、付款证明和境外单位的对账单或者发票。资料不全的，其进项税额不得从销项税额中抵扣。

(6) 自2019年4月1日起，购进国内旅客运输服务，其进项税额允许从销项税额中抵扣。

纳税人购进国内旅客运输服务未取得增值税专用发票的，暂按照以下规定确定进项税额：

① 取得增值税电子普通发票的，为发票上注明的税额。

② 取得注明旅客身份信息的航空运输电子客票行程单的，进项税额的计算公式如下：

航空旅客运输进项税额＝(票价＋燃油附加费)÷(1＋9%)×9%

③ 取得注明旅客身份信息的铁路车票的，进项税额的计算公式如下：

铁路旅客运输进项税额＝票面金额÷(1＋9%)×9%

④ 取得注明旅客身份信息的公路、水路等其他客票的，进项税额的计算公式如下：

公路、水路等其他旅客运输进项税额＝票面金额÷(1＋3%)×3%

【情境实例2-8】

1. 工作任务要求

计算甲公司下列业务的增值税进项税额。

2. 情境实例设计

甲公司为增值税一般纳税人，主要生产A、B两种产品，本年7月发生下列业务：

(1) 1日，购入原材料一批，取得的增值税专用发票上注明价款300 000元，增值税税额39 000元。同时支付运费价税合计43 600元，取得的增值税专用发票上注明运费金额40 000元，增值税税额3 600元。货款及运费均以银行存款支付。

(2) 3日，购进一批免税农产品作为原材料，农产品收购凭证上注明价款为95 000元，款项以银行存款支付。该批农产品本月被全部领用用于生产增值税税率为13%的产品。

(3) 9日，收到乙公司投资的原材料，双方协议作价1 500 000元(不含增值税)，取得增值税专用发票一张，该原材料的增值税税率为13%。

(4) 取得注明旅客身份信息的铁路车票一张，票面金额为350元；取得注明旅客身份信息的公路客票一张，票面金额为220元。以上铁路车票或者公路客票均为甲公司员工出差过程中购买并使用的。

甲公司取得的增值税专用发票本年7月均符合抵扣规定。

3. 任务实施过程

纳税人购进用于生产或者委托加工13%税率货物的农产品，按照10%的扣除率计算进项税额。甲公司当期的进项税额＝39 000＋3 600＋95 000×10%＋1 500 000×13%＋350÷(1＋9%)×9%＋220÷(1＋3%)×3%＝247 135.31(元)。

【情境实例2-9】

1. 工作任务要求

计算甲公司本年7月支付境外公司咨询服务费可以从销项税额中抵扣的进项税额。

2. 情境实例设计

山东的甲公司为增值税一般纳税人，本年7月接受某境外公司为其提供的咨询服务，12月份咨询工作完成。本年7月甲公司支付境外公司咨询服务费折合人民币100万元。境外公司在境内未设有经营机构。本年7月甲公司取得代扣代缴税款的完税凭证。

3. 任务实施过程

境外单位或者个人在境内销售服务、无形资产或不动产，在境内未设有经营机构的，以购买方为增值税扣缴义务人。应扣缴税额＝购买方支付的价款÷(1＋税率)×税率。

由接受服务方(购买方)甲公司应代扣代缴境外公司咨询服务费收入的增值税税额＝100÷(1＋6%)×6%＝5.66(万元)。

本年7月甲公司取得代扣代缴税款的完税凭证，因此甲公司在计算本年7月应纳税额时可凭代扣代缴税款的完税凭证从销项税额中抵扣进项税额5.66万元。

【情境实例2-10】

1. 工作任务要求

(1) 计算甲电视机厂本年9月的增值税销项税额。

(2) 计算甲电视机厂本年9月准予抵扣的增值税进项税额。

2. 情境实例设计

甲电视机厂为增值税一般纳税人，本年9月生产出最新型号的彩色电视机，每台不含税销售单价6 000元。本年9月发生如下经济业务：

(1) 5日，向各大商场销售电视机2 000台，对这些大商场在当月20天内付清2 000台电视机购货款均给予了5%的销售折扣。

(2) 15日，购进生产电视机用原材料一批，取得的增值税专用发票上注明价款3 000 000元，增值税税额390 000元。

(3) 18日，采取以旧换新方式，从消费者个人手中收购旧型号电视机，销售新型号电视机200台，每台旧型号电视机折价为500元。

(4) 30日，销售给外省乙公司400台电视机。在销售过程中，接受丙运输公司的运输服务，支付运费价税合计1 090元，取得的增值税专用发票上注明运费金额1 000元，增值税税额90元。货款及运费均以银行存款支付。

甲公司取得的增值税专用发票本年9月均符合抵扣规定。

3. 任务实施过程

(1) 甲电视机厂当期的增值税销项税额＝2 000×6 000×13%＋200×6 000×13%＋400×6 000×13%＝2 028 000(元)

(2) 甲电视机厂当期准予抵扣的增值税进项税额＝390 000＋90＝390 090(元)

---

2. 不得从销项税额中抵扣的进项税额

下列项目的进项税额不得从销项税额中抵扣：

(1) 纳税人购进货物、加工修理修配劳务、服务、无形资产或者不动产，取得的增值税扣税凭证不符合法律、行政法规或者国务院税务主管部门有关规定的，其进项税额不得从销项税额中抵扣。

【点拨指导】增值税扣税凭证，是指增值税专用发票、海关进口增值税专用缴款书、农产品收购发票或者销售发票(含农产品核定扣除的进项税额)、代扣代缴税收完税凭证和符合规定的国内旅客运输发票等。

【特别提示】纳税人凭完税凭证抵扣进项税额的，应当具备书面合同、付款证明和境外单位的对账单或者发票。资料不全的，其进项税额不得从销项税额中抵扣。

实务释疑：我公司为增值税一般纳税人，本月购买货物取得销售方汇总开具的增值税专用发票，但是没有附《销售货物或者提供应税劳务清单》，请问是否能够抵扣进项税额？

答：《增值税暂行条例》规定："纳税人购进货物、劳务、服务、无形资产、不动产，取得的增值税扣税凭证不符合法律、行政法规或者国务院税务主管部门有关规定的，其进项税额不得从销项税额中抵扣。"《国家税务总局关于修订〈增值税专用发票使用规定〉的通知》（国税发〔2006〕156号）等文件规定："一般纳税人销售货物或者提供应税劳务可汇总开具专用发票。汇总开具专用发票的，同时使用防伪税控系统开具《销售货物或者提供应税劳务清单》，并加盖发票专用章。"因此，你公司取得的销售方汇总开具的专用发票，若未附《销售货物或者提供应税劳务清单》，则属于"取得的增值税扣税凭证不符合法律、行政法规或者国家税务总局有关规定"的情形，不能抵扣进项税额。

（2）其他不得从销项税额中抵扣进项税额的情形。

① 用于简易计税方法计税项目、免征增值税项目、集体福利或者个人消费的购进货物、加工修理修配劳务、服务、无形资产和不动产。其中涉及的固定资产、无形资产、不动产，仅指专用于上述项目的固定资产、无形资产（不包括其他权益性无形资产）、不动产。

纳税人的交际应酬消费属于个人消费。

【点拨指导】业务招待活动中所耗用的各类礼品，包括烟、酒、服装，不得抵扣进项税额。

【特别提示】自2018年1月1日起，纳税人租入固定资产、不动产，既用于一般计税方法计税项目，又用于简易计税方法计税项目、免征增值税项目、集体福利或者个人消费的，其进项税额准予从销项税额中全额抵扣。

情境答疑：如何理解"其中涉及的固定资产、无形资产、不动产，仅指专用于上述项目的固定资产、无形资产（不包括其他权益性无形资产）、不动产"？

答：对纳税人涉及的固定资产、无形资产（不包括其他权益性无形资产）、不动产项目的进项税额，凡发生专用于简易计税方法计税项目、免征增值税项目、集体福利或者个人消费项目的，该进项税额不得予以抵扣；发生兼用于增值税应税项目和上述项目情况的，该进项税额准予全部抵扣。

纳税人购进其他权益性无形资产无论是专用于简易计税方法计税项目、免征增值税项目、集体福利或者个人消费，还是兼用于上述项目，均可以抵扣进项税额。

实务释疑：我公司为增值税一般纳税人，本年7月新购一辆大客车作为班车用于接送员工上下班，取得了增值税专用发票，请问我公司该项购入大客车业务能否抵扣进项税额？

答：《增值税暂行条例》规定："用于简易计税方法计税项目、免征增值税项目、集体福利或者个人消费的购进货物、劳务、服务、无形资产和不动产的进项税额不得从销项税额中抵扣。"你公司购入的大客车用于接送员工上下班，属于用于集体福利，因此其进项税额不得抵扣。

实务咨询：我公司为一般纳税人，本年7月购买的用于企业内部职工食堂的炊具设备的进项税额能否抵扣？

答：《增值税暂行条例》规定："用于简易计税方法计税项目、免征增值税项目、集体福利或者个人消费的购进货物、劳务、服务、无形资产和不动产的进项税额不得从销项税额中抵扣。"你公司购入的炊具设备用于企业内部职工食堂，属于用于集体福利，因此其进项税额不得抵扣。

② 非正常损失的购进货物，以及相关的加工修理修配劳务和交通运输服务。

③ 非正常损失的在产品、产成品所耗用的购进货物（不包括固定资产）、加工修理修配劳务和交通运输服务。

实务讨论：《财政部 国家税务总局关于全面推开营业税改征增值税试点的通知》（财税〔2016〕36号）文件规定："非正常损失的在产品、产成品所耗用的购进货物（不包括固定资产）、加工修理修配劳务和交通运输服务，不得抵扣进项税。"问题一：条款所述"购进货物"，为什么明确规定不包括固定资产？问题二：为什么不明确规定不包括不动产和无形资产？

讨论提示

④ 非正常损失的不动产，以及该不动产所耗用的购进货物、设计服务和建筑服务。

⑤ 非正常损失的不动产在建工程所耗用的购进货物、设计服务和建筑服务。

纳税人新建、改建、扩建、修缮、装饰不动产，均属于不动产在建工程。

非正常损失，是指因管理不善造成货物被盗、丢失、霉烂变质，以及因违反法律法规造成货物或者不动产被依法没收、销毁、拆除的情形。

实务释疑：医药公司购进的药品存放过期是否属于正常损耗，其已经抵扣了的进项税额是否需作进项税额转出处理？

答：《增值税暂行条例》规定："非正常损失的购进货物，以及相关的劳务和交通运输服务的进项税额不得从销项税额中抵扣。"《营业税改征增值税试点实施办法》（财税〔2016〕36号文件印发）规定："非正常损失，是指因管理不善造成货物被盗、丢失、霉烂变质，以及因违反法律法规造成货物或者不动产被依法没收、销毁、拆除的情形。"因此，纳税人生产或购入的在货物外包装或使用说明书中注明有使用期限的货物，超过有效（保存或保质）期而无法进行正常销售，需作销毁处理的，可视作企业在经营过程中的正常经营损失，不纳入非正常损失，已经抵扣了的进项税额不需作进项税额转出处理。

实务咨询：我公司因地震发生的原材料损失是否属于非正常损失？已经抵扣了的进项税额是否需要作进项税额转出处理？

实务释疑:我公司购进一批货物,但在运输途中发生了交通意外事故,货物全部毁损了,请问进项税额是否准予从销项税额中抵扣?

答:《增值税暂行条例》规定:"非正常损失的购进货物,以及相关的劳务和交通运输服务的进项税额不得从销项税额中抵扣。"《营业税改征增值税试点实施办法》(财税〔2016〕36号文件印发)规定:"非正常损失,是指因管理不善造成货物被盗、丢失、霉烂变质,以及因违反法律法规造成货物或者不动产被依法没收、销毁、拆除的情形。"因此,交通意外导致的货物损失不属于非正常损失,货物的进项税额准予从销项税额中抵扣。

⑥ 购进的贷款服务、餐饮服务、居民日常服务和娱乐服务。

【特别提示】2019年3月31日之前,购进的旅客运输服务,其进项税额不得从销项税额中抵扣;自2019年4月1日起,购进的旅客运输服务,其进项税额允许从销项税额中抵扣。

实务释疑:对客户支付的住宿费能否开具增值税专用发票?如能开具,需提供哪些资料?

答:住宿服务购买方(自然人除外)索取增值税专用发票的,酒店企业可以为其开具增值税专用发票。

酒店在开具专用发票时,客户只需要提供以下信息:客户所属单位名称、纳税人识别号(或统一社会信用代码证号码)、地址电话、开户行及账号。

消费客户可以采取多种方式提供相关信息,比如提供一张附有上述信息的小卡片,并不需要提供信息资料的原件或复印件。

⑦ 财政部和国家税务总局规定的其他情形。

【点拨指导】上述第④、⑤点所称货物,是指构成不动产实体的材料和设备,包括建筑装饰材料和给排水、采暖、卫生、通风、照明、通讯、煤气、消防、中央空调、电梯、电气、智能化楼宇设备及配套设施。

固定资产,是指使用期限超过12个月的机器、机械、运输工具以及其他与生产经营有关的设备、工具、器具等有形动产。

不动产、无形资产的具体范围,按照《销售服务、无形资产、不动产注释》执行。

纳税人接受贷款服务,向贷款方支付的与该笔贷款直接相关的投融资顾问费、手续费、咨询费等费用,其进项税额不得从销项税额中抵扣。

【特别提示】因"不可抗力"造成的损失,相应的进项税额可以从销项税额中抵扣。

⑧ 适用一般计税方法的纳税人,兼营简易计税方法计税项目、免征增值税项目而无法划分不得抵扣的进项税额,不得抵扣的进项税额的计算公式如下:

$$\begin{matrix}\text{不得抵扣的}\\\text{进项税额}\end{matrix}=\begin{matrix}\text{当期无法划分的}\\\text{全部进项税额}\end{matrix}\times\left(\begin{matrix}\text{当期简易计税方法}\\\text{计税项目销售额}\end{matrix}+\begin{matrix}\text{免征增值税}\\\text{项目销售额}\end{matrix}\right)\div\begin{matrix}\text{当期全部}\\\text{销售额}\end{matrix}$$

主管税务机关可以按照上述公式,依据年度数据对不得抵扣的进项税额进行清算。

【情境实例 2-11】

1. 工作任务要求

计算甲公司下列业务不得抵扣的进项税额及应纳增值税税额。

2. 情境实例设计

甲制药厂为增值税一般纳税人，本年 5 月销售应税药品 135.6 万元（含增值税），销售免税药品 100 万元，当月购入生产用原材料一批，取得的增值税专用发票上注明增值税税额 13 万元，应税药品与免税药品无法划分各自消耗原材料的情况。甲公司取得的增值税专用发票本年 5 月符合抵扣规定。

2

3. 任务实施过程

不得抵扣的进项税额＝当月无法划分的全部进项税额×（当期简易计税方法计税项目销售额＋免征增值税项目销售额）÷当月全部销售额＝13×100÷［135.6÷（1＋13％）＋100］＝5.91（万元），应纳增值税＝135.6÷（1＋13％）×13％－（13－5.91）＝8.51（万元）。

⑨ 已抵扣进项税额的购进货物（不含固定资产）、劳务、服务，发生上述第①至⑦条规定情形（简易计税方法计税项目、免征增值税项目除外）的，应当将该进项税额从当期进项税额中扣减（即进项税额转出）；无法确定该进项税额的，按照当期实际成本计算应扣减的进项税额。

【情境实例 2-12】

1. 工作任务要求

计算甲公司本年 6 月应转出的进项税额。

2. 情境实例设计

甲公司为增值税一般纳税人，本年 5 月外购一批瓷砖拟用于销售，取得的增值税专用发票上注明价款 100 万元，增值税税额 13 万元。甲公司取得的增值税专用发票本年 5 月符合抵扣规定。甲公司本年 6 月将该批瓷砖中的 60％用于本公司职工食堂装修。

3. 任务实施过程

应转出的进项税额＝13×60％＝7.8（万元）。

【情境实例 2-13】

1. 工作任务要求

计算甲公司本年 7 月应转出的进项税额。

2. 情境实例设计

甲公司为增值税一般纳税人，本年 5 月外购一批免税农产品拟用于销售，取得农产品收购发票，并按 9％的扣除率抵扣了进项税额。本年 7 月因管理不善，该批农产品被盗，账面成本为 180 万元。

3. 任务实施过程

应转出的进项税额＝180÷（1－9％）×9％＝17.8（万元）。

【情境实例 2-14】

1. 工作任务要求

计算甲公司本年 8 月应转出的进项税额。

2. 情境实例设计

甲公司为增值税一般纳税人，本年 8 月因管理不善导致上月购进的库存原材料毁损 70%，原材料总成本 110 万元，其中含运费成本 10 万元，相关原材料和运费的进项税额均于购入当期抵扣。其中原材料的增值税税率为 13%，运费的增值税税率为 9%。

3. 任务实施过程

应转出的进项税额 =（110 − 10）× 13% × 70% + 10 × 9% × 70% = 9.73（万元）。

情境讨论：《营业税改征增值税试点实施办法》（财税〔2016〕36 号文件印发）的第三十条规定："已抵扣进项税额的购进货物（不含固定资产）、劳务、服务，发生上述规定情形（简易计税方法计税项目、免征增值税项目除外）的，应当将该进项税额从当期进项税额中扣减（进项税额转出）；无法确定该进项税额的，按照当期实际成本计算应扣减的进项税额。"如何理解《营业税改征增值税试点实施办法》（财税〔2016〕36 号文件印发）的第三十条中"简易计税方法计税项目、免征增值税项目除外"？

⑩ 已抵扣进项税额的固定资产、无形资产或者不动产，发生上述第①至⑦条规定情形的，不得抵扣的进项税额的计算公式如下：

不得抵扣的进项税额 = 固定资产、无形资产或者不动产净值 × 适用税率

或：不得抵扣的进项税额 = 已抵扣进项税额 × 固定资产、无形资产或者不动产净值率

固定资产、无形资产或者不动产净值率 =（净值 ÷ 原值）× 100%

固定资产、无形资产或者不动产净值，是指纳税人根据财务会计制度计提折旧或摊销后的余额。

其中，已抵扣进项税额的不动产，发生非正常损失，或者改变用途，专用于简易计税方法计税项目、免征增值税项目、集体福利或者个人消费的，按照下列公式计算不得抵扣的进项税额，并从当期进项税额中扣减：

不得抵扣的进项税额 = 已抵扣进项税额 × 不动产净值率

不动产净值率 =（不动产净值 ÷ 不动产原值）× 100%

【情境实例 2-15】

1. 工作任务要求

计算甲公司本年 11 月应转出的进项税额。

2. 情境实例设计

甲公司为增值税一般纳税人，本年 11 月将其作为固定资产核算的一批笔记本电脑作为职工福利发放。该批笔记本电脑本年 5 月购入时取得增值税专用发票，发票上注明价款 20 万元，增值税税额为 2.6 万元。甲公司取得的增值税专用发票本年 5 月符合抵扣规定。该批电脑已经提取符合规定的折旧额 2 万元，笔记本电脑的增值税税率为 13%。

3. 任务实施过程

应转出的进项税额 =（20 − 2）× 13% = 2.34（万元）。

另外，按照《增值税暂行条例》第十条和上述第①条规定情形不得抵扣且未抵扣进项税额的固定资产、无形资产、不动产，发生用途改变，用于允许抵扣进项税额的应税项目，可在用途改变的次月按照下列公式，依据合法有效的增值税扣税凭证，计算可以抵扣的进项税额：

$$可以抵扣的进项税额＝固定资产、无形资产、不动产净值÷(1+适用税率)×适用税率$$

或：

$$\begin{matrix}可抵扣\\进项税额\end{matrix}=\begin{matrix}增值税扣税凭证注明或\\计算的进项税额\end{matrix}\times\begin{matrix}固定资产、无形资产\\或者不动产净值率\end{matrix}$$

上述可以抵扣的进项税额应取得合法有效的增值税扣税凭证。

其中，按照规定不得抵扣进项税额的不动产，发生用途改变，用于允许抵扣进项税额项目的，按照下列公式在改变用途的次月计算可抵扣进项税额：

$$可抵扣进项税额＝增值税扣税凭证注明或计算的进项税额×不动产净值率$$

实务释疑：甲公司本年 11 月将一台职工食堂用的空调调整到财务科使用，该空调购置时间为本年 5 月，原值 3 390 元（不含税价格 3 000 元、进项税额 390 元，取得增值税专用发票），折旧年限 5 年，净残值率 5%。该空调原来在职工食堂时属于集体福利使用，进项税额未抵扣。请问应当如何计算固定资产改变用途后可以抵扣的进项税额？

答：根据《营业税改征增值税试点有关事项的规定》规定，按照《营业税改征增值税试点实施办法》第二十七条第（一）项规定不得抵扣且未抵扣进项税额的固定资产、无形资产、不动产，发生用途改变，用于允许抵扣进项税额的应税项目，可在用途改变的次月，按照下列公式计算可以抵扣的进项税额：

可以抵扣的进项税额＝固定资产、无形资产、不动产净值÷(1＋适用税率)×适用税率

这里的净值应是固定资产、无形资产、不动产改变用途当月末的净值。

本年 11 月末的固定资产净值＝ 3 390－3 390×(1－5%)÷5÷12×6＝ 3 067.95(元)

本年 12 月可以抵扣的进项税额＝固定资产净值÷(1＋适用税率)×适用税率＝3 067.95÷(1＋13%)×13%＝352.95(元)

⑪ 纳税人适用一般计税方法计税的，因销售折让、中止或者退回而退还给购买方的增值税税额，应当从当期的销项税额中扣减；因销售折让、中止或者退回而收回的增值税税额，应当从当期的进项税额中扣减。

【知识链接】增值税一般纳税人（销售方）因销售货物退回或者折让而退还给购买方的增值税税额，应从发生销售货物退回或者折让当期的销项税额中扣减。

⑫ 对商业企业向供货方收取的与商品销售量、销售额挂钩（如以一定比例、金额、数量计算）的各种返还收入，均应按照平销返利行为的有关规定冲减当期增值税进项税额。

⑬ 生产企业出口货物、劳务、服务或者无形资产实行免抵退税办法，其中，免抵退税不得免征和抵扣税额，作进项税额转出处理；外贸企业出口货物、劳务、服务或者无形资产实行“免退税”办法，其出口货物、劳务、服务或者无形资产购进时的进项税额与按国家规定的退税率计算的应退税额的差额，作进项税额转出处理。

⑭ 有下列情形之一者，应当按销售额依照增值税税率计算应纳税额，不得抵扣进项税额，也不得使用增值税专用发票：一般纳税人会计核算不健全，或者不能够提供准确税务资料的；应当办理一般纳税人登记而未办理的。

3. 进项税额结转抵扣、留抵税额等情况的税务处理

（1）纳税人在计算应纳税额时，如果出现当期销项税额小于当期进项税额不足抵扣的情况，当期进项税额不足抵扣的部分可以结转下期继续抵扣。

（2）增值税一般纳税人（原纳税人）在资产重组中将全部资产、负债、劳动力一并转让给其他增值税一般纳税人（新纳税人），并按程序办理注销税务登记的，其在办理注销税务登记前尚未抵扣的进项税额可以结转至新纳税人处继续抵扣。

（3）增值税一般纳税人注销或取消辅导期一般纳税人资格，转为小规模纳税人时，其存货不作进项税额转出处理，其留抵税额也不予以退税。

（4）加计抵减政策。

① 加计抵减10%政策。自2019年4月1日至2022年12月31日，允许生产、生活性服务业纳税人按照当期可抵扣进项税额加计10%，抵减应纳税额（以下简称“加计抵减政策”）。

a. 生产、生活性服务业纳税人，是指提供邮政服务、电信服务、现代服务、生活服务（以下简称“四项服务”）取得的销售额占全部销售额的比重超过50%的纳税人。

2019年3月31日前设立的纳税人，自2018年4月至2019年3月期间的销售额（经营期不满12个月的，按照实际经营期的销售额）符合上述规定条件的，自2019年4月1日起适用加计抵减政策。

2019年4月1日后设立的纳税人，自设立之日起3个月的销售额符合上述规定条件的，自登记为一般纳税人之日起适用加计抵减政策。

纳税人确定适用加计抵减政策后，当年内不再调整，以后年度是否适用，根据上年度销售额计算确定。

纳税人可计提但未计提的加计抵减额，可在确定适用加计抵减政策当期一并计提。

b. 纳税人应按照当期可抵扣进项税额的10%计提当期加计抵减额。按照现行规定不得从销项税额中抵扣的进项税额，不得计提加计抵减额；已计提加计抵减额的进项税额，按规定作进项税额转出的，应在进项税额转出当期，相应调减加计抵减额。计算公式如下：

$$\text{当期计提加计抵减额}=\text{当期可抵扣进项税额}\times 10\%$$

$$\begin{matrix}\text{当期可抵减加}\\\text{计抵减额}\end{matrix}=\begin{matrix}\text{上期末加计抵}\\\text{减额余额}\end{matrix}+\begin{matrix}\text{当期计提加计}\\\text{抵减额}\end{matrix}-\begin{matrix}\text{当期调减加}\\\text{计抵减额}\end{matrix}$$

c. 纳税人应按照现行规定计算一般计税方法下的应纳税额（以下简称“抵减前的应纳税额”）后，区分以下情形加计抵减：

抵减前的应纳税额等于零的，当期可抵减加计抵减额全部结转下期抵减。

抵减前的应纳税额大于零，且大于当期可抵减加计抵减额的，当期可抵减加计抵减额全额从抵减前的应纳税额中抵减。

抵减前的应纳税额大于零，且小于或等于当期可抵减加计抵减额的，以当期可抵减加计抵减额抵减应纳税额至零；未抵减完的当期可抵减加计抵减额，结转下期继续抵减。

d. 纳税人出口货物或劳务、发生跨境应税行为不适用加计抵减政策，其对应的进项税额

不得计提加计抵减额。

纳税人兼营出口货物或劳务、发生跨境应税行为且无法划分不得计提加计抵减额的进项税额的计算公式如下：

不得计提加计抵减额的进项税额＝当期无法划分的全部进项税额×当期出口货物或劳务和发生跨境应税行为的销售额÷当期全部销售额

e. 纳税人应单独核算加计抵减额的计提、抵减、调减、结余等变动情况。骗取适用加计抵减政策或虚增加计抵减额的，按照《税收征收管理法》等有关规定处理。

f. 加计抵减政策执行到期后，纳税人不再计提加计抵减额，结余的加计抵减额停止抵减。

② 加计抵减 15％政策。自 2019 年 10 月 1 日至 2022 年 12 月 31 日，允许生活性服务业纳税人按照当期可抵扣进项税额加计 15％，抵减应纳税额（以下简称“加计抵减 15％政策”）。

a. 生活性服务业纳税人，是指提供生活服务取得的销售额占全部销售额的比重超过 50％的纳税人。生活服务的具体范围按照《销售服务、无形资产、不动产注释》（财税〔2016〕36 号印发）执行。

2019 年 9 月 30 日前设立的纳税人，自 2018 年 10 月至 2019 年 9 月期间的销售额（经营期不满 12 个月的，按照实际经营期的销售额）符合上述规定条件的，自 2019 年 10 月 1 日起适用加计抵减 15％政策。

2019 年 10 月 1 日后设立的纳税人，自设立之日起 3 个月的销售额符合上述规定条件的，自登记为一般纳税人之日起适用加计抵减 15％政策。

纳税人确定适用加计抵减 15％政策后，当年内不再调整，以后年度是否适用，根据上年度销售额计算确定。

b. 生活性服务业纳税人应按照当期可抵扣进项税额的 15％计提当期加计抵减额。按照现行规定不得从销项税额中抵扣的进项税额，不得计提加计抵减额；已按照 15％计提加计抵减额的进项税额，按规定作进项税额转出的，应在进项税额转出当期，相应调减加计抵减额。计算公式如下：

当期计提加计抵减额＝当期可抵扣进项税额×15％

当期可抵减加计抵减额＝上期末加计抵减额余额＋当期计提加计抵减额－当期调减加计抵减额

（5）原增值税一般纳税人兼有销售服务、无形资产或者不动产的，截止到纳入营改增试点之日前的增值税期末留抵税额，不得从销售服务、无形资产或者不动产的销项税额中抵扣。也就是说这部分留抵税额只能从以后的原增值税业务的销项税额中继续抵扣，具体来说，即按照一般货物及劳务销项税额比例来计算可抵扣税额及应纳税额。上述规定简称“挂账留抵税额”。

但 2016 年 12 月 1 日发布的《国家税务总局关于调整增值税一般纳税人留抵税额申报口径的公告》（国家税务总局公告 2016 年第 75 号）规定：“自 2016 年 12 月 1 日起，《国家税务总局关于全面推开营业税改征增值税试点后增值税纳税申报有关事项的公告》（国家税务总局公告 2016 年第 13 号）附件 1《增值税纳税申报表（一般纳税人适用）》（简并税费申报后为“《增值税及附加税费申报表（一般纳税人适用）》”）（简称‘申报表主表’）第 13 栏‘上期留抵税额’‘一般项目’列‘本年累计’和第 20 栏‘期末留抵税额’‘一般项目’列‘本年累计’栏次停止使用，不再填报数据。本公告发布前，申报表主表第20栏‘期末留抵税额’‘一般项目’列‘本年累计’中有余额的增值税一般纳税人，在本公告发布之日起的第一个纳税申报期，将余额一次性转入第13栏‘上期留抵税额’‘一般项目’列‘本月数’中。”也就是说，自2016年12月1日起，“挂账留抵税额”的规定被取消了。

(6) 自2019年4月1日起，试行增值税期末留抵税额退税制度。

① 同时符合以下条件的纳税人，可以向主管税务机关申请退还增量留抵税额。

a. 自2019年4月税款所属期起，连续6个月(按季纳税的，连续2个季度)增量留抵税额均大于0，且第6个月增量留抵税额不低于50万元。

b. 纳税信用等级为A级或者B级。

c. 申请退税前36个月未发生骗取留抵退税、出口退税或虚开增值税专用发票情形的。

d. 申请退税前36个月未因偷税被税务机关处罚2次及以上的。

e. 自2019年4月1日起未享受即征即退、先征后返(退)政策的。

② 增量留抵税额，是指与2019年3月底相比新增加的期末留抵税额。

③ 纳税人当期允许退还的增量留抵税额的计算公式如下：

$$允许退还的增量留抵税额=增量留抵税额\times进项构成比例\times60\%$$

进项构成比例，为2019年4月至申请退税前一税款所属期内已抵扣的增值税专用发票(含税控机动车销售统一发票)、海关进口增值税专用缴款书、解缴税款完税凭证注明的增值税税额占同期全部已抵扣进项税额的比重。

④ 纳税人应在增值税纳税申报期内，向主管税务机关申请退还留抵税额。

⑤ 纳税人出口货物劳务、发生跨境应税行为，适用免抵退税办法的，办理免抵退税后，仍符合规定条件的，可以申请退还留抵税额；适用免退税办法的，相关进项税额不得用于退还留抵税额。

⑥ 纳税人取得退还的留抵税额后，应相应调减当期留抵税额。按照本条规定再次满足退税条件的，可以继续向主管税务机关申请退还留抵税额，但连续期间，不得重复计算。

⑦ 以虚增进项、虚假申报或其他欺骗手段，骗取留抵退税款的，由税务机关追缴其骗取的退税款，并按照《税收征管法》等有关规定处理。

⑧ 退还的增量留抵税额中央、地方分担机制另行通知。

(7) 先进制造业增值税期末留抵退税政策。

自2019年6月1日起，部分先进制造业的增值税期末留抵退税政策；自2021年4月1日起，先进制造业的增值税期末留抵退税政策。以下按照“自2021年4月1日起，先进制造业的增值税期末留抵退税政策”进行阐述。

① 自2021年4月1日起，同时符合以下条件的先进制造业纳税人，可以自2021年5月及以后纳税申报期向主管税务机关申请退还增量留抵税额。

a. 增量留抵税额大于零。

b. 纳税信用等级为A级或者B级。

c. 申请退税前36个月未发生骗取留抵退税、出口退税或虚开增值税专用发票情形。

d. 申请退税前36个月未因偷税被税务机关处罚2次及以上。

e. 自2019年4月1日起未享受即征即退、先征后返(退)政策。

② 先进制造业纳税人，是指按照《国民经济行业分类》，生产并销售“非金属矿物制品”“通用设备”“专用设备”“计算机、通信和其他电子设备”“医药”“化学纤维”“铁路、船舶、航空航天和其他运输设备”“电气机械和器材”“仪器仪表”销售额占全部销售额的比重超过 50% 的纳税人。

销售额比重根据纳税人申请退税前连续 12 个月的销售额计算确定；申请退税前经营期不满 12 个月但满 3 个月的，按照实际经营期的销售额计算确定。

③ 增量留抵税额，是指与 2019 年 3 月 31 日相比新增加的期末留抵税额。

④ 先进制造业纳税人当期允许退还的增量留抵税额的计算公式如下：

$$允许退还的增量留抵税额＝增量留抵税额\times 进项构成比例$$

式中，进项构成比例，为 2019 年 4 月至申请退税前一税款所属期内已抵扣的增值税专用发票（含税控机动车销售统一发票）、海关进口增值税专用缴款书、解缴税款完税凭证注明的增值税额占同期全部已抵扣进项税额的比重。

⑤ 先进制造业纳税人按照本公告规定取得增值税留抵退税款的，不得再申请享受增值税即征即退、先征后返（退）政策。

⑥ 先进制造业纳税人申请退还增量留抵税额的其他规定，按照《财政部 税务总局 海关总署关于深化增值税改革有关政策的公告》（财政部 税务总局 海关总署公告 2019 年第 39 号）和《财政部 税务总局关于明确部分先进制造业增值税期末留抵退税政策的公告》（财政部 税务总局公告 2019 年第 84 号）执行。

《财政部 税务总局关于进一步加大增值税期末留抵退税政策实施力度的公告》（财政部 税务总局公告 2022 年第 14 号）

4. 进项税额的抵扣时限

（1）自 2017 年 7 月 1 日起至 2020 年 2 月 29 日，进项税额抵扣时限的规定。

自 2017 年 7 月 1 日起，增值税一般纳税人取得的 2017 年 7 月 1 日及以后开具的增值税专用发票和机动车销售统一发票，应自开具之日起 360 日内认证或登录增值税发票选择确认平台进行确认，并在规定的纳税申报期内，向主管税务机关申报抵扣进项税额。

自 2017 年 7 月 1 日起，增值税一般纳税人取得的 2017 年 7 月 1 日及以后开具的海关进口增值税专用缴款书，应自开具之日起 360 日内向主管税务机关报送“海关完税凭证抵扣清单”，申请稽核比对。

《财政部 税务总局关于扩大全额退还增值税留抵税额政策行业范围的公告》（财政部 税务总局公告 2022 年第 21 号）

（2）2020 年 3 月 1 日起，进项税额抵扣时限的规定。

自 2020 年 3 月 1 日起，增值税一般纳税人取得 2017 年 1 月 1 日及以后开具的增值税专用发票、海关进口增值税专用缴款书、机动车销售统一发票、收费公路通行费增值税电子普通发票，取消认证确认、稽核比对、申报抵扣的期限。纳税人在进行增值税纳税申报时，应当通过本省（自治区、直辖市和计划单列市）增值税发票综合服务平台对上述扣税凭证信息进行用途确认。

自 2020 年 3 月 1 日起，增值税一般纳税人取得 2016 年 12 月 31 日及以前开具的增值税专用发票、海关进口增值税专用缴款书、机动车销售统一发票，超过认证确认、稽核比对、申报抵扣期限，但符合规定条件的，仍可按照《国家税务总局关于逾期增值税扣税凭证抵扣问题的公告》（2011 年第 50 号，国家税务总局公告 2017 年第 36 号、2018 年第 31 号修改）、《国家税务总局关于未按期申报抵扣增值税扣税凭证有关问题的公告》（2011 年第 78 号，国家税务总局公告 2018 年第 31 号修改）规定，继续抵扣进项税额。

实务释疑:我公司为增值税一般纳税人,因资金困难,拖欠了一笔纳税检查应补缴的增值税税款,请问,我公司如果有进项留抵税额,是否可以以此抵减查补税款?

答:《国家税务总局关于增值税一般纳税人将增值税进项留抵税额抵减查补税款欠税问题的批复》(国税函〔2005〕169号)规定:"增值税一般纳税人拖欠纳税检查应补缴的增值税税款,如果纳税人有进项留抵税额,可按照《国家税务总局关于增值税一般纳税人用进项留抵税额抵减增值税欠税问题的通知》(国税发〔2004〕112号)的规定,用增值税留抵税额抵减查补税款欠税。"

2

二、简易计税方法下增值税应纳税额的计算

简易计税方法既适用于增值税小规模纳税人的应税行为,又适用于增值税一般纳税人适用该计税方法的特定应税行为。简易计税方法的应纳税额,是指按照销售额和增值税征收率计算的增值税税额,不得抵扣进项税额。其计算公式如下:

$$应纳税额=销售额\times 征收率$$

简易计税方法下的销售额与一般计税方法下的销售额的内容是一致的,都是销售货物、劳务、服务、无形资产或者不动产向购买方收取的全部价款和价外费用,且不包括从买方收取的增值税税额。

我国增值税的法定征收率是3%;一些特殊项目适用3%减按2%的征收率。全面营改增后的与不动产有关的特殊项目适用5%的征收率;一些特殊项目适用5%减按1.5%的征收率。其他有关增值税征收率的规定详见本项目"任务一 增值税的认知"中的"四、增值税税率和征收率的判定"中的"(四)征收率"。

(一)增值税一般纳税人按照简易计税方法适用征收率的情况

1. 增值税一般纳税人销售货物或者劳务按照简易计税方法适用征收率的情况

(1) 暂按简易计税方法依照3%的征收率。

增值税一般纳税人销售货物属于下列情形之一的,暂按简易计税方法,自2014年7月1日起依照3%(2014年6月30日之前为4%)的征收率计算缴纳增值税。

① 寄售商店代销寄售物品(包括居民个人寄售的物品在内)。

② 典当业销售死当物品。

(2) 按照简易计税方法依照3%征收率减按2%征收。

① 增值税一般纳税人销售使用过的固定资产。增值税一般纳税人销售自己使用过的不得抵扣且未抵扣进项税额的固定资产,按照简易计税方法,自2014年7月1日起依照3%征收率减按2%征收增值税(2014年6月30日之前为4%征收率减半征收增值税)。上述业务应当开具增值税普通发票,不得开具增值税专用发票。其销售额和应纳税额的计算公式如下:

$$销售额=含税销售额\div(1+3\%)$$
$$应纳税额=销售额\times 2\%$$

【点拨指导】纳税人销售自己使用过的固定资产,适用简易办法依照3%征收率减按2%征收增值税政策的,可以放弃减税,按照简易办法依照3%征收率缴纳增值税,并可以开具增值税专用发票。

② 增值税一般纳税人（一般指旧货经营单位）销售旧货。增值税一般纳税人（一般指旧货经营单位）销售旧货，按照简易计税方法，自 2014 年 7 月 1 日起依照 3％征收率减按 2％征收增值税（2014 年 6 月 30 日之前为 4％征收率减半征收增值税），且应该开具增值税普通发票，不得开具增值税专用发票。小规模纳税人销售旧货，减按 2％征收率征收增值税（这里指的是增值税小规模纳税人适用 3％征收率计算出不含税销售额后再减按 2％征收率征收）。旧货是指进入二次流通的具有部分使用价值的货物（含 2013 年 8 月 1 日之前购入不得抵扣进项税且未抵扣进项税的旧汽车、旧摩托车和旧游艇），但不包括个人自己使用过的物品。

自 2020 年 5 月 1 日至 2023 年 12 月 31 日，从事二手车经销的纳税人销售其收购的二手车，由原按照简易办法依 3％征收率减按 2％征收增值税，改为减按 0.5％征收增值税，其销售额的计算公式如下：

$$销售额＝含税销售额÷(1+0.5\%)$$

【特别提示】增值税一般纳税人销售自己使用过的按规定可以抵扣进项税额的固定资产，应当按照适用税率征收增值税；增值税一般纳税人销售自己使用过的固定资产以外的物品，也应当按照适用税率征收增值税。

一般纳税人销售自己使用过的物品或旧货的计税归纳一览表，如表 2-2 所示。

表 2-2　一般纳税人销售自己使用过的物品或旧货的计税归纳一览表

<table>
<tr><th colspan="3">具体情形</th><th>税务处理</th></tr>
<tr><td rowspan="3">销售自己使用过的物品</td><td rowspan="2">固定资产（动产）</td><td>按规定不得抵扣且未抵扣进项税额</td><td>应纳增值税＝含税销售额÷(1+3%)×2%</td></tr>
<tr><td>按规定可以抵扣进项税额</td><td rowspan="2">销项税额＝含税销售额÷(1＋适用税率 13%或 9%)×适用税率 13%或 9%</td></tr>
<tr><td colspan="2">除固定资产以外的物品</td></tr>
<tr><td rowspan="2">销售旧货（他人用旧的）</td><td colspan="2">除“从事二手车经销的纳税人销售其收购的二手车”以外的销售旧货（他人用旧的）</td><td>应纳增值税＝含税销售额÷(1+3%)×2%</td></tr>
<tr><td colspan="2">从事二手车经销的纳税人销售其收购的二手车</td><td>应纳增值税＝含税销售额÷(1+0.5%)×0.5%</td></tr>
</table>

【知识链接】小规模纳税人销售自己使用过的物品或旧货的计税归纳，如表 2-3 所示。

表 2-3　小规模纳税人销售自己使用过的物品或旧货的计税归纳①

<table>
<tr><th colspan="2">具体情形</th><th>税务处理</th></tr>
<tr><td colspan="2">其他个人（个体工商户以外的个人，即自然人）销售自己使用过的物品或旧货</td><td>免征增值税</td></tr>
<tr><td rowspan="4">其他个人以外的小规模纳税人</td><td>销售自己使用过的固定资产（动产）</td><td>应纳增值税＝含税销售额÷(1+3%)×2%</td></tr>
<tr><td>销售自己使用过的固定资产以外的物品</td><td>应纳增值税＝含税销售额÷(1+3%)×3%</td></tr>
<tr><td>除“从事二手车经销的纳税人销售其收购的二手车”以外的销售旧货（他人用旧的）</td><td>应纳增值税＝含税销售额÷(1+3%)×2%</td></tr>
<tr><td>从事二手车经销的纳税人销售其收购的二手车</td><td>应纳增值税＝含税销售额÷(1+0.5%)×0.5%</td></tr>
</table>

① 不考虑“自 2020 年 3 月 1 日至 2022 年 3 月 31 日的小规模纳税人增值税征收率减免政策”，以及“自 2022 年 4 月 1 日至 2022 年 12 月 31 日小规模纳税人增值税免税政策”。没有特别说明，全书同。

2

【情境实例 2-16】

1. 工作任务要求

计算甲公司 2019 年 5 月的应纳增值税。

2. 情境实例设计

甲公司为增值税一般纳税人，主营二手电脑交易。2019 年 5 月取得含税销售额 206 万元；除上述收入外，甲公司当月又将本企业于 2007 年 6 月购入自用的一辆货车和 2010 年 10 月购入自用的一辆货车分别以 10.3 万元和 11.3 万元的含税价格出售。假设甲公司 2019 年 5 月无其他业务，且可抵扣的进项税额为 0。

3. 任务实施过程

增值税一般纳税人销售旧货依照 3%征收率减按 2%征收增值税，则：

$$\text{该笔业务应纳增值税} = 206 \div (1 + 3\%) \times 2\% = 4(\text{万元})$$

一般纳税人销售自己使用过的 2009 年 1 月 1 日以前购入的固定资产，依照 3%征收率减按 2%征收增值税，则：

$$\text{该笔业务应纳增值税} = 10.3 \div (1 + 3\%) \times 2\% = 0.2(\text{万元})$$

一般纳税人销售自己使用过的 2009 年 1 月 1 日以后购入的固定资产，按适用税率（一般为 13%）征收，则：

$$\text{该笔业务增值税销项税额} = 11.3 \div (1 + 13\%) \times 13\% = 1.3(\text{万元})$$

$$\text{应纳增值税合计} = 4 + 0.2 + (1.3 - 0) = 5.5(\text{万元})$$

（3）可选择按简易计税方法依照 3%的征收率。

增值税一般纳税人销售自产的下列货物，可选择按照简易计税方法，自 2014 年 7 月 1 日起依照 3%（2014 年 6 月 30 日之前为 6%）的征收率计算缴纳增值税。

① 县级及县级以下小型水力发电单位生产的电力。小型水力发电单位，是指各类投资主体建设的装机容量为 5 万千瓦以下（含 5 万千瓦）的小型水力发电单位。

② 建筑用和生产建筑材料所用的砂、土、石料。

③ 以自己采掘的砂、土、石料或其他矿物连续生产的砖、瓦、石灰（不含黏土实心砖、瓦）。

④ 用微生物、微生物代谢产物、动物毒素、人或动物的血液或组织制成的生物制品。

⑤ 自来水。对自来水公司销售自来水按简易计税方法依照 3%的征收率征收增值税时，不得抵扣其购进自来水取得增值税扣税凭证上注明的增值税税款。

⑥ 商品混凝土（仅限于以水泥为原料生产的水泥混凝土）。

⑦ 属于增值税一般纳税人的单采血浆站销售的非临床用人体血液（此项一旦选择按照简易计税方法适用的征收率计税，不得对外开具增值税专用发票）。

⑧ 自 2022 年 3 月 1 日起，从事再生资源回收的增值税一般纳税人销售其收购的再生资源，可以选择适用简易计税方法依照 3%征收率计算缴纳增值税，或适用一般计税方法计算缴纳增值税。

【特别提示】增值税一般纳税人选择简易计税方法计算缴纳增值税后，36 个月内不得变更。

【点拨指导】一般纳税人采取简易计税方法计税时，不得抵扣进项税额。

2. 一般纳税人按照销售服务、无形资产或者不动产简易计税方法适用征收率的情况

(1) 应税服务。

① 公共交通运输服务。公共交通运输服务，包括轮客渡、公交客运、地铁、城市轻轨、出租车、长途客运、班车。班车，是指按固定路线、固定时间运营并在固定站点停靠的运送旅客的陆路运输服务。

② 经认定的动漫企业为开发动漫产品提供的动漫脚本编撰、形象设计、背景设计、动画设计、分镜、动画制作、摄制、描线、上色、画面合成、配音、配乐、音效合成、剪辑、字幕制作、压缩转码(面向网络动漫、手机动漫格式适配)服务，以及在境内转让动漫版权(包括动漫品牌、形象或者内容的授权及再授权)。

动漫企业和自主开发、生产动漫产品的认定标准和认定程序，按照《文化部、财政部、国家税务总局关于印发〈动漫企业认定管理办法(试行)〉的通知》(文市发〔2008〕51 号)的规定执行。

③ 电影放映服务、仓储服务、装卸搬运服务、收派服务和文化体育服务。

④ 以纳入营改增试点之日前取得的有形动产为标的物提供的经营租赁服务。

⑤ 在纳入营改增试点之日前签订的尚未执行完毕的有形动产租赁合同。

⑥ 提供物业管理服务的纳税人，向服务接受方收取的自来水水费，以扣除其对外支付的自来水水费后的余额为销售额，按照简易计税方法依 3%的征收率计算缴纳增值税。

⑦ 非企业性单位中的增值税一般纳税人提供的研发和技术服务、信息技术服务、鉴证咨询服务，以及销售技术、著作权等无形资产，可以选择简易计税方法按照 3%征收率计算缴纳增值税。

非企业性单位中的增值税一般纳税人提供“技术转让、技术开发和与之相关的技术咨询、技术服务”，可以参照上述规定，选择简易计税方法按照 3%征收率计算缴纳增值税。

⑧ 增值税一般纳税人提供教育辅助服务，可以选择简易计税方法按照 3%征收率计算缴纳增值税。

(2) 建筑服务。

① 增值税一般纳税人以清包工方式提供的建筑服务，可以选择适用简易计税方法计税。以清包工方式提供建筑服务，是指施工方不采购建筑工程所需的材料或只采购辅助材料，并收取人工费、管理费或者其他费用的建筑服务。

② 增值税一般纳税人为甲供工程提供的建筑服务，可以选择适用简易计税方法计税。甲供工程，是指全部或部分设备、材料、动力由工程发包方自行采购的建筑工程。一般纳税人销售电梯的同时提供安装服务，其安装服务可以按照甲供工程选择适用简易计税方法计税。

③ 增值税一般纳税人为建筑工程老项目提供的建筑服务，可以选择适用简易计税方法计税。建筑工程老项目，是指《建筑工程施工许可证》注明的合同开工日期在 2016 年 4 月 30 日前的建筑工程项目，或者未取得《建筑工程施工许可证》的、建筑工程承包合同注明的开工日期在 2016 年 4 月 30 日前的建筑工程项目。

④ 增值税一般纳税人跨县(市)提供建筑服务，选择适用一般计税方法计税的，应以取

得的全部价款和价外费用为销售额计算应纳税额。纳税人应以取得的全部价款和价外费用扣除支付的分包款后的余额，按照 2%的预征率在建筑服务发生地预缴税款后，向机构所在地主管税务机关进行纳税申报。

⑤ 增值税一般纳税人跨县(市)提供建筑服务，选择适用简易计税方法计税的，应以取得的全部价款和价外费用扣除支付的分包款后的余额为销售额，按照 3%的征收率计算应纳税额。纳税人应按照上述计税方法在建筑服务发生地预缴税款后，向机构所在地主管税务机关进行纳税申报。

2

纳税人在同一地级行政区范围内跨县(市、区)提供建筑服务，不适用《纳税人跨县(市、区)提供建筑服务增值税征收管理暂行办法》(国家税务总局公告 2016 年第 17 号发布)。

【点拨指导】纳税人提供建筑服务，按照规定允许从其取得的全部价款和价外费用中扣除的分包款，是指支付给分包方的全部价款和价外费用。

⑥ 建筑工程总承包单位为房屋建筑的地基与基础、主体结构提供工程服务，建设单位自行采购全部或部分钢材、混凝土、砌体材料、预制构件的，适用简易计税方法计税。

【情境实例 2-17】

1. 工作任务要求

计算甲公司本年 10 月下列项目的应纳增值税。

2. 情境实例设计

甲建筑公司为增值税一般纳税人，机构所在地为 N 县。本年 10 月 1 日以清包工方式到 M 县承接 A 工程项目，并将 A 项目中的部分施工项目分包给了乙公司。10 月 30 日发包方按进度支付工程价款 222 万元。当月该项目甲公司购进材料取得增值税专用发票上注明的税额为 0.52 万元；10 月甲公司支付给乙公司工程分包款 60 万元，乙公司开具给甲公司增值税发票，税额为 4.95 万元。对 A 工程项目甲建筑公司选择适用简易计税方法计算应纳税额。

3. 任务实施过程

增值税一般纳税人跨县(市)提供建筑服务，选择适用简易计税方法计税的，应以取得的全部价款和价外费用扣除支付的分包款后的余额为销售额，按照 3%的征收率计算应纳税额。纳税人应按照上述计税方法在建筑服务发生地预缴税款后，向机构所在地主管税务机关进行纳税申报。

甲公司 10 月在 M 县预缴增值税 $=(222-60)\div(1+3\%)\times 3\%=4.72$(万元)

在 N 县差额申报，则：

扣除预缴增值税后的应纳增值税 $=4.72-4.72=0$(万元)

应纳增值税合计 $=4.72+0=4.72$(万元)

---

(3) 销售不动产。

① 增值税一般纳税人销售其 2016 年 4 月 30 日前取得(不含自建)的不动产，可以选择适用简易计税方法，以取得的全部价款和价外费用减去该项不动产购置原价或者取得不动产时的作价后的余额为销售额，按照 5%的征收率计算应纳税额。纳税人应按照上述计税方法在不动产所在地预缴税款后，向机构所在地主管税务机关进行纳税申报。

② 增值税一般纳税人销售其 2016 年 4 月 30 日前自建的不动产，可以选择适用简易计税方法，以取得的全部价款和价外费用为销售额，按照 5%的征收率计算应纳税额。纳税人应按

照上述计税方法在不动产所在地预缴税款后，向机构所在地主管税务机关进行纳税申报。

③ 房地产开发企业中的增值税一般纳税人，销售自行开发的房地产老项目，可以选择适用简易计税方法按照5%的征收率计税。一般纳税人销售自行开发的房地产老项目适用简易计税方法计税的，以取得的全部价款和价外费用为销售额，不得扣除对应的土地价款。

【特别提示】房地产开发企业中的一般纳税人购入未完工的房地产老项目继续开发后，以自己名义立项销售的不动产，属于房地产老项目，可以选择适用简易计税方法按照5%的征收率计算缴纳增值税。

④ 房地产开发企业采取预收款方式销售所开发的房地产项目，在收到预收款时按照3%的预征率预缴增值税。

⑤ 个体工商户销售购买的住房，应按照《营业税改征增值税试点过渡政策的规定》第五条的规定征免增值税。纳税人应在不动产所在地预缴税款后，按照上述计税方法向机构所在地主管税务机关进行纳税申报。

【情境实例2-18】

1. 工作任务要求

计算甲企业下列业务的应纳增值税。

2. 情境实例设计

甲企业本年12月转让其2015年自建的办公楼，取得销售收入1 800万元，该办公楼账面原值为1 000万元，已提折旧300万元，该企业为增值税一般纳税人，选择按简易计税方法计税。

3. 任务实施过程

增值税一般纳税人销售其2016年4月30日前自建的不动产，可以选择适用简易计税方法，以取得的全部价款和价外费用为销售额，按照5%的征收率计算应纳税额。

应纳增值税 $=1\,800\div(1+5\%)\times5\%=85.71$（万元）

---

(4) 不动产经营租赁服务。

① 增值税一般纳税人出租其2016年4月30日前取得的不动产，可以选择适用简易计税方法，按照5%的征收率计算应纳税额。纳税人出租其2016年4月30日前取得的与机构所在地不在同一县（市）的不动产，应按照上述计税方法在不动产所在地预缴税款，向机构所在地主管税务机关进行纳税申报。不动产所在地与机构所在地在同一县（市、区）的，纳税人向机构所在地主管税务机关申报纳税。

② 增值税一般纳税人出租其在2016年5月1日后取得的、与机构所在地不在同一县（市）的不动产，应按照3%的预征率在不动产所在地预缴税款，向机构所在地主管税务机关申报纳税。不动产所在地与机构所在地在同一县（市、区）的，纳税人应向机构所在地主管税务机关申报纳税。

【特别提示】自2021年10月1日起，住房租赁企业中的增值税一般纳税人向个人出租住房取得的全部出租收入，可以选择适用简易计税方法，按照5%的征收率减按1.5%计算缴纳增值税，或适用一般计税方法计算缴纳增值税。住房租赁企业向个人出租住房适用简易计税方法并进行预缴的，减按1.5%预征率预缴增值税。住房租赁企业中的增值税一般纳税人，对利用非居住存量土地和非居住存量房屋（含商业办公用房、工业厂房改造后出租用于居住的房屋)建设的保障性租赁住房,取得保障性租赁住房项目认定书后,向个人出租上述保障性租赁住房的,比照适用上述增值税政策。其中,住房租赁企业,是指按规定向住房城乡建设部门进行开业报告或者备案的从事住房租赁经营业务的企业。

(5) 收取高速公路的车辆通行费。

公路经营企业中的增值税一般纳税人收取营改增试点前开工的高速公路的车辆通行费,可以选择适用简易计税方法,减按3%的征收率计算应纳税额。营改增试点前开工的高速公路,是指相关施工许可证明上注明的合同开工日期在2016年4月30日前的高速公路。

(6) 销售使用过的固定资产。

营改增后的增值税一般纳税人,销售自己使用过的"本地区试点实施之日(含)"以后购进或自制的固定资产,按照适用税率征收增值税;销售自己使用过的"本地区试点实施之日"以前购进或者自制的固定资产,按照3%征收率减按2%征收增值税。具体公式如下:

$$销售额=含税销售额\div(1+3\%)$$
$$应纳增值税税额=销售额\times 2\%$$

使用过的固定资产,是指纳税人根据财务会计制度已经计提折旧的固定资产。

(7) 其他情况。

① 2016年4月30日前签订的不动产融资租赁合同,或以2016年4月30日前取得的不动产提供的融资租赁服务,可以选择适用简易计税方法,按照5%的征收率计算缴纳增值税。增值税一般纳税人以经营租赁方式出租其2016年4月30日前取得的不动产,可以选择适用简易计税方法,按照5%的征收率计算应纳税额。

② 纳税人提供人力资源外包服务,按照经纪代理服务缴纳增值税,其销售额不包括受客户单位委托代为向客户单位员工发放的工资和代理缴纳的社会保险、住房公积金。向委托方收取并代为发放的工资和代理缴纳的社会保险、住房公积金,不得开具增值税专用发票,可以开具增值税普通发票。增值税一般纳税人提供人力资源外包服务,可选择适用简易计税方法,按照5%的征收率计算缴纳增值税。

③ 纳税人以经营租赁方式将土地出租给他人使用,按照不动产经营租赁服务缴纳增值税。纳税人转让2016年4月30日前取得的土地使用权,可以选择适用简易计税方法,以取得的全部价款和价外费用减去取得该土地使用权的原价后的余额为销售额,按照5%的征收率计算缴纳增值税。

综上所述,一般纳税人营改增应税行为的征收率运用归纳一览表,如表2-4所示。

表2-4 一般纳税人营改增应税行为的征收率运用归纳一览表

一般纳税人营改增应税行为	可选征收率
转让试点前取得或自建的不动产	5%
出租试点前取得的不动产	5%
收取试点前开工的高速公路的车辆通行费	5%减按3%
其他营改增服务可选择简易计税方法的	3%

(二) 增值税小规模纳税人按照简易计税方法计税的规定

增值税小规模纳税人销售货物、劳务、服务、无形资产或者不动产,按照取得的销售额和增值税的征收率计算应纳的增值税税额，但不得抵扣进项税额。其中销售额为对外销售货物、劳务、服务、无形资产或者不动产时，向对方收取的全部价款和价外费用。具体的确定标准与增值税一般纳税人的销售额相同。

增值税小规模纳税人按征收率征税。增值税小规模纳税人因销售退回或销售折让而退还给购买方的销售额，应从发生销货退回或折让当期的销售额中扣减。对于营改增增值税小规模纳税人来说，其纳税人适用简易计税方法计税的，因销售折让、中止或者退回而退还给购买方的销售额，应当从当期销售额中扣减，扣减当期销售额后仍有余额造成多缴的税款，可以从以后的应纳税额中扣减。

增值税小规模纳税人销售货物、劳务、服务、无形资产或者不动产，向对方收取的款项往往包含了增值税，因此，在计算应纳增值税税额时，需将含税销售额换算成不含税销售额，具体计算公式如下：

$$销售额＝含税销售额÷(1＋征收率)$$

【特别提示】小规模纳税人购进货物、劳务、服务、无形资产或者不动产时即使取得了增值税专用发票，也不得抵扣进项税额。一般纳税人采取简易计税方法计税时，购进货物、劳务、服务、无形资产或者不动产时即使取得了增值税专用发票，也不得抵扣进项税额。

增值税一般纳税人购置税控收款机所支付的增值税税额（以购进税控收款机取得的增值税专用发票上注明的增值税税额为准），准予在该企业当期的增值税销项税额中抵扣。增值税小规模纳税人购置税控收款机，经主管税务机关审核批准后，可凭购进税控收款机取得的增值税专用发票，按照发票上注明的增值税税额，抵免当期应纳增值税税额，或者按照购进税控收款机取得的增值税普通发票上注明的价款，依下列公式计算可抵免税额：

$$可抵免税额＝价款÷(1＋13\%)×13\%$$

【知识链接】增值税纳税人（包括一般纳税人和小规模纳税人，下同）2011 年 12 月 1 日（含，下同）以后初次购买增值税税控系统专用设备（包括分开票机）支付的费用，可凭购买增值税税控系统专用设备取得的增值税专用发票，在增值税应纳税额中全额抵减（抵减额为价税合计额），不足抵减的可结转下期继续抵减。增值税纳税人非初次购买增值税税控系统专用设备支付的费用，由其自行负担，不得在增值税应纳税额中抵减。增值税税控系统包括：增值税防伪税控系统、机动车销售统一发票税控系统等。增值税防伪税控系统的专用设备包括金税卡、IC 卡、读卡器或金税盘和报税盘；机动车销售统一发票税控系统专用设备包括税控盘和传输盘。

增值税纳税人 2011 年 12 月 1 日以后缴纳的技术维护费（不含补缴的 2011 年 11 月 30 日以前的技术维护费），可凭技术维护服务单位开具的技术维护费发票，在增值税应纳税额中全额抵减，不足抵减的可结转下期继续抵减。技术维护费按照价格主管部门核定的标准执行。

增值税一般纳税人支付的增值税税控系统专用设备支付的费用以及缴纳的技术维护费在增值税应纳税额中全额抵减的，其增值税专用发票不作为增值税抵扣凭证，其进项税额不得从销项税额中抵扣。

1. 增值税小规模纳税人销售货物或者劳务按照简易计税方法适用征收率的特殊规定

（1）增值税小规模纳税人（除其他个人外）销售使用过的固定资产。

增值税小规模纳税人（除其他个人外）销售自己使用过的固定资产，减按 2%征收率征收增值税。这里指的是小规模纳税人适用 3%征收率计算出不含税销售额后再减按 2%征收率征收。其销售额和应纳税额的计算公式如下：

$$销售额=含税销售额\div(1+3\%)$$

$$应纳增值税税额=销售额\times 2\%$$

【特别提示】其他个人销售自己使用过的固定资产，属于上文中的个人（其他个人）销售自己使用过的物品，免征增值税。

（2）增值税小规模纳税人（除其他个人外）销售自己使用过的除固定资产以外的物品。

增值税小规模纳税人（除其他个人外）销售自己使用过的除固定资产以外的物品，应按3%的征收率征收增值税。其销售额和应纳税额的计算公式如下：

$$销售额=含税销售额\div(1+3\%)$$

$$应纳增值税税额=销售额\times 3\%$$

2. 增值税小规模纳税人销售服务、无形资产或者不动产按照简易计税方法适用征收率的特殊规定

（1）小规模纳税人跨县（市）提供建筑服务。

小规模纳税人跨县（市）提供建筑服务，应以取得的全部价款和价外费用扣除支付的分包款后的余额为销售额，按照3%的征收率计算应纳税额。计算公式如下：

$$应纳税额=含税销售额\div(1+3\%)\times 3\%$$

（2）小规模纳税人转让不动产，按5%征收率计算应纳税额。

① 非房地产企业小规模纳税人转让其取得的不动产，除个人转让其购买的住房外，按照以下规定缴纳增值税：

a. 小规模纳税人转让其取得（不含自建）的不动产，以取得的全部价款和价外费用扣除不动产购置原价或者取得不动产时的作价后的余额为销售额，按照5%的征收率计算应纳税额。

b. 小规模纳税人转让其自建的不动产，以取得的全部价款和价外费用为销售额，按照5%的征收率计算应纳税额。

除其他个人之外的小规模纳税人，应按照上述规定的计税方法向不动产所在地主管税务机关预缴税款，向机构所在地主管税务机关申报纳税；其他个人按照本条规定的计税方法向不动产所在地主管税务机关申报纳税。

② 房地产开发企业中的小规模纳税人采取预收款方式销售自行开发的房地产项目，应在收到预收款时按照3%的预征率预缴增值税。小规模纳税人销售自行开发的房地产项目，应按照《营业税改征增值税试点实施办法》第四十五条规定的纳税义务发生时间，以当期销售额和5%的征收率计算当期应纳税额，抵减已预缴税款后，向主管税务机关申报纳税。未抵减完的预缴税款可以结转下期继续抵减。

（3）个人销售其购买的住房。

① 个人将购买不足2年的住房对外销售的，按照5%的征收率全额缴纳增值税；个人将购买2年以上（含2年）的住房对外销售的，免征增值税。上述政策适用于北京市、上海市、广州市和深圳市之外的地区。

② 个人将购买不足2年的住房对外销售的，按照5%的征收率全额缴纳增值税；个人将购买2年以上（含2年）的非普通住房对外销售的，以销售收入减去购买住房价款后的差额按照5%的征收率缴纳增值税；个人将购买2年以上（含2年）的普通住房对外销售的，免征增值税。上述政策仅适用于北京市、上海市、广州市和深圳市。

（4）小规模纳税人出租不动产，按照以下规定缴纳增值税。

① 单位和个体工商户出租不动产（不含个体工商户出租住房），按照5%的征收率计算应纳税额。个体工商户出租住房，按照5%的征收率减按1.5%计算应纳税额。

不动产所在地与机构所在地不在同一县（市、区）的，纳税人应按照上述计税方法向不动产所在地主管税务机关预缴税款，向机构所在地主管税务机关申报纳税。

不动产所在地与机构所在地在同一县（市、区）的，纳税人应向机构所在地主管税务机关申报纳税。

【特别提示】自2021年10月1日起，住房租赁企业中的增值税小规模纳税人向个人出租住房，按照5%的征收率减按1.5%计算缴纳增值税。住房租赁企业向个人出租住房适用简易计税方法并进行预缴的，减按1.5%预征率预缴增值税。住房租赁企业中的增值税小规模纳税人，对利用非居住存量土地和非居住存量房屋（含商业办公用房、工业厂房改造后出租用于居住的房屋）建设的保障性租赁住房，取得保障性租赁住房项目认定书后，向个人出租上述保障性租赁住房的，比照适用上述增值税政策。其中，住房租赁企业，是指按规定向住房城乡建设部门进行开业报告或者备案的从事住房租赁经营业务的企业。

② 其他个人出租不动产（不含住房），按照5%的征收率计算应纳税额，向不动产所在地主管税务机关申报纳税。其他个人出租住房，按照5%的征收率减按1.5%计算应纳税额，向不动产所在地主管税务机关申报纳税。

综上所述，小规模纳税人的征收率运用归纳一览表，如表2-5所示。

表2-5　　小规模纳税人的征收率运用归纳一览表①

小规模纳税人的销售标的		适用的征收率
自己使用过的	固定资产（动产）	3%减按2%
	物　品	3%
自己未使用过的	固定资产（动产）	3%
	旧　货	3%减按2%
取得或自建的	不动产	5%
出　租	不动产	5%
	住房租赁企业向个人出租住房	5%减按1.5%
	个人出租住房	5%减按1.5%
其他营改增应税行为		3%

【情境实例2-19】

1. 工作任务要求

（1）计算甲饭店本年第1季度的销售额；

（2）计算甲饭店本年第1季度应纳增值税税额。

① 不考虑“自2020年3月1日至2022年3月31日的小规模纳税人增值税征收率减免政策”“自2020年5月1日至2023年12月31日从事二手车经销的纳税人销售其收购的二手车的增值税减免政策”以及“自2022年4月1日至2022年12月31日小规模纳税人增值税免税政策”。没有特别说明，全书同。

2. 情境实例设计

甲饭店为增值税小规模纳税人，按季度进行增值税纳税申报，本年1月至3月取得含税收入共计909 000元。甲饭店本年第1季度减按1%的征收率征收增值税。

3. 任务实施过程

销售额＝909 000÷(1＋1%)＝900 000(元)

应纳增值税＝900 000×1%＝9 000(元)

【情境实例2-20】

1. 工作任务要求

计算甲公司本年1月的应纳增值税。

2. 情境实例设计

甲公司为增值税小规模纳税人，选择按月申报缴纳增值税。本年1月甲公司向增值税一般纳税人乙公司提供资讯信息服务，取得含增值税销售额12.36万元；向增值税小规模纳税人丙公司提供注册信息服务，取得含增值税销售额6.18万元；购进办公用品，支付价款2.06万元，并取得增值税普通发票。甲公司本年1月减按1%征收率征收增值税。

3. 任务实施过程

销售额＝(12.36＋6.18)÷(1＋3%)＝18(万元)

应纳增值税＝18×3%＝0.54(万元)

三、差额征收增值税应纳税额的计算

(一) 一般纳税人差额征收增值税应纳税额的计算

一般纳税人差额征收增值税应纳税额的计算公式如下：

$$\text{计税销售额}=\left(\text{取得的全部含税价款和价外费用}-\text{支付给其他单位或个人的含税价款}\right)\div\left(1+\text{税率或征收率}\right)$$

$$\text{应纳税额}=\text{计税销售额}\times\text{税率或征收率}$$

一般纳税人允许差额征收增值税的具体情况如下：

(1) 金融商品转让，按照卖出价扣除买入价后的余额为销售额。转让金融商品出现的正负差，按盈亏相抵后的余额为销售额。若相抵后出现负差，可结转下一纳税期与下期转让金融商品销售额相抵，但年末时仍出现负差的，不得转入下一个会计年度。金融商品的买入价，可以选择按照加权平均法或者移动加权平均法进行核算，选择后36个月内不得变更。

【特别提示】金融商品转让，不得开具增值税专用发票。

(2) 经纪代理服务，以取得的全部价款和价外费用，扣除向委托方收取并代为支付的政府性基金或者行政事业性收费后的余额为销售额。向委托方收取的政府性基金或者行政事业性收费，不得开具增值税专用发票。

(3) 融资租赁和融资性售后回租业务。

① 经中国人民银行、银保监会或者商务部批准从事融资租赁业务的营改增试点纳税人，提供融资租赁服务，以取得的全部价款和价外费用，扣除支付的借款利息(包括外汇借款和人民币借款利息)、发行债券利息和车辆购置税后的余额为销售额。

② 经中国人民银行、银保监会或者商务部批准从事融资租赁业务的营改增试点纳税人，提供融资性售后回租服务，以取得的全部价款和价外费用(不含本金)，扣除对外支付的借款利息(包括外汇借款和人民币借款利息)、发行债券利息后的余额作为销售额。

③ 营改增试点纳税人根据2016年4月30日前签订的有形动产融资性售后回租合同，在合同到期前提供的有形动产融资性售后回租服务，可继续按照有形动产融资租赁服务缴纳增值税。其销售额的计算可以选择以下方法之一：

a. 以向承租方收取的全部价款和价外费用，扣除向承租方收取的价款本金，以及对外支付的借款利息(包括外汇借款和人民币借款利息)、发行债券利息后的余额为销售额。纳税人提供有形动产融资性售后回租服务，计算当期销售额时可以扣除的价款本金，为书面合同约定的当期应当收取的本金。无书面合同或者书面合同没有约定的，为当期实际收取的本金。营改增试点纳税人提供有形动产融资性售后回租服务，向承租方收取的有形动产价款本金，不得开具增值税专用发票，可以开具增值税普通发票。

b. 以向承租方收取的全部价款和价外费用，扣除支付的借款利息(包括外汇借款和人民币借款利息)、发行债券利息后的余额为销售额。

④ 经商务部授权的省级商务主管部门和国家经济技术开发区批准的从事融资租赁业务的营改增试点纳税人，2016年5月1日后实收资本达到1.7亿元的，从达到标准的当月起按照上述第①、②、③项规定执行；2016年5月1日后实收资本未达到1.7亿元但注册资本达到1.7亿元的，在2016年7月31日前仍可按照上述①、②、③项规定执行，2016年8月1日后开展的融资租赁业务和融资性售后回租业务不得按照上述第①、②、③项规定执行。

(4) 航空运输企业的销售额，不包括代收的机场建设费和代售其他航空运输企业客票而代收转付的价款。

(5) 一般纳税人提供客运场站服务，以其取得的全部价款和价外费用，扣除支付给承运方运费后的余额为销售额。

(6) 纳税人提供旅游服务，可以选择以取得的全部价款和价外费用，扣除向旅游服务购买方收取并支付给其他单位或者个人的住宿费、餐饮费、交通费、签证费、门票费和支付给其他接团旅游企业的旅游费用后的余额为销售额。

选择上述办法计算销售额的纳税人，向旅游服务购买方收取并支付的上述费用，不得开具增值税专用发票，可以开具增值税普通发票。

纳税人提供旅游服务，将火车票、飞机票等交通费发票原件交付给旅游服务购买方而无法收回的，以交通费发票复印件作为差额扣除凭证。

(7) 纳税人提供建筑服务适用简易计税方法的，以取得的全部价款和价外费用扣除支付的分包款后的余额为销售额。

(8) 房地产开发企业中的一般纳税人销售其开发的房地产项目(选择简易计税方法的房地产老项目除外)，以取得的全部价款和价外费用，扣除受让土地时向政府部门支付的土地价款后的余额为销售额。

房地产老项目，是指《建筑工程施工许可证》注明的合同开工日期在2016年4月30日前的房地产项目。

(9) 纳税人转让不动产缴纳增值税差额扣除的有关规定。

① 纳税人转让不动产，按照有关规定差额缴纳增值税的，如因丢失等原因无法提供取得不动产时的发票，可向税务机关提供其他能证明契税计税金额的完税凭证等资料，进行差

额扣除。

② 纳税人以契税计税金额进行差额扣除的，按照下列公式计算增值税应纳税额：

a. 2016 年 4 月 30 日及以前缴纳契税的：

$$\begin{matrix}\text{增值税}\\\text{应纳税额}\end{matrix}=\left[\begin{matrix}\text{全部交易价格}\\\text{（含增值税）}\end{matrix}-\begin{matrix}\text{契税计税金额}\\\text{（含营业税）}\end{matrix}\right]\div(1+5\%)\times 5\%$$

b. 2016 年 5 月 1 日及以后缴纳契税的：

$$\begin{matrix}\text{增值税}\\\text{应纳税额}\end{matrix}=\left[\begin{matrix}\text{全部交易价格}\\\text{（含增值税）}\end{matrix}\div(1+5\%)-\begin{matrix}\text{契税计税金额}\\\text{（不含增值税）}\end{matrix}\right]\times 5\%$$

③ 纳税人同时保留取得不动产时的发票和其他能证明契税计税金额的完税凭证等资料的，应当凭发票进行差额扣除。

【特别提示】除了上述第(1)项外，纳税人从全部价款和价外费用中扣除价款，应当取得符合法律、行政法规和国家税务总局规定的有效凭证。否则，不得扣除。有效凭证包括：发票、境外签收单据、完税凭证、财政票据、其他。有效凭证是指：①支付给境内单位或者个人的款项，以发票为合法有效凭证；②支付给境外单位或者个人的款项，以该单位或者个人的签收单据为合法有效凭证，税务机关对签收单据有疑议的，可以要求其提供境外公证机构的确认证明；③缴纳的税款，以完税凭证为合法有效凭证；④扣除的政府性基金、行政事业性收费或者向政府支付的土地价款，以省级以上（含省级）财政部门监（印）制的财政票据为合法有效凭证。

（二）小规模纳税人差额征收增值税应纳税额的计算方法

小规模纳税人差额征收增值税应纳税额的计算公式如下：

$$\begin{matrix}\text{计税}\\\text{销售额}\end{matrix}=\left(\begin{matrix}\text{取得的全部含税}\\\text{价款和价外费用}\end{matrix}-\begin{matrix}\text{支付给其他单位或}\\\text{个人的含税价款}\end{matrix}\right)\div(1+\text{征收率})$$

$$\text{应纳税额}=\text{计税销售额}\times\text{征收率}$$

小规模纳税人允许差额征收增值税的具体情况与一般纳税人允许差额征收增值税的具体情况相同。

情境答疑：纳税人（总包方）跨县（市、区）提供建筑服务应如何进行增值税税务处理？

答：纳税人（总包方）跨县（市、区）提供建筑服务的增值税税务处理如表 2-6 所示。

情境答疑：一般纳税人转让不动产（不包括个体工商户中的一般纳税人转让其购买的住房），应如何进行增值税税务处理？

答：一般纳税人转让不动产（不包括个体工商户中的一般纳税人转让其购买的住房）的增值税税务处理如表 2-7 所示。

表 2-6 纳税人(总包方)跨县(市、区)提供建筑服务的增值税税务处理

纳税人资格类型		项目类型	计税方法	预缴税款	预征率	预缴税款地点	纳税申报	征收率或者税率	纳税申报地点
一般纳税人		新项目(指2016年5月1日后开工,下同)	一般计税	差额预缴税款: 预缴增值税=差额÷(1+9%)×2%=(全部价款和价外费用-支付的分包款)÷(1+9%)×2%	2% 预征率	建筑服务发生地主管税务机关	全额缴税,抵减预缴税款: 应纳增值税=全部价款和价外费用÷(1+9%)×9%-进项税额-预缴增值税=全部价款和价外费用÷(1+9%)×9%-进项税额-(全部价款和价外费用-支付的分包款)÷(1+9%)×2%	9% 税率	机构所在地主管税务机关
		老项目(指2016年4月30日前开工,下同)	选择适用一般计税						
		老项目	选择适用简易计税	差额预缴税款: 预缴增值税=差额÷(1+3%)×3%=(全部价款和价外费用-支付的分包款)÷(1+3%)×3%	3% 预征率	建筑服务发生地主管税务机关	差额缴税,抵减预缴税款: 应纳增值税=差额÷(1+3%)×3%-预缴增值税=(全部价款和价外费用-支付的分包款)÷(1+3%)×3%-(全部价款和价外费用-支付的分包款)÷(1+3%)×3%=0	3% 征收率	机构所在地主管税务机关
小规模纳税人	单位和个体工商户	新项目或老项目	简易计税	差额预缴税款: 预缴增值税=差额÷(1+3%)×3%=(全部价款和价外费用-支付的分包款)÷(1+3%)×3%	3% 预征率	建筑服务发生地主管税务机关	差额缴税,抵减预缴税款: 应纳增值税=差额÷(1+3%)×3%-预缴增值税=(全部价款和价外费用-支付的分包款)÷(1+3%)×3%-(全部价款和价外费用-支付的分包款)÷(1+3%)×3%=0	3% 征收率	机构所在地主管税务机关
	其他个人	新项目或老项目	简易计税	—			差额缴税: 应纳增值税=差额÷(1+3%)×3%=(全部价款和价外费用-支付的分包款)÷(1+3%)×3%	3% 征收率	在建筑服务发生地主管税务机关

2

2

表 2-7 一般纳税人转让不动产(不包括个体工商户中的一般纳税人转让其购买的住房)的增值税税务处理

项目类别	建设类别	计税方法	预缴税款	预征率	预缴税款地点	纳税申报	征收率或者税率	纳税申报地点
一般纳税人转让老项目(指2016年4月30日前取得,下同)	非自建(不包括个体工商户中的一般纳税人转让其购买的住房)	选择适用简易计税	差额预缴税款:预缴增值税＝转让差额÷(1＋5%)×5%	5%预征率	不动产所在地主管税务机关	差额缴税,抵减预缴税款:应纳增值税＝转让差额÷(1＋5%)×5%－预缴增值税＝转让差额÷(1＋5%)×5%－转让差额÷(1＋5%)×5%)＝0	5%征收率	机构所在地主管税务机关
		选择适用一般计税				全额缴税,抵减预缴税款:应纳增值税＝出售全价÷(1＋9%)×9%－进项税额－预缴增值税＝出售全价÷(1＋9%)×9%－进项税额－转让差额÷(1＋5%)×5%	9%税率	
	自建	选择适用简易计税	全额预缴税款:预缴增值税＝出售全价÷(1＋5%)×5%			全额缴税,抵减预缴税款:应纳增值税＝出售全价÷(1＋5%)×5%－预缴增值税＝出售全价÷(1＋5%)×5%－出售全价÷(1＋5%)×5%＝0	5%征收率	
		选择适用一般计税				全额缴税,抵减预缴税款:应纳增值税＝出售全价÷(1＋9%)×9%－进项税额－预缴增值税＝出售全价÷(1＋9%)×9%－进项税额－出售全价÷(1＋5%)×5%	9%税率	
一般纳税人转让新项目(指2016年5月1日后取得,下同)	非自建(不包括个体工商户中的一般纳税人转让其购买的住房)	一般计税	差额预缴税款:预缴增值税＝转让差额÷(1＋5%)×5%			全额缴税,抵减预缴税款:应纳增值税＝出售全价÷(1＋9%)×9%－进项税额－预缴增值税＝出售全价÷(1＋9%)×9%－进项税额－转让差额÷(1＋5%)×5%	9%税率	
	自建		全额预缴税款:预缴增值税＝出售全价÷(1＋5%)×5%			全额缴税,抵减预缴税款:应纳增值税＝出售全价÷(1＋9%)×9%－进项税额－预缴增值税＝出售全价÷(1＋9%)×9%－进项税额－出售全价÷(1＋5%)×5%		

情境答疑：小规模纳税人转让不动产（不包括个人中的小规模纳税人转让其购买的住房）如何进行增值税税务处理？

答：小规模纳税人转让不动产（不包括个人中的小规模纳税人转让其购买的住房）的增值税税务处理如表2-8所示。

表2-8 小规模纳税人转让不动产（不包括个人中的小规模纳税人转让其购买的住房）的增值税税务处理

纳税人类别	建设类别	预缴税款	预征率	预缴税款地点	纳税申报	征收率或者税率	纳税申报地点
单位中的小规模纳税人、个体工商户中的小规模纳税人转让不动产	非自建（不包括个体工商户中的小规模纳税人转让其购买的住房）	差额预缴税款：预缴增值税＝转让差额÷(1＋5%)×5%	5%预征率	不动产所在地主管税务机关	差额缴税，抵减预缴税款：应纳增值税＝转让差额÷(1＋5%)×5%－预缴增值税＝转让差额÷(1＋5%)×5%－转让差额÷(1＋5%)×5%＝0	5%征收率	机构所在地主管税务机关
	自建	全额预缴税款：预缴增值税＝出售全价÷(1＋5%)×5%			全额缴税，抵减预缴税款：应纳增值税＝出售全价÷(1＋5%)×5%－预缴增值税＝出售全价÷(1＋5%)×5%－出售全价÷(1＋5%)×5%＝0		
其他个人转让不动产	非自建（不包括其他个人转让其购买的住房）	—			差额缴税：应纳增值税＝转让差额÷(1＋5%)×5%	5%征收率	不动产所在地主管税务机关
	自建	—			全额缴税：应纳增值税＝出售全价÷(1＋5%)×5%		

情境答疑：个人转让其购买的住房应如何进行增值税税务处理？

答：个人转让其购买的住房的增值税税务处理如表2-9所示。

情境答疑：一般纳税人出租不动产（不包括个体工商户中的一般纳税人出租住房）如何进行增值税税务处理？

答：一般纳税人出租不动产（不包括个体工商户中的一般纳税人出租住房）的增值税税务处理如表2-10所示。

表 2-9　　个人转让其购买的住房的增值税税务处理

<table>
<tr><th>纳税人类别</th><th colspan="3">住房类别</th><th>预缴税款</th><th>预征率</th><th>预缴税款地点</th><th>纳税申报</th><th>征收率或者税率</th><th>纳税申报地点</th></tr>
<tr><td rowspan="4">个体工商户(可以是一般纳税人,也可以是小规模纳税人)</td><td colspan="3">购买不足 2 年</td><td>全额预缴税款:预缴增值税=出售全价÷(1+5%)×5%</td><td>5%征收率</td><td rowspan="4">住房所在地主管税务机关</td><td>全额缴税,抵减预缴税款:应纳增值税=出售全价÷(1+5%)×5%-预缴增值税=出售全价÷(1+5%)×5%-出售全价÷(1+5%)×5%=0</td><td rowspan="2">5%征收率</td><td rowspan="4">机构所在地主管税务机关</td></tr>
<tr><td rowspan="3">购买 2 年以上</td><td rowspan="2">北上广深</td><td>非普通住房</td><td>差额预缴税款:预缴增值税=转让差额÷(1+5%)×5%</td><td>5%征收率</td><td>差额缴税,抵减预缴税款:应纳增值税=转让差额÷(1+5%)×5%-预缴增值税=转让差额÷(1+5%)×5%-转让差额÷(1+5%)×5%=0</td></tr>
<tr><td>普通住房</td><td rowspan="2">免税(预缴额为 0)</td><td>5%征收率</td><td rowspan="2">免税</td><td rowspan="2">5%征收率</td></tr>
<tr><td colspan="2">其他地区</td><td>5%征收率</td></tr>
<tr><td rowspan="4">其他个人(一定是小规模纳税人)</td><td colspan="3">购买不足 2 年</td><td colspan="3">—</td><td>全额缴税:应纳增值税=出售全价÷(1+5%)×5%</td><td rowspan="2">5%征收率</td><td rowspan="4">住房所在地主管税务机关</td></tr>
<tr><td rowspan="3">购买 2 年以上</td><td rowspan="2">北上广深</td><td>非普通住房</td><td colspan="3">—</td><td>差额缴税:应纳增值税=转让差额÷(1+5%)×5%</td></tr>
<tr><td>普通住房</td><td colspan="3" rowspan="2">—</td><td rowspan="2">免税</td><td rowspan="2">5%征收率</td></tr>
<tr><td colspan="2">其他地区</td></tr>
</table>

表 2-10 一般纳税人出租不动产(不包括个体工商户中的一般纳税人出租住房)的增值税税务处理

出租不动产类别	计税方法	出租不动产的所在地	预缴税款	预征率	预缴税款地点	纳税申报	征收率或者税率	纳税申报地点
单位中的一般纳税人出租2016年4月30日前取得的不动产、个体工商户中的一般纳税人出租2016年4月30日前取得的非住房不动产	选择简易计税	不动产所在地与机构所在地不在同一县(市)	全额预缴税款:预缴增值税=含税销售额÷(1+5%)×5%	5%预征	不动产所在地主管税务机关	全额缴税,抵减预缴税款:应纳增值税=含税销售额÷(1+5%)×5%－预缴增值税=含税销售额÷(1+5%)×5%－含税销售额÷(1+5%)×5%=0	5%征收率	机构所在地主管税务机关
		不动产所在地与机构所在地在同一县(市)	—			全额缴税:应纳增值税=含税销售额÷(1+5%)×5%		
	选择一般计税	不动产所在地与机构所在地不在同一县(市)	全额预缴税款:预缴增值税=含税销售额÷(1+9%)×3%	3%预征	不动产所在地主管税务机关	全额缴税,抵减预缴税款:应纳增值税=含税销售额÷(1+9%)×9%－进项税额－预缴税款=含税销售额÷(1+9%)×9%－进项税额－含税销售额÷(1+9%)×3%	9%税率	机构所在地主管税务机关
		不动产所在地与机构所在地在同一县(市)	—			全额缴税:应纳增值税=含税销售额÷(1+9%)×9%－进项税额		
单位中的一般纳税人出租2016年5月1日后取得的不动产、个体工商户中的一般纳税人出租2016年5月1日后取得的非住房不动产	一般计税	不动产所在地与机构所在地不在同一县(市)	全额预缴税款:预缴增值税=含税销售额÷(1+9%)×3%	3%预征	不动产所在地主管税务机关	全额缴税,抵减预缴税款:应纳增值税=含税销售额÷(1+9%)×9%－进项税额－预缴税款=含税销售额÷(1+9%)×9%－进项税额－含税销售额÷(1+9%)×3%	9%税率	机构所在地主管税务机关
		不动产所在地与机构所在地在同一县(市)	—			全额缴税:应纳增值税=含税销售额÷(1+9%)×9%－进项税额		

2

2

情境答疑：小规模纳税人出租不动产（不包括个人中的小规模纳税人出租住房）如何进行增值税税务处理？

答：小规模纳税人出租不动产（不包括个人中的小规模纳税人出租住房）的增值税税务处理如表 2-11 所示。

表 2-11 小规模纳税人出租不动产（不包括个人中的小规模纳税人出租住房）的增值税税务处理

出租不动产的类别	出租不动产的所在地	预缴税款	预征率	预缴税款地点	纳税申报	征收率或者税率	纳税申报地点
单位中的小规模纳税人出租不动产、个体工商户中的小规模纳税人出租非住房不动产	不动产所在地与机构所在地不在同一县（市）	全额预缴税款：预缴增值税＝含税销售额÷（1＋5%）×5%	5%预征率	不动产所在地主管税务机关	全额缴税，抵减预缴税款：应纳增值税＝含税销售额÷（1＋5%）×5%－预缴增值税＝含税销售额÷（1＋5%）×5%－含税销售额÷（1＋5%）×5%＝0	5%征收率	机构所在地主管税务机关
	不动产所在地与机构所在地在同一县（市）	—			全额缴税：应纳增值税＝含税销售额÷（1＋5%）×5%	5%征收率	机构所在地主管税务机关
其他个人出租非住房不动产	无论不动产所在地与机构所在地是否在同一县（市）	—			全额缴税：应纳增值税＝含税销售额÷（1＋5%）×5%	5%征收率	不动产所在地主管税务机关

情境答疑：个人出租住房应如何进行增值税税务处理？

答：个人出租住房的增值税税务处理如表 2-12 所示。

情境答疑：房地产开发企业销售自行开发的房地产项目如何进行增值税税务处理？

答：房地产开发企业销售自行开发的房地产项目的增值税税务处理如表 2-13 所示。

表 2-12 个人出租住房的增值税税务处理

出租不动产的类别	出租不动产的所在地	预缴税款	预征率	预缴税款地点	纳税申报	征收率或者税率	纳税申报地点
个体工商户中的一般纳税人出租住房	不动产所在地与机构所在地不在同一县(市)	全额预缴税款:预缴增值税=含税销售额÷(1+5%)×1.5%	5%的预征率减按1.5%	不动产所在地主管税务机关	全额缴税,抵减预缴税款:应纳增值税=含税销售额÷(1+5%)×1.5%-预缴增值税=含税销售额÷(1+5%)×1.5%-含税销售额÷(1+5%)×1.5%=0	5%的征收率减按1.5%	机构所在地主管税务机关
	不动产所在地与机构所在地在同一县(市)	—			全额缴税:应纳增值税=含税销售额÷(1+5%)×1.5%	5%的征收率减按1.5%	机构所在地主管税务机关
个体工商户中的小规模纳税人出租住房	不动产所在地与机构所在地不在同一县(市)	全额预缴税款:预缴增值税=含税销售额÷(1+5%)×1.5%	5%的预征率减按1.5%	不动产所在地主管税务机关	全额缴税,抵减预缴税款:应纳增值税=含税销售额÷(1+5%)×1.5%-预缴增值税=含税销售额÷(1+5%)×1.5%-含税销售额÷(1+5%)×1.5%=0	5%的征收率减按1.5%	机构所在地主管税务机关
	不动产所在地与机构所在地在同一县(市)	—			全额缴税:应纳增值税=含税销售额÷(1+5%)×1.5%	5%的征收率减按1.5%	机构所在地主管税务机关
其他个人(一定是小规模纳税人)出租住房	无论不动产所在地与机构所在地是否在同一县(市)	—			全额缴税:应纳增值税=含税销售额÷(1+5%)×1.5%	5%的征收率减按1.5%	不动产所在地主管税务机关

2

表 2-13 房地产开发企业销售自行开发的房地产项目的增值税税务处理

纳税人的类别	预售房产类型	计税方法	预缴税款（若预售，则预缴；反之，不预缴）	预征率	预缴税款地点	纳税申报	征收率或者税率	纳税申报地点
一般纳税人	自行开发老项目	选择适用简易计税	全额预缴税款：预缴增值税＝预收款÷（1＋5％）×3％	3％预征率	主管税务机关	全额缴税，抵减预缴税款：应纳增值税＝全部价款和价外费用÷（1＋5％）×5％－预缴增值税＝全部价款和价外费用÷（1＋5％）×5％－预收款÷（1＋5％）×3％	5％征收率	主管税务机关
		选择适用一般计税	全额预缴税款：预缴增值税＝预收款÷（1＋9％）×3％	3％预征率		差额缴税，抵减预缴税款：应纳增值税＝（全部价款和价外费用－当期允许扣除的支付给政府部门的土地价款）÷（1＋9％）×9％－进项税额－预缴增值税＝（全部价款和价外费用－当期允许扣除的支付给政府部门的土地价款）÷（1＋9％）×9％－进项税额－预收款÷（1＋9％）×3％	9％税率	
	自行开发新项目	一般计税						
小规模纳税人	自行开发老项目或者新项目	简易计税	全额预缴税款：预缴增值税＝预收款÷（1＋5％）×3％	3％预征率		全额缴税，抵减预缴税款：应纳增值税＝含税销售额÷（1＋5％）×5％－预缴增值税＝全部价款和价外费用÷（1＋5％）×5％－预收款÷（1＋5％）×3％	5％征收率	

四、进口货物应纳税额的计算

不管是一般纳税人还是小规模纳税人进口货物，其都按照组成计税价格和税法规定的税率（例如13％）计算应纳税额。

【点拨指导】一方面，进口货物增值税的计税依据是组成计税价格而非其他金额；另一方面，小规模纳税人进口货物时使用税率计税，而不使用征收率。

【知识链接】进口货物属于增值税征收范围，进口货物的增值税实际上是增值税进项税额。出口货物也属于增值税征收范围，出口货物的增值税实际上是增值税销项税额（一般计税方法下）或者应纳税额（简易计税方法下）。只不过，对出口货物增值税一般实行零税率，即对出口货物除了在出口环节免征增值税（销项税额或者应纳税额）外，还要将该产品在出口前相应的进项税额按照税法规定的计算公式计算后予以退还。

进口货物计算增值税应纳税额的计算公式如下：

$$\text{应纳税额}=\text{组成计税价格}\times\text{增值税税率}$$

其中，组成计税价格的计算公式如下：

（1）若进口货物不属于消费税应税消费品：

$$\text{组成计税价格}=\text{关税完税价格}+\text{关税}$$

（2）若进口货物属于消费税应税消费品：

① 实行从价定率办法计算纳税的组成计税价格计算公式如下：

$$\begin{aligned}\text{组成计税价格}&=\text{关税完税价格}+\text{关税}+\text{消费税}\\&=(\text{关税完税价格}+\text{关税})\div(1-\text{消费税比例税率})\end{aligned}$$

② 实行从量定额办法计算纳税的组成计税价格计算公式如下：

$$\begin{aligned}\text{组成计税价格}&=\text{关税完税价格}+\text{关税}+\text{消费税}\\&=\text{关税完税价格}+\text{关税}+\text{海关核定的应税消费品的进口数量}\\&\quad\times\text{消费税定额税率}\end{aligned}$$

③ 实行复合计税办法计算纳税的组成计税价格计算公式如下：

$$\begin{aligned}\text{组成计税价格}&=\text{关税完税价格}+\text{关税}+\text{消费税}\\&=\left(\begin{matrix}\text{关税}\\\text{完税价格}\end{matrix}+\text{关税}+\begin{matrix}\text{海关核定的应税}\\\text{消费品的进口数量}\end{matrix}\times\begin{matrix}\text{消费税}\\\text{定额税率}\end{matrix}\right)\div\left(1-\begin{matrix}\text{消费税}\\\text{比例税率}\end{matrix}\right)\end{aligned}$$

纳税人在计算进口货物的增值税时，应该注意以下问题：

（1）进口货物增值税的组成计税价格中包括已纳关税税额，如果进口货物属于消费税应税消费品，其组成计税价格中还要包括进口环节已纳消费税税额。

（2）按照《中华人民共和国海关法》（以下简称“《海关法》”）和《中华人民共和国进出口关税条例》（以下简称“《进出口关税条例》”）的规定，一般贸易下进口货物的关税完税价格以海关审定的成交价格为基础的到岸价格作为完税价格。所谓成交价格是指一般贸易项下进口货物的买方为购买该项货物向卖方实际支付或应当支付的价格；到岸价格，包括货价，加上货物运抵我国关境内输入地点起卸前的包装费、运费、保险费和其他劳务费等费用构成的一种价格。特殊贸易下进口的货物，由于进口时没有“成交价格”可作依据，为此，《进出口关税条例》对这些进口货物制定了确定其完税价格的具体办法。

【情境实例 2-21】

1. 工作任务要求

（1）计算甲公司进口货物应缴纳的关税税额。

（2）计算甲公司进口货物应缴纳的增值税税额。

2. 情境实例设计

甲公司本年 7 月进口五金建材一批，支付给国外供货商的买价为 220 万元，支付运抵我国海关前的运费 20 万元，装卸费 10 万元；支付从海关地再运往该公司的运费 7 万元，装卸费和保险费共 5 万元。关税税率为 20%。

3. 任务实施过程

(1) 进口货物应纳关税＝(220＋20＋10)×20%＝50(万元)

(2) 进口货物应纳增值税＝(220＋20＋10＋50)×13%＝39(万元)

【情境实战 2-1——一般纳税人增值税应纳税额的计算】

1. 工作任务要求

计算北京光明有限责任公司 2022 年 1 月应缴纳的增值税税额。

2

2. 情境实战设计

企业名称:北京光明有限责任公司。

增值税纳税人身份:一般纳税人。

登记注册类型:其他有限责任公司。

法定代表人姓名:李光荣;办税员:张佳丽。

企业地址及电话:北京市海淀区光华路 53 号,010-888888××。

企业所属行业:制造业(生产销售微波炉,出厂不含增值税单价为 500 元/台,成本为 400 元/台)。

开户银行及账号:中国工商银行北京分行光华路支行 5307862002341223698。

纳税人识别号:95670100000010056M。

2022 年 1 月该公司购销情况如下。

① 1 日,向当地某商场销售微波炉 500 台,并开具增值税专用发票,不含税单价为 500 元/台,不含税销售额共计 250 000 元,并约定对方 10 天内付款可享受不含税价款 5%的现金折扣,对方于 1 月 7 日付款,于是在结算时,给予商场 5%的现金折扣(现金折扣不考虑增值税)。

② 8 日,销售 500 台微波炉给外地某客户并开具增值税普通发票,价税合计为 282 500 元,且支付给运输公司运费价税合计 5 450 元,取到的增值税专用发票上注明运费金额 5 000 元,增值税税额 450 元,该外地客户款项未付。

③ 9 日,拨付 2 台微波炉给本单位职工使用,但未开具发票。

④ 10 日,没收逾期仍未收回的包装物押金 67 800 元,确认收入但未开具发票。

⑤ 11 日,购进原材料、零部件一批,取得的增值税专用发票上注明金额 200 000 元,增值税税额 26 000 元;支付给运输公司运费价税合计 3 270 元,取得的增值税专用发票上注明运费金额 3 000 元,增值税税额 270 元。上述货款未付,运费已支付,货物已运达企业并入库。

⑥ 12 日,购进冰箱配件一批,货款已付,取得的增值税专用发票上注明金额 100 000 元,增值税税额 13 000 元,物资尚未验收入库。

⑦ 13 日,从小规模纳税人处购进零件,支付价税合计 100 000 元,取得增值税普通发票,该零件已入库,且款项已付。

⑧ 15 日,从一般纳税人处购进零件,支付价税合计 60 000 元,取得增值税普通发票,该零件已入库,且款项已付。

⑨ 16 日,为推广新型微波炉,采用以旧换新方式向消费者个人销售新产品,共收取现金 465 000 元(已扣除收购旧微波炉抵价 100 000 元),并开具增值税普通发票。

⑩ 18 日,购置办公用电脑一批,取得的增值税专用发票上注明金额 200 000 元,增值税税额 26 000 元,款项已付。

⑪ 20 日，外购办公用消耗材料一批，取得的增值税专用发票上注明金额 1 000 元，增值税税额 130 元。办公用材料直接交付办公科室使用，款项已付。

⑫ 21 日，企业建职工食堂，领用上月购进的原材料钢材一批，实际成本 50 000 元，该批钢材的进项税额 6 500 元，已在购进当期申报抵扣。

⑬ 25 日，接受某单位投资转入生产用材料一批，取得的增值税专用发票上注明金额 100 000 元，增值税税额 13 000 元；材料已验收入库。

⑭ 30 日，委托加工物资一批，并支付加工费，取得的增值税专用发票上注明金额 10 000 元，增值税税额 1 300 元，款项已付。

北京光明有限责任公司不适用小微企业"六税两费"减免政策。北京光明有限责任公司于 2022 年 1 月 10 日缴纳上期应交未交增值税 60 000 元，且该公司 2022 年 1 月取得的增值税专用发票当月均符合抵扣规定。

3. 实战操作步骤

第一步：逐笔分析经济业务，确定是销项税额还是进项税额，并计算出具体数额。

业务①：销项税额 = 250 000 × 13% = 32 500（元）

业务②：销项税额 = 282 500 ÷ (1 + 13%) × 13% = 250 000 × 13% = 32 500（元）

进项税额 = 450（元）

业务③：销项税额 = 500 × 2 × 13% = 1 000 × 13% = 130（元）

业务④：销项税额 = 67 800 ÷ (1 + 13%) × 13% = 60 000 × 13% = 7 800（元）

业务⑤：进项税额 = 26 000 + 270 = 26 270（元）

业务⑥：进项税额 = 13 000（元）

业务⑦：无进项税额

业务⑧：无进项税额

业务⑨：销项税额 = (465 000 + 100 000) ÷ (1 + 13%) × 13% = 565 000 ÷ (1 + 13%) × 13% = 500 000 × 13% = 65 000（元）

业务⑩：进项税额 = 26 000（元）

业务⑪：进项税额 = 130（元）

业务⑫：将外购原材料用于建设职工食堂，属于外购货物用于集体福利的情形，其进项税额不得抵扣，由于其进项税额已在购进当月申报抵扣，因此，应作进项税额转出处理。

进项税额转出额 = 6 500（元）

业务⑬：进项税额 = 13 000（元）

业务⑭：进项税额 = 1 300（元）

第二步：计算本期销项税额。

本期销项税额 = 32 500 + 32 500 + 130 + 7 800 + 65 000 = 137 930（元）

第三步：计算本期可抵扣的进项税额。

本期进项税额 = 450 + 26 270 + 13 000 + 26 000 + 130 + 13 000 + 1 300 = 80 150（元）

本期可抵扣的进项税额 = 80 150 − 6 500 = 73 650（元）

第四步：计算本期增值税实际应纳税额。

本月应纳增值税合计 = 本期销项税额 − 本期可抵扣进项税额 = 137 930 − 73 650 = 64 280（元）

2

任务三 增值税出口退(免)税的计算

【情境引例】

乙公司是一家具有进出口经营权的外贸公司,为增值税一般纳税人,本年7月从某日用化妆品公司购进出口用护发用品1 000箱,取得的增值税专用发票上注明价款100万元,增值税税额13万元,货款已用银行存款支付。当月该批产品已全部出口,售价为每箱180美元(当日汇率为1美元=6.8元人民币),申请退税的单证齐全。该护发品增值税征税率为13%,退税率为9%。乙公司取得的增值税专用发票本年7月符合抵扣规定。要求:①计算乙公司应退的增值税税额。②计算乙公司增值税进项税额转出额。

【知识准备与业务操作】

一、增值税出口退(免)税政策的认知

(一) 出口货物或者劳务增值税退(免)税政策的认知

1. 出口货物或者劳务退(免)税基本政策的认知

目前,我国的出口货物或者劳务税收政策分为以下三种形式:

(1) 出口免税并退税。出口免税是指对货物或者劳务在出口销售环节不征增值税、消费税,这是把货物或者劳务出口环节和出口前的销售环节都同样视为一个征税环节;出口退税是指对货物或者劳务在出口前实际承担的税收负担,按规定的退税率计算后予以退还。

(2) 出口免税不退税。出口免税与上述第(1)项含义相同。出口不退税是指适应这个政策的出口货物或者劳务因在前一道生产、销售环节或进口环节是免税的,因此,出口时该货物或者劳务的价格中本身就不含税,也无需退税。

(3) 出口不免税也不退税。出口不免税是指对国家限制或禁止出口的某些货物或者劳务的出口环节视同内销环节,照常征税;出口不退税是指对这些货物或者劳务出口不退还出口前其所负担的税款。

2. 出口货物或者劳务退(免)税办法的分类

适用增值税退(免)税政策的出口货物或者劳务,按照下列规定实行增值税免抵退税办法或免退税办法(又叫先征后退办法)。

(1) 免抵退税办法。生产企业出口自产货物和视同自产货物及对外提供加工修理修配劳务,以及《财政部 国家税务总局关于出口货物劳务增值税和消费税政策的通知》(财税〔2012〕39号)附件5列名生产企业出口非自产货物,免征增值税,相应的进项税额抵减应纳增值税税额(不包括适用增值税即征即退、先征后退政策的应纳增值税税额),未抵减完的部分应予以退还。

(2) 免退税办法。不具有生产能力的出口企业(以下简称"外贸企业")或其他单位出口货物或者劳务,免征增值税,相应的进项税额予以退还。

3. 出口货物或者劳务退(免)税计税依据的确定

出口货物或者劳务的增值税退(免)税的计税依据,按出口货物或者劳务的出口发票(外销发票)、其他普通发票或购进出口货物或者劳务的增值税专用发票、海关进口增值税专用

缴款书确定。

(1) 生产企业出口货物或者劳务(进料加工复出口货物除外)增值税退(免)税的计税依据,为出口货物或者劳务的实际离岸价(FOB)。实际离岸价应以出口发票上的离岸价为准,但如果出口发票不能反映实际离岸价,主管税务机关有权予以核定。

(2) 对进料加工出口货物,企业应以出口货物人民币离岸价扣除出口货物耗用的保税进口料件金额的余额为增值税退(免)税的计税依据。"保税进口料件",是指海关以进料加工贸易方式监管的出口企业从境外和特殊区域等进口的料件。包括出口企业从境外单位或个人购买并从海关保税仓库提取且办理海关进料加工手续的料件,以及保税区外的出口企业从保税区内的企业购进并办理海关进料加工手续的进口料件。

(3) 生产企业国内购进无进项税额且不计提进项税额的免税原材料加工后出口的货物的计税依据,按出口货物的离岸价(FOB)扣除出口货物所含的国内购进免税原材料的金额后确定。

(4) 外贸企业出口货物(委托加工修理修配货物除外)增值税退(免)税的计税依据,为购进出口货物的增值税专用发票注明的金额或海关进口增值税专用缴款书注明的完税价格。

(5) 外贸企业出口委托加工修理修配货物增值税退(免)税的计税依据,为加工修理修配费用增值税专用发票注明的金额。外贸企业应将加工修理修配使用的原材料(进料加工海关保税进口料件除外)作价销售给受托加工修理修配的生产企业,受托加工修理修配的生产企业开具发票时应将原材料成本并入加工修理修配费用。

(6) 出口进项税额未计算抵扣的已使用过的设备增值税退(免)税的计税依据,按下列公式确定:

$$\text{退(免)税计税依据}=\text{增值税专用发票上的金额或海关进口增值税专用缴款书注明的完税价格}\times\text{已使用过的设备固定资产净值}\div\text{已使用过的设备原值}$$

$$\text{已使用过的设备固定资产净值}=\text{已使用过的设备原值}-\text{已使用过的设备已提累计折旧}$$

"已使用过的设备",是指出口企业根据财务会计制度已经计提折旧的固定资产。

(7) 免税品经营企业销售的货物增值税退(免)税的计税依据,为购进货物的增值税专用发票注明的金额或海关进口增值税专用缴款书注明的完税价格。

(8) 中标机电产品增值税退(免)税的计税依据,生产企业为销售机电产品的普通发票注明的金额,外贸企业为购进货物的增值税专用发票注明的金额或海关进口增值税专用缴款书注明的完税价格。

(9) 生产企业向海上石油天然气开采企业销售的自产的海洋工程结构物增值税退(免)税的计税依据,为销售海洋工程结构物的增值税普通发票注明的金额。

(10) 输入特殊区域的水电气增值税退(免)税的计税依据为作为购买方的特殊区域内生产企业购进水(包括蒸汽)、电力、燃气的增值税专用发票注明的金额。

4. 出口货物或者劳务退(免)税退税率的判定

(1) 退税率的一般规定。除财政部和国家税务总局根据国务院决定而明确的增值税出口退税率(以下简称"退税率")外,出口货物的退税率为其适用税率。自 2019 年 4 月 1 日起,原适用 16%税率且出口退税率为 16%的出口货物劳务,出口退税率调整为 13%;原适用 10%税率且出口退税率为 10%的出口货物,出口退税率调整为 9%。国家税务总局根据上述规定将退税率通过出口货物劳务退税率文库予以发布，供征纳双方执行。退税率有调整的，除另有规定外，其执行时间以货物（包括被加工修理修配的货物）的出口货物报关单（出口退税专用）上注明的出口日期为准。

（2）退税率的特殊规定。

① 外贸企业购进按简易计税办法征税的出口货物、从小规模纳税人购进的出口货物，其退税率分别为简易计税办法实际执行的征收率、小规模纳税人征收率。上述出口货物取得增值税专用发票的，退税率按照增值税专用发票上的税率和出口货物退税率孰低的原则确定。

② 出口企业委托加工修理修配货物，其加工修理修配费用的退税率，为出口货物的退税率。

③ 中标机电产品、出口企业向海关报关进入特殊区域销售给特殊区域内生产企业生产耗用的列名原材料、输入特殊区域的水电气，其退税率为适用税率。如果国家调整列名原材料的退税率，列名原材料应当自调整之日起按调整后的退税率执行。

④ 海洋工程结构物退税率的适用。具体范围根据财税〔2012〕39 号文件附件 3 确定。

适用不同退税率的货物或者劳务，应分开报关、核算并申报退（免）税，未分开报关、核算或划分不清的，从低适用退税率。

（二）出口服务或者无形资产①增值税退（免）税政策的认知

1. 出口服务或者无形资产退（免）税基本政策的认知

出口服务或者无形资产退（免）税分为出口免税（适用增值税免税政策）和出口免税并退税（适用增值税零税率）两种。

（1）出口服务或者无形资产免征增值税的项目。境内的单位和个人销售的免征增值税的服务或者无形资产，详见本项目的“任务一　增值税的认知”。

（2）出口服务或者无形资产适用零税率增值税的项目。零税率增值税项目是指试点单位和个人提供的国际运输服务、航天运输服务、向境外单位提供的完全在境外消费的某些服务以及财政部和国家税务总局规定的其他服务。

纳税人发生应税行为同时适用免税和零税率规定的，纳税人可以选择适用免税或者零税率。境内的单位和个人销售适用增值税零税率的服务或者无形资产的，可以放弃适用增值税零税率，选择免税或按规定缴纳增值税。放弃适用增值税零税率后，36 个月内不得再申请适用增值税零税率。

实行增值税退（免）税办法的增值税零税率服务或者无形资产不得开具增值税专用发票。

2. 出口服务或者无形资产退（免）税办法种类的划分

适用增值税退（免）税政策的出口服务或者无形资产，按照下列规定实行增值税免抵退税办法或免退税办法（又称先征后退办法）。

（1）免抵退税办法。境内的单位和个人提供适用增值税零税率的服务或者无形资产，如果属于适用增值税一般计税方法的，生产企业实行免抵退税办法，外贸企业直接将服务或自行研发的无形资产出口，视同生产企业连同其出口货物统一实行免抵退税办法。

（2）免退税办法。外贸企业外购服务或者无形资产出口实行免退税办法。

另外，出口服务或者无形资产退（免）税有以下几项特殊规定：

---

① 出口服务或者无形资产，统称为“跨境应税行为”。

(1) 境内的单位和个人提供适用增值税零税率的服务或者无形资产,如果属于适用简易计税方法的,实行免征增值税办法。

(2) 按照国家有关规定应取得相关资质的国际运输服务项目,纳税人取得相关资质的,适用增值税零税率政策;未取得的,适用增值税免税政策。

(3) 境内的单位或个人提供程租服务,如果租赁的交通工具用于国际运输服务和港澳台运输服务,由出租方按规定申请适用增值税零税率。

(4) 境内的单位和个人向境内单位或个人提供期租、湿租服务,如果承租方利用租赁的交通工具向其他单位或个人提供国际运输服务和港澳台运输服务,由承租方适用增值税零税率。境内的单位或个人向境外单位或个人提供期租、湿租服务,由出租方适用增值税零税率。

(5) 境内单位和个人以无运输工具承运方式提供的国际运输服务,由境内实际承运人适用增值税零税率;无运输工具承运业务的经营者适用增值税免税政策。

3. 出口服务或者无形资产退(免)税计税依据的确定

(1) 实行免抵退税办法的零税率服务或者无形资产免抵退税计税依据。

① 以铁路运输方式载运旅客的,为按照铁路合作组织清算规则清算后的实际运输收入。

② 以铁路运输方式载运货物的,为按照铁路运输进款清算办法,对发站或到站(局)名称包含“境”字的货票上注明的运输费用以及直接相关的国际联运杂费清算后的实际运输收入。

③ 以航空运输方式载运货物或旅客的,如果国际运输或港澳台运输各航段由多个承运人承运的,为中国航空结算有限责任公司清算后的实际收入;如果国际运输或港澳台运输各航段由一个承运人承运的,为提供航空运输服务取得的收入。

④ 其他实行免抵退税办法的增值税零税率服务或者无形资产,为提供增值税零税率服务或者无形资产取得的收入。

(2) 外贸企业兼营的零税率服务或者无形资产免退税计税依据。

① 从境内单位或者个人购进出口零税率服务或者无形资产的,为取得提供方开具的增值税专用发票上注明的金额。

② 从境外单位或者个人购进出口零税率服务或者无形资产的,为取得的解缴税款的完税凭证上注明的金额。

(3) 核定的出口价格作为计税依据计算退(免)税的情况。如果主管税务机关认定出口价格偏高的,有权按照核定的出口价格计算退(免)税,核定的出口价格低于外贸企业购进价格的,低于部分对应的进项税额不予退税,转入成本。

4. 出口服务或者无形资产退税率的判定

服务或者无形资产的退税率为其按照销售服务或者无形资产规定适用的增值税税率。

二、出口货物或者劳务增值税退(免)税的计算

(一) 出口货物或者劳务增值税免抵退税的计算

以出口货物为例,生产企业自营出口或委托外贸企业代理出口的自产货物,除另有规定外,增值税一律实行免抵退办法。“免”,是指对生产企业出口的自产货物,免征本企业生产销售环节增值税(是指免征出口销售环节的增值税销项税额);“抵”,是指生产企业出口自产

货物所耗用的原材料、零部件、燃料、动力等所含应予退还的进项税额，先抵顶内销货物的应纳税额（是指内销产品销项税额－内销产品进项税额－上期留抵税额）；“退”，是指生产企业出口的自产货物，在当月内应抵顶的进项税额大于内销货物的应纳税额时，对未抵顶完的进项税额部分按规定予以退税。

免抵退办法的计算步骤如下：

第一步：免。

免征生产销售环节的增值税（即出口货物时免征增值税销项税额）。

第二步：剔。

$$\text{当期免抵退税不得免征和抵扣税额（属于进项税额转出额）}=\text{当期出口货物离岸价格}\times\text{外汇人民币牌价}\times\left(\text{出口货物征税率}-\text{出口货物退税率}\right)-\text{当期免抵退税不得免征和抵扣税额抵减额}$$

$$\text{当期免抵退税不得免征和抵扣税额抵减额}=\text{当期免税购进原材料价格}\times\left(\text{出口货物征税率}-\text{出口货物退税率}\right)$$

第三步：抵。

$$\text{当期应纳税额}=\text{当期内销货物的销项税额}-\left(\text{当期全部进项税额}-\text{当期免抵退税不得免征和抵扣的税额}\right)-\text{上期留抵税额}$$

若当期应纳税额 $\geqslant 0$，则不涉及退税，但涉及免抵；若当期应纳税额 < 0，则其绝对值便为当期期末退税前的留抵税额。

第四步：退。

首先，计算免抵退税总额：

$$\text{当期免抵退税额}=\text{当期出口货物离岸价格}\times\text{外汇人民币牌价}\times\text{出口货物退税率}-\text{当期免抵退税额抵减额}$$

$$\text{当期免抵退税额抵减额}=\text{当期免税购进原材料价格}\times\text{出口货物退税率}$$

其次，运用孰低原则确定出口退税额，并确定退税之外的免抵税额：

（1）若当期应纳税额 < 0，且当期期末退税前的留抵税额 $\leqslant$ 当期免抵退税额：

当期应退税额＝当期期末退税前的留抵税额

当期免抵税额＝当期免抵退税额－当期应退税额

当期期末退税后的留抵税额＝0

（2）若当期应纳税额 < 0，且当期期末退税前的留抵税额＞当期免抵退税额：

当期应退税额＝当期免抵退税额

当期免抵税额＝0

当期期末退税后的留抵税额＝当期期末退税前的留抵税额－当期应退税额

（3）若当期应纳税额 $\geqslant 0$：

当期期末退税前的留抵税额＝0

当期应退税额＝0

当期免抵税额＝当期免抵退税额

当期期末退税后的留抵税额＝0

情境答疑：免抵退办法的计算有什么规律？

答：在上述第(3)步计算当期应纳税额时结果出现留抵税额，即当期应纳税额＜0时，才会涉及出口退税问题。

计算退税步骤：首先用公式计算免抵退税总额，其次确定免抵退税总的水平限额，用当期应纳税额计算出的留抵税额与当期可免抵退税额比大小，择其小者确认出口退税，并用免抵退税额减除退税额以确认退税之外的免抵税额。

【情境实例 2-22】

1. 工作任务要求

(1) 计算甲企业当期免抵退税不得免征和抵扣税额。

(2) 计算甲企业当期应缴纳的增值税税额。

(3) 计算甲企业当期免抵退税额。

(4) 计算甲企业当期应退税额、免抵税额及当期期末留抵税额。

2. 情境实例设计

甲企业是一家生产企业，为增值税一般纳税人，具有进出口经营权。本年 8 月甲企业发生以下业务：进口货物，海关审定的关税完税价格为 500 万元，关税税率为 10%，海关代征了进口环节增值税。进料加工免税进口料件一批，海关暂免征税，予以放行，组成计税价格为 100 万元，从国内市场购进材料支付的价款为 1 400 万元(不含增值税)，取得的增值税专用发票上注明的增值税税额为 182 万元。甲企业取得的增值税专用发票本年 8 月符合抵扣规定。外销进料加工货物的离岸价为 1 000 万元人民币。内销货物的销售额为 1 200 万元(不含增值税)。该企业适用免抵退税办法，上期留抵税额 50 万元。上述货物内销时均适用 13%的增值税税率，出口退税率为 9%。

3. 任务实施过程

(1) 免抵退税不得免征和抵扣税额抵减额 ＝100 ×(13% － 9%) ＝4(万元)

免抵退税不得免征和抵扣税额 ＝1 000 ×(13% － 9%) － 4 ＝36(万元)

(2) 当期应纳税额＝ 1 200×13%－[182＋500×(1＋10%)×13%－36]－50＝ －111.5(万元)

(3) 免抵退税额抵减额 ＝100 × 9% ＝9(万元)

免抵退税额 ＝1 000 × 9% － 9 ＝81(万元)

(4) 由于当期期末退税前的留抵税额 111.5 万元＞当期免抵退税额 81 万元，因此：

当期应退税额 ＝81(万元)

当期免抵税额 ＝0

当期期末退税后留抵税额 ＝111.5 － 81 ＝30.5(万元)

(二) 出口货物或者劳务增值税免退税的计算

以出口货物为例，“免退税”即先征后退，是指出口货物在生产(购货)环节按规定缴纳增值税(指的是进项税额)，货物出口环节免征增值税(销项税额)，货物出口后由外贸企业(指收购货物后出口的外贸出口企业）向主管出口退税的税务机关申请办理出口货物的退税。该办法目前主要适用于外贸出口企业。

（1）外贸企业出口委托加工修理修配货物以外的货物。

$$\text{当期应退税额}=\text{购进出口货物的增值税专用发票或海关进口增值税专用缴款书注明的金额}\times\text{出口货物退税率}$$

（2）外贸企业出口委托加工修理修配货物。

当期应退税额＝加工修理修配费用增值税专用发票注明的金额×出口货物退税率

退税率低于适用税率的，相应计算出的差额部分的税款为不予退税金额，需作进项税额转出处理，计入出口货物劳务成本。

$$\text{当期不予退税金额（进项税额转出额）}=\text{购进出口货物的增值税专用发票或海关进口增值税专用缴款书注明的金额或加工修理修配费用增值税专用发票注明的金额}\times(\text{出口货物征税率}-\text{出口货物退税率})$$

实务释疑：我公司是一家外贸企业，不慎丢失增值税专用发票抵扣联，请问还能否办理出口退税？

答：根据《国家税务总局关于〈出口货物劳务增值税和消费税管理办法〉有关问题的公告》（国家税务总局公告2013年第12号）的规定，出口企业和其他单位丢失增值税专用发票抵扣联的，在增值税专用发票认证相符后，可凭增值税专用发票的发票联复印件向主管出口退税的税务机关申报退（免）税。

【情境辨析 2-6】

1. 情境辨析目的

掌握外贸企业增值税出口退税的计算。

2. 情境辨析设计

甲外贸公司为增值税一般纳税人，本年8月购进及出口情况如下：①第一次购进电风扇500台，不含增值税单价为150元/台；第二次购进电风扇200台，不含增值税单价为148元/台（均已取得增值税专用发票）。②将两次外购的电风扇700台报关出口，离岸单价为20美元/台，此笔出口已收汇并做销售处理（美元与人民币比价为1∶7，退税率为10%）。该笔出口业务应退增值税为（　　）。

A. 15 750元　　B. 17 640元

C. 13 598元　　D. 10 460元

3. 情境辨析过程

答案：D

解析：外贸企业应退税额为购进货物所取得的增值税专用发票上注明的金额和该货物所适用的退税率的乘积，与出口时的离岸单价没有关系。

应退增值税＝(500×150＋200×148)×10%＝10 460(元)

【情境引例解析】

(1) 应退增值税 $=100\times9\%=9$(万元)

(2) 增值税进项税额转出额 $=13-9=4$(万元)

三、出口服务或者无形资产退(免)税的计算

(一) 出口服务或者无形资产增值税免抵退税的计算

境内的单位和个人提供适用增值税零税率的服务或者无形资产,如果属于适用增值税一般计税方法的,生产企业实行免抵退税办法。外贸企业直接将服务或自行研发的无形资产出口,视同生产企业连同其出口货物统一实行免抵退税办法。

按照纳税人是否兼营货物或者劳务出口,零税率服务或者无形资产增值税免抵退税纳税人可分为专营零税率服务或者无形资产纳税人、兼营货物或者劳务出口的零税率服务或者无形资产纳税人。

1. 专营零税率服务或者无形资产纳税人免抵退增值税的计算

(1) 当期应纳税额(或当期期末退税前的留抵税额)的计算。

$$当期应纳税额=当期销项税额-当期进项税额-上期留抵税额$$

若当期应纳税额 $\geqslant0$,则不涉及退税,但涉及免抵;若当期应纳税额 <0,则其绝对值为当期期末退税前的留抵税额。

(2) 零税率服务或者无形资产当期免抵退税额的计算。

$$\begin{matrix}当期零税率服务或者\\无形资产免抵退税额\end{matrix}=\begin{matrix}当期零税率服务或者无形\\资产免抵退税计税价格\end{matrix}\times外汇人民币牌价\times\begin{matrix}零税率服务或者无形\\资产增值税退税率\end{matrix}$$

(3) 当期应退税额和当期免抵税额的计算。

① 若当期应纳税额 <0,且当期期末退税前的留抵税额 $\leqslant$ 当期免抵退税额:

当期应退税额 $=$ 当期期末退税前的留抵税额

当期免抵税额 $=$ 当期免抵退税额 $-$ 当期应退税额

当期期末退税后的留抵税额 $=0$

② 若当期应纳税额 <0,且当期期末退税前的留抵税额 $>$ 当期免抵退税额:

当期应退税额 $=$ 当期免抵退税额

当期免抵税额 $=0$

当期期末退税后的留抵税额 $=$ 当期期末退税前的留抵税额 $-$ 当期应退税额

③ 若当期应纳税额 $\geqslant0$:

当期期末退税前的留抵税额 $=0$

当期应退税额 $=0$

当期免抵税额 $=$ 当期免抵退税额

当期期末退税后的留抵税额 $=0$

"当期期末退税前的留抵税额"为当期"增值税及附加税费申报表(一般纳税人适用)"中的"期末留抵税额"。

情境答疑：与出口货物免抵退办法相比，零税率服务或者无形资产免抵退办法有什么特点？

答：与出口货物免抵退办法相比，由于零税率服务或者无形资产的退税率等于征税率，因此在计算出口退税时，没有"剔"的步骤，导致公式有所简化，实际上计算公式的原理是一样的。

2

【情境实例 2-23】

1. 工作任务要求

计算甲公司下列业务的增值税出口退税额。

2. 情境实例设计

甲公司是一家安装设计公司，为增值税一般纳税人，不符合增值税加计抵减政策，已办理了出口退(免)税认定手续，设计服务的征退税率为 6%，期初留抵税额为 1 万元。本年 8 月和 9 月甲安装设计公司发生如下业务：

(1) 8 月 10 日，为山东乙公司提供安装服务，开具增值税专用发票，专用发票注明的金额 200 万元，税额 18 万元，款项未收；

(2) 8 月 15 日，为法国的一家企业提供设计服务，《技术出口合同登记证》上的成交价格为 10 万欧元，8 月 1 日的人民币对欧元的汇率中间价为 1 欧元=8 元人民币；8 月 18 日收到法国客户支付的全部设计费，该项设计服务的部分业务由山西的丙设计公司承担，当日甲公司就该设计服务支付丙设计公司设计费 26.5 万元人民币(含税)，并取得丙公司开具的增值税专用发票，发票上注明价款 25 万元，增值税税额 1.5 万元；

(3) 8 月 12 日，购进一台专用设备，取得增值税专用发票，发票上注明金额 100 万元，增值税税额 13 万元，设备款转账付讫；

(4) 8 月 20 日，支付北京市某律师事务所(增值税一般纳税人)法律顾问费，取得的增值税专用发票上注明的金额为 70 万元，增值税税额为 4.2 万元，顾问费 30 万元转账付讫；

(5) 9 月 8 日，该公司向主管税务机关办理了免抵退申报，9 月 25 日收到税务机关审批的汇总表；

(6) 9 月 27 日，收到退税款。

甲公司取得的增值税专用发票本年 8 月均符合抵扣规定。

3. 任务实施过程

本期免抵退增值税的计算如下：

当期应纳增值税 $=18-(1.5+13+4.2)-1=-1.7$(万元)

当期的期末留抵税额 $=1.7$(万元)

当期免抵退税额 $=10\times8\times6\%=4.8$(万元)

当期应退税额的计算如下：

由于当期期末留抵税额 1.7 万元 $<$ 当期免抵退税额 4.8 万元

因此当期应退税额 $=1.7$(万元)

当期免抵税额 =4.8 - 1.7 =3.1(万元)

【情境实例 2-24】

1. 工作任务要求

计算甲公司下列业务的增值税出口退税额。

2. 情境实例设计

仍以【情境实例 2-23】为例,其他业务不变,假设期初留抵税额为 5 万元。

3. 任务实施过程

本期免抵退增值税的计算如下:

当期应纳增值税 =18 - (1.5 + 13 + 4.2) - 5 = -5.7(万元)

当期的期末留抵税额 =5.7(万元)

当期免抵退税额 =1 × 8 × 6% =4.8(万元)

当期应退税额的计算如下:

由于当期期末留抵税额 5.7 万元 > 当期免抵退税额 4.8 万元

因此,当期应退税额 =4.8(万元)

当期免抵税额 =4.8 - 4.8 =0(万元)

【情境实例 2-25】

1. 工作任务要求

计算甲公司下列业务的增值税出口退税额。

2. 情境实例设计

仍以【情境实例 2-23】为例,其他业务不变,假设本年 8 月可抵扣的进项税额共计 10.5 万元,期初留抵税额为 1 万元。

3. 任务实施过程

本期免抵退增值税的计算如下:

当期应纳增值税 =18 - 10.5 - 1 =6.5(万元)

当期的期末留抵税额 =0(万元)

当期免抵退税额 =1 × 8 × 6% =4.8(万元)

当期应退税额的计算如下:

由于当期期末留抵税额 0 < 当期免抵退税额 4.8 万元

因此,当期应退税额 =0(万元)

当期免抵税额 =4.8 - 0 =4.8(万元)

---

2. 兼营货物或者劳务出口的零税率服务或者无形资产纳税人免抵退增值税的计算

实行免抵退税办法的增值税零税率服务或者无形资产提供者如果同时出口货物或者劳务(劳务指对外加工修理修配劳务,下同)且未分别核算的,应一并计算免抵退税。税务机关在审批时,应按照增值税零税率服务或者无形资产、出口货物或者劳务免抵退税额的比例划分其退税额和免抵税额。

以兼营出口货物为例,出口货物征税率和退税率不一致,产生免抵退税不得免征和抵扣税额,出口货物必须在出口业务单证齐全和系统信息齐全的条件下方可办理申报,两个因素共同影响出口退税免抵退增值税的计算。

兼营货物出口的零税率服务或者无形资产纳税人免抵退增值税计算公式调整如下：

（1）当期应纳税额（或当期期末退税前的留抵税额）的计算。

当期应纳税额＝当期内销货物、服务或者无形资产的销项税额－（当期进项税额－当期出口货物免抵退税不得免征和抵扣税额）－上期留抵进项税额

当期出口货物免抵退税不得免征和抵扣税额＝当期出口货物离岸价×外汇人民币牌价×（出口货物征税率－出口货物退税率）－当期出口货物免抵退税不得免征和抵扣税额抵减额

当期出口货物免抵退税不得免征和抵扣税额抵减额＝免税购进原材料价格×（出口货物征税率－出口货物退税率）

若当期应纳税额≥0，则不涉及退税，但涉及免抵；若当期应纳税额＜0，则其绝对值便为当期期末退税前的留抵税额。

（2）当期免抵退税额的计算。

当期免抵退税额＝当期零税率服务或者无形资产免抵退税额＋当期出口货物免抵退税额

＝当期零税率服务或者无形资产免抵退税计税价格×外汇人民币牌价×零税率服务或者无形资产退税率

＋（当期出口货物的离岸价格×外汇人民币牌价×出口货物退税率－当期出口货物免抵退税额抵减额）

当期出口货物免抵退税额抵减额＝免税购进原材料价格×出口货物退税率

（3）当期应退税额和当期免抵税额的计算。

① 若当期应纳税额＜0，且当期期末退税前的留抵税额≤当期免抵退税额。

当期应退税额＝当期期末退税前的留抵税额

当期免抵税额＝当期免抵退税额－当期应退税额

当期期末退税后的留抵税额＝0

② 若当期应纳税额＜0，且当期期末退税前的留抵税额＞当期免抵退税额。

当期应退税额＝当期免抵退税额

当期免抵税额＝0

当期期末退税后的留抵税额＝当期期末退税前的留抵税额－当期应退税额

③ 若当期应纳税额≥0。

当期期末退税前的留抵税额＝0

当期应退税额＝0

当期免抵税额＝当期免抵退税额

当期期末退税后的留抵税额＝0

【情境实例 2-26】

1. 工作任务要求

计算甲公司下列业务的增值税出口退税额。

2. 情境实例设计

甲公司是一家物流公司，主要从事仓储、运输、港口以及货物销售等业务，为增值税一般纳税人，具有进出口经营权，并办理了出口退(免)税认定手续。本年 8 月和 9 月甲公司发生如下业务。

(1) 8 月 1 日，接受日本一家国际货物运输代理公司的委托，从青岛承运一批重型设备到悉尼，承运合同的运费金额为 120 万美元，运输费用已全部收讫。

(2) 8 月 4 日至 8 日，共报关出口一批外协生产的 A 产品 120 万美元。

(3) 8 月 10 日，支付联运方运输费用 327 万元，银行转账付讫，且收到对方开具的增值税专用发票，发票上注明运费金额 300 万元，增值税税额 27 万元。

(4) 8 月 25 日，取得国内运输收入 250 万元，销项税额 22.5 万元，支付当月的油料费，取得的增值税专用发票上注明金额 300 万元，增值税税额 39 万元。

(5) 8 月 30 日，当月出口产品中出口单证全部收齐并且信息齐全的只有 70 万美元，剩下 50 万美元的出口到 9 月份才能收到出口报关单。

(6) 9 月 25 日，收到主管税务机关审批的免抵退税申报汇总表。

(7) 9 月 28 日，开户行通知收到退税款。

假设 8 月 1 日人民币对美元汇率中间价为 6.30，A 产品的征税率为 13%，退税率为 12%，运输服务征退税率为 9%，上期留抵税额为 1 万元。甲公司取得的增值税专用发票本年 8 月均符合抵扣规定。

3. 任务实施过程

当期免抵退税不得免征和抵扣税额 ＝ 120 × 6.3 × (13% － 12%) ＝ 7.56(万元)

当期应纳增值税 ＝ 22.5 － (27 ＋ 39 － 7.56) － 1 ＝ －36.94(万元)

当期免抵退税额 ＝ 70 × 6.3 × 12% ＋ 120 × 6.3 × 9% ＝ 120.96(万元)

当期的期末留抵税额 ＝ 36.94(万元)

由于当期期末留抵税额 36.94 万元 ＜ 当期免抵退税额 120.96 万元。

当期应退税额 ＝ 当期期末留抵税额 ＝ 36.94(万元)

当期免抵税额 ＝ 120.96 － 36.94 ＝ 84.02(万元)

当期期末退税后的留抵税额 ＝ 0(万元)

(二) 出口服务或者无形资产增值税免退税的计算

外贸企业外购服务或者无形资产出口免退税，又称外贸企业兼营零税率服务或者无形资产出口免退税。

境内的单位和个人提供适用增值税零税率的服务或者无形资产，如果属于适用增值税一般计税方法的，外贸企业外购服务或者无形资产出口实行免退税办法。外贸企业外购服务或者无形资产出口时，免征增值税，其对应的外购服务或者无形资产的进项税额予以退还。外贸企业外购服务或者无形资产出口免退税的计算公式如下：

$$\text{外贸企业外购服务或者无形资产出口应退税额} = \text{外贸企业外购服务或者无形资产出口免退税计税依据} \times \text{零税率服务或者无形资产增值税退税率}$$

2

【情境实例 2-27】

1. 工作任务要求

计算甲公司下列业务的增值税出口退税额。

2. 情境实例设计

甲公司是一家外贸企业，为增值税一般纳税人。本年 10 月甲公司从国内乙公司外购一批产品，该产品的购买价为 452 000 元，取得乙公司开具的增值税专用发票，发票上注明价款 400 000 元，增值税税额 52 000 元，然后甲公司以 600 000 元的价格出口给韩国丙公司。该产品的出口退税率为 9%。另外，本年 10 月甲公司外购国内丁设计公司服务 106 000 元，取得丁设计公司开具的增值税专用发票，发票上注明价款 100 000 元，增值税税额 6 000 元，然后甲公司以 120 000 元的价格出口给日本戊公司。甲公司取得的增值税专用发票本年 10 月符合抵扣规定。

3. 任务实施过程

甲公司出口货物应退税额 ＝ 400 000 × 9% ＝ 36 000(元)

甲公司出口服务应退税额 ＝ 100 000 × 6% ＝ 6 000(元)

任务四　增值税的纳税申报

【情境引例】

甲公司本年 7 月销售一批货物，因为业务需要，本月尚未收到货款就已开具发票。你认为该公司本月需要针对该项业务申报缴纳增值税吗？

【知识准备与业务操作】

一、增值税的征收管理

（一）纳税义务发生时间

1. 增值税的纳税义务发生时间的基本规定。

（1）销售货物、劳务、服务、无形资产或者不动产，其增值税纳税义务发生时间为收讫销售款项或者取得索取销售款项凭据的当天；先开具发票的，为开具发票的当天。

（2）进口货物，其增值税纳税义务发生时间为报关进口的当天。

（3）增值税扣缴义务发生时间为纳税人增值税纳税义务发生的当天。

2. 增值税的纳税义务发生时间的具体规定。

（1）采取直接收款方式销售货物的，不论货物是否发出，其增值税纳税义务发生时间均为收到销售款项或取得索取销售款项凭据的当天。销售应税劳务，其增值税纳税义务发生时间为提供劳务同时收讫销售款项或者取得索取销售款项凭据的当天。

【点拨指导】纳税人生产经营活动中采取直接收款方式销售货物，已将货物移送对方并暂估销售收入入账，但既未取得销售款项或取得索取销售款项凭据也未开具销售发票的，其增值税纳税义务发生时间为取得销售款项或取得索取销售款项凭据的当天；先开具发票的，为开具发票的当天。

（2）纳税人发生销售服务、无形资产或者不动产行为的，其增值税纳税义务发生时间为收讫销售款项或者索取销售款项凭据的当天；先开具发票的，为开具发票的当天。

【点拨指导】取得索取销售款项凭据的当天，是指书面合同确定的付款日期；未签订书面合同或者书面合同未确定付款日期的，为服务、无形资产转让完成的当天或者不动产权属变更的当天。

（3）采取托收承付和委托银行收款方式销售货物的，其增值税纳税义务发生时间为发出货物并办妥托收手续的当天。

（4）采取赊销和分期收款方式销售货物的，其增值税纳税义务发生时间为书面合同约定的收款日期的当天，无书面合同的或者书面合同没有约定收款日期的，为货物发出的当天。

（5）采取预收货款方式销售货物的，其增值税纳税义务发生时间为货物发出的当天，但生产销售生产工期超过12个月的大型机械设备、船舶、飞机等货物，为收到预收款或者书面合同约定的收款日期的当天。

（6）纳税人提供租赁服务采取预收款方式的，其增值税纳税义务发生时间为收到预收款的当天。

（7）纳税人提供建筑服务取得预收款，应在收到预收款时，以取得的预收款扣除支付的分包款后的余额，按照规定的预征率预缴增值税。按照现行规定应在建筑服务发生地预缴增值税的项目，纳税人收到预收款时在建筑服务发生地预缴增值税。按照现行规定无需在建筑服务发生地预缴增值税的项目，纳税人收到预收款时在机构所在地预缴增值税。适用一般计税方法计税的项目，预征率为2%，适用简易计税方法计税的项目，预征率为3%。

（8）委托其他纳税人代销货物的，其增值税纳税义务发生时间为收到代销单位的代销清单或者收到全部或者部分货款的当天；未收到代销清单及货款的，为发出代销货物满180天的当天。

（9）纳税人从事金融商品转让的，其增值税纳税义务发生时间为金融商品所有权转移的当天。

（10）证券公司、保险公司、金融租赁公司、证券基金管理公司、证券投资基金以及其他经中国人民银行、银保监会、证监会批准成立且经营金融保险业务的机构发放贷款后，自结息日起90天内发生的应收未收利息按现行规定缴纳增值税；自结息日起90天后发生的应收未收利息暂不缴纳增值税，待实际收到利息时按规定缴纳增值税。

（11）纳税人提供建筑服务，被工程发包方从应支付的工程款中扣押的质押金、保证金，未开具发票的，以纳税人实际收到质押金、保证金的当天为增值税纳税义务发生时间。

（12）纳税人发生视同销售货物行为（不包括代销行为），其增值税纳税义务发生时间为货物移送的当天。纳税人发生视同销售服务、无形资产或者不动产行为的，其增值税纳税义务发生时间为销售服务、无形资产或者不动产权属变更的当天。

【情境引例解析】

《增值税暂行条例》第十九条规定，销售货物或者应税劳务的增值税纳税义务发生时间，为收讫销售款项或者取得索取销售款项凭据的当天；先开具发票的，为开具发票的当天。因此，甲公司未收款而先开具发票时，便应确认为增值税纳税义务发生并申报缴纳增值税。

情境讨论：企业会计准则规定的商品销售收入的确认时间与增值税法律法规的规定不一致怎么处理？

实务释疑：单用途商业预付卡（以下简称“单用途卡”）业务应当如何进行税务处理？

答：单用途商业预付卡业务应当按照以下规定执行。

（1）单用途卡发卡企业或者售卡企业（以下简称“售卡方”）销售单用途卡，或者接受单用途卡持卡人充值取得的预收资金，不缴纳增值税。售卡方可按照相关规定，向购卡人、充值人开具增值税普通发票，不得开具增值税专用发票。

单用途卡，是指发卡企业按照国家有关规定发行的，仅限于在本企业、本企业所属集团或者同一品牌特许经营体系内兑付货物或者服务的预付凭证。

发卡企业，是指按照国家有关规定发行单用途卡的企业。售卡企业，是指集团发卡企业或者品牌发卡企业指定的，承担单用途卡销售、充值、挂失、换卡、退卡等相关业务的本集团或同一品牌特许经营体系内的企业。

（2）售卡方因发行或者销售单用途卡并办理相关资金收付结算业务取得的手续费、结算费、服务费、管理费等收入，应按照现行规定缴纳增值税。

（3）持卡人使用单用途卡购买货物或服务时，货物或者服务的销售方应按照现行规定缴纳增值税，且不得向持卡人开具增值税发票。

（4）销售方与售卡方不是同一个纳税人的，销售方在收到售卡方结算的销售款时，应向售卡方开具增值税普通发票，并在备注栏注明“收到预付卡结算款”，不得开具增值税专用发票。

售卡方从销售方取得的增值税普通发票，作为其销售单用途卡或接受单用途卡充值取得预收资金不缴纳增值税的凭证，留存备查。

实务释疑：支付机构预付卡（以下简称“多用途卡”）业务应当如何进行税务处理？

答：支付机构预付卡（以下简称“多用途卡”）业务应当按照以下规定执行。

（1）支付机构销售多用途卡取得的等值人民币资金，或者接受多用途卡持卡人充值取得的充值资金，不缴纳增值税。支付机构可按照相关规定，向购卡人、充值人开具增值税普通发票，不得开具增值税专用发票。

支付机构，是指取得中国人民银行核发的《支付业务许可证》，获准办理“预付卡发行与受理”业务的发卡机构和获准办理“预付卡受理”业务的受理机构。

多用途卡，是指发卡机构以特定载体和形式发行的，可在发卡机构之外购买货物或服务的预付价值。

（2）支付机构因发行或者受理多用途卡并办理相关资金收付结算业务取得的手续费、结算费、服务费、管理费等收入，应按照现行规定缴纳增值税。

(3) 持卡人使用多用途卡，向与支付机构签署合作协议的特约商户购买货物或服务，特约商户应按照现行规定缴纳增值税，且不得向持卡人开具增值税发票。

(4) 特约商户收到支付机构结算的销售款时，应向支付机构开具增值税普通发票，并在备注栏注明“收到预付卡结算款”，不得开具增值税专用发票。

支付机构从特约商户取得的增值税普通发票，作为其销售多用途卡或接受多用途卡充值取得预收资金不缴纳增值税的凭证，留存备查。

（二）纳税期限

增值税的纳税期限分为1日、3日、5日、10日、15日、1个月或者1个季度。纳税人的具体纳税期限，由主管税务机关根据纳税人应纳税额的大小分别核定。以1个季度为纳税期限的规定适用于小规模纳税人、银行、财务公司、信托投资公司、信用社，以及财政部和国家税务总局规定的其他纳税人。不能按照固定期限纳税的，可以按次纳税。

纳税人以1个月或者1个季度为一个纳税期的，自期满之日起15日内申报纳税；以1日、3日、5日、10日或者15日为一个纳税期的，自期满之日起5日内预缴税款，于次月1日起15日内申报纳税并结清上月应纳税款。

扣缴义务人解缴税款的期限，按照上述规定执行。

（三）增值税的纳税地点

1. 原增值税纳税人增值税的纳税地点

(1) 固定业户应当向其机构所在地的主管税务机关申报纳税。总机构和分支机构不在同一县（市）的，应当分别向各自所在地的主管税务机关申报纳税；经国务院财政、税务主管部门或者其授权的财政、税务机关批准，可以由总机构汇总向总机构所在地的主管税务机关申报纳税。

固定业户到外县（市）销售货物或者劳务，应当向其机构所在地的主管税务机关报告外出经营事项，并向其机构所在地的主管税务机关申报纳税；未报告的，应当向销售地或者劳务发生地的主管税务机关申报纳税；未向销售地或者劳务发生地的主管税务机关申报纳税的，由其机构所在地的主管税务机关补征税款。

(2) 非固定业户销售货物或者应税劳务，应当向其销售地或者劳务发生地的主管税务机关申报纳税；未向销售地或者劳务发生地的主管税务机关申报纳税的，由其机构所在地或者居住地的主管税务机关补征税款。

(3) 进口货物，应当向报关地海关申报纳税。

(4) 扣缴义务人应当向其机构所在地或者居住地的主管税务机关申报缴纳其扣缴的税款。

2. 营改增试点增值税纳税人增值税的纳税地点

(1) 固定业户应当向其机构所在地或者居住地的主管税务机关申报纳税。总机构和分支机构不在同一县（市）的，应当分别向各自所在地的主管税务机关申报纳税；经财政部和国家税务总局或者其授权的财政和税务机关批准，可以由总机构汇总向总机构所在地的主管税务机关申报纳税。

(2) 非固定业户应当向应税行为发生地的主管税务机关申报纳税；未申报纳税的，由其机构所在地或者居住地的主管税务机关补征税款。

(3) 原以地市一级机构汇总缴纳营业税的金融机构，营改增后继续以地市一级机构汇总缴纳增值税。

同一省（自治区、直辖市、计划单列市）范围内的金融机构，经省（自治区、直辖市、计划单列市）税务局和财政厅（局）批准，可以由总机构汇总向总机构所在地的主管税务机关申报缴纳增值税。

（4）其他个人提供建筑服务，销售或者租赁不动产，转让自然资源使用权，应向建筑服务发生地、不动产所在地、自然资源所在地的主管税务机关申报纳税。

（5）扣缴义务人应当向其机构所在地或者居住地的主管税务机关申报缴纳扣缴的税款。

二、增值税的纳税申报实务

（一）一般纳税人增值税的纳税申报实务

1. 申报及缴纳程序

一般纳税人办理纳税申报，需要经过发票认证、抄报税、纳税申报、税款缴纳、清卡解锁等程序。

（1）发票认证。增值税一般纳税人本期申报抵扣的增值税专用发票必须先进行认证，纳税人可以持增值税专用发票的抵扣联在办税服务厅认证窗口认证，或进行远程认证（指的是网上增值税专用发票认证）。网上增值税专用发票认证是指增值税一般纳税人月底前使用扫描仪采集专用发票抵扣联票面信息，扫入认证专用软件（增值税发票抵扣联企业信息采集系统），生成电子数据，通过互联网报送税务机关，由税务机关进行解密认证，并将认证结果信息返回纳税人的一种专用发票认证方式。税务机关认证后，向纳税人下达“认证结果通知书”和“认证结果清单”。对于认证不符及密文有误的抵扣联，税务机关暂不予抵扣，并当场扣留作调查处理。未经认证的，不得申报抵扣。专用发票认证一般在月末进行。自2019年3月1日起，将取消增值税发票认证（这里特指扫描认证）的纳税人范围扩大至全部一般纳税人。一般纳税人取得增值税发票（包括增值税专用发票、机动车销售统一发票、收费公路通行费增值税电子普通发票，下同）后，可以自愿使用增值税发票综合服务平台查询、选择用于申报抵扣、出口退税或者代办退税的增值税发票信息（这里特指勾选确认认证）。

【点拨指导】增值税发票认证，包括扫描认证和勾选确认认证两种。就税务会计人员的工作强度而言，扫描认证的方式比较繁琐，勾选确认认证的方式比较简易。自2019年3月1日起，将取消增值税发票认证（这里特指扫描认证）的纳税人范围扩大至全部（所有）一般纳税人，这并不是说一般纳税人不再允许采用扫描认证方式，而是指一般纳税人可以选择不采用扫描认证的方式，而选择采用勾选确认认证的方式（使用增值税发票综合服务平台查询、选择用于申报抵扣、出口退税或者代办退税的增值税发票信息）。当然，一般纳税人仍然可以选择采用扫描认证的方式。

（2）抄报税。抄税是指开票纳税人将防伪税控系统中当月开具的增值税发票的信息读入纳税人开发票使用的金税卡；报税是指纳税人将金税卡中的开票信息报送给税务机关。纳税人在征期内登入开票软件，通过“报税处理”功能中的“网上抄报”系统自动实现抄报税功能，将企业的开票信息联网上报给税务机关。

（3）纳税申报。本步纳税申报主要是指提交纳税申报表等资料，而广义的纳税申报包括上一步抄税和下一步报税。

纳税申报工作可分为上门申报和网上申报。纳税人在次月1日起15日内，不论有无销售额，均应按主管税务机关核定的纳税期限按期向当地税务机关申报。

上门申报是指纳税人到办税服务大厅纳税申报窗口请购，或到税务局网站下载、打印整套“增值税及附加税费申报表（一般纳税人适用）”，依填报说明，填写一式两份纸质报表或在税务局网站上直接填写申报表。纳税人携带填写好的“增值税及附加税费申报表（一般纳税人适用）”和相关资料到办税服务厅纳税窗口进行纳税申报。

网上申报是指纳税人通过网络，填写增值税纳税申报相关表格，并向主管税务机关提交纳税申报表等资料的一种纳税申报方法。目前，我国绝大多数地区已经实行网上申报。

（4）税款缴纳。对于实行税库银联网的纳税人，税务机关将纳税申报表单据送到纳税人的开户银行，由银行进行自动转账处理（实时扣缴税款）；而对于未实行税库银联网的纳税人，应当到税务机关指定的银行进行现金缴纳。

（5）清卡解锁。网上申报缴纳税款成功后，纳税人需再次登入开票软件，执行“清卡解锁”操作，本步操作是将开票信息进行整理，纳税人可以转入下期进行开票处理。

【特别提示】如果企业在征期内没有按期进行纳税申报，金税卡将自动锁死，纳税人将无法进行下期的购买发票和开票处理。

2. 纳税申报时需提交的资料

增值税一般纳税人对增值税进行纳税申报时，必须实行电子信息采集。使用防伪税控系统开具增值税专用发票的纳税人必须在抄报税成功后，方可进行纳税申报。

【点拨指导】自 2021 年 5 月 1 日起，海南、陕西、大连和厦门开展增值税、消费税分别与城市维护建设税、教育费附加、地方教育附加申报表整合试点，启用“增值税及附加税费申报表（一般纳税人适用）”“增值税及附加税费申报表（小规模纳税人适用）”“增值税及附加税费预缴表”及其附列资料和“消费税及附加税费申报表”。自 2021 年 8 月 1 日起，上述申报表整合工作在全国推开，增值税、消费税分别与城市维护建设税、教育费附加、地方教育附加申报表整合，启用“增值税及附加税费申报表（一般纳税人适用）”“增值税及附加税费申报表（小规模纳税人适用）”“增值税及附加税费预缴表”及其附列资料和“消费税及附加税费申报表”。

增值税一般纳税人对增值税进行纳税申报时，应当填报“增值税及附加税费预缴表附列资料（附加税费情况表）”（略），以及“增值税及附加税费预缴表①”（略）；“增值税及附加税费申报表附列资料（一）（本期销售情况明细）”（如表 2-14 所示），“增值税及附加税费申报表附列资料（二）（本期进项税额明细）”（如表 2-15 所示），“增值税及附加税费申报表附列资料（三）（服务、不动产和无形资产扣除项目明细）②”（略），“增值税及附加税费申报表附列资料（四）（税额抵减情况表）”（略），“增值税及附加税费申报表（一般纳税人适用）附列资料（五）（附加税费情况表）”（如表 2-16 所示），“增值税减免税申报明细表③”（略），以及“增值税及附加税费申报表（一般纳税人适用）”（如表 2-17 所示）。

① “增值税及附加税费预缴表”及其附列资料适用于纳税人发生以下情形按规定在税务机关预缴增值税时填写：a.纳税人（不含其他个人）跨县（市）提供建筑服务。b.房地产开发企业预售自行开发的房地产项目。c.纳税人（不含其他个人）出租与机构所在地不在同一县（市）的不动产。

② 本表由服务、不动产和无形资产有扣除项目的营业税改征增值税纳税人填写。其他纳税人不填写。

③ 本表由享受增值税减免税优惠政策的增值税一般纳税人和小规模纳税人（以下简称“增值税纳税人”）填写。

表 2-14

增值税及附加税费申报表附列资料(一)

(本期销售情况明细)

税款所属时间:2022 年 01 月 01 日至 2022 年 01 月 31 日

纳税人名称:(公章)北京光明有限责任公司

金额单位:元(列至角分)

项目及栏次				开具增值税专用发票		开具其他发票		未开具发票		纳税检查调整		合计			服务、不动产和无形资产扣除项目本期实际扣除金额	扣除后	
				销售额	销项(应纳)税额	销售额	销项(应纳)税额	销售额	销项(应纳)税额	销售额	销项(应纳)税额	销售额	销项(应纳)税额	价税合计		含税(免税)销售额	销项(应纳)税额
				1	2	3	4	5	6	7	8	9=1+3+5+7	10=2+4+6+8	11=9+10	12	13=11-12	14=13÷(100%+税率或征收率)×税率或征收率
一、一般计税方法计税	全部征税项目	13%税率的货物及加工修理修配劳务	1	250 000.00	32 500.00	750 000.00	97 500.00	61 000.00	7 930.00			1 061 000.00	137 930.00	—	—	—	—
		13%税率的服务、不动产和无形资产	2														
		9%税率的货物及加工修理修配劳务	3											—	—	—	—
		9%税率的服务、不动产和无形资产	4														
		6%税率	5														
	其中:即征即退项目	即征即退货物及加工修理修配劳务	6	—	—	—	—	—	—	—	—			—	—	—	—
		即征即退服务、不动产和无形资产	7	—	—	—	—	—	—	—	—						
二、简易计税方法计税	全部征税项目	6%征收率	8							—	—			—	—	—	—
		5%征收率的货物及加工修理修配劳务	9a							—	—			—	—	—	—
		5%征收率的服务、不动产和无形资产	9b							—	—						

续 表

项目及栏次				开具增值税专用发票		开具其他发票		未开具发票		纳税检查调整		合计			服务、不动产和无形资产扣除项目本期实际扣除金额	扣除后	
				销售额	销项(应纳)税额	销售额	销项(应纳)税额	销售额	销项(应纳)税额	销售额	销项(应纳)税额	销售额	销项(应纳)税额	价税合计		含税(免税)销售额	销项(应纳)税额
				1	2	3	4	5	6	7	8	9＝1＋3＋5＋7	10＝2＋4＋6＋8	11＝9＋10	12	13＝11－12	14＝13÷(100%＋税率或征收率)×税率或征收率
二、简易计税方法计税	全部征税项目	4%征收率	10							—	—			—	—	—	—
		3%征收率的货物及加工修理修配劳务	11							—	—			—	—	—	—
		3%征收率的服务、不动产和无形资产	12							—	—						
		预征率 %	13a							—	—						
		预征率 %	13b							—	—						
		预征率 %	13c							—	—						
	其中：即征即退项目	即征即退货物及加工修理修配劳务	14	—	—	—	—	—	—	—	—			—	—	—	—
		即征即退服务、不动产和无形资产	15	—	—	—	—	—	—	—	—						
三、免抵退税	货物及加工修理修配劳务		16	—	—		—		—	—	—		—	—	—	—	—
	服务、不动产和无形资产		17	—	—		—		—	—	—		—				—
四、免税	货物及加工修理修配劳务		18				—		—	—	—		—	—	—	—	—
	服务、不动产和无形资产		19	—	—		—		—	—	—		—				—

表 2-15　　**增值税及附加税费申报表附列资料(二)**

（本期进项税额明细）

税款所属时间：2022 年 01 月 01 日至 2022 年 01 月 31 日

纳税人名称：(公章)北京光明有限责任公司　　　　金额单位：元(列至角分)

一、申报抵扣的进项税额				
项　　目	栏　　次	份数	金　　额	税　　额
(一) 认证相符的增值税专用发票	1=2+3	8	619 000.00	80 150.00
其中：本期认证相符且本期申报抵扣	2	8	619 000.00	80 150.00
前期认证相符且本期申报抵扣	3			
(二) 其他扣税凭证	4=5+6+7+8a+8b			
其中：海关进口增值税专用缴款书	5			
农产品收购发票或者销售发票	6			
代扣代缴税收缴款凭证	7		—	
加计扣除农产品进项税额	8a	—	—	
其他	8b			
(三) 本期用于购建不动产的扣税凭证	9			
(四) 本期用于抵扣的旅客运输服务扣税凭证	10			
(五) 外贸企业进项税额抵扣证明	11	—	—	
当期申报抵扣进项税额合计	12=1+4+11	8	619 000.00	80 150.00

二、进项税额转出额		
项　　目	栏　　次	税　　额
本期进项税额转出额	13=14 至 23 之和	6 500.00
其中：免税项目用	14	
集体福利、个人消费	15	6 500.00
非正常损失	16	
简易计税方法征税项目用	17	
免抵退税办法不得抵扣的进项税额	18	
纳税检查调减进项税额	19	
红字专用发票信息表注明的进项税额	20	
上期留抵税额抵减欠税	21	
上期留抵税额退税	22	
异常凭证转出进项税额	23a	
其他应作进项税额转出的情形	23b	

三、待抵扣进项税额				
项　　目	栏　　次	份数	金　　额	税　　额
(一) 认证相符的增值税专用发票	24	—	—	—
期初已认证相符但未申报抵扣	25			
本期认证相符且本期未申报抵扣	26			
期末已认证相符但未申报抵扣	27			
其中：按照税法规定不允许抵扣	28			
(二) 其他扣税凭证	29=30 至 33 之和			
其中：海关进口增值税专用缴款书	30			
农产品收购发票或者销售发票	31			
代扣代缴税收缴款凭证	32		—	
其他	33			
	34			

四、其他				
项　　目	栏次	份数	金额	税额
本期认证相符的增值税专用发票	35	8	619 000.00	80 150.00
代扣代缴税额	36	—	—	

表 2-16

增值税及附加税费申报表(一般纳税人适用)附列资料(五)

(附加税费情况表)①

税(费)款所属时间:2022 年 01 月 01 日至 2022 年 01 月 31 日

纳税人名称:(公章)北京光明有限责任公司　　　　金额单位:元(列至角分)

本期是否适用小微企业“六税两费”减免政策					☐是 ☑否		减免政策适用主体		☐个体工商户 ☐小型微利企业					
							适用减免政策起止时间		年 月至 年 月					
税(费)种		计税(费)依据			税(费)率(%)	本期应纳税(费)额	本期减免税(费)额		小微企业“六税两费”减免政策		试点建设培育产教融合型企业		本期已缴税(费)额	本期应补(退)税(费)额
		增值税税额	增值税免抵税额	留抵退税本期扣除额			减免性质代码	减免税(费)额	减征比例(%)	减征额	减免性质代码	本期抵免金额		
		1	2	3	4	5=(1+2-3)×4	6	7	8	9=(5-7)×8	10	11	12	13=5-7-9-11-12
城市维护建设税	1	64 280.00			7%	4 499.60					—	—		4 499.60
教育费附加	2	64 280.00			3%	1 928.40								1 928.40
地方教育附加	3	64 280.00			2%	1 285.60								1 285.60
合计	4	—	—	—	—	7 713.60			—		—			7 713.60
本期是否适用试点建设培育产教融合型企业抵免政策					☐是 ☑否	当期新增投资额							5	
						上期留抵可抵免金额							6	
						结转下期可抵免金额							7	
可用于扣除的增值税留抵退税额使用情况						当期新增可用于扣除的留抵退税额							8	
						上期结存可用于扣除的留抵退税额							9	
						结转下期可用于扣除的留抵退税额							10	

① 本表属于“项目七 其他税种纳税实务(上)”的“任务一 城市维护建设税、教育费附加和地方教育附加纳税(费)实务”的学习内容。

2

表 2-17

增值税及附加税费申报表

（一般纳税人适用）①

根据国家税收法律法规及增值税相关规定制定本表。纳税人不论有无销售额，均应按税务机关核定的纳税期限填写本表，并向当地税务机关申报。

税款所属时间：自 2022 年 01 月 01 日至 2022 年 01 月 31 日

填表日期：2022 年 02 月 10 日　　　　金额单位：元（列至角分）

纳税人识别号（统一社会信用代码）：95670100000010056M　　　　所属行业：制造业

纳税人名称：北京光明有限责任公司	法定代表人姓名	李光荣	注册地址	北京市海淀区光华路 53 号	生产经营地址	北京市海淀区光华路 53 号

开户银行及账号	中国工商银行北京分行光华路支行，5307862002341223698	登记注册类型	其他有限责任公司	电话号码	010-888888××

项目		栏次	一般项目		即征即退项目	
			本月数	本年累计	本月数	本年累计
销售额	（一）按适用税率计税销售额	1	1 061 000.00	1 061 000.00		
	其中：应税货物销售额	2	1 061 000.00	1 061 000.00		
	应税劳务销售额	3				
	纳税检查调整的销售额	4				
	（二）按简易办法计税销售额	5				
	其中：纳税检查调整的销售额	6				
	（三）免、抵、退办法出口销售额	7			—	—
	（四）免税销售额	8			—	—
	其中：免税货物销售额	9			—	—
	免税劳务销售额	10			—	—
税款计算	销项税额	11	137 930.00	137 930.00		
	进项税额	12	80 150.00	80 150.00		
	上期留抵税额	13				—
	进项税额转出	14	6 500.00	6 500.00		
	免、抵、退应退税额	15			—	—
	按适用税率计算的纳税检查应补缴税额	16			—	—
	应抵扣税额合计	17＝12＋13－14－15＋16	73 560.00	—		—
	实际抵扣税额	18（如 17＜11，则为 17，否则为 11）	73 650.00	73 650.00		

① 本表的"第 39—41 栏次"属于"项目七 其他税种纳税实务（上）"的"任务一 城市维护建设税、教育费附加和地方教育附加纳税（费）实务"的学习内容。

续　表

项　　目		栏次	一般项目		即征即退项目	
			本月数	本年累计	本月数	本年累计
税款计算	应纳税额	19=11-18	64 280.00	64 280.00		
	期末留抵税额	20=17-18				—
	简易计税办法计算的应纳税额	21				
	按简易计税办法计算的纳税检查应补缴税额	22			—	—
	应纳税额减征额	23				
	应纳税额合计	24=19+21-23	64 280.00	64 280.00		
税款缴纳	期初未缴税额(多缴为负数)	25	60 000.00	60 000.00		
	实收出口开具专用缴款书退税额	26			—	—
	本期已缴税额	27=28+29+30+31	60 000.00	60 000.00		
	① 分次预缴税额	28		—		—
	② 出口开具专用缴款书预缴税额	29		—	—	—
	③ 本期缴纳上期应纳税额	30	60 000.00	60 000.00		
	④ 本期缴纳欠缴税额	31				
	期末未缴税额(多缴为负数)	32=24+25+26-27	64 280.00	64 280.00		
	其中:欠缴税额(≥0)	33=25+26-27		—		—
	本期应补(退)税额	34=24-28-29	64 280.00	—		—
	即征即退实际退税额	35	—	—		
	期初未缴查补税额	36			—	—
	本期入库查补税额	37			—	—
	期末未缴查补税额	38=16+22+36-37			—	—
附加税费	城市维护建设税本期应补(退)税额	39	4 499.60	4 499.60	—	—
	教育费附加本期应补(退)费额	40	1 928.40	1 928.40	—	—
	地方教育附加本期应补(退)费额	41	1 285.60	1 285.60	—	—
声明:此表是根据国家税收法律法规及相关规定填写的,本人(单位)对填报内容(及附带资料)的真实性、可靠性、完整性负责。 纳税人(签章):北京光明有限责任公司　2022年02月10日						
经办人:张佳丽 经办人身份证号:略 代理机构签章: 代理机构统一社会信用代码:			受理人: 受理税务机关(章): 受理日期:　　年　月　日			

【情境实战 2-2——一般纳税人增值税的纳税申报】

1. 工作任务要求

北京光明有限责任公司 2022 年 2 月 10 日进行纳税申报，填写“增值税及附加税费申报表(一般纳税人适用)”及其附表。

2. 情境实战设计

接【情境实战 2-1——一般纳税人增值税应纳税额的计算】。

3. 实战操作步骤

第一步：根据“应交税费——应交增值税”明细账和相应的增值税发票等原始凭证，填写“增值税及附加税费申报表附列资料(一)(本期销售情况明细)”(见表 2-14)、“增值税及附加税费申报表附列资料(二)(本期进项税额明细)”(见表 2-15)。

“增值税及附加税费申报表附列资料(一)(本期销售情况明细)”(见表 2-14)中填制的数据确定如下：

第 1 栏次中第 1 列的销售额＝250 000(元)

第 1 栏次中第 2 列的销项税额＝32 500(元)

第 1 栏次中第 3 列的销售额＝250 000＋500 000＝750 000(元)

第 1 栏次中第 4 列的销项税额＝32 500＋65 000＝97 500(元)

第 1 栏次中第 5 列的销售额＝60 000＋1 000＝61 000(元)

第 1 栏次中第 6 列的销项税额＝130＋7 800＝7 930(元)

第 1 栏次中第 9 列的销售额＝250 000＋750 000＋61 000＝1 061 000(元)

第 1 栏次中第 10 列的销项税额＝32 500＋97 500＋7 930＝137 930(元)

“增值税及附加税费申报表附列资料(二)(本期进项税额明细)”(见表 2-15)中填制的数据确定如下：

第 1 栏次中的金额＝619 000(元)

税额＝80 150(元)

第 2 栏次中的金额＝5 000＋200 000＋3 000＋100 000＋200 000＋1 000＋100 000＋10 000＝619 000(元)

税额＝450＋26 000＋270＋13 000＋26 000＋130＋13 000＋1 300＝80 150(元)

第 12 栏次中的金额＝619 000(元)

税额＝80 150(元)

第 13 栏次中的税额＝6 500(元)

第 15 栏次中的税额＝6 500(元)

第 35 栏次中的金额＝第 1 栏次中的金额＝619 000(元)

税额＝第 1 栏次中的税额＝80 150(元)

第二步：根据“应交税费——应交增值税”明细账和相应的增值税发票等原始凭证、“增值税及附加税费申报表附列资料(一)(本期销售情况明细)”(见表 2-14)、“增值税及附加税费申报表附列资料(二)(本期进项税额明细)”(见表 2-15)、“增值税及附加税费申报表附列资料(五)(附加税费情况表)”(见表 2-16)等，填写“增值税及附加税费申报表(一般纳税人适用)”(见表 2-17)(网上申报时在填完附列资料等相关附表后，主表“增值税及附加税费申报表(一般纳税人适用)”大部分数据自动生成)。

(二) 小规模纳税人增值税的纳税申报实务

小规模纳税人对增值税进行纳税申报时，应当填报“增值税及附加税费预缴表附列资料(附加税费情况表)”(略)，以及“增值税及附加税费预缴表[1]”(略)；“增值税及附加税费申报表(服务、不动产和无形资产扣除项目明细)(小规模纳税人适用)附列资料(一)[2]”(略)，“增值税及附加税费申报表(小规模纳税人适用)附列资料(二)(附加税费情况表)”(如表 2-18 所示)，“增值税减免税申报明细表[3]”(略)，以及“增值税及附加税费申报表(小规模纳税人适用)”(如表 2-19 所示)。

表 2-18　增值税及附加税费申报表(小规模纳税人适用)附列资料(二)[4]

(附加税费情况表)

税(费)款所属时间：2022 年 01 月 01 日至 2022 年 03 月 31 日

纳税人名称：(公章)山东宏达贸易有限公司　　　　金额单位：元(列至角分)

税(费)种	计税(费)依据	税(费)率(%)	本期应纳税(费)额	本期减免税(费)额		增值税小规模纳税人“六税两费”减征政策		本期已缴税(费)额	本期应补(退)税(费)额
	增值税税额			减免性质代码	减免税(费)额	减征比例(%)	减征额		
	1	2	3=1×2	4	5	6	7=(3−5)×6	8	9=3−5−7−8
城市维护建设税	20 132.04	7%	1 409.24			50%	704.62		704.62
教育费附加	20 132.04	3%	603.96			50%	301.98		301.98
地方教育附加	20 132.04	2%	402.64			50%	201.32		201.32
合计	—	—	2 415.84	—		—	1 207.92		1 207.92

---

① “增值税及附加税费预缴表”及其附列资料适用于纳税人发生以下情形按规定在税务机关预缴增值税时填写。a.纳税人(不含其他个人)跨县(市)提供建筑服务。b.房地产开发企业预售自行开发的房地产项目。c.纳税人(不含其他个人)出租与机构所在地不在同一县(市)的不动产。

② 本附列资料由发生应税行为且有扣除项目的纳税人填写，各栏次均不包含免征增值税项目的金额，但适用小微企业免征增值税政策且有扣除项目的纳税人应填写。

③ 本表由享受增值税减免税优惠政策的增值税一般纳税人和小规模纳税人(以下简称“增值税纳税人”)填写。仅享受支持小微企业免征增值税政策或未达起征点的增值税小规模纳税人不需填报本表，即小规模纳税人当期《增值税及附加税费申报表(小规模纳税人适用)》第 12 栏“其他免税销售额”“本期数”和第 16 栏“本期应纳税额减征额”“本期数”均无数据时，不需填报本表。

④ 本表属于“项目七　其他税种纳税实务(上)”的“任务一　城市维护建设税、教育费附加和地方教育附加纳税(费)实务”的学习内容。

表 2-19 增值税及附加税费申报表

(小规模纳税人适用)①

纳税人识别号(统一社会信用代码):92360356123426389D

纳税人名称:山东宏达贸易有限公司　　　　金额单位:元(列至角分)

税款所属期:2022 年 01 月 01 日至 2022 年 03 月 31 日　　　　填表日期:2022 年 04 月 10 日

项目		栏次	本期数		本年累计	
			货物及劳务	服务、不动产和无形资产	货物及劳务	服务、不动产和无形资产
一、计税依据	(一) 应征增值税不含税销售额(3%征收率)	1	671 067.96		671 067.96	
	增值税专用发票不含税销售额	2	40 000.00		40 000.00	
	其他增值税发票不含税销售额	3	631 067.96		631 067.96	
	(二) 应征增值税不含税销售额(5%征收率)	4	—		—	
	增值税专用发票不含税销售额	5	—		—	
	其他增值税发票不含税销售额	6	—		—	
	(三) 销售使用过的固定资产不含税销售额	7(7≥8)		—		—
	其中:其他增值税发票不含税销售额	8		—		—
	(四) 免税销售额	9=10+11+12				
	其中:小微企业免税销售额	10				
	未达起征点销售额	11				
	其他免税销售额	12				
	(五) 出口免税销售额	13(13≥14)				
	其中:其他增值税发票不含税销售额	14				
二、税款计算	本期应纳税额	15	20 132.04		20 132.04	
	本期应纳税额减征额	16				
	本期免税额	17				
	其中:小微企业免税额	18				
	未达起征点免税额	19				
	应纳税额合计	20=15−16	20 132.04		20 132.04	
	本期预缴税额	21			—	—
	本期应补(退)税额	22=20−21	20 132.04		—	—

① 本表的"第 23—25 栏次"属于"项目七 其他税种纳税实务(上)"的"任务一 城市维护建设税、教育费附加和地方教育附加纳税(费)实务"的学习内容。

续　表

项　　目		栏次	本期数		本年累计	
			货物及劳务	服务、不动产和无形资产	货物及劳务	服务、不动产和无形资产
三、附加税费	城市维护建设税本期应补(退)税额	23	704.62		704.62	
	教育费附加本期应补(退)费额	24	301.98		301.98	
	地方教育附加本期应补(退)费额	25	201.32		201.32	

声明：此表是根据国家税收法律法规及相关规定填写的，本人(单位)对填报内容(及附带资料)的真实性、可靠性、完整性负责。

纳税人(签章)：北京宏达贸易有限公司　2022 年 04 月 10 日

经办人：徐力 经办人身份证号：略 代理机构签章： 代理机构统一社会信用代码：	受理人： 受理税务机关(章)： 受理日期：　　年　月　日

【情境实例 2-28】

1. 工作任务要求

(1) 计算山东宏达贸易有限公司 2022 年第 1 季度应缴纳的增值税税额。

(2) 山东宏达贸易有限公司 2022 年 4 月 10 日对 2022 年第 1 季度的增值税进行纳税申报，填写“增值税及附加税费申报表(小规模纳税人适用)”及其附表。

2. 情境实例设计

山东宏达贸易有限公司为增值税小规模纳税人，其纳税人识别号为 92360356123426389D，办税人员：徐力，财务负责人：王军，法定代表人：张小云，联系电话：0531-89895627，选择按季度进行增值税纳税申报。该公司 2022 年第 1 季度共发生以下经济业务：

2022 年 1 月 5 日购进计算机，取得增值税专用发票，发票上注明价款 500 000 元，税额 65 000 元；2022 年 1 月 10 日销售计算机并开具增值税普通发票，发票上注明含增值税价款 650 000 元；2022 年 2 月 20 日销售计算机并开具增值税专用发票，发票上注明价款 40 000 元，增值税税额 1 200 元；2022 年 3 月未发生销售业务。该公司购进货物已验收入库，货款均以银行存款收付。

3. 任务实施过程

(1) 销售计算机并开具增值税普通发票，应纳增值税 $=650\ 000 \div (1+3\%) \times 3\% = 631\ 067.96 \times 3\% = 18\ 932.04$(元)

销售计算机并开具增值税专用发票，应纳增值税 $=1\ 200$(元)

2020 年第 1 季度应纳增值税合计 $=18\ 932.04+1\ 200=20\ 132.04$(元)

(2) 填写“增值税及附加税费申报表(小规模纳税人适用)”及其附表。

根据“应交税费——应交增值税”明细账和相应的增值税发票等原始凭证，填写“增值税及附加税费申报表(小规模纳税人适用)附列资料(二)(附加税费情况表)”(见表 2-18)、“增值税及附加税费申报表(小规模纳税人适用)”(见表 2-19)。

2

项 目 小 结

本项目内容的小结如表 2-20 所示。

表 2-20　　项目小结

项目名称	任务名称	典型工作任务	职业能力目标
增值税纳税实务	增值税的认知	增值税纳税人的确定	能判定一般纳税人和小规模纳税人
		增值税征税范围的确定	能判断哪些业务应当征收增值税
		增值税税率和征收率的判定	能正确选择增值税适用税率
		增值税优惠政策的运用	能充分运用增值税优惠政策
		增值税专用发票的使用和管理	会使用增值税专用发票
	增值税的计算	一般计税方法下增值税应纳税额的计算	能根据相关业务资料计算一般计税方法下销项税额、进项税额、进项税额转出额和应纳增值税税额
		简易计税方法下增值税应纳税额的计算	能根据相关业务资料计算简易计税方法下应纳增值税税额
		差额征收增值税应纳税额的计算	能根据相关业务资料计算增值税差额征收的应纳税额
		进口货物增值税应纳税额的计算	能根据相关业务资料计算进口货物应纳增值税税额
	增值税出口退(免)税的计算	增值税出口退(免)税政策的认知	能合理选择和运用增值税出口货物退(免)税政策
		出口货物或者劳务增值税退(免)税的计算	能根据相关业务资料运用“免抵退”办法和“先征后退”办法,计算出口货物或者劳务增值税应退税额
		出口服务或者无形资产退(免)税的计算	能根据相关业务资料运用“免抵退”办法和“先征后退”办法,计算出口服务或者无形资产增值税应退税额
	增值税的纳税申报	增值税的征收管理	能确定增值税的纳税义务发生时间、纳税期限和纳税地点
		增值税的纳税申报实务	能根据相关业务资料填写“增值税及附加税费申报表(一般纳税人适用)”及其附表、“增值税及附加税费申报表(小规模纳税人适用)”及其附表,并能进行增值税的纳税申报

项目三　消费税纳税实务

【素养提升】

纳税人应当充分运用国家出台的消费税税收政策，合法合规纳税。

1. 我国对过度消费不利于人类健康的消费品（如烟、酒）征收消费税，有利于推进健康中国建设，倡导文明健康生活方式，引导群众健康消费，维护社会秩序稳定。

2. 我国对小汽车中的乘用车根据汽缸容量（排气量）的大小规定了1%至40%不等的消费税税率，汽缸容量（排气量）越小，消费税税率也就越小，不仅有利于引导乘用车生产企业加快节能降碳先进技术研发和推广应用，降低汽缸容量（排气量），同时降低消费税税负，而且有利于消费者形成绿色低碳的生活方式，促使其购买汽缸容量（排气量），以便享受因降低消费税税负而产生的价格上的优惠。

【情境认知】

初学消费税纳税实务的李丽到公司见习

李丽：刘主管您好！我已经学习了增值税纳税实务，感觉内容比较多，也有一定难度，还好我下了功夫，感觉比较好，接下来我准备学习消费税纳税实务，您能具体介绍一下消费税纳税实务的典型工作任务吗？

刘主管：好的，李丽。系统学习消费税纳税实务，首先要对消费税有一个大体了解，包括学会消费税纳税人和征税范围的确定、税率的判定以及明确消费税的纳税义务环节；接着要学会消费税的计算，包括直接对外销售、自产自用、委托加工以及进口应税消费品应纳税额的计算；对于有出口业务的企业，还要学会消费税出口退（免）税的计算；最后还要学会消费税的纳税申报。其中，消费税的计算、纳税申报是重点，消费税的纳税环节、外购及委托加工收回的应税消费品已纳税款的扣除是难点。

同时，需要注意消费税和增值税有一定的联系，与增值税纳税实务相比，消费税纳税实务的内容要少很多，在学会增值税纳税实务的基础上，学起来也比较容易。

李丽：好的，谢谢刘主管，这么说来，学习消费税纳税实务我就更有信心了。

任务一　消费税的认知

【情境引例】

甲酒厂将自产的白酒与外购的礼品搭配成套对外销售。请问这笔业务应当如何计算消费税？

【知识准备与业务操作】

一、消费税纳税人和代收代缴义务人的确定

（一）消费税的纳税人

消费税是对特定的消费品及消费行为征收的一种税。在我国，消费税是对我国境内从事生产、委托加工和进口应税消费品（属于应当征收消费税的消费品，以下简称“应税消费品”）的单位和个人，就其销售额或销售数量，在特定环节征收的一种税。

《中华人民共和国消费税暂行条例》（以下简称“《消费税暂行条例》”）规定：应税消费品的单位和个人，均为消费税纳税义务人。其中，境内是指生产、委托加工和进口应税消费品的起运地或所在地在境内。单位是指企业、行政单位、事业单位、军事单位、社会团体及其他单位；个人是指个体工商户以及其他个人。

（二）消费税的代收代缴义务人

委托加工的应税消费品，除受托方为个人外，由受托方在向委托方交货时代收代缴税款，该受托方为消费税的代收代缴义务人。

二、消费税征税范围的确定

（一）征税范围的确定原则

（1）某些过度消费会对人身健康、社会秩序、生态环境等方面造成危害的特殊消费品，如烟、酒、鞭炮、焰火、小汽车、摩托车、电池、涂料。

（2）某些高档消费品、奢侈品、非生活必需品，如高档化妆品、贵重首饰及珠宝玉石、高尔夫球及球具、高档手表、游艇。

（3）某些不可再生和替代的稀缺消费品，如成品油、木制一次性筷子、实木地板。

消费税的征税范围不是一成不变的，随着我国经济的发展，可以根据国家的政策和经济状况及消费结构的变化进行适当的调整。

（二）征税范围的具体规定

（1）烟。烟是指凡是以烟叶为原料加工生产的产品。烟的征收范围包括卷烟、雪茄烟、烟丝和电子烟。

【特别提示】卷烟包括进口卷烟、白包卷烟、手工卷烟和未经国务院批准纳入计划的企业及个人生产的卷烟。

【点拨指导】自 2022 年 11 月 1 日起，将电子烟纳入消费税征收范围，在烟税目下增设电子烟子目。电子烟是指用于产生气溶胶供人抽吸等的电子传输系统，包括烟弹、烟具以及烟弹与烟具组合销售的电子烟产品。烟弹是指含有雾化物的电子烟组件。烟具是指将雾化物雾化为可吸入气溶胶的电子装置。

（2）酒。酒是指酒精度在 1 度以上的各种酒类饮料。酒类包括粮食白酒、薯类白酒、黄酒、啤酒、果啤和其他酒。

【点拨指导】自 2014 年 12 月 1 日起，取消酒精消费税。取消酒精消费税后，“酒及酒精”品目相应改为“酒”，并继续按现行消费税政策执行，同时取消汽车轮胎消费税。

【特别提示】对饮食业、商业、娱乐业举办的啤酒屋（啤酒坊）利用啤酒生产设备生产的啤酒，应当征收消费税。

【点拨指导】对以黄酒为酒基生产的配制或泡制酒，按其他酒征收消费税。葡萄酒按其他酒征收消费税。

（3）高档化妆品。高档化妆品包括高档美容、修饰类化妆品、高档护肤类化妆品和成套化妆品。高档美容、修饰类化妆品和高档护肤类化妆品是指生产（进口）环节销售（完税）价格（不含增值税）在 10 元/毫升（克）或 15 元/片（张）及以上的美容、修饰类化妆品和护肤类化妆品。

舞台、戏剧、影视演员化妆用的上妆油、卸妆油、油彩，不属于本税目的征收范围。

【点拨指导】自 2016 年 10 月 1 日起，取消对普通美容、修饰类化妆品征收消费税，将“化妆品”税目名称改为“高档化妆品”。

（4）贵重首饰及珠宝玉石。包括：凡以金、银、白金、宝石、珍珠、钻石、翡翠、珊瑚、玛瑙等高贵稀有物质以及其他金属、人造宝石等制作的各种纯金银首饰及镶嵌首饰和经采掘、打磨、加工的各种珠宝玉石。对出国人员免税商店销售的金银首饰也征收消费税。

（5）鞭炮、焰火。包括各种鞭炮、焰火。体育上用的发令纸、鞭炮药引线，不按本税目征收。

（6）成品油。包括汽油、柴油、石脑油、溶剂油、航空煤油、润滑油、燃料油七个子目。

实务释疑：我公司为一家成品油批发企业，将外购的各种标号汽油与乙醇混掺制成乙醇汽油后对外销售，是否需要缴纳消费税？

答：根据《财政部 国家税务总局关于提高成品油消费税税率的通知》（财税〔2008〕167 号）规定，汽油是指用原油或其他原料加工生产的辛烷值不小于 66 的可用作汽油发动机燃料的各种轻质油。含铅汽油是指铅含量每升超过 0.013 克的汽油。汽油分为车用汽油和航空汽油。以汽油、汽油组分调和生产的甲醇汽油、乙醇汽油也属于本税目征收范围。

另外，根据《国家税务总局关于加强成品油消费税征收管理有关问题的通知》（国税函〔2008〕1072 号）第一条规定：下列纳税人应于 2009 年 1 月 24 日前到所在地主管税务机关办理消费税税种管理事项。①以原油以外的其他原料加工汽油、柴油、石脑油、溶剂油、航空煤油、润滑油和燃料油的。②用外购汽油和乙醇调和乙醇汽油的。

因此，你公司将外购的各种标号汽油与乙醇混掺制成乙醇汽油后对外销售，需要缴纳消费税。

（7）小汽车。小汽车是指由动力驱动，具有 4 个或 4 个以上车轮的非轨道承载的车辆，电动车、沙滩车、雪地车、卡丁车、高尔夫车不属于消费税征税范围，不征收消费税。自 2016 年 12 月 1 日起，“小汽车”税目下增设“超豪华小汽车”子税目。征收范围为每辆零售价格 130 万元（不含增值税）及以上的乘用车和中轻型商用客车，即乘用车和中轻型商用客车子税目中的超豪华小汽车。

【特别提示】“小汽车”税目不包括大型商用客车、大货车、大卡车。

(8) 摩托车。包括轻便摩托车和摩托车两种。对发动机气缸容量在 250 ml(不含)以下的小排量摩托车不征收消费税。

(9) 高尔夫球及球具。高尔夫球及球具是指从事高尔夫球运动所需的各种专用装备,包括高尔夫球、高尔夫球杆及高尔夫球包(袋)等。高尔夫球杆的杆头、杆身和握把属于本税目的征收范围。

(10) 高档手表。高档手表是指销售价格(不含增值税)每只在 10 000 元(含)以上的各类手表。本税目征收范围包括符合以上标准的各类手表。

(11) 游艇。游艇是指长度大于 8 m(含)小于 90 m(含),船体由玻璃钢、钢、铝合金、塑料等多种材料制作,可以在水上移动的水上浮载体。

(12) 木制一次性筷子。木制一次性筷子,又称卫生筷子,是指以木材为原料,经过锯段、浸泡、旋切、刨切、烘干、筛选、打磨、倒角、包装等环节加工而成的各类供一次性使用的筷子。

(13) 实木地板。实木地板是指以木材为原料,经锯割、干燥、刨光、截断、开榫、涂漆等工序加工而成的块状或条状的地面装饰材料。

(14) 电池。电池是一种将化学能、光能等直接转换为电能的装置,一般由电极、电解质、容器、极端,通常还有隔离层组成的基本功能单元,以及用一个或多个基本功能单元装配成的电池组。范围包括:原电池、蓄电池、燃料电池、太阳能电池和其他电池。

(15) 涂料。涂料是指涂于物体表面能形成具有保护、装饰或特殊性能的固态涂膜的一类液体或固体材料之总称。自 2015 年 2 月 1 日起对涂料征收消费税,施工状态下挥发性有机物(Volatile Organic Compounds, VOC)含量低于 420 克/升(含)的涂料免征消费税。

【点拨指导】自 2015 年 2 月 1 日起,对电池和涂料征收消费税。

三、消费税税率的判定

消费税实行从价定率的比例税率、从量定额的定额税率和从价定率与从量定额相结合的复合计税三种形式,设置了不同的税率。多数消费品采用比例税率,最高税率为 56%,最低税率为 1%;对成品油和黄酒、啤酒等实行定额税率;对卷烟、粮食白酒、薯类白酒实行从价定率与从量定额相结合计算应纳税额的复合计税办法。现行《应税消费品名称、税率和计量单位对照表》如表 3-1 所示。

表 3-1 应税消费品名称、税率和计量单位对照表

应税消费品名称	比例税率	定额税率	计量单位
一、烟			
1. 卷烟			
(1) 工业			
① 甲类卷烟(调拨价 70 元(不含增值税)/条以上(含 70 元))	56%	30 元/万支	万支
② 乙类卷烟(调拨价 70 元(不含增值税)/条以下)	36%	30 元/万支	
(2) 商业批发	11%	50 元/万支	
2. 雪茄烟	36%	—	支
3. 烟丝	30%	—	千克

续　表

应税消费品名称	比例税率	定额税率	计量单位
4. 电子烟			
（1）工业	36%	—	盒
（2）商业批发	11%	—	盒
二、酒			
1. 白酒	20%	0.5 元/500 克（毫升）	500 克（毫升）
2. 黄酒	—	240 元/吨	吨
3. 啤酒			
（1）甲类啤酒（出厂价格 3 000 元（不含增值税）/吨以上（含 3 000 元））	—	250 元/吨	吨
（2）乙类啤酒（出厂价格 3 000 元（不含增值税）/吨以下）	—	220 元/吨	
4. 其他酒	10%	—	吨
三、高档化妆品	15%	—	实际使用计量单位
四、贵重首饰及珠宝玉石			
1. 金银首饰、铂金首饰和钻石及钻石饰品	5%	—	实际使用计量单位
2. 其他贵重首饰和珠宝玉石	10%	—	
五、鞭炮、焰火	15%	—	实际使用计量单位
六、成品油			
1. 汽油	—	1.52 元/升	升
2. 柴油	—	1.20 元/升	
3. 航空煤油	—	1.20 元/升	
4. 石脑油	—	1.52 元/升	
5. 溶剂油	—	1.52 元/升	
6. 润滑油	—	1.52 元/升	
7. 燃料油	—	1.20 元/升	
七、摩托车			
1. 气缸容量（排气量，下同）=250 毫升	3%	—	辆
2. 气缸容量>250 毫升	10%	—	
八、小汽车			
1. 乘用车			
（1）气缸容量（排气量，下同）≤1.0 升	1%	—	
（2）1.0 升<气缸容量≤1.5 升	3%	—	辆
（3）1.5 升<气缸容量≤2.0 升	5%	—	
（4）2.0 升<气缸容量≤2.5 升	9%	—	
（5）2.5 升<气缸容量≤3.0 升	12%	—	
（6）3.0 升<气缸容量≤4.0 升	25%	—	
（7）气缸容量>4.0 升	40%	—	
2. 中轻型商用客车	5%	—	
3. 超豪华小汽车	10%	—	
九、高尔夫球及球具	10%	—	实际使用计量单位

续 表

应税消费品名称	比例税率	定额税率	计量单位
十、高档手表	20%	—	只
十一、游艇	10%	—	艘
十二、木制一次性筷子	5%	—	万双
十三、实木地板	5%	—	平方米
十四、电池	4%	—	只
十五、涂料	4%	—	吨

在消费税税率运用中应注意以下几个具体问题：

(1) 对兼营不同税率的应税消费品适用税目、税率的规定。对纳税人兼营不同税率的应税消费品，应当分别核算其销售额或销售数量。未分别核算销售额或销售数量的，或者将不同税率的应税消费品组成成套消费品销售的，从高适用税率征收。

3

【情境引例解析】

《财政部 国家税务总局关于调整和完善消费税政策的通知》(财税〔2006〕33号)第五条“关于组成套装销售的计税依据”的规定，纳税人将自产的应税消费品与外购或自产的非应税消费品组成套装销售的，以套装产品的销售额(不含增值税)为计税依据。

(2) 对卷烟适用税目、税率的具体规定。对白包卷烟、手工卷烟、自产自用没有同牌号规格调拨价格的卷烟、委托加工没有同牌号规格调拨价格的卷烟、未经国务院批准纳入计划的企业和个人生产的卷烟，除按定额税率征收外，一律按56%的比例税率征收。

(3) 卷烟相关单位换算：1标准箱＝250标准条，1标准条＝200支，1标准箱＝50 000支。卷烟在生产环节的定额税率为0.003元/支，相当于0.6元/标准条，150元/标准箱。卷烟在批发环节的定额税率为0.005元/支，相当于1元/标准条，250元/标准箱。

(4) 甲类卷烟，是指每标准条(200支，下同)调拨价格在70元(不含增值税)以上(含70元)的卷烟；乙类卷烟，是指每标准条调拨价格在70元(不含增值税)以下的卷烟。

(5) 甲类啤酒，是指每吨出厂价(含包装物及包装物押金)在3 000元以上(含3 000元，不含增值税)的啤酒；乙类啤酒，是指每吨出厂价(含包装物及包装物押金)在3 000元以下(不含3 000元，不含增值税)的啤酒。

(6) 消费税税目、税率的调整由国务院确定，地方无权调整。

四、消费税纳税义务环节的归类

消费税的纳税环节主要有：生产环节、自产自用环节、委托加工环节、进口环节、批发环节(仅适用于卷烟、电子烟)、零售环节(仅适用于超豪华小汽车、金银首饰)。

(一) 消费税的基本纳税环节

(1) 纳税人生产的应税消费品，于纳税人销售时纳税。

【点拨指导】“纳税人生产的应税消费品，于纳税人销售时纳税”中的“销售”主要是指应税消费品的生产企业对应税消费品的出厂销售，这一环节即生产销售环节、出厂销售环节或者出厂环节。

(2) 纳税人自产自用的应税消费品，用于连续生产应税消费品的，不纳税；用于其他方面的，于移送使用时纳税。

【点拨指导】用于连续生产应税消费品是指纳税人将自产自用应税消费品作为直接材料

生产最终应税消费品，自产自用应税消费品构成最终应税消费品的实体。用于其他方面是指纳税人将自产自用的应税消费品用于生产非应税消费品、在建工程、管理部门、非生产机构、提供劳务、馈赠、赞助、集资、广告、样品、职工福利、奖励等方面。

（3）委托加工的应税消费品，除受托方为个人外，由受托方在向委托方交货时代收代缴税款。

（4）进口的应税消费品，于报关进口时纳税。

【知识链接】海关主要负责下列税种的征收和管理：关税、船舶吨税、进口环节的增值税和消费税。

（二）金银首饰的纳税环节

自1995年1月1日起，金银首饰消费税由生产销售环节征收改为零售环节征收。改在零售环节征收消费税的金银首饰仅限于金基、银基合金首饰以及金、银和金基、银基合金的镶嵌首饰。从2002年1月1日起，钻石及钻石饰品消费税改为零售环节征收。从2003年5月1日起，铂金首饰消费税改为零售环节征收。金银首饰消费税适用税率为5%，在纳税人销售金银首饰、铂金首饰、钻石及钻石饰品时征收。其计税依据是不含增值税的销售额。

【点拨指导】在零售环节征收消费税的金银首饰不包括镀金首饰和包金首饰。

【特别提示】对出国人员免税商店销售的金银首饰也征收消费税。

对既销售金银首饰，又销售非金银首饰的生产、经营单位，应将两类商品划分清楚，分别核算销售额。凡划分不清楚或不能分别核算的，在生产环节销售的，一律从高适用税率征收消费税；在零售环节销售的，一律按金银首饰征收消费税。金银首饰与其他产品组成成套消费品销售，应按销售额全额征收消费税。

金银首饰连同包装物销售的，无论包装物是否单独计价，也无论会计上如何核算，均应并入金银首饰的销售额，计征消费税。

带料加工的金银首饰，应按受托方销售同类金银首饰的销售价格确定计税依据征收消费税。没有同类金银首饰销售价格的，按照组成计税价格计算纳税。

纳税人采用以旧换新（含翻新改制）方式销售的金银首饰，应按实际收取的不含增值税的全部价款确定计税依据征收消费税。

【知识链接】金银首饰以旧换新的，应按照销售方实际收取的不含增值税的全部价款确定计税依据征收增值税。

（三）卷烟的纳税环节

卷烟消费税在生产和批发两个环节征收。自2009年5月1日起，在卷烟批发环节加征一道从价税，在中华人民共和国境内从事卷烟批发业务的单位和个人，批发销售的所有牌号规格的卷烟，按其销售额（不含增值税）征收5%的消费税。纳税人应将卷烟销售额与其他商品销售额分开核算，未分开核算的，一并征收消费税。纳税人销售给纳税人以外的单位和个人的卷烟于销售时纳税。纳税人之间销售的卷烟不缴纳消费税。卷烟批发企业的机构所在地，总机构与分支机构不在同一地区的，由总机构申报纳税。卷烟消费税在生产和批发两个环节征收。自2015年5月10日起，将卷烟批发环节从价税税率由5%提高至11%，并按0.005元/支加征从量税。纳税人兼营卷烟批发和零售业务的，应当分别核算批发和零售环节的销售额、销售数量；未分别核算批发和零售环节销售额、销售数量的，按照全部销售额和销售数量计征批发环节消费税。

【点拨指导】甲卷烟厂将自产的卷烟销售给乙烟草批发公司，需要缴纳消费税（从价税率为36%或56%，从量税率为0.003元/支）。乙烟草批发公司将该批卷烟的70%转售给丙烟草批发公司，不缴纳消费税；30%销售给丁烟草零售商店，需要缴纳消费税（从价税率为11%，从量税率为0.005元/支）。

实务释疑：我公司从事卷烟批发，按规定从2009年5月1日起缴纳批发环节的消费税，请问在计算应纳消费税时能否扣除生产厂家已经缴纳的消费税？

答：《财政部 国家税务总局关于调整烟产品消费税政策的通知》（财税〔2009〕84号）规定："卷烟消费税在生产和批发两个环节征收后，批发企业在计算纳税时不得扣除已含的生产环节的消费税税款。"因此，你公司在计算应纳消费税税款时不得扣除生产环节已经缴纳的消费税税款。

（四）电子烟的纳税环节

自2022年11月1日起，将电子烟纳入消费税征收范围，在烟税目下增设电子烟子目。在中华人民共和国境内生产（进口）、批发电子烟的单位和个人为消费税纳税人。

电子烟生产环节纳税人，是指取得烟草专卖生产企业许可证，并取得或经许可使用他人电子烟产品注册商标（以下简称"持有商标"）的企业。通过代加工方式生产电子烟的，由持有商标的企业缴纳消费税。电子烟批发环节纳税人，是指取得烟草专卖批发企业许可证并经营电子烟批发业务的企业。电子烟进口环节纳税人，是指进口电子烟的单位和个人。

纳税人生产、批发电子烟的，按照生产、批发电子烟的销售额计算纳税。电子烟生产环节纳税人采用代销方式销售电子烟的，按照经销商（代理商）销售给电子烟批发企业的销售额计算纳税。纳税人进口电子烟的，按照组成计税价格计算纳税。

电子烟生产环节纳税人从事电子烟代加工业务的，应当分开核算持有商标电子烟的销售额和代加工电子烟的销售额；未分开核算的，一并缴纳消费税。

【特别提示】只有卷烟、电子烟在批发环节征收消费税，不包括烟丝和雪茄烟。

（五）"小汽车"税目下"超豪华小汽车"子税目的纳税环节

自2016年12月1日起，"小汽车"税目下增设"超豪华小汽车"子税目。征收范围为每辆零售价格130万元（不含增值税）及以上的乘用车和中轻型商用客车，即乘用车和中轻型商用客车子税目中的超豪华小汽车。对超豪华小汽车，在生产（进口）环节按现行税率征收消费税基础上，在零售环节加征消费税，税率为10%。将超豪华小汽车销售给消费者的单位和个人为超豪华小汽车零售环节纳税人。

超豪华小汽车零售环节消费税应纳税额计算公式如下：

应纳税额＝零售环节销售额（不含增值税）×零售环节税率

国内汽车生产企业直接销售给消费者的超豪华小汽车，消费税税率按照生产环节税率和零售环节税率加总计算。消费税应纳税额计算公式如下：

应纳税额＝销售额×（生产环节税率＋零售环节税率）

对我国驻外使领馆工作人员、外国驻华机构及人员、非居民常住人员、政府间协议规定等应税（消费税）进口自用，且完税价格在130万元及以上的超豪华小汽车消费税，按照生产

(进口)环节税率和零售环节税率(10%)加总计算,由海关代征。

任务二 消费税的计算

【情境引例】

甲公司和乙公司均为增值税一般纳税人。甲公司本年5月委托乙公司加工一批烟丝,甲公司提供原材料烟叶,已知成本为30万元,支付给乙公司加工费13.56万元(含增值税),取得乙公司开具的增值税专用发票,发票上注明价款12万元,增值税税额1.56万元,乙公司无同类产品销售价格。烟丝的消费税税率为30%。要求:(1)计算甲公司委托乙公司加工的烟丝的组成计税价格;(2)计算乙公司应代收代缴的消费税税额。

3

【知识准备与业务操作】

一、直接对外销售应税消费品应纳税额的计算

(一) 从价定率办法下应纳税额的计算

实行从价定率办法计算的应纳税额基本计算公式如下:

实行从价定率办法计算的应纳税额=应税消费品的销售额×比例税率

应税消费品销售额的确定如下:

(1) 销售额为纳税人销售应税消费品向购买方收取的全部价款和价外费用。其中价外费用,是指价外向购买方收取的手续费、补贴、基金、集资费、返还利润、奖励费、违约金、滞纳金、延期付款利息、赔偿金、代收款项、代垫款项、包装费、包装物租金、储备费、优质费、运输装卸费以及其他各种性质的价外收费。但下列项目不包括在内:

① 同时符合以下条件的代垫运输费用:承运部门的运输费用发票开具给购买方的;纳税人将该项发票转交给购买方的。

② 同时符合以下条件代为收取的政府性基金或者行政事业性收费:由国务院或者财政部批准设立的政府性基金,由国务院或者省级人民政府及其财政、价格主管部门批准设立的行政事业性收费;收取时开具省级以上财政部门印制的财政票据;所收款项全额上缴财政。

(2) 应税消费品在缴纳消费税时,与一般货物一样,都还要缴纳增值税,因此,《消费税暂行条例实施细则》明确规定,应税消费品的销售额,不包括应向购货方收取的增值税税额。如果纳税人应税消费品的销售额中未扣除增值税税款或者因不得开具增值税专用发票而导致价款和增值税税款合并收取的,在计算消费税时,应当换算为不含增值税税款的销售额。其换算公式如下:

应税消费品的销售额=含增值税的销售额÷(1+增值税税率或征收率)

【点拨指导】增值税是价外税,计算增值税的价格中不包括增值税;消费税是价内税,计算消费税的价格中包括消费税。消费税应税销售额应当是不含增值税但含消费税的销售额。

【特别提示】通常所说的不含税价格指的是不含增值税的价格。

【点拨指导】如果消费税纳税人是增值税一般纳税人,销售应税消费品应当适用13%的增值税税率;如果消费税纳税人是增值税小规模纳税人,销售应税消费品应当适用3%的增值税征收率。

（3）应税消费品连同包装物销售的，无论包装物是否单独计价以及在会计上如何核算，均应并入应税消费品的销售额中缴纳消费税。如果包装物不作价随同产品销售，而是收取押金，此项押金则不应并入应税消费品的销售额中征税。但对因逾期未收回的包装物不再退还的或者已收取的时间超过 12 个月的押金，应并入应税消费品的销售额，按照应税消费品的适用税率缴纳消费税。对既作价随同应税消费品销售、又另外收取押金的包装物，凡纳税人在规定的期限内没有退还的，其押金均应并入应税消费品的销售额，按照应税消费品的适用税率缴纳消费税。

【特别提示】从 1995 年 6 月 1 日起，对酒类（黄酒、啤酒除外）产品生产企业销售酒类产品而收取的包装物押金，无论押金是否返还与会计上如何核算，均须并入酒类产品销售额中，依酒类产品的适用税率征收消费税。

情境讨论：根据《财政部 国家税务总局关于酒类产品包装物押金征税问题的通知》（财税字〔1995〕53 号）等文件的规定，从 1995 年 6 月 1 日起，对酒类（黄酒、啤酒除外）产品生产企业销售酒类产品而收取的包装物押金，无论押金是否返还与在会计上如何核算，均须并入酒类产品销售额中，依酒类产品的适用税率征收消费税。请问为什么“黄酒、啤酒除外”？

（4）纳税人销售的应税消费品，以人民币以外的货币结算销售额的，其销售额的人民币折合率可以选择销售额发生的当天或者当月 1 日的人民币汇率中间价。纳税人应在事先确定采用何种折合率，确定后 1 年内不得变更。

（5）纳税人通过自设非独立核算门市部销售自产应税消费品，应当按照门市部对外销售数额计算征收消费税。

（6）纳税人用于换取生产资料和消费资料、投资入股和抵偿债务等方面的应税消费品，应当以纳税人同类应税消费品的最高销售价格为依据计算消费税。

【区别比较】纳税人用于换取生产资料和消费资料、投资入股和抵偿债务等方面的应税消费品，应当以纳税人同类应税消费品的最高销售价格为依据计算消费税；但纳税人用于换取生产资料和消费资料、投资入股和抵偿债务等方面的应税消费品，应当以纳税人同类应税消费品的平均销售价格（没有平均销售价格的，按照组成计税价格）作为计税依据计算增值税。

实务释疑：我公司是一家直销经营模式的高档化妆品生产企业，在直销经营模式下产品的生产与销售是实行“产销一体”的。请问，对于直销经营模式下销售的消费税应税产品，在计算消费税时如何确定计税依据？

答：根据《消费税暂行条例》等法律法规的有关规定，纳税人生产销售的高档化妆品是以销售额作为计税依据的。销售额为纳税人销售应税消费品向购买方收取的全部价款和价外费用。纳税人应税消费品的计税价格明显偏低并无正当理由的，由主管税务机关核定其计税价格。

【情境实例 3-1】

1. 工作任务要求

(1) 计算甲公司本年 1 月销售高档化妆品的应税销售额。

(2) 计算甲公司本年 1 月销售高档化妆品的增值税销项税额。

(3) 计算甲公司本年 1 月销售高档化妆品应缴纳的消费税税额。

2. 情境实例设计

甲公司是一家化妆品生产企业，为增值税一般纳税人，本年 1 月 15 日向乙超市销售高档化妆品一批，开具增值税专用发票，注明价款 30 万元，增值税税额 3.9 万元；1 月 20 日向丙公司销售高档化妆品一批，开具增值税普通发票，取得含增值税销售额 4.52 万元。高档化妆品适用的消费税税率为 15%。

3. 任务实施过程

(1) 高档化妆品的应税销售额 $=30+4.52\div(1+13\%)=30+4=34$(万元)

(2) 增值税销项税额 $=3.9+4\times13\%=4.42$(万元)

(3) 应纳消费税 $=34\times15\%=5.1$(万元)

3

(二) 从量定额办法下应纳税额的计算

实行从量定额办法计算的应纳税额基本计算公式如下：

$$实行从量定额办法计算的应纳税额=应税消费品的销售数量\times定额税率$$

1. 应税消费品销售数量的确定

销售(一般是指出厂销售)应税消费品的，为应税消费品的销售数量。纳税人通过自设的非独立核算门市部销售自产应税消费品的，应当按照门市部对外销售数量征收消费税。

【知识链接】其他纳税环节下应税消费品的计税数量。

(1) 自产自用应税消费品的(用于连续生产应税消费品的除外①)，为应税消费品的移送使用数量；

(2) 委托加工应税消费品的，为纳税人收回的应税消费品数量；

(3) 进口的应税消费品，为海关核定的应税消费品进口征税数量。

【特别提示】实行从量定额计税的，消费税的计算与销售价格无关，不存在通过组成计税价格计算消费税的问题。

2. 计量单位的换算标准

按照消费税法规定，对黄酒、啤酒、成品油等应税消费品采取从量定额办法计算应纳税额，其计量单位的换算标准如表 3-2 所示。

表 3-2　应税消费品计量单位的换算

序号	名　称	计量单位的换算
1	黄　酒	1 吨 = 962 升
2	啤　酒	1 吨 = 988 升

① 注：将自产自用的应税消费品用于连续生产应税消费品，在此移送环节不纳税。

续 表

序号	名　　称	计量单位的换算
3	汽　　油	1 吨 = 1 388 升
4	柴　　油	1 吨 = 1 176 升
5	航空煤油	1 吨 = 1 246 升
6	石 脑 油	1 吨 = 1 385 升
7	溶 剂 油	1 吨 = 1 282 升
8	润 滑 油	1 吨 = 1 126 升
9	燃 料 油	1 吨 = 1 015 升

3

【情境实例 3-2】

1. 工作任务要求

计算甲啤酒厂本年 10 月、11 月应缴纳的消费税税额。

2. 情境实例设计

甲啤酒厂为增值税一般纳税人，本年 10 月销售啤酒 420 吨，每吨出厂价格为 3 200 元（含增值税），收取包装物及包装物押金 100 元。本年 11 月销售啤酒 550 吨，每吨出厂价格为 3 500 元（含增值税），收取包装物及包装物押金 100 元。

3. 任务实施过程

每吨出厂价（含包装物及包装物押金）在 3 000 元以上（含 3 000 元，不含增值税）的啤酒，适用定额税率为 250 元/吨；每吨出厂价（含包装物及包装物押金）在 3 000 元以下（不含 3 000 元，不含增值税）的啤酒，适用定额税率为 220 元/吨。

本年 10 月销售啤酒每吨出厂价（含包装物及包装物押金）＝（3 200＋100）÷（1＋13%）＝2 920.35（元）

本年 10 月销售啤酒应纳消费税税额＝销售数量×定额税率＝420×220＝92 400（元）

本年 11 月销售啤酒每吨出厂价（含包装物及包装物押金）＝（3 500＋100）÷（1＋13%）＝3 185.84（元）

本年 11 月销售啤酒应纳消费税税额＝销售数量×定额税率＝550×250＝137 500（元）

（三）从价定率和从量定额复合计税办法下应纳税额的计算

现行消费税的征税范围中，只有卷烟及白酒（粮食白酒和薯类白酒）实行从价定率和从量定额复合计税（简称复合计税）办法。其基本计算公式如下：

实行复合计税办法计算的应纳税额＝应税消费品的销售额×比例税率＋应税消费品的销售数量×定额税率

生产销售卷烟或白酒从量定额的计税依据为实际销售数量。

【知识链接】进口、委托加工、自产自用卷烟或白酒从量定额的计税依据分别为海关核定的进口征税数量、委托方收回数量、移送使用数量。

1. 卷烟最低计税价格的核定

根据国家税务总局第 26 号令，自 2012 年 1 月 1 日起，卷烟消费税最低计税价格核定范围为卷烟生产企业在生产环节销售的所有牌号、规格的卷烟。

计税价格由国家税务总局按照卷烟批发环节销售价格扣除卷烟批发环节批发毛利核定并发布。计税价格的核定公式如下：

$$\text{某牌号、规格卷烟计税价格}=\text{批发环节销售价格}\times(1-\text{适用批发毛利率})$$

卷烟批发环节销售价格，按照税务机关采集的所有卷烟批发企业在价格采集期内销售的该牌号、规格卷烟的数量、销售额进行加权平均计算。其计算公式如下：

$$\text{批发环节销售价格}=\frac{\sum \text{该牌号规格卷烟各采集点的销售额}}{\sum \text{该牌号规格卷烟各采集点的销售数量}}$$

实际销售价格高于核定计税价格的卷烟，按实际销售价格征收消费税；反之，按计税价格征税。

2. 白酒计税依据中从价定率部分的特殊规定

(1) 白酒生产企业向商业销售单位收取的“品牌使用费”是随着应税白酒的销售而向购货方收取的，属于应税白酒销售价款的组成部分，因此，不论企业采取何种方式或以何种名义收取价款，均应并入白酒的销售额中缴纳消费税。

(2) 从 2009 年 8 月 1 日起，白酒生产企业销售给销售单位的白酒，生产企业消费税计税价格低于销售单位对外销售价格 70%以下的，税务机关应核定消费税最低计税价格；白酒生产企业销售给销售单位的白酒，生产企业消费税计税价格高于销售单位对外销售价格 70%(含)以上的，税务机关暂不核定消费税最低计税价格。

(3) 最低计税价格的核定。

① 最低计税价格的核定标准。白酒生产企业销售给销售单位的白酒，生产企业消费税计税价格低于销售单位对外销售价格 70%以下的，消费税最低计税价格由税务机关根据生产规模、白酒品牌、利润水平等情况，在销售单位对外销售价格 50%～70%范围内自行核定。其中，生产规模较大、利润水平较高的企业生产的需要核定消费税最低计税价格的白酒，税务机关核价幅度原则上应选择在销售单位对外销售价格 60%～70%范围内。

② 从高适用计税价格。已核定最低计税价格的白酒，生产企业实际销售价格高于消费税最低计税价格的，按实际销售价格申报纳税；实际销售价格低于消费税最低计税价格的，按最低计税价格申报纳税。

③ 重新核定计税价格。已核定最低计税价格的白酒，销售单位对外销售价格持续上涨或下降时间达到 3 个月以上、累计上涨或下降幅度在 20%(含)以上的白酒，税务机关重新核定最低计税价格。

白酒生产企业在办理消费税纳税申报时，应附已核定最低计税价格白酒清单。

【情境实例 3-3】

1. 工作任务要求

计算甲酒厂本年 1 月的应纳消费税。

2. 情境实例设计

甲酒厂为增值税一般纳税人，本年1月生产白酒200箱，每箱净重30千克，取得不含增值税销售收入50 000元，另外收取包装物押金1 130元，押金单独记账，货款及押金均收到。白酒的消费税定额税率为0.5元/500克，比例税率为20%。

3. 任务实施过程

应纳消费税＝[50 000＋1 130÷(1＋13%)]×20%＋200×30×2×0.5＝16 200(元)

(四) 外购应税消费品已纳消费税扣除的计算

由于某些应税消费品是用外购已缴纳消费税的应税消费品连续生产出来的，在对这些连续生产出来的应税消费品计算征税时，税法规定应按当期生产领用应税消费品的买价(或数量)计算准予扣除外购的应税消费品已纳的消费税税款。扣除范围包括：

① 外购已税烟丝为原料生产的卷烟；

② 外购已税高档化妆品为原料生产的高档化妆品；

③ 外购已税珠宝玉石为原料生产的贵重首饰及珠宝玉石；

④ 外购已税鞭炮焰火为原料生产的鞭炮焰火；

⑤ 外购已税杆头、杆身和握把为原料生产的高尔夫球杆；

⑥ 外购已税木制一次性筷子为原料生产的木制一次性筷子；

⑦ 外购已税实木地板为原料生产的实木地板；

⑧ 外购已税汽油、柴油、石脑油、燃料油、润滑油为原料生产的应税成品油。

自2015年5月1日起，从葡萄酒生产企业购进、进口葡萄酒连续生产应税葡萄酒的，准予从葡萄酒消费税应纳税额中扣除所耗用应税葡萄酒已纳消费税税款。

【归纳总结】上述可扣除的项目都是同一税目、同一纳税环节；扣除范围不包括酒(葡萄酒除外)、小汽车、摩托车、高档手表、游艇、电池、涂料；用于生产非应税消费品的不得扣除。

上述当期准予扣除外购应税消费品已纳消费税税款的计算公式如下：

$$\text{当期准予扣除外购应税消费品已纳税款}=\text{当期准予扣除外购应税消费品的买价(或数量)}\times\text{外购应税消费品适用比例税率(或定额税率)}$$

$$\text{当期准予扣除外购应税消费品的买价(或数量)}=\text{期初库存的外购应税消费品的买价(或数量)}+\text{当期购进的外购应税消费品的买价(或数量)}-\text{期末库存的外购应税消费品的买价(或数量)}$$

式中，外购应税消费品的买价是指购货发票上注明的销售额(不含增值税)。

【特别提示】纳税人用外购已税珠宝玉石生产的改在零售环节征收消费税的金银首饰，在计税时一律不得扣除外购已税珠宝玉石已纳税款。

【知识链接】烟草批发企业在计算应纳消费税时不得扣除已含的生产环节的消费税税款。

情境讨论：根据《财政部 国家税务总局关于调整酒类产品消费税政策》（财税〔2001〕84 号），"停止执行外购或委托加工已税酒和酒精生产的酒（包括以外购已税白酒加浆降度，用外购已税的不同品种的白酒勾兑的白酒，用曲香、香精对外购已税白酒进行调香、调味以及外购散装白酒装瓶出售等）外购酒及酒精已纳税款或受托方代收代缴税款准予抵扣政策。2001 年 5 月 1 日以前购进的已税酒及酒精，已纳消费税税款没有抵扣完的一律停止抵扣。"请问，国家为什么停止执行上述政策？

【情境辨析 3-1】

1. 情境辨析目的

掌握外购应税消费品已纳消费税扣除的范围。

2. 情境辨析设计

下列应税消费品生产企业外购应税消费品已缴纳的消费税，可以从该生产企业应纳消费税税额中扣除的是（　　）。

A. 从实木地板生产企业购进实木地板为原料生产的实木地板

B. 从白酒生产企业购进已税白酒为原料生产的勾兑白酒

C. 从溶剂油生产企业购进已税溶剂油为原料生产的溶剂油

D. 从高尔夫球杆握把生产企业购进已税高尔夫球杆握把为原料生产的高尔夫球杆

3. 情境辨析过程

答案：A、D

解析：酒类、溶剂油都不属于消费税连续加工的扣税项目；只有选项 A、D 符合消费税扣税规定。

【情境实例 3-4】

1. 工作任务要求

计算甲卷烟厂本年 1 月的应纳消费税。

2. 情境实例设计

甲卷烟厂为增值税一般纳税人，本年 1 月外购已税烟丝的价款为 100 000 元（不含增值税），月初库存外购已税烟丝为 75 000 元（不含增值税），月末库存外购已税烟丝为 36 000 元（不含增值税）；当月以外购烟丝生产乙类卷烟的销售量为 30 个标准箱，每标准条调拨价格为 40 元，共计 300 000 元（不含增值税）。已知：1 标准箱＝250 标准条，1 标准条＝200 支。

3. 任务实施过程

当期准予扣除的外购应税消费品买价＝75 000＋100 000－36 000＝139 000（元）

当期准予扣除的外购应税消费品已纳税款＝139 000×30%＝41 700（元）

由于该卷烟每标准条调拨价格＝40 元＜70 元，属于乙类卷烟，适用的消费税比例税率为 36%。

应纳消费税税额＝300 000×36%＋30×250×200×0.003－41 700＝112 500－41 700＝70 800（元）

二、自产自用应税消费品应纳税额的计算

（一）自产自用应税消费品的确定

自产自用，是指纳税人生产应税消费品后，不是用于直接对外销售，而是用于自己连续生产应税消费品，或用于其他方面。如果纳税人用于连续生产应税消费品，在自产自用环节不缴纳消费税；如果纳税人用于其他方面，一律于移送使用时，按视同销售依法缴纳消费税。用于其他方面是指用于本企业连续生产非应税消费品、在建工程、管理部门、非生产机构、提供劳务、馈赠、赞助、集资、广告、样品、职工福利、奖励等方面。

实务咨询：我公司为一家生产成品油的炼油厂，将自产的成品油用于本单位的班车（接送员工上下班），是否可以免缴消费税？

（二）自产自用应税消费品计税依据的确定

（1）实行从价定率办法计算纳税的自产自用应税消费品计税依据的确定。

实行从价定率办法计算纳税的自产自用应税消费品按照纳税人生产的同类消费品的销售价格计算纳税；没有同类消费品销售价格的，按照组成计税价格计算纳税。

实行从价定率办法计算纳税的组成计税价格计算公式如下：

组成计税价格＝（成本＋利润）÷（1－比例税率）

＝成本×（1＋成本利润率）÷（1－比例税率）

（2）实行从量定额办法计算纳税的自产自用应税消费品计税依据的确定。

实行从量定额办法计算纳税的自产自用应税消费品的计税依据为移送使用数量。

（3）实行复合计税办法计算纳税的自产自用应税消费品计税依据的确定。

从价部分，按照纳税人生产的同类消费品的销售价格计算纳税；没有同类消费品销售价格的，按照组成计税价格计算纳税。从量部分，按照纳税人自产自用应税消费品的移送使用数量作为计税依据计算纳税。

实行复合计税办法计算纳税的组成计税价格的计算公式如下：

组成计税价格＝（成本＋利润＋自产自用数量×定额税率）÷（1－比例税率）

＝〔成本×（1＋成本利润率）＋自产自用数量×定额税率〕÷（1－比例税率）

其中，（1）和（3）中的“同类消费品的销售价格”是指纳税人当月销售的同类消费品的销售价格，如果当月同类消费品各个销售价格高低不同，应按销售数量加权平均计算。但销售的应税消费品有下列情况之一的，不得列入加权平均计算：

① 销售价格明显偏低且无正当理由的；

② 无销售价格的。

如果当月无销售或者当月未完结，应按照同类消费品上月或者最近月份的销售价格计算纳税。

【特别提示】只有当纳税人没有同类消费品销售价格时，才需计算组成计税价格。

（1）和（3）公式中的“成本”，是指应税消费品的产品生产成本。

（1）和（3）公式中的“利润”，是指根据应税消费品的全国平均成本利润率计算的利润。

应税消费品全国平均成本利润率由国家税务总局确定。

应税消费品的全国平均成本利润率(含新增和调整后的应税消费品),如表 3-3 所示。

表 3-3　应税消费品的全国平均成本利润率

消费品	全国平均成本利润率(%)	消费品	全国平均成本利润率(%)
甲类卷烟	10	摩托车	6
乙类卷烟	5	高尔夫球及球具	10
雪茄烟	5	高档手表	20
烟丝	5	游艇	10
电子烟	10	木制一次性筷子	5
粮食白酒	10	实木地板	5
薯类白酒	5	乘用车	8
其他酒	5	中轻型商用客车	5
高档化妆品	5	电池	4
鞭炮、焰火	5	涂料	7
贵重首饰及珠宝玉石	6		

3

(三) 自产自用应税消费品应纳税额的计算

(1) 实行从价定率办法计算纳税的自产自用应税消费品的应纳税额的计算公式。

① 有同类消费品销售价格的:

应纳税额＝同类应税消费品单位销售价格×自产自用数量×比例税率

② 没有同类消费品销售价格的:

应纳税额＝组成计税价格×比例税率

(2) 实行从量定额办法计算纳税的自产自用应税消费品应纳税额的计算公式。

应纳税额＝自产自用数量×定额税率

(3) 实行复合计税办法计算纳税的自产自用应税消费品的应纳税额的计算公式。

① 有同类消费品销售价格的:

应纳税额＝同类应税消费品单位销售价格×自产自用数量×比例税率＋自产自用数量×定额税率

② 没有同类消费品销售价格的:

应纳税额＝组成计税价格×比例税率＋自产自用数量×定额税率

【情境实例 3-5】

1. 工作任务要求

(1) 计算甲化妆品厂本年 5 月自产高档化妆品的组成计税价格。

(2) 计算甲化妆品厂本年 5 月该批高档化妆品应缴纳的消费税税额。

2. 情境实例设计

甲日用化妆品厂为增值税一般纳税人,本年 5 月将一批自产高档化妆品用于职工福利,高档化妆品生产成本为8 500元，成本利润率为5%，无同类产品销售价格。高档化妆品适用的消费税税率为15%。

3. 任务实施过程

(1) 组成计税价格＝〔8 500×(1＋5%)〕÷(1－15%)＝10 500(元)

(2) 应纳消费税额＝10 500×15%＝1 575(元)

【情境实例3-6】

1. 工作任务要求

(1) 计算甲白酒厂自产粮食白酒的组成计税价格。

(2) 计算甲白酒厂该批粮食白酒应缴纳的消费税税额。

2. 情境实例设计

甲白酒厂为增值税一般纳税人，本年5月特制一批粮食白酒作为样品，该批白酒该厂无市场销售价格。税务机关确定按组成计税价格计算税款。该批白酒成本为50 000元，共1 000千克。白酒的成本利润率为10%，白酒的比例税率为20%，白酒的定额税率为0.5元/500克。

3. 任务实施过程

(1) 组成计税价格＝〔50 000×(1＋10%)＋(1 000×2×0.5)〕÷(1－20%)＝70 000(元)

(2) 应纳消费税税额＝70 000×20%＋1 000×2×0.5＝15 000(元)

三、委托加工应税消费品应纳税额的计算

(一) 委托加工应税消费品的确定

委托加工的应税消费品，是指由委托方提供原料和主要材料，受托方只收取加工费和代垫部分辅助材料加工的应税消费品。对于由受托方提供原材料生产的应税消费品，或者受托方先将原材料卖给委托方，然后再接受加工的应税消费品，以及由受托方以委托方名义购进原材料生产的应税消费品，不论在会计上是否作销售处理，都不得作为委托加工应税消费品，而应当按照销售自制应税消费品缴纳消费税。

委托加工的应税消费品，除受托方为个人外，由受托方在向委托方交货时代收代缴税款。委托加工收回的应税消费品，委托方用于连续生产应税消费品的，所纳税款准予按规定抵扣。委托加工的应税消费品收回后以不高于受托方的计税价格出售的，为直接出售，不再缴纳消费税；委托方以高于受托方的计税价格出售的，不属于直接出售，需按照规定申报缴纳消费税，在计税时准予扣除受托方已代收代缴的消费税。委托个人加工的应税消费品，由委托方收回后缴纳消费税。

情境答疑：“委托加工的应税消费品收回后直接出售的，不再缴纳消费税”中的“直接出售”具体指的是什么？

答：《财政部 国家税务总局关于〈中华人民共和国消费税暂行条例实施细则〉有关条款解释的通知》(财法〔2012〕8号)规定：

“各省、自治区、直辖市、计划单列市财政厅(局)、国家税务局，新疆生产建设兵团财务局：

《中华人民共和国消费税暂行条例实施细则》第七条第二款规定，'委托加工的应税消费品直接出售的，不再缴纳消费税'。现将这一规定的含义解释如下：

委托方将收回的应税消费品，以不高于受托方的计税价格出售的，为直接出售，不再缴纳消费税；委托方以高于受托方的计税价格出售的，不属于直接出售，需按照规定申报缴纳消费税，在计税时准予扣除受托方已代收代缴的消费税。本规定自 2012 年 9 月 1 日起施行。"

（二）委托加工应税消费品计税依据的确定

（1）实行从价定率办法计算纳税的委托加工应税消费品计税依据的确定。

实行从价定率办法计算纳税的委托加工应税消费品按照受托方的同类消费品的销售价格计算纳税；没有同类消费品销售价格的，按照组成计税价格计算纳税。

实行从价定率办法计算纳税的组成计税价格计算公式如下：

$$组成计税价格 = (材料成本 + 加工费) \div (1 - 比例税率)$$

（2）实行从量定额办法计算纳税的委托加工应税消费品计税依据的确定。

实行从量定额办法计算纳税的委托加工应税消费品的计税依据为委托加工收回的应税消费品数量（委托加工数量）。

（3）实行复合计税办法计算纳税的委托加工应税消费品计税依据的确定。

从价部分，按照受托方的同类消费品的销售价格计算纳税；没有同类消费品销售价格的，按照组成计税价格计算纳税。从量部分，按照纳税人委托加工数量作为计税依据计算纳税。

实行复合计税办法计算纳税的组成计税价格计算公式如下：

$$组成计税价格 = (材料成本 + 加工费 + 委托加工数量 \times 定额税率) \div (1 - 比例税率)$$

（1）和（3）组成计税价格公式中的"材料成本"是指委托方所提供加工的材料实际成本。委托加工应税消费品的纳税人，必须在委托加工合同上如实注明（或者以其他方式提供）材料成本，凡未提供材料成本的，受托方主管税务机关有权核定其材料成本。"加工费"是指受托方加工应税消费品向委托方收取的全部费用（包括代垫的辅助材料实际成本）。

（三）委托加工应税消费品应纳税额的计算

（1）实行从价定率办法计算纳税的委托加工应税消费品应纳税额的计算公式。

① 受托方有同类消费品销售价格的计算公式如下：

$$应纳税额 = 同类应税消费品单位销售价格 \times 委托加工数量 \times 比例税率$$

② 受托方没有同类消费品销售价格的计算公式如下：

$$应纳税额 = 组成计税价格 \times 比例税率$$

（2）实行从量定额办法计算纳税的委托加工应税消费品应纳税额的计算公式。

$$应纳税额 = 委托加工数量 \times 定额税率$$

（3）实行复合计税办法计算纳税的委托加工应税消费品应纳税额的计算公式。

① 受托方有同类消费品销售价格的计算公式如下：

$$应纳税额 = \begin{matrix}同类应税消费品\\单位销售价格\end{matrix} \times \begin{matrix}委托加工\\数量\end{matrix} \times 比例税率 + \begin{matrix}委托加工\\数量\end{matrix} \times 定额税率$$

② 受托方没有同类消费品销售价格的计算公式如下：

应纳税额＝组成计税价格×比例税率＋委托加工数量×定额税率

情境答疑：委托加工的应税消费品，消费税与增值税的计算有什么不同？

答：委托加工的应税消费品计算消费税时，应按受托方同类应税消费品的销售价格（没有同类应税消费品销售价格的，则按组成计税价格）计算；而计算增值税时，应按受托方收取的加工费（包括代垫的辅助材料的成本）计算。

【情境引例解析】

（1）组成计税价格＝(30＋12)÷(1－30％)＝60（万元）

（2）乙公司应代收代缴消费税税额＝60×30％＝18（万元）

【情境实例3-7】

1. 工作任务要求

（1）计算甲酒厂本年5月委托乙酒厂加工的粮食白酒的组成计税价格。

（2）计算乙酒厂本年5月应代收代缴的消费税税额。

（3）计算甲酒厂本年5月销售委托加工收回的白酒应缴纳的消费税税额。

2. 情境实例设计

甲酒厂和乙酒厂均为增值税一般纳税人。甲酒厂本年5月提供250吨粮食（成本为20万元），委托乙酒厂加工成粮食白酒50吨。乙酒厂收取加工费5万元（不含增值税），乙酒厂垫付辅助材料费2万元（不含增值税），甲酒厂均收到了乙酒厂开具的增值税专用发票。乙酒厂无同类粮食白酒售价。甲酒厂将委托加工收回的粮食白酒以50万元（不含增值税）的价格对外全部销售。白酒的比例税率为20％，白酒的定额税率为0.5元/500克。

3. 任务实施过程

（1）组成计税价格＝(20＋5＋2＋50×1 000×2×0.5÷10 000)÷(1－20％)＝40（万元）

（2）乙酒厂应代收代缴的消费税税额＝40×20％＋50×1 000×2×0.5÷10 000＝13（万元）

（3）甲酒厂销售委托加工收回的白酒应纳消费税税额＝50×20％＋50×1 000×2×0.5÷10 000－13＝15－13＝2（万元）

（四）委托加工收回的应税消费品已纳税款的扣除

委托加工的应税消费品因为已由受托方代收代缴消费税，因此，委托方收回货物后用于连续生产应税消费品的，其已纳税款准予按照规定从连续生产的应税消费品应纳税额中扣除。扣除范围包括：

① 以委托加工收回的已税烟丝为原料生产的卷烟；

② 以委托加工收回的已税高档化妆品为原料生产的高档化妆品；

③ 以委托加工收回的已税珠宝玉石为原料生产的贵重首饰及珠宝玉石；

④ 以委托加工收回的已税鞭炮焰火为原料生产的鞭炮焰火；

⑤ 以委托加工收回的已税杆头、杆身和握把为原料生产的高尔夫球杆；

⑥ 以委托加工收回的已税木制一次性筷子为原料生产的木制一次性筷子；

⑦ 以委托加工收回的已税实木地板为原料生产的实木地板；

⑧ 以委托加工收回的已税汽油、柴油、石脑油、燃料油、润滑油为原料生产的应税成品油。

上述委托加工收回的应税消费品连续生产的应税消费品准予从应纳消费税税额中按当期生产领用数量计算扣除其已纳消费税款。当期准予扣除的委托加工应税消费品已纳税款的计算公式如下：

$$\text{当期准予扣除的委托加工应税消费品已纳税款} = \text{期初库存的委托加工应税消费品已纳税款} + \text{当期收回的委托加工应税消费品已纳税款} - \text{期末库存的委托加工应税消费品已纳税款}$$

【特别提示】纳税人用委托加工收回的已税珠宝玉石生产的改在零售环节征收消费税的金银首饰，在计税时一律不得扣除已税珠宝玉石的已纳税款。

情境讨论：消费税与增值税的扣除或者抵扣时间一样吗？

【情境辨析 3-2】

1. 情境辨析目的

理解和掌握委托加工的定义。

2. 情境辨析设计

根据消费税法律制度的规定，委托加工的特点是(　　)。

A. 委托方提供原料或主要材料，受托方代垫辅助材料并收取加工费

B. 委托方支付加工费，受托方提供原料或主要材料

C. 委托方支付加工费，受托方以委托方的名义购买原料或主要材料

D. 委托方支付加工费，受托方购买原料或主要材料再卖给委托方进行加工

3. 情境辨析过程

答案：A

解析：委托加工生产方式是指委托方提供原料和主要材料，受托方只收取加工费和代垫部分辅料的生产方式。除此之外，不论在财务上是否作销售处理，都不得作为委托加工应税消费品，而应当按照销售自制应税消费品缴纳消费税。

【情境实例 3-8】

1. 工作任务要求

(1) 计算甲日化工厂本年 7 月准予扣除的委托加工应税消费品已纳税款。

(2) 计算甲日化工厂本年 7 月应缴纳的消费税税额。

2. 情境实例设计

甲日化工厂本年 7 月委托 A 厂加工高档化妆品，收回时被代收代缴消费税 400 元；委托 B 厂加工高档化妆品，收回时被代收代缴消费税 500 元。该厂将上述两种高档化妆品收回后继续加工生产某高档化妆品并予以出售，当月销售收入为 10 000 元(不含增值税)。该厂

期初库存的委托加工应税消费品已纳税款为 270 元，期末库存的委托加工应税消费品已纳税款为 330 元。

3. 任务实施过程

本年7月准予扣除的委托加工应税消费品已纳税款＝270＋(400＋500)－330＝840(元)

本年 7 月应纳消费税税额＝10 000 × 15％ － 840 ＝ 660(元)

【情境实例 3-9】

1. 工作任务要求

(1) 计算甲厂本年 11 月应缴纳的增值税税额。

(2) 计算乙厂本年 11 月应代收代缴的消费税税额。

(3) 计算甲厂本年 11 月销售应缴纳的消费税税额。

2. 情境实例设计

3

甲实木地板厂(以下简称"甲厂")为增值税一般纳税人，本年 11 月有关生产经营情况如下：

(1) 从油漆厂购进钢琴漆 240 吨，每吨不含税单价 1.25 万元，取得油漆厂开具的增值税专用发票，发票上注明价款 300 万元、增值税税额 39 万元。

(2) 向农业生产者收购木材 40 吨，收购凭证上注明支付收购货款为 56 万元，另支付运输费用 5.45 万元(含税)，取得作为增值税一般纳税人的运输公司开具的增值税专用发票，木材验收入库后，又将其运往乙实木地板厂(以下简称"乙厂")加工成未上漆的实木地板，取得乙厂开具的增值税专用发票，发票上注明加工费 10 万元、增值税税额 1.3 万元，甲厂收回实木地板时乙厂代收代缴了甲厂的消费税(受托方乙厂没有同类应税消费品的价格)。

(3) 甲厂将委托加工收回的实木地板的一半领用用于连续生产高级实木地板，当月生产实木地板 2 000 箱，销售实木地板 1 500 箱，取得不含税销售额 450 万元。

(4) 当月将自产实木地板 200 箱用于本企业职工宿舍装修。

实木地板消费税税率为 5％；实木地板成本利润率为 5％，甲厂取得的增值税专用发票本年 11 月符合抵扣规定。

3. 任务实施过程

(1) 计算应纳增值税。

① 外购油漆的进项税额＝39(万元)

自 2019 年 4 月 1 日起，纳税人购进用于生产销售或委托加工 13％税率货物的农产品，按照 10％的扣除率计算进项税额。

外购木材的进项税额＝56 × 10％ ＋ 5.45 ÷ (1 ＋ 9％) × 9％ ＝6.05(万元)

委托加工业务的进项税额＝1.3(万元)

② 当期进项税额合计＝39 ＋ 6.05 ＋ 1.3 ＝46.35(万元)

③ 销售和视同销售实木地板销项税额＝450 × 13％ ＋ 450 ÷ 1 500 × 200 × 13％ ＝66.3(万元)

注：将自产实木地板 200 箱用于职工宿舍装修，属于将自产的货物用于集体福利，应视同销售计算增值税。

④ 应纳增值税＝66.3 － 46.35 ＝19.95(万元)

(2) 计算代收代缴的消费税。

委托加工实木地板组成计税价格＝〔56 × (1 － 10％) ＋ 5.45 ÷ (1 ＋ 9％) ＋ 10〕÷ (1 －

5%）＝68.84（万元）

委托加工实木地板应纳消费税＝68.84×5%＝3.44（万元）

注：因为没有同类价格，所以只能按组成计税价格计税；在计算组成计税价格时，收购木材的 56 万元收购款中计算扣除了 10%的进项税额，剩余“1－10%”的部分计入了采购成本；支付 5.45 万元运费中有 0.45 万元作为进项税额，剩余的 5 万元计入了采购成本。

（3）计算应纳消费税。

① 销售和视同销售实木地板应纳消费税＝450×5%＋450÷1 500×200×5%＝25.50（万元）

注：将自产实木地板 200 箱用于本企业职工宿舍装修，消费税视同销售。

② 生产领用已税实木地板应扣除消费税＝3.44×50%＝1.72（万元）

③ 应纳消费税＝25.50－1.72＝23.78（万元）。

四、进口应税消费品应纳税额的计算

（一）进口应税消费品计税依据的确定

纳税人进口应税消费品，按照组成计税价格和规定的税率计算应纳税额。

（1）实行从价定率办法计算纳税的进口应税消费品计税依据的确定。

实行从价定率办法计算纳税的进口应税消费品的计税依据为组成计税价格。

实行从价定率办法计算纳税的组成计税价格计算公式如下：

$$组成计税价格＝（关税完税价格＋关税）÷（1－比例税率）$$

（2）实行从量定额办法计算纳税的进口应税消费品计税依据的确定。

实行从量定额办法计算纳税的进口应税消费品的计税依据为海关核定的应税消费品的进口数量。

（3）实行复合计税办法计算纳税的进口应税消费品计税依据的确定。

从价部分，按照组成计税价格计算纳税。从量部分，按照海关核定的应税消费品的进口数量作为计税依据计算纳税。

实行复合计税办法计算纳税的组成计税价格计算公式如下：

$$\begin{matrix}组成\\计税价格\end{matrix}=\left(\begin{matrix}关税\\完税价格\end{matrix}+关税+\begin{matrix}海关核定的应税\\消费品的进口数量\end{matrix}\times 定额税率\right)\div(1-比例税率)$$

式中，“关税完税价格”，是指海关核定的关税计税价格。

（二）进口应税消费品应纳税额的计算

（1）实行从价定率办法计算纳税的进口应税消费品应纳税额的计算公式如下：

$$应纳税额＝组成计税价格×比例税率$$

（2）实行从量定额办法计算纳税的进口应税消费品应纳税额的计算公式如下：

$$应纳税额＝海关核定的应税消费品的进口数量×定额税率$$

（3）实行复合计税办法计算纳税的进口应税消费品应纳税额的计算公式如下：

$$应纳税额＝组成计税价格×比例税率＋海关核定的应税消费品的进口数量×定额税率$$

【情境实例 3-10】

1. 工作任务要求

(1) 计算甲公司本年 5 月进口环节应缴纳的关税税额。

(2) 计算甲公司本年 5 月进口应税消费品的组成计税价格。

(3) 计算甲公司本年 5 月进口环节应缴纳的消费税税额。

(4) 计算甲公司本年 5 月进口环节应缴纳的增值税税额。

2. 情境实例设计

甲公司为一家进出口公司,本年 5 月进口白酒 2 500 吨,关税完税价格为 20 000 万元,关税税率为 30%。白酒的比例税率为 20%,白酒的定额税率为 0.5 元/500 克。

3. 任务实施过程

(1) 应纳关税 = 20 000 × 30% = 6 000(万元)

(2) 组成计税价格 = (20 000 + 6 000 + 2 500 × 1 000 × 2 × 0.5 ÷ 10 000) ÷ (1 − 20%) = 32 812.5(万元)

(3) 应纳消费税 = 32 812.5 × 20% + 2 500 × 1 000 × 2 × 0.5 ÷ 10 000 = 6 812.5(万元)

(4) 应纳增值税 = (20 000 + 6 000 + 6 812.5) × 13% = 32 812.5 × 13% = 4 265.63(万元)

3

情境答疑:增值税与消费税的计税依据有何不同?

答:增值税与消费税同属于流转税,计税依据基本相同。一般情况下,计税依据为纳税人销售货物向购买方收取的全部价款和价外费用。纳税人销售货物价格明显偏低并无正当理由或者有视同销售货物行为而无销售额者,在计算时,其销售额要按照如下规定的顺序来确定:①按纳税人最近时期同类货物的平均销售价格确定。②按其他纳税人最近时期同类货物的平均销售价格确定。③用以上两种方法均不能确定其销售额的情况下,可按组成计税价格确定销售额。增值税与消费税的计税依据的不同点归纳如下:

(1) 消费税有实行从量定额计税的,比如啤酒、黄酒,消费税从量定额的计税依据(销售数量)有别于增值税的计税依据(销售额);同理,实行从价定率和从量定额复合计税的,比如卷烟、白酒等,消费税从量计征部分的计税依据(销售数量)有别于增值税计税依据(销售额)。

(2) 实行从量定额计税的应税消费品(啤酒、黄酒)收取的包装物押金,逾期视为含税增值税的价外费用,应当作为增值税的计税依据征收增值税,但不征收消费税。啤酒的包装物押金只是计算单位适用税额的依据。

(3) 委托加工应税消费品的,以复合计税的卷烟、白酒为例,在受托加工环节,按照同类应税消费品单位销售价格作为消费税的计税依据(没有同类消费品销售价格的,按照组成计税价格作为计税依据)。委托加工的应税消费品,除受托方为个人外,受托方负有代收代缴义务,由受托方向所在地或者居住地的主管税务机关解缴消费税税款。受托方提供加工劳务,以收取的加工费(不含增值税)作为计税依据计算增值税。

(4) 纳税人用于换取生产资料和消费资料、投资入股和抵偿债务等方面的应税消费品,应当以纳税人同类应税消费品的最高销售价格作为计税依据计算消费税。

纳税人用于换取生产资料和消费资料、投资入股和抵偿债务等方面的应税消费品，应当以纳税人同类应税消费品的平均销售价格(没有平均销售价格的，按照组成计税价格)作为计税依据计算增值税。

(5) 视同销售的范围不同，造成计税不一致，一般地，消费税的视同销售的范围较大，比如将自产的电池(应税消费品)生产儿童电动玩具(非应税消费品)，在电池的移送环节征收消费税，但不征收增值税。此时，消费税有计税依据，即以同类应税消费品的销售价格作为计税依据(没有同类消费品销售价格的，按照组成计税价格作为计税依据)；而增值税的计税依据为 0。

(6) 卷烟、白酒设定消费税计税依据，分别按照《卷烟消费税计税价格信息采集和核定管理办法》(国家税务总局令第 26 号)、《国家税务总局关于加强白酒消费税征收管理的通知》(国税函〔2009〕380 号)的规定处理，这也有别于增值税的计税依据(实际销售额)。

3

【情境实战 3-1——消费税应纳税额的计算】

1. 工作任务要求

计算山东立运卷烟有限公司 2022 年 1 月应缴纳的消费税税额。

2. 情境实战设计

山东立运卷烟有限公司为增值税一般纳税人，纳税人识别号为 91410150258325288K，办税员：孙云，财务负责人：赵小刚，联系电话：0531-899125××，主要生产销售立运牌卷烟，立运牌卷烟的平均售价为 100 元/条(不含增值税)，2022 年 1 月发生下列经济业务：

(1) 移送烟叶一批并委托位于某县城的 A 加工厂加工烟丝 1.5 吨，所移送的烟叶成本为 30 万元，A 加工厂提供辅料，A 加工厂共收取辅料及加工费 5 万元(不含增值税)，A 加工厂开具增值税专用发票给山东立运卷烟有限公司。A 加工厂加工完烟丝后，直接将烟丝发给山东立运卷烟有限公司。山东立运卷烟公司收到了 A 加工厂的消费税代收代缴税款凭证，注明消费税 15 万元〔(30＋5)÷(1－30％)×30％〕(没有同类产品售价，因此按照组成计税价格计算消费税)。山东立运卷烟公司生产车间本月领用上述委托加工收回烟丝的 60％用于生产立运牌卷烟。

(2) 外购已税烟丝，取得增值税专用发票，发票上注明金额 50 万元、增值税税额 6.5 万元，本月生产领用其中的 80％用于生产立运牌卷烟。

(3) 向当地 B 烟草商贸公司销售立运牌卷烟 100 标准箱(1 标准箱＝250 标准条，1 标准条＝200 支)，取得不含税销售额 250 万元，并收取包装物租金共计 22.6 万元。

(4) 本月没收立运牌卷烟逾期包装物押金 5.65 元。

(5) 本月 12 日，缴纳上月应缴未缴消费税 120 万元。

山东立运卷烟有限公司不适用小微企业“六税两费”减免政策。其取得的增值税专用发票 2022 年 1 月均符合抵扣规定。卷烟定额税率为每支 0.003 元；比例税率为每标准条对外调拨价格在 70 元以上(含 70 元)的，税率 56％，70 元以下的，税率 36％，烟丝消费税税率 30％。

3. 实战操作步骤

第一步：逐笔计算未扣除委托加工和外购已税消费品消费税之前的应纳消费税。

100(标准箱)＝100 × 250 ＝25 000(标准条)＝25 000 × 200 ＝5 000 000(支)

销售卷烟应纳消费税 ＝250 × 10 000 × 56％ ＋ 22.6 × 10 000 ÷ (1 ＋ 13％) × 56％ ＋

5 000 000 × 0.003 = 1 527 000(元)

没收包装物押金应纳消费税 = 5.65 × 10 000 ÷ (1 + 13%) × 56% = 28 000(元)

第二步:计算委托加工和外购已税消费品本期可以扣除的消费税。

当期领用委托加工收回烟丝的60%用于生产立运牌卷烟,则可以扣除的烟丝已纳消费税=15×60%×10 000=90 000(元)

当期领用外购烟丝的80%用于生产立运牌卷烟,则可以扣除的烟丝已纳消费税=50×30%×80%×10 000=120 000(元)

第三步:计算当期应纳消费税。

当期应纳消费税合计 = 1 527 000 + 28 000 = 1 555 000(元)

第四步:计算当期应补(退)消费税。

本期应补(退)消费税 = 1 555 000 − 90 000 − 120 000 = 1 345 000(元)

任务三 消费税出口退(免)税的计算

【情境引例】

甲公司为一家生产企业,直接出口应税消费品享受增值税出口退税政策。请问该企业出口应税消费品时对于消费税也予以退税吗?

【知识准备与业务操作】

一、出口应税消费品的免税

出口应税消费品的免税,主要适用于生产企业直接出口或委托外贸企业出口应税消费品。

对出口应税消费品予以免税的情况,规定如下:生产企业直接出口应税消费品或委托外贸企业出口应税消费品,不予计算缴纳消费税。

【情境引例解析】

生产企业直接出口应税消费品或委托外贸企业出口应税消费品,不予计算缴纳消费税,即该应税消费品出口时,已不含有消费税,因此,出口应税消费品时对于消费税不予退税。

二、出口应税消费品的退税

出口应税消费品的退税,主要适用于外贸企业自营出口或委托其他外贸企业代理出口应税消费品。

(一) 出口应税消费品的企业

出口应税消费品的退税,原则上应将所征税款全部退还给出口企业,即采取先征后退办法。出口应税消费品退税的企业主要包括:

(1) 有出口经营权的外贸、工贸公司。

(2) 特定出口退税企业:如对外承包工程公司、外轮供应公司等。

(二) 出口应税消费品退税的范围

(1) 具备出口条件,给予退税的消费品。这类消费品必须具备四个条件:属于消费税征税范围;取得《消费税税收(出口货物专用)缴款书》、增值税专用发票(抵扣联)、出口货物报关单(出口退税联)、出口收汇核销单;必须报关离境;在财务上作出口销售处理。

(2) 虽然不具备出口条件,但也给予退税的消费品。如对外承包工程公司运出境外用于对外承包项目的消费品,外轮供应公司、远洋运输供应公司销售给外轮、远洋货轮而收取外汇的消费品等。

(三) 出口应税消费品退税的税率

计算出口应税消费品应退消费税的比例税率或单位税额,严格按照《消费税暂行条例》所附的《应税消费品名称、税率和计量单位对照表》执行。当出口的货物是应税消费品时,其退还增值税要按规定的增值税退税率计算,而其退还消费税则按应税消费品所适用的消费税税率计算。企业应将不同消费税税率的出口应税消费品分开核算和申报,凡划分不清适用税率的,一律从低适用税率计算应退消费税税额。

(四) 出口应税消费品退税的计税依据和退税的计算

1. 退税的计税依据

出口货物的消费税应退税额的计税依据,按购进出口货物的消费税专用缴款书和海关进口消费税专用缴款书确定。

属于从价定率计征消费税的,为已征且未在内销应税消费品应纳税额中抵扣的购进出口货物金额;属于从量定额计征消费税的,为已征且未在内销应税消费品应纳税额中抵扣的购进出口货物数量;属于复合计征消费税的,按从价定率和从量定额的计税依据分别确定。

2. 退税的计算

外贸企业自营出口或委托其他外贸企业代理出口货物的应退消费税税额,应分别按上述计税依据和《应税消费品名称、税率和计量单位对照表》规定的税率计算应退税额。其计算公式如下:

消费税应退税额=从价定率计征消费税的退税计税依据×比例税率+从量定额计征消费税的退税计税依据×定额税率

【情境实例3-11】

1. 工作任务要求

计算甲外贸公司本年1月出口高档化妆品应退的增值税和消费税。

2. 情境实例设计

甲外贸公司为增值税一般纳税人,具有出口经营权,本年1月从乙化妆品生产企业购进高档化妆品一批,取得增值税专用发票,注明价款10万元,增值税税额1.3万元,当月该批高档化妆品全部出口取得销售收入12万元。该批高档化妆品适用的增值税退税率为13%,适用的消费税税率为15%。

3. 任务实施过程

该外贸公司出口高档化妆品应退的增值税=10×13%=1.3(万元)

应退的消费税=10×15%=1.5(万元)

应退的增值税和消费税合计=1.3+1.5=2.8(万元)

三、消费税出口退(免)税的其他有关规定

外贸企业自营出口或委托其他外贸企业代理出口的应税消费品办理退税后,发生退关或者国外退货进口时予以免税的,报关出口者必须及时向其机构所在地或者居住地主管税务机关申报补缴已退的消费税税款。

3

生产企业出口或委托外贸企业代理出口的应税消费品办理免税后，发生退关或者国外退货，进口时已予以免税的，经机构所在地或者居住地主管税务机关批准，可暂不办理补税，待其转为国内实际销售时，再申报补缴消费税。

情境答疑：外贸企业增值税出口退税与消费税出口退税的退税率规定有何不同？

答：外贸企业增值税出口退税的退税率有具体的规定，但一般小于或等于以前环节征税时的增值税税率；外贸企业消费税出口退税的退税率即为以前环节征税时的消费税税率。

任务四　消费税的纳税申报

【情境引例】

本年1月甲公司与客户签订合同，按客户要求制造一艘机动游艇，工期18个月，本年1月收到预收款800万元。请问：甲公司收到该笔预收款项时是否需要缴纳消费税？

【知识准备与业务操作】

一、消费税的征收管理

（一）消费税的纳税义务发生时间

（1）纳税人销售应税消费品的，按不同的销售结算方式，其纳税义务发生时间分别为：

① 采取赊销和分期收款结算方式的，为书面合同约定的收款日期的当天，书面合同没有约定收款日期或者无书面合同的，为发出应税消费品的当天；

② 采取预收货款结算方式的，为发出应税消费品的当天；

③ 采取托收承付和委托银行收款方式的，为发出应税消费品并办妥托收手续的当天；

④ 采取其他结算方式的，为收讫销售款项或者取得索取销售款项凭据的当天。

（2）纳税人自产自用应税消费品的，为移送使用的当天。

（3）纳税人委托加工应税消费品的，为纳税人提货的当天。

（4）纳税人进口应税消费品的，为报关进口的当天。

【情境引例解析】

《消费税暂行条例实施细则》第八条第一款第二项规定：消费税纳税义务发生时间：采取预收货款结算方式的，为发出应税消费品的当天。因此，甲公司采取预收货款方式，应于完成机动游艇的建造、发出应税消费品时才确认消费税纳税义务。

此外，由于《增值税暂行条例实施细则》第三十八条第四款规定：增值税纳税义务发生时间，采取预收货款方式销售货物，为货物发出的当天，但生产销售生产工期超过12个月的大型机械设备、船舶、飞机等货物，为收到预收款或者书面合同约定的收款日期的当天。因此，甲公司应当在收到预收款时确认增值税纳税义务。

（二）消费税的纳税期限

消费税的纳税期限分别为1日、3日、5日、10日、15日、1个月或者1个季度。纳税人的具体纳税期限，由主管税务机关根据纳税人应纳税额的大小分别核定；不能按照固定期限纳税的，可以按次纳税。

纳税人以1个月或者1个季度为一期纳税的，自期满之日起15日内申报纳税；以1日、3日、5日、10日或者15日为一期纳税的，自期满之日起5日内预缴税款，于次月1日起至15日内申报纳税并结清上月应纳税款。

纳税人进口应税消费品，应当自海关填发海关进口消费税专用缴款书之日起15日内缴纳税款。

（三）消费税的纳税地点

（1）纳税人销售应税消费品及自产自用应税消费品，除国家另有规定外，应当向机构所在地或者居住地的主管税务机关申报纳税。

（2）纳税人到外县（市）销售或者委托外县（市）代销自产应税消费品的，于应税消费品销售后，向机构所在地或者居住地主管税务机关申报纳税。

（3）纳税人的总机构与分支机构不在同一县（市）的，应当分别向各自机构所在地的主管税务机关申报纳税；经财政部、国家税务总局或者其授权的财政、税务机关批准，可以由总机构汇总向总机构所在地的主管税务机关申报纳税。

【特别提示】卷烟批发企业的纳税地点比较特殊，总机构与分支机构不在同一地区的，由总机构申报纳税。

（4）委托加工的应税消费品，除受托方为个人外，由受托方向机构所在地或者居住地的主管税务机关解缴消费税税款。委托个人加工的应税消费品，由委托方向其机构所在地或者居住地主管税务机关申报纳税。

（5）进口的应税消费品，由进口人或者其代理人向报关地海关申报纳税。

（6）出口的应税消费品办理退税后，发生退关，或者国外退货进口时予以免税的，报关出口者必须及时向其机构所在地或者居住地主管税务机关申报补缴已退的消费税税款。

（7）纳税人销售应税消费品，如果因质量等原因由购买者退回时，经机构所在地或者居住地主管税务机关审核批准后，可退还已缴纳的消费税税款。

实务咨询：我单位的总公司位于青岛，有消费税纳税义务，近期我单位在青岛不同区又设立几家分支机构，请问分支机构的消费税可以由总公司汇总缴纳吗？

【情境辨析3-3】

1. 情境辨析目的

掌握消费税纳税义务发生时间。

2. 情境辨析设计

下列关于消费税纳税义务发生时间的说法中，正确的有（　　）。

A. 纳税人委托加工的应税消费品，为受托方进货的当天

B. 纳税人进口的应税消费品，为报关进口的当天

C. 纳税人采取预收货款结算方式销售应税消费品的，为收到预收货款的当天

D. 纳税人自产自用的应税消费品，用于生产非应税消费品的，为移送使用的当天

3. 情境辨析过程

答案：B、D

解析：选项 A，纳税人委托加工的应税消费品，为纳税人提货的当天。选项 C，采取预收货款结算方式的，为发出应税消费品的当天。

表 3-4　　本期准予扣除税额计算表

金额单位：元（列至角分）

准予扣除项目 \ 应税消费品名称				卷烟			合计
一、本期准予扣除的委托加工应税消费品已纳税款计算		期初库存委托加工应税消费品已纳税款	1	0.00			0.00
		本期收回委托加工应税消费品已纳税款	2	150 000.00			150 000.00
		期末库存委托加工应税消费品已纳税款	3	60 000.00			60 000.00
		本期领用不准予扣除委托加工应税消费品已纳税款	4	0.00			0.00
		本期准予扣除委托加工应税消费品已纳税款	5＝1＋2－3－4	90 000.00			90 000.00
二、本期准予扣除的外购应税消费品已纳税款计算	（一）从价计税	期初库存外购应税消费品买价	6	0.00			0.00
		本期购进应税消费品买价	7	500 000.00			500 000.00
		期末库存外购应税消费品买价	8	100 000.00			100 000.00
		本期领用不准予扣除外购应税消费品买价	9	0.00			0.00
		适用税率	10	30%			
		本期准予扣除外购应税消费品已纳税款	11＝(6＋7－8－9)×10	120 000.00			120 000.00
	（二）从量计税	期初库存外购应税消费品数量	12				
		本期外购应税消费品数量	13				
		期末库存外购应税消费品数量	14				
		本期领用不准予扣除外购应税消费品数量	15				
		适用税率	16				
		计量单位	17				
		本期准予扣除的外购应税消费品已纳税款	18＝(12＋13－14－15)×16				
三、本期准予扣除税款合计			19＝5＋11＋18	210 000.00			210 000.00

二、消费税的纳税申报实务

纳税人对消费税进行纳税申报时，应当填报“本期准予扣除税额计算表[①]”（如表 3-4 所示）、“本期准予扣除税额计算表（成品油消费税纳税人适用）[②]”（略）、“本期减（免）税额明细表[③]”（略）、“本期委托加工收回情况报告表[④]”（略）、“卷烟批发企业月份销售明细清单（卷烟批发环节消费税纳税人适用）[⑤]”（略）、“卷烟生产企业合作生产卷烟消费税情况报告表（卷烟生产环节消费税纳税人适用）[⑥]”（略）、“消费税附加税费计算表”（如表 3-5 所示）、“消费税及附加税费申报表”（如表 3-6 所示）。

表 3-5　　消费税附加税费计算表[⑦]

金额单位：元（列至角分）

<table>
<tr><td colspan="3" rowspan="3">本期是否适用小微企业“六税两费”减免政策</td><td rowspan="3">□是
☑否</td><td colspan="2" rowspan="2">减免政策适用主体</td><td colspan="4">增值税小规模纳税人：□是 □否</td></tr>
<tr><td colspan="4">增值税一般纳税人：□个体工商户　□小型微利企业</td></tr>
<tr><td colspan="2">适用减免政策起止时间</td><td colspan="4">年　月　至　年　月</td></tr>
<tr><td rowspan="3">税（费）种</td><td>计税（费）依据</td><td rowspan="2">税（费）率（%）</td><td rowspan="2">本期应纳税（费）额</td><td colspan="2">本期减免税（费）额</td><td colspan="2">小微企业“六税两费”减免政策</td><td rowspan="2">本期已缴税（费）额</td><td rowspan="2">本期应补（退）税（费）额</td></tr>
<tr><td>消费税税额</td><td>减免性质代码</td><td>减免税（费）额</td><td>减征比例（%）</td><td>减征额</td></tr>
<tr><td>1</td><td>2</td><td>3=1×2</td><td>4</td><td>5</td><td>6</td><td>7=(3−5)×6</td><td>8</td><td>9=3−5−7−8</td></tr>
<tr><td>城市维护建设税</td><td>1 345 000.00</td><td>7%</td><td>94 150.00</td><td></td><td></td><td></td><td></td><td></td><td>94 150.00</td></tr>
<tr><td>教育费附加</td><td>1 345 000.00</td><td>3%</td><td>40 350.00</td><td></td><td></td><td></td><td></td><td></td><td>40 350.00</td></tr>
<tr><td>地方教育附加</td><td>1 345 000.00</td><td>2%</td><td>26 900.00</td><td></td><td></td><td></td><td></td><td></td><td>26 900.00</td></tr>
<tr><td>合计</td><td>—</td><td>—</td><td>161 400.00</td><td>—</td><td></td><td>—</td><td></td><td></td><td>161 400.00</td></tr>
</table>

① 本表由外购（含进口）或委托加工收回应税消费品用于连续生产应税消费品、委托加工收回的应税消费品以高于受托方计税价格出售的纳税人（成品油消费税纳税人除外）填写。

② 本表由外购（含进口）或委托加工收回已税汽油、柴油、石脑油、润滑油、燃料油（以下简称“应税油品”）用于连续生产应税消费品的成品油消费税纳税人填写。

③ 本表由符合消费税减免税政策规定的纳税人填报。本表不含暂缓征收的项目。未发生减（免）消费税业务的纳税人和受托方不填报本表。

④ 本表由委托方填写，第一部分填报委托加工收回的应税消费品在委托加工环节由受托方代收代缴税款情况；第二部分填报委托加工收回应税消费品领用存情况。

⑤ 本表由卷烟批发环节消费税纳税人填报，于办理消费税纳税申报时一并报送。

⑥ 本表由卷烟生产环节消费税纳税人填报，未发生合作生产卷烟业务的纳税人不填报本表。

⑦ 本表属于“项目七　其他税种纳税实务（上）”的“任务一　城市维护建设税、教育费附加和地方教育附加纳税（费）实务”的学习内容。

表 3-6　　**消费税及附加税费申报表**①

税款所属期：自 2022 年 01 月 01 日至 2022 年 01 月 31 日

纳税人识别号(统一社会信用代码)：91410150258325288K

纳税人名称：山东立运卷烟有限公司(公章)　　金额单位：(列至角分)

项目 应税消费品名称	适用税率		计量单位	本期销售数量	本期销售额	本期应纳税额
	定额税率	比例税率				
	1	2	3	4	5	6=1×4+2×5
卷烟	30 元	56%	万支	500.00	2 750 000.00	1 555 000.00
合　计	—	—	—	—	—	1 555 000.00

	栏次	本期税费额
本期减(免)税额	7	0.00
期初留抵税额	8	0.00
本期准予扣除税额	9	210 000.00
本期应扣除税额	10=8+9	210 000.00
本期实际扣除税额	11〔10<(6−7)，则为 10，否则为 6−7〕	210 000.00
期末留抵税额	12=10−11	0.00
本期预缴税额	13	0.00
本期应补(退)税额	14=6−7−11−13	1 345 000.00
城市维护建设税本期应补(退)税额	15	94 150.00
教育费附加本期应补(退)费额	16	40 350.00
地方教育附加本期应补(退)费额	17	26 900.00

声明：此表是根据国家税收法律法规及相关规定填写的，本人(单位)对填报内容(及附带资料)的真实性、可靠性、完整性负责。

纳税人(签章)：山东立运卷烟有限公司　2022 年 02 月 10 日

经办人：孙云 经办人身份证号：略 代理机构签章： 代理机构统一社会信用代码：	受理人： 受理税务机关(章)： 受理日期：　年　月　日

【情境实战 3-2——消费税的纳税申报】

1. 工作任务要求

山东立运卷烟有限公司于 2022 年 2 月 10 日进行纳税申报，填写“消费税及附加税费申报表”及其附表。

① 本表的“第 15—17 栏次”属于“项目七　其他税种纳税实务(上)”的“任务一　城市维护建设税、教育费附加和地方教育附加纳税(费)实务”的学习内容。

2. 情境实战设计

接【情境实战 3-1——消费税应纳税额的计算】。

3. 实战操作步骤

第一步：根据“应交税费——应交消费税”明细账，填写“本期准予扣除税额计算表”（见表 3-4）、“本期委托加工收回情况报告表”（略）、“消费税附加税费计算表”（见表 3-5）。

第二步：根据“应交税费——应交消费税”明细账，“本期准予扣除税额计算表”（见表 3-4）、“本期委托加工收回情况报告表”（略）、“消费税附加税费计算表”（见表 3-5）等，填写“消费税及附加税费申报表”（见表 3-6）。

项 目 小 结

3

本项目内容的小结如表 3-7 所示。

表 3-7　　项目小结

项目名称	任务名称	典型工作任务	职业能力目标
消费税纳税实务	消费税的认知	消费税纳税人和代收代缴义务人的确定	会界定消费税纳税人
		消费税征税范围的确定	会判断哪些产品应当缴纳消费税
		消费税税率的判定	会选择消费税适用税率
		消费税纳税义务环节的归类	能确定不同类别的应税消费品的消费税纳税义务环节
	消费税的计算	直接对外销售应税消费品应纳税额的计算	能根据相关业务资料计算直接对外销售应税消费品的应纳税额
		自产自用应税消费品应纳税额的计算	能根据相关业务资料计算自产自用应税消费品的应纳税额
		委托加工应税消费品应纳税额的计算	能根据相关业务资料计算委托加工应税消费品的应纳税额
		进口应税消费品应纳税额的计算	能根据相关业务资料计算进口应税消费品的应纳税额
	消费税出口退（免）税的计算	出口应税消费品的免税	能判断哪些应税消费品出口业务予以免税
		出口应税消费品的退税	能判断哪些应税消费品出口业务予以退税，并能计算退税额
		消费税出口退（免）税的其他有关规定	能对发生退关或者国外退货的应税消费品进行处理
	消费税的纳税申报	消费税的征收管理	能确定消费税的纳税义务发生时间、纳税期限和纳税地点
		消费税的纳税申报实务	能根据相关业务资料填写“消费税及附加税费申报表”及其附表，并能进行消费税的纳税申报

项目四　关税纳税实务

【素养提升】

纳税人应当遵守国家出台的关税税收政策，合法合规纳税。

1. 我国坚定奉行互利共赢的开放战略，反对保护主义，反对“筑墙设垒”“脱钩断链”，但在遭受关税歧视的情况下，可通过征收报复性关税、反倾销税与反补贴税、保障性关税，来维护国家主权和经济利益，保护和促进我国产业的发展，调节我国经济和国际贸易。

2. 我国通过征收进口关税、增值税、消费税来提高进口商品的价格，以便减少进口商品对我国商品的不良影响，保护和促进我国产业的发展。

【情境认知】

初学关税纳税实务的李丽到公司见习

李丽：刘主管您好！我已经学习了消费税纳税实务，与增值税纳税实务相比，感觉比较容易，接下来准备学习关税纳税实务，您能具体介绍一下关税纳税实务的典型工作任务吗？

刘主管：好的，李丽。系统学习关税纳税实务，首先要对关税有一个大体了解，包括学会关税征税对象和纳税人的确定；关税的税则、税目的划分，关税税率的判定以及关税优惠政策的运用；接着要学会关税的计算；最后还要学会关税的征收管理。其中，关税的计算是重点，关税完税价格的确定是难点。总之，与前面税种的纳税实务相比，关税纳税实务的内容比较少，学起来也是比较容易的。

李丽：好的，谢谢刘主管，下次见。

任务一 关税的认知

【情境引例】

张某认为关境即为国境，李某认为关境有时大于国境，王某认为国境有时大于关境。请问：谁的说法正确？

【知识准备与业务操作】

一、关税纳税人和征税对象的确定

关税是海关依法对进出境货物、物品征收的一种税。

所谓“境”是指关境，又称“海关境域”或“关税领域”，是国家海关法全面实施的领域。在通常情况下，一国关境与国境是一致的，包括国家全部的领土、领海、领空。

在特殊情况下，一方面，如果某一国家在国境内设立了自由港、自由贸易区等，这些区域就进出口关税而言处在关境之外，这时，该国的关境小于国境；另一方面，如果几个国家结成关税同盟，组成共同的关境，实施统一的关税法令和统一的对外税则，这些国家彼此之间货物进出国境不征收关税，只对来自或运往其他国家的货物进出共同关境时征收关税，这些国家的关境大于国境。

4

【情境引例解析】

根据《中华人民共和国香港特别行政区基本法》和《中华人民共和国澳门特别行政区基本法》，香港和澳门保持自由港地位，为我国单独的关税地区，即单独关境区。单独关境区是不完全适用该国海关法律、法规或实施单独海关管理制度的区域。因此，我国的关境小于国境。而欧盟的国家都是位于同一关境内，但是属于不同国境，因此，欧盟国家的关境大于国境。

因此，李某和王某的说法是正确的。

（一）关税的纳税人

进口货物的收货人、出口货物的发货人、进出境物品的所有人，是关税的纳税义务人。进出口货物的收、发货人是依法取得对外贸易经营权，并进口或出口货物的法人或其他社会团体。进出境物品的所有人包括该物品的所有人和推定为所有人的人。一般情况下，对于携带进境的物品，推定其携带人为所有人；对分离运输的行李，推定相应的进出境旅客为所有人；对以邮递方式进境的物品，推定其收件人为所有人；以邮递或其他运输方式出境的物品，推定其寄件人或托运人为所有人。

【特别提示】接受纳税人委托办理货物报关等有关手续的代理人，可以代办纳税手续，但不是关税的纳税人。

【情境辨析 4-1】

1. 情境辨析目的

理解和掌握关境与国境的关系。

2. 情境辨析设计

下列关于关境与国境的关系的说法中，正确的有（　　）。

A. 关境与国境有可能是一致的　　B. 关境有可能大于国境

C. 关境有可能小于国境　　D. 关境与国境必然是一致的

3. 情境辨析过程

答案：A、B、C

解析：选项D，关境与国境有可能是一致的，也有可能不一致。

（二）关税的征税对象

我国关税的征税对象是指准许进出我国关境的货物和物品。货物是指贸易性商品；物品指入境旅客随身携带的行李物品、个人邮递物品、各种运输工具上的服务人员携带进口的自用物品、馈赠物品以及其他方式进境的个人物品。

二、关税税则、税目的划分

关税税则，是一国政府根据国家包括关税政策在内的经济政策，通过一定的立法程序，制定、公布并实施的进出口货物和物品应税的关税税目税率表。《中华人民共和国进出口税则》是《中华人民共和国进出口关税条例》（以下简称“《关税条例》”）的组成部分，包括根据国家关税政策以及有关国际协定确定的进出口关税税目、税率及归类规则等，是海关计征关税的依据。

4

《中华人民共和国进出口税则》是以《商品名称及编码协调制度》为基础，结合我国进出口商品的实际而编排的。其中，税目包括税则号列（以下简称“税号”）和目录条文，税号在税则号列栏中列示，目录条文在货品名称栏中列示。我国2022年版进出口税则税目共计8 930个。

三、关税税率的判定

（一）进口关税的税率

1. 税率设置与适用

我国进口税则设有最惠国税率、协定税率、特惠税率、普通税率、关税配额税率等税率。

适用最惠国税率、协定税率、特惠税率、关税配额税率的进口货物在一定期限内可以实行暂定税率。

【点拨指导】进口关税税率的适用顺序归纳如下：当最惠国税率低于或等于协定税率时，协定有规定的，按相关协定的规定执行；协定无规定的，二者从低适用。适用最惠国税率的进口货物有暂定税率的，应当适用暂定税率；适用协定税率、特惠税率的进口货物有暂定税率的，应当从低适用税率；适用普通税率的进口货物，不适用暂定税率。

情境答疑：最惠国税率、协定税率、特惠税率、普通税率、关税配额税率分别适用于什么情况？

答：（1）原产于共同适用最惠国待遇条款的世界贸易组织成员的进口货物，原产于与中华人民共和国签订含有相互给予最惠国待遇条款的双边贸易协定的国家或者地区的进口货物，以及原产于中华人民共和国境内的进口货物，适用最惠国税率。（2）原产于与中华人民共和国签订含有关税优惠条款的区域性贸易协定的国家或者地区的进口货物，适用协定税率。(3)原产于与中华人民共和国签订含有特殊关税优惠条款的贸易协定的国家或者地区的进口货物，适用特惠税率。(4)原产于除适用最惠国税率、协定税率、特惠税率国家或地区以外的国家或者地区的进口货物，以及原产地不明的进口货物，适用普通税率。(5)实行关税配额管理的进口货物，关税配额内的，适用关税配额税率，关税配额外的依照《进出口关税条例》有关规定执行。

2. 税率计征办法

我国对进口商品基本上都实行从价税，对部分产品实行从量税、复合税、选择税和滑准税。

从价税以进口货物的完税价格作为计税依据，以应征税额占货物完税价格的百分比作为税率。进口货物的完税价格越高，则进口关税税额越高。

从量税以进口货物的重量、长度、容量、面积等计量单位作为计税依据，以每计量单位货物的应征税额作为税率。从量税是每一种进口商品的单位应税额固定，不受该商品进口价格的影响。我国目前对原油、啤酒和胶卷等进口商品征收从量税。

复合税是对某种进口货物同时订立从价、从量两种税率，既采用从价税率又采用从量税率来计征关税的方法。目前我国对录像机、放像机、摄像机、数字照相机和摄录一体机实行复合税。

选择税是对于一种进口货物同时定有从价和从量两种税率，在征税时由海关选择其中一种税率来计征关税的方法。海关一般选择税额较高的那种税率进行征税，但有时为了鼓励某种商品进口，也会选择其中税额较低的那种税率进行征收。

滑准税是一种随进口货物价格由高到低而由低到高设置关税税率用以计征关税的方法。在采用滑准税的计征方法下，进口货物的价格越高，其进口关税税率越低；进口货物的价格越低，其进口关税税率越高。目前我国对新闻纸实行滑准税。

【点拨指导】由于滑准税的税率实际为比例税率，因此对实行滑准税的进口商品应纳关税税额的计算方法与从价税的计算方法相同。

(二) 出口关税税率

出口关税设置出口税率。适用出口税率的出口货物在一定期限内可以实行暂定税率。

征收出口关税的货物项目很少，主要为少数资源性产品及易于竞相杀价、盲目进口、需要规范出口秩序的半制成品。

【点拨指导】出口关税税率的适用顺序归纳如下：适用出口税率的出口货物有暂定税率的，应当适用暂定税率。

(三) 特别关税

特别关税包括报复性关税、反倾销税与反补贴税、保障性关税。

报复性关税是指为报复他国对本国出口货物的关税歧视，而对相关国家的进口货物征收的一种进口附加税。任何国家或者地区违反与中华人民共和国签订或者共同参加的贸易协定及相关协定，对中华人民共和国在贸易方面采取禁止、限制、加征关税或者其他影响正常贸易的措施的，对原产于该国家或者地区的进口货物可以征收报复性关税，适用报复性关税税率。

反倾销税就是对倾销商品所征收的进口附加税。当进口国因外国倾销某种产品，国内产业受到损害时，征收相当于出口国国内市场价格与倾销价格之间差额的进口税。

反补贴税是指对进口商品使用的一种超过正常关税的特殊关税，目的在于抵销国外竞争者得到奖励和补助产生的影响，从而保护进口国的制造商。

保障性关税是指当某类商品进口量剧增，对我国相关产业带来巨大威胁或损害时，按照WTO有关规则，可以启动一般保障措施，即在与有实质利益的国家或地区进行磋商后，在一定时期内提高该项商品的进口关税或采取数量限制措施，以保护国内相关产业不受损害。

（四）关税税率的运用

关税税率的运用规则如下：

（1）进出口货物，应当适用海关接受该货物申报进口或者出口之日实施的税率；

（2）进口货物到达前，经海关核准先行申报的，应当适用装载该货物的运输工具申报进境之日实施的税率；

（3）进口转关运输货物，应当适用指运地海关接受该货物申报进口之日实施的税率；货物运抵指运地前，经海关核准先行申报的，应当适用装载该货物的运输工具抵达指运地之日实施的税率。

（4）出口转关运输货物，应当适用启运地海关接受该货物申报出口之日实施的税率。

（5）经海关批准集中申报的进出口货物，应当适用每次货物进出口时海关接受该货物申报之日实施的税率。

（6）因超过规定期限未申报而由海关依法变卖的进口货物，其税款计征应当适用装载该货物的运输工具申报进境之日实施的税率。

（7）因纳税义务人违反规定需要追征税款的进出口货物，应当适用违反规定的行为发生之日实施的税率；行为发生之日不能确定的，适用海关发现该行为之日实施的税率。

（8）已申报进境并放行的保税货物、减免税货物、租赁货物或暂时进出境货物，有下列情形之一的，应当适用海关接受纳税人再次填写报关单办理纳税及有关手续之日实施的税率。

① 保税货物经批准不复运出境的。

② 保税仓储货物转入国内市场销售的。

③ 减免税货物经批准转让或者移作他用的。

④ 可暂不缴纳税款的暂时进出境货物，经批准不复运出境或者进境的。

⑤ 租赁进口货物，分期缴纳税款的。

（9）进出口货物的补税和退税，按照上述规定确定适用税率。

四、关税优惠政策的运用

关税的减免分为法定减免、特定减免、暂时进境或者暂时出境货物的免税和临时减免。另外，我国关税还有跨境电子商务零售进口税收优惠政策、海南离岛旅客免税购物政策。

（一）法定减免

法定减免税是税法中明确列出的减免税。对于符合税法规定可予减免税的进出口货物，纳税义务人无需申请减免税，海关可按规定直接予以减免税。海关对法定减免税货物一般不进行后续管理。

《中华人民共和国海关法》（以下简称“《海关法》”）和《关税条例》明确规定，下列货物、物品予以减免关税：

（1）关税税额在人民币50元以下的一票货物，可免征关税。

(2) 无商业价值的广告品和货样,可免征关税。

(3) 外国政府、国际组织无偿赠送的物资,可免征关税。

(4) 进出境运输工具装载的途中必需的燃料、物料和饮食用品,可予免税。

(5) 在海关放行前损失的货物,可免征关税。

(6) 在海关放行前遭受损坏的货物,可根据海关认定的受损程度减征关税。

(7) 我国缔结或参加的国际条约规定减征、免征关税的货物、物品,可按规定予以减免关税。

(8) 法律规定减征、免征关税的其他货物、物品。

(二) 特定减免

特定减免是指在法定减免税之外,国家按国际通行规则和我国实际情况,制定发布的特定或政策性减免税。特定减免税货物一般有地区、企业和用途的限制,海关需要对其进行后续管理,也需要对其进行减免税统计。

关税的特定减免包括对科教用品、残疾人专用品、慈善捐赠物资、重大技术装备、集成电路产业和软件产业等的减免。

(三) 暂时进境或者暂时出境货物的免税

暂时进境或者暂时出境货物的免税,是指对于暂时进境或者暂时出境的某些货物在一定时期内暂时予以免税;如果暂时进境货物在规定的期限内复运出境的,或者暂时出境货物在规定的期限内复运进境的,海关不再征收关税;如果暂时进境货物在规定的期限内未复运出境的,或者暂时出境货物在规定的期限内未复运进境的,海关应当依法征收关税。

暂时进境或者暂时出境的下列货物,在进境或者出境时,纳税义务人向海关缴纳相当于应纳税款的保证金或者提供其他担保的,可以暂不缴纳关税,并应当自进境或者出境之日起6个月内复运出境或者复运进境;需要延长复运出境或者复运进境期限的,纳税义务人应当根据海关总署的规定向海关办理延期手续。

(1) 在展览会、交易会、会议及类似活动中展示或者使用的货物。

(2) 文化、体育交流活动中使用的表演、比赛用品。

(3) 进行新闻报道或者摄制电影、电视节目使用的仪器、设备及用品。

(4) 开展科研、教学、医疗活动使用的仪器、设备及用品。

(5) 在上述第(1)项至第(4)项所列活动中使用的交通工具及特种车辆。

(6) 货样。

(7) 供安装、调试、检测设备时使用的仪器、工具。

(8) 盛装货物的容器。

(9) 其他用于非商业目的的货物。

(四) 临时减免

临时减免是指由国务院根据《海关法》,运用一案一批原则,针对某个纳税人、某类商品、某个项目或某批货物的特殊情况,特别照顾,专文下达的减免税。临时减免一般有单位、品种、期限、金额或数量等限制,不能比照执行。

(五) 跨境电子商务零售进口税收优惠政策

自2016年4月8日起,跨境电子商务零售进口商品按照货物征收关税和进口环节增值税、消费税,购买跨境电子商务零售进口商品的个人作为纳税义务人,实际交易价格(包括货物零售价格、运费和保险费)作为完税价格,电子商务企业、电子商务交易平台企业或物流企

4

业可作为代收代缴义务人。

1. 纳税人与扣缴义务人

(1) 纳税义务人。纳税义务人是指购买跨境电子商务零售进口商品的个人。

(2) 代收代缴义务人。代收代缴义务人是指电子商务企业、电子商务交易平台企业或物流企业。

2. 完税价格

完税价格是指实际交易价格(包括货物零售价格、运费和保险费)。

3. 计征限额

跨境电子商务零售进口商品的单次交易限值为人民币2 000元,个人年度交易限值为人民币20 000元。自2019年1月1日起,将跨境电子商务零售进口商品的单次交易限值由人民币2 000元提高至5 000元,年度交易限值由人民币20 000元提高至26 000元。

(1) 限值以内,关税税率暂设为0;进口环节增值税、消费税暂按法定应纳税额的70%征收。

(2) 超过单次限值、累加后超过个人年度限值的单次交易,以及完税价格超过2 000元限值的单个不可分割商品,均按照一般贸易方式全额征税。自2019年1月1日起,完税价格超过5 000元单次交易限值但低于26 000元年度交易限值,且订单下仅一件商品的,可以自跨境电子商务零售渠道进口,按照货物税率全额征收关税和进口环节增值税、消费税,交易额计入年度交易总额,但年度交易总额超过年度交易限值的,应按一般贸易管理。

(3) 已经购买的电子商务进口商品属于消费者个人使用的最终商品,不得进入国内市场再次销售;原则上不允许网购保税进口商品在海关特殊监管区域外开展"网购保税+线下自提"模式。

(六) 海南离岛旅客免税购物政策

自2020年7月1日起,我国实行海南离岛旅客免税购物政策。

离岛免税政策是指对乘飞机、火车、轮船离岛(不包括离境)旅客实行限值、限量、限品种免进口税购物,在实施离岛免税政策的免税商店(以下简称"离岛免税店")内或经批准的网上销售窗口付款,在机场、火车站、港口码头指定区域提货离岛的税收优惠政策。离岛免税政策免税税种为关税、进口环节增值税和消费税。

【特别提示】上述旅客,是指年满16周岁,已购买离岛机票、火车票、船票,并持有效身份证件(国内旅客持居民身份证、港澳台旅客持旅行证件、国外旅客持护照),离开海南本岛但不离境的国内外旅客,包括海南省居民。

离岛旅客每年每人免税购物额度为10万元人民币,不限次数。免税商品种类及每次购买数量限制,按照《财政部 海关总署 税务总局关于海南离岛旅客免税购物政策的公告》附件执行。超出免税限额、限量的部分,照章征收进境物品进口税。旅客购物后乘飞机、火车、轮船离岛记为1次免税购物。

【特别提示】上述离岛免税店,是指具有实施离岛免税政策资格并实行特许经营的免税商店,目前包括:海口美兰机场免税店、海口日月广场免税店、琼海博鳌免税店、三亚海棠湾免税店。具有免税品经销资格的经营主体可按规定参与海南离岛免税经营。

离岛旅客在国家规定的额度和数量范围内,在离岛免税店内或经批准的网上销售窗口购买免税商品,免税店根据旅客离岛时间运送货物,旅客凭购物凭证在机场、火车站、港口码头指定区域提货,并一次性随身携带离岛。

已经购买的离岛免税商品属于消费者个人使用的最终商品，不得进入国内市场再次销售。

对违反《财政部 海关总署 税务总局关于海南离岛旅客免税购物政策的公告》规定，倒卖、代购、走私免税商品的个人，依法依规纳入信用记录，3 年内不得购买离岛免税商品；对于构成走私行为或者违反海关监管规定行为的，由海关依照有关规定予以处理，构成犯罪的，依法追究刑事责任。

对协助违反离岛免税政策、扰乱市场秩序的旅行社、运输企业等，给予行业性综合整治。离岛免税店违反相关规定销售免税品，由海关依照有关法律、行政法规给予处理、处罚。离岛免税政策监管办法由海关总署另行公布。

【点拨指导】离岛免税店销售的免税商品适用的增值税、消费税免税政策，相关管理办法由税务总局商财政部另行制定。

情境讨论：什么是综合保税区？

任务二　关税的计算

【情境引例】

本年 10 月，甲电视台进口两台日本生产的电视摄像机，每台价格为 20 000 美元，原产于日本的电视摄像机适用最惠国税率：每台完税价格低于或等于 5 000 美元的，适用从价税，税率为 35%；每台完税价格高于 5 000 美元的，其税率为每台 13 280 元的从量税，加上 3%的从价税。海关填发“海关进（出）口关税专用缴款书”之日人民币与美元兑换率为 6.5 : 1。要求：计算甲电视台上述进口业务应缴纳的进口关税税额。

【知识准备与业务操作】

一、关税完税价格的确定

进出口货物的完税价格，由海关以该货物的成交价格为基础审查确定。成交价格不能确定时，完税价格由海关依法估定。

（一）一般进口货物的完税价格

进口货物的完税价格包括货物的货价、货物运抵我国境内输入地点起卸前的运输及其相关费用、保险费。

进口货物完税价格的确定方法可以分为以下两种：一种是成交价格估价方法，即在进口货物成交价格的基础上进行调整，从而确定进口货物完税价格的估价方法；另一种是进口货物海关估价方法，即在进口货物的成交价格不符合规定条件或者成交价格不能确定的情况下，海关通过一定的方法用以审查确定进口货物完税价格的估价方法。

1. 成交价格估价方法

在正常情况下，对进口货物完税价格的确定一般采用成交价格估价方法。进口货物的成交价格，是指卖方向我国境内销售该货物时买方为进口该货物向卖方实付、应付的，并且按照《完税价格办法》有关规定调整后的价款总额，包括直接支付的价款和间接支付的价款。

（1）成交价格应符合的条件。

① 对买方处置或者使用进口货物不予限制，但是法律、行政法规规定实施的限制、对货物销售地域的限制和对货物价格无实质性影响的限制除外。

② 进口货物的价格不得受到使该货物成交价格无法确定的条件或者因素的影响。

③ 卖方不得直接或者间接获得因买方销售、处置或者使用进口货物而产生的任何收益，或者虽然有收益但是能够按照《完税价格办法》的规定作出调整。

④ 买卖双方之间没有特殊关系，或者虽然有特殊关系但是按照规定未对成交价格产生影响。

（2）应计入完税价格的调整项目。

采用成交价格估价方法，以成交价格为基础审查确定进口货物的完税价格时，未包括在该货物实付、应付价格中的下列费用或者价值应当计入完税价格：

① 由买方负担的除购货佣金以外的佣金和经纪费。

【点拨指导】“购货佣金”是指买方为购买进口货物向自己的采购代理人支付的劳务费用。“经纪费”是指买方为购买进口货物向代表买卖双方利益的经纪人支付的劳务费用。

② 由买方负担的与该货物视为一体的容器费用。

③ 由买方负担的包装材料费用和包装劳务费用。

④ 与该货物的生产和向中华人民共和国境内销售有关的，由买方以免费或者以低于成本的方式提供并可以按适当比例分摊的料件、工具、模具、消耗材料及类似货物的价款，以及在境外开发、设计等相关服务的费用。

4

⑤ 与该货物有关并作为卖方向我国销售该货物的一项条件，应当由买方向卖方或者有关方直接或间接支付的特许权使用费。

【点拨指导】“特许权使用费”是指进口货物的买方为取得知识产权权利人及权利人有效授权人关于专利权、商标权、专有技术、著作权、分销权或者销售权的许可或者转让而支付的费用。

⑥ 卖方直接或间接从买方对该货物进口后转售、处置或使用所得中获得的收益。

【特别提示】纳税义务人应当向海关提供上列所述费用或者价值的客观量化数据资料。如果纳税义务人不能提供，海关与纳税义务人进行价格磋商后，按照《完税价格办法》列明的海关估价方法审查确定完税价格。

（3）不计入完税价格的调整项目。

进口货物的价款中单独列明的下列费用、税收，不计入该货物的完税价格：

① 厂房、机械或者设备等货物进口后发生的建设、安装、装配、维修或者技术援助费用，但是保修费用除外。

② 进口货物运抵中华人民共和国境内输入地点起卸后发生的运输及其相关费用、保险费。

③ 进口关税、进口环节海关代征税及其他国内税。

④ 为在境内复制进口货物而支付的费用。

⑤ 境内外技术培训及境外考察费用。

⑥ 同时符合下列条件的利息费用：利息费用是买方为购买进口货物而融资所产生的。有书面的融资协议的；利息费用单独列明的；纳税义务人可以证明有关利率不高于在融资当时当地此类交易通常应当具有的利率水平，且没有融资安排的相同或者类似进口货物的价格与进口货物的实付、应付价格非常接近的。

【知识链接】“购货佣金”（买方为购买进口货物向自己的采购代理人支付的劳务费用）不计入完税价格。

（4）进口货物完税价格中的运输及相关费用、保险费的确定。

① 进口货物的运输及其相关费用，应当按照由买方实际支付或者应当支付的费用计算。如果进口货物的运输及其相关费用无法确定的，海关应当按照该货物进口同期的正常运输成本审查确定。

【特别提示】运输工具作为进口货物，利用自身动力进境的，海关在审查确定完税价格时，不再另行计入运输及其相关费用。

② 进口货物的保险费，应当按照实际支付的费用计算。如果进口货物的保险费无法确定或者未实际发生，海关应当按照“货价加运费”两者总额的3‰计算保险费，其计算公式如下：

$$保险费=(货价+运费)\times 3‰$$

③ 邮运进口的货物，应当以邮费作为运输及其相关费用、保险费。

【特别提示】关税是单一环节的价外税。关税的完税价格中不包括关税。关税以实际成交价格为计税依据。

【情境实例4-1】

1. 工作任务要求

计算甲进出口公司本年5月进口该批化工原料的关税完税价格。

2. 情境实例设计

甲进出口公司本年5月从美国进口一批化工原料共500吨，货物以境外口岸离岸价格成交，单价折合人民币为每吨20 000元，买方承担包装费每吨500元，另向卖方支付的佣金为每吨1 000元，另向自己的采购代理人支付佣金5 000元，已知该货物运抵中国海关境内输入地起卸前的包装、运输、保险和其他劳务费用为每吨2 000元，进口后另发生运输和装卸费用300元。

3. 任务实施过程

关税完税价格＝(20 000＋500＋1 000＋2 000)×500＝11 750 000(元)

---

2. 进口货物海关估价方法

对于成交价格不符合规定条件或成交价格不能确定的进口货物，海关通过一定的方法用以审查确定进口货物完税价格，即海关对进口货物进行估价。海关估价依次使用的方法包括：①相同货物成交价格估价方法；②类似货物成交价格估价方法；③倒扣价格估价方法；④计算价格估价方法；⑤其他合理的方法。

使用其他合理方法时，是指当海关使用前4种方法中的任何一种估价方法都无法确定海关估价时，所采用的以客观量化的数据资料为基础审查确定进口货物完税价格的估价方法。海关在采用其他合理方法确定进口货物的完税价格时，不得使用以下价格：①境内生产的货物在境内的销售价格；②可供选择的价格中较高的价格；③货物在出口地市场的销售价格；④以计算价格方法规定的有关各项之外的价值或费用计算的价格；⑤出口到第三国或地区的货物的销售价格；⑥最低限价或武断虚构的价格。

（二）特殊进口货物的完税价格

特殊进口货物的完税价格涉及运往境外修理的货物、运往境外加工的货物、暂时进境的货物、租赁方式进口的货物、留购的进口货样、予以补税的减免税货物、不存在成交价格的进口货物、进口软件介质等，有特别的规定，如表4-1所示。

表 4-1 特殊进口货物的完税价格

<table>
<tr><td colspan="2">运往境外修理的机械器具、运输工具或其他货物，出境时已向海关报明，并在海关规定期限内复运进境</td><td>以境外修理费和物料费为基础审查确定完税价格</td></tr>
<tr><td colspan="2">运往境外加工的货物，出境时已向海关报明，并在海关规定期限内复运进境</td><td>以境外加工费、料件费、复运进境的运输及相关费用、保险费为基础审查确定完税价格</td></tr>
<tr><td colspan="2">经海关批准暂时进境的货物</td><td>按照一般进口货物完税价格确定的有关规定，审查确定完税价格</td></tr>
<tr><td rowspan="3">租赁方式进口的货物</td><td>租金方式对外支付的租赁货物</td><td>在租赁期间，以海关审定的租金作为完税价格，利息应当予以计入</td></tr>
<tr><td>留购的租赁货物</td><td>以海关审定的留购价格作为完税价格</td></tr>
<tr><td>承租人申请一次性缴纳税款的租赁货物</td><td>可以选择按照“进口货物海关估价方法”的相关内容确定完税价格，或者按照海关审查确定的租金总额作为完税价格</td></tr>
<tr><td colspan="2">境内留购的进口货样、展览品和广告陈列品</td><td>以海关审定的留购价格作为完税价格</td></tr>
<tr><td colspan="2">特定地区、特定企业或者具有特定用途的特定减免税进口货物</td><td>应当接受海关监管。其监管年限依次为：船舶、飞机 8 年；机动车辆 6 年；其他货物 3 年。监管年限自货物进口放行之日起计算。
由海关监管使用的减免税进口货物，在监管年限内转让或移作他用需要补税的，应当以海关审定的该货物原进口时的价格，扣除折旧部分价值作为完税价格。其计算公式如下：
完税价格＝海关审定的该货物原进口时的价格×[1－申请补税时实际已使用的时间(月)/(监管年限×12)]</td></tr>
<tr><td colspan="2">易货贸易、寄售、捐赠、赠送等不存在成交价格的进口货物</td><td>由海关与纳税人进行价格磋商后，按照“进口货物海关估价方法”的规定，估定完税价格</td></tr>
<tr><td colspan="2">进口载有专供数据处理设备用软件的介质</td><td>具有下列情形之一的，应当以介质本身的价值或者成本为基础审查确定完税价格：(1)介质本身的价值或者成本与所载软件的价值分列；(2)介质本身的价值或者成本与所载软件的价值虽未分列，但是纳税义务人能够提供介质本身的价值或者成本的证明文件，或者能提供所载软件价值的证明文件。
含有美术、摄影、声音、图像、影视、游戏、电子出版物的介质不适用上述规定</td></tr>
</table>

【情境实例 4-2】

1. 工作任务要求

计算甲公司应补缴的关税税额。

2. 情境实例设计

2021 年 6 月 1 日，甲公司经批准进口一台符合国家特定免征关税的科研设备用于研发项目，设备进口时经海关审定的完税价格折合人民币 900 万元，海关规定的监管年限为 3 年；2022 年 5 月 31 日，公司研发项目完成后，将已计提折旧 225 万元的免税设备转售给国内另一家企业。

设备原进口时关税税率为 12%，设备转售时（海关接受纳税人再次填写报关单申报办理纳税及有关手续之日）关税税率降为 10%。根据税法规定，减免税货物经批准转让或者移作他用的，适用海关接受纳税人再次填写报关单申报办理纳税及有关手续之日实施的税率。

3. 任务实施过程

关税完税价格 $=900\times[1-(1\times12)\div(3\times12)]=600$（万元）

应补缴关税 $=600\times10\%=60$（万元）

（三）出口货物的完税价格

1. 以成交价格为基础的完税价格

出口货物的完税价格，由海关以该货物的成交价格为基础审查确定，并且应当包括货物运至我国境内输出地点装载前的运输及其相关费用、保险费。

出口货物的成交价格，是指该货物出口销售时，卖方为出口该货物应当向买方直接收取和间接收取的价款总额。下列税收、费用不计入出口货物的完税价格：①出口关税；②在货物价款中单独列明的货物运至我国境内输出地点装载后的运输及其相关费用、保险费。

出口货物完税价格的计算公式如下：

$$出口完税价格=离岸价格\div(1+出口关税税率)$$

2. 出口货物海关估价方法

出口货物的成交价格不能确定时，完税价格由海关依次使用下列方法审查确定：①同时或大约同时向同一国家或地区出口的相同货物的成交价格；②同时或大约同时向同一国家或地区出口的类似货物的成交价格；③根据境内生产相同或类似货物的成本、利润和一般费用、境内发生的运输及其相关费用、保险费计算所得的价格；④按照合理方法估定的价格。

【归纳总结】进出口货物完税价格的确定，如表4-2所示。

表4-2　　进出口货物完税价格的确定

<table>
<tr><th colspan="2">进出口运载或成交方式</th><th>运费的确定</th><th>保险费的确定</th></tr>
<tr><td rowspan="4">一般方式进口</td><td>海运进口</td><td colspan="2">运抵境内的卸货口岸</td></tr>
<tr><td>陆运进口</td><td colspan="2">运抵关境的第一口岸或目的口岸</td></tr>
<tr><td>空运进口</td><td colspan="2">进入境内的第一口岸或目的口岸</td></tr>
<tr><td>无法确定实际运保费</td><td>同期同行业运费率</td><td>货价加运费两者总额的3‰</td></tr>
<tr><td rowspan="3">其他方式进口</td><td>邮运进口</td><td colspan="2">邮费</td></tr>
<tr><td>以境外边境口岸价格条件成交的铁路或公路运输进口货物</td><td colspan="2">货价的1%</td></tr>
<tr><td>自驾进口的运输工具</td><td>无运费</td><td>—</td></tr>
<tr><td colspan="2">出口货物</td><td colspan="2">最多算至离境口岸</td></tr>
</table>

二、关税应纳税额的计算

关税应纳税额的计算公式如下：

（1）从价计税应纳税额。

$$应纳关税税额=应税进(出)口货物数量\times单位完税价格\times比例税率$$

（2）从量计税应纳税额。

应纳关税税额＝应税进（出）口货物数量×单位货物税额

（3）复合计税应纳税额。

应纳关税税额＝应税进（出）口货物数量×单位完税价格×比例税率＋应税进（出）口货物数量×单位货物税额

（4）滑准税应纳税额。

应纳关税税额＝应税进（出）口货物数量×单位完税价格×滑准税税率

【情境引例解析】

单价高于每台5 000美元，故适用复合税。

关税完税价格＝20 000×6.5＝130 000（元）

从量部分应纳进口关税税额＝13 280×2＝26 560（元）

从价部分应纳进口关税税额＝130 000×3%×2＝7 800（元）

应纳进口关税合计＝26 560＋7 800＝34 360（元）

【情境实战4-1——关税应纳税额的计算】

1. 工作任务要求

计算浙江光明天地贸易有限公司进口货物2022年1月应缴纳的关税税额和增值税税额。

2. 情境实战设计

2022年1月12日，浙江光明天地贸易有限公司接到海关通知，从美国进口的红心维他命复合果汁饮料20箱已到港，单价6 000美元，开户银行也已收到购货方发票，并根据原先开出的银行承兑汇票付清货款，价款与开出的银行承兑汇票金额相同，以美元结算，汇率为1∶6.8。红心维他命复合果汁饮料的关税税率为20%。中华人民共和国海关进口货物报关单如表4-3所示；海关进口关税专用缴款书如表4-4所示。

浙江光明天地贸易有限公司的纳税人识别号为91110252846210156N，开户银行即账号为中国工商银行温州青年路支行3526956374128953645。“中华人民共和国海关进口货物报关单”中的预录入编号和海关编号均为456347897180547890。境外发货人为Drinks Tiaui。运输方式为（2）水路运输。运输工具名称及航次号为MAESTALMES/05EI。提运单号为RLCDNS210。货物存放地点为国际物流。监管方式（0110）为一般贸易。征免性质（101）为一般征税。启运港为纽约（美国）。合同协议号为HT2022002。贸易国（地区）为（USA）美国。启运国（地区）为（USA）美国。经停港为纽约（美国）。入境口岸为温州。包装种类为（92）再生木托。成交方式为（1）CIF。商品编号为2202990099。境内目的地为（4510×/45148×）温州市。征免为照章征税。申报人员为张利民。申报人员证号为781015×。电话为1315555××××。申报单位为浙江利得利国际货运代理有限公司。

3. 实战操作步骤

第一步：计算关税完税价格。

关税完税价格＝6 000×20×6.8＝816 000（元）

第二步：计算应纳关税和应纳增值税：

$$应纳关税=816\ 000\times20\%=163\ 200(元)$$

$$应纳增值税=(816\ 000+163\ 200)\times13\%=127\ 296(元)$$

任务三　关税的征收管理

【情境引例】

甲公司进口一批货物，海关于本年3月1日填发“海关进(出)口关税专用缴款书”，但甲公司迟至本年3月27日才缴纳500万元的关税。请问：海关应征收的关税滞纳金是多少？

【知识准备与业务操作】

一、进出口货物的报关(申报)

进口货物的纳税人应当自运输工具申报进境之日起14日内，向货物的进境地海关申报，如实填报“中华人民共和国海关进口货物报关单”(表4-3)等相关资料，海关根据税则归类和完税价格计算应缴纳的关税和进口环节代征税款，并填发税收缴款书。

4

出口货物的发货人除海关特准外，应当在装货的24小时以前，向货物的出境地海关申报，如实填报“海关出口货物报关单”(略)等相关资料，海关根据税则归类和完税价格计算应缴纳的关税，并填发税收缴款书。

表4-3　　中华人民共和国海关进口货物报关单

预录入编号：456347897180547890　海关编号：456347897180547890　(温州港区)页码/页数：

<table>
<tr><td>境内收货人(91110252846210156N)
浙江光明天地贸易有限公司</td><td colspan="2">进境关别(1903)
温州港区</td><td colspan="2">进口日期
20220112</td><td colspan="3">申报日期
20220112</td><td colspan="2">备案号</td></tr>
<tr><td>境外发货人
Drinks Tiaui</td><td colspan="2">运输方式(2)
水路运输</td><td colspan="2">运输工具名称及航次号
MAESTALMES/05EI</td><td colspan="3">提运单号
RLCDNS210</td><td colspan="2">货物存放地点
国际物流</td></tr>
<tr><td>消费使用单位
(91110252846210156N)
浙江光明天地贸易有限公司</td><td colspan="2">监管方式(0110)
一般贸易</td><td colspan="2">征免性质(101)
一般征税</td><td colspan="3">许可证号</td><td colspan="2">启运港
纽约(美国)</td></tr>
<tr><td>合同协议号
HT2022002</td><td colspan="2">贸易国(地区)(USA)
美国</td><td colspan="2">启运国(地区)(USA)
美国</td><td colspan="2">经停港
纽约(美国)</td><td colspan="3">入境口岸
温州</td></tr>
<tr><td>包装种类(92)
再生木托</td><td>件数
略</td><td>毛重(千克)
略</td><td>净重(千克)
略</td><td>成交方式(1)
CIF</td><td>运费</td><td colspan="3">保费</td><td>杂费</td></tr>
<tr><td colspan="10">随附单证
随附单证一：略　　　　随附单证二：略</td></tr>
<tr><td colspan="10">标记唛码及备注
略</td></tr>
</table>

续 表

<table>
<tr><td>项号</td><td>商品编号</td><td>商品名称
及规格型号</td><td>数量
及单位</td><td>单价/总价
/币制</td><td>原产国
(地区)</td><td>最终目的国
(地区)</td><td>境内
目的地</td><td>征免</td></tr>
<tr><td>1</td><td>2202990099</td><td>红心维他命
复合果汁饮料</td><td>20 箱</td><td>6 000 美元</td><td>美国
(USA)</td><td>中国
(CHN)</td><td>(4510×/45148×)
温州市</td><td>照章征税</td></tr>
<tr><td></td><td></td><td></td><td></td><td></td><td></td><td></td><td></td><td></td></tr>
<tr><td></td><td></td><td></td><td></td><td></td><td></td><td></td><td></td><td></td></tr>
<tr><td></td><td></td><td></td><td></td><td></td><td></td><td></td><td></td><td></td></tr>
<tr><td></td><td></td><td></td><td></td><td></td><td></td><td></td><td></td><td></td></tr>
<tr><td></td><td></td><td></td><td></td><td></td><td></td><td></td><td></td><td></td></tr>
<tr><td colspan="3">特殊关系确认:否</td><td colspan="2">价格影响确认:否</td><td colspan="3">支付特许权使用费确认:否</td><td>自报自缴:是</td></tr>
<tr><td colspan="8">申报人员:张利民　申报人员证号 781015×　电话:1315555××××　兹申明以上内容承担如实申报、依法纳税之法律责任
申报单位:浙江利得利国际货运代理有限公司　　申报单位(签章):略</td><td>海关批注及签章</td></tr>
</table>

二、关税的缴纳

纳税人应当自海关填发税收缴款书之日起 15 日内,向指定银行缴纳税款。纳税人因不可抗力或者在国家税收政策调整的情形下,不能按期缴纳税款的,经海关总署批准,可以延期缴纳税款,但最长不得超过 6 个月。与关税相关的缴款书分为“海关进口关税专用缴款书”(表 4-4)和“海关出口关税专用缴款书”(略)。

【特别提示】如关税缴款期限届满日遇星期六、星期日等休息日或者法定节假日,则关税缴纳期限顺延至休息日或者法定节假日之后的第一个工作日。

表 4-4　　海关进口关税专用缴款书

收入系统海关系统　　填发日期:2022 年 01 月 15 日　　号码 NO.192546845961236584-A04

<table>
<tr><td rowspan="3">收款单位</td><td>收入机关</td><td colspan="3">中央金库</td><td rowspan="3">缴款单位</td><td>名　称</td><td colspan="2">浙江光明天地贸易有限公司</td></tr>
<tr><td>科目</td><td>进口关税</td><td>预算级次</td><td>中央</td><td>账　号</td><td colspan="2">3526956374128953645</td></tr>
<tr><td>收款国库</td><td colspan="3">中国银行温州东方路支行</td><td>开户银行</td><td colspan="2">中国工商银行温州青年路支行</td></tr>
<tr><td>税号</td><td>货物名称</td><td>数量</td><td>单位</td><td colspan="2">完税价格(¥)</td><td>税率%</td><td>税款金额(¥)</td></tr>
<tr><td></td><td>红心维他命复合果汁饮料</td><td>20</td><td>箱</td><td colspan="2">816 000.00</td><td>20%</td><td>163 200.00</td></tr>
<tr><td></td><td></td><td></td><td></td><td colspan="2"></td><td></td><td></td></tr>
<tr><td colspan="6">金额大写(人民币)壹拾陆万叁仟贰佰元整</td><td>合计(¥)</td><td>163 200.00</td></tr>
<tr><td>申请单位编号</td><td>2323612568</td><td>报关单编号</td><td colspan="3">456347897180547890</td><td>填制单位:</td><td>收款国库(银行)</td></tr>
<tr><td>合同(批文)号</td><td>HT2022002</td><td>运输工具(号)</td><td colspan="3">MAESTALMES/05EI</td><td rowspan="3">中华人民共和国温州海关

制单人:略
复核人:略</td><td rowspan="3">中国银行温州东方路支行</td></tr>
<tr><td>缴款期限</td><td>2022 年 01 月 30 日前</td><td>提/装货单号</td><td colspan="3">RLCDNS210</td></tr>
<tr><td colspan="6">一般贸易　照章征税　2022-01-12

国际代码:123645957845685　　USD 6.8
电子支付流水号 EPLAT0000059784562　163 200.00</td></tr>
</table>

自填发缴款书之日起 15 日内缴纳税款(期末遇星期六、星期日或法定节假日顺延),逾期缴纳按日加收税款总额万分之五的滞纳金。

4

【情境辨析 4-2】

1. 情境辨析目的

掌握关税缴纳的相关规定。

2. 情境辨析设计

关税纳税义务人因不可抗力或者在国家税收政策的调整下，不能按期缴纳税款的，经海关总署批准，可以延期缴纳税款，但最多不得超过（　　）个月。

A. 3　　B. 6　　C. 9　　D. 12

3. 情境辨析过程

答案：B

解析：关税的延期纳税最长时限是6个月，与《税收征管法》中规定的其他税种的最长延期时限（3个月）不同。

【情境实战 4-2】

1. 工作任务要求

填写"中华人民共和国海关进口货物报关单"。

2. 情境实战设计

接【情境实战 4-1——关税应纳税额的计算】

3. 实战操作步骤

填写"中华人民共和国海关进口货物报关单"（表 4-3）。

4

三、关税的强制执行

关税的强制执行措施，包括加收滞纳金和强制征收。

（一）征收关税滞纳金

滞纳金自关税缴纳期限届满之日起，至纳税义务人缴纳关税之日止，按滞纳税款额万分之五的比例按日征收，周末或法定节假日不予扣除。具体计算公式如下：

$$关税滞纳金金额=滞纳关税税额\times滞纳金征收比率\times滞纳天数$$

（二）强制征收

如果纳税义务人自海关填发缴款书之日起3个月仍未缴纳税款，经海关关长批准，海关可以采取强制扣缴、变价抵缴等强制措施。强制扣缴，即海关从纳税义务人在开户银行或者其他金融机构的存款中直接扣缴税款。变价抵缴，即海关将应税货物依法变卖，以变卖所得抵缴税款。

【情境引例解析】

滞纳12天（27－15），滞纳金$=500\times12\times0.5‰=3$（万元）

四、关税的退还

关税的退还是指关税纳税人按海关核定的税额缴纳关税后，因某种原因的出现，海关将实际征收多于应当征收的关税税额（称为"溢征关税"）退还给原纳税人的一种行政行为。海关发现多征税款的，应当立即通知纳税义务人办理退还手续。纳税义务人发现多缴税款的，自缴纳税款之日起1年内，可以以书面形式要求海关退还多缴的税款并加算银行同期活期存款利息；海关应当自受理退税申请之日起30日内查实并通知纳税义务人办理退还手续。纳税义务人应当自收到通知之日起3个月内办理有关退税手续。

五、关税的补征和追征

关税的补征和追征是指海关在纳税人按海关核定的税额缴纳关税后，发现实际征收税额少于应征税额（短征关税）时，责令纳税人补缴所差税款的一种行政行为。根据短征关税的原因，将海关征收原短征关税的行为分为补征和追征两种。因纳税人违反海关规定造成短征关税的，称为追征；非因纳税人违反海关规定造成短征关税的，称为补征。

进出口货物放行后，海关发现少征或者漏征税款的，应当自缴纳税款或者货物放行之日起1年内，向纳税义务人补征税款。但因纳税义务人违反规定造成少征或者漏征税款的，海关可以自缴纳税款或者货物放行之日起3年内追征税款，并从缴纳税款或者货物放行之日起按日加收少征或者漏征税款万分之五的滞纳金。

海关发现海关监管货物因纳税义务人违反规定造成少征或者漏征税款的，应当自纳税义务人应缴纳税款之日起3年内追征税款，并从应缴纳税款之日起按日加收少征或者漏征税款万分之五的滞纳金。

关税的溢征和补征、追征之间的区别如表4-5所示。

4

表4-5　关税的溢征和补征、追征

情况	关税规定
溢征	海关发现多征税款的，应当立即通知纳税义务人办理退还手续。纳税义务人发现多缴税款的，自缴纳税款之日起1年内，可以以书面形式要求海关退还多缴的税款并加算银行同期活期存款利息
补征	自缴纳税款或者货物放行之日起1年内，向纳税义务人补征税款
追征	自纳税义务人应缴纳税款之日起3年内追征税款，并从应缴纳税款之日起，按日加收少征或者漏征税款万分之五的滞纳金

项目小结

本项目内容的小结如表4-6所示。

表4-6　项目小结

项目名称	任务名称	典型工作任务	职业能力目标
关税纳税实务	关税的认知	关税纳税人和征税对象的确定	会判断哪些业务应当缴纳关税，会界定关税纳税人
		关税税则、税目的划分	会对关税的税则、税目进行划分
		关税税率的判定	会选择关税适用税率
		关税优惠政策的运用	能充分运用关税优惠政策

续 表

项目名称	任务名称	典型工作任务	职业能力目标
关税纳税实务	关税的计算	关税完税价格的确定	能确定关税完税价格
		关税应纳税额的计算	能根据相关业务资料计算关税的应纳税额
	关税的征收管理	进出口货物的报关(申报)	能根据相关业务资料进行进出口货物的报关(申报)
		关税的缴纳	能根据相关业务资料进行关税的缴纳
		关税的强制执行	能明确关税强制执行的措施
		关税的退还	能理解关税退还制度
		关税的补征和追征	能判别关税的补征和追征

4

项目五　企业所得税纳税实务

【素养提升】

纳税人应当充分运用国家出台的企业所得税税收政策，合法合规纳税。

1. 我国出台了从事农、林、牧、渔业项目的所得的企业所得税免税与减税政策，有利于鼓励农、林、牧、渔业生产，保护农、林、牧、渔业生产者的利益，保障人民基本生活物资充足，满足人民基本生活需要，加快建设农业强国。

2. 我国出台了西部大开发的企业所得税优惠政策，有利于推进西部大开发新格局，促进区域协调发展，巩固国家生态安全屏障，促进陆海内外联动和东西双向互济，增强内生增长动力，保障和改善民生。

【情境认知】

初学企业所得税纳税实务的李丽到公司见习

李丽：刘主管您好！我已经学习了关税纳税实务，感觉很简单，接下来准备学习企业所得税纳税实务，您能具体介绍一下企业所得税纳税实务的典型工作任务吗？

刘主管：好的，李丽。企业所得税也是我国的一大税种，地位非常重要，你应当作为重点学好。系统学习企业所得税纳税实务，首先要对企业所得税有一个大体了解，包括学会企业所得税纳税人和征税对象的确定、税率的判定以及所得税优惠政策的运用；其次要学会企业所得税应纳税所得额的计算，包括学会企业所得税计税依据确定的基本方法、收入总额的确定、不征税收入和免税收入的确定、准予扣除的项目的确定、不得扣除的项目的确定和亏损弥补；接着要学会资产的税务处理；然后要学会企业重组的所得税处理；之后要学会企业所得税的计算，包括学会居民企业和非居民企业应纳税额的计算；最后还要学会企业所得税的纳税申报。其中，企业所得税应纳税所得额的确定、应纳税额的计算、纳税申报是重点，准予扣除的项目的确定、企业重组的所得税处理是难点。

总之，企业所得税的内容比较多，在学好增值税、消费税的基础上，学起来相对来说不是非常难。

李丽：好的，谢谢刘主管，我会好好学的。

任务一 企业所得税的认知

【情境引例】

甲公司为我国一家居民企业，已经被认定为高新技术企业。请问：甲公司如果要享受15%的企业所得税税率，需要经税务机关审批吗？

【知识准备与业务操作】

一、企业所得税纳税人和扣缴义务人的确定

（一）企业所得税的纳税义务人

企业所得税是国家对我国境内的企业和其他取得收入的组织的生产经营所得和其他所得征收的一种直接税。

在中华人民共和国境内，企业和其他取得收入的组织（以下统称"企业"）为企业所得税的纳税人，依照《中华人民共和国企业所得税法》（以下简称"《企业所得税法》"）的规定缴纳企业所得税。个人独资企业、合伙企业不适用《企业所得税法》。

【点拨指导】合伙企业以每个合伙人为纳税人，合伙企业的合伙人是自然人的，作为自然人的合伙人缴纳个人所得税；合伙人是法人或其他组织的，作为法人或其他组织的合伙人缴纳企业所得税，该合伙人在缴纳企业所得税时，适用《企业所得税法》。

缴纳企业所得税的企业分为居民企业和非居民企业，分别承担不同的纳税责任。

1. 居民企业

居民企业是指依法在中国境内成立，或者依照外国（地区）法律成立但实际管理机构在中国境内的企业。依法在中国境内成立的企业，包括依照中国法律、行政法规在中国境内成立的企业、事业单位、社会团体以及其他取得收入的组织。依照外国（地区）法律成立的企业，包括依照外国（地区）法律成立的企业和其他取得收入的组织。

2. 非居民企业

非居民企业，是指依照外国（地区）法律成立且实际管理机构不在中国境内，但在中国境内设立机构、场所的，或者在中国境内未设立机构、场所，但有来源于中国境内所得的企业。

实际管理机构是指对企业的生产经营、人员、账务、财产等实施实质性全面管理和控制的机构。机构、场所是指在中国境内从事生产经营活动的机构、场所，包括：

（1）管理机构、营业机构、办事机构。

（2）工厂、农场、开采自然资源的场所。

（3）提供劳务的场所。

（4）从事建筑、安装、装配、修理、勘探等工程作业的场所。

（5）其他从事生产经营活动的机构、场所。

非居民企业委托营业代理人在中国境内从事生产经营活动的，包括委托单位或者个人经常代其签订合同，或者储存、交付货物等，该营业代理人视为非居民企业在中国境内设立的机构、场所。

【情境辨析 5-1】

1. 情境辨析目的

掌握企业所得税纳税义务人的划分标准。

2. 情境辨析设计

根据企业所得税法律制度的规定，判定居民企业的标准有（　　）。

A. 登记注册地标准　　B. 所得来源地标准

C. 经营行为实际发生地标准　　D. 实际管理机构所在地标准

3. 情境辨析过程

答案：A、D

解析：居民企业是指依法在中国境内成立，或者依照外国（地区）法律成立但实际管理机构在中国境内的企业。《企业所得税法》采用了“登记注册地标准”和“实际管理机构所在地标准”两个衡量标准，对居民企业和非居民企业作了明确界定。

（二）企业所得税的扣缴义务人

（1）支付人为扣缴义务人。非居民企业在中国境内未设立机构、场所的，或者虽设立机构、场所但取得的所得与其所设机构、场所没有实际联系的，其来源于中国境内的所得应缴纳的所得税，实行源泉扣缴，以支付人为扣缴义务人。税款由扣缴义务人在每次支付或者到期应支付时，从支付或者到期应支付的款项中扣缴。

5

支付人是指依照有关法律规定或者合同约定对非居民企业直接负有支付相关款项义务的单位或者个人。支付包括现金支付、汇拨支付、转账支付和权益兑价支付等货币支付和非货币支付。到期应支付的款项是指支付人按照权责发生制原则应当计入相关成本、费用的应付款项。

（2）指定扣缴义务人。对非居民企业在中国境内取得工程作业和劳务所得应缴纳的所得税，税务机关可以指定工程价款或者劳务费的支付人为扣缴义务人。

税法规定的可以指定扣缴义务人的情形包括：

① 预计工程作业或提供劳务期限不足一个纳税年度，且有证据表明不履行纳税义务的。

② 没有办理税务登记或者临时税务登记，且未委托中国境内的代理人履行纳税义务的。

③ 未按照规定期限办理企业所得税纳税申报或者预缴申报的。

④ 其他规定的情形。

扣缴义务人由县级以上税务机关指定，并同时告知扣缴义务人所扣税款的计算依据、计算方法、扣缴期限。

（3）扣缴义务人每次代扣的税款，应当自代扣之日起 7 日内缴入国库，并向所在地的税务机关报送扣缴企业所得税报告表。

(4) 扣缴义务人未依法扣缴或者无法履行扣缴义务的,由纳税人在所得发生地缴纳。在中国境内存在多处所得发生地的,由纳税人选择其中一地申报缴纳企业所得税。

纳税人未依法缴纳的,税务机关可以从该纳税人在中国境内其他收入项目(指该纳税人在中国境内取得的其他各种来源的收入)的支付人应付的款项中,追缴该纳税人的应纳税款。

税务机关在追缴该纳税人应纳税款时,应当将追款理由、追缴数额、扣缴期限和缴纳方式等告知该纳税人。

二、企业所得税征税对象的确定

(一) 居民企业的征税对象

居民企业应当就其来源于中国境内、境外的所得缴纳企业所得税。所得包括销售货物所得、提供劳务所得、转让财产所得、股息红利等权益性投资所得、利息所得、租金所得、特许权使用费所得、接受捐赠所得和其他所得。

(二) 非居民企业的征税对象

非居民企业在中国境内设立机构、场所的,应当就其所设机构、场所取得的来源于中国境内的所得,以及发生在中国境外但与其所设机构、场所有实际联系的所得,缴纳企业所得税。其中"实际联系"是指非居民企业在中国境内设立的机构、场所拥有据以取得所得的股权、债券,以及拥有、管理、控制据以取得所得的财产等。

非居民企业在中国境内未设立机构、场所的,或者虽设立机构、场所但取得的所得与其所设机构、场所没有实际联系的,应当就其来源于中国境内的所得缴纳企业所得税。

来源于中国境内、境外的所得,按照以下原则确定:

(1) 销售货物所得,按照交易活动发生地确定。

(2) 提供劳务所得,按照劳务发生地确定。

(3) 转让财产所得,不动产转让所得按照不动产所在地确定,动产转让所得按照转让动产的企业或者机构、场所所在地确定,权益性投资资产转让所得按照被投资企业所在地确定。

(4) 股息、红利等权益性投资所得,按照分配所得的企业所在地确定。

(5) 利息所得、租金所得、特许权使用费所得,按照负担、支付所得的企业或者机构、场所所在地确定,或者按照负担、支付所得的个人住所地确定。

(6) 其他所得,由国务院财政、税务主管部门确定。

三、企业所得税税率的判定

企业所得税税率是体现国家与企业之间分配关系的核心要素。企业所得税税率设计的原则是兼顾国家、企业、员工个人三者之间的利益,既要保证国家财政收入的稳定增长,又要使企业的生产、经营和发展有一定的财力保障;既要考虑到企业的实际情况和负担能力,又要维护税率的统一性。

企业所得税实行比例税率。比例税率简便易行,透明度高,不会因征税而改变不同企业之间收入的分配比例,有利于促进效率的提升。企业所得税税率的现行规定如下:

(1) 基本税率为25%。居民企业应当就其来源于中国境内、境外的所得缴纳企业所得税,适用的企业所得税税率为25%;非居民企业在中国境内设立机构、场所的,应当就其所设机构、场所取得的来源于中国境内的所得，以及发生在中国境外但与其所设机构、场所有实际联系的所得，缴纳企业所得税，适用的企业所得税税率为25%。

（2）低税率为20%。非居民企业在中国境内未设立机构、场所的，或者虽设立机构、场所但取得的所得与其所设机构、场所没有实际联系的，应当就其来源于中国境内的所得缴纳企业所得税，适用的企业所得税税率为20%，但实际征税时减按10%的税率征收。

情境答疑：我国现行的企业所得税税率与世界各国相比是偏高还是偏低？

答：现行企业所得税基本税率为25%，从世界各国比较而言还是偏低的。据有关资料介绍，世界上近160个实行企业所得税的国家（地区）的平均税率为28.6%，我国周边18个国家（地区）的平均税率为26.7%。现行税率的确定，既考虑了我国财政承受能力，又考虑了企业负担水平。

【情境辨析5-2】

1. 情境辨析目的

掌握企业所得税税率的相关规定。

2. 情境辨析设计

下列各项中，按照25%的税率缴纳企业所得税的有（　　）。

A. 在中国境内的居民企业取得的来源于中国境外的所得

B. 非居民企业在中国境内设立机构、场所的，其所设机构、场所取得的来源于中国境内的所得

5

C. 在中国境内未设立机构、场所的非居民企业，取得的来源于中国境内的所得

D. 非居民企业在中国境内设立机构、场所，但取得的所得与其所设机构、场所没有实际联系的，其取得的来源于中国境内的所得

3. 情境辨析过程

答案：A、B

解析：居民企业应当就其来源于中国境内、境外的所得缴纳企业所得税，适用的企业所得税税率为25%；非居民企业在中国境内设立机构、场所的，应当就其所设机构、场所取得的来源于中国境内的所得，以及发生在中国境外但与其所设机构、场所有实际联系的所得，缴纳企业所得税，适用的企业所得税税率为25%。非居民企业在中国境内未设立机构、场所的，或者虽设立机构、场所但取得的所得与其所设机构、场所没有实际联系的，应当就其来源于中国境内的所得缴纳企业所得税，适用的企业所得税税率为20%，但实际征税时减按10%的税率征收。选项C、D，适用的企业所得税税率为20%，但实际征税时减按10%的税率征收。

四、企业所得税优惠政策的运用

税收优惠是指国家在税收法律、行政法规中规定的对某一部分特定企业和征税对象给予减轻或免除税收负担的一种措施。税法规定的企业所得税的税收优惠方式主要包括免税、减税、加计扣除、加速折旧、减计收入、税额抵免等。

（一）免税与减税优惠

1. 从事农、林、牧、渔业项目的所得

企业（包括“公司＋农户”经营模式的企业）从事农、林、牧、渔业项目的所得，包括免征和减征两部分。

（1）企业从事下列项目的所得，免征企业所得税：①蔬菜、谷物、薯类、油料、豆类、棉花、麻类、糖料、水果、坚果的种植；②农作物新品种的选育；③中药材的种植；④林木的培育和种植；⑤牲畜、家禽的饲养等；⑥林产品的采集；⑦灌溉、农产品初加工、兽医、农技推广、农机作业和维修等农、林、牧、渔服务业项目；⑧远洋捕捞。

（2）企业从事下列项目的所得，减半征收企业所得税：①花卉、茶以及其他饮料作物和香料作物的种植；②海水养殖、内陆养殖等。

2. 从事国家重点扶持的公共基础设施项目投资经营的所得

税法所称国家重点扶持的公共基础设施项目，是指《公共基础设施项目企业所得税优惠目录》规定的港口码头、机场、铁路、公路、城市公共交通、电力、水利等项目。企业从事国家重点扶持的公共基础设施项目的投资经营的所得，自项目取得第一笔生产经营收入所属纳税年度起，第 1 年至第 3 年免征企业所得税，第 4 年至第 6 年减半征收企业所得税。

企业承包经营、承包建设和内部自建自用上述规定的项目，不得享受上述企业所得税优惠。

【特别提示】“三免三减半”政策，减免税期间从“取得第一笔生产经营收入所属纳税年度起”。

3. 从事符合条件的环境保护、节能节水项目的所得

符合条件的环境保护、节能节水项目，包括公共污水处理、公共垃圾处理、沼气综合开发利用、节能减排技术改造、海水淡化等。

企业从事符合条件的环境保护、节能节水项目的所得，自项目取得第一笔生产经营收入所属纳税年度起，第 1 年至第 3 年免征企业所得税，第 4 年至第 6 年减半征收企业所得税。依照规定享受减免税优惠的项目，在减免税期限内转让的，受让方自受让之日起，可以在剩余期限内享受规定的减免税优惠；减免税期限届满后转让的，受让方不得就该项目重复享受减免税优惠。

4. 符合条件的技术转让所得

（1）符合条件的技术转让所得免征、减征企业所得税，是指一个纳税年度内，居民企业转让技术所有权所得不超过 500 万元的部分，免征企业所得税；超过 500 万元的部分，减半征收企业所得税。

（2）技术转让的范围，包括居民企业转让专利技术、计算机软件著作权、集成电路布图设计权、植物新品种、生物医药新品种，以及财政部和国家税务总局确定的其他技术。

（3）技术转让应签订技术转让合同。其中，境内的技术转让须经省级以上（含省级）科技部门认定登记，跨境的技术转让须经省级以上（含省级）商务部门认定登记，涉及财政经费支持产生技术的转让，需省级以上（含省级）科技部门审批。

（4）居民企业技术出口应由有关部门按照商务部、科技部发布的《中国禁止出口限制出口技术目录》（商务部、科技部令 2008 年第 12 号）进行审查。居民企业取得禁止出口和限制出口技术转让所得，不享受技术转让减免企业所得税优惠政策。

(5) 居民企业从直接或间接持有股权之和达到100%的关联方取得的技术转让所得，不享受技术转让减免企业所得税优惠政策。

实务咨询：我公司在符合条件的技术转让过程中，同时销售仪器设备取得的收入是否一并计入技术转让收入？

(二) 高新技术企业

国家需要重点扶持的高新技术企业减按15%的税率征收企业所得税。高新技术企业是指：在《国家重点支持的高新技术领域》内，持续进行研究开发与技术成果转化，形成企业核心自主知识产权，并以此为基础开展经营活动，在中国境内(不包括港、澳、台地区)注册的居民企业。

认定为高新技术企业须同时满足以下条件：

(1) 企业申请认定时须注册成立1年以上。

(2) 企业通过自主研发、受让、受赠、并购等方式，获得对其主要产品(服务)在技术上发挥核心支持作用的知识产权的所有权。

(3) 对企业主要产品(服务)发挥核心支持作用的技术属于《国家重点支持的高新技术领域》规定的范围。

(4) 企业从事研发和相关技术创新活动的科技人员占企业当年职工总数的比例不低于10%。

(5) 企业近三个会计年度(实际经营期不满三年的按实际经营时间计算，下同)的研究开发费用总额占同期销售收入总额的比例符合如下要求：

① 最近一年销售收入小于5 000万元(含)的企业，比例不低于5%。

② 最近一年销售收入在5 000万元至2亿元(含)的企业，比例不低于4%。

③ 最近一年销售收入在2亿元以上的企业，比例不低于3%。

其中，企业在中国境内发生的研究开发费用总额占全部研究开发费用总额的比例不低于60%。

(6) 近一年高新技术产品(服务)收入占企业同期总收入的比例不低于60%。

(7) 企业创新能力评价应达到相应要求。

(8) 企业申请认定前一年内未发生重大安全、重大质量事故或严重环境违法行为。

【情境引例解析】

根据《国家税务总局关于企业所得税税收优惠管理问题的补充通知》(国税函〔2009〕255号)规定，除国务院明确的企业所得税过渡类优惠政策、执行新税法后继续保留执行的原企业所得税优惠政策、《企业所得税法》第二十九条规定的民族自治地方企业减免税优惠政策，以及国务院另行规定实行审批管理的企业所得税优惠政策外，其他各类企业所得税优惠政策，均实行备案管理(而非审批管理)。因此，甲公司要享受15%的企业所得税税率不需要经税务机关审批。

(三) 技术先进型服务企业优惠

自2018年1月1日起，对经认定的技术先进型服务企业(服务贸易类)，减按15%的税率征收企业所得税。

(四) 小型微利企业优惠

自 2019 年 1 月 1 日至 2021 年 12 月 31 日，对小型微利企业年应纳税所得额不超过 100 万元的部分，减按 25%计入应纳税所得额，按 20%的税率缴纳企业所得税；对年应纳税所得额超过 100 万元但不超过 300 万元的部分，减按 50%计入应纳税所得额，按 20%的税率缴纳企业所得税。自 2021 年 1 月 1 日至 2022 年 12 月 31 日，对小型微利企业年应纳税所得额不超过 100 万元的部分，在上述优惠政策基础上，再减半征收企业所得税，即减按 12.5%计入应纳税所得额，按 20%的税率缴纳企业所得税。自 2022 年 1 月 1 日至 2024 年 12 月 31 日，对小型微利企业年应纳税所得额超过 100 万元但不超过 300 万元的部分，减按 25%计入应纳税所得额，按 20%的税率缴纳企业所得税。上述小型微利企业是指从事国家非限制和禁止行业，且同时符合年度应纳税所得额不超过 300 万元、从业人数不超过 300 人、资产总额不超过 5 000 万元等三个条件的企业。从业人数，包括与企业建立劳动关系的职工人数和企业接受的劳务派遣用工人数。所称从业人数和资产总额指标，应按企业全年的季度平均值确定。具体计算公式如下：

季度平均值 =(季初值 + 季末值)÷ 2

全年季度平均值 = 全年各季度平均值之和 ÷ 4

年度中间开业或者终止经营活动的，以其实际经营期作为一个纳税年度确定上述相关指标。小型微利企业所得税统一实行按季度预缴。预缴企业所得税时，小型微利企业的资产总额、从业人数、年度应纳税所得额指标，暂按当年度截至本期申报所属期末的情况进行判断。其中，资产总额、从业人数指标比照上述“全年季度平均值”的计算公式，计算截至本期申报所属期末的季度平均值；年度应纳税所得额指标暂按截至本期申报所属期末不超过 300 万元的标准判断。

【特别提示】符合规定条件的小型微利企业(包括采取查账征收和核定征收方式的企业)，均可按照规定享受小型微利企业所得税优惠政策。

自 2022 年 1 月 1 日起，与小型微利企业所得税优惠政策有关的征管问题规定如下：

(1) 符合财政部、税务总局规定的小型微利企业条件的企业(以下简称“小型微利企业”)，按照相关政策规定享受小型微利企业所得税优惠政策。企业设立不具有法人资格分支机构的，应当汇总计算总机构及其各分支机构的从业人数、资产总额、年度应纳税所得额，依据合计数判断是否符合小型微利企业条件。

(2) 小型微利企业无论按查账征收方式或核定征收方式缴纳企业所得税，均可享受小型微利企业所得税优惠政策。

(3) 小型微利企业在预缴和汇算清缴企业所得税时，通过填写纳税申报表，即可享受小型微利企业所得税优惠政策。

(4) 小型微利企业预缴企业所得税时，资产总额、从业人数、年度应纳税所得额指标，暂按当年度截至本期预缴申报所属期末的情况进行判断。

(5) 原不符合小型微利企业条件的企业，在年度中间预缴企业所得税时，按照相关政策标准判断符合小型微利企业条件的，应按照截至本期预缴申报所属期末的累计情况，计算减免税额。当年度此前期间如因不符合小型微利企业条件而多预缴的企业所得税税款，可在以后季度应预缴的企业所得税税款中抵减。

(6) 企业预缴企业所得税时享受了小型微利企业所得税优惠政策，但在汇算清缴时发现不符合相关政策标准的，应当按照规定补缴企业所得税税款。

(7) 小型微利企业所得税统一实行按季度预缴。按月度预缴企业所得税的企业，在当年度 4 月、7 月、10 月预缴申报时，若按相关政策标准判断符合小型微利企业条件的，下一个预缴申报期起调整为按季度预缴申报，一经调整，当年度内不再变更。

【情境实例 5-1】

1. 工作任务要求

计算甲公司本年度应缴纳的企业所得税。

2. 情境实例设计

甲公司为我国一家居民企业，本年度的应纳税所得额是 288 万元，符合小型微利企业条件。

3. 任务实施过程

应纳企业所得税 $=100\times12.5\%\times20\%+(288-100)\times25\%\times20\%=11.9$(万元)

(五) 加计扣除优惠

(1) 研究开发费用(以下简称“研发费用”)。企业为开发新技术、新产品和新工艺发生的研究开发费用，未形成无形资产计入当期损益的，在按照规定据实扣除的基础上，按照研发费用的 50%加计扣除；形成无形资产的，按照无形资产成本的 150%摊销。企业开展研发活动中实际发生的研发费用，未形成无形资产计入当期损益的，在按规定据实扣除的基础上，在 2018 年 1 月 1 日至 2023 年 12 月 31 日期间，再按照实际发生额的 75%在税前加计扣除；形成无形资产的，在上述期间按照无形资产成本的 175%在税前摊销。制造业企业开展研发活动中实际发生的研发费用，未形成无形资产计入当期损益的，在按规定据实扣除的基础上，自 2021 年 1 月 1 日起，再按照实际发生额的 100%在税前加计扣除；形成无形资产的，自 2021 年 1 月 1 日起，按照无形资产成本的 200%在税前摊销。科技型中小企业开展研发活动中实际发生的研发费用，未形成无形资产计入当期损益的，在按规定据实扣除的基础上，自 2022 年 1 月 1 日起，再按照实际发生额的 100%在税前加计扣除；形成无形资产的，自 2022 年 1 月 1 日起，按照无形资产成本的 200%在税前摊销。

5

【特别提示】除烟草制造业、住宿和餐饮业、批发和零售业、房地产业、租赁和商务服务业、娱乐业以外的其他企业可以享受研究开发费相关的加计扣除政策。上述企业应为会计核算健全、实行查账征收并能够准确归集研发费用的居民企业。

企业委托外部机构或个人开展研发活动发生的费用，可按规定税前扣除；加计扣除时按照研发活动发生费用的 80%作为加计扣除基数。自 2018 年 1 月 1 日起，取消企业委托境外研发费用不得加计扣除限制。自 2018 年 1 月 1 日起，委托境外进行研发活动所发生的费用，按照费用实际发生额的 80%计入委托方的委托境外研发费用。委托境外研发费用不超过境内符合条件的研发费用三分之二的部分，可以按规定在企业所得税前加计扣除。上述费用实际发生额应按照独立交易原则确定。委托方与受托方存在关联关系的，受托方应向委托方提供研发项目费用支出明细情况。委托境外进行研发活动不包括委托境外个人进行的研发活动。

实务释疑:我公司研发部门发生的差旅费可否加计扣除?

答:根据《财政部 国家税务总局 科技部关于完善研究开发费用税前加计扣除政策的通知》(财税〔2015〕119号的规定,企业开展研发活动中实际发生的研发费用,允许在计算应纳税所得额时按照规定实行加计扣除。

研发费用的具体范围包括:

(1) 人员人工费用。直接从事研发活动人员的工资薪金、基本养老保险费、基本医疗保险费、失业保险费、工伤保险费、生育保险费和住房公积金,以及外聘研发人员的劳务费用。

(2) 直接投入费用。研发活动直接消耗的材料、燃料和动力费用;用于中间试验和产品试制模具、公益装备开发及制造费;不构成固定资产的样品、样机及一般测试手段购置费,试制产品的检验费;用于研发活动的仪器、设备的运行维护、调整、检验维修等费用,以及通过经营租赁方式租入的用于研发活动的仪器、设备租赁费。

(3) 折旧费用。用于研发活动的仪器、设备的折旧费。

(4) 无形资产摊销。用于研发活动的软件、专利权、非专利技术的摊销费用。

(5) 新产品设计费、新工艺规程制定费、新药研制的临床试验费、勘探开发技术的现场试验费。

(6) 其他相关费用。如:技术图书资料费、资料翻译费、专家咨询费、高新科技研发保险费、研发成果检索、分析、评议、论证、鉴定、评审、评估、验收费用,知识产权的申请费、注册费、代理费、差旅费、会议费等。此项费用总额不得超过可加计扣除研发费用总额的10%。

下列活动不适用税前加计扣除政策:

(1) 企业产品(服务)的常规升级。

(2) 对某项科研成果的直接应用,如直接采用公开的新工艺、材料、装置、产品、服务或知识等。

(3) 企业在商品化后为顾客提供的技术支持活动。

(4) 对现存产品、服务、技术、材料或工艺流程进行的重复或简单改变。

(5) 市场调查研究、效率调查或管理研究。

(6) 作为工业(服务)流程环节或常规的质量控制、测试分析、维修维护。

此外,对烟草制造业、住宿和餐饮业、批发和零售业、房地产业、租赁和商务服务业、娱乐业不适用税前加计扣除政策。

由于上述"(6)其他相关费用。如:技术图书资料费、资料翻译费、专家咨询费、高新科技研发保险费、研发成果检索、分析、评议、论证、鉴定、评审、评估、验收费用,知识产权的申请费、注册费、代理费、差旅费、会议费等。此项费用总额不得超过可加计扣除研发费用总额的10%。"因此,可加计扣除的项目包括差旅费,但包括差旅费在内的其他相关费用总额不得超过可加计扣除研发费用总额的10%。

实务咨询:我公司同时符合研究开发费用加计扣除和小型微利企业两个优惠政策的条件,两种优惠是否可以同时享受?

5

(2) 企业安置残疾人员所支付的工资。企业安置残疾人员的，在按照支付给残疾职工工资据实扣除的基础上，按照支付给残疾职工工资的100%加计扣除。

情境讨论：企业安置残疾职工工资100%加计扣除，应同时具备哪些条件？

(六) 创业投资企业优惠

创业投资企业从事国家需要重点扶持和鼓励的创业投资，可以按投资额的一定比例抵扣应纳税所得额。

创业投资企业优惠，是指创业投资企业采取股权投资方式投资于未上市的中小高新技术企业2年以上的，可以按照其投资额的70%在股权持有满2年的当年抵扣该创业投资企业的应纳税所得额；当年不足抵扣的，可以在以后纳税年度结转抵扣。例如：甲企业20×8年1月1日向乙企业(未上市的中小高新技术企业)投资100万元，股权持有到20×9年12月31日。甲企业20×9年度可抵扣的应纳税所得额为70万元。

(1) 公司制创业投资企业采取股权投资方式直接投资于种子期、初创期科技型企业(以下简称“初创科技型企业”)满2年(24个月，下同)的，可以按照投资额的70%在股权持有满2年的当年抵扣该公司制创业投资企业的应纳税所得额；当年不足抵扣的，可在以后纳税年度结转抵扣。

(2) 有限合伙制创业投资企业(以下简称“合伙创投企业”)采取股权投资方式直接投资于初创科技型企业满2年的，该合伙创投企业的合伙人分别按以下方式处理：①法人合伙人可以按照对初创科技型企业投资额的70%抵扣法人合伙人从合伙创投企业分得的所得；当年不足抵扣的，可以在以后纳税年度结转抵扣。②个人合伙人可以按照对初创科技型企业投资额的70%抵扣个人合伙人从合伙创投企业分得的经营所得；当年不足抵扣的，可以在以后纳税年度结转抵扣。

(3) 天使投资个人采取股权投资方式直接投资于初创科技型企业满2年的，可以按照投资额的70%抵扣转让该初创科技型企业股权取得的应纳税所得额；当期不足抵扣的，可在以后取得转让该初创科技型企业股权的应纳税所得额时结转抵扣。天使投资个人投资多个初创科技型企业的，对其中办理注销清算的初创科技型企业，天使投资个人对其投资额的70%尚未抵扣完的，可自注销清算之日起36个月内抵扣天使投资个人转让其他初创科技型企业股权取得的应纳税所得额。

(4) 有限合伙制创业投资企业采取股权投资方式投资于未上市的中小高新技术企业满2年的，其法人合伙人可按照对未上市中小高新技术企业投资额的70%抵扣该法人合伙人从该有限合伙制创业投资企业分得的应纳税所得额，当年不足抵扣的，可以在以后纳税年度结转抵扣。

(七) 加速折旧优惠

企业的固定资产由于技术进步等原因，确需加速折旧的，可以缩短折旧年限或者采取加速折旧的方法。可采用加速折旧方法的固定资产是指：①由于技术进步，产品更新换代较快的固定资产；②常年处于强震动、高腐蚀状态的固定资产。

5

采取缩短折旧年限方法的，最低折旧年限不得低于规定折旧年限的60%；若为购置已使用过的固定资产，其最低折旧年限不得低于税法规定最低折旧年限减去已使用年限后剩余年限的60%。最低折旧年限一经确定，一般不得变更。采取加速折旧方法的，可以采取双倍余额递减法或者年数总和法。

根据财税〔2014〕75号文和财税〔2015〕106号文的规定，对符合相关条件的生物药品制造业，专用设备制造业，铁路、船舶、航空航天和其他运输设备制造业，计算机、通信和其他电子设备制造业，仪器仪表制造业，信息传输、软件和信息技术服务业等行业企业，2014年1月1日后购进的固定资产（包括自行建造），以及对符合相关条件的轻工、纺织、机械、汽车等四个领域重点行业的企业，2015年1月1日后新购进的固定资产，允许按不低于企业所得税法规定折旧限的60%缩短折旧年限，或选择采取双倍余额递减法或年数总和法进行加速折旧。上述重点行业企业是指以上述行业业务为主营业务，其固定资产投入使用当年的主营业务收入占企业收入总额50%（不含）以上的企业。

【特别提示】自2019年1月1日起，适用财税〔2014〕75号文和财税〔2015〕106号文规定固定资产加速折旧优惠的行业范围，扩大至全部制造业领域。

对所有行业企业2014年1月1日后新购进的专门用于研发的仪器、设备，单位价值不超过100万元的，允许一次性计入当期成本费用，在计算应纳税所得额时扣除，不再分年度计算折旧；单位价值超过100万元的，可缩短折旧年限或采取加速折旧的方法。

对所有行业企业持有的单位价值不超过5 000元的固定资产，允许一次性计入当期成本费用，在计算应纳税所得额时扣除，不再分年度计算折旧。

企业在2018年1月1日至2023年12月31日期间新购进的设备、器具，单位价值不超过500万元的，允许一次性计入当期成本费用在计算应纳税所得额时扣除，不再分年度计算折旧。设备、器具，是指除房屋、建筑物以外的固定资产。

按照《企业所得税法》及其实施条例的规定，企业根据自身生产经营需要，也可选择不实行加速折旧政策。

《财政部 税务总局关于中小微企业设备器具所得税税前扣除有关政策的公告》（财政部 税务总局公告2022年第12号）

情境讨论：固定资产加速折旧对企业有什么好处？

（八）减计收入优惠

（1）企业以《资源综合利用企业所得税优惠目录》规定的资源作为主要原材料，生产国家非限制和禁止并符合国家和行业相关标准的产品取得的收入，减按90%计入收入总额。

（2）自2019年6月1日至2025年12月31日，在社区依托固定场所设施，采取全日托、半日托、计时托、临时托等方式，为社区居民提供托育服务的企业、事业单位和社会组织，提供社区养老、托育、家政服务取得的收入，在计算应纳税所得额时，减按90%计入收入总额。

(九)税额抵免优惠

税额抵免,是指企业购置并实际使用《环境保护专用设备企业所得税优惠目录》《节能节水专用设备企业所得税优惠目录》和《安全生产专用设备企业所得税优惠目录》规定的环境保护、节能节水、安全生产等专用设备的,该专用设备的投资额的10%可以从企业当年的应纳税额中抵免;当年不足抵免的,可以在以后5个纳税年度结转抵免。

享受前款规定的企业所得税优惠的企业,应当实际购置并自身实际投入使用前款规定的专用设备;企业购置上述专用设备在5年内转让、出租的,应当停止享受企业所得税优惠,并补缴已经抵免的企业所得税税款。转让的受让方可以按照该专用设备投资额的10%抵免当年企业所得税应纳税额;当年应纳税额不足抵免的,可在以后5个纳税年度结转抵免。

企业同时从事适用不同企业所得税待遇的项目的,其优惠项目应当单独计算所得,并合理分摊企业的期间费用;没有单独计算的,不得享受企业所得税优惠。

自2009年1月1日起,增值税一般纳税人购进生产用固定资产发生的进项税额可从其销项税额中抵扣。如果增值税进项税额允许抵扣,其专用设备投资额不再包括增值税进项税额;如果增值税进项税额不允许抵扣,其专用设备投资额应为增值税专用发票上注明的价税合计金额,企业购买专用设备取得普通发票的,其专用设备投资额为普通发票上注明的金额(实际上指的是普通发票上注明的价税合计金额)。

【情境辨析5-3】

1. 情境辨析目的

掌握企业所得税优惠政策的相关规定。

2. 情境辨析设计

5

下列关于企业所得税优惠政策的说法中,正确的是(   )。

A. 企业综合利用资源,生产符合国家产业政策规定的产品所取得的收入,可以在计算应纳税所得额时减按90%计入收入总额

B. 创投企业从事国家需要扶持和鼓励的创业投资,可按投资额的70%在当年及以后应纳企业所得税税额中抵免

C. 企业购置用于环境保护、节能节水、安全生产等专用设备的投资额,可以按设备投资额10%抵扣当年及以后年度的应纳税所得额

D. 企业安置残疾人员,所支付的工资,按照支付给残疾人工资的50%加计扣除

3. 情境辨析过程

答案:A

解析:选项B,创业投资企业从事国家需要重点扶持和鼓励的创业投资,投资于未上市的中小高新企业2年以上的,按投资额的70%抵扣应纳税所得额,因此选项B的错误有两处:一是没有讲明享受优惠应具备的条件,二是混淆了抵免企业所得税税额与抵扣应纳税所得额的规定。选项C,企业购置并实际使用《环境保护专用设备企业所得税优惠目录》《节能节水专用设备企业所得税优惠目录》和《安全生产专用设备企业所得税优惠目录》规定的环境保护、节能节水、安全生产等专用设备的,该专用设备的投资额的10%可以从企业当年的应纳税额中抵免;当年不足抵免的,可以在以后5个纳税年度结转抵免,因此选项C混淆了抵免企业所得税税额与抵扣应纳税所得额的规定;选项D,企业安置残

疾人员，所支付的工资，按照支付给残疾人员工资的100%加计扣除，因此，选项D加计扣除的比例错误。

（十）民族自治地方企业优惠

民族自治地方的自治机关对本民族自治地方的企业应缴纳的企业所得税中属于地方分享的部分，可以决定减征或者免征。自治州、自治县决定减征或者免征的，须报省、自治区、直辖市人民政府批准。但对民族自治地方内国家限制和禁止行业的企业，不得减征或者免征企业所得税。

（十一）非居民企业优惠

在中国境内未设立机构、场所，或者虽设立机构、场所但取得的所得与其所设机构、场所没有实际联系的非居民企业减按10%的税率征收企业所得税。该类非居民企业取得下列所得免征企业所得税：①外国政府向中国政府提供贷款取得的利息所得；②国际金融组织向中国政府和居民企业提供优惠贷款取得的利息所得；③经国务院批准的其他所得。

（十二）其他有关行业的优惠

1. 鼓励软件产业和集成电路产业发展的优惠

依法成立且符合条件的集成电路设计企业和软件企业，在2019年12月31日前自获利年度起计算优惠期，第一年至第二年免征企业所得税，第三年至第五年按照25%的法定税率减半征收企业所得税，并享受至期满为止。

2. 经营性文化事业单位转制为企业的优惠

2019年1月1日至2023年12月31日经营性文化事业单位转制为企业，自转制注册之日起五年内免征企业所得税。2018年12月31日之前已完成转制的企业，自2019年1月1日起可继续免征五年企业所得税。

【特别提示】经营性文化事业单位是指从事新闻出版、广播影视和文化艺术的事业单位。

3. 关于鼓励证券投资基金发展的优惠

（1）对证券投资基金从证券市场中取得的收入，包括买卖股票、债券的差价收入，股权的股息、红利收入。债券的利息收入及其他收入，暂不征收企业所得税。

（2）对投资者从证券投资基金分配中取得的收入，暂不征收企业所得税。

（3）对证券投资基金管理人运用基金买卖股票、债券的差价收入，暂不征收企业所得税。

4. 债券利息减免税的优惠

（1）对企业取得的2012年及以后年度发行的地方政府债券利息收入，免征企业所得税。

（2）自2018年11月7日起至2025年12月31日止，对境外机构投资境内债券市场取得的债券利息收入暂免征收企业所得税。

【特别提示】暂免征收企业所得税的范围不包括境外机构在境内设立的机构、场所取得的与该机构、场所有实际联系的债券利息。

（3）对企业投资者持有2019—2023年发行的铁路债券取得的利息收入，减半征收企业所得税。

【特别提示】铁路债券是指以中国铁路总公司为发行和偿还主体的债券，包括中国铁路

5

建设债券、中期票据、短期融资券等债务融资工具。

5. 从事污染防治的第三方企业的优惠

对符合条件的从事污染防治的第三方企业减按15%的税率征收企业所得税。第三方防治企业是指受排污企业或政府委托，负责环境污染治理设施（包括自动连续监测设施）运营维护的企业。

（十三）西部大开发的优惠

（1）自2011年1月1日至2020年12月31日，对设在西部地区以《西部地区鼓励类产业目录》中规定的产业项目为主营业务，且其当年度主营业务收入占企业收入总额70%以上的企业，经企业申请，主管税务机关审核确认后，可减按15%税率缴纳企业所得税。

（2）自2021年1月1日至2030年12月31日，对设在西部地区的鼓励类产业企业减按15%的税率征收企业所得税。本条所称鼓励类产业企业是指以《西部地区鼓励类产业目录》中规定的产业项目为主营业务，且其主营业务收入占企业收入总额60%以上的企业。

（十四）海南自由贸易港的优惠

自2020年1月1日至2024年12月31日，海南自由贸易港实施以下企业所得税优惠政策。

（1）对注册在海南自由贸易港并实质性运营的鼓励类产业企业，减按15%的税率征收企业所得税。

【特别提示】上述鼓励类产业企业，是指以海南自由贸易港鼓励类产业目录中规定的产业项目为主营业务，且其主营业务收入占企业收入总额60%以上的企业。实质性运营，是指企业的实际管理机构设在海南自由贸易港，并对企业生产经营、人员、账务、财产等实施实质性全面管理和控制。对不符合实质性运营的企业，不得享受优惠。

5

【特别提示】海南自由贸易港鼓励类产业目录包括《产业结构调整指导目录（2019年本）》《鼓励外商投资产业目录（2019年版）》和海南自由贸易港新增鼓励类产业目录。上述目录在本通知执行期限内修订的，自修订版实施之日起按新版本执行。

对总机构设在海南自由贸易港的符合条件的企业，仅就其设在海南自由贸易港的总机构和分支机构的所得，适用15%税率；对总机构设在海南自由贸易港以外的企业，仅就其设在海南自由贸易港内的符合条件的分支机构的所得，适用15%税率。具体征管办法按照税务总局有关规定执行。

（2）对在海南自由贸易港设立的旅游业、现代服务业、高新技术产业企业新增境外直接投资取得的所得，免征企业所得税。

【特别提示】上述新增境外直接投资所得应当符合以下条件：

① 从境外新设分支机构取得的营业利润；或从持股比例超过20%（含）的境外子公司分回的，与新增境外直接投资相对应的股息所得。

② 被投资国（地区）的企业所得税法定税率不低于5%。

【特别提示】上述旅游业、现代服务业、高新技术产业，按照海南自由贸易港鼓励类产业目录执行。

（3）对在海南自由贸易港设立的企业，新购置（含自建、自行开发）固定资产或无形资产，单位价值不超过500万元（含）的，允许一次性计入当期成本费用在计算应纳税所得额时扣除，不再分年度计算折旧和摊销；新购置（含自建、自行开发）固定资产或无形资产，单位价值超过 500 万元的，可以缩短折旧、摊销年限或采取加速折旧、摊销的方法。

【特别提示】上述固定资产，是指除房屋、建筑物以外的固定资产。

（十五）其他事项

（1）享受企业所得税过渡优惠政策的企业，应按照新税法和实施条例中有关收入和扣除的规定计算应纳税所得额。

（2）企业所得税过渡优惠政策与新税法及实施条例规定的优惠政策存在交叉的，不得叠加享受，由企业选择最优惠的政策执行，且一经选择，不得改变。

（3）法律设置的发展对外经济合作和技术交流的特定地区内，以及国务院已规定执行上述地区特殊政策的地区内新设立的国家需要重点扶持的高新技术企业，可以享受过渡性税收优惠，具体办法由国务院规定。

（4）国家已确定的其他鼓励类企业，可以按照国务院规定享受减免税优惠。

任务二 企业所得税应纳税所得额的计算

【情境引例】

甲公司为我国一家居民企业，本年度实现利润总额为 80 万元，通过慈善机构捐赠贫困地区 2 万元，直接捐给某学校 5 万元，且无以前年度结转的公益性捐赠支出，要求：计算甲公司本年度在企业所得税税前准予扣除的捐赠额。

【知识准备与业务操作】

一、企业所得税计税依据确定的基本方法

应纳税额的多少，取决于应纳税所得额和适用税率两个因素。在实际过程中，应纳税所得额的计算一般有两种方法。

（一）间接计算法

在间接计算法下，在会计利润的基础上加上或减去按照税法规定调整的项目金额后的金额，即为应纳税所得额。其计算公式如下：

应纳税所得额 = 会计利润总额 ± 纳税调整项目金额

纳税调整项目金额包括两方面的内容：一是企业的财务会计处理和税法规定不一致的应予以调整的金额；二是企业按税法规定准予扣除的金额。

（二）直接计算法

在直接计算法下，企业每一纳税年度的收入总额减除不征税收入、免税收入、各项扣除以及允许弥补的以前年度亏损后的余额，即为应纳税所得额。其计算公式如下：

应纳税所得额 = 收入总额 − 不征税收入 − 免税收入 − 各项扣除金额 − 弥补亏损

【特别提示】应税收入、不征税收入和免税收入均应计入收入总额。

【点拨指导】在计算应纳税所得额时，企业财务会计处理办法与税收法律法规的规定不一致的，应当依照税收法律法规的规定计算。

5

二、收入总额的确定

企业的收入总额包括以货币形式和非货币形式从各种来源取得的收入。企业取得收入的货币形式包括现金、银行存款、应收账款、应收票据、准备持有至到期的债券投资以及债务的豁免等；企业以非货币形式取得的收入，包括固定资产、生物资产、无形资产、股权投资、存货、不准备持有至到期的债券投资、劳务以及有关权益等，这些非货币资产应当按照公允价值确定收入额，公允价值是指按照市场价格确定的价值。

【特别提示】全面营改增后，计算企业所得税的各种收入均为不含增值税的收入。

（一）一般收入的确认

（1）销售货物收入。它是指企业销售商品、产品、原材料、包装物、低值易耗品以及其他存货取得的收入。

【特别提示】销售货物收入包括销售货物同时收取的价外费用（不含增值税）、视同销售货物收入（不含增值税）。

企业销售商品同时满足下列条件的，应确认收入的实现：

① 商品销售合同已经签订，企业已将商品所有权相关的主要风险和报酬转移给购货方。

② 企业对已售出的商品既没有保留通常与所有权相联系的继续管理权，也没有实施有效控制。

③ 收入的金额能够可靠地计量。

④ 已发生或将发生的销售方的成本能够可靠地核算。

【特别提示】税法中的企业所得税收入确认条件与《企业会计准则》中的收入确认条件是有区别的。企业在对收入进行会计账务处理时，应当按照《企业会计准则》中的收入确认条件来确认收入；企业在确认企业所得税收入以便计算缴纳企业所得税时，应当按照税法中的企业所得税收入确认条件来确认收入。

5

符合上述收入确认条件，采取下列商品销售方式的，应按以下规定确认收入实现的时间：

① 销售商品采用托收承付方式的，在办妥托收手续时确认收入。

② 销售商品采取预收款方式的，在发出商品时确认收入。

③ 销售商品需要安装和检验的，在购买方接受商品以及安装和检验完毕时确认收入。如果安装程序比较简单，可在发出商品时确认收入。

④ 销售商品采用支付手续费方式委托代销的，在收到代销清单时确认收入。

（2）提供劳务收入。它是指企业从事建筑安装、修理修配、交通运输、仓储租赁、金融保险、邮电通信、咨询经纪、文化体育、科学研究、技术服务、教育培训、餐饮住宿、中介代理、卫生保健、社区服务、旅游、娱乐、加工以及其他劳务服务活动取得的收入。

企业在各个纳税期末，提供劳务交易的结果能够可靠估计的，应采用完工进度（完工百分比）法确认提供劳务收入。

提供劳务交易的结果能够可靠估计，是指同时满足下列条件：

① 收入的金额能够可靠地计量。

② 交易的完工进度能够可靠地确定。

③ 交易中已发生和将发生的成本能够可靠地核算。

企业提供劳务完工进度的确定，可选用下列方法：

① 已完成工作的测量。

② 已提供劳务占劳务总量的比例。

③ 发生成本占总成本的比例。

企业应按照从接受劳务方已收或应收的合同或协议价款确定劳务收入总额，根据纳税期末提供劳务收入总额乘以完工进度后的金额扣除以前纳税年度累计已确认提供劳务收入后的金额，确认为当期劳务收入；同时，按照提供劳务估计总成本乘以完工进度扣除以前纳税期间累计已确认劳务成本后的金额，结转为当期劳务成本。

下列提供劳务满足收入确认条件的，应按规定确认收入：

① 安装费。安装费应根据安装完工进度确认收入。安装工作是商品销售附带条件的，安装费在确认商品销售实现时确认收入。

② 宣传媒介的收费。宣传媒介的收费应在相关的广告或商业行为出现于公众面前时确认收入。广告的制作费，应根据制作广告的完工进度确认收入。

③ 软件费。为特定客户开发软件的收费，应根据开发的完工进度确认收入。

④ 服务费。包含在商品售价内可区分的服务费，在提供服务的期间分期确认收入。

⑤ 艺术表演、招待宴会和其他特殊活动的收费。艺术表演、招待宴会和其他特殊活动的收费在相关活动发生时确认收入。收费涉及几项活动的，预收的款项应合理分配给每项活动，分别确认收入。

⑥ 会员费。申请入会或加入会员，只允许取得会籍，所有其他服务或商品都要另行收费的，在取得该会员费时确认收入。申请入会或加入会员后，会员在会员期内不再付费就可得到各种服务或商品，或者以低于非会员的价格销售商品或提供服务的，该会员费应在整个受益期内分期确认收入。

⑦ 特许权费。属于提供设备和其他有形资产的特许权费，在交付资产或转移资产所有权时确认收入；属于提供初始及后续服务的特许权费，在提供服务时确认收入。

⑧ 劳务费。长期为客户提供重复的劳务收取的劳务费，在相关劳务活动发生时确认收入。

(3) 转让财产收入。它是指企业转让固定资产、生物资产、无形资产、股权、债权等财产取得的收入。转让财产收入应当按照从财产受让方已收或应收的合同或协议价款确认收入。

(4) 股息、红利等权益性投资收益。它是指企业因权益性投资从被投资方取得的收入。股息、红利等权益性投资收益，除国务院财政、税务主管部门另有规定外，按照被投资方作出利润分配决定的日期确认收入的实现。

(5) 利息收入。它是指企业将资金提供给他人使用但不构成权益性投资，或者因他人占用本企业资金取得的收入，包括存款利息、贷款利息、债券利息、欠款利息等收入。利息收入应按照合同约定的债务人应付利息的日期确认收入的实现。

(6) 租金收入。它是指企业提供固定资产、包装物或者其他有形资产的使用权取得的收入。租金收入应按照合同约定的承租人应付租金的日期确认收入的实现。

实务释疑:我公司出租一台机器设备,5年租期的租金在第1年向承租方一次性全部收取,请问取得的租金在缴纳企业所得税时如何确认收入?

答:《国家税务总局关于贯彻落实企业所得税法若干税收问题的通知》(国税函〔2010〕79号)规定:"根据《中华人民共和国企业所得税法实施条例》(以下简称'《企业所得税法实施条例》')第十九条规定,企业提供固定资产、包装物或者其他有形资产的使用权取得的租金收入,应按交易合同或协议规定的承租人应付租金的日期确认收入的实现。其中,对于交易合同或协议中规定租赁期限跨年度,且租金提前一次性支付的,根据《企业所得税法实施条例》第九条规定的收入与费用配比原则,出租人可对上述已确认的收入,在租赁期内,分期均匀计入相关年度收入。

出租方如为在我国境内设有机构场所且采取据实申报缴纳企业所得的非居民企业,也按本条规定执行。"

因此,你公司一次性收取的租金可以在5年租赁期内分期确认应纳税所得额。

(7) 特许权使用费收入。它是指企业提供专利权、非专利技术、商标权、著作权以及其他特许使用权取得的收入。特许权使用费收入应按照合同约定的特许权使用人应付特许权使用费的日期确认收入的实现。

(8) 接受捐赠收入。它是指企业接受的来自其他企业、组织或者个人无偿给予的货币性资产、非货币性资产。接受捐赠收入按照实际收到捐赠资产的日期确认收入的实现。

【区别比较】股息、红利等权益性投资收益,按照被投资方作出利润分配决定的日期确认收入的实现;利息收入、租金收入和特许权使用费收入均以合同约定的日期确认收入的实现;接受捐赠收入以实际收到的日期确认收入的实现。

5

(9) 其他收入。它是指企业取得的除以上收入外的其他收入,包括企业资产溢余收入、逾期未退包装物押金收入、确实无法偿付的应付款项、已经作坏账损失处理后又收回的应收款项、债务重组收入、补贴收入、违约金收入、汇兑收益等。

企业取得财产(包括各类资产、股权、债权等)转让收入、债务重组收入、接受捐赠收入、无法偿付的应付款收入等,不论是以货币形式、还是非货币形式体现,除另有规定外,均应一次性计入确认收入的年度计算缴纳企业所得税。

【点拨指导】在2021年及以后年度汇算清缴中,企业按照市场价格销售货物、提供劳务服务等,凡由政府财政部门根据企业销售货物、提供劳务服务的数量、金额的一定比例给予全部或部分资金支付的,应当按照权责发生制原则确认收入。除上述情形外,企业取得的各种政府财政支付,如财政补贴、补助、补偿、退税等,应当按照实际取得收入的时间确认收入。

(二) 特殊收入的确认

(1) 采取分期收款方式销售货物按照合同约定的收款日期确认收入的实现。

(2) 采用售后回购方式销售商品,销售的商品按售价确认收入,回购的商品作为购进商品处理。有证据表明不符合销售收入确认条件的,如以销售商品方式进行融资,收到的款项应确认为负债。回购价格大于原售价的,差额应在回购期间确认为利息费用。

(3) 采取以旧换新方式销售商品，应当按照销售商品收入的确认条件确认收入，回收的商品作为购进商品处理。

(4) 采取商业折扣(折扣销售)条件销售商品：企业为促进商品销售而在商品价格上给予的价格扣除属于商业折扣，商品销售涉及商业折扣的，应当按照扣除商业折扣后的金额确定销售商品收入金额。

(5) 采取现金折扣(销售折扣)条件销售商品：债权人为鼓励债务人在规定的期限内付款而向债务人提供的债务扣除属于现金折扣，销售商品涉及现金折扣的，应当按扣除现金折扣前的金额确定销售商品收入金额，现金折扣在实际发生时作为财务费用扣除。

(6) 采取折让方式销售商品：企业因售出商品的质量不合格等原因而在售价上给予的减让属于销售折让；企业因售出商品质量、品种不符合要求等原因而发生的退货属于销售退回。企业已经确认销售收入的售出商品发生销售折让和销售退回，应当在发生当期冲减当期销售商品收入。

(7) 采取买一赠一等方式组合销售本企业商品的，不属于捐赠，应将总的销售金额按各项商品的公允价值的比例来分摊确认各项的销售收入。

【知识链接】纳税人将自产、委托加工或者购进的货物无偿赠送其他单位或者个人，视同销售货物缴纳增值税。对于“买一赠一”等方式组合销售是否视同销售缴纳增值税，各地税务机关有两种不同的观点：一种观点认为“买一赠一”等方式组合销售属于无偿赠送，因此视同销售缴纳增值税；另一种观点认为“买一”是“赠一”的前提，“买一赠一”等方式组合销售不属于无偿赠送，而是有偿赠送，因此不视同销售，不需要缴纳增值税。

【情境实例 5-2】

1. 工作任务要求

分别计算甲服装企业买一赠一销售方式下西服和领带的销售收入。

2. 情境实例设计

甲服装企业为我国一家居民企业，本年度采用买一赠一的方式销售本企业商品，规定以每套 1 500 元购买 A 西服的客户可获赠一条 B 领带，A 西服正常出厂价格为 1 500 元，B 领带正常出厂价格为 200 元，当期该服装企业销售西服领带组合共计 100 套，共取得收入 150 000 元。以上金额均不含增值税。

3. 任务实施过程

企业以买一赠一等方式组合销售本企业商品的，不属于捐赠，应将总的销售金额按各项商品的公允价值的比例来分摊确认各项的销售收入：分摊到 A 西服上的收入 = 买一赠一整体收入 × A ÷ (A + B)；分摊到 B 领带上的收入 = 买一赠一整体收入 × B ÷ (A + B)。

A 西服销售收入总额 = 150 000 × 1 500 ÷ (1 500 + 200) = 132 352.94(元)

B 领带销售收入总额 = 150 000 × 200 ÷ (1 500 + 200) = 17 647.06(元)

---

(8) 企业受托加工制造大型机械设备、船舶、飞机等，以及从事建筑、安装、装配业务或者提供劳务等，持续时间超过 12 个月的，按照纳税年度内完工进度或者完成的工作量确认收入的实现。

(9) 采取产品分成方式取得收入的，以企业分得产品的时间确认收入的实现，其收入额按照产品的公允价值确定。

5

（10）企业发生非货币性资产交换，以及将货物、财产、劳务用于捐赠、偿债、赞助、集资、广告、样品、职工福利和进行利润分配等用途，应当视同销售货物、转让财产和提供劳务，但国务院财政、税务主管部门另有规定的除外。

（三）处置资产收入的确认

企业处置资产的所得税处理按以下规定执行（该规定自 2008 年 1 月 1 日起执行，对 2008 年 1 月 1 日以前发生的处置资产，2008 年 1 月 1 日以后尚未进行税务处理的，也按该规定执行）：

（1）企业发生下列情形的处置资产，除将资产转移至境外以外，由于资产所有权属在形式和实质上均不发生改变，可作为内部处置资产，不视同销售确认收入，相关资产的计税基础延续计算。

① 将资产用于生产、制造、加工另一产品。

② 改变资产形状、结构或性能。

③ 改变资产用途（如，自建商品房转为自用或经营）。

④ 将资产在总机构与其分支机构之间转移。

⑤ 上述两种或两种以上情形的混合。

⑥ 其他不改变资产所有权属的用途。

（2）企业将资产移送他人的下列情形，因资产所有权属已发生改变而不属于内部处置资产，应按规定视同销售确定收入。

① 用于市场推广或销售。

② 用于交际应酬。

③ 用于职工奖励或福利。

④ 用于股息分配。

⑤ 用于对外捐赠。

⑥ 其他改变资产所有权属的用途。

（3）企业发生第（2）条规定情形的，除另有规定外，应按照被移送资产的公允价值确定销售收入。

情境答疑：对于企业所得税中的处置资产是否视同销售确认收入这一问题，有什么原则或规律？

答：对于企业的资产所有权属在形式和实质上均不发生改变的（资产转移至境外的除外），可作为内部处置资产，这种情况不视同销售确认收入。

对于企业的资产所有权属已发生改变的，即为企业将资产移送他人，这种情况视同销售确认收入。

情境讨论：对处置应税消费品是否视同销售确认收入这一问题，归纳一下增值税、消费税、企业所得税有什么不同？

情境答疑：对于视同销售问题，会计、增值税及企业所得税的处理上有什么不同？

答：会计、增值税及企业所得税对视同销售问题处理的对比表如表 5-1 所示。

表 5-1　会计、增值税及企业所得税对视同销售问题处理的对比表

项目		会计是否确认收入	增值税是否视同销售	企业所得税是否视同销售
将货物交付其他单位或者个人代销		✓	✓	✓
销售代销货物(针对代销行为本身)	收取手续费	×	✓	×
	视同买断	✓	✓	✓
统一核算,异地移送		×	✓	×
职工福利(给个人)	自产、委托加工	✓	✓	✓
	外购	×	×	✓
集体福利(食堂、浴室)	自产、委托加工	✓(有观点认为×)	✓	✓[1]
	外购	×	×	✓[1]
投资(自产、委托加工、外购)		根据不同的情况,✓或×	✓	✓
分配(自产、委托加工、外购)		✓	✓	✓
无偿赠送(自产、委托加工、外购)		×	✓	✓
交际应酬	自产、委托加工	×	✓	✓
	外购	×	×	✓
市场推广、广告样品	自产、委托加工	×	✓	✓
	外购	×	✓	✓

注:(1) 企业所得税将福利定义为职工福利,应理解为包括集体福利和个人消费两部分。将自产、委托加工或外购的货物用于集体福利(食堂、浴室),企业所得税是否视同销售,国家税务总局对此回复,企业所得税方面确认收入,不区分集体和个人。但有人认为将自产、委托加工或外购的货物用于集体福利属于内部处置资产,资产所有权未发生转移,因此企业所得税不视同销售。本书建议,企业在具体操作时应咨询当地税务机关,根据税法的规定,并结合当地税务机关的答复进行操作。

(2) 企业所得税确认收入,会计上不确认收入,则需进行纳税调整;企业所得税确认收入,会计上也确认收入,则不需进行纳税调整。

【情境辨析 5-4】

1. 情境辨析目的

掌握应视同销售确认企业所得税收入的范围。

2. 情境辨析设计

下列行为中,企业应视同销售确认企业所得税收入的有(　　)。

A. 将货物用于投资　　　　B. 将商品用于捐赠

C. 将产品用于职工福利　　D. 将产品用于在建工程

3. 情境辨析过程

答案:A、B、C

解析:企业发生非货币性资产交换,以及将货物、财产、劳务用于捐赠、偿债、赞助、集资、

广告、样品、职工福利和进行利润分配等用途，应视同销售，但对于货物在同一法人实体内部之间的转移，比如用于在建工程、管理部门、分公司等不作销售处理。

三、不征税收入和免税收入的确定

国家为了扶持和鼓励某些特殊的纳税人和特定的项目，或者避免因征税影响企业正常的生产、经营，对企业取得的某些收入给予不征税或免税的特殊优惠政策，以减轻企业的负担，促进经济的协调发展。

（一）不征税收入

收入总额中的下列收入为不征税收入：

（1）财政拨款，是指各级人民政府对纳入预算管理的事业单位、社会团体等组织拨付的财政资金，但国务院和国务院财政、税务主管部门另有规定的除外。

（2）依法收取并纳入财政管理的行政事业性收费、政府性基金。行政事业性收费，是指依照法律法规等有关规定，按照国务院规定程序批准，在实施社会公共管理，以及在向公民、法人或者其他组织提供特定公共服务过程中，向特定对象收取并纳入财政管理的费用。政府性基金，是指企业依照法律、行政法规等有关规定，代政府收取的具有专项用途的财政资金。

（3）国务院规定的其他不征税收入，是指企业取得的，由国务院财政、税务主管部门规定专项用途并经国务院批准的财政性资金。

【特别提示】财政性资金，是指企业取得的来源于政府及其有关部门的财政补助、补贴、贷款贴息，以及其他各类财政专项资金，包括直接减免的增值税和即征即退、先征后退、先征后返的各种税收，但不包括企业按规定取得的出口退税款。

县级以上人民政府将国有资产无偿划入企业，凡指定专门用途并按规定进行管理的，企业可作为不征税收入进行企业所得税处理。其中，该项资产属于非货币性资产的，应按政府确定的接收价值计算不征税收入。

2018 年 9 月 20 日起，对全国社会保障基金理事会及基本养老保险基金投资管理机构在国务院批准的投资范围内，运用养老基金投资取得的归属于养老基金的投资收入，作为企业所得税不征税收入。

2018 年 9 月 10 日起，对全国社会保障基金取得的直接股权投资收益、股权投资基金收益，作为企业所得税不征税收入。

【点拨指导】①企业的不征税收入用于支出所形成的费用，不得在计算应纳税所得额时扣除；②企业的不征税收入用于支出所形成的资产，其计算的折旧、摊销不得在计算应纳税所得额时扣除。

实务释疑：我公司取得的增值税返还是否缴纳企业所得税？

答：《财政部 国家税务总局关于财政性资金、行政事业性收费、政府性基金有关企业所得税政策问题的通知》（财税〔2008〕151 号）规定："（一）企业取得的各类财政性资金，除属于国家投资和资金使用后要求归还本金的以外，均应计入企业当年收入总额。（二）对企业取得的由国务院财政、税务主管部门规定专项用途并经国务院批准的财政性资金，准予作为不征税收入，在计算应纳税所得额时从收入总额中减除。（三）纳入预算管理的事业单位、社会团体等组织按照核定的预算和经费报领关系收到的由财政部门或上级单位拨入的财政补助收入，准予作为不征税收入，在计算应纳税所得额时从收入总额中减除，但国务院和国务院财政、税务主管部门另有规定的除外。本条所称财政性资金，是指企业取得的来源于政府及其有关部门的财政补助、补贴、贷款贴息，以及其他各类财政专项资金，包括直接减免的增值税和即征即退、先征后退、先征后返的各种税收，但不包括企业按规定取得的出口退税款；所称国家投资，是指国家以投资者身份投入企业、并按有关规定相应增加企业实收资本（股本）的直接投资。”

因此，先征后返的增值税是否应征收企业所得税，主要看是否由国务院财政、税务主管部门规定专项用途，且是否为经国务院批准的财政性资金，如果不是，则应并入收入计征企业所得税，如果是，则作为不征税收入，不予缴纳企业所得税。另外，国家投资和资金使用后要求归还本金的财政性资金、企业按规定取得的出口退税款，均不予缴纳企业所得税。

实务咨询：我公司为一家软件企业，取得的即征即退增值税税款，由企业专项用于软件产品研发和扩大再生产购进的设备并单独进行核算，请问该设备能否计提折旧？

实务讨论：政府补助作为不征税收入处理，税负会降低吗？

讨论提示

（二）免税收入

企业的下列收入为免税收入：

（1）国债利息收入。

（2）符合条件的居民企业之间的股息、红利等权益性投资收益（该收益是指居民企业直接投资于其他居民企业取得的投资收益，且该收益不包括连续持有居民企业公开发行并上市流通的股票不足12个月取得的投资收益）。

（3）在中国境内设立机构、场所的非居民企业从居民企业取得与该机构、场所有实际联系的股息、红利等权益性投资收益（该收益不包括连续持有居民企业公开发行并上市流通的股票不足12个月取得的投资收益）。

（4）符合条件的非营利组织的收入。

（5）非营利组织的其他免税收入。具体包括：接受其他单位或者个人捐赠的收入；除《企业所得税法》第七条规定的财政拨款以外的其他政府补助收入，但不包括因政府购买服务取得的收入；按照省级以上民政、财政部门规定收取的会费；不征税收入和免税收入孳生的银行存款利息收入；财政部、国家税务总局规定的其他收入。

不征税收入与免税收入的区别与联系如表5-2所示。

表5-2　　不征税收入与免税收入的区别与联系

项　目	不征税收入	免税收入
联　系	均属于企业所得税所称的“收入总额”，在计算企业所得税应纳税所得额时应扣除	
区　别	（1）不征税收入是指不应列入征税范围的收入； （2）不征税收入对应的费用、折旧、摊销一般不得在计算应纳税所得额时扣除	（1）免税收入是应列入征税范围的收入，只是国家出于特殊考虑给予税收优惠，但在一定时期有可能恢复征税； （2）免税收入对应的费用、折旧、摊销一般可以在计算应纳税所得额时扣除

实务咨询：我公司收取的因代扣代缴个人所得税而返还的2%手续费是否需要计入收入总额缴纳企业所得税？

四、准予扣除的项目的确定

（一）税前扣除项目的原则

企业申报的扣除项目和金额要真实、合法。所谓真实是指能提供证明有关支出确属已经实际发生的适当凭据；合法是指符合国家税法的规定，若其他法规规定与税收法规规定不一致，应以税收法规的规定为标准。除税收法规另有规定外，税前扣除一般应遵循以下原则：

（1）权责发生制原则，是指企业费用应在发生的所属期扣除，而不是在实际支付时确认扣除。

（2）配比原则，是指企业发生的费用应当与收入配比扣除。除特殊规定外，企业发生的费用不得提前或滞后申报扣除。

（3）相关性原则，企业可扣除的费用从性质和根源上必须与取得应税收入直接相关。

（4）确定性原则，即企业可扣除的费用不论何时支付，其金额必须是确定的。

（5）合理性原则，符合生产经营活动常规，应当计入当期损益或者有关资产成本的必要和正常的支出。

实务讨论：我公司在20×8年末暂估了一笔70多万元的费用，在20×9年取得该笔业务的发票，在20×8年企业所得税汇算清缴时，这笔费用没有税前扣除，这笔业务应该如何处理？

讨论提示

（二）准予扣除项目的基本范围

（1）税前扣除项目包括成本、费用、税金、损失和其他支出。

① 成本，是指企业在生产经营活动中发生的销售成本、销货成本、业务支出以及其他耗费。

实务释疑：我公司是一家建筑企业，现将某项目全部承包给某单位并支付给对方工程费，请问企业所得税如何计算缴纳？

答：根据《企业所得税法》及其实施条例的相关规定，建筑公司应将从工程发包方取得的承包收入按规定确认为企业所得税的应税收入，将支付给分包单位的支出在企业所得税前作为成本扣除。但需要企业注意的是：根据《中华人民共和国建筑法》的规定，禁止承包单位将其承包的全部建筑工程转包给他人，禁止承包单位将其承包的全部建筑工程肢解以后以分包的名义分别转包给别人。

② 费用，是指企业在生产经营活动中发生的销售费用、管理费用和财务费用，已经计入成本的有关费用除外。

③ 税金，是指企业发生的除企业所得税和允许抵扣的增值税以外的各项税金及附加。

【特别提示】企业发生的除企业所得税和允许抵扣的增值税以外的各项税金及其附加，准予在计算应纳税所得额时扣除。允许抵扣的增值税指的是允许从增值税销项税额中抵扣的增值税进项税额，不予在计算应纳税所得额时扣除。但这里遗漏了增值税销项税额，以及采用简易计税方法下的增值税税额。另外，企业作为扣缴义务人为个人负担的个人所得税也不予在计算应纳税所得额时扣除，因此上述说法是不全面的。建议修改为：企业发生的除企业所得税、一般计税方法下的增值税销项税额、允许抵扣的增值税进项税额、简易计税方法下的增值税税额、企业作为扣缴义务人为个人负担的个人所得税以外的各项税金及其附加，准予在计算应纳税所得额时扣除。

情境答疑：允许企业所得税税前扣除的税金有哪些？有哪两种扣除的形式？

答：在我国目前的税收体系中，允许税前扣除的税金及其附加的种类主要有：企业按规定缴纳的消费税、城市维护建设税、教育费附加、地方教育附加、出口关税、资源税、土地增值税、房产税、车船税、城镇土地使用税、印花税、车辆购置税、契税、耕地占用税、进口关税、按规定不得抵扣的增值税进项税额等。税金及其附加扣除有两种方式：一是在发生当期扣除（如消费税、城市维护建设税、教育费附加、地方教育附加、出口关税、资源税、土地增值税、房产税、车船税、城镇土地使用税、印花税等）；二是在发生当期计入相关资产成本，在以后各期分摊扣除（如车辆购置税、契税、耕地占用税、进口关税、按规定不得抵扣的增值税进项税额等）。

④ 损失，是指企业在生产经营活动中发生的固定资产和存货的盘亏、毁损、报废损失，转让财产损失，呆账损失，坏账损失，自然灾害等不可抗力因素造成的损失以及其他损失。企业发生的损失，减除责任人赔偿和保险赔款后的余额，依照国务院财政、税务主管部门的规定扣除。已经作为损失处理的资产，在以后纳税年度又全部收回或者部分收回时，应当计入当期收入。

实务咨询：我公司因某员工非法挪用单位现金造成的资产损失（该员工被判刑）如何在税前扣除？

答：《国家税务总局关于发布〈企业资产损失所得税税前扣除管理办法〉的公告》（国家税务总局公告2011年第25号）规定："现金损失应依据以下证据材料确认：（一）现金保管人确认的现金盘点表（包括倒推至基准日的记录）；（二）现金保管人对于短缺的说明及相关核准文件；（三）对责任人由于管理责任造成损失的责任认定及赔偿情况的说明；（四）涉及刑事犯罪的，应有司法机关出具的相关材料；（五）金融机构出具的假币收缴证明。"

你公司发生的因内部职工挪用现金所造成的资产损失，符合以上政策规定，并能够提供上述证据资料的，应按《国家税务总局关于发布〈企业资产损失所得税税前扣除管理办法〉的公告》规定的程序和要求向主管税务机关申报后方能在税前扣除；未经申报的损失，不得在税前扣除。

⑤ 其他支出，是指除成本、费用、税金、损失外，企业在生产经营活动中发生的与生产经营活动有关的、合理的支出。

【特别提示】企业发生的支出应当区分收益性支出和资本性支出。收益性支出在发生当期直接扣除；资本性支出应当分期扣除或者计入有关资产成本，不得在发生当期直接扣除。

实务释疑：我公司老总出国考察期间取得国外的票据，请问企业所得税税前可否扣除？

答：《企业所得税法》规定："企业实际发生的与取得收入有关的、合理的支出，包括成本、费用、税金、损失和其他支出，准予在计算应纳税所得额时扣除。"《中华人民共和国发票管理办法》规定："单位和个人从中国境外取得的与纳税有关的发票或者凭证，税务机关在纳税审查时有疑义的，可以要求其提供境外公证机构或者注册会计师的确认证明，经税务机关审核认可后，方可作为记账核算的凭证。"因此，你公司老总出国考察期间取得国外的票据若符合上述条件，则准予在企业所得税税前扣除。

（2）在计算应纳税所得额时，下列项目可按照实际发生额或者规定的标准扣除：

① 工资、薪金支出。它是指企业每一纳税年度支付给在本企业任职或者受雇的员工的所有现金形式或者非现金形式的劳动报酬，包括基本工资、奖金、津贴、补贴、年终加薪、加班工资，以及与员工任职或者受雇有关的其他支出。企业发生的合理的工资薪金支出，准予扣除。

情境讨论：什么称为合理的工资薪金支出？

实务释疑：我公司 2021 年 12 月计提的工资在 2022 年 1 月发放，请问该笔工资能否计入 2021 年度的工资薪金支出，予以企业所得税税前扣除？

答：根据《国家税务总局关于企业工资薪金和职工福利费等支出税前扣除问题的公告》（国家税务总局公告 2015 年第 34 号）的规定，企业在年度汇算清缴结束前向员工实际支付的已预提汇缴的年度工资薪金，准予在汇缴年度按规定扣除。因此，2021 年 12 月计提的工资在 2022 年 1 月发放，可以在 2021 年度企业所得税汇算清缴时税前扣除。

② 职工福利费、工会经费、职工教育经费。

a. 企业发生的职工福利费支出，不超过工资、薪金总额 14% 的部分准予扣除。

b. 企业拨缴的工会经费，不超过工资、薪金总额 2% 的部分准予扣除。

c. 除国务院财政、税务主管部门另有规定外，企业发生的职工教育经费支出，不超过工资、薪金总额 8% 的部分准予扣除，超过部分准予在以后纳税年度结转扣除。

d. 集成电路设计企业和符合条件的软件企业的职工培训费用，应单独进行核算并按实际发生额在计算应纳税所得额时扣除。集成电路设计企业和符合条件的软件企业，应准确划分职工教育经费中的职工培训费支出，对于不能准确划分的，以及准确划分后职工教育经费中扣除职工培训费用的余额，一律按照工资、薪金总额 8% 的比例扣除。

实务咨询：我公司与伤亡职工家属达成协议，支付给伤亡职工家属的工伤死亡抚恤金是否可以在计算企业所得税时扣除？

【情境实例 5-3】

1. 工作任务要求

计算甲软件生产企业本年度在计算应纳税所得额时应调增的应纳税所得额。

2. 情境实例设计

甲软件生产企业为我国一家居民企业，本年度实际发生工资、薪金支出 250 万元，职工福利费支出 45 万元，职工教育经费 60 万元，其中职工培训费用支出 20 万元。

3. 任务实施过程

企业发生的职工福利费支出，不超过工资、薪金总额 14%的部分准予扣除。职工福利费应调增所得额＝45－250×14%＝10(万元)。

软件企业职工培训费可以全额扣除，扣除职工培训费后的职工教育经费的余额不超过工资、薪金的 8%的部分准予扣除。职工教育经费应调增应纳税所得额＝60－20－250×8%＝20(万元)。

甲软件生产企业合计应调增应纳税所得额＝10＋20＝30(万元)。

③ 社会保险费。

a. 企业依照国务院有关主管部门或者省级人民政府规定的范围和标准为职工缴纳的“五险一金”，即基本养老保险费、基本医疗保险费、失业保险费、工伤保险费、生育保险费等基本社会保险费和住房公积金，准予扣除。

b. 企业为投资者或者职工支付的补充养老保险费、补充医疗保险费，在国务院财政、税务主管部门规定的范围和标准内，准予扣除。企业依照国家有关规定为特殊工种职工支付的人身安全保险费和符合国务院财政、税务主管部门规定可以扣除的商业保险费准予扣除。

【特别提示】企业根据国家有关政策规定，为在本企业任职或者受雇的全体员工支付的补充养老保险费、补充医疗保险费，分别在不超过职工工资总额 5%标准内的部分，在计算应纳税所得额时准予扣除；超过的部分，不予扣除。

c. 企业参加财产保险，按照规定缴纳的保险费，准予扣除，企业为投资者或者职工支付的商业保险费，不得扣除。

d. 除企业依照国家有关规定为特殊工种职工支付的人身安全保险费和国务院财政、税务主管部门规定可以扣除的其他商业保险费外，企业为投资者或职工支付的商业保险费，不得扣除。

e. 企业职工因公出差乘坐交通工具发生的人身意外保险费支出，准予企业在计算应纳税所得额时扣除。

f. 企业参加雇主责任险、公众责任险等责任保险，按照规定缴纳的保险费，准予在企业所得税税前扣除。该项规定适用于 2018 年度及以后年度企业所得税汇算清缴。

5

情境讨论：企业为员工承担的本应由员工个人负担的社会保险费，在企业所得税汇算清缴时，是否应作纳税调整？

④ 利息费用。企业在生产、经营活动中发生的利息费用，按下列规定扣除：

a. 非金融企业向金融企业借款的利息支出、金融企业的各项存款利息支出和同业拆借利息支出、企业经批准发行债券的利息支出可据实扣除。

b. 非金融企业向非金融企业借款的利息支出，不超过按照金融企业同期同类贷款利率计算的数额的部分可据实扣除，超过部分不许扣除。

情境答疑：企业投资者投资未到位而发生的利息支出，是否可以在企业所得税税前扣除？

答：《国家税务总局关于企业投资者投资未到位而发生的利息支出企业所得税前扣除问题的批复》（国税函〔2009〕312 号）规定："关于企业由于投资者投资未到位而发生的利息支出扣除问题，根据《企业所得税法实施条例》第二十七条规定，凡企业投资者在规定期限内未缴足其应缴资本额的，该企业对外借款所发生的利息，相当于投资者实缴资本额与在规定期限内应缴资本额的差额应计付的利息，其不属于企业合理的支出，应由企业投资者负担，不得在计算企业应纳税所得额时扣除。

具体计算不得扣除的利息，应以企业 1 个年度内每一账面实收资本与借款余额保持不变的期间作为一个计算期，每一计算期内不得扣除的借款利息，按该期间借款利息发生额乘以该期间企业未缴足的注册资本占借款总额的比例计算。计算公式如下：

$$\text{企业每一计算期不得扣除的借款利息} = \text{该期间借款利息额} \times \text{该期间未缴足注册资本} \div \text{该期间借款额}$$

企业 1 个年度内不得扣除的借款利息总额为该年度内每一计算期不得扣除的借款利息额之和。"

【情境实例 5-4】

1. 工作任务要求

计算甲公司本年度在计算应纳税所得额时可扣除的利息费用。

2. 情境实例设计

甲公司为我国一家居民企业，本年度"财务费用"账户中利息，包括以年利率 8%向银行借入的 9 个月的生产周转用资金 300 万元的借款利息；还包括 10.5 万元的向非金融企业借入的与前述向银行借款同期的生产周转用 100 万元资金的借款利息。

3. 任务实施过程

可在计算应纳税所得额时扣除的银行利息费用 $=300\times8\%\div12\times9=18$（万元）

向非金融企业借入款项在计算应纳税所得额时可扣除的利息费用限额 $=100\times8\%\div12\times9=6$（万元）

甲公司支付的利息 10.5 万元超过了同类同期银行贷款利息，只可按照限额 6 万元扣除。

甲公司本年度在计算应纳税所得额时可扣除的利息费用 = 18 + 6 = 24(万元)

---

⑤ 借款费用。

a. 企业在生产经营活动中发生的合理的不需要资本化的借款费用，准予扣除。

b. 企业为购置、建造固定资产、无形资产和经过 12 个月以上的建造才能达到预定可销售状态的存货发生借款的，在有关资产购置、建造期间发生的合理的借款费用，应予以资本化，作为资本性支出计入有关资产的成本；有关资产交付使用后发生的借款利息，可在发生当期扣除。

【特别提示】准予扣除的借款费用和借款利息不包括需要资本化的借款费用和借款利息。

⑥ 汇兑损失。企业在货币交易中以及纳税年度终了时将人民币以外的货币性资产、负债按照期末即期人民币汇率中间价折算为人民币时产生的汇兑损失，除已经计入有关资产成本以及向所有者进行利润分配外，准予扣除。

情境讨论：为什么已经计入有关资产成本以及向所有者进行利润分配的汇兑损失不能税前扣除？

⑦ 业务招待费。企业发生的与生产经营活动有关的业务招待费支出，按照发生额的 60%扣除，但最高不得超过当年销售(营业)收入的 5‰。

作为业务招待费限额的计算基数的收入范围，是当年销售(营业)收入，销售(营业)收入包括销售货物收入、让渡资产使用权(收取资产租金或使用费)收入、提供劳务收入等主营业务收入，还包括其他业务收入、视同销售收入等。但是不含营业外收入、转让固定资产或无形资产所有权收入、投资收益(从事股权投资业务的企业除外)。

对从事股权投资业务的企业(包括集团公司总部、创业投资企业等)，其从被投资企业所分配的股息、红利以及股权转让收入，可以按规定的比例计算业务招待费扣除限额。

【情境实例 5-5】

1. 工作任务要求

计算乙公司本年度可在企业所得税税前列支的业务招待费金额。

2. 情境实例设计

乙公司为我国一家居民企业，本年销售货物收入为 2 000 万元，让渡专利使用权收入为 200 万元，包装物出租收入为 50 万元，视同销售货物收入为 400 万元，转让商标所有权收入为 150 万元，接受捐赠收入为 20 万元，债务重组收益为 10 万元，业务招待费为 30 万元。

3. 任务实施过程

计算确定可在企业所得税税前列支的业务招待费的扣除基数 = 2 000 + 200 + 50 + 400 = 2 650(万元)

转让商标所有权、接受捐赠收入和债务重组收益，均不能作为计算业务招待费的基数。

企业发生的与生产经营活动有关的业务招待费支出，按照发生额的 60%扣除，但最高不得超过当年销售(营业)收入的 5‰。

第一标准为发生额的 60％＝30×60％＝18(万元)；

第二标准为当年销售(营业)收入的 5‰＝2 650×5‰＝13.25(万元)。

13.25 万元＜18 万元，因此本年度可在企业所得税税前列支的业务招待费金额为 13.25 万元。

⑧ 广告费和业务宣传费。企业发生的符合条件的广告费和业务宣传费支出，除国务院财政、税务主管部门另有规定外，不超过当年销售(营业)收入 15％的部分，准予扣除；超过部分，准予结转以后纳税年度扣除。

2016 年 1 月 1 日起至 2025 年 12 月 31 日，对化妆品制造或销售、医药制造和饮料制造(不含酒类制造)企业发生的广告费和业务宣传费支出，不超过当年销售(营业)收入 30％的部分，准予扣除；超过部分，准予在以后纳税年度结转扣除。对签订广告费和业务宣传费分摊协议(以下简称"分摊协议")的关联企业，其中一方发生的不超过当年销售(营业)收入税前扣除限额比例内的广告费和业务宣传费支出可以在本企业扣除，也可以将其中的部分或全部按照分摊协议归集至另一方扣除。另一方在计算本企业广告费和业务宣传费支出企业所得税税前扣除限额时，可将按照上述办法归集至本企业的广告费和业务宣传费不计算在内。

【点拨指导】作为广告费和业务宣传费支出限额的计算基数的收入范围等同于作为业务招待费限额的计算基数的收入范围。

【特别提示】烟草企业的烟草广告费和业务宣传费支出，一律不得在计算应纳税所得额时扣除。

【情境实例 5-6】

1. 工作任务要求

计算甲公司本年度可在企业所得税税前扣除的业务招待费、广告费、业务宣传费的合计额。

2. 情境实例设计

甲公司为我国一家居民企业，本年度实现商品销售收入 1 000 万元，发生现金折扣 50 万元，接受捐赠收入 50 万元，转让无形资产所有权收入 10 万元。甲公司当年实际发生业务招待费 15 万元，广告费 120 万元，业务宣传费 40 万元。

3. 任务实施过程

销售商品涉及现金折扣，应按照扣除现金折扣前的金额确定销售收入。

企业发生的与生产经营活动有关的业务招待费支出，按照发生额的 60％扣除，但最高不得超过当年销售(营业)收入的 5‰。1 000×5‰＝5(万元)＜15×60％＝9(万元)，因此可在企业所得税税前扣除的业务招待费为 5 万元。

企业发生的符合条件的广告费和业务宣传费支出，除国务院财政、税务主管部门另有规定外，不超过当年销售(营业)收入 15％的部分，准予扣除；超过部分，准予结转以后纳税年度扣除。1 000×15％＝150(万元)＜120＋40＝160(万元)，因此可在企业所得税税前扣除广告费、业务宣传费为 150 万元。

可在企业所得税税前扣除的业务招待费、广告费、业务宣传费的合计额＝5＋150＝155(万元)。

⑨ 环境保护专项资金。企业依照法律、行政法规有关规定提取的用于环境保护、生态恢复等方面的专项资金，准予扣除。专项资金提取后改变用途的，不得税前扣除。

⑩ 租赁费。企业根据生产经营活动的需要租入固定资产支付的租赁费，按照下列方法扣除：

a. 以经营租赁方式租入固定资产发生的租赁费支出，在租赁期限内均匀扣除。

所谓经营租赁，是指所有权不转移的租赁。

【点拨指导】如果交易合同或协议中规定租赁期限跨年度且租金提前一次性支付的，出租人可对上述已确认的收入，在租赁期内，分期均匀计入相关年度收入。

b. 以融资租赁方式租入固定资产发生的租赁费支出，按照规定构成融资租入固定资产价值的部分应当提取折旧费，分期扣除。

所谓融资租赁，是指实质上转移了与资产所有权有关的全部风险和报酬的租赁。

⑪ 劳动保护费。企业发生的合理的劳动保护支出，准予扣除。

【情境辨析 5-5】

1. 情境辨析目的

掌握与企业所得税相关的职工福利费的范围。

2. 情境辨析设计

下列各项中，属于职工福利费范围的有(　　)。

A. 内设职工食堂的设施维修费　　B. 福利部门工作人员的工资

C. 福利部门工作人员的社会保险费　　D. 劳动保护费

3. 情境辨析过程

答案：A、B、C

解析：选项 A、B、C 都属于职工福利费范畴；选项 D 属于生产成本、制造费用或销售费用。

5

⑫ 公益性捐赠支出。公益性捐赠，是指企业通过公益性社会组织或者县级以上人民政府及其部门，用于符合法律规定的慈善活动、公益事业的捐赠。企业当年发生及以前年度结转的公益性捐赠支出，不超过年度利润总额 12% 的部分，准予扣除；超过年度利润总额 12% 的部分，准予结转以后 3 年内在计算应纳税所得额时扣除。年度利润总额，是指企业依照国家统一会计制度的规定计算的年度会计利润。

【点拨指导】企业发生的公益性捐赠支出未在当年税前扣除的部分，准予向以后年度结转扣除，但结转年限自捐赠发生年度的次年起计算最长不得超过 3 年。企业在对公益性捐赠支出计算扣除时，应先扣除以前年度结转的捐赠支出，再扣除当年发生的捐赠支出。

自 2019 年 1 月 1 日至 2022 年 12 月 31 日，企业通过公益性社会组织或者县级(含县级)以上人民政府及其组成部门，用于目标脱贫地区的扶贫捐赠支出，准予在计算企业所得税应纳税所得额时据实扣除。在政策执行期限内，目标脱贫地区实现脱贫的，可继续适用上述政策。企业同时发生扶贫捐赠支出和其他公益性捐赠支出，在计算公益性捐赠支出年度扣除限额时，符合条件的扶贫捐赠支出不计算在内。

【点拨指导】在 2021 年及以后年度汇算清缴中，企业在非货币性资产捐赠过程中发生的运费、保险费、人工费用等相关支出，凡纳入国家机关、公益性社会组织开具的公益捐赠票据记载的数额中的，作为公益性捐赠支出按照规定在税前扣除；上述费用未纳入公益性捐赠票据记载的数额中的，作为企业相关费用按照规定在税前扣除。

【情境引例解析】

公益性捐赠，是指企业通过“公益性社会组织或者县级以上人民政府及其部门”，用于符合法律规定的慈善活动、公益事业的捐赠。纳税人直接向受赠人的捐赠不允许扣除。甲公司直接捐给某学校5万元就不得在企业所得税税前扣除。

公益性捐赠支出企业所得税税前扣除限额＝80×12％＝9.6(万元)，公益性捐赠支出2万元没有超过扣除限额，准予全额扣除。

因此，甲公司本年度在企业所得税税前准予扣除的捐赠额为2万元。

⑬ 有关资产的费用。企业转让各类固定资产发生的费用，允许扣除。企业按规定计算的固定资产折旧费、无形资产和递延资产的摊销费，准予扣除。

【点拨指导】递延资产在会计上称为“长期待摊费用”。

⑭ 总机构分摊的费用。非居民企业在中国境内设立的机构、场所，就其中国境外总机构发生的与该机构、场所生产经营有关的费用，能够提供总机构出具的费用汇集范围、定额、分配依据和方法等证明文件，并合理分摊的，准予扣除。

⑮ 资产损失。企业当期发生的固定资产和流动资产盘亏、毁损净损失，由其提供清查盘存资料，经主管税务机关审核后，准予扣除；企业因存货盘亏、毁损、报废、被盗等原因不得从增值税销项税额中抵扣的进项税额，应视同企业财产损失，可以与存货损失一起在计算应纳税所得额时扣除。

【点拨指导】对于存货损失，其进项税额是否可以作为损失额税前扣除，要区分以下两种情况：

(1) 存货因管理不善损失，对应的进项税额不得抵扣，但可以在企业所得税税前扣除。

损失额＝存货成本＋不得抵扣的进项税额－责任人赔偿和保险赔款

5

(2) 存货因不可抗力损失，对应的进项税额仍然可以抵扣。

损失额＝存货成本－责任人赔偿和保险赔款

【特别提示】资产损失取消了审批制度，取而代之的是申报扣除制度。企业发生的资产损失，应按规定的程序和要求向主管税务机关申报后方能在税前扣除。未经申报的损失，不得在税前扣除。

⑯ 手续费及佣金支出。

a. 企业发生的与生产经营有关的手续费及佣金支出，不超过以下规定计算限额以内的部分，准予扣除；超过部分，不得扣除。

保险企业：自2019年1月1日起，保险企业发生与其经营活动有关的手续费及佣金支出，不超过当年全部保费收入扣除退保金等后余额的18％(含本数)的部分，在计算应纳税所得额时准予扣除；超过部分，允许结转以后年度扣除。

其他企业：其他企业按其与具有合法经营资格中介服务机构或个人(不含交易双方及其雇员、代理人和代表人等)所签订服务协议或合同确认的收入金额的5％计算限额。

b. 企业应与具有合法经营资格中介服务企业或个人签订代办协议或合同，并按国家有关规定支付手续费及佣金。除委托个人代理外，企业以现金等非转账方式支付的手续费及佣金不得在税前扣除。企业为发行权益性证券支付给有关证券承销机构的手续费及佣金不得在税前扣除。

c. 企业不得将手续费及佣金支出计入回扣、业务提成、返利、进场费等费用。

d. 企业已计入固定资产、无形资产等相关资产的手续费及佣金支出，应当通过折旧、摊销等方式分期扣除，不得在发生当期直接扣除。

e. 企业支付的手续费及佣金不得直接冲减服务协议或合同金额，并如实入账。

f. 企业应当如实向当地主管税务机关提供当年手续费及佣金计算分配表和其他相关资料，并依法取得合法真实凭证。

⑰ 党组织工作经费。

a. 国有企业(包括国有独资、全资和国有资本绝对控股、相对控股企业)纳入管理费用的党组织工作经费，实际支出不超过职工年度工资薪金总额1%的部分，可以据实在企业所得税前扣除。

b. 非公有制企业党组织工作经费纳入企业管理费列支，不超过职工年度工资薪金总额1%的部分，可以据实在企业所得税前扣除。

⑱ 依照有关法律、行政法规和国家有关税法规定准予扣除的其他项目，如会员费、合理的会议费、差旅费、违约金、诉讼费用等。

情境答疑：企业所得税税前扣除的项目中有哪些属于超支部分准予结转以后纳税年度扣除的？

答：允许在以后纳税年度结转扣除的费用有：(1)职工教育经费；(2)广告费和业务宣传费支出；(3)公益性捐赠；(4)保险企业发生的与其经营活动有关的手续费及佣金支出。

五、不得扣除的项目的确定

在计算应纳税所得额时，下列支出不得扣除：

(1) 向投资者支付的股息、红利等权益性投资收益款项。

(2) 企业所得税税款。

(3) 税收滞纳金，是指纳税人违反税收法规，被税务机关处以的滞纳金。

(4) 罚金、罚款和被没收财物的损失，是指纳税人违反国家有关法律、法规规定，被有关部门处以的罚款，以及被司法机关处以的罚金和被没收财物的损失。

情境答疑：行政罚款不得在企业所得税税前扣除。那么，银行罚息可以在税前扣除吗？

答：《企业所得税法》规定："罚金、罚款和被没收财物的损失，在计算应纳税所得额时不得扣除。"但是，不得税前扣除的罚金、罚款和被没收财物的损失，仅限于行政处罚的范畴，不包括纳税人按照经济合同规定支付的违约金(包括银行罚息)、罚款和诉讼费。因此，银行罚息属于纳税人按照经济合同规定支付的违约金，不属于行政罚款，可以在税前扣除。

(5) 超过规定标准的捐赠支出。

(6) 赞助支出,是指企业发生的与生产经营活动无关的各种非广告性质的支出。

(7) 未经核定的准备金支出,是指不符合国务院财政、税务主管部门规定的各项资产减值准备、风险准备等准备金支出。

(8) 企业之间支付的管理费、企业内营业机构之间支付的租金和特许权使用费,以及非银行企业内营业机构之间支付的利息,不得扣除。

(9) 与取得收入无关的其他支出。

【特别提示】企业以其取得的不征税收入用于支出所形成的费用或资产(包括对资产计提的折旧、摊销)不得在税前扣除,但企业取得的各项免税收入所对应的各项成本费用,除另有规定外,可以在计算企业应纳税所得额时扣除。

情境答疑:企业投资支出是否可以税前扣除?

答:企业对内投资(包括购置或建造固定资产及购买或开发无形资产等的投资)以及对外投资(包括购买股票或债券等的投资)的支出均不得在投资发生时税前扣除。对内投资只能通过对于固定资产的折旧或无形资产的摊销等方式税前扣除,对外投资只能在转让股票和债券时从转让收入中扣除当时购买时的投资成本的方式税前扣除。

六、亏损弥补

亏损是指企业依照企业所得税法的规定,将每一纳税年度的收入总额减除不征税收入、免税收入和各项扣除后小于零的数额。税法规定,企业某一纳税年度发生的亏损可以用下一年度的所得弥补,下一年度的所得不足以弥补的,可以逐年延续弥补,但最长不得超过5年。企业在汇总计算缴纳所得税时,其境外营业机构的亏损不得抵减境内营业机构的盈利。自2018年1月1日起,当年具备高新技术企业或科技型中小企业资格(以下统称资格)的企业,其具备资格年度之前5个年度发生的尚未弥补完的亏损,准予结转以后年度弥补,最长结转年限由5年延长至10年。

5

实务释疑:我公司因厂房搬迁,变更了主管税务机关。请问:搬迁之前未弥补完的亏损可否继续弥补?

答:《企业所得税法》规定:"企业纳税年度发生的亏损,准予向以后年度结转,用以后年度的所得弥补,但结转年限最长不得超过5年。"税法规定发生的年度亏损准予结转,主要是基于纳税主体的持续经营。因厂房搬迁,变更了主管税务机关,这仅仅属于法律形式的简单改变,纳税人在办理变更税务登记证后,有关企业所得税的纳税事项由变更后的纳税人承继,这其中当然包括之前未弥补完的亏损,可在规定的限期内继续弥补。

实务咨询:税务机关对我公司以前年度纳税情况进行检查时,予以调增的应纳税所得额是否可以弥补以前年度亏损?

【情境实例 5-7】

1. 工作任务要求

计算甲公司 7 年间应缴纳的企业所得税税额。

2. 情境实例设计

甲公司①为我国一家居民企业，一直执行 5 年亏损弥补规定，且 20×0 年首次出现亏损。经税务机关审定的甲公司 7 年应纳税所得额(未弥补亏损)情况如表 5-3 所示。

表 5-3　经税务机关审定的甲公司 7 年应纳税所得额(未弥补亏损)情况

单位：万元

年　度	应纳税所得额	年　度	应纳税所得额
20×0	－100	20×4	20
20×1	10	20×5	30
20×2	－20	20×6	120
20×3	30		

3. 任务实施过程

关于 20×0 年的亏损，要用 20×1 年至 20×5 年的所得弥补，尽管其间 20×2 年亏损，也要占用 5 年抵亏期的一个抵扣年度，且先亏先补，20×2 年的亏损需在 20×0 年的亏损问题解决之后才能考虑。到了 20×5 年，20×0 年的亏损未弥补完但已到 5 年抵亏期满，还有 10 万元亏损不得在所得税前弥补。

20×2 年之后的 20×3 年至 20×5 年之间的所得，已被用于弥补 20×0 年的亏损，20×2 年的亏损只能用 20×6 年所得弥补，在弥补 20×2 年亏损后，20×6 年还有应纳税所得额 = 120－20 = 100(万元)，需要计算缴纳企业所得税，应纳企业所得税 = 100 × 25% = 25(万元)。

任务三　资产的税务处理

【情境引例】

甲公司为我国一家居民企业，属于增值税一般纳税人。本年 8 月 10 日，甲公司为其生产部门购进一台大型机器，取得增值税专用发票，注明价款 1 800 万元，增值税税额 234 万元。假定该机器预计净残值率为 5%，甲公司按照机器的最低折旧年限采用直线法计提折旧。要求：计算该机器本年度在计算应纳税所得额时准予扣除的折旧额。

【知识准备与业务操作】

资产是由于资本投资而形成的财产，对于资本性支出以及无形资产受让、开办、开发费用，不允许作为成本、费用从纳税人的收入总额中作一次性扣除，只能采取分次计提折旧或

① 除非特别说明，本书例题中的企业均不符合小型微利企业的条件。

分次摊销的方式予以扣除。即纳税人经营活动中使用的固定资产的折旧费用、无形资产和长期待摊费用的摊销费用可以扣除。税法规定，纳入税务处理范围的资产形式主要有固定资产、生物资产、无形资产、长期待摊费用、投资资产、存货等，均以历史成本为计税基础。历史成本是指企业取得该项资产时实际发生的支出。企业持有各项资产期间资产增值或者减值，除国务院财政、税务主管部门规定可以确认损益外，不得调整该资产的计税基础。

一、固定资产的税务处理

固定资产是指企业为生产产品、提供劳务、出租或者经营管理而持有的、使用时间超过12个月的非货币性资产，包括房屋、建筑物、机器、机械、运输工具以及其他与生产经营活动有关的设备、器具、工具等。

(一) 固定资产的计税基础

固定资产按照以下方法确定计税基础：

(1) 外购的固定资产，以购买价款和支付的相关税费以及直接归属于使该资产达到预定用途发生的其他支出为计税基础。

(2) 自行建造的固定资产，以竣工结算前发生的支出为计税基础。

(3) 融资租入的固定资产，以租赁合同约定的付款总额和承租人在签订租赁合同过程中发生的相关费用为计税基础，租赁合同未约定付款总额的，以该资产的公允价值和承租人在签订租赁合同过程中发生的相关费用为计税基础。

(4) 盘盈的固定资产，以同类固定资产的重置完全价值为计税基础。

(5) 通过捐赠、投资、非货币性资产交换、债务重组等方式取得的固定资产，以该资产的公允价值和支付的相关税费为计税基础。

(6) 改建的固定资产，除已足额提取折旧的固定资产和租入的固定资产以外的其他固定资产，以改建过程中发生的改建支出增加计税基础。

情境讨论：企业外购固定资产支付的增值税进项税额是否计入固定资产的计税基础？

情境答疑：购买汽车缴纳的车辆购置税和牌照费是否计入固定资产原值计提折旧？

答：《企业所得税法实施条例》规定："固定资产按照以下方法确定计税基础：外购的固定资产，以购买价款和支付的相关税费以及直接归属于使该资产达到预定用途发生的其他支出为计税基础。"车辆购置税和牌照费是汽车达到预定用途前发生的支出，因此应当计入固定资产原值计提折旧。

(二) 固定资产折旧的范围

在计算应纳税所得额时，企业按照规定计算的固定资产折旧，准予扣除。下列固定资产不得计算折旧扣除：

(1) 房屋、建筑物以外未投入使用的固定资产。

(2) 以经营租赁方式租入的固定资产。

(3) 以融资租赁方式租出的固定资产。

(4) 已足额提取折旧仍继续使用的固定资产。

(5) 与经营活动无关的固定资产。

(6) 单独估价作为固定资产入账的土地。

(7) 其他不得计算折旧扣除的固定资产。

【特别提示】未投入使用的房屋、建筑物计提的折旧可以在税前扣除；房屋、建筑物以外未投入使用的固定资产，不得计提折旧扣除。

【点拨指导】经营租赁方式租入资产：由出租人计提折旧，承租人不得计提折旧。融资租赁方式租出资产：由承租人计提折旧，出租人不得计提折旧。

(三) 固定资产折旧的计提方法

(1) 企业应当自固定资产投入使用月份的次月起计算折旧；停止使用的固定资产，应当自停止使用月份的次月起停止计算折旧。

(2) 企业应当根据固定资产的性质和使用情况，合理确定固定资产的预计净残值。固定资产的预计净残值一经确定，不得变更。

(3) 固定资产按照直线法计算的折旧，准予扣除。

【知识链接】符合采取加速折旧方法的，可以采取双倍余额递减法或者年数总和法。

实务释疑：我公司厂房建成后尚未办理竣工结算，有部分工程款尚未支付，发票也尚未到账，但该厂房已投入使用，请问能否计提折旧？

答：《企业所得税法实施条例》规定："企业应当自固定资产投入使用月份的次月起计算折旧。"《国家税务总局关于贯彻落实企业所得税法若干税收问题的通知》(国税函〔2010〕79号)规定："企业固定资产投入使用后，由于工程款项尚未结清未取得全额发票的，可暂按合同规定的金额计入固定资产计税基础计提折旧，待发票取得后进行调整。但该项调整应在固定资产投入使用后12个月内进行。"

5

(四) 固定资产折旧的计提年限

除国务院财政、税务主管部门另有规定外，固定资产计算折旧的最低年限如下：

(1) 房屋、建筑物，为20年。

(2) 飞机、火车、轮船、机器、机械和其他生产设备，为10年。

(3) 与生产经营活动有关的器具、工具、家具等，为5年。

(4) 飞机、火车、轮船以外的运输工具，为4年。

(5) 电子设备，为3年。

从事开采石油、天然气等矿产资源的企业，在开始商业性生产前发生的费用和有关固定资产的折耗、折旧方法，由国务院财政、税务主管部门另行规定。

【情境引例解析】

机器折旧年限最低为10年。由于本年8月10日购买，因此从本年9月起开始计提折旧，本年度共计提4个月的折旧。

该机器账面成本＝1 800(万元)

本年度在计算应纳税所得额时准予扣除的折旧额＝1 800×(1－5%)÷(10×12)×4＝57(万元)

二、生物资产的税务处理

生物资产，是指有生命的动物和植物。生物资产分为消耗性生物资产、生产性生物资产和公益性生物资产。上述三类生物资产中，只有生产性生物资产可以计提折旧。消耗性生物资产，是指为出售而持有的或在将来收获为农产品的生物资产，包括生长中的农田作物、蔬菜、用材林以及存栏待售的牲畜等。生产性生物资产，是指为产出农产品、提供劳务或出租等目的而持有的生物资产，包括经济林、薪炭林、产畜和役畜等。公益性生物资产，是指以防护、环境保护为主要目的的生物资产，包括防风固沙林、水土保持林和水源涵养林等。

【举例说明】蛋鸡为生产性生物资产；肉食鸡为消耗性生物资产。

（一）生产性生物资产的计税基础

生产性生物资产按照以下方法确定计税基础：

（1）外购的生产性生物资产，以购买价款和支付的相关税费为计税基础。

（2）通过捐赠、投资、非货币性资产交换、债务重组等方式取得的生产性生物资产，以该资产的公允价值和支付的相关税费为计税基础。

（二）生产性生物资产的折旧方法和折旧年限

生产性生物资产按照直线法计算的折旧，准予扣除。企业应当自生产性生物资产投入使用月份的次月起计提折旧；停止使用的生产性生物资产，应当自停止使用月份的次月起停止计提折旧。

企业应当根据生产性生物资产的性质和使用情况，合理确定生产性生物资产的预计净残值。生产性生物资产的预计净残值一经确定，不得变更。

生产性生物资产计算折旧的最低年限如下：

（1）林木类生产性生物资产，为10年。

（2）畜类生产性生物资产，为3年。

5

【情境辨析5-6】

1. 情境辨析目的

掌握与企业所得税法相关的可计提折旧并准予税前扣除的生物资产。

2. 情境辨析设计

根据企业所得税法律制度的规定，下列各项中，可计提折旧并准予税前扣除的生物资产是（　　）。

A. 经济林　　B. 防风固沙林　　C. 用材林　　D. 存栏待售牲畜

3. 情境辨析过程

答案：A

解析：生物资产分为消耗性生物资产、生产性生物资产和公益性生物资产。税法规定，生产性生物资产可计提折旧并准予税前扣除。生产性生物资产，是指为生产出农产品、提供劳务或出租等目的而持有的生物资产，包括经济林、薪炭林、产畜和役畜等。

三、无形资产的税务处理

无形资产，是指企业长期使用但没有实物形态的资产，包括专利权、商标权、著作权、土地使用权、非专利技术、商誉等。

（一）无形资产的计税基础

无形资产按照以下方法确定计税基础：

（1）外购的无形资产，以购买价款和支付的相关税费以及直接归属于使该资产达到预定用途发生的其他支出为计税基础；

（2）自行开发的无形资产，以开发过程中该资产符合资本化条件后至达到预定用途前发生的支出为计税基础；

（3）通过捐赠、投资、非货币性资产交换、债务重组等方式取得的无形资产，以该资产的公允价值和支付的相关税费为计税基础。

（二）无形资产摊销的范围

在计算应纳税所得额时，企业按照规定计算的无形资产摊销费用，准予扣除。

下列无形资产不得计算摊销费用扣除：

（1）自行开发的支出已在计算应纳税所得额时扣除的无形资产。

（2）自创商誉。

（3）与经营活动无关的无形资产。

（4）其他不得计算摊销费用扣除的无形资产。

【区别比较】自创商誉不得计算摊销费用扣除；外购商誉的支出，在企业整体转让或者清算时准予扣除。

（三）无形资产的摊销方法及年限

无形资产的摊销，采取直线法计算。无形资产的摊销年限不得低于10年。作为投资或者受让的无形资产，有关法律规定或者合同约定了使用年限的，可以按照规定或者约定的使用年限分期摊销。外购商誉的支出，在企业整体转让或者清算时，准予扣除。

四、长期待摊费用的税务处理

5

长期待摊费用，是指企业发生的应在1个年度以上或几个年度进行摊销的费用。在计算应纳税所得额时，企业发生的下列支出作为长期待摊费用，按照规定摊销的，准予扣除：

（1）已足额提取折旧的固定资产的改建支出。

（2）租入固定资产的改建支出。

（3）固定资产的大修理支出。

（4）其他应当作为长期待摊费用的支出。

【区别比较】企业的固定资产修理支出（非固定资产大修理支出）可在发生当期直接扣除。固定资产的大修理支出，则要按照固定资产尚可使用年限分期摊销。

固定资产的改建支出，是指改变房屋或者建筑物结构、延长使用年限等发生的支出。已足额提取折旧的固定资产的改建支出，按照固定资产预计尚可使用年限分期摊销；租入固定资产的改建支出，按照合同约定的剩余租赁期限分期摊销；改建的固定资产延长使用年限的，除已足额提取折旧的固定资产、租入固定资产的改建支出外，其他的固定资产发生改建支出，应当适当延长折旧年限。

大修理支出，按照固定资产尚可使用年限分期摊销。

企业所得税法所指固定资产的大修理支出，是指同时符合下列条件的支出：

① 修理支出达到取得固定资产时的计税基础50%以上；

② 修理后固定资产的使用年限延长2年以上。

其他应当作为长期待摊费用的支出，自支出发生月份的次月起，分期摊销，摊销年限不得低于 3 年。

【情境辨析 5-7】

1. 情境辨析目的

掌握与企业所得税相关的长期待摊费用的范围。

2. 情境辨析设计

根据企业所得税法律制度的规定，企业发生的下列支出中，可作为长期待摊费用的有（　　）。

A. 长期借款的利息支出　　B. 租入固定资产的改建支出

C. 固定资产的大修理支出　　D. 已提足折旧的固定资产的改建支出

3. 情境辨析过程

答案：B、C、D

解析：企业发生的下列支出作为长期待摊费用，按照规定摊销的，准予扣除：①已足额提取折旧的固定资产的改建支出；②租入固定资产的改建支出；③固定资产的大修理支出；④其他应当作为长期待摊费用的支出。选项 A 不属于长期待摊费用。

五、存货的税务处理

存货，是指企业持有以备出售的产品或者商品、处在生产过程中的在产品、将在生产或者提供劳务过程中耗用的材料和物料等。

（一）存货的计税基础

存货按照以下方法确定成本：

（1）通过支付现金方式取得的存货，以购买价款和支付的相关税费为成本。

（2）通过支付现金以外的方式取得的存货，以该存货的公允价值和支付的相关税费为成本。

（3）生产性生物资产收获的农产品，以产出或者采收过程中发生的材料费、人工费和分摊的间接费用等必要支出为成本。

（二）存货的成本计算方法

企业使用或者销售的存货的成本计算方法，可以在先进先出法、加权平均法、个别计价法中选用一种。计价方法一经选用，不得随意变更。

【特别提示】我国不允许使用“后进先出法”这种存货成本计价方法。

情境讨论：在存货价格持续上涨的情况下且企业处于盈利期间，企业应选择何种存货计价方法？在存货价格持续下降的情况下且企业处于盈利期间，企业应选择何种存货计价方法？

企业转让以上资产，在计算企业应纳税所得额时，资产的净值允许扣除。其中，资产的净值是指有关资产、财产的计税基础减除已经按照规定扣除的折旧、折耗、摊销、准备金等后的余额。

除国务院财政、税务主管部门另有规定外，企业在重组过程中，应当在交易发生时确认有关资产的转让所得或者损失，相关资产应当按照交易价格重新确定计税基础。

六、投资资产的税务处理

投资资产，是指企业对外进行权益性投资和债权性投资而形成的资产。

（一）投资资产的成本

投资资产按以下方法确定投资成本：

（1）通过支付现金方式取得的投资资产，以购买价款为成本。

（2）通过支付现金以外的方式取得的投资资产，以该资产的公允价值和支付的相关税费为成本。

（二）投资资产成本的扣除方法

企业对外投资期间，投资资产的成本在计算应纳税所得额时不得扣除，企业在转让或者处置投资资产时，投资资产的成本准予扣除。

（三）投资企业撤回或减少投资的税务处理

自 2011 年 7 月 1 日起，投资企业从被投资企业撤回或减少投资，其取得的资产中，相当于初始出资的部分，应确认为投资收回；相当于被投资企业累计未分配利润和累计盈余公积按减少实收资本比例计算的部分，应确认为股息所得；其余部分确认为投资资产转让所得。

被投资企业发生的经营亏损，由被投资企业按规定结转弥补；投资企业不得调整降低其投资成本，也不得将其确认为投资损失。

【点拨指导】在 2021 年及以后年度汇算清缴中，企业购买的文物、艺术品用于收藏、展示、保值增值的，作为投资资产进行税务处理。文物、艺术品资产在持有期间，计提的折旧、摊销费用，不得税前扣除。

情境答疑：税法规定与会计规定有差异的应如何处理？

答：税法规定与会计规定差异的处理，是指企业在财务会计核算中与税法规定不一致的，应当依照税法规定予以调整。即企业在平时进行会计核算时，按《企业会计制度》和《企业会计准则》的有关规定进行账务处理，但在申报纳税时，对税法规定与《企业会计制度》和《企业会计准则》规定有差异的，要按税法规定进行纳税调整。

企业应纳税所得额是根据税法计算出来的，它在数额上与依据《企业会计制度》和《企业会计准则》计算的利润总额往往不一致。因此，税法规定，对企业按照《企业会计制度》和《企业会计准则》的规定计算的利润总额，要按照税法的规定进行必要调整后，才能作为应纳税所得额计算缴纳企业所得税。

【情境辨析 5-8】

1. 情境辨析目的

掌握与企业所得税相关的投资资产的税务处理。

2. 情境辨析设计

甲企业作为乙企业的全资投资方，对乙企业投资成本为 160 万元。2014 年 1 月乙企业进行清算，甲企业分得剩余资产204万元，其中含累计未分配利润和累计盈余公积24万元。甲、乙企业均为我国的居民企业，则该项业务甲企业应纳企业所得税（ ）万元。

A. 5　　B. 11　　C. 45　　D. 51

3. 情境辨析过程

答案：A

解析：该项业务甲企业应纳企业所得税＝(204－24－160)×25%＝5(万元)。

任务四 企业重组的所得税处理

【情境引例】

甲公司是我国一家生产摩托车的居民企业。本年10月6日，甲公司合并乙股份公司，乙股份公司全部资产公允价值为5 700万元，全部负债为3 200万元，未超过弥补年度的亏损额为620万元。合并时，甲公司给乙股份公司的股权支付额为2 300万元、银行存款为200万元。由于2 300÷(2 300＋200)＝92%＞85%，因此，该合并业务符合企业重组特殊性税务处理的条件且选择此方法执行（假定当年国家发行的最长期限的国债年利率为6%）。要求：计算可由合并企业弥补被合并企业的亏损。

【知识准备与业务操作】

一、企业重组的认知

企业重组，是指企业在日常经营活动以外发生的法律结构或经济结构重大改变的交易，包括企业法律形式改变、债务重组、股权收购、资产收购、合并、分立等。

5

(1) 企业法律形式改变，是指企业注册名称、住所以及企业组织形式等的简单改变，但符合本通知规定其他重组的类型除外。

(2) 债务重组，是指在债务人发生财务困难的情况下，债权人按照其与债务人达成的书面协议或者法院裁定书，就其债务人的债务作出让步的事项。

(3) 股权收购，是指一家企业（以下称为“收购企业”）购买另一家企业（以下称为“被收购企业”）的股权，以实现对被收购企业控制的交易。收购企业支付对价的形式包括股权支付、非股权支付或两者的组合。

(4) 资产收购，是指一家企业（以下称为“受让企业”）购买另一家企业（以下称为“转让企业”）实质经营性资产的交易。受让企业支付对价的形式包括股权支付、非股权支付或两者的组合。

(5) 合并，是指一家或多家企业（以下称为“被合并企业”）将其全部资产和负债转让给另一家现存或新设企业（以下称为“合并企业”），被合并企业股东换取合并企业的股权或非股权支付，实现两个或两个以上企业的依法合并。

(6) 分立，是指一家企业（以下称为“被分立企业”）将部分或全部资产分离转让给现存或新设的企业（以下称为“分立企业”），被分立企业股东换取分立企业的股权或非股权支付，实现企业的依法分立。

上面所说的股权支付，是指企业重组中购买、换取资产的一方支付的对价中，以本企业或其控股企业的股权、股份作为支付的形式；非股权支付，是指以本企业的现金、银行存款、应收款项、本企业或其控股企业股权和股份以外的有价证券、存货、固定资产、其他资产以及承担债务等作为支付的形式。

二、企业重组的一般性税务处理

（1）企业由法人转变为个人独资企业、合伙企业等非法人组织，或将登记注册地转移至中华人民共和国境外（包括港澳台地区），应视同企业进行清算、分配，股东重新投资成立新企业。企业的全部资产以及股东投资的计税基础均应以公允价值为基础确定。

企业发生其他法律形式简单改变的，可直接变更税务登记，除另有规定外，有关企业所得税纳税事项（包括亏损结转、税收优惠等权益和义务）由变更后企业承继，但因住所发生变化而不符合税收优惠条件的除外。

（2）企业债务重组，相关交易应按以下规定处理：

① 以非货币资产清偿债务，应当分解为转让（销售）相关非货币性资产、按非货币性资产公允价值清偿债务两项业务，确认相关资产的所得或损失；

② 发生债权转股权的，应当分解为债务清偿和股权投资两项业务，确认有关债务清偿所得或损失；

③ 债务人应当按照支付的债务清偿额低于债务计税基础的差额，确认债务重组所得；债权人应当按照收到的债务清偿额低于债权计税基础的差额，确认债务重组损失；

④ 债务人的相关所得税纳税事项原则上保持不变。

【情境实例 5-8】

1. 工作任务要求

计算甲公司下列重组业务应纳的企业所得税、乙公司的债务重组损失。

2. 情境实例设计

甲公司是我国一家居民企业，本年 12 月与乙公司达成债务重组协议，甲公司以一批库存商品抵偿所欠乙公司一年前发生的债务 25.4 万元，该批库存商品的账面成本为 16 万元，市场不含税销售价为 20 万元，甲公司向乙公司开具增值税专用发票。该批商品适用的增值税税率为 13%，甲公司适用 25%的企业所得税税率。假定不考虑城市维护建设税、教育费附加和地方教育附加。

3. 任务实施过程

（1）甲公司以非货币资产清偿债务，应当分解为转让（销售）相关非货币性资产和按非货币性资产公允价值清偿债务两项业务的两项所得（此处简称销售货物所得和清偿债务所得）：

销售货物所得 $=20-16=4$（万元）

清偿债务所得 $=25.4-20\times(1+13\%)=2.8$（万元）

因该重组事项一共应确认应纳税所得额 $=4+2.8=6.8$（万元）

甲公司应纳企业所得税 $=6.8\times25\%=1.7$（万元）

（2）乙公司的债务重组损失 $=25.4-20-20\times13\%=2.8$（万元）

（3）企业股权收购、资产收购重组交易，相关交易应按以下规定处理：

① 被收购方应确认股权、资产转让所得或损失。

② 收购方取得股权或资产的计税基础应以公允价值为基础确定。

③ 被收购企业的相关所得税事项原则上保持不变。

5

【情境实例 5-9】

1. 工作任务要求

对 A 公司(受让方/收购方)、B 公司(转让方/被收购方)的下列业务进行相关税务处理。

2. 情境实例设计

A 公司和 B 公司均为我国居民企业。本年 9 月,A 公司以 500 万元的银行存款购买取得 B 公司的部分经营性资产,A 公司购买 B 公司该部分经营性资产的账面价值为 420 万元,计税基础为 460 万元,公允价值为 500 万元。

3. 任务实施过程

一般性税务处理方法的涉税处理:

(1) B 公司(转让方/被收购方)的税务处理。

B 公司应确认资产转让所得 = 500 − 460 = 40(万元)

(2) A 公司(受让方/收购方)的税务处理。

A 公司购买该经营性资产后,应以该资产的公允价值 500 万元为基础确定计税基础。

---

(4) 企业合并,当事各方应按下列规定处理:

① 合并企业应按公允价值确定接受被合并企业各项资产和负债的计税基础。

② 被合并企业及其股东都应按清算进行所得税处理。

③ 被合并企业的亏损不得在合并企业结转弥补。

(5) 企业分立,当事各方应按下列规定处理:

① 被分立企业对分立出去资产应按公允价值确认资产转让所得或损失。

② 分立企业应按公允价值确认接受资产的计税基础。

③ 被分立企业继续存在时,其股东取得的对价应视同被分立企业分配进行处理。

④ 被分立企业不再继续存在时,被分立企业及其股东都应按清算进行所得税处理。

⑤ 企业分立相关企业的亏损不得相互结转弥补。

三、企业重组的特殊性税务处理

(1) 企业重组同时符合下列条件的,适用特殊性税务处理规定:

① 具有合理的商业目的,且不以减少、免除或者推迟缴纳税款为主要目的。

② 被收购、合并或分立部分的资产或股权比例符合下述(2)规定的比例。

③ 企业重组后的连续 12 个月内不改变重组资产原来的实质性经营活动。

④ 重组交易对价中涉及股权支付金额符合下述(2)规定比例。

⑤ 企业重组中取得股权支付的原主要股东,在重组后连续 12 个月内,不得转让所取得的股权。

(2) 企业重组符合上述 5 个条件的,交易各方对其交易中的股权支付部分,可以按以下规定进行特殊性税务处理:

① 企业债务重组确认的应纳税所得额占该企业当年应纳税所得额 50%以上,可以在 5 个纳税年度的期间内,均匀计入各年度的应纳税所得额。

企业发生债权转股权业务,对债务清偿和股权投资两项业务暂不确认有关债务清偿所得或损失,股权投资的计税基础以原债权的计税基础确定。企业的其他相关所得税事项保持不变。

② 股权收购，收购企业购买的股权不低于被收购企业全部股权的50%，且收购企业在该股权收购发生时的股权支付金额不低于其交易支付总额的85%，可以选择按以下规定处理：

a. 被收购企业的股东取得收购企业股权的计税基础，以被收购股权的原有计税基础确定；

b. 收购企业取得被收购企业股权的计税基础，以被收购股权的原有计税基础确定；

c. 收购企业、被收购企业的原有各项资产和负债的计税基础和其他相关所得税事项保持不变。

③ 资产收购，受让企业收购的资产不低于转让企业全部资产的50%，且受让企业在该资产收购发生时的股权支付金额不低于其交易支付总额的85%，可以选择按以下规定处理：

a. 转让企业取得受让企业股权的计税基础，以被转让资产的原有计税基础确定；

b. 受让企业取得转让企业资产的计税基础，以被转让资产的原有计税基础确定。

④ 企业合并，企业股东在该企业合并发生时取得的股权支付金额不低于其交易支付总额的85%，以及同一控制下且不需要支付对价的企业合并，可以选择按以下规定处理：

a. 合并企业接受被合并企业资产和负债的计税基础，以被合并企业的原有计税基础确定；

b. 被合并企业合并前的相关所得税事项由合并企业承继；

c. 可由合并企业弥补的被合并企业亏损的限额＝被合并企业净资产公允价值×截至合并业务发生当年年末国家发行的最长期限的国债利率；

d. 被合并企业股东取得合并企业股权的计税基础，以其原持有的被合并企业股权的计税基础确定。

情境讨论：企业重组的特殊性税务处理有什么好处？

【情境引例解析】

可由合并企业弥补的被合并企业亏损的限额＝被合并企业净资产公允价值×截至合并业务发生当年年末国家发行的最长期限的国债利率＝(5 700－3 200)×6%＝150(万元)。

620万元＞150万元，因此，可由合并企业弥补被合并企业的亏损为150万元。

⑤ 企业分立，被分立企业所有股东按原持股比例取得分立企业的股权，分立企业和被分立企业均不改变原来的实质经营活动，且被分立企业股东在该企业分立发生时取得的股权支付金额不低于其交易支付总额的85%，可以选择按以下四条规定处理：

a. 分立企业接受被分立企业资产和负债的计税基础，以被分立企业的原有计税基础确定。

b. 被分立企业已分立出去资产相应的所得税事项由分立企业继承。

c. 被分立企业未超过法定弥补期限的亏损额可按分立资产占全部资产的比例进行分配，由分立企业继续弥补。

d. 被分立企业的股东取得分立企业的股权(以下简称“新股”)，如需部分或全部放弃原持有的被分立企业的股权(以下简称“旧股”)，“新股”的计税基础应以放弃“旧股”的计税基础确定。如不需放弃“旧股”，则其取得“新股”的计税基础可从以下两种方法中选择确定：直接将“新股”的计税基础确定为零；或者以被分立企业分立出去的净资产占被分立企业全部净资产的比例先调减原持有的“旧股”的计税基础，再将调减的计税基础平均分配到“新股”上。

⑥ 重组交易各方按上述①至⑤项规定对交易中股权支付暂不确认有关资产的转让所得或损失的，其非股权支付仍应在交易当期确认相应的资产转让所得或损失，并调整相应资产的计税基础。其计算公式如下：

$$\text{非股权支付对应的资产转让所得或损失}=\left(\text{被转让资产的公允价值}-\text{被转让资产的计税基础}\right)\times\left(\text{非股权支付金额}\div\text{被转让资产的公允价值}\right)$$

【情境实例 5-10】

1. 工作任务要求

计算甲公司下列业务的应纳税所得额及应纳企业所得税。

2. 情境实例设计

甲公司是我国一家居民企业，共发行股份 1 000 万股。为了将来有更好的发展，本年 5 月将 80%的股权让乙公司收购，然后成为乙公司的子公司。假定收购日甲公司每股资产的计税基础为 7 元，每股资产的公允价值为 9 元。在收购对价中乙公司以股权形式支付 6 480 万元，以银行存款支付 720 万元。

3. 任务实施过程

甲公司取得非股权支付额对应的资产转让所得计算思路如下：

(1) 从股权收购比重以及股权支付金额占交易额的比重看是否适用于特殊税务处理：

股权收购比重 = 80%，大于规定的 50%；股权支付金额占交易额的比重 = 6 480 ÷ (6 480 + 720) = 90% > 85%；故适用企业重组的特殊性税务处理方法。

(2) 公允价值中的高于原计税基础的增加值 = 1 000 × 80% × (9 − 7) = 1 600(万元)。

(3) 非股权支付比例 = 720 ÷ (6 480 + 720) = 10%。

(4) 甲公司取得股权支付额对应的所得不确认损益，但是非股权支付额对应的收益应确认资产转让所得(应纳税所得额) = 1 600 × 10% = 160(万元)。

(5) 甲公司应纳企业所得税 = 160 × 25% = 40(万元)。

(3) 企业发生涉及中国境内与境外(包括港澳台地区)之间的股权和资产收购交易，除应符合本任务“三企业重组的特殊性税务处理”中的(1)规定的条件外，还应同时符合下列条件，才可选择适用特殊性税务处理规定：

① 非居民企业向其 100%直接控股的另一非居民企业转让其拥有的居民企业股权，没有因此造成以后该项股权转让所得预提税负变化，且转让方非居民企业向主管税务机关书面承诺在 3 年(含 3 年)内不转让其拥有受让方非居民企业的股权。

② 非居民企业向与其具有 100%直接控股关系的居民企业转让其拥有的另一居民企业股权。

③ 居民企业以其拥有的资产或股权向其 100%直接控股的非居民企业进行投资。

④ 财政部、国家税务总局核准的其他情形。

(4) 在企业吸收合并中，合并后的存续企业性质及适用税收优惠的条件未发生改变的，可以继续享受合并前该企业剩余期限的税收优惠，其优惠金额按存续企业合并前一年的应纳税所得额(亏损计为零)计算。

在企业存续分立中，分立后的存续企业性质及适用税收优惠的条件未发生改变的，可以继续享受分立前该企业剩余期限的税收优惠，其优惠金额按该企业分立前一年的应纳税所得额(亏损计为零)乘以分立后存续企业资产占分立前该企业全部资产的比例计算。

(5) 企业在重组发生前后连续 12 个月内，分步对其资产、股权进行交易，应根据实质重于形式原则将上述交易作为一项企业重组交易进行处理。

(6) 企业发生符合规定的特殊性重组条件并选择特殊性税务处理的，当事各方应在该重组业务完成当年企业所得税年度申报时，向主管税务机关提交书面备案资料，证明其符合各类特殊性重组规定的条件。企业未按规定书面备案的，一律不得按特殊重组业务进行税务处理。

任务五　企业所得税的计算

【情境引例】

A 国的甲企业在中国境内未设立机构、场所，但在本年度从中国境内取得了下列所得：股息 50 万元、利息 40 万元、特许权使用费 90 万元。同时，该企业转让了其在中国境内的财产，转让收入为 180 万元，该财产的净值为 140 万元。

要求：计算甲企业本年度在中国境内应缴纳的企业所得税税额。

【知识准备与业务操作】

一、居民企业以及在中国境内设立机构、场所的，且取得所得与该机构、场所有实际联系的非居民企业查账征收应纳税额的计算

居民企业以及在中国境内设立机构、场所的，且取得所得与该机构、场所有实际联系的非居民企业应纳所得税税额等于应纳税所得额乘以适用税率，其基本计算公式如下：

应纳税额 = 应纳税所得额 × 适用税率 − 减免税额 − 抵免税额

根据计算公式可以看出，应纳税额的多少，取决于应纳税所得额和适用税率两个因素。我们在本项目的任务二中已经学过，应纳税所得额的计算一般有直接计算法和间接计算法两种方法。实务中一般采用间接计算法。

(一) 直接计算法

在直接计算法下，企业每一纳税年度的收入总额减除不征税收入、免税收入、各项扣除以及允许弥补的以前年度亏损后的余额为应纳税所得额。其计算公式如下：

应纳税所得额 = 收入总额 − 不征税收入 − 免税收入 − 各项扣除金额 − 弥补亏损

(二) 间接计算法

间接计算法，是在会计利润总额的基础上加或减按照税法规定调整的项目金额后，即为应纳税所得额。其计算公式如下：

应纳税所得额 = 会计利润总额 ± 纳税调整项目金额

纳税调整项目金额包括两方面的内容：一是企业的财务会计处理和税收规定不一致的，应予以调整的金额；二是企业按税法规定准予扣除的税收金额。

【情境实例 5-11】

1. 工作任务要求

计算甲企业本年度实际应缴纳的企业所得税税额。

2. 情境实例设计

甲企业为我国一家居民企业，其从业人数不符合小型微利企业条件，本年度发生经营业务如下：

(1) 取得产品销售收入 4 000 万元。

(2) 发生产品销售成本 2 600 万元。

(3) 发生销售费用 770 万元(其中广告费和业务宣传费共计 650 万元)、管理费用 480 万元(其中业务招待费 25 万元)、财务费用 60 万元。

(4) 发生销售税金为 160 万元(包括增值税 120 万元)。

(5) 取得营业外收入为 80 万元，营业外支出为 50 万元(含通过公益性社会团体向贫困山区捐款 30 万元，支付税收滞纳金 6 万元)。

(6) 计入成本、费用中的实发工资总额为 200 万元、拨缴职工工会经费 5 万元、发生职工福利费 31 万元、发生职工教育经费 18 万元。

3. 任务实施过程

(1) 会计利润总额 $=4\,000+80-2\,600-770-480-60-(160-120)-50=80$(万元)

(2) 销售(营业)收入的 $15\%=4\,000\times15\%=600$(万元)$<650$ 万元，因此广告费和业务宣传费应调增应纳税所得额 $=650-4\,000\times15\%=650-600=50$(万元)

(3) $4\,000\times5‰=20$(万元)$>25\times60\%=15$(万元)，因此业务招待费应调增应纳税所得额 $=25-25\times60\%=25-15=10$(万元)

(4) 当年年度利润总额的 $12\%=80\times12\%=9.6$(万元)<30 万元，因此公益性捐赠支出应调增应纳税所得额 $=30-80\times12\%=30-9.6=20.4$(万元)

(5) 税收滞纳金不得税前扣除，应调增应纳税所得额 6 万元

(6) 工资、薪金总额的 $2\%=200\times2\%=4$(万元)<5 万元，因此，工会经费应调增应纳税所得额 $=5-200\times2\%=5-4=1$(万元)

(7) 工资、薪金总额的 $14\%=200\times14\%=28$(万元)<31 万元，因此，职工福利费应调增应纳税所得额 $=31-200\times14\%=31-28=3$(万元)

(8) 工资、薪金总额的 $8\%=200\times8\%=16$(万元)<18 万元，因此职工教育经费应调增应纳税所得额 $=18-200\times8\%=18-16=2$(万元)

(9) 应纳税所得额 $=80+50+10+20.4+6+1+3+2=172.4$(万元)

(10) 甲企业本年度应纳企业所得税 $=172.4\times25\%=43.1$(万元)

【情境实例 5-12】

1. 工作任务要求

计算甲企业本年度实际应缴纳的企业所得税税额。

2. 情境实例设计

甲企业为我国一家居民企业，属于制造业企业，其从业人数不符合小型微利企业条件，本年度发生经营业务如下：

全年取得产品销售收入为 5 600 万元，发生产品销售成本 4 000 万元；取得其他业务收

入为 800 万元，其他业务成本为 694 万元；取得购买国债的利息收入 40 万元；缴纳非增值税税金及附加 300 万元；发生管理费用 760 万元，其中：新技术的研究开发费用 60 万元、业务招待费用 70 万元；发生财务费用 200 万元；取得直接投资其他居民企业连续 12 个月以上的权益性投资收益 34 万元(已在被投资方所在地按 15%的税率缴纳了企业所得税)；取得营业外收入 100 万元，发生营业外支出 250 万元(其中含公益性捐赠 38 万元)。

3. 任务实施过程

(1) 利润总额＝5 600＋800＋40＋34＋100－4 000－694－300－760－200－250
＝370(万元)

(2) 国债利息收入免征企业所得税，应调减应纳税所得额 40 万元

(3) 新技术的研究开发费用应调减应纳税所得额＝60×100%＝60(万元)

(4) 实际发生业务招待费的 60%＝70×60%＝42(万元)＞销售(营业)收入的 5‰＝(5 600＋800)×5‰＝32(万元)，因此业务招待费应调增应纳税所得额＝70－32＝38(万元)

(5) 取得直接投资其他居民企业连续 12 个月以上的权益性投资收益属于免税收入，应调减应纳税所得额 34 万元

(6) 当年年度利润总额的 12%＝370×12%＝44.4(万元)＞38 万元，因此可按实际捐赠额扣除，不作纳税调整。

(7) 应纳税所得额＝370－40－60＋38－34＝274(万元)

(8) 甲企业本年度应纳企业所得税＝274×25%＝68.5(万元)

二、境外所得抵扣税额的计算

企业取得的下列所得已在境外缴纳的所得税税额，可以从其当期应纳税额中抵免，抵免限额为该项所得依照《企业所得税法》规定计算的应纳税额；超过抵免限额的部分，可以在以后 5 个年度内，用每年度抵免限额抵免当年应抵税额后的余额进行抵补：

(1) 居民企业来源于中国境外的应税所得。

(2) 非居民企业在中国境内设立机构、场所，取得发生在中国境外但与该机构、场所有实际联系的应税所得。

外国企业在境外实际缴纳的所得税税额中，属于居民企业从其直接或间接控制的外国企业分得的来源于中国境外的股息、红利等权益性投资收益负担的部分，可以作为该居民企业的可抵免境外所得税税额，在《企业所得税法》规定的抵免限额内抵免。

直接控制，是指居民企业直接持有外国企业 20%以上股份。

间接控制，是指居民企业以间接持股方式持有外国企业 20%以上股份，具体认定办法由国务院财政、税务主管部门另行制定。

已在境外缴纳的所得税税额，是指企业来源于中国境外的所得依照中国境外税收法律以及相关规定应当缴纳并已经实际缴纳的企业所得税性质的税款。

抵免限额，是指企业来源于中国境外的所得，依照企业所得税法和实施条例的规定计算的应纳税额。2016 年 12 月 31 日之前，除国务院财政、税务主管部门另有规定外，该抵免限额应当分国(地区)不分项计算，其计算公式如下：

$$\text{抵免限额}=\begin{matrix}\text{中国境内、境外所得依照}\\\text{企业所得税法和实施条例的}\\\text{规定计算的应纳税总额}\end{matrix}\times\begin{matrix}\text{来源于某国(地区)的}\\\text{(税前)应纳税所得额}\end{matrix}\div\begin{matrix}\text{中国境内、境外}\\\text{应纳税所得总额}\end{matrix}$$

5

该公式可以简化成：

抵免限额＝来源于某国（地区）的（税前）应纳税所得额×我国法定税率

自2017年1月1日起，企业可以选择按国（地区）别分别计算（即“分国（地区）不分项”），或者不按国（地区）别汇总计算（即“不分国（地区）不分项”）其来源于境外的应纳税所得额，并按照上述公式中规定的税率，分别计算其可抵免境外所得税税额和抵免限额。上述方式一经选择，5年内不得改变。企业选择采用不同于以前年度的方式（以下简称“新方式”）计算可抵免境外所得税税额和抵免限额时，对该企业以前年度按照财税〔2009〕125号文件规定没有抵免完的余额，可在税法规定结转的剩余年限内，按新方式计算的抵免限额中继续结转抵免。

实务咨询：我公司为一家高新技术企业，依照《企业所得税法》享受15％的优惠税率，其取得的境外所得在进行境外所得税税额抵免限额计算中是适用25％的税率还是15％的税率？

【情境实例5-13】

1. 工作任务要求

计算甲企业汇总计算时在我国应缴纳的企业所得税税额。

2. 情境实例设计

甲企业为我国一家居民企业，本年度境内应纳税所得额为200万元，适用25％的企业所得税税率。另外，甲企业分别在A、B两国设有分支机构（我国与A、B两国已经缔结避免双重税协定），在A国分支机构的应纳税所得额为100万元，A国税率为20％；在B国的分支机构的应纳税所得额为60万元，B国税率为30％。假设甲企业在A、B两国所得按我国税法计算的应纳税所得额和按A、B两国税法计算的应纳税所得额一致，两个分支机构在A、B两国分别缴纳了20万元和18万元的企业所得税。甲企业选择“分国（地区）不分项”的方法来计算其来源于境外的应纳税所得额。

3. 任务实施过程

（1）甲企业按我国税法计算的境内、境外所得的应纳税额：

应纳税额＝(200＋100＋60)×25％＝90(万元)

（2）A、B两国的扣除限额：

A国扣除限额＝90×[100÷(200＋100＋60)]＝25(万元)或＝100×25％＝25(万元)

B国扣除限额＝90×[60÷(200＋100＋60)]＝15(万元)或＝60×25％＝15(万元)

在A国缴纳的所得税为20万元，低于扣除限额25万元，可全额扣除。

在B国缴纳的所得税为18万元，高于扣除限额15万元，其超过扣除限额的部分3万元当年不能扣除。

（3）汇总时在我国应缴纳的所得税＝90－20－15＝55(万元)

三、居民企业核定征收应纳税额的计算

为了加强企业所得税的征收管理，对部分中小企业采取核定征收的办法计算其应纳税

额。根据《税收征管法》,核定征收企业所得税的有关规定如下：

（一）确定所得税核定征收的范围

本办法适用于居民企业纳税人,纳税人具有下列情形之一的,核定征收企业所得税：

①依照法律、行政法规的规定可以不设置账簿的;②依照法律、行政法规的规定应当设置但未设置账簿的;③擅自销毁账簿或者拒不提供纳税资料的;④虽设置账簿,但账目混乱或者成本资料、收入凭证、费用凭证残缺不全,难以查账的;⑤发生纳税义务,未按照规定的期限办理纳税申报,经税务机关责令限期申报,逾期仍不申报的;⑥申报的计税依据明显偏低,又无正当理由的。

特殊行业、特殊类型的纳税人和一定规模以上的纳税人不适用本办法。上述特定纳税人由国家税务总局另行明确。

（二）核定征收办法的有关规定

（1）纳税人具有下列情形之一的,核定其应税所得率:①能正确核算(查实)收入总额,但不能正确核算(查实)成本费用总额的;②能正确核算(查实)成本费用总额,但不能正确核算(查实)收入总额的;③通过合理方法,能计算和推定纳税人收入总额或成本费用总额的。

（2）纳税人不属于以上情形的,核定其应纳所得税税额。

（3）税务机关采用下列方法核定征收企业所得税:①参照当地同类行业或者类似行业中经营规模和收入水平相近的纳税人的税负水平核定;②按照应税收入额或成本费用支出额定率核定;③按照耗用的原材料、燃料、动力等推算或测算核定;④按照其他合理方法核定。

采用一种方法不足以正确核定应纳税所得额或应纳税额的,可以同时采用两种以上的方法核定。采用两种以上方法测算的应纳税额不一致时,从高核定。

（4）采用应税所得率方式核定征收企业所得税的,应纳所得税税额的计算公式如下：

应纳所得税税额＝应纳税所得额×适用税率

应纳税所得额＝应税收入额×应税所得率

＝成本(费用)支出额÷(1－应税所得率)×应税所得率

应税所得率如表5-4所示。

表5-4 应税所得率表

行　业	应税所得率/%	行　业	应税所得率/%
农、林、牧、渔业	3～10	建筑业	8～20
制造业	5～15	饮食业	8～25
批发和零售贸易业	4～15	娱乐业	15～30
交通运输业	7～15	其他行业	10～30

四、在中国境内未设立机构、场所的,或者虽设立机构、场所但取得的所得与其所设机构、场所没有实际联系的非居民企业查账征收应纳税额的计算

对于在中国境内未设立机构、场所的,或者虽设立机构、场所但取得的所得与其所设机构、场所没有实际联系的非居民企业的所得,其来源于中国境内的所得按照下列方法计算应纳税所得额：

5

（1）股息、红利等权益性投资收益和利息、租金、特许权使用费所得，以收入全额为应纳税所得额；

（2）转让财产所得，以收入全额减除财产净值后的余额为应纳税所得额；

（3）其他所得，参照前两项规定的办法计算应纳税所得额。

财产净值是指财产的计税基础减除已经按照规定扣除的折旧、折耗、摊销、准备金等后的余额。

对于在中国境内未设立机构、场所的，或者虽设立机构、场所但取得的所得与其所设机构、场所没有实际联系的非居民企业的应纳税额计算公式如下：

应纳税额＝年应纳税所得额×税率(减按10%)

【情境引例解析】

甲企业取得的股息、利息和特许权使用费的应纳税所得额＝50＋40＋90＝180(万元)

甲企业取得财产转让所得的应纳税所得额＝180－140＝40(万元)

甲企业在本年度应纳所得税＝(180＋40)×10%＝22(万元)

五、非居民企业核定征收应纳税额的计算

非居民企业因会计账簿不健全，资料残缺难以查账，或者其他原因不能准确计算并据实申报其应纳税所得额的，税务机关有权采取以下方法核定其应纳税所得额：

（1）按收入总额核定应纳税所得额：适用于能够正确核算收入或通过合理方法推定收入总额，但不能正确核算成本费用的非居民企业。其计算公式如下：

应纳税所得额＝收入总额×经税务机关核定的利润率

（2）按成本费用核定应纳税所得额：适用于能够正确核算成本费用，但不能正确核算收入总额的非居民企业。其计算公式如下：

$$\text{应纳税所得额}=\text{成本费用总额}\div\left(1-\text{经税务机关核定的利润率}\right)\times\text{经税务机关核定的利润率}$$

（3）按经费支出换算收入核定应纳税所得额：适用于能够正确核算经费支出总额，但不能正确核算收入总额和成本费用的非居民企业。其计算公式如下：

$$\text{应纳税所得额}=\text{经费支出总额}\div\left(1-\text{经税务机关核定的利润率}\right)\times\text{经税务机关核定的利润率}$$

（4）税务机关可按照以下标准确定非居民企业的利润率：

① 从事承包工程作业、设计和咨询劳务的，利润率为15%～30%。

② 从事管理服务的，利润率为30%～50%。

③ 从事其他劳务或劳务以外经营活动的，利润率不低于15%。

税务机关有根据认为非居民企业的实际利润率明显高于上述标准的，可以按照比上述标准更高的利润率核定其应纳税所得额。

（5）非居民企业与中国居民企业签订机器设备或货物销售合同，同时提供设备安装、装配、技术培训、指导、监督服务等劳务，其销售货物合同中未列明提供上述劳务服务收费金额，或者计价不合理的，主管税务机关可以根据实际情况，参照相同或相近业务的计价标准核定劳务收入。无参照标准的，以不低于销售货物合同总价款的10%为原则，确定非居民企业的劳务收入。

(6) 非居民企业为中国境内客户提供劳务取得的收入，凡其提供的服务全部发生在中国境内的，应全额在中国境内申报缴纳企业所得税。凡其提供的服务同时发生在中国境内外的，应以劳务发生地为原则划分其境内外收入，并就其在中国境内取得的劳务收入申报缴纳企业所得税。税务机关对其境内外收入划分的合理性和真实性有疑义的，可以要求非居民企业提供真实有效的证明，并根据工作量、工作时间、成本费用等因素合理划分其境内外收入；如非居民企业不能提供真实有效的证明，税务机关可视同其提供的服务全部发生在中国境内，确定其劳务收入并据以征收企业所得税。

(7) 采取核定征收方式征收企业所得税的非居民企业，在中国境内从事适用不同核定利润率的经营活动，并取得应税所得的，应分别核算并适用相应的利润率计算缴纳企业所得税；凡不能分别核算的，应从高适用利润率，计算缴纳企业所得税。

(8) 拟采取核定征收方式的非居民企业应填写“非居民企业所得税征收方式鉴定表”(以下简称“鉴定表”)，报送主管税务机关。主管税务机关应对企业报送的“鉴定表”的适用行业及所适用的利润率进行审核，并签注意见。

对经审核不符合核定征收条件的非居民企业，主管税务机关应自收到企业提交的“鉴定表”后 15 个工作日内向其下达“税务事项通知书”，将鉴定结果告知企业。非居民企业未在上述期限内收到“税务事项通知书”的，其征收方式视同已被认可。

(9) 税务机关发现非居民企业采用核定征收方式计算申报的应纳税所得额不真实，或者明显与其承担的功能风险不相匹配的，有权予以调整。

任务六　特别纳税调整

【情境引例】

甲公司为我国一家居民企业，本年 7 月申报以 25 万元从境外关联公司乙公司购入一批产品，又将这批产品以 22 万元转售给无关联关系的丙公司。税务机关可按其转售给无关联关系的丙公司的价格减除合理的销售毛利，来调整甲公司与关联公司乙公司的交易价格。假定甲公司合理的销售毛利率为 20%。要求：计算甲公司应缴纳的企业所得税税额。

【知识准备与业务操作】

一、调整范围

企业与其关联方之间的业务往来，不符合独立交易原则而减少企业或者其关联方应纳税收入或者所得额的，税务机关有权按照合理方法调整。

(一) 关联方

关联方，是指与企业有下列关联关系之一的企业、其他组织或者个人。具体指：

(1) 在资金、经营、购销等方面存在直接或者间接的控制关系；

(2) 直接或者间接地同为第三者控制；

(3) 在利益上具有相关联的其他关系。

(二) 关联企业之间关联业务的税务处理

(1) 企业与其关联方共同开发、受让无形资产，或者共同提供、接受劳务发生的成本，在计算应纳税所得额时应当按照独立交易原则进行分摊。

（2）企业与其关联方分摊成本时，应当按照成本与预期收益相配比的原则进行分摊，并在税务机关规定的期限内，按照税务机关的要求报送有关资料。

（3）企业与其关联方分摊成本时违反以上（1）、（2）规定的，其自行分摊的成本不得在计算应纳税所得额时扣除。

（4）企业可以向税务机关提出与其关联方之间业务往来的定价原则和计算方法，税务机关与企业协商、确认后，达成预约定价安排。

预约定价安排，是指企业就其未来年度关联交易的定价原则和计算方法，向税务机关提出申请，与税务机关按照独立交易原则协商、确认后达成的协议。

（5）企业向税务机关报送年度企业所得税纳税申报表时，应当就其与关联方之间的业务往来，附送年度关联业务往来报告表。

税务机关在进行关联业务调查时，企业及其关联方，以及与关联业务调查有关的其他企业应当按照规定提供相关资料。相关资料是指：

① 与关联业务往来有关的价格、费用的制定标准、计算方法和说明等同期资料。

② 关联业务往来所涉及的财产、财产使用权、劳务等的再销售（转让）价格或者最终销售（转让）价格的相关资料。

③ 与关联业务调查有关的其他企业应当提供的与被调查企业可比的产品价格、定价方式以及利润水平等资料。

④ 其他与关联业务往来有关的资料。

（6）由居民企业，或者由居民企业和中国居民控制的设立在实际税负明显低于25%的税率水平的国家（地区）的企业，并非由于合理的经营需要而对利润不作分配或者减少分配的，上述利润中应归属于该居民企业的部分，应当计入该居民企业的当期收入。所指控制包括：

① 居民企业或者中国居民直接或者间接单一持有外国企业10%以上有表决权股份，且由其共同持有该外国企业50%以上股份。

5

② 居民企业，或者居民企业和中国居民持股比例没有达到第①项规定的标准，但在股份、资金、经营、购销等方面对该外国企业构成实质控制。

③ 上述所指的实际税负明显偏低是指实际税负明显低于《企业所得税法》规定的25%税率的50%。

（7）对资本弱化的行为的控制。

① 企业接受的投资类别。企业从其关联方接受的债权性投资，是指企业直接或间接从关联方获得的，需要偿还本金和支付利息或者需要以其他具有支付利息性质的方式予以补偿的融资。企业间接从关联方获得的债权性投资，包括：关联方通过无关联第三方提供的债权性投资；无关联第三方提供的、由关联方担保且负有连带责任的债权性投资；其他间接从关联方获得的具有负债实质的债权性投资。

企业的权益性投资是指企业接受的不需要偿还本金和支付利息，投资人对企业净资产拥有所有权的投资。

② 接受的债权性投资的利息支出。企业实际支付给关联方的利息支出，如果能够按照《企业所得税法》及其实施条例的有关规定提供相关资料，并证明相关交易活动符合独立交易原则的；或者该企业的实际税负不高于境内关联方的，其实际支付给境内关联方的利息支出，在计算应纳税所得额时准予扣除。除此之外，企业在计算应纳税所得额时，实际支付给关联方的利息支出，不超过规定比例（接受关联方债权性投资与权益性投资的比例为：金融企业5∶1；其他企业2∶1）和《企业所得税法》及其实施条例有关规定计算的部分，准予扣

除；超过部分，不得在发生当期和以后年度扣除。

【点拨指导】企业实际支付给关联方的利息支出，除另有规定外，其接受关联方债权性投资与其权益性投资比例为：金融企业 5∶1；其他企业 2∶1。企业同时从事金融业务和非金融业务，其实际支付给关联方的利息支出，应按照合理方法分开计算；没有按照合理方法分开计算的，一律按上述“其他企业”的比例（即 2∶1）计算准予税前扣除的利息支出。

③ 债权性投资的利息收入。企业自关联方取得的不符合规定的利息收入应按照有关规定缴纳企业所得税。

（8）对母子公司间提供服务支付费用有关企业所得税的处理。

① 母公司为其子公司提供各种服务而发生的费用，应按照独立企业之间公平交易原则确定服务的价格，作为企业正常的劳务费用进行税务处理。

母子公司未按照独立企业之间的业务往来收取价款的，税务机关有权予以调整。

② 母公司向其子公司提供各项服务，双方应签订服务合同或协议，明确规定提供服务的内容、收费标准及金额等，凡按上述合同或协议规定所发生的服务费，母公司应作为营业收入申报纳税；子公司作为成本费用在税前扣除。

③ 母公司向其多个子公司提供同类项服务，其收取的服务费可以采取分项签订合同或协议的方式收取；也可以采取服务分摊协议的方式，即由母公司与各子公司签订服务费用分摊合同或协议，以母公司为其子公司提供服务所发生的实际费用并附加一定比例利润作为向子公司收取的总服务费，在各服务受益子公司（包括盈利企业、亏损企业和享受减免税企业）之间按《企业所得税法》第四十一条第二款规定合理分摊。

④ 母公司以管理费形式向子公司提取费用，子公司因此支付给母公司的管理费，不得在税前扣除。

⑤ 子公司申报税前扣除向母公司支付的服务费用，应向主管税务机关提供与母公司签订的服务合同或协议等与税前扣除该项费用相关的材料。不能提供相关材料的，支付的服务费用不得税前扣除。

二、调整方法

税法规定对关联企业所得不实的，调整方法如下：

（1）可比非受控价格法，是指按照没有关联关系的交易各方进行相同或者类似业务往来的价格进行定价的方法。

（2）再销售价格法，是指按照从关联方购进商品再销售给没有关联关系的交易方的价格，减除相同或者类似业务的销售毛利进行定价的方法。

（3）成本加成法，是指按照成本加合理的费用和利润进行定价的方法。

（4）交易净利润法，是指按照没有关联关系的交易各方进行相同或者类似业务往来取得的净利润水平确定利润的方法。

（5）利润分割法，是指将企业与其关联方的合并利润或者亏损在各方之间采用合理标准进行分配的方法。

（6）其他符合独立交易原则的方法。

【情境引例解析】

甲公司转售该批产品的合理进货价格 $=22\times(1-20\%)=17.6$（万元）

税务机关可按这一价格调整甲公司与关联公司乙公司的进货价格。

应纳税额 $=(22-17.6)\times25\%=1.1$（万元）

5

三、核定征收

企业不提供与其关联方之间业务往来资料，或者提供虚假、不完整资料，未能真实反映其关联业务往来情况的，税务机关有权依法核定其应纳税所得额。核定方法有：

（1）参照同类或者类似企业的利润率水平核定。

（2）按照企业成本加合理的费用和利润的方法核定。

（3）按照关联企业集团整体利润的合理比例核定。

（4）按照其他合理方法核定。

【点拨指导】税务机关的纳税核定权是维护国家的财政利益、明确纳税人应当履行的举证责任以及解决反避税调查调整日趋复杂、案件旷日持久不能结案等困难的重要制度，是很多国家的通常做法。

四、加收利息和追溯时限

企业实施其他不具有合理商业目的的安排而减少其应纳税收入或者所得额的，税务机关有权按照合理方法调整。不具有合理商业目的，是指以减少、免除或者推迟缴纳税款为主要目的。

（一）特别纳税调整的加收利息规定

税务机关根据企业所得税法律制度的规定作出的纳税调整决定，应在补征税款的基础上，从每一调整年度次年 6 月 1 日起至补缴税款之日止的期限，按日加收利息。这里的利息，应当按照税款所属纳税年度中国人民银行公布的与补税期间同期的人民币贷款基准利率加 5 个百分点计算。

特别纳税调整加收的利息，不得在计算应纳税所得额时扣除。

（二）特别纳税调整的追溯

5

企业与其关联方之间的业务往来，不符合独立交易原则，或者企业实施其他不具有合理商业目的的安排的，税务机关有权在该业务发生的纳税年度起 10 年内，进行纳税调整。

【情境辨析 5-9】

1. 情境辨析目的

掌握企业所得税特别纳税调整追溯期的相关规定。

2. 情境辨析设计

根据企业所得税法律制度的规定，企业与其关联方之间的业务往来，不符合独立交易原则，或者企业实施其他不具有合理商业目的安排的，税务机关有权在该业务发生的纳税年度起（　　）年内，进行纳税调整。

A. 3　　B. 5　　C. 8　　D. 10

3. 情境辨析过程

答案：D

解析：企业与其关联方之间的业务往来，不符合独立交易原则，或者企业实施其他不具有合理商业目的的安排的，税务机关有权在该业务发生的纳税年度起 10 年内，进行纳税调整。

【情境实战 5-1——企业所得税应纳税额的计算】

1. 工作任务要求

（1）计算山东名泽至润有限公司 2021 年度的会计利润；

（2）计算山东名泽至润有限公司 2021 年第四季度预缴企业所得税时应补（退）企业所得税税额；

（3）计算山东名泽至润有限公司 2021 年度的境外所得，纳税调整增加额，纳税调整减少额，免税、减计收入及加计扣除额；

（4）计算山东名泽至润有限公司 2021 年度的应纳税所得额；

（5）计算山东名泽至润有限公司 2021 年度的实际应纳所得税税额；

（6）计算山东名泽至润有限公司 2021 年度应补（退）的企业所得税税额。

2. 情境实战设计

山东名泽至润有限公司为我国一家居民企业，是一家制造业企业，其纳税人识别号为 99870572089059510J，企业从业人数每一个季度均为 400 人，资产总额每一个季度均为 8 000 万元，所属行业为工业企业（制造业企业），办税员：李珍。2021 年度发生境内经营业务如下：

（1）取得销售收入 3 000 万元。

（2）发生销售成本 1 500 万元。

（3）发生销售费用 700 万元（其中：广告费 500 万元、职工薪酬 50 万元、资产折旧摊销费 50 万元、办公费 50 万元、差旅费 50 万元）；管理费用 600 万元[其中：业务招待费 20 万元、职工薪酬 50 万元、资产折旧摊销费 100 万元、办公费 200 万元、差旅费 180 万元、用于 X 产品新技术的研究开发费用共计 50 万元（其中：研发活动直接消耗的材料、燃料和动力费用 18 万元，直接从事研发活动的本企业在职人员费用 16 万元，专门用于研发活动的折旧费、维护费、运行维护费 3 万元，有关无形资产摊销费 5 万元，中间试验和产品试制的有关费用，样品、样机及一般测试手段购置费 5 万元，研发成果论证、评审、验收、鉴定费用 2 万元，设计、制定、资料和翻译费用 1 万元）]；财务费用 50 万元（均为利息支出）。

（4）发生各种税金 200 万元（含增值税 150 万元）。

（5）发生固定资产处置净损益（收益）100 万元，发生无形资产处置净损益（损失）2 万元。

（6）营业外支出 78 万元（含通过公益性社会团体向 C 市 D 希望小学捐款 2 万元，支付税收滞纳金 76 万元）。

（7）2021 年 7 月取得直接投资于其他居民企业连续 12 个月以上的权益性投资收益 40 万元（已在被投资方所在地按 15%的税率缴纳了企业所得税）。

（8）计入成本、费用中的实发工资总额 150 万元，拨缴职工工会经费 3 万元，支出职工福利费 25 万元，职工教育经费 14.25 万元。

⑨ 山东名泽至润有限公司在 A、B 两国设有分支机构，在 A 国机构的税后所得为 35 万元，A 国企业所得税税率为 30%；B 国机构的税后所得为 32 万元，B 国企业所得税税率为 20%。在 A、B 两国已分别缴纳所得税 15 万元、8 万元。假设 A、B 两国的应税所得额的计算与我国税法相同。山东名泽至润有限公司选择“分国（地区）不分项”的方法来计算其来源于境外的应纳税所得额。

山东名泽至润有限公司 2021 年度无以前年度亏损（2016 年至 2020 年均无亏损），2021 年度前三个季度已经预缴企业所得税 34.25 万元。2021 年第四季度营业收入为 800 万元，营业成本为 400 万元，利润总额为 50 万元。另外，该公司为员工缴纳各类基本社会保障性缴款 60 万元，未缴纳补充养老和医疗保险，为员工缴纳住房公积金 40 万元，未超过当地政府规定标准。2022 年 1 月 12 日对 2021 年第四季度预缴企业所得税进行纳税申报。2022

年3月30日进行企业所得税年度纳税申报(企业所得税汇算清缴)。另外,根据规定,“企业10月份预缴申报第3季度(按季预缴)或9月份(按月预缴)企业所得税时,可以自主选择就当年前三季度研发费用享受加计扣除优惠政策。对10月份预缴申报期未选择享受研发费用加计扣除优惠政策的,可以在办理当年度企业所得税汇算清缴时统一享受。”山东名泽至润有限公司选择在2022年办理2021年度企业所得税汇算清缴时统一享受研发费用加计扣除优惠政策。

3. 实战操作步骤

第一步:计算山东名泽至润有限公司2021年度的会计利润。

2021年度会计利润(“A200000中华人民共和国企业所得税月(季)度预缴纳税申报表(A类)”的第3行;“A100000中华人民共和国企业所得税年度纳税申报表(A类)”的第13行)=3 000-1 500-700-600-50-(200-150)+100-80+40+35+32=227(万元)

第二步:计算2021年第四季度预缴企业所得税时应补(退)企业所得税税额。

截至2021年12月31日,该公司全年符合条件的居民企业之间的股息、红利等权益性投资收益额=40(万元)

截至2021年12月31日,该公司全年免税收入、减计收入、加计扣除(“A200000中华人民共和国企业所得税月(季)度预缴纳税申报表(A类)”的第7行)=40(万元)

截至2021年12月31日,该公司全年实际利润额(“A200000中华人民共和国企业所得税月(季)度预缴纳税申报表(A类)”的第10行)=227-40=187(万元)

截至2021年12月31日,该公司全年应纳(预缴)企业所得税(“A200000中华人民共和国企业所得税月(季)度预缴纳税申报表(A类)”的第12行)=187×25%=46.75(万元)

2021年第四季度预缴企业所得税时应补(退)企业所得税(“A200000中华人民共和国企业所得税月(季)度预缴纳税申报表(A类)”的第16行)=46.75-34.25=12.5(万元)

5

第三步:计算山东名泽至润有限公司2021年度的境外所得,纳税调整增加额,纳税调整减少额,免税、减计收入及加计扣除额。

(1) 境外所得(“A100000中华人民共和国企业所得税年度纳税申报表(A类)”的第14行):

境外税后所得额=35+32=67(万元)

(2) 纳税调整增加额(“A100000中华人民共和国企业所得税年度纳税申报表(A类)”的第15行):

① 广告费和业务宣传费的扣除限额=3 000×15%=450(万元),由于500万元>450万元,因此,广告费和业务宣传费应调增所得额=500-450=50(万元)。

② 业务招待费的扣除限额=3 000×5‰=15(万元),业务招待费发生额的60%=20×60%=12(万元),由于15万元>12万元,业务招待费应调增所得额=20-12=8(万元)。

③ 公益性捐赠支出的扣除限额=227×12%=27.24(万元),由于2万元<27.24万元,因此,公益性捐赠支出无需纳税调整。

④ 支付的税收滞纳金应调增所得额=76(万元)。

⑤ 职工福利费的扣除限额=150×14%=21(万元),由于25万元>21万元,因此,职工福利费应调增所得额=25-21=4(万元)。

⑥ 职工教育经费的扣除限额=150×8%=12(万元),由于14.25万元>12万元,因此,职工教育经费应调增所得额=14.25-12=2.25(万元)。

纳税调整增加额合计=50+8+76+4+2.25=140.25(万元)

(3) 纳税调整减少额(“A100000 中华人民共和国企业所得税年度纳税申报表(A 类)”的第 16 行):

纳税调整减少额＝0

(4) 免税、减计收入及加计扣除额(“A100000 中华人民共和国企业所得税年度纳税申报表(A 类)”的第 17 行):

① 符合条件的居民企业之间的股息、红利等权益性投资收益额＝40(万元)

② 开发新技术、新产品、新工艺发生的研究开发费用加计扣除额＝50×100%＝50 (万元)

(税法依据:企业开展研发活动中实际发生的研发费用,未形成无形资产计入当期损益的,在按规定据实扣除的基础上,在 2018 年 1 月 1 日至 2023 年 12 月 31 日期间,再按照实际发生额的 75%在税前加计扣除;形成无形资产的,在上述期间按照无形资产成本的 175%在税前摊销。制造业企业开展研发活动中实际发生的研发费用,未形成无形资产计入当期损益的,在按规定据实扣除的基础上,自 2021 年 1 月 1 日起,再按照实际发生额的 100%在税前加计扣除;形成无形资产的,自 2021 年 1 月 1 日起,按照无形资产成本的 200%在税前摊销。)

免税、减计收入及加计扣除额＝40＋50＝90(万元)

第四步:计算山东名泽至润有限公司 2021 年度的应纳税所得额。

应纳税所得额(“A100000 中华人民共和国企业所得税年度纳税申报表(A 类)”的第 23 行)＝227－67＋140.25－90＝210.25(万元)

第五步:计算山东名泽至润有限公司 2021 年度的实际应纳所得税税额。

境内所得应纳所得税(“A100000 中华人民共和国企业所得税年度纳税申报表(A 类)”的第 25 行)＝210.25×25%＝52.562 5(万元)

境外所得换算为含税收入的所得:

A 国:35÷(1－30%)＝50(万元)

B 国:32÷(1－20%)＝40(万元)

境外所得应纳所得税(“A100000 中华人民共和国企业所得税年度纳税申报表(A 类)”的第 29 行)＝(50＋40)×25%＝22.5(万元)

A 国的抵扣限额＝50×25%＝12.5(万元)

B 国的抵扣限额＝40×25%＝10(万元)

在 A 国实际缴纳企业所得税 15 万元,高于抵扣限额,只能抵扣 12.5 万元,超过限额的 2.5 万元当年不得抵扣。

在 B 国实际缴纳企业所得税 8 万元,低于抵扣限额 10 万元,可全额抵扣。

境外所得抵免企业所得税(“A100000 中华人民共和国企业所得税年度纳税申报表(A 类)”的第 30 行)＝12.5＋8＝20.5(万元)

境外所得应补缴的企业所得税＝22.5－20.5＝2(万元)

实际应纳企业所得税(“A100000 中华人民共和国企业所得税年度纳税申报表(A 类)”的第 31 行)＝52.562 5＋22.5－20.5＝52.562 5＋2＝54.562 5(万元)

第六步:计算山东名泽至润有限公司 2021 年度应补(退)的企业所得税税额。

山东名泽至润有限公司 2021 年度应补缴企业所得税(“A100000 中华人民共和国企业所得税年度纳税申报表(A 类)”的第 33 行)＝52.562 5＋2－46.75＝54.562 5－46.75＝7.812 5 (万元)

任务七 企业所得税的纳税申报

【情境引例】

甲公司设有不具有法人资格的营业机构。假如你是该公司的会计人员，请问对于是否汇总纳税的问题，企业所得税与增值税的纳税方式一样吗？

【知识准备与业务操作】

一、企业所得税的征收管理

（一）企业所得税的纳税期限

企业所得税按年计征，分月或者分季预缴，年终汇算清缴，多退少补。

企业应当自月份或者季度终了之日起 15 日内，向税务机关报送预缴企业所得税纳税申报表，预缴企业所得税税款。

企业所得税的纳税年度，自公历 1 月 1 日起至 12 月 31 日止。企业在一个纳税年度的中间开业，或者由于合并、关闭等原因终止经营活动，使该纳税年度的实际经营期不足 12 个月的，应当以其实际经营期为一个纳税年度。企业清算时，应当以清算期间作为一个纳税年度。

企业应当自年度终了之日起 5 个月内，向税务机关报送年度企业所得税纳税申报表，并汇算清缴，结清应缴应退企业所得税税款。

企业在年度中间终止经营活动的，应当自实际经营终止之日起 60 日内，向税务机关办理当期企业所得税汇算清缴。企业应当在办理注销登记前，就其清算所得向税务机关申报并依法缴纳企业所得税。

5

【特别提示】自 2022 年 7 月 14 日起，处于歇业状态的缴纳企业所得税的市场主体依法应履行纳税义务、扣缴义务的，可按如下方式简并企业所得税申报，且当年度内不再变更。

（1）设立不具有法人资格分支机构的企业，按月申报预缴企业所得税的，其总机构办理歇业后，总机构及其所有分支机构可自下一季度起调整为按季预缴申报；仅分支机构办理歇业的，总机构及其所有分支机构不调整预缴申报期限。

（2）未设立不具有法人资格分支机构的企业，按月申报预缴企业所得税的，办理歇业后，可自下一季度起调整为按季预缴申报。被税务机关认定为非正常户的市场主体，在解除非正常状态之前，歇业期间不适用上述简化纳税申报方式。

（二）企业所得税的纳税地点

除税收法规、行政法规另有规定外，居民企业以企业登记注册地为纳税地点；但登记注册地在境外的，以实际管理机构所在地为纳税地点。企业登记注册地，是指企业依照国家有关规定登记注册的住所地。

居民企业在中国境内设立不具有法人资格的营业机构的，应当汇总计算并缴纳企业所得税。企业汇总计算并缴纳所得税时，应当统一核算应纳税所得额。除国务院另有规定外，企业之间不得合并缴纳企业所得税。

【情境引例解析】

对于企业所得税：居民企业在中国境内设立不具有法人资格的营业机构的，应当汇总计算并缴纳企业所得税。企业汇总计算并缴纳所得税时，应当统一核算应纳税所得额。

对于增值税：总机构和分支机构不在同一县（市）的，应当分别向各自所在地主管税务机关申报纳税；经国务院财政、税务主管部门或者其授权的财政、税务机关批准，可以由总机构汇总向总机构所在地的主管税务机关申报纳税。

因此，对于是否汇总纳税的问题，企业所得税与增值税的纳税方式不一样。

非居民企业在中国境内设立机构、场所的，应当就其所设机构、场所取得的来源于中国境内的所得，以及发生在中国境外但是与其所设机构、场所有实际联系的所得，以机构、场所所在地为纳税地点。非居民企业在中国境内设立两个或者两个以上的机构、场所的，经税务机关审核批准，可以选择由其主要机构、场所汇总缴纳企业所得税。非居民企业在中国未设立机构、场所的，或者虽设立机构、场所但取得的所得与其所设机构、场所没有实际联系的，以扣缴义务人所在地为纳税地点。

【情境辨析 5-10】

1. 情境辨析目的

掌握企业所得税征收管理的相关规定。

2. 情境辨析设计

下列关于企业所得税征收管理的说法中，正确的有（　　）。

A. 非居民企业在中国境内设立机构、场所取得的所得，以机构、场所所在地为纳税地点

B. 居民企业在中国境内设立具有法人资格的营业机构的，应当汇总计算并缴纳企业所得税

C. 非居民企业在中国境内设立两个或两个以上机构、场所的，经税务机关审核批准，可以选择由其主要机构、场所汇总缴纳企业所得税

D. 除国务院另有规定外，企业之间不得合并缴纳企业所得税

3. 情境辨析过程

答案：A、C、D

解析：选项 B，居民企业在中国境内设立不具有法人资格的营业机构的，应当汇总计算并缴纳企业所得税。

（三）企业所得税纳税申报的其他要求

企业在报送企业所得税纳税申报表时，应当按照规定附送财务会计报告和其他有关资料。

依照《企业所得税法》缴纳的企业所得税，以人民币计算；所得以人民币以外的货币计算的，应当折合成人民币计算并缴纳税款。

企业在纳税年度内无论盈利或者亏损，都应当依照《企业所得税法》第五十四条规定的期限，向税务机关报送预缴企业所得税纳税申报表、年度企业所得税纳税申报表、财务会计报告和税务机关规定应当报送的其他有关资料。

5

二、企业所得税的纳税申报实务

（一）企业所得税的预缴纳税申报实务

实行查账征收企业所得税的居民纳税人在月（季）度预缴企业所得税时，应填报“A200000 中华人民共和国企业所得税月（季）度预缴纳税申报表（A类）”（表5-5）及其附表（略）；实行核定征收管理办法缴纳企业所得税的纳税人在月（季）度申报缴纳企业所得税时，应填报“中华人民共和国企业所得税月（季）度预缴和年度纳税申报表（B类）”（略）。

表5-5 A200000 中华人民共和国企业所得税月（季）度预缴纳税申报表（A类）

税款所属期间：2021年10月1日至2021年12月31日

纳税人识别号（统一社会信用代码）：99870572089059510J

纳税人名称：山东名泽至润有限公司　　　　金额单位：人民币元（列至角分）

优惠及附报事项有关信息									
项　目	一季度		二季度		三季度		四季度		季度平均值
	季初	季末	季初	季末	季初	季末	季初	季末	
从业人数	400	400	400	400	400	400	400	400	400
资产总额（万元）	8 000	8 000	8 000	8 000	8 000	8 000	8 000	8 000	8 000
国家限制或禁止行业	□是☑否				小型微利企业				□是☑否
	附报事项名称								金额或选项
事项1	（填写特定事项名称）								略
事项2	（填写特定事项名称）								略

	预缴税款计算	本年累计
1	营业收入	30 000 000.00
2	营业成本	15 000 000.00
3	利润总额	2 270 000.00
4	加：特定业务计算的应纳税所得额	
5	减：不征税收入	
6	减：资产加速折旧、摊销（扣除）调减额（填写A201020）	
7	减：免税收入、减计收入、加计扣除（7.1＋7.2＋…）	400 000.00
7.1	符合条件的居民企业之间的股息、红利等权益性投资收益免征企业所得税	400 000.00
8	减：所得减免（8.1＋8.2＋…）	
8.1	（填写优惠事项名称）	
8.2	（填写优惠事项名称）	
9	减：弥补以前年度亏损	
10	实际利润额（3＋4－5－6－7－8－9）\按照上一纳税年度应纳税所得额平均额确定的应纳税所得额	1 870 000.00
11	税率（25%）	25%

续　表

<table>
<tr><td>12</td><td colspan="3">应纳所得税额(10×11)</td><td>467 500.00</td></tr>
<tr><td>13</td><td colspan="3">减:减免所得税额(13.1+13.2+…)</td><td></td></tr>
<tr><td>13.1</td><td colspan="3">(填写优惠事项名称)</td><td></td></tr>
<tr><td>13.2</td><td colspan="3">(填写优惠事项名称)</td><td></td></tr>
<tr><td>14</td><td colspan="3">减:本年实际已缴纳所得税额</td><td>342 500.00</td></tr>
<tr><td>15</td><td colspan="3">减:特定业务预缴(征)所得税额</td><td></td></tr>
<tr><td>16</td><td colspan="3">本期应补(退)所得税额(12−13−14−15)\税务机关确定的本期应纳所得税额</td><td>125 000.00</td></tr>
<tr><td colspan="5">汇总纳税企业总分机构税款计算</td></tr>
<tr><td>17</td><td rowspan="4">总机构</td><td colspan="2">总机构本期分摊应补(退)所得税额(18+19+20)</td><td></td></tr>
<tr><td>18</td><td colspan="2">其中:总机构分摊应补(退)所得税额(16×总机构分摊比例______%)</td><td></td></tr>
<tr><td>19</td><td colspan="2">财政集中分配应补(退)所得税额(16×财政集中分配比例______%)</td><td></td></tr>
<tr><td>20</td><td colspan="2">总机构具有主体生产经营职能的部门分摊所得税额(16×全部分支机构分摊比例______%×总机构具有主体生产经营职能部门分摊比例______%)</td><td></td></tr>
<tr><td>21</td><td rowspan="2">分支机构</td><td colspan="2">分支机构本期分摊比例</td><td></td></tr>
<tr><td>22</td><td colspan="2">分支机构本期分摊应补(退)所得税额</td><td></td></tr>
<tr><td colspan="5">实际缴纳企业所得税计算</td></tr>
<tr><td>23</td><td colspan="2">减:民族自治地区企业所得税地方分享部分:□免征□减征:减征幅度______%</td><td>本年累计应减免金额[(12−13−15)×40%×减征幅度]</td><td></td></tr>
<tr><td>24</td><td colspan="3">实际应补(退)所得税额</td><td></td></tr>
<tr><td colspan="5">谨声明:本纳税申报表是根据国家税收法律法规及相关规定填报的,是真实的、可靠的、完整的。
纳税人(签章):山东名泽至润有限公司　　2022 年 01 月 12 日</td></tr>
<tr><td colspan="3">经办人:李珍
经办人身份证:略
代理机构签章:
代理机构统一社会信用代码:</td><td colspan="2">受理人:
受理税务机关(章):
受理日期:　　年　月　日</td></tr>
</table>

国家税务总局监制

(二) 企业所得税的年度汇算清缴纳税申报实务

实行查账征收企业所得税的居民纳税人在年度企业所得税汇算清缴时,应填写“A100000 中华人民共和国企业所得税年度纳税申报表(A 类)”的附表(表 5-6 至表 5-13)及“A100000 中华人民共和国企业所得税年度纳税申报表(A 类)”(表 5-14)。

表 5-6 A101010 一般企业收入明细表

行次	项目	金额
1	一、营业收入(2+9)	30 000 000.00
2	(一)主营业务收入(3+5+6+7+8)	30 000 000.00
3	1. 销售商品收入	30 000 000.00
4	其中:非货币性资产交换收入	
5	2. 提供劳务收入	
6	3. 建造合同收入	
7	4. 让渡资产使用权收入	
8	5. 其他	
9	(二)其他业务收入(10+12+13+14+15)	
10	1. 销售材料收入	
11	其中:非货币性资产交换收入	
12	2. 出租固定资产收入	
13	3. 出租无形资产收入	
14	4. 出租包装物和商品收入	
15	5. 其他	
16	二、营业外收入(17+18+19+20+21+22+23+24+25+26)	1 000 000.00
17	(一)非流动资产处置利得	1 000 000.00
18	(二)非货币性资产交换利得	
19	(三)债务重组利得	
20	(四)政府补助利得	
21	(五)盘盈利得	
22	(六)捐赠利得	
23	(七)罚没利得	
24	(八)确实无法偿付的应付款项	
25	(九)汇兑收益	
26	(十)其他	

表 5-7 A102010 一般企业成本支出明细表

行次	项目	金额
1	一、营业成本(2+9)	15 000 000.00
2	(一)主营业务成本(3+5+6+7+8)	15 000 000.00
3	1. 销售商品成本	15 000 000.00
4	其中:非货币性资产交换成本	
5	2. 提供劳务成本	
6	3. 建造合同成本	

5

续　表

行次	项　　　目	金　　额
7	4. 让渡资产使用权成本	
8	5. 其他	
9	（二）其他业务成本(10＋12＋13＋14＋15)	
10	1. 材料销售成本	
11	其中：非货币性资产交换成本	
12	2. 出租固定资产成本	
13	3. 出租无形资产成本	
14	4. 包装物出租成本	
15	5. 其他	
16	二、营业外支出(17＋18＋19＋20＋21＋22＋23＋24＋25＋26)	800 000.00
17	（一）非流动资产处置损失	20 000.00
18	（二）非货币性资产交换损失	
19	（三）债务重组损失	
20	（四）非常损失	
21	（五）捐赠支出	20 000.00
22	（六）赞助支出	
23	（七）罚没支出	760 000.00
24	（八）坏账损失	
25	（九）无法收回的债券股权投资损失	
26	（十）其他	

表 5-8　　　　A105000 纳税调整项目明细表

行次	项　　目	账载金额	税收金额	调增金额	调减金额
		1	2	3	4
1	一、收入类调整项目(2＋3＋4＋5＋6＋7＋8＋10＋11)	*	*		
2	（一）视同销售收入(填写 A105010)	*			*
3	（二）未按权责发生制原则确认的收入(填写 A105020)				
4	（三）投资收益(填写 A105030)				
5	（四）按权益法核算长期股权投资对初始投资成本调整确认收益	*	*	*	
6	（五）交易性金融资产初始投资调整	*	*		*
7	（六）公允价值变动净损益		*		
8	（七）不征税收入	*	*		

5

续 表

行次	项 目	账载金额	税收金额	调增金额	调减金额
		1	2	3	4
9	其中:专项用途财政性资金(填写A105040)	*	*		
10	(八)销售折扣、折让和退回				
11	(九)其他				
12	二、扣除类调整项目(13+14+15+16+17+18+19+20+21+22+23+24+26+27+28+29+30)	*	*	1 402 500.00	
13	(一)视同销售成本(填写A105010)	*		*	
14	(二)职工薪酬(填写A105050)	2 922 500.00	2 860 000.00	62 500.00	
15	(三)业务招待费支出	200 000.00	120 000.00	80 000.00	*
16	(四)广告费和业务宣传费支出(填写A105060)	*	*	500 000.00	
17	(五)捐赠支出(填写A105070)	20 000.00	20 000.00		*
18	(六)利息支出	500 000.00	500 000.00		
19	(七)罚金、罚款和被没收财物的损失		*		*
20	(八)税收滞纳金、加收利息	760 000.00	*	760 000.00	*
21	(九)赞助支出		*		*
22	(十)与未实现融资收益相关在当期确认的财务费用				
23	(十一)佣金和手续费支出				*
24	(十二)不征税收入用于支出所形成的费用	*	*		*
25	其中:专项用途财政性资金用于支出所形成的费用(填写A105040)	*	*		*
26	(十三)跨期扣除项目				
27	(十四)与取得收入无关的支出		*		*
28	(十五)境外所得分摊的共同支出	*	*		*
29	(十六)党组织工作经费				
30	(十七)其他				
31	三、资产类调整项目(32+33+34+35)	*	*		
32	(一)资产折旧、摊销(填写A105080)				
33	(二)资产减值准备金		*		

续　表

行次	项　　目	账载金额	税收金额	调增金额	调减金额
		1	2	3	4
34	（三）资产损失（填写 A105090）				
35	（四）其他				
36	四、特殊事项调整项目（37＋38＋39＋40＋41＋42）	*	*		
37	（一）企业重组及递延纳税事项（填写 A105100）				
38	（二）政策性搬迁（填写 A105110）	*	*		
39	（三）特殊行业准备金（填写 A105120）				
40	（四）房地产开发企业特定业务计算的纳税调整额（填写 A105010）	*			
41	（五）有限合伙企业法人合伙人应分得的应纳税所得额				
42	（六）发行永续债利息支出	*	*		
43	（七）其他	*	*		
44	五、特别纳税调整应税所得	*	*		
45	六、其他	*	*		
46	合计（1＋12＋31＋36＋44＋45）	*	*	1 402 500.00	

表 5-9　　A105050 职工薪酬支出及纳税调整明细表

行次	项　目	账载金额	实际发生额	税收规定扣除率	以前年度累计结转扣除额	税收金额	纳税调整金额	累计结转以后年度扣除额
		1	2	3	4	5	6(1－5)	7(1＋4－5)
1	一、工资薪金支出	1 500 000.00	1 500 000.00	*	*	1 500 000.00		*
2	其中:股权激励			*	*			*
3	二、职工福利费支出	250 000.00	250 000.00	0.14	*	210 000.00	40 000.00	*
4	三、职工教育经费支出	142 500.00	142 500.00	*		120 000.00	22 500.00	22 500.00
5	其中:按税收规定比例扣除的职工教育经费	142 500.00	142 500.00	0.08		120 000.00	22 500.00	22 500.00
6	按税收规定全额扣除的职工培训费用			1.00	*			*
7	四、工会经费支出	30 000.00	30 000.00	0.02	*	30 000.00		*
8	五、各类基本社会保障性缴款	600 000.00	600 000.00	*	*	600 000.00		*

续 表

行次	项　目	账载金额	实际发生额	税收规定扣除率	以前年度累计结转扣除额	税收金额	纳税调整金额	累计结转以后年度扣除额
		1	2	3	4	5	6(1−5)	7(1+4−5)
9	六、住房公积金	400 000.00	400 000.00	*	*	400 000.00		*
10	七、补充养老保险				*			*
11	八、补充医疗保险				*			*
12	九、其他			*				
13	合计(1+3+4+7+8+9+10+11+12)	2 922 500.00	2 922 500.00	*		2 860 000.00	62 500.00	22 500.00

表 5-10　A105060 广告费和业务宣传费等跨年度纳税调整明细表

行次	项　目	广告费和业务宣传费	保险企业手续费及佣金支出
		1	2
1	一、本年支出	5 000 000.00	
2	减:不允许扣除的支出		
3	二、本年符合条件的支出(1−2)	5 000 000.00	
4	三、本年计算扣除限额的基数	30 000 000.00	
5	乘:税收规定扣除率	0.15	
6	四、本企业计算的扣除限额(4×5)	4 500 000.00	
7	五、本年结转以后年度扣除额(3>6,本行=3−6;3≤6,本行=0)	500 000.00	
8	加:以前年度累计结转扣除额		
9	减:本年扣除的以前年度结转额[3>6,本行=0;3≤6,本行=8与(6−3)孰小值]		
10	六、按照分摊协议归集至其他关联方的金额(10≤3与6孰小值)		*
11	按照分摊协议从其他关联方归集至本企业的金额		*
12	七、本年支出纳税调整金额(3>6,本行=2+3−6+10−11;3≤6,本行=2+10−11−9)	500 000.00	
13	八、累计结转以后年度扣除额(7+8−9)	500 000.00	

表 5-11 105070 捐赠支出及纳税调整明细表

行次	项目	账载金额	以前年度结转可扣除的捐赠额	按税收规定计算的扣除限额	税收金额	纳税调增金额	纳税调减金额	可结转以后年度扣除的捐赠额
		1	2	3	4	5	6	7
1	一、非公益性捐赠		*	*	*		*	*
2	二、限额扣除的公益性捐赠(3+4+5+6)	20 000.00		272 400.00	20 000.00			
3	前三年度(2018年)	*		*	*	*		*
4	前二年度(2019年)	*		*	*	*		
5	前一年度(2020年)	*		*	*	*		
6	本年(2021年)	20 000.00	*	272 400.00	20 000.00		*	
7	三、全额扣除的公益性捐赠		*	*		*	*	*
8	1.		*	*		*	*	*
9	2.		*	*		*	*	*
10	3.		*	*		*	*	*
11	合计(1+2+7)	20 000.00		272 400.00	20 000.00			
附列资料	2015年度至本年发生的公益性扶贫捐赠合计金额	20 000.00	*	*	20 000.00	*	*	*

表 5-12 A107010 免税、减计收入及加计扣除优惠明细表

行次	项目	金额
1	一、免税收入(2+3+9+…+16)	400 000.00
2	(一)国债利息收入免征企业所得税	
3	(二)符合条件的居民企业之间的股息、红利等权益性投资收益免征企业所得税(4+5+6+7+8)	400 000.00
4	1. 一般股息红利等权益性投资收益免征企业所得税(填写A107011)	400 000.00
5	2. 内地居民企业通过沪港通投资且连续持有H股满12个月取得的股息红利所得免征企业所得税(填写A107011)	
6	3. 内地居民企业通过深港通投资且连续持有H股满12个月取得的股息红利所得免征企业所得税(填写A107011)	
7	4. 居民企业持有创新企业CDR取得的股息红利所得免征企业所得税(填写A107011)	

续 表

行次	项 目	金 额
8	5. 符合条件的永续债利息收入免征企业所得税(填写 A107011)	
9	(三) 符合条件的非营利组织的收入免征企业所得税	
10	(四) 中国清洁发展机制基金取得的收入免征企业所得税	
11	(五) 投资者从证券投资基金分配中取得的收入免征企业所得税	
12	(六) 取得的地方政府债券利息收入免征企业所得税	
13	(七) 中国保险保障基金有限责任公司取得的保险保障基金等收入免征企业所得税	
14	(八) 中国奥委会取得北京冬奥组委支付的收入免征企业所得税	
15	(九) 中国残奥委会取得北京冬奥组委分期支付的收入免征企业所得税	
16	(十) 其他	
17	二、减计收入(18+19+23+24)	
18	(一) 综合利用资源生产产品取得的收入在计算应纳税所得额时减计收入	
19	(二) 金融、保险等机构取得的涉农利息、保费减计收入(20+21+22)	
20	1. 金融机构取得的涉农贷款利息收入在计算应纳税所得额时减计收入	
21	2. 保险机构取得的涉农保费收入在计算应纳税所得额时减计收入	
22	3. 小额贷款公司取得的农户小额贷款利息收入在计算应纳税所得额时减计收入	
23	(三) 取得铁路债券利息收入减半征收企业所得税	
24	(四) 其他(24.1+24.2)	
24.1	1. 取得的社区家庭服务收入在计算应纳税所得额时减计收入	
24.2	2. 其他	
25	三、加计扣除(26+27+28+29+30)	500 000.00
26	(一) 开发新技术、新产品、新工艺发生的研究开发费用加计扣除(填写 A107012)	500 000.00
27	(二) 科技型中小企业开发新技术、新产品、新工艺发生的研究开发费用加计扣除(填写 A107012)	
28	(三) 企业为获得创新性、创意性、突破性的产品进行创意设计活动而发生的相关费用加计扣除(加计扣除比例—%)	
29	(四) 安置残疾人员所支付的工资加计扣除	
30	(五) 其他	
31	合计(1+17+25)	900 000.00

5

表 5-13　**A108000 境外所得税收抵免明细表**

行次	国家（地区）	境外税前所得	境外所得纳税调整后所得	弥补境外以前年度亏损	境外应纳税所得额	抵减境内亏损	抵减境内亏损后的境外应纳税所得额	税率	境外所得应纳税额	境外所得可抵免税额	境外所得抵免限额	本年可抵免境外所得税额	未超过境外所得税抵免限额的余额	本年可抵免以前年度未抵免境外所得税额	按简易办法计算：按低于12.5%的实际税率计算的抵免额	按简易办法计算：按12.5%计算的抵免额	按简易办法计算：按25%计算的抵免额	按简易办法计算：小计	境外所得抵免所得税额合计
	1	2	3	4	5(3－4)	6	7(5－6)	8	9(7×8)	10	11	12	13(11－12)	14	15	16	17	18(15＋16＋17)	19(12＋14＋18)
1	A国	500 000.00	500 000.00		500 000.00		500 000.00	25%	125 000.00	150 000.00	125 000.00	125 000.00							125 000.00
2	B国	400 000.00	400 000.00		400 000.00		400 000.00	25%	100 000.00	80 000.00	100 000.00	80 000.00	20 000.00						80 000.00
3																			
4																			
5																			
6																			
7																			
8																			
9																			
10	合计	900 000.00	900 000.00		900 000.00		900 000.00	*	225 000.00	230 000.00	225 000.00	205 000.00	20 000.00						205 000.00

5

表 5-14　　A100000 中华人民共和国企业所得税年度纳税申报表(A 类)

税款所属期间:2021 年 01 月 01 日至 2021 年 12 月 31 日
纳税人名称:山东名泽至润有限公司(公章)
纳税人识别号:99870572089059510J　　金额单位:元(列至角分)

行次	类别	项　　目	金　额
1	利润总额计算	一、营业收入(填写 A101010\101020\103000)	30 000 000.00
2		减:营业成本(填写 A102010\102020\103000)	15 000 000.00
3		减:税金及附加	500 000.00
4		减:销售费用(填写 A104000)	7 000 000.00
5		减:管理费用(填写 A104000)	6 000 000.00
6		减:财务费用(填写 A104000)	500 000.00
7		减:资产减值损失	
8		加:公允价值变动收益	
9		加:投资收益	1 070 000.00
10		二、营业利润(1－2－3－4－5－6－7＋8＋9)①	3 050 000.00
11		加:营业外收入(填写 A101010\101020\103000)	
12		减:营业外支出(填写 A102010\102020\103000)	780 000.00
13		三、利润总额(10＋11－12)	2 270 000.00
14	应纳税所得额计算	减:境外所得(填写 A108010)	670 000.00
15		加:纳税调整增加额(填写 A105000)	1 402 500.00
16		减:纳税调整减少额(填写 A105000)	
17		减:免税、减计收入及加计扣除(填写 A107010)	900 000.00
18		加:境外应税所得抵减境内亏损(填写 A108000)	
19		四、纳税调整后所得(13－14＋15－16－17＋18)	2 102 500.00
20		减:所得减免(填写 A107020)	
21		减:弥补以前年度亏损(填写 A106000)	
22		减:抵扣应纳税所得额(填写 A107030)	
23		五、应纳税所得额(19－20－21－22)	2 102 500.00
24	应纳税额计算	税率(25%)	0.25
25		六、应纳所得税额(23×24)	525 625.00
26		减:减免所得税额(填写 A107040)	
27		减:抵免所得税额(填写 A107050)	
28		七、应纳税额(25－26－27)	525 625.00
29		加:境外所得应纳所得税额(填写 A108000)	225 000.00

① 第 10 行“营业利润”填报纳税人当期的营业利润,根据上述项目计算填报。已执行《财政部关于修订印发 2019 年度一般企业财务报表格式的通知》(财会〔2019〕6 号)和《财政部关于修订印发 2018 年度金融企业财务报表格式的通知》(财会〔2018〕36 号)的纳税人,根据“利润表”对应项目填列,不执行本行计算规则。“利润表”中的营业利润＝3 000－1 500－50－700－600－50＋100－2＋40＋35＋32＝305(万元)。另外,发生固定资产处置净损益(收益)100 万元,不再计入营业外收入,而计入资产处置收益;发生无形资产处置净损益(损失)2 万元,不再计入营业外支出,而是计入资产处置损失。

续　表

行次	类别	项　　目	金　　额
30	应纳税额计算	减：境外所得抵免所得税额（填写 A108000）	205000.00
31		八、实际应纳所得税额（28＋29－30）	545 625.00
32		减：本年累计实际已缴纳的所得税额	467 500.00
33		九、本年应补（退）所得税额（31－32）	78 125.00
34		其中：总机构分摊本年应补（退）所得税额（填写 A109000）	
35		财政集中分配本年应补（退）所得税额（填写 A109000）	
36		总机构主体生产经营部门分摊本年应补（退）所得税额（填写 A109000）	

【情境实战 5-2——企业所得税的纳税申报】

1. 工作任务要求

（1）山东名泽至润有限公司 2022 年 1 月 12 日对 2021 年第四季度的预缴企业所得税进行纳税申报，填写 2021 年第四季度的“A200000 中华人民共和国企业所得税月（季）度预缴纳税申报表”及其附表。

（2）山东名泽至润有限公司 2022 年 3 月 30 日进行企业所得税年度纳税申报（企业所得税汇算清缴），填写 2021 年度的“A100000 中华人民共和国企业所得税年度纳税申报表（A类）”及其附表。

2. 情境实战设计

接【情境实战 5-1——企业所得税应纳税额的计算】。

3. 实战操作步骤

（1）2022 年 1 月 12 日对 2021 年第四季度预缴企业所得税进行纳税申报，填写 2021 年第四季度的“A200000 中华人民共和国企业所得税月（季）度预缴纳税申报表（A 类）”及其附表。

填写“A200000 中华人民共和国企业所得税月（季）度预缴纳税申报表（A 类）”（表 5-5）及其附表（略）。

（2）2022 年 3 月 30 日进行企业所得税年度纳税申报（企业所得税汇算清缴），填写 2021 年度的“A100000 中华人民共和国企业所得税年度纳税申报表（A 类）”及其附表。

第一步：填写“A101010 一般企业收入明细表”（表 5-6）、“A102010 一般企业成本支出明细表”（表 5-7）、“A105000 纳税调整项目明细表”（表 5-8）、“A105050 职工薪酬支出及纳税调整明细表”（表 5-9）、“A105060 广告费和业务宣传费等跨年度纳税调整明细表”（表 5-10）、“105070 捐赠支出及纳税调整明细表”（表 5-11）、“A107010 免税、减计收入及加计扣除优惠明细表”（表 5-12）、“A108000 境外所得税收抵免明细表”（表 5-13）等“A100000 中华人民共和国企业所得税年度纳税申报表（A 类）”的附表。

第二步：填写（自动生成）“A100000 中华人民共和国企业所得税年度纳税申报表（A 类）”（表 5-14）。

5

项 目 小 结

本项目内容的小结如表 5-15 所示。

表 5-15 **项目小结**

项目名称	任务名称	典型工作任务	职业能力目标
企业所得税纳税实务	企业所得税的认知	企业所得税纳税人和扣缴义务人的确定	会界定企业所得税纳税人和扣缴义务人
		企业所得税征税对象的确定	会判断哪些业务应当缴纳企业所得税
		企业所得税税率的判定	会选择企业所得税适用税率
		企业所得税优惠政策的运用	能充分运用企业所得税优惠政策
	企业所得税应纳税所得额的计算	企业所得税计税依据确定的基本方法	能确定企业所得税的计税依据
		收入总额的确定	能根据相关业务资料确定企业所得税的收入总额
		不征税收入和免税收入的确定	能根据相关业务资料确定不征税收入和免税收入
		准予扣除的项目的确定	能根据相关业务资料确定企业所得税准予扣除的项目
		不得扣除的项目的确定	能根据相关业务资料确定企业所得税不得扣除的项目
		亏损弥补	能根据相关业务资料进行亏损弥补
	资产的税务处理	固定资产的税务处理	能根据相关业务资料对固定资产涉税业务进行税务处理
		生物资产的税务处理	能根据相关业务资料对生物资产涉税业务进行税务处理
		无形资产的税务处理	能根据相关业务资料对无形资产涉税业务进行税务处理
		长期待摊费用的税务处理	能根据相关业务资料对长期待摊费用涉税业务进行税务处理
		存货的税务处理	能根据相关业务资料对存货涉税业务进行税务处理
		投资资产的税务处理	能根据相关业务资料对投资资产涉税业务进行税务处理
	企业重组的所得税处理	企业重组的认知	会识别哪些经济业务属于企业重组
		企业重组的一般性税务处理	能把握企业重组的一般性税务处理的条件,并能根据相关业务资料进行企业重组的一般性税务处理
		企业重组的特殊性税务处理	能把握企业重组的特殊性税务处理的条件,并能根据相关业务资料进行企业重组的特殊性税务处理

续 表

项目名称	任务名称	典型工作任务	职业能力目标
企业所得税纳税实务	企业所得税的计算	居民企业以及在中国境内设立机构、场所的，且取得所得与该机构、场所有实际联系的非居民企业应纳税额的计算	能根据相关业务资料计算居民企业以及在中国境内设立机构、场所的，且取得所得与该机构、场所有实际联系的非居民企业的应纳税额
		境外所得抵扣税额的计算	能根据相关业务资料计算境外所得的抵扣税额
		居民企业核定征收应纳税额的计算	能根据相关业务资料计算居民企业核定征收方式下的应纳税额
		在中国境内未设立机构、场所的，或者虽设立机构、场所但取得的所得与其所设机构、场所没有实际联系的非居民企业应纳税额的计算	能根据相关业务资料计算在中国境内未设立机构、场所的，或者虽设立机构、场所但取得的所得与其所设机构、场所没有实际联系的非居民企业的应纳税额
		非居民企业核定征收应纳税额的计算	能根据相关业务资料计算非居民企业核定征收方式下的应纳税额
	特别纳税调整	调整范围	会判断哪些业务可能被税务机关进行特别纳税调整
		调整方法	能明确税务机关进行特别纳税调整的方法
		核定征收	能明确税务机关进行核定征收的方法
		加收利息和追溯时限	会计算因特别纳税调整而加收的利息，且识记追溯时限
	企业所得税的纳税申报	企业所得税的征收管理	能确定企业所得税的纳税义务发生时间、纳税期限和纳税地点
		企业所得税的纳税申报实务	能根据相关业务资料填写“A200000中华人民共和国企业所得税月(季)度预缴纳税申报表(A类)”及其附表、“A100000中华人民共和国企业所得税年度纳税申报表(A类)”及其附表，并能进行企业所得税的预缴纳税申报和汇算清缴纳税申报

项目六　个人所得税纳税实务

【素养提升】

纳税人应当遵守国家出台的个人所得税税收政策，合法合规纳税。

1. 我国自2019年1月1日起开始全面实施综合与分类相结合的个人所得税改革，这次改革通过提高基本费用减除标准、增加专项附加扣除、优化调整了税率结构、扩大低档税率的级距等方式，完善个人所得税制度，规范收入分配秩序，规范财富积累机制，保护合法收入，调节过高收入，使得广大纳税人的税收负担普遍降低，使个人所得税税负水平更趋合理、公平。

2. 国家税务总局坚决支持对明星等高收入人群偷逃税案件依法严肃进行处理，要求各级税务机关对各种偷逃税行为，坚持依法严查严处，坚决维护国家税法权威，促进社会公平正义。

【情境认知】

初学个人所得税纳税实务的李丽到公司见习

李丽：刘主管您好！我已经学习了企业所得税纳税实务，感觉内容确实比较多，也比较复杂，还好我下了功夫，感觉学得比较好，接下来准备学习个人所得税纳税实务，您能具体介绍一下个人所得税纳税实务的典型工作任务吗？

刘主管：好的，李丽。2019年1月1日起，新个人所得税法正式实施，这次改革的力度非常大。系统学习个人所得税纳税实务，首先要对个人所得税有一个大体了解，包括学会个人所得税纳税人和征税对象的确定、税率的判定以及优惠政策的运用；接着要学会个人所得税的计算，包括学会工资、薪金所得，劳务报酬所得，稿酬所得，特许权使用费所得，经营所得，财产租赁所得，财产转让所得，利息、股息、红利以及偶然所得应纳税额的计算；最后还要学会个人所得税的纳税申报及扣缴。其中，个人所得税预扣预缴和代扣代缴是重点，个人所得税自行纳税申报是难点。

总之，与企业所得税纳税实务相比，个人所得税纳税实务的内容相对较少，在学会企业所得税纳税实务的基础上，学起来也比较容易。

李丽：好的，谢谢刘主管，这样，学习个人所得税纳税实务我就更有信心了。

任务一 个人所得税的认知

【情境引例】

甲公司购入一辆车，并将该车的登记人登记为本公司的股东张某，请问张某是否要缴纳个人所得税？

【知识准备与业务操作】

一、个人所得税纳税人和扣缴义务人的确定

（一）个人所得税的纳税人

个人所得税是对个人取得的各项应税所得所征收的一种所得税。个人所得税的纳税人具体包括中国公民（含香港、澳门、台湾同胞）、个体工商户、个人独资企业投资者和合伙企业自然人合伙人等。

财政部税政司 税务总局所得税司 税务总局国际税务司负责人就个人所得税183天居住时间判定标准答记者问

【点拨指导】对于个人独资企业投资者和合伙企业自然人合伙人，不缴纳企业所得税，只对个人独资企业投资者和合伙企业自然人合伙人取得的生产、经营所得征收个人所得税。

在我国，依据住所和居住时间两个标准，将个人所得税的纳税人分为居民个人和非居民个人两大类，各自承担不同的纳税义务。

1. 居民个人

在中国境内有住所，或者无住所而一个纳税年度内在中国境内居住累计满183天的个人，为居民个人。居民个人从中国境内和境外取得的所得，依照《中华人民共和国个人所得税法(以下简称“《个人所得税法》”)的规定缴纳个人所得税。

在中国境内有住所，是指因户籍、家庭、经济利益关系而在中国境内习惯性居住；从中国境内和境外取得的所得，分别是指来源于中国境内的所得和来源于中国境外的所得。

【点拨指导】除国务院财政、税务主管部门另有规定外，下列所得，不论支付地点是否在中国境内，均为来源于中国境内的所得：

（1）因任职、受雇、履约等在中国境内提供劳务取得的所得；

（2）将财产出租给承租人在中国境内使用而取得的所得；

（3）许可各种特许权在中国境内使用而取得的所得；

（4）转让中国境内的不动产等财产或者在中国境内转让其他财产取得的所得；

（5）从中国境内企业、事业单位、其他组织以及居民个人取得的利息、股息、红利所得。

2. 非居民个人

在中国境内无住所又不居住，或者无住所而一个纳税年度内在中国境内居住累计不满183天的个人，为非居民个人。非居民个人从中国境内取得的所得，依照《个人所得税法》规定缴纳个人所得税。

【点拨指导】上述纳税年度，自公历 1 月 1 日起至 12 月 31 日止。

《财政部 税务总局关于在中国境内无住所的个人居住时间判定标准的公告》(财政部 税务总局公告 2019 年第 34 号)

在中国境内无住所的个人，在中国境内居住累计满 183 天的年度连续不满六年的，经向主管税务机关备案，其来源于中国境外且由境外单位或者个人支付的所得，免予缴纳个人所得税；在中国境内居住累计满 183 天的任一年度中有一次离境超过 30 天的，其在中国境内居住累计满 183 天的年度的连续年限重新起算。

在中国境内无住所的个人，在一个纳税年度内在中国境内居住累计不超过 90 天的，其来源于中国境内的所得，由境外雇主支付且不由该雇主在中国境内的机构、场所负担的部分，免予缴纳个人所得税。

《财政部 税务总局关于非居民个人和无住所居民个人有关个人所得税政策的公告》(财政部 税务总局公告 2019 年第 35 号)

在中国境内无住所的个人(无住所个人)居住时间的判定标准规定如下：无住所个人一个纳税年度在中国境内累计居住满 183 天的，如果此前六年在中国境内每年累计居住天数都满 183 天而且没有任何一年单次离境超过 30 天，该纳税年度来源于中国境内、境外所得应当缴纳个人所得税；如果此前六年的任一年在中国境内累计居住天数不满 183 天或者单次离境超过 30 天，该纳税年度来源于中国境外且由境外单位或者个人支付的所得，免予缴纳个人所得税。这里的“此前六年”，是指该纳税年度的前一年至前六年的连续六个年度，此前六年的起始年度自 2019 年(含)以后年度开始计算。无住所个人一个纳税年度内在中国境内累计居住天数，按照个人在中国境内累计停留的天数计算。在中国境内停留的当天满 24 小时的，计入中国境内居住天数，在中国境内停留的当天不足 24 小时的，不计入中国境内居住天数。

(二) 个人所得税的扣缴义务人

个人所得税以支付所得的单位或者个人为扣缴义务人。纳税人有中国公民身份号码的，以中国公民身份号码为纳税人识别号；纳税人没有中国公民身份号码的，由税务机关赋予其纳税人识别号。扣缴义务人扣缴税款时，纳税人应当向扣缴义务人提供纳税人识别号，扣缴义务人应当按照国家规定办理全员全额扣缴申报，并向纳税人提供其个人所得和已扣缴税款等信息。扣缴义务人在向纳税人支付各项应纳税所得时，必须履行代扣代缴税款的义务。

【特别提示】对扣缴义务人按照所扣缴的税款，税务机关应付给 2%的手续费。

二、个人所得税征税对象的确定

个人所得税的征税对象是个人取得的应税所得。个人所得的形式，包括现金、实物、有价证券和其他形式的经济利益。所得为实物的，应当按照取得的凭证上所注明的价格计算应纳税所得额；无凭证的实物或者凭证上所注明的价格明显偏低的，参照市场价格核定应纳税所得额。所得为有价证券的，根据票面价格和市场价格核定应纳税所得额。所得为其他形式的经济利益的，参照市场价格核定应纳税所得额。

(一) 工资、薪金所得

工资、薪金所得，是指个人因“任职或者受雇”而取得的工资、薪金、奖金、年终加薪、劳动分红、津贴、补贴以及与任职或者受雇有关的其他所得。

“年终加薪、劳动分红”不分种类和取得情况，一律按工资、薪金所得征税。

不属于工资、薪金性质的“补贴、津贴”，不征收个人所得税，具体包括：①独生子女补贴；②执行公务员工资制度未纳入基本工资总额的补贴、津贴差额和家属成员的副食补贴；③托儿补助费；④差旅费津贴、误餐补助。

【特别提示】误餐补助是指按照财政部规定，个人因公在城区、郊区工作，不能在工作单位或返回就餐的，根据实际误餐顿数，按规定的标准领取的误餐费。单位以误餐补助名义发给职工的补助、津贴不包括在内，应当并入当月工资、薪金所得计征个人所得税。

退休人员再任职取得的收入，在减除按税法规定的费用扣除标准后，按"工资、薪金所得"项目缴纳个人所得税。

离退休人员按规定领取离退休工资或养老金外，另从原任职单位取得的各类补贴、奖金、实物，不属于免税项目，应按"工资、薪金所得"应税项目的规定缴纳个人所得税。

对商品营销活动中，企业对营销业绩突出的雇员以培训班、研讨会、工作考察等名义组织旅游活动，通过免收差旅费、旅游费等形式对个人实行的营销业绩奖励（包括实物、有价证券等），应根据所发生费用的金额并入营销人员当期的工资、薪金所得，按照"工资、薪金所得"项目征收个人所得税。

（二）劳务报酬所得

劳务报酬所得，是指个人从事劳务取得的所得，包括从事设计、装潢、安装、制图、化验、测试、医疗、法律、会计、咨询、讲学、翻译、审稿、书画、雕刻、影视、录音、录像、演出、表演、广告、展览、技术服务、介绍服务、经纪服务、代办服务以及其他劳务取得的所得。

【特别提示】个人担任董事职务所取得的董事费收入，属于劳务报酬性质，按"劳务报酬所得"项目征税。

【点拨指导】劳务报酬所得一般属于个人独立从事自由职业取得的所得或属于独立个人劳动所得。

情境答疑：如何区分劳务报酬所得与工资、薪金所得？

答：区分劳务报酬所得和工资、薪金所得，主要看是否存在雇佣与被雇佣的关系。对于工资、薪金所得，单位与个人存在雇佣与被雇佣的关系；而对于劳务报酬所得，单位与个人不存在雇佣与被雇佣的关系。

在校学生因参与勤工俭学活动（包括参与学校组织的勤工俭学活动）而取得属于《个人所得税法》规定的应税所得项目的所得，应依法缴纳个人所得税。

对商品营销活动中，企业和单位对营销业绩突出的非雇员以培训班、研讨会、工作考察等名义组织旅游活动，通过免收差旅费、旅游费对个人实行的营销业绩奖励（包括实物、有价证券等），应根据所发生费用的全额作为该营销人员当期的劳务收入，按照"劳务报酬所得"项目征收个人所得税，并由提供上述费用的企业和单位代扣代缴。

（三）稿酬所得

稿酬所得，是指个人因其作品以图书、报刊等形式出版、发表而取得的所得。作品包括文学作品、书画作品、摄影作品，以及其他作品。作者去世后，财产继承人取得的遗作稿酬，也应征收个人所得税。

【点拨指导】《个人所得税法》将具有特许权使用费和劳务报酬性质的稿酬所得单独列为一个独立的税目，不仅因为稿酬所得有着不完全等同于特许权使用费所得和一般劳务报酬所得的特点，而且有利于单独制定征税办法，体现国家的优惠政策。

6

（四）特许权使用费所得

特许权使用费所得，是指个人提供专利权、商标权、著作权、非专利技术以及其他特许权的使用权取得的所得。提供著作权的使用权取得的所得，不包括稿酬所得。

对于作者将自己的文字作品手稿原件或复印件公开拍卖（竞价）取得的所得，属于提供著作权的使用权取得的所得，应按“特许权使用费所得”项目征收个人所得税。

个人取得特许权的经济赔偿收入，应按“特许权使用费所得”项目缴纳个人所得税，税款由支付赔偿的单位或个人代扣代缴。

从2005年5月1日起，编剧从电视剧的制作单位取得的剧本使用费，不再区分剧本的使用方是否为其任职单位，统一按“特许权使用费所得”项目征收个人所得税。

【点拨指导】一般情况下无形资产使用权的转让按特许权使用费所得征税，但土地使用权、股权例外，土地使用权、股权的转让按财产转让所得征税。

【特别提示】作者将自己的文字作品手稿原件或复印件公开拍卖取得的所得，按特许权使用费所得计税。

（五）经营所得

经营所得，是指：①个体工商户从事生产、经营活动取得的所得，个人独资企业投资人、合伙企业的个人合伙人来源于境内注册的个人独资企业、合伙企业生产、经营的所得；②个人依法从事办学、医疗、咨询以及其他有偿服务活动取得的所得；③个人对企业、事业单位承包经营、承租经营以及转包、转租取得的所得；④个人从事其他生产、经营活动取得的所得。

个体工商户、个人独资企业和合伙企业或个人从事种植业、养殖业、饲养业、捕捞业取得的所得，暂不征收个人所得税。

个体工商户和从事生产经营的个人，取得与生产、经营活动无关的其他各项应税所得，应分别按照有关规定，计算征收个人所得税。

出租车归属为个人的，属于“经营所得”，包括：①从事个体出租车运营的出租车驾驶员取得的收入；②出租车属个人所有，但挂靠出租汽车经营单位或企事业单位，驾驶员向挂靠单位缴纳管理费的或出租汽车经营单位将出租车所有权转移给驾驶员的，出租车驾驶员从事客货运营取得的收入。

6

出租汽车经营单位对出租车驾驶员采取单车承包或承租方式运营，出租车驾驶员从事客运取得的收入，按“工资、薪金所得”项目征税。

（六）财产租赁所得

财产租赁所得是指个人出租不动产、机器设备、车船以及其他财产取得的所得。

（七）财产转让所得

财产转让所得，是指个人转让有价证券、股权、合伙企业中的财产份额、不动产、机器设备、车船以及其他财产取得的所得。转让境内上市公司股票净所得暂免个人所得税，但2010年1月1日起，对个人转让上市公司限售股征收个人所得税。转让境外上市公司股票所得按照财产转让所得缴纳个人所得税。

【特别提示】个人通过招标、竞拍或其他方式购置债权以后，通过相关司法或行政程序主张债权而取得的所得，应按照财产转让所得项目缴纳个人所得税。

个人通过网络收购玩家的虚拟货币，加价后向他人出售取得的收入，属于个人所得税应税所得，应按照财产转让所得项目计算缴纳个人所得税。

个人以非货币性资产投资，属于个人转让非货币性资产和投资同时发生。对个人转让非货币性资产的所得，应按照财产转让所得项目依法计算缴纳个人所得税。

（八）利息、股息、红利所得

利息、股息、红利所得，是指个人拥有债权、股权等而取得的利息、股息、红利所得。

个人取得国债利息、国家发行的金融债券利息、教育储蓄存款利息，均免征个人所得税。

储蓄存款在1999年10月31日前孳生的利息，不征收个人所得税；储蓄存款在1999年11月1日至2007年8月14日孳生的利息，按照20%的税率征收个人所得税；储蓄存款在2007年8月15日至2008年10月8日孳生的利息，按照5%的税率征收个人所得税；储蓄存款在2008年10月9日后（含10月9日）孳生的利息，暂免征收个人所得税。

自2015年9月8日起，个人从公开发行和转让市场取得的上市公司股票，持股期限超过1年的，股息红利所得暂免征收个人所得税。个人从公开发行和转让市场取得的上市公司股票，持股期限在1个月以内（含1个月）的，其股息红利所得全额计入应纳税所得额；持股期限在1个月以上至1年（含1年）的，暂减按50%计入应纳税所得额；上述所得统一适用20%的税率计征个人所得税。

情境讨论：投资者个人从其投资的企业借款长期不还，是否需要缴纳个人所得税？

【情境引例解析】

答：《财政部 国家税务总局关于企业为个人购买房屋或其他财产征收个人所得税问题的批复》（财税〔2008〕83号）规定："一、根据《个人所得税法》和《财政部 国家税务总局关于规范个人投资者个人所得税征收管理的通知》（财税〔2003〕158号）的有关规定，符合以下情形的房屋或其他财产，不论所有权人是否将财产无偿或有偿交付企业使用，其实质均为企业对个人进行了实物性质的分配，应依法计征个人所得税。①企业出资购买房屋及其他财产，将所有权登记为投资者个人、投资者家庭成员或企业其他人员的；②企业投资者个人、投资者家庭成员或企业其他人员向企业借款用于购买房屋及其他财产，将所有权登记为投资者、投资者家庭成员或企业其他人员，且借款年度终了后未归还借款的。二、对个人独资企业、合伙企业的个人投资者或其家庭成员取得的上述所得，视为企业对个人投资者的利润分配，按照'个体工商户的生产、经营所得'（自2019年1月1日起，改名为'经营所得'）项目计征个人所得税。对除个人独资企业、合伙企业以外其他企业的个人投资者或其家庭成员取得的上述所得，视为企业对个人投资者的红利分配，按照'利息、股息、红利所得'项目计征个人所得税；对企业其他人员取得的上述所得，按照'工资、薪金所得'项目计征个人所得税。"因此，甲公司将购入车辆的登记人登记为本公司的股东张某，股东张某应按照"利息、股息、红利所得"项目计算缴纳个人所得税。

（九）偶然所得

偶然所得是指个人得奖、中奖、中彩以及其他偶然性质的所得。

实务讨论：年终岁尾，是众多企业回馈员工和消费者的良好时机。随着微信红包的出现，企业的回馈形式不仅可以采用以往的发放礼品、实物抽奖等形式，而且可以采取发放现金红包或抵用券、优惠券等非现金网络红包的形式。请问：上述形式的红包发放中，企业是否应代扣个人所得税，如何扣缴？另外，现金红包由于存在随机形式，若抢到 0.01 元的红包怎么缴税？

讨论提示

三、个人所得税税率的判定

个人所得税分别按不同个人所得项目，规定了超额累进税率和比例税率两种形式。

（一）预扣预缴个人所得税的预扣率

1. 居民个人工资、薪金所得预扣预缴个人所得税的预扣率

居民个人工资、薪金所得预扣预缴个人所得税的预扣率如表 6-1 所示。

表 6-1　　居民个人工资、薪金所得预扣预缴个人所得税的预扣率

级数	累计预扣预缴应纳税所得额	预扣率/%	速算扣除数/元
1	不超过 36 000 元的部分	3	0
2	超过 36 000 元至 144 000 元的部分	10	2 520
3	超过 144 000 元至 300 000 元的部分	20	16 920
4	超过 300 000 元至 420 000 元的部分	25	31 920
5	超过 420 000 元至 660 000 元的部分	30	52 920
6	超过 660 000 元至 960 000 元的部分	35	85 920
7	超过 960 000 元的部分	45	181 920

2. 居民个人劳务报酬所得预扣预缴个人所得税的预扣率

居民个人劳务报酬所得预扣预缴个人所得税的预扣率如表 6-2 所示。

表 6-2　　居民个人劳务报酬所得预扣预缴个人所得税的预扣率

级数	预扣预缴应纳税所得额	预扣率/%	速算扣除数/元
1	不超过 20 000 元的部分	20	0
2	超过 20 000 元至 50 000 元的部分	30	2 000
3	超过 50 000 元的部分	40	7 000

3. 居民个人稿酬所得、特许权使用费所得预扣预缴个人所得税的预扣率

居民个人稿酬所得、特许权使用费所得预扣预缴个人所得税的预扣率为 20%。

（二）个人所得税的适用税率（非预扣预缴）

1. 居民个人综合所得个人所得税的适用税率（按年汇算清缴）

工资、薪金所得，劳务报酬所得，稿酬所得，特许权使用费所得统称为综合所得。综合所

得，适用3%～45%的七级超额累进税率。居民个人综合所得个人所得税的税率如表6-3所示(按年)。

表 6-3　　居民个人综合所得个人所得税的税率表(按年)

级数	全年应纳税所得额	税率/%	速算扣除数/元
1	不超过36 000元的部分	3	0
2	超过36 000元至144 000元的部分	10	2 520
3	超过144 000元至300 000元的部分	20	16 920
4	超过300 000元至420 000元的部分	25	31 920
5	超过420 000元至660 000元的部分	30	52 920
6	超过660 000元至960 000元的部分	35	85 920
7	超过960 000元的部分	45	181 920

注：表6-3所称全年应纳税所得额是指依照个人所得税法第六条的规定，居民个人取得综合所得以每一纳税年度收入额减除费用60 000元以及专项扣除、专项附加扣除和依法确定的其他扣除后的余额。

2. 非居民个人工资、薪金所得，劳务报酬所得，稿酬所得，特许权使用费所得个人所得税的适用税率

非居民个人工资、薪金所得，劳务报酬所得，稿酬所得，特许权使用费所得个人所得税的适用税率如表6-4[①]所示(依照表6-3按月换算后)。

表 6-4　　非居民个人工资、薪金所得，劳务报酬所得，稿酬所得，特许权使用费所得个人所得税的税率表

级数	应纳税所得额	税率/%	速算扣除数/元
1	不超过3 000元的	3	0
2	超过3 000元至12 000元的部分	10	210
3	超过12 000元至25 000元的部分	20	1 410
4	超过25 000元至35 000元的部分	25	2 660
5	超过35 000元至55 000元的部分	30	4 410
6	超过55 000元至80 000元的部分	35	7 160
7	超过80 000元的部分	45	15 160

【情境辨析6-1】

1. 情境辨析目的

掌握综合所得的范围。

① 居民个人取得全年一次性奖金，在2023年12月31日前，可以选择不并入当年综合所得，以全年一次性奖金收入除以12个月得到的数额，按照按月换算后的综合所得税率表(简称“月度税率表”)(同表6-4)，确定适用税率和速算扣除数，单独计算纳税。

6

2. 情境辨析设计

下列各项中,属于《个人所得税法》规定的综合所得的有( )。

A. 工资、薪金所得 B. 劳务报酬所得 C. 稿酬所得 D. 经营所得

3. 情境辨析过程

答案:A、B、C

解析:工资、薪金所得,劳务报酬所得,稿酬所得,特许权使用费所得统称为综合所得。

3. 经营所得个人所得税的适用税率

经营所得,适用5%~35%的五级超额累进税率。经营所得个人所得税的税率如表6-5所示。

表6-5 经营所得个人所得税的税率表

级数	全年应纳税所得额	税率/%	速算扣除数/元
1	不超过30 000元的	5	0
2	超过30 000元至90 000元的部分	10	1 500
3	超过90 000元至300 000元的部分	20	10 500
4	超过300 000元至500 000元的部分	30	40 500
5	超过500 000元的部分	35	65 500

4. 财产租赁所得,财产转让所得,利息、股息、红利所得和偶然所得个人所得税的适用税率

财产租赁所得,财产转让所得,利息、股息、红利所得和偶然所得,适用比例税率,税率为20%。另外,为了配合国家住房制度改革,支持住房租赁市场的健康发展,从2008年3月1日起,对个人出租住房取得的所得暂减按10%的税率征收个人所得税。

四、个人所得税优惠政策的运用

(一) 免税项目

(1) 省级人民政府、国务院部委和中国人民解放军以上单位,以及外国组织、国际组织颁发的科学、教育、技术、文化、卫生、体育、环境保护等方面的奖金。

【特别提示】省级人民政府给奥运会冠军颁发的体育奖金免征个人所得税,但县级人民政府给奥运会冠军颁发的体育奖金仍需缴纳个人所得税。

(2) 国债和国家发行的金融债券的利息。

(3) 按照国家统一规定发给的补贴、津贴。

【点拨指导】按照国家统一规定发给的补贴、津贴是指按照国务院规定发给的政府特殊津贴、院士津贴,以及国务院规定免予缴纳个人所得税的其他补贴、津贴。

(4) 福利费、抚恤金、救济金。福利费是指根据国家有关规定,从单位提留的福利费或者从工会经费中支付给个人的生活补助费。抚恤金是指国家或组织发给因公受伤或残疾的人员、因公牺牲以及病故人员的家属的费用;救济金是指国家各级人民政府民政部门支付给个人的生活困难补助费。

(5) 保险赔款。

(6) 军人的转业费、复员费、退役金。

(7) 按照国家统一规定发给干部、职工的安家费、退职费、基本养老金或者退休费、离休费、离休生活补助费。

(8) 依照有关法律规定应予免税的各国驻华使馆、领事馆的外交代表、领事官员和其他人员的所得。

(9) 中国政府参加的国际公约、签订的协议中规定免税的所得。

(10) 国务院规定的其他免税所得。

(二) 减税项目

有下列情形之一的,可以减征个人所得税,具体幅度和期限,由省、自治区、直辖市人民政府规定,并报同级人民代表大会常务委员会备案。

(1) 残疾、孤老人员和烈属的所得。

【特别提示】对残疾人个人取得的"劳动所得"才能适用减税规定,具体所得项目为:工资、薪金所得,劳务报酬所得,稿酬所得,特许权使用费所得和经营所得。

(2) 因自然灾害遭受重大损失的。

国务院可以规定其他减税情形,报全国人民代表大会常务委员会备案。

(三) 其他免征或者暂免征税项目

(1) 外籍个人以非现金形式或实报实销形式取得的住房补贴、伙食补贴、搬迁费、洗衣费。

(2) 外籍个人按合理标准取得的境内、境外出差补贴。

(3) 外籍个人取得的语言训练费、子女教育费等,经当地税务机关审核批准为合理的部分。

【特别提示】2019 年 1 月 1 日至 2023 年 12 月 31 日期间,外籍个人符合居民个人条件的,可以选择享受个人所得税专项附加扣除,也可以选择按照相关法律文件规定,享受住房补贴、语言训练费、子女教育费等津、补贴免税优惠政策,但不得同时享受。外籍个人一经选择,在一个纳税年度内不得变更。

(4) 外籍个人从外商投资企业取得的股息、红利所得。

(5) 个人在上海、深圳证券交易所转让从上市公司公开发行和转让市场取得的股票,转让所得暂不征收个人所得税。

(6) 自 2018 年 11 月 1 日(含)起,对个人转让全国中小企业股份转让系统(新三板)挂牌公司非原始股取得的所得,暂免征收个人所得税。非原始股是指个人在新三板挂牌公司挂牌后取得的股票,以及由上述股票孳生的送、转股。

(7) 个人举报、协查各种违法、犯罪行为而获得的奖金。

(8) 个人转让自用达 5 年以上,并且是唯一的家庭生活用房取得的所得,暂免征收个人所得税。

(9) 对个人购买福利彩票、赈灾彩票、体育彩票,一次中奖收入在 1 万元以下的(含 1 万元),暂免征收个人所得税;超过 1 万元的,全额征收个人所得税。

(10) 达到离休、退休年龄,但确因工作需要,适当延长离休、退休年龄的高级专家(指享受国家发放的政府特殊津贴的专家、学者),其在延长离休、退休期间的工资、薪金所得,视同离休、退休工资,免征个人所得税。

(11) 对国有企业职工,因企业依法被宣告破产,从破产企业取得的一次性安置费收入,免予征收个人所得税。

(12) 职工与用人单位解除劳动关系取得的一次性补偿收入(包括用人单位发放的经济补偿金、生活补助费和其他补助费用),在当地上年职工年平均工资 3 倍数额以内的部分,可

6

免征个人所得税;超过该标准的一次性补偿收入,应按照国家有关规定征收个人所得税。

(13) 城镇企业、事业单位及其职工个人按照《失业保险条例》规定的比例,实际缴付的失业保险费,均不计入职工个人当期的工资、薪金收入,免予征收个人所得税。城镇企业、事业单位和职工个人超过上述规定的比例缴付失业保险费的将其超过规定比例缴付的部分计入职工个人当期的工资、薪金收入,依法计征个人所得税。

(14) 企业和个人按照国家或地方政府规定的比例,提取并向指定金融机构实际缴付的住房公积金、医疗保险金、基本养老保险金,免予征收个人所得税。

(15) 个人领取原提存的住房公积金、医疗保险金、基本养老保险金,以及具备《失业保险条例》中规定条件的失业人员领取的失业保险金,免予征收个人所得税。

(16) 个人取得的教育储蓄存款利息所得和按照国家或省级人民政府规定的比例缴付的住房公积金、医疗保险金、基本养老保险金、失业保险金存入银行个人账户所取得的利息所得,免予征收个人所得税。

(17) 自2008年10月9日(含)起,对储蓄存款利息所得暂免征收个人所得税。

(18) 自2019年7月1日至2024年6月30日,个人持有全国中小企业股份转让系统挂牌公司的股票,持股期限超过1年的,对股息红利所得暂免征收个人所得税。

(19) 对被拆迁人按照国家有关城镇房屋拆迁管理办法规定的标准取得的拆迁补偿款,免征个人所得税。

(20) 自2009年5月25日(含)起,以下情形的房屋产权无偿赠与,对当事双方不征收个人所得税:①房屋产权所有人将房屋产权无偿赠与配偶、父母、子女、祖父母、外祖父母、孙子女、外孙子女、兄弟姐妹。②房屋产权所有人将房屋产权无偿赠与对其承担直接抚养或者赡养义务的抚养人或者赡养人。③房屋产权所有人死亡,依法取得房屋产权的法定继承人、遗嘱继承人或者受遗赠人。

(21) 个体工商户、个人独资企业和合伙企业或个人从事种植业、养殖业、饲养业、捕捞业取得的所得。

(22) 企业在销售商品(产品)和提供服务过程中向个人赠送礼品,属于下列情形之一的,不征收个人所得税:①企业通过价格折扣、折让方式向个人销售商品(产品)和提供服务;②企业在向个人销售商品(产品)和提供服务的同时给予赠品,如通信企业对个人购买手机赠话费、入网费,或者购话费赠手机等;③企业对累积消费达到一定额度的个人按消费积分反馈礼品。

(23) 自2019年1月1日至2023年12月31日,广东省、深圳市按内地与香港个人所得税税负差额,对在大湾区工作的境外(含港澳台,下同)高端人才和紧缺人才给予补贴,该补贴免征个人所得税。

在大湾区工作的境外高端人才和紧缺人才的认定和补贴办法,按照广东省、深圳市的有关规定执行。本通知适用范围包括广东省广州市、深圳市、珠海市、佛山市、惠州市、东莞市、中山市、江门市和肇庆市等大湾区珠三角九市。

(24) 自2020年1月1日至2024年12月31日,对在海南自由贸易港工作的高端人才和紧缺人才,其个人所得税实际税负超过15%的部分,予以免征。

【特别提示】享受上述优惠政策的所得包括来源于海南自由贸易港的综合所得(包括工资薪金、劳务报酬、稿酬、特许权使用费四项所得),经营所得以及经海南省认定的人才补贴性所得。

【点拨指导】纳税人在海南省办理个人所得税年度汇算清缴时享受上述优惠政策。

【特别提示】对享受上述优惠政策的高端人才和紧缺人才实行清单管理，由海南省商财政部、税务总局制定具体管理办法。

（25）自2019年1月1日至2023年12月31日，一个纳税年度内在船航行时间累计满183天的远洋船员，其取得的工资薪金收入减按50%计入应纳税所得额，依法缴纳个人所得税。

远洋船员是指在海事管理部门依法登记注册的国际航行船舶船员和在渔业管理部门依法登记注册的远洋渔业船员。

在船航行时间是指远洋船员在国际航行或作业船舶和远洋渔业船舶上的工作天数。一个纳税年度内的在船航行时间为一个纳税年度内在船航行时间的累计天数。

【特别提示】远洋船员可选择在当年预扣预缴税款或者次年个人所得税汇算清缴时享受上述优惠政策。

（26）自2021年1月1日起至2022年12月31日，对个体工商户经营所得年应纳税所得额不超过100万元的部分，在现行优惠政策基础上，再减半征收个人所得税。个体工商户不区分征收方式，均可享受。

（27）自2022年1月1日起，对法律援助人员按照《中华人民共和国法律援助法》规定获得的法律援助补贴，免征增值税和个人所得税。

（28）自2022年10月1日至2023年12月31日，对出售自有住房并在现住房出售后1年内在市场重新购买住房的纳税人，对其出售现住房已缴纳的个人所得税予以退税优惠。

（29）自2022年1月1日起，对个人养老金实施递延纳税优惠政策。在缴费环节，个人向个人养老金资金账户的缴费，按照12 000元/年的限额标准，在综合所得或经营所得中据实扣除；在投资环节，计入个人养老金资金账户的投资收益暂不征收个人所得税；在领取环节，个人领取的个人养老金，不并入综合所得，单独按照3%的税率计算缴纳个人所得税，其缴纳的税款计入“工资、薪金所得”项目。个人缴费享受税前扣除优惠时，以个人养老金信息管理服务平台出具的扣除凭证为扣税凭据。取得工资薪金所得、按累计预扣法预扣预缴个人所得税劳务报酬所得的，其缴费可以选择在当年预扣预缴或次年汇算清缴时在限额标准内据实扣除。选择在当年预扣预缴的，应及时将相关凭证提供给扣缴单位。扣缴单位应按照本法律有关要求，为纳税人办理税前扣除有关事项。取得其他劳务报酬、稿酬、特许权使用费等所得或经营所得的，其缴费在次年汇算清缴时在限额标准内据实扣除。个人按规定领取个人养老金时，由开立个人养老金资金账户所在市的商业银行机构代扣代缴其应缴的个人所得税。

【点拨指导】税收法律、行政法规、部门规章和规范性文件中未明确规定纳税人享受减免税必须经税务机关审批，且纳税人取得的所得完全符合减免税条件的，无须经主管税务机关审核，纳税人可自行享受减免税。

税收法律、行政法规、部门规章和规范性文件中明确规定纳税人享受减免税必须经税务机关审批的，或者纳税人无法准确判断其取得的所得是否应享受个人所得税减免的，必须经主管税务机关按照有关规定审核或批准后，方可减免个人所得税。

6

任务二 个人所得税的计算

【情境引例】

本人以优惠价格从房地产开发公司购得店面后，无偿提供给房地产开发公司对外出租的，如何计征个人所得税？

【知识准备与业务操作】

一、居民个人综合所得应纳税额的计算

（一）居民个人综合所得预扣预缴个人所得税的计算

扣缴义务人向居民个人支付工资、薪金所得，劳务报酬所得，稿酬所得，特许权使用费所得时，按以下方法预扣预缴个人所得税，并向主管税务机关报送“个人所得税扣缴申报表”。年度预扣预缴税额与年度应纳税额不一致的，由居民个人于次年3月1日至6月30日向主管税务机关办理综合所得年度汇算清缴，税款多退少补。

1. 扣缴义务人向居民个人支付工资、薪金所得预扣预缴个人所得税的计算

（1）扣缴义务人向居民个人支付工资、薪金所得预扣预缴个人所得税的基本规定。

扣缴义务人向居民个人支付工资、薪金所得时，应当按照累计预扣法计算预扣税款，并按月办理全员全额扣缴申报。

具体计算公式如下：

$$\text{本期应预扣预缴税额}=\left(\text{累计预扣预缴应纳税所得额}\times\text{预扣率}-\text{速算扣除数}\right)-\text{累计减免税额}-\text{累计已预扣预缴税额}$$

$$\text{累计预扣预缴应纳税所得额}=\text{累计收入}-\text{累计免税收入}-\text{累计减除费用}-\text{累计专项扣除}-\text{累计专项附加扣除}-\text{累计依法确定的其他扣除}$$

其中：累计减除费用，按照5 000元/月乘以纳税人当年截至本月在本单位的任职受雇月份数计算。

专项扣除，包括居民个人按照国家规定的范围和标准缴纳的基本养老保险、基本医疗保险、失业保险等社会保险费和住房公积金等；专项附加扣除，包括子女教育、继续教育、大病医疗、住房贷款利息或者住房租金、赡养老人、3岁以下婴幼儿照护等支出，具体范围、标准和实施步骤由国务院确定，并报全国人民代表大会常务委员会备案。

自2020年7月1日起，对一个纳税年度内首次取得工资、薪金所得的居民个人，扣缴义务人在预扣预缴个人所得税时，可按照5 000元/月乘以纳税人当年截至本月月份数计算累计减除费用。首次取得工资、薪金所得的居民个人，是指自纳税年度首月起至新入职时，未取得工资、薪金所得或者未按照累计预扣法预扣预缴过连续性劳务报酬所得个人所得税的居民个人。正在接受全日制学历教育的学生因实习取得劳务报酬所得的，扣缴义务人预扣预缴个人所得税时，可按照《国家税务总局关于发布〈个人所得税扣缴申报管理办法（试行）〉的公告》规定的累计预扣法计算并预扣预缴税款。

自2021年1月1日起，对上一完整纳税年度内每月均在同一单位预扣预缴工资、薪金所得个人所得税且全年工资、薪金收入不超过6万元的居民个人，扣缴义务人在预扣预缴本年度工资、薪金所得个人所得税时，累计减除费用自1月份起直接按照全年6万元计算扣

除。即，在纳税人累计收入不超过 6 万元的月份，暂不预扣预缴个人所得税；在其累计收入超过 6 万元的当月及年内后续月份，再预扣预缴个人所得税。扣缴义务人应当按规定办理全员全额扣缴申报，并在《个人所得税扣缴申报表》相应纳税人的备注栏注明“上年各月均有申报且全年收入不超过 6 万元”字样。对按照累计预扣法预扣预缴劳务报酬所得个人所得税的居民个人，扣缴义务人比照上述规定执行。

上述公式中，计算居民个人工资、薪金所得预扣预缴税额的预扣率、速算扣除数，按表 6-1 执行。

享受子女教育、继续教育、住房贷款利息或者住房租金、赡养老人、3 岁以下婴幼儿照护专项附加扣除的纳税人，自符合条件开始，可以向支付工资、薪金所得的扣缴义务人提供上述专项附加扣除有关信息，由扣缴义务人在预扣预缴税款时，按其在本单位本年可享受的累计扣除额办理扣除；也可以在次年 3 月 1 日至 6 月 30 日内，向汇缴地主管税务机关办理汇算清缴申报时扣除。享受大病医疗专项附加扣除的纳税人，由其在次年 3 月 1 日至 6 月 30 日内，自行向汇缴地主管税务机关办理汇算清缴申报时扣除。

【点拨指导】纳税人选择在扣缴义务人发放工资、薪金所得时享受专项附加扣除的，首次享受时应当填写并向扣缴义务人报送“扣除信息表”；纳税年度中间相关信息发生变化的，纳税人应当更新“扣除信息表”相应栏次，并及时报送给扣缴义务人。

更换工作单位的纳税人，需要由新任职、受雇扣缴义务人办理专项附加扣除的，应当在入职的当月，填写并向扣缴义务人报送“扣除信息表”。

纳税人次年需要由扣缴义务人继续办理专项附加扣除的，应当于每年 12 月份对次年享受专项附加扣除的内容进行确认，并报送至扣缴义务人。纳税人未及时确认的，扣缴义务人于次年 1 月起暂停扣除，待纳税人确认后再行办理专项附加扣除。

扣缴义务人应当将纳税人报送的专项附加扣除信息，在次月办理扣缴申报时一并报送至主管税务机关。

纳税人选择在汇算清缴申报时享受专项附加扣除的，应当填写并向汇缴地主管税务机关报送“扣除信息表”。

【特别提示】纳税人同时从两处以上取得工资、薪金所得，并由扣缴义务人减除专项附加扣除的，对同一专项附加扣除项目，在一个纳税年度内只能选择从一处取得的所得中减除。

居民个人向扣缴义务人提供有关信息并依法要求办理专项附加扣除的，扣缴义务人应当按照规定在工资、薪金所得按月预扣预缴税款时予以扣除，不得拒绝。居民个人未取得工资、薪金所得，仅取得劳务报酬所得、稿酬所得、特许权使用费所得需要享受专项附加扣除的，应当在次年 3 月 1 日至 6 月 30 日内，自行向汇缴地主管税务机关报送“扣除信息表”，并在办理汇算清缴申报时扣除。一个纳税年度内，纳税人在扣缴义务人预扣预缴税款环节未享受或未足额享受专项附加扣除的，可以在当年内向支付工资、薪金的扣缴义务人申请在剩余月份发放工资、薪金时补充扣除，也可以在次年 3 月 1 日至 6 月 30 日内，向汇缴地主管税务机关办理汇算清缴时申报扣除。

扣缴义务人办理工资、薪金所得预扣预缴税款时，应当根据纳税人报送的“扣除信息表”为纳税人办理专项附加扣除。

纳税人年度中间更换工作单位的，在原单位任职、受雇期间已享受的专项附加扣除金额，不得在新任职、受雇单位扣除。原扣缴义务人应当自纳税人离职不再发放工资、薪金所得的当月起，停止为其办理专项附加扣除。

(2) 个人所得税专项附加扣除的基本规定。

① 子女教育。

纳税人的子女接受全日制学历教育的相关支出，按照每个子女每月 1 000 元的标准定额扣除。

学历教育包括义务教育（小学、初中教育）、高中阶段教育（普通高中、中等职业、技工教育）、高等教育（大学专科、大学本科、硕士研究生、博士研究生教育）。

年满 3 岁至小学入学前处于学前教育阶段的子女，按本条上述规定执行。

父母可以选择由其中一方按扣除标准的 100%扣除，也可以选择由双方分别按扣除标准的 50%扣除，具体扣除方式在一个纳税年度内不能变更。

纳税人需要留存备查资料包括：子女在境外接受教育的，应当留存境外学校录取通知书、留学签证等境外教育佐证资料。

计算时间认定：学前教育阶段，为子女年满 3 周岁当月至小学入学前一月。学历教育，为子女接受全日制学历教育入学的当月至全日制学历教育结束的当月。学历教育的期间，包含因病或其他非主观原因休学但学籍继续保留的休学期间，以及施教机构按规定组织实施的寒暑假等假期。

② 继续教育。

纳税人在中国境内接受学历（学位）继续教育的支出，在学历（学位）教育期间按照每月 400 元定额扣除。同一学历（学位）继续教育的扣除期限不能超过 48 个月。纳税人接受技能人员职业资格继续教育、专业技术人员职业资格继续教育的支出，在取得相关证书的当年，按照 3 600 元定额扣除。

个人接受本科及以下学历（学位）继续教育，符合《个人所得税专项附加扣除暂行办法》规定扣除条件的，可以选择由其父母扣除，也可以选择由本人扣除。

纳税人需要留存备查资料包括：纳税人接受技能人员职业资格继续教育、专业技术人员职业资格继续教育的，应当留存职业资格相关证书等资料。

计算时间认定：学历（学位）继续教育，为在中国境内接受学历（学位）继续教育入学的当月至学历（学位）继续教育结束的当月，同一学历（学位）继续教育的扣除期限最长不得超过 48 个月。学历（学位）继续教育的期间，包含因病或其他非主观原因休学但学籍继续保留的休学期间，以及施教机构按规定组织实施的寒暑假等假期。技能人员职业资格继续教育、专业技术人员职业资格继续教育，为取得相关证书的当年。

③ 大病医疗。

在一个纳税年度内，纳税人发生的与基本医保相关的医药费用支出，扣除医保报销后个人负担（指医保目录范围内的自付部分）累计超过 15 000 元的部分，由纳税人在办理年度汇算清缴时，在 80 000 元限额内据实扣除。

纳税人发生的医药费用支出，可以选择由本人或者其配偶扣除；未成年子女发生的医药费用支出可以选择由其父母一方扣除。

纳税人及其配偶、未成年子女发生的医药费用支出，按《个人所得税专项附加扣除暂行办法》第十一条规定分别计算扣除额。

纳税人需要留存备查资料包括：大病患者医药服务收费及医保报销相关票据原件或复印件，或者医疗保障部门出具的纳税年度医药费用清单等资料。

计算时间认定：为医疗保障信息系统记录的医药费用实际支出的当年。

④ 住房贷款利息。

纳税人本人或者配偶单独或者共同使用商业银行或者住房公积金个人住房贷款为本人或者其配偶购买中国境内住房,发生的首套住房贷款利息支出,在实际发生贷款利息的年度,按照每月 1 000 元的标准定额扣除,扣除期限最长不超过 240 个月。纳税人只能享受一次首套住房贷款的利息扣除。

首套住房贷款是指购买住房享受首套住房贷款利率的住房贷款。

经夫妻双方约定,可以选择由其中一方扣除,具体扣除方式在一个纳税年度内不能变更。

夫妻双方婚前分别购买住房发生的首套住房贷款,其贷款利息支出,婚后可以选择其中一套购买的住房,由购买方按扣除标准的 100% 扣除,也可以由夫妻双方对各自购买的住房分别按扣除标准的 50% 扣除,具体扣除方式在一个纳税年度内不能变更。

纳税人需要留存备查的资料包括:住房贷款合同、贷款还款支出凭证等资料。

计算时间认定:为贷款合同约定开始还款的当月至贷款全部归还或贷款合同终止的当月,扣除期限最长不得超过 240 个月。

⑤ 住房租金。

纳税人在主要工作城市没有自有住房而发生的住房租金支出,可以按照以下标准定额扣除:

a. 直辖市、省会(首府)城市、计划单列市以及国务院确定的其他城市,扣除标准为每月 1 500 元。

b. 除第一项所列城市以外,市辖区户籍人口超过 100 万的城市,扣除标准为每月 1 100 元;市辖区户籍人口不超过 100 万的城市,扣除标准为每月 800 元。

纳税人的配偶在纳税人的主要工作城市有自有住房的,视同纳税人在主要工作城市有自有住房。

市辖区户籍人口,以国家统计局公布的数据为准。

主要工作城市是指纳税人任职受雇的直辖市、计划单列市、副省级城市、地级市(地区、州、盟)全部行政区域范围;纳税人无任职受雇单位的,为受理其综合所得汇算清缴的税务机关所在城市。

夫妻双方主要工作城市相同的,只能由一方扣除住房租金支出。

住房租金支出由签订租赁住房合同的承租人扣除。

纳税人及其配偶在一个纳税年度内不能同时分别享受住房贷款利息和住房租金专项附加扣除。

纳税人需要留存备查资料包括:住房租赁合同或协议等资料。

计算时间认定:为租赁合同(协议)约定的房屋租赁期开始的当月至租赁期结束的当月。提前终止合同(协议)的,以实际租赁期限为准。

⑥ 赡养老人。

纳税人赡养一位及以上被赡养人的赡养支出,统一按照以下标准定额扣除:

a. 纳税人为独生子女的,按照每月 2 000 元的标准定额扣除。

b. 纳税人为非独生子女的,由其与兄弟姐妹分摊每月 2 000 元的扣除额度,每人分摊的额度不能超过每月 1 000 元。可以由赡养人均摊或者约定分摊,也可以由被赡养人指定分摊。约定或者指定分摊的须签订书面分摊协议,指定分摊优先于约定分摊。具体分摊方式和额度在一个纳税年度内不能变更。

被赡养人是指年满 60 岁的父母,以及子女均已去世的年满 60 岁的祖父母、外祖父母。

纳税人需要留存备查资料包括：约定或指定分摊的书面分摊协议等资料。

计算时间认定：为被赡养人年满 60 周岁的当月至赡养义务终止的年末。

⑦ 3 岁以下婴幼儿照护。

纳税人照护 3 岁以下婴幼儿子女的相关支出，按照每个婴幼儿每月 1 000 元的标准定额扣除。

父母可以选择由其中一方按扣除标准的 100%扣除，也可以选择由双方分别按扣除标准的 50%扣除，具体扣除方式在一个纳税年度内不能变更。

纳税人享受 3 岁以下婴幼儿照护专项附加扣除，应当填报配偶及子女的姓名、身份证件类型（如居民身份证、子女出生医学证明等）及号码以及本人与配偶之间扣除分配比例等信息。

纳税人需要留存备查资料包括：子女的出生医学证明等资料。

计算时间认定：为婴幼儿出生的当月至年满 3 周岁的前一个月。

实务释疑：赡养岳父岳母或公婆的费用是否可以享受个人所得税附加扣除？

答：《个人所得税专项附加扣除暂行办法》规定："本办法所称被赡养人是指年满 60 岁的父母，以及子女均已去世的年满 60 岁的祖父母、外祖父母"。因此，赡养岳父岳母或公婆的费用不可以享受个人所得税专项附加扣除。

【情境实例 6-1】

1. 工作任务要求

计算张某本年每月工资、薪金所得应由甲公司预扣预缴的个人所得税。

2. 情境实例设计

我国居民个人张某为独生子女，就职于我国的甲公司。本年每月税前工资、薪金收入为 30 000 元，每月减除费用为 5 000 元。张某个人每月负担的基本养老保险为 2 400 元、基本医疗保险为 600 元、失业保险为 150 元、住房公积金为 2 400 元，"三险一金"合计为 5 550 元。[①]张某赡养老人每月专项附加扣除金额为 2 000 元。张某没有其他专项附加扣除和依法确定的其他扣除。张某在上一完整纳税年度内全年工资、薪金收入超过 6 万元。居民个人工资、薪金所得预扣预缴个人所得税的预扣率表如表 6-1 所示。

3. 任务实施过程

张某 1 月工资、薪金所得应由甲公司预扣预缴的个人所得税 $=(30\,000-5\,000-5\,550-2\,000)\times 3\%=17\,450\times 3\%=523.5$（元）

张某 2 月工资、薪金所得应由甲公司预扣预缴的个人所得税 $=(30\,000\times 2-5\,000\times 2-5\,550\times 2-2\,000\times 2)\times 3\%-523.5=34\,900\times 3\%-523.5=1\,047-523.5=523.5$（元）

张某 3 月工资、薪金所得应由甲公司预扣预缴的个人所得税 $=(30\,000\times 3-5\,000\times 3-5\,550\times 3-2\,000\times 3)\times 10\%-2\,520-523.5-523.5=52\,350\times 10\%-2\,520-523.5-523.5=1\,668$（元）

张某 4 月工资、薪金所得应由甲公司预扣预缴的个人所得税 $=(30\,000\times 4-5\,000\times 4-$

① 该"三险一金"数据是理论数据，没有考虑实务中"三险一金"的缴费基数不能超过上年度本市职工平均工资的 300%，下同。

5 550×4－2 000×4)×10%－2 520－523.5－523.5－1 668＝69 800×10%－2 520－523.5－523.5－1 668＝1 745(元)

张某5月工资、薪金所得应由甲公司预扣预缴的个人所得税＝(30 000×5－5 000×5－5 550×5－2 000×5)×10%－2 520－523.5－523.5－1 668－1 745＝87 250×10%－2 520－523.5－523.5－1 668－1 745＝1 745(元)

张某6月工资、薪金所得应由甲公司预扣预缴的个人所得税＝(30 000×6－5 000×6－5 550×6－2 000×6)×10%－2 520－523.5－523.5－1 668－1 745－1 745＝104 700×10%－2 520－523.5－523.5－1 668－1 745－1 745＝1 745(元)

张某7月工资、薪金所得应由甲公司预扣预缴的个人所得税＝(30 000×7－5 000×7－5 550×7－2 000×7)×10%－2 520－523.5－523.5－1 668－1 745－1 745－1 745＝122 150×10%－2 520－523.5－523.5－1 668－1 745－1 745－1 745＝1 745(元)

张某8月工资、薪金所得应由甲公司预扣预缴的个人所得税＝(30 000×8－5 000×8－5 550×8－2 000×8)×10%－2 520－523.5－523.5－1 668－1 745－1 745－1 745－1 745＝139 600×10%－2 520－523.5－523.5－1 668－1 745－1 745－1 745－1 745＝1 745(元)

张某9月工资、薪金所得应由甲公司预扣预缴的个人所得税＝(30 000×9－5 000×9－5 550×9－2 000×9)×20%－16 920－523.5－523.5－1 668－1 745－1 745－1 745－1 745－1 745＝157 050×20%－16 920－523.5－523.5－1 668－1 745－1 745－1 745－1 745－1 745＝3 050(元)

张某10月工资、薪金所得应由甲公司预扣预缴的个人所得税＝(30 000×10－5 000×10－5 550×10－2 000×10)×20%－16 920－523.5－523.5－1 668－1 745－1 745－1 745－1 745－1 745－3 050＝174 500×20%－16 920－523.5－523.5－1 668－1 745－1 745－1 745－1 745－1 745－3 050＝3 490(元)

张某11月工资、薪金所得应由甲公司预扣预缴的个人所得税＝(30 000×11－5 000×11－5 550×11－2 000×11)×20%－16 920－523.5－523.5－1 668－1 745－1 745－1 745－1 745－1 745－3 050－3 490＝191 950×20%－16 920－523.5－523.5－1 668－1 745－1 745－1 745－1 745－1 745－3 050－3 490＝3 490(元)

张某12月工资、薪金所得应由甲公司预扣预缴的个人所得税＝(30 000×12－5 000×12－5 550×12－2 000×12)×20%－16 920－523.5－523.5－1 668－1 745－1 745－1 745－1 745－1 745－3 050－3 490－3 490＝209 400×20%－16 920－523.5－523.5－1 668－1 745－1 745－1 745－1 745－1 745－3 050－3 490－3 490＝3 490(元)

张某本年工资、薪金所得应由甲公司预扣预缴的个人所得税合计＝523.5＋523.5＋1 668＋1 745＋1 745＋1 745＋1 745＋1 745＋3 050＋3 490＋3 490＋3 490＝24 960(元)

---

2. 扣缴义务人向居民个人支付劳务报酬所得、稿酬所得、特许权使用费所得预扣预缴个人所得税的计算

扣缴义务人向居民个人支付劳务报酬所得、稿酬所得、特许权使用费所得，按次或者按月预扣预缴个人所得税。

具体预扣预缴方法如下：

劳务报酬所得、稿酬所得、特许权使用费所得以收入减除费用后的余额为收入额。其中，稿酬所得的收入额减按70%计算。

6

劳务报酬所得、稿酬所得、特许权使用费所得每次收入不超过 4 000 元的，减除费用按 800 元计算；每次收入 4 000 元以上的，减除费用按 20%计算。

【特别提示】劳务报酬所得、稿酬所得、特许权使用费所得，属于一次性收入的，以取得该项收入为一次；属于同一项目连续性收入的，以一个月内取得的收入为一次。

劳务报酬所得、稿酬所得、特许权使用费所得，以每次收入额为预扣预缴应纳税所得额。劳务报酬所得适用 20%～40%的超额累进预扣率（表 6-2），稿酬所得、特许权使用费所得适用 20%的比例预扣率。

劳务报酬所得应预扣预缴税额＝预扣预缴应纳税所得额×预扣率－速算扣除数

稿酬所得、特许权使用费所得应预扣预缴税额＝预扣预缴应纳税所得额×20%

【特别提示】保险营销员、证券经纪人取得的佣金收入，属于劳务报酬所得，以不含增值税的收入减除 20%的费用后的余额为收入额，收入额减去展业成本及附加税费后，并入当年综合所得，计算缴纳个人所得税。保险营销员、证券经纪人展业成本按照收入额的 25%计算。扣缴义务人向保险营销员、证券经纪人支付佣金收入时，应按照《个人所得税扣缴申报管理办法（试行）》（国家税务总局公告 2018 年第 61 号）规定的累计预扣法计算预扣税款。

【情境实例 6-2】

1. 工作任务要求

(1) 计算张某劳务报酬所得应由乙公司预扣预缴的个人所得税。

(2) 计算张某稿酬所得应由丙出版社预扣预缴的个人所得税。

(3) 计算张某特许权使用费所得应由丁公司预扣预缴的个人所得税。

2. 情境实例设计

居民个人张某本年 3 月从兼职单位乙公司取得一次性劳务报酬共计 40 000 元，本年 6 月从丙出版社取得一次性稿酬收入共计 12 000 元，本年 10 月转让给丁公司专利权取得一次性特许权使用费收入共计 3 000 元。上述收入均为税前收入，且均来源于中国境内。假设不考虑增值税等因素。居民个人劳务报酬所得预扣预缴个人所得税的预扣率按表 6-2 执行。

3. 任务实施过程

(1) 张某劳务报酬所得应由乙公司预扣预缴的个人所得税＝40 000×(1－20%)×30%－2 000＝7 600(元)

(2) 张某稿酬所得应由丙出版社预扣预缴的个人所得税＝12 000×(1－20%)×70%×20%＝1 344(元)

(3) 张某特许权使用费所得应由丁公司预扣预缴的个人所得税＝(3 000－800)×20%＝440(元)

(二) 居民个人综合所得汇算清缴个人所得税的计算

自 2019 年 1 月 1 日起，居民个人的综合所得（工资、薪金所得，劳务报酬所得，稿酬所得，特许权使用费所得），以每一纳税年度的收入额减除费用 60 000 元以及专项扣除、专项附加扣除和依法确定的其他扣除后的余额，为应纳税所得额。各项所得的计算，以人民币为单位。所得为人民币以外的货币的，按照人民币汇率中间价折合成人民币缴纳税款。

【点拨指导】所得为人民币以外货币的，按照办理纳税申报或者扣缴申报的上一月最后一

6

日人民币汇率中间价，折合成人民币计算应纳税所得额。年度终了后办理汇算清缴的，对已经按月、按季或者按次预缴税款的人民币以外货币所得，不再重新折算；对应当补缴税款的所得部分，按照上一纳税年度最后一日人民币汇率中间价，折合成人民币计算应纳税所得额。

居民个人的综合所得适用七级超额累进税率，其应纳税额的计算公式如下：

$$
\begin{aligned}
\text{应纳税额} &= \text{年应纳税所得额} \times \text{适用税率} - \text{速算扣除数} \\
&= \left(\begin{matrix}\text{每一纳税年度}\\\text{的收入额}\end{matrix} - 60\,000 - \begin{matrix}\text{专项扣除、专项附加扣除}\\\text{和依法确定的其他扣除}\end{matrix}\right) \times \text{适用税率} - \begin{matrix}\text{速算}\\\text{扣除数}\end{matrix} \\
&= \left[\begin{matrix}\text{工资、薪金}\\\text{收入额}\end{matrix} + \begin{matrix}\text{劳务报}\\\text{酬收入}\end{matrix} \times (1-20\%) + \begin{matrix}\text{稿酬}\\\text{收入}\end{matrix} \times (1-20\%) \times 70\% + \begin{matrix}\text{特许权使}\\\text{用费收入}\end{matrix}\right. \\
&\quad \left. \times (1-20\%) - 60\,000 - \begin{matrix}\text{专项扣除、专项附加扣除}\\\text{和依法确定的其他扣除}\end{matrix}\right] \times \begin{matrix}\text{适用}\\\text{税率}\end{matrix} - \begin{matrix}\text{速算}\\\text{扣除数}\end{matrix}
\end{aligned}
$$

【特别提示】劳务报酬所得、稿酬所得、特许权使用费所得以收入减除20%的费用后的余额为收入额。稿酬所得的收入额减按70%计算。

专项扣除，包括居民个人按照国家规定的范围和标准缴纳的基本养老保险、基本医疗保险、失业保险等社会保险费和住房公积金等；专项附加扣除，包括子女教育、继续教育、大病医疗、住房贷款利息或者住房租金、赡养老人、3岁以下婴幼儿照护等支出，具体范围、标准和实施步骤由国务院确定，并报全国人民代表大会常务委员会备案。其他扣除，包括个人缴付符合国家规定的企业年金、职业年金，个人购买符合国家规定的商业健康保险、税收递延型商业养老保险的支出，以及国务院规定可以扣除的其他项目。

【特别提示】专项扣除、专项附加扣除和依法确定的其他扣除，以居民个人一个纳税年度的应纳税所得额为限额；一个纳税年度扣除不完的，不结转以后年度扣除。

【知识链接】居民个人取得综合所得，按年计算个人所得税；有扣缴义务人的，由扣缴义务人按月或者按次预扣预缴税款；需要办理汇算清缴的，应当在取得所得的次年3月1日至6月30日内办理汇算清缴。预扣预缴办法由国务院税务主管部门制定。

【情境实例 6-3】

1. 工作任务要求

计算张某次年3月1日至6月30日内汇算清缴应补缴(或申请退回)的个人所得税。

2. 情境实例设计

接【情境实例 6-1】【情境实例 6-2】，居民个人张某次年3月1日至6月30日内办理汇算清缴。居民个人综合所得个人所得税的税率按表6-3执行。

3. 任务实施过程

本年张某综合所得的应纳税所得额 $=30\,000\times12+40\,000\times(1-20\%)+12\,000\times(1-20\%)\times70\%+3\,000\times(1-20\%)-60\,000-5\,550\times12-2\,000\times12=250\,520$(元)

本年张某综合所得的应纳个人所得税 $=250\,520\times20\%-16\,920=33\,184$(元)

由于本年各相关单位已经预扣预缴了个人所得税共计 $=24\,960+7\,600+1\,344+440=34\,344$(元)，因此，次年3月1日至6月30日内汇算清缴时，张某应申请退回个人所得税 $=34\,344-33\,184=1\,160$(元)

二、非居民个人工资、薪金所得，劳务报酬所得，稿酬所得，特许权使用费所得应纳税额的计算

扣缴义务人向非居民个人支付工资、薪金所得，劳务报酬所得，稿酬所得和特许权使用费所得时，应当按以下方法按月或者按次代扣代缴个人所得税：

非居民个人的工资、薪金所得，以每月收入额减除费用 5 000 元后的余额为应纳税所得额；劳务报酬所得、稿酬所得、特许权使用费所得，以每次收入额为应纳税所得额，适用按月换算后的非居民个人月度税率表（表 6-4）计算应纳税额。其中，劳务报酬所得、稿酬所得、特许权使用费所得以收入减除 20% 的费用后的余额为收入额。稿酬所得的收入额减按 70% 计算。

$$\text{非居民个人工资、薪金所得，劳务报酬所得，稿酬所得，特许权使用费所得应纳税额}=\text{应纳税所得额}\times\text{税率}-\text{速算扣除数}$$

各项所得具体计算方法如下：

（1）非居民个人的工资、薪金所得适用七级超额累进税率，其应纳税额的计算公式如下：

$$\text{应纳税额}=\text{月应纳税所得额}\times\text{适用税率}-\text{速算扣除数}=\left(\text{每月工资、薪金收入额}-5\ 000\right)\times\text{适用税率}-\text{速算扣除数}$$

（2）非居民个人的劳务报酬所得适用七级超额累进税率，其应纳税额的计算公式如下：

$$\text{应纳税额}=\text{应纳税所得额}\times\text{适用税率}-\text{速算扣除数}=\text{每次收入额}\times\text{适用税率}-\text{速算扣除数}=\text{劳务报酬收入}\times(1-20\%)\times\text{适用税率}-\text{速算扣除数}$$

（3）非居民个人的稿酬所得适用七级超额累进税率，其应纳税额的计算公式如下：

$$\text{应纳税额}=\text{应纳税所得额}\times\text{适用税率}-\text{速算扣除数}=\text{每次收入额}\times\text{适用税率}-\text{速算扣除数}=\text{稿酬收入}\times(1-20\%)\times70\%\times\text{适用税率}-\text{速算扣除数}$$

（4）非居民个人的特许权使用费所得适用七级超额累进税率，其应纳税额的计算公式如下：

$$\text{应纳税额}=\text{应纳税所得额}\times\text{适用税率}-\text{速算扣除数}=\text{每次收入额}\times\text{适用税率}-\text{速算扣除数}=\text{特许权使用费收入}\times(1-20\%)\times\text{适用税率}-\text{速算扣除数}$$

6

【知识链接】非居民个人取得工资、薪金所得，劳务报酬所得，稿酬所得，特许权使用费所得，有扣缴义务人的，由扣缴义务人按月或者按次代扣代缴税款，不办理汇算清缴。

【情境实例 6-4】

1. 工作任务要求

计算汤姆本年 1 月应缴纳的个人所得税。

2. 情境实例设计

本年 1 月，非居民个人汤姆从任职单位（中国的甲公司）取得税前工资、薪金收入 12 000 元。上述收入来源于中国境内，且不享受免税优惠政策。非居民个人工资、薪金所得，劳务报酬所得，稿酬所得，特许权使用费所得的个人所得税适用税率按表 6-4 执行。

3. 任务实施过程

汤姆本年 1 月工资、薪金所得的应纳税所得额＝12 000－5 000＝7 000（元）

汤姆本年1月工资、薪金所得应纳(甲公司应代扣代缴)个人所得税=7 000×10%−210=490(元)。

【情境实例6-5】

1. 工作任务要求

计算玛丽本年1月应缴纳的个人所得税。

2. 情境实例设计

本年1月,非居民个人玛丽从甲公司一次性取得劳务报酬收入30 000元;从乙出版社一次性取得稿酬收入20 000元;从丙公司一次性取得特许权使用费收入2 000元。上述收入均为税前收入,均来源于中国境内,且不享受免税优惠政策。假设不考虑增值税等因素。非居民个人工资、薪金所得,劳务报酬所得,稿酬所得,特许权使用费所得个人所得税的适用税率按表6-4执行。

3. 任务实施过程

玛丽本年1月劳务报酬所得的应纳税所得额=30 000×(1−20%)=24 000(元)

玛丽本年1月劳务报酬所得应纳(甲公司应代扣代缴)个人所得税=24 000×20%−1 410=3 390(元)

玛丽本年1月稿酬所得的应纳税所得额=20 000×(1−20%)×70%=11 200(元)

玛丽本年1月稿酬所得应纳(乙出版社应代扣代缴)个人所得税=11 200×10%−210=910(元)

玛丽本年1月特许权使用费所得的应纳税所得额=2 000×(1−20%)=1 600(元)

玛丽本年1月特许权使用费所得应纳(丙公司应代扣代缴)个人所得税=1 600×3%=48(元)

玛丽本年1月应纳(支付所得的单位应代扣代缴)个人所得税合计=3 390+910+48=4 348(元)

三、经营所得应纳税额的计算

经营所得,以每一纳税年度的收入总额减除成本、费用以及损失后的余额,为应纳税所得额。

经营所得个人所得税的计算公式如下:

$$\text{应纳税额}=\text{应纳税所得额}\times\text{适用税率}-\text{速算扣除数}=(\text{全年收入总额}-\text{成本、费用、损失})\times\text{适用税率}-\text{速算扣除数}$$

成本、费用,是指生产、经营活动中发生的各项直接支出和分配后计入成本的间接费用以及销售费用、管理费用、财务费用;损失,是指生产、经营活动中发生的固定资产和存货的盘亏、毁损、报废损失,转让财产损失,坏账损失,自然灾害等不可抗力因素造成的损失以及其他损失。

取得经营所得的个人,没有综合所得的,计算其每一纳税年度的应纳税所得额时,应当减除费用6万元、专项扣除、专项附加扣除以及依法确定的其他扣除。专项附加扣除在办理汇算清缴时减除。

【点拨指导】从事生产、经营活动,未提供完整、准确的纳税资料,不能正确计算应纳税所得额的,由主管税务机关核定应纳税所得额或者应纳税额。

6

【知识链接】纳税人取得经营所得，按年计算个人所得税，由纳税人在月度或者季度终了后15日内向税务机关报送纳税申报表，并预缴税款；在取得所得的次年3月31日前办理汇算清缴。

四、财产租赁所得应纳税额的计算

（一）应纳税所得额的计算

财产租赁所得，以一个月内取得的收入为一次。财产租赁所得，每次收入不超过4 000元的，减除费用800元；4 000元以上的，减除20%的费用，其余额为应纳税所得额。其计算公式如下。

（1）每次（月）收入不超过4 000元的：

应纳税所得额＝每次（月）收入额－准予扣除项目－修缮费用（800元为限）－800元

（2）每次（月）收入超过4 000元的：

应纳税所得额＝［每次（月）收入额－准予扣除项目－修缮费用（800元为限）］×（1－20%）

个人出租财产取得的财产租赁收入，在计算缴纳个人所得税时，应依次扣除以下费用：

（1）准予扣除项目：主要指财产租赁过程中缴纳的税费；

（2）由纳税人负担的该出租财产实际开支的修缮费用。修缮费的扣除以每次800元为限。一次扣除不完的，准予在下一次继续扣除，直到扣完为止；

（3）税法规定的费用扣除标准（即定额减除费用800元或定率减除20%的费用）。

个人出租房屋的个人所得税应税收入不含增值税，计算房屋出租所得可扣除的税费不包括本次出租缴纳的增值税。个人转租房屋的，其向房屋出租方支付的租金及增值税税额，在计算转租所得时予以扣除。免征增值税的，确定计税依据时，租金收入不扣减增值税税额。

（二）应纳税额的计算

财产租赁所得适用20%的比例税率，但对个人出租住房取得的所得暂减按10%的税率征收个人所得税。其应纳税额的计算公式如下：

（1）每次（月）收入不超过4 000元的：

应纳税额＝应纳税所得额×适用税率（20%或10%）

＝［每次（月）收入额－准予扣除项目－修缮费用（800元为限）－800元］×适用税率（20%或10%）

（2）每次（月）收入超过4 000元的：

应纳税额＝应纳税所得额×适用税率（20%或10%）

＝［每次（月）收入额－准予扣除项目－修缮费用（800元为限）］×（1－20%）×适用税率（20%或10%）

实务咨询： 本人以租赁方式取得的房屋，再转租出去，取得的租金收入是全部作为个人所得税的计税依据，还是可以扣除支付给原出租方的租金后作为个人所得税的计税依据？

【情境引例解析】

《国家税务总局关于个人与房地产开发企业签订有条件优惠价格协议购买商店征收个人所得税问题的批复》(国税函〔2008〕576号)规定:“房地产开发企业与商店购买者个人签订协议规定,房地产开发企业按优惠价格出售其开发的商店给购买者个人,但购买者个人在一定期限内必须将购买的商店无偿提供给房地产开发企业对外出租使用,其实质是购买者个人以所购商店交由房地产开发企业出租而取得的房屋租赁收入支付了部分购房价款。”因此,购买者个人少支出的购房价款,应视同个人财产租赁所得,按照《中华人民共和国个人所得税法》第三条第(三)款的“财产租赁所得”项目及20%(暂减按10%)的税率征收个人所得税。

【情境实例6-6】

1. 工作任务要求

计算本年1月李某应缴纳的个人所得税税额。

2. 情境实例设计

李某本年1月开始将其原居住的房屋作为居住用房租给张某,每月收取租金3 500元,租金按月支付,本年1月发生修缮费用1 000元,相关税费为120元。

3. 任务实施过程

修缮费的扣除以每次800元为限,一次扣除不完的,准予在下次继续扣除,直到扣完为止。对个人出租住房取得的所得暂减按10%的税率征收个人所得税。

应纳个人所得税 =[(3 500 − 120 − 800) − 800] × 10% =178(元)

五、财产转让所得应纳税额的计算

(一) 应纳税所得额的计算

1. 一般情况下财产转让所得应纳税所得额的计算

财产转让所得,以转让财产的收入额减除财产原值和合理费用后的余额,为应纳税所得额。其计算公式如下:

应纳税所得额=收入总额−财产原值−合理费用

财产原值,按照下列方法确定:

(1) 有价证券,为买入价以及买入时按照规定交纳的有关费用。

(2) 建筑物,为建造费或者购进价格以及其他有关费用。

(3) 土地使用权,为取得土地使用权所支付的金额、开发土地的费用以及其他有关费用。

(4) 机器设备、车船,为购进价格、运输费、安装费以及其他有关费用。

其他财产,参照上述规定的方法确定财产原值。

纳税人未提供完整、准确的财产原值凭证,不能按照本条第一款规定的方法确定财产原值的,由主管税务机关核定财产原值。

合理费用,是指卖出财产时按照规定支付的有关税费。

【点拨指导】财产转让所得,按照一次转让财产的收入额减除财产原值和合理费用后的余额计算纳税。

个人转让房屋的个人所得税应税收入不含增值税,其取得房屋时所支付价款中包含的增值税计入财产原值，计算转让所得时可扣除的税费不包括本次转让缴纳的增值税。免征增值税的，确定计税依据时，转让房地产取得的收入不扣减增值税税额。

财产转让所得同样采取按次计征的方式，以一件财产的所有权一次转让取得的收入为一次。

2. 个人无偿受赠房屋有关个人所得税的计算

以下情形的房屋产权无偿赠与，对当事双方不征收个人所得税：

(1) 房屋产权所有人将房屋产权无偿赠与配偶、父母、子女、祖父母、外祖父母、孙子女、外孙子女、兄弟姐妹；

(2) 房屋产权所有人将房屋产权无偿赠与对其承担直接抚养或者赡养义务的抚养人或者赡养人；

(3) 房屋产权所有人死亡，依法取得房屋产权的法定继承人、遗嘱继承人或者受遗赠人。

除上述情形以外，房屋产权所有人将房屋产权无偿赠与他人的，受赠人因无偿受赠房屋取得的受赠所得，按照经国务院财政部门确定征税的其他所得项目缴纳个人所得税，税率为20%。

对受赠人无偿受赠房屋计征个人所得税时，其应纳税所得额为房地产赠与合同上标明的赠与房屋价值减除赠与过程中受赠人支付的相关税费后的余额。赠与合同标明的房屋价值明显低于市场价格或房地产赠与合同未标明赠与房屋价值的，税务机关可依据受赠房屋的市场评估价格或采取其他合理方式确定受赠人的应纳税所得额。

受赠人转让受赠房屋的，以其转让受赠房屋的收入减除原捐赠人取得该房屋的实际购置成本以及赠与和转让过程中受赠人支付的相关税费后的余额，为受赠人的应纳税所得额，依法计征个人所得税。受赠人转让受赠房屋价格明显偏低且无正当理由的，税务机关可以依据该房屋的市场评估价格或其他合理方式确定的价格核定其转让收入。

(二) 应纳税额的计算

财产转让所得应纳税额的计算公式如下：

应纳税额＝应纳税所得额×适用税率＝(收入总额－财产原值－合理税费)×20%

【情境实例 6-7】

1. 工作任务要求

计算刘某转让其私有住房应缴纳的个人所得税税额。

2. 情境实例设计

刘某于本年1月转让私有住房一套，取得转让收入240 000元。该套住房购进时的原价为200 000元，转让时支付有关税费为16 000元。

3. 任务实施过程

应纳个人所得税＝(240 000－200 000－16 000)×20%＝4 800(元)

六、利息、股息、红利所得和偶然所得应纳税额的计算

利息、股息、红利所得和偶然所得个人所得税按次征收。利息、股息、红利所得，以支付利息、股息、红利时取得的收入为一次。偶然所得，以每次取得该项收入为一次。利息、股息、红利所得和偶然所得的应纳税所得额即为每次收入额。利息、股息、红利所得和偶然所得应纳税额的计算公式如下：

应纳税额＝应纳税所得额×适用税率＝每次收入额×20%

【情境实例 6-8】

1. 工作任务要求

计算刘某中奖收入的应纳个人所得税。

2. 情境实例设计

刘某本年 3 月在某公司举行的有奖销售活动中获得奖金 18 000 元，领奖时发生交通费 200 元、食宿费 400 元(均由刘某承担)。在颁奖现场，刘某直接向某大学图书馆捐款 1 000 元。偶然所得适用的个人所得税税率为 20%。

3. 任务实施过程

偶然所得按收入全额计征个人所得税，不扣除任何费用；非公益性的直接捐赠税前不得扣除。

应纳个人所得税＝18 000×20%＝3 600(元)

七、个人所得税几种特殊情况下应纳税额的计算

(一) 全年一次性奖金及其他奖金应纳税额的计算

根据《财政部 税务总局关于延续实施全年一次性奖金等个人所得税优惠政策的公告》(财政部 税务总局公告 2021 年第 42 号)等文件的规定，居民个人取得全年一次性奖金，符合《国家税务总局关于调整个人取得全年一次性奖金等计算征收个人所得税方法问题的通知》(国税发〔2005〕9 号)规定的，在 2023 年 12 月 31 日前，不并入当年综合所得，以全年一次性奖金收入除以 12(个月)得到的数额，按照按月换算后的综合所得税率表(简称“月度税率表”)(同表 6-4)，确定适用税率和速算扣除数，单独计算纳税。计算公式如下：

应纳税额＝全年一次性奖金收入×适用税率－速算扣除数

居民个人取得全年一次性奖金，也可以选择并入当年综合所得计算纳税。

雇员取得除全年一次性奖金以外的其他各种名目奖金，如半年奖、季度奖、加班奖、先进奖、考勤奖等，一律与当月工资、薪金收入合并，按税法规定缴纳个人所得税。

【情境实例 6-9】

1. 工作任务要求

计算王某 2021 年 10 月全年一次性奖金应缴纳的个人所得税。

2. 情境实例设计

中国居民个人王某 2021 年 10 月取得全年一次性奖金 60 000 元(税前奖金)。王某选择该全年一次性奖金不并入当年综合所得计算缴纳个人所得税。按月换算后的综合所得税率按表 6-4 执行。

3. 任务实施过程

60 000÷12＝5 000(元)

查表可知适用税率 10%，速算扣除数为 210。

王某 2021 年 10 月全年一次性奖金应纳个人所得税＝60 000×10%－210＝5 790(元)

6

（二）公益慈善事业的捐赠支出的扣除

自2019年1月1日起，公益慈善事业捐赠有关个人所得税政策规定如下：

（1）个人通过中华人民共和国境内公益性社会组织、县级以上人民政府及其部门等国家机关，向教育、扶贫、济困等公益慈善事业的捐赠（以下简称“公益捐赠”），发生的公益捐赠支出，可以按照个人所得税法有关规定在计算应纳税所得额时扣除。

【特别提示】境内公益性社会组织，包括依法设立或登记并按规定条件和程序取得公益性捐赠税前扣除资格的慈善组织、其他社会组织和群众团体。

（2）个人发生的公益捐赠支出金额，按照以下规定确定：

① 捐赠货币性资产的，按照实际捐赠金额确定。

② 捐赠股权、房产的，按照个人持有股权、房产的财产原值确定。

③ 捐赠除股权、房产以外的其他非货币性资产的，按照非货币性资产的市场价格确定。

（3）居民个人按照以下规定扣除公益捐赠支出：

① 居民个人发生的公益捐赠支出可以在财产租赁所得、财产转让所得、利息股息红利所得、偶然所得（以下统称“分类所得”）、综合所得或者经营所得中扣除。在当期一个所得项目扣除不完的公益捐赠支出，可以按规定在其他所得项目中继续扣除。

② 居民个人发生的公益捐赠支出，在综合所得、经营所得中扣除的，扣除限额分别为当年综合所得、当年经营所得应纳税所得额的30%；在分类所得中扣除的，扣除限额为当月分类所得应纳税所得额的30%。

③ 居民个人根据各项所得的收入、公益捐赠支出、适用税率等情况，自行决定在综合所得、分类所得、经营所得中扣除的公益捐赠支出的顺序。

（4）居民个人在综合所得中扣除公益捐赠支出的，应按照以下规定处理：

① 居民个人取得工资薪金所得的，可以选择在预扣预缴时扣除，也可以选择在年度汇算清缴时扣除。

居民个人选择在预扣预缴时扣除的，应按照累计预扣法计算扣除限额，其捐赠当月的扣除限额为截至当月累计应纳税所得额的30%（全额扣除的从其规定，下同）。个人从两处以上取得工资薪金所得，选择其中一处扣除，选择后当年不得变更。

② 居民个人取得劳务报酬所得、稿酬所得、特许权使用费所得的，预扣预缴时不扣除公益捐赠支出，统一在汇算清缴时扣除。

③ 居民个人取得全年一次性奖金、股权激励等所得，且按规定采取不并入综合所得而单独计税方式处理的，公益捐赠支出扣除比照上述分类所得的扣除规定处理。

（5）居民个人发生的公益捐赠支出，可在捐赠当月取得的分类所得中扣除。当月分类所得应扣除未扣除的公益捐赠支出，可按照以下规定追补扣除：

① 扣缴义务人已经代扣但尚未解缴税款的，居民个人可以向扣缴义务人提出追补扣除申请，退还已扣税款。

② 扣缴义务人已经代扣且解缴税款的，居民个人可以在公益捐赠之日起90日内提请扣缴义务人向征收税款的税务机关办理更正申报追补扣除，税务机关和扣缴义务人应当予以办理。

③ 居民个人自行申报纳税的，可以在公益捐赠之日起90日内向主管税务机关办理更正申报，追补扣除。

居民个人捐赠当月有多项多次分类所得的，应先在其中一项一次分类所得中扣除。已经在分类所得中扣除的公益捐赠支出，不再调整到其他所得中扣除。

（6）在经营所得中扣除公益捐赠支出，应按以下规定处理：

① 个体工商户发生的公益捐赠支出，在其经营所得中扣除。

② 个人独资企业、合伙企业发生的公益捐赠支出，其个人投资者应当按照捐赠年度合伙企业的分配比例（个人独资企业分配比例为100%），计算归属于每一个人投资者的公益捐赠支出，个人投资者应将其归属的个人独资企业、合伙企业公益捐赠支出和本人需要在经营所得扣除的其他公益捐赠支出合并，在其经营所得中扣除。

③ 在经营所得中扣除公益捐赠支出的，可以选择在预缴税款时扣除，也可以选择在汇算清缴时扣除。

④ 经营所得采取核定征收方式的，不扣除公益捐赠支出。

（7）非居民个人发生的公益捐赠支出，未超过其在公益捐赠支出发生的当月应纳税所得额30%的部分，可以从其应纳税所得额中扣除。扣除不完的公益捐赠支出，可以在经营所得中继续扣除。

非居民个人按规定可以在应纳税所得额中扣除公益捐赠支出而未实际扣除的，可按照上述第5条规定追补扣除。

（8）国务院规定对公益捐赠全额税前扣除的，按照规定执行。个人同时发生按30%扣除和全额扣除的公益捐赠支出，自行选择扣除次序。

（9）公益性社会组织、国家机关在接受个人捐赠时，应当按照规定开具捐赠票据；个人索取捐赠票据的，应予以开具。

个人发生公益捐赠时不能及时取得捐赠票据的，可以暂时凭公益捐赠银行支付凭证扣除，并向扣缴义务人提供公益捐赠银行支付凭证复印件。个人应在捐赠之日起90日内向扣缴义务人补充提供捐赠票据，如果个人未按规定提供捐赠票据的，扣缴义务人应在30日内向主管税务机关报告。

机关、企事业单位统一组织员工开展公益捐赠的，纳税人可以凭汇总开具的捐赠票据和员工明细单扣除。

（10）个人通过扣缴义务人享受公益捐赠扣除政策，应当告知扣缴义务人符合条件可扣除的公益捐赠支出金额，并提供捐赠票据的复印件，其中捐赠股权、房产的还应出示财产原值证明。扣缴义务人应当按照规定在预扣预缴、代扣代缴税款时予以扣除，并将公益捐赠扣除金额告知纳税人。

个人自行办理或扣缴义务人为个人办理公益捐赠扣除的，应当在申报时一并报送“个人所得税公益慈善事业捐赠扣除明细表”（略）。个人应留存捐赠票据，留存期限为5年。

【情境实例6-10】

1. 工作任务要求

计算张某当月应缴纳的个人所得税税额。

2. 情境实例设计

中国居民张某本年1月取得福利彩票中奖所得120 000元，当场拿出50 000元通过国家机关对贫困地区进行捐赠。

3. 任务实施过程

（1）计算应纳税所得额：

未扣除捐赠前的应纳税所得额＝120 000元。

(2) 计算捐赠扣除限额,确定扣除额:

捐赠扣除限额=120 000×30%=36 000(元)。

50 000>36 000,只能扣除 36 000 元。

(3) 计算应纳税额:

扣除允许扣除的捐赠后的应纳税所得额=120 000-36 000=84 000(元),适用 20%的税率。

应纳个人所得税=84 000×20%=16 800(元)。

(三) 两人或两人以上的个人共同取得一项收入的个人所得税的计算

两个以上的个人共同取得同一项目收入的,应当对每个人取得的收入分别按照个人所得税法的规定计算纳税,即按"先分、后扣、再税"的办法计算各自应该缴纳的个人所得税。

【情境实例 6-11】

1. 工作任务要求

计算张某和李某综合所得的应纳个人所得税。

2. 情境实例设计

张某和李某为灵活就业者,本年受甲公司邀请提供会计培训,张某负责培训理论部分,李某负责培训实务部分,张某和李某与甲公司签订劳务合同,约定甲公司本年支付给张某和李某劳务报酬收入共计 300 000 万元,其中:张某分得 180 000 元,李某分得 120 000 万元。当年张某的专项扣除、专项附加扣除和依法确定的其他扣除合计额为 45 000 元。当年李某的专项扣除、专项附加扣除和依法确定的其他扣除合计额为 35 000 元。当年张某和李某均无其他收入,假设不考虑增值税等因素。

3. 任务实施过程

本年张某综合所得的应纳税所得额=180 000×(1-20%)-60 000-45 000=39 000(元)

本年张某综合所得的应纳个人所得税=39 000×10%-2 520=1 380(元)

本年李某综合所得的应纳税所得额=120 000×(1-20%)-60 000-35 000=1 000(元)

本年李某综合所得的应纳个人所得税=1 000×3%=30(元)

6

(四) 境外所得已纳税款抵免的计算

下列所得,为来源于中国境外的所得:

(1) 因任职、受雇、履约等在中国境外提供劳务取得的所得。

(2) 中国境外企业以及其他组织支付且负担的稿酬所得。

(3) 许可各种特许权在中国境外使用而取得的所得。

(4) 在中国境外从事生产、经营活动而取得的与生产、经营活动相关的所得。

(5) 从中国境外企业、其他组织以及非居民个人取得的利息、股息、红利所得。

(6) 将财产出租给承租人在中国境外使用而取得的所得。

(7) 转让中国境外的不动产、转让对中国境外企业以及其他组织投资形成的股票、股权以及其他权益性资产(以下称权益性资产)或者在中国境外转让其他财产取得的所得。但转让对中国境外企业以及其他组织投资形成的权益性资产,该权益性资产被转让前三年(连续

36 个公历月份）内的任一时间，被投资企业或其他组织的资产公允价值 50%以上直接或间接来自位于中国境内的不动产的，取得的所得为来源于中国境内的所得。

（8）中国境外企业、其他组织以及非居民个人支付且负担的偶然所得。

（9）财政部、税务总局另有规定的，按照相关规定执行。

居民个人从中国境外取得的所得，可以从其应纳税额中抵免已在境外缴纳的个人所得税税额，但抵免额不得超过该纳税人境外所得依照我国个人所得税法规定计算的应纳税额。

【点拨指导】已在境外缴纳的个人所得税税额，是指居民个人来源于中国境外的所得，依照该所得来源国家（地区）的法律应当缴纳并且实际已经缴纳的所得税税额。

居民个人从中国境内和境外取得的综合所得、经营所得，应当分别合并计算应纳税额；从中国境内和境外取得的其他所得，应当分别单独计算应纳税额。

纳税人境外所得依照个人所得税法规定计算的应纳税额，是居民个人抵免已在境外缴纳的综合所得、经营所得以及其他所得的所得税税额的限额（以下简称"抵免限额"）。除国务院财政、税务主管部门另有规定外，来源于中国境外一个国家（地区）的综合所得抵免限额、经营所得抵免限额以及其他所得抵免限额之和，为来源于该国家（地区）所得的抵免限额。

居民个人在中国境外一个国家（地区）实际已经缴纳的个人所得税税额，低于依照以上规定计算出的来源于该国家（地区）所得的抵免限额的，应当在中国缴纳差额部分的税款；超过来源于该国家（地区）所得的抵免限额的，其超过部分不得在本纳税年度的应纳税额中抵免，但是可以在以后纳税年度来源于该国家（地区）所得的抵免限额的余额中补扣。补扣期限最长不得超过五年。

【特别提示】居民个人申请抵免已在境外缴纳的个人所得税税额，应当提供境外税务机关出具的税款所属年度的有关纳税凭证。

【情境实例 6-12】

1. 工作任务要求

计算张某在 A 国取得的彩票收入在我国应当补缴的个人所得税。

2. 情境实例设计

中国居民个人张某在本年度从 A 国取得彩票收入 50 000 元。张某在 A 国已经缴纳个人所得税 8 000 元。张某在 A 国没有其他收入。

3. 任务实施过程

张某偶然所得个人所得税扣除限额（按照中国税法规定应纳个人所得税税额）＝50 000×20%＝10 000（元），则张某在我国应补缴个人所得税＝10 000－8 000＝2 000（元）。

八、个人所得税的纳税调整

有下列情形之一的，税务机关有权按照合理方法进行纳税调整：

（1）个人与其关联方之间的业务往来不符合独立交易原则而减少本人或者其关联方应纳税额，且无正当理由；

（2）居民个人控制的，或者居民个人和居民企业共同控制的设立在实际税负明显偏低的国家（地区）的企业，无合理经营需要，对应当归属于居民个人的利润，不作分配或者减少分配；

（3）个人实施其他不具有合理商业目的的安排而获取不当税收利益。

6

税务机关依照以上规定作出纳税调整，需要补征税款的，应当补征税款，并依法加收利息。

【点拨指导】上述利息，应当按照税款所属纳税申报期最后一日中国人民银行公布的与补税期间同期的人民币贷款基准利率计算，自税款纳税申报期满次日起至补缴税款期限届满之日止按日加收。纳税人在补缴税款期限届满前补缴税款的，利息加收至补缴税款之日。

九、个人所得税的信息管理规定

公安、人民银行、金融监督管理等相关部门应当协助税务机关确认纳税人的身份、金融账户信息。教育、卫生、医疗保障、民政、人力资源社会保障、住房城乡建设、公安、人民银行、金融监督管理等相关部门应当向税务机关提供纳税人子女教育、继续教育、大病医疗、住房贷款利息、住房租金、赡养老人、3岁以下婴幼儿照护等专项附加扣除信息。

个人转让不动产的，税务机关应当根据不动产登记等相关信息核验应缴的个人所得税，登记机构办理转移登记时，应当查验与该不动产转让相关的个人所得税的完税凭证。个人转让股权办理变更登记的，市场主体登记机关应当查验与该股权交易相关的个人所得税的完税凭证。

有关部门依法将纳税人、扣缴义务人遵守本法的情况纳入信用信息系统，并实施联合激励或者惩戒。

【情境实战 6-1——预扣预缴个人所得税的计算】

1. 工作任务要求

计算山东宏远有限责任公司2022年1月应代扣（预扣）的个人所得税税额。

2. 情境实战设计

2022年2月15日，山东宏远有限责任公司（纳税人识别号为：91370722900987654M）对2022年1月发放的工资进行个人所得税全员全额扣缴申报，该公司有6名员工，三险一金的计提基数为个人的上年度月平均工资、薪金额（与本年度每月税前工资、薪金收入相等），养老保险、医疗保险、失业保险、住房公积金的计提比例分别为8%、2%、0.5%、8%，且该公司的所有员工的三险一金均未超过标准，都可税前扣除。该公司的6名员工依法确定的其他扣除均为0。

其中：

(1) 孙丽（法定代表人，身份证号：370702197802280000），每月税前工资、薪金收入75 000元，三险一金的计提基数为75 000元，个人负担的养老保险、医疗保险、失业保险、住房公积金分别为：6 000元、1 500元、375元、6 000元，子女教育专项附加扣除额为2 000元，赡养老人专项附加扣除额为2 000元；

(2) 刘玉（财务负责人，身份证号：370702197902130141），每月税前工资、薪金收入42 000元，三险一金的计提基数为42 000元，个人负担的养老保险、医疗保险、失业保险、住房公积金分别为：3 360元、840元、210元、3 360元，子女教育专项附加扣除额为1 000元，赡养老人专项附加扣除额为2 000元；

(3) 王强（经理，身份证号：370702198002150325），每月税前工资、薪金收入36 000元，三险一金的计提基数为36 000元，个人负担的养老保险、医疗保险、失业保险、住房公积金分别为：2 880元、720元、180元、2 880元，子女教育专项附加扣除额为1 000元，住房贷款利息专项附加扣除额为1 000元，赡养老人专项附加扣除额为2 000元；

(4) 吴波（记账会计兼办税员，身份证号：370702198202190045），每月税前工资、薪金收

6

入 10 000 元，三险一金的计提基数为 10 000 元，个人负担的养老保险、医疗保险、失业保险、住房公积金分别为：800 元、200 元、50 元、800 元，子女教育专项附加扣除额为 1 000 元，住房贷款利息专项附加扣除额为 1 000 元，赡养老人专项附加扣除额为 1 000 元；

（5）徐升（销售人员，身份证号：370702198502130458），每月税前工资、薪金收入 8 000 元，三险一金的计提基数为 8 000 元，个人负担的养老保险、医疗保险、失业保险、住房公积金分别为：640 元、160 元、40 元、640 元，住房贷款利息专项附加扣除额为 1 000 元；

（6）赵平（采购人员，身份证号：370702198602130123），每月税前工资、薪金收入 5 600 元，三险一金的计提基数为 5 600 元，个人负担的养老保险、医疗保险、失业保险、住房公积金分别为：448 元、112 元、28 元、448 元，住房贷款利息专项附加扣除额为 1 000 元。

3. 实战操作步骤

居民个人的综合所得，以每一纳税年度的收入额减除费用 60 000 元以及专项扣除、专项附加扣除和依法确定的其他扣除后的余额，为应纳税所得额。

居民个人取得综合所得，按年计算个人所得税；有扣缴义务人的，由扣缴义务人按月或者按次预扣预缴税款；需要办理汇算清缴的，应当在取得所得的次年 3 月 1 日至 6 月 30 日内办理汇算清缴。预扣预缴办法由国务院税务主管部门制定。

第一步：计算孙丽应纳个人所得税[由山东宏远有限责任公司代扣（预扣）个人所得税]。

孙丽 2022 年 1 月工资、薪金所得的应纳税所得额＝75 000－5 000－（6 000＋1 500＋375＋6 000）－（2 000＋2 000）＝75 000－5 000－13 875－4 000＝52 125（元）

孙丽 2022 年 1 月工资、薪金所得的应纳个人所得税[由山东宏远有限责任公司代扣（预扣）个人所得税]＝52 125×10％－2 520＝2 692.5（元）

第二步：计算刘玉应纳个人所得税[由山东宏远有限责任公司代扣（预扣）个人所得税]。

刘玉 2022 年 1 月工资、薪金所得的应纳税所得额＝42 000－5 000－（3 360＋840＋210＋3 360）－（1 000＋2 000）＝42 000－5 000－7 770－3 000＝26 230（元）

刘玉 2022 年 1 月工资、薪金所得的应纳个人所得税[由山东宏远有限责任公司代扣（预扣）个人所得税]＝26 230×3％＝786.9（元）

第三步：计算王强应纳个人所得税[由山东宏远有限责任公司代扣（预扣）个人所得税]。

王强 2022 年 1 月工资、薪金所得的应纳税所得额＝36 000－5 000－（2 880＋720＋180＋2 880）－（1 000＋1 000＋2 000）＝36 000－5 000－6 660－4 000＝20 340（元）

王强 2022 年 1 月工资、薪金所得的应纳个人所得税[由山东宏远有限责任公司代扣（预扣）个人所得税]＝20 340×3％＝610.2（元）

第四步：计算吴波应纳个人所得税[由山东宏远有限责任公司代扣（预扣）个人所得税]。

吴波 2022 年 1 月工资、薪金所得的应纳税所得额＝10 000－5 000－（800＋200＋50＋800）－（1 000＋1 000＋1 000）＝10 000－5 000－1 850－3 000＝150（元）

吴波 2022 年 1 月工资、薪金所得的应纳个人所得税[由山东宏远有限责任公司代扣（预扣）个人所得税]＝150×3％＝4.5（元）

第五步：计算徐升应纳个人所得税[由山东宏远有限责任公司代扣（预扣）个人所得税]。

徐升 2022 年 1 月工资、薪金所得的应纳税所得额＝8 000－5 000－（640＋160＋40＋640）－1 000＝8 000－5 000－1 480－1 000＝520（元）

徐升 2022 年 1 月工资、薪金所得的应纳个人所得税[由山东宏远有限责任公司代扣（预扣）个人所得税]＝520×3％＝15.6（元）

第六步：计算赵平应纳个人所得税[由山东宏远有限责任公司代扣（预扣）个人所得税]。

赵平 2022 年 1 月工资、薪金所得的应纳税所得额＝5 600－5 000－（448＋112＋28＋

6

448) − 1 000 = 5 600 − 5 000 − 1 036 − 1 000 = −1 436(元)

因此,赵平不需要缴纳个人所得税[不需要由山东宏远有限责任公司代扣(预扣)个人所得税]。

2022 年 1 月山东宏远有限责任公司代扣(预扣)的个人所得税合计 = 2 692.5 + 786.9 + 610.2 + 4.5 + 15.6 = 4 109.7(元)

2022 年 1 月山东宏远有限责任公司代扣的三险一金合计 = 13 875 + 7 770 + 6 660 + 1 850 + 1 480 + 1 036 = 32 671(元)

任务三 个人所得税的纳税申报及扣缴

【情境引例】

本人取得了中奖所得,发奖方未扣缴个人所得税,请问本人需要自行申报吗?

【知识准备与业务操作】

一、个人所得税的代扣代缴(含预扣预缴)实务

(一) 个人所得税的扣缴义务人

我国实行个人所得税代扣代缴和个人自行申报纳税相结合的征收管理制度。个人所得税采取代扣代缴办法,有利于控制税源,保证税收收入,简化征纳手续,加强个人所得税管理。税法规定,个人所得税以支付所得的单位或者个人为扣缴义务人。纳税人有中国公民身份证号码的,以中国公民身份号码为纳税人识别号;纳税人没有中国公民身份号码的,由税务机关赋予其纳税人识别号。扣缴义务人扣缴税款时,纳税人应当向扣缴义务人提供纳税人识别号,扣缴义务人应当按照国家规定办理全员全额扣缴申报,并向纳税人提供其个人所得和已扣缴税款等信息。扣缴义务人在向纳税人支付各项应纳税所得时,必须履行代扣代缴税款的义务。扣缴义务人对纳税人的应扣未扣税款应由纳税人予以补缴。

对扣缴义务人按照所扣缴的税款,税务机关应付给 2% 的手续费。不包括税务机关、司法机关等查补或者责令补扣的税款。

6

【特别提示】扣缴义务人领取的扣缴手续费可用于提升办税能力、奖励办税人员。

税务机关按照个人所得税法付给扣缴义务人手续费,应当填开退还书;扣缴义务人凭退还书,按照国库管理有关规定办理退库手续。

扣缴义务人应当按照纳税人提供的信息计算税款、办理扣缴申报,不得擅自更改纳税人提供的信息。

扣缴义务人发现纳税人提供的信息与实际情况不符的,可以要求纳税人修改。纳税人拒绝修改的,扣缴义务人应当报告税务机关,税务机关应当及时处理。

纳税人发现扣缴义务人提供或者扣缴申报的个人信息、支付所得、扣缴税款等信息与实际情况不符的,有权要求扣缴义务人修改。扣缴义务人拒绝修改的,纳税人应当报告税务机关,税务机关应当及时处理。

纳税人需要享受税收协定待遇的,应当在取得应税所得时主动向扣缴义务人提出,并提交相关信息、资料,扣缴义务人代扣代缴税款时按照享受税收协定待遇有关办法办理。

扣缴义务人依法履行代扣代缴义务,纳税人不得拒绝。纳税人拒绝的,扣缴义务人应当

及时报告税务机关。

扣缴义务人有未按照规定向税务机关报送资料和信息、未按照纳税人提供信息虚报虚扣专项附加扣除、应扣未扣税款、不缴或少缴已扣税款、借用或冒用他人身份等行为的，依照税收征管法等相关法律、行政法规处理。

【特别提示】除了代扣代缴和自行纳税申报外，一些地方为了提高征管效率，方便纳税人，对个别应税所得项目采取了委托代征的方式。

（二）个人所得税代扣代缴的范围

居民个人取得综合所得，按年计算个人所得税；有扣缴义务人的，由扣缴义务人按月或者按次预扣预缴税款；需要办理汇算清缴的，应当在取得所得的次年 3 月 1 日至 6 月 30 日内办理汇算清缴。预扣预缴办法由国务院税务主管部门制定。

居民个人向扣缴义务人提供专项附加扣除信息的，扣缴义务人按月预扣预缴税款时应当按照规定予以扣除，不得拒绝。

非居民个人取得工资、薪金所得，劳务报酬所得，稿酬所得和特许权使用费所得，有扣缴义务人的，由扣缴义务人按月或者按次代扣代缴税款，不办理汇算清缴。

纳税人取得利息、股息、红利所得，财产租赁所得，财产转让所得和偶然所得，按月或者按次计算个人所得税，有扣缴义务人的，由扣缴义务人按月或者按次代扣代缴税款。

扣缴义务人向个人支付应纳税所得（包括现金、实物和有价证券）时，不论纳税人是否属于本单位人员，均应代扣代缴其应纳的个人所得税税款。

扣缴义务人首次向纳税人支付所得时，应当按照纳税人提供的纳税人识别号等基础信息，填写“个人所得税基础信息表（A 表）”，并于次月扣缴申报时向税务机关报送。

扣缴义务人对纳税人向其报告的相关基础信息变化情况，应当于次月扣缴申报时向税务机关报送。

【点拨指导】全员全额扣缴申报，是指扣缴义务人在代扣税款的次月 15 日内，向主管税务机关报送其支付所得的所有个人的有关信息、支付所得数额、扣除事项和数额、扣缴税款的具体数额和总额以及其他相关涉税信息资料。实行个人所得税全员全额扣缴申报的应税所得包括：

（1）工资、薪金所得。

（2）劳务报酬所得。

（3）稿酬所得。

（4）特许权使用费所得。

（5）利息、股息、红利所得。

（6）财产租赁所得。

（7）财产转让所得。

（8）偶然所得。

纳税人、扣缴义务人应当按照规定保存与专项附加扣除相关的资料。税务机关可以对纳税人提供的专项附加扣除信息进行抽查，具体办法由国务院税务主管部门另行规定。税务机关发现纳税人提供虚假信息的，应当责令改正并通知扣缴义务人；情节严重的，有关部门应当依法予以处理，纳入信用信息系统并实施联合惩戒。

（三）个人所得税的代扣代缴期限

扣缴义务人每月或者每次预扣、代扣的税款，应当在次月 15 日内缴入国库，并向税务机关报送“个人所得税扣缴申报表”。

【特别提示】支付工资、薪金所得的扣缴义务人应当于年度终了后两个月内,向纳税人提供其个人所得和已扣缴税款等信息。纳税人年度中间需要提供上述信息的,扣缴义务人应当提供。

【特别提示】纳税人取得除工资、薪金所得以外的其他所得,扣缴义务人应当在扣缴税款后,及时向纳税人提供其个人所得和已扣缴税款等信息。

(四) 个人所得税代扣代缴的纳税申报实务

扣缴义务人代扣代缴个人所得税时,应当填报“个人所得税基础信息表”(表 6-6)、“个人所得税扣缴申报表”(表 6-7)。

【情境实战 6-2——预扣预缴个人所得税的纳税申报】

1. 工作任务要求

山东宏远有限责任公司 2022 年 2 月 15 日对 2022 年 1 月的个人所得税进行纳税申报,填写“个人所得税基础信息表(A 表)”和“个人所得税扣缴申报表”。

2. 情境实战设计

接【情境实战 6-1——预扣预缴个人所得税的计算】。

3. 实战操作步骤

填写“个人所得税扣缴申报表”(表 6-7)。

二、个人所得税的自行申报实务

(一) 个人所得税自行申报的范围

1. 纳税人应当依法办理纳税申报的情形

(1) 取得综合所得需要办理汇算清缴。

(2) 取得应税所得没有扣缴义务人。

(3) 取得应税所得,扣缴义务人未扣缴税款。

(4) 取得境外所得。

(5) 因移居境外注销中国户籍。

(6) 非居民个人在中国境内从两处以上取得工资、薪金所得。

(7) 国务院规定的其他情形。

2. 取得综合所得需要办理汇算清缴的情形

取得综合所得需要办理汇算清缴的情形包括:

(1) 从两处以上取得综合所得,且综合所得年收入额减除专项扣除的余额超过 6 万元。

(2) 取得劳务报酬所得、稿酬所得、特许权使用费所得中一项或者多项所得,且综合所得年收入额减除专项扣除的余额超过 6 万元。

(3) 纳税年度内预缴税额低于应纳税额。

(4) 纳税人申请退税。

【特别提示】2019 年 1 月 1 日至 2023 年 12 月 31 日居民个人取得的综合所得,年度综合所得收入不超过 12 万元且需要汇算清缴补税的,或者年度汇算清缴补税金额不超过 400 元的,居民个人可免于办理个人所得税综合所得汇算清缴。居民个人取得综合所得时存在扣缴义务人未依法预扣预缴税款的情形除外。

表 6-6

个人所得税基础信息表(A 表)

(适用于扣缴义务人填报)

扣缴义务人名称:山东宏远有限责任公司

扣缴义务人纳税人识别号(统一社会信用代码):91370722900987654M

序号	纳税人基本信息(带*必填)						任职受雇从业信息					联系方式					银行账户		投资信息		其他信息		华侨、港澳台、外籍个人信息(带*必填)					备注
	纳税人识别号	*纳税人姓名	*身份证件类型	*身份证件号码	*出生日期	*国籍/地区	类型	职务	学历	任职受雇从业日期	离职日期	手机号码	户籍所在地	经常居住地	联系地址	电子邮箱	开户银行	银行账号	投资额(元)	投资比例	是否残疾/孤老/烈属	残疾/烈属证号	*出生地	*性别	*首次入境时间	*预计离境时间	*涉税事由	
1	2	3	4	5	6	7	8	9	10	11	12	13	14	15	16	17	18	19	20	21	22	23	24	25	26	27	28	29
1	370702197802280000	孙丽	居民身份证	370702197802280000	19780228	中华人民共和国	雇员																					
2	370702197902130141	刘玉	居民身份证	370702197902130141	19790213	中华人民共和国	雇员																					
3	370702198002150325	王强	居民身份证	370702198002150325	19800215	中华人民共和国	雇员																					
4	370702198202190045	吴波	居民身份证	370702198202190045	19820219	中华人民共和国	雇员																					
5	370702198502130458	徐升	居民身份证	370702198502130458	19850213	中华人民共和国	雇员																					

6

续表

序号	纳税人基本信息(带*必填)						任职受雇从业信息					联系方式					银行账户		投资信息		其他信息		华侨、港澳台、外籍个人信息(带*必填)					备注
	纳税人识别号	*纳税人姓名	*身份证件类型	*身份证件号码	*出生日期	*国籍/地区	类型	职务	学历	任职受雇从业日期	离职日期	手机号码	户籍所在地	经常居住地	联系地址	电子邮箱	开户银行	银行账号	投资额(元)	投资比例	是否残疾/孤老/烈属	残疾/烈属证号	*出生地	*性别	*首次入境时间	*预计离境时间	*涉税事由	
1	2	3	4	5	6	7	8	9	10	11	12	13	14	15	16	17	18	19	20	21	22	23	24	25	26	27	28	29
6	370702198602130123	赵平	居民身份证	370702198602130123	19860213	中华人民共和国	雇员																					

谨声明：本表是根据国家税收法律法规及相关规定填报的，是真实的、可靠的、完整的。

扣缴义务人(签章)：山东宏远有限责任公司　　2022年02月15日

经办人签字：吴波 经办人身份证件号码：370702198202190045 代理机构签章： 代理机构统一社会信用代码：	受理人： 受理税务机关(章)： 受理日期：　　年　　月　　日

表 6-7

个人所得税扣缴申报表

税款所属期：2022 年 01 月 01 日至 2022 年 01 月 31 日

扣缴义务人名称：山东宏远有限责任公司

扣缴义务人纳税人识别号(统一社会信用代码)：91370722900987654M

金额单位：人民币元(列至角分)

序号	姓名	身份证件类型	身份证件号码	纳税人识别号	是否为非居民个人	所得项目	本月(次)情况														累计情况										减按计税比例	准予扣除的捐赠额	税款计算							备注
							收入额计算			减除费用	专项扣除				其他扣除						累计收入额	累计减除费用	累计专项扣除	累计专项附加扣除						累计其他扣除			应纳税所得额	税率/预扣率	速算扣除数	应纳税额	减免税额	已缴税额	应补/退税额	
							收入	费用	免税收入		基本养老保险费	基本医疗保险费	失业保险费	住房公积金	年金	商业健康保险	税延养老保险	财产原值	允许扣除的税费	其他				子女教育	继续教育	住房贷款利息	住房租金	赡养老人	3岁以下婴幼儿照护											
1	2	3	4	5	6	7	8	9	10	11	12	13	14	15	16	17	18	19	20	21	22	23	24	25	26	27	28	29	30	31	32	33	34	35	36	37	38	39	40	41
1	孙丽	居民身份证	370702197802280000	370702197802280000		工资、薪金所得	75000			5000	6000	1500	375	6000							75000	5000	13875	2000				2000					52125	10%	2520	2692.5			2692.5	
2	刘玉	居民身份证	370702197902130141	370702197902130141		工资、薪金所得	42000			5000	3360	840	210	3360							42000	5000	7770	1000				2000					26230	3%		786.9			786.9	
3	王强	居民身份证	370702198002150325	370702198002150325		工资、薪金所得	36000			5000	2880	720	180	2880							36000	5000	6660	1000		1000		2000					20340	3%		610.2			610.2	
4	吴波	居民身份证	370702198202190045	370702198202190045		工资、薪金所得	10000			5000	800	200	50	800							10000	5000	1850	1000		1000		1000					150	3%		4.5			4.5	
5	徐升	居民身份证	370702198502130458	370702198502130458		工资、薪金所得	8000			5000	640	160	40	640							8000	5000	1480			1000							520			15.6			15.6	

续 表

序号	姓名	身份证件类型	身份证件号码	纳税人识别号	是否为非居民个人	所得项目	本月(次)情况														累计情况										减按计税比例	准予扣除的捐赠额	税款计算							备注
							收入额计算			减除费用	专项扣除				其他扣除						累计收入额	累计减除费用	累计专项扣除	累计专项附加扣除						累计其他扣除			应纳税所得额	税率/预扣率	速算扣除数	应纳税额	减免税额	已缴税额	应补/退税额	
							收入	费用	免税收入		基本养老保险费	基本医疗保险费	失业保险费	住房公积金	年金	商业健康保险	税延养老保险	财产原值	允许扣除的税费	其他				子女教育	继续教育	住房贷款利息	住房租金	赡养老人	3岁以下婴幼儿照护											
1	2	3	4	5	6	7	8	9	10	11	12	13	14	15	16	17	18	19	20	21	22	23	24	25	26	27	28	29	30	31	32	33	34	35	36	37	38	39	40	41
6	赵平	居民身份证	370702198602130123	370702198602130123		工资、薪金所得	5600			5000	448	112	28	448							5600	5000	1036			1000							0			0			0	
合计							176600			30000	14128	3532	883	14128							176600	30000	32671	5000		4000		7000					99365			4109.7			4109.7	

谨声明：本表是根据国家税收法律法规及相关规定填报的，是真实的、可靠的、完整的。

扣缴义务人(签章)：山东宏远有限责任公司　　2022年02月15日

经办人签字：吴波 经办人身份证件号码：370702198202190045 代理机构签章： 代理机构统一社会信用代码：	受理人： 受理税务机关(章)： 受理日期：　年　月　日

3. 其他规定

纳税人申请退税，应当提供其在中国境内开设的银行账户，并在汇算清缴地就地办理税款退库。纳税人办理综合所得汇算清缴，应当准备与收入、专项扣除、专项附加扣除、依法确定的其他扣除、捐赠、享受税收优惠等相关的资料，并按规定留存备查或报送。纳税人申请退税时提供的汇算清缴信息有错误的，税务机关应当告知其更正；纳税人更正的，税务机关应当及时办理退税。扣缴义务人未将扣缴的税款解缴入库的，不影响纳税人按照规定申请退税，税务机关应当凭纳税人提供的有关资料办理退税。纳税人可以委托扣缴义务人或者其他单位和个人办理汇算清缴。

【情境辨析 6-2】

1. 情境辨析目的

掌握纳税人应当依法办理个人所得税纳税申报的范围。

2. 情境辨析设计

纳税人应当依法办理纳税申报的情形有(　　)。

A. 取得综合所得的

B. 取得应税所得没有扣缴义务人

C. 取得应税所得，扣缴义务人未扣缴税款

D. 取得境外所得

3. 情境辨析过程

答案：B、C、D

解析：有下列情形之一的，纳税人应当依法办理纳税申报：①取得综合所得需要办理汇算清缴；②取得应税所得没有扣缴义务人；③取得应税所得，扣缴义务人未扣缴税款；④取得境外所得；⑤因移居境外注销中国户籍；⑥非居民个人在中国境内从两处以上取得工资、薪金所得；⑦国务院规定的其他情形。选项 A，只有纳税人取得综合所得需要办理汇算清缴的，才应当依法办理纳税申报。

(二) 个人所得税自行申报的期限

居民个人取得综合所得，按年计算个人所得税；有扣缴义务人的，由扣缴义务人按月或者按次预扣预缴税款；需要办理汇算清缴的，应当在取得所得的次年 3 月 1 日至 6 月 30 日内办理汇算清缴。预扣预缴办法由国务院税务主管部门制定。

纳税人取得经营所得，按年计算个人所得税，由纳税人在月度或者季度终了后 15 日内向税务机关报送纳税申报表，并预缴税款；在取得所得的次年 3 月 31 日前办理汇算清缴。

【特别提示】自 2022 年 7 月 14 日起，按月申报预缴经营所得个人所得税的市场主体办理歇业后，可自下一季度起调整为按季预缴申报。被税务机关认定为非正常户的市场主体，在解除非正常状态之前，歇业期间不适用上述简化纳税申报方式。

纳税人取得应税所得没有扣缴义务人的，应当在取得所得的次月 15 日内向税务机关报送纳税申报表，并缴纳税款。

6

纳税人取得应税所得，扣缴义务人未扣缴税款的，纳税人应当在取得所得的次年6月30日前，缴纳税款；税务机关通知限期缴纳的，纳税人应当按照期限缴纳税款。

【情境引例解析】

答：《个人所得税法》第十条规定，取得应税所得，扣缴义务人未扣缴税款，纳税人应当依法办理纳税申报。《个人所得税法》第十三条规定："纳税人取得应税所得，扣缴义务人未扣缴税款的，纳税人应当在取得所得的次年6月30日前，缴纳税款；税务机关通知限期缴纳的，纳税人应当按照期限缴纳税款。"因此，你需要自行办理纳税申报。

居民个人从中国境外取得所得的，应当在取得所得的次年3月1日至6月30日内申报纳税。

非居民个人在中国境内从两处以上取得工资、薪金所得的，应当在取得所得的次月15日内申报纳税。

纳税人因移居境外注销中国户籍的，应当在注销中国户籍前办理税款清算。

纳税人办理汇算清缴退税或者扣缴义务人为纳税人办理汇算清缴退税的，税务机关审核后，按照国库管理的有关规定办理退税。

纳税人可以采用远程办税端、邮寄等方式申报，也可以直接到主管税务机关申报。

（三）个人所得税自行申报的地点

（1）需要办理汇算清缴的纳税人，应当在取得所得的次年3月1日至6月30日内，向任职、受雇单位所在地主管税务机关办理纳税申报，并报送"个人所得税年度自行纳税申报表"。

（2）纳税人有两处以上任职、受雇单位的，选择向其中一处任职、受雇单位所在地主管税务机关办理纳税申报。

（3）纳税人没有任职、受雇单位的，向户籍所在地或经常居住地主管税务机关办理纳税申报。

（4）纳税人取得经营所得，按年计算个人所得税，由纳税人在月度或季度终了后15日内，向经营管理所在地主管税务机关办理预缴纳税申报，并报送"个人所得税经营所得纳税申报表（A表）"。在取得所得的次年3月31日前，向经营管理所在地主管税务机关办理汇算清缴，并报送"个人所得税经营所得纳税申报表（B表）"；从两处以上取得经营所得的，选择向其中一处经营管理所在地主管税务机关办理年度汇总申报，并报送"个人所得税经营所得纳税申报表（C表）"。

（5）纳税人取得应税所得，扣缴义务人未扣缴税款的，应当区别以下情形办理纳税申报：

① 居民个人取得综合所得的，按照上述（1）（2）（3）条办理。

② 非居民个人取得工资、薪金所得，劳务报酬所得，稿酬所得，特许权使用费所得的，应当在取得所得的次年6月30日前，向扣缴义务人所在地主管税务机关办理纳税申报，并报送"个人所得税自行纳税申报表（A表）"。有两个以上扣缴义务人均未扣缴税款的，选择向其中一处扣缴义务人所在地主管税务机关办理纳税申报。

非居民个人在次年6月30日前离境（临时离境除外）的，应当在离境前办理纳税申报。

③ 纳税人取得利息、股息、红利所得，财产租赁所得，财产转让所得和偶然所得的，应当在取得所得的次年 6 月 30 日前，按相关规定向主管税务机关办理纳税申报，并报送“个人所得税自行纳税申报表(A 表)”。

税务机关通知限期缴纳的，纳税人应当按照期限缴纳税款。

(6) 居民个人从中国境外取得所得的，应当在取得所得的次年 3 月 1 日至 6 月 30 日内，向中国境内任职、受雇单位所在地主管税务机关办理纳税申报；在中国境内没有任职、受雇单位的，向户籍所在地或中国境内经常居住地主管税务机关办理纳税申报；户籍所在地与中国境内经常居住地不一致的，选择其中一地主管税务机关办理纳税申报；在中国境内没有户籍的，向中国境内经常居住地主管税务机关办理纳税申报。

(7) 纳税人因移居境外注销中国户籍的，应当在申请注销中国户籍前，向户籍所在地主管税务机关办理纳税申报，进行税款清算。

① 纳税人在注销户籍年度取得综合所得的，应当在注销户籍前，办理当年综合所得的汇算清缴，并报送“个人所得税年度自行纳税申报表”。尚未办理上一年度综合所得汇算清缴的，应当在办理注销户籍纳税申报时一并办理。

② 纳税人在注销户籍年度取得经营所得的，应当在注销户籍前，办理当年经营所得的汇算清缴，并报送“个人所得税经营所得纳税申报表(B 表)”。从两处以上取得经营所得的，还应当一并报送“个人所得税经营所得纳税申报表(C 表)”。尚未办理上一年度经营所得汇算清缴的，应当在办理注销户籍纳税申报时一并办理。

③ 纳税人在注销户籍当年取得利息、股息、红利所得，财产租赁所得，财产转让所得和偶然所得的，应当在注销户籍前，申报当年上述所得的完税情况，并报送“个人所得税自行纳税申报表(A 表)”。

④ 纳税人有未缴或者少缴税款的，应当在注销户籍前，结清欠缴或未缴的税款。纳税人存在分期缴税且未缴纳完毕的，应当在注销户籍前，结清尚未缴纳的税款。

⑤ 纳税人办理注销户籍纳税申报时，需要办理专项附加扣除、依法确定的其他扣除的，应当向税务机关报送“个人所得税专项附加扣除信息表”“商业健康保险税前扣除情况明细表”“个人税收递延型商业养老保险税前扣除情况明细表”等。

(8) 非居民个人在中国境内从两处以上取得工资、薪金所得的，应当在取得所得的次月 15 日内，向其中一处任职、受雇单位所在地主管税务机关办理纳税申报，并报送“个人所得税自行纳税申报表(A 表)”。

【特别提示】残疾、孤老人员和烈属取得综合所得办理汇算清缴时，汇算清缴地与预扣预缴地规定不一致的，用预扣预缴地规定计算的减免税额与用汇算清缴地规定计算的减免税额相比较，按照孰高值确定减免税额。

(四) 个人所得税自行申报的纳税申报实务

纳税人自行申报个人所得税时，根据不同的情况应当分别填报“个人所得税自行纳税申报表(A 表)”(略)、“个人所得税年度自行纳税申报表”(A 表)(仅取得境内综合所得年度汇算适用)(表 6-8)、“个人所得税经营所得纳税申报表”(略)等申报表。

6

表 6-8 **个人所得税年度自行纳税申报表(A 表)**

(仅取得境内综合所得年度汇算适用)

税款所属期:2021 年 01 月 01 日至 2021 年 12 月 31 日

纳税人姓名:张明

纳税人识别号:280×××××××××××××××× 金额单位:人民币元(列至角分)

基本情况					
手机号码	131××××××××	电子邮箱	×××@163.com	邮政编码	250001
联系地址	山东省(区、市)济南市市中区(县)西关街道(乡、镇)青年路 22 号				

纳税地点(单选)		
1. 有任职受雇单位的,需选本项并填写“任职受雇单位信息”:		☑ 任职受雇单位所在地
任职受雇单位信息	名 称	山东运伟机械有限责任公司
	纳税人识别号	91370890900984123P
2. 没有任职受雇单位的,可以从本栏次选择一地:		□户籍所在地 □经常居住地
户籍所在地/经常居住地		___省(区、市)___市___区(县)___街道(乡、镇)______

申报类型(单选)	
☑ 首次申报	□ 更正申报

综合所得个人所得税计算

项 目	行次	金 额
一、收入合计(第 1 行=第 2 行+第 3 行+第 4 行+第 5 行)	1	210 000.00
(一) 工资、薪金	2	120 000.00
(二) 劳务报酬	3	40 000.00
(三) 稿酬	4	30 000.00
(四) 特许权使用费	5	20 000.00
二、费用合计[第 6 行=(第 3 行+第 4 行+第 5 行)×20%]	6	18 000.00
三、免税收入合计(第 7 行=第 8 行+第 9 行)	7	7 200.00
(一) 稿酬所得免税部分[第 8 行=第 4 行×(1-20%)×30%]	8	7 200.00
(二) 其他免税收入(附报《个人所得税减免税事项报告表》)	9	
四、减除费用	10	60 000.00
五、专项扣除合计(第 11 行=第 12 行+第 13 行+第 14 行+第 15 行)	11	22 200.00
(一) 基本养老保险费	12	9 600.00
(二) 基本医疗保险费	13	2 400.00
(三) 失业保险费	14	600.00
(四) 住房公积金	15	9 600.00
六、专项附加扣除合计(附报《个人所得税专项附加扣除信息表》)(第 16 行=第 17 行+第 18 行+第 19 行+第 20 行+第 21 行+第 22 行)	16	48 000.00

续　表

项　　目	行次	金　额
（一）子女教育	17	24 000.00
（二）继续教育	18	
（三）大病医疗	19	
（四）住房贷款利息	20	
（五）住房租金	21	
（六）赡养老人	22	24 000.00
七、其他扣除合计(第 23 行＝第 24 行＋第 25 行＋第 26 行＋第 27 行＋第 28 行)	23	
（一）年金	24	
（二）商业健康保险(附报《商业健康保险税前扣除情况明细表》)	25	
（三）税延养老保险(附报《个人税收递延型商业养老保险税前扣除情况明细表》)	26	
（四）允许扣除的税费	27	
（五）其他	28	
八、准予扣除的捐赠额(附报《个人所得税公益慈善事业捐赠扣除明细表》)	29	
九、应纳税所得额 (第 30 行＝第 1 行－第 6 行－第 7 行－第 10 行－第 11 行－第 16 行－第 23 行－第 29 行)	30	54 600.00
十、税率(%)	31	10%
十一、速算扣除数	32	2 520.00
十二、应纳税额(第 33 行＝第 30 行×第 31 行－第 32 行)	33	2 940.00
全年一次性奖金个人所得税计算 (无住所居民个人预判为非居民个人取得的数月奖金，选择按全年一次性奖金计税的填写本部分)		
一、全年一次性奖金收入	34	
二、准予扣除的捐赠额(附报《个人所得税公益慈善事业捐赠扣除明细表》)	35	
三、税率(%)	36	
四、速算扣除数	37	
五、应纳税额[第 38 行＝(第 34 行－第 35 行)×第 36 行－第 37 行]	38	
税额调整		
一、综合所得收入调整额(需在“备注”栏说明调整具体原因、计算方式等)	39	
二、应纳税额调整额	40	
应补/退个人所得税计算		
一、应纳税额合计(第 41 行＝第 33 行＋第 38 行＋第 40 行)	41	2 940.00
二、减免税额(附报《个人所得税减免税事项报告表》)	42	
三、已缴税额	43	6 000.00
四、应补/退税额(第 44 行＝第 41 行－第 42 行－第 43 行)	44	－3 060.00

续　表

无住所个人附报信息			
纳税年度内在中国境内居住天数		已在中国境内居住年数	
退税申请 （应补/退税额小于0的填写本部分）			
☑ 申请退税（需填写“开户银行名称”“开户银行省份”“银行账号”）　☐ 放弃退税			
开户银行名称	中国工商银行	开户银行省份	山东省
银行账号	955×××××××××××××		
备　注			
谨声明：本表是根据国家税收法律法规及相关规定填报的，本人对填报内容（附带资料）的真实性、可靠性、完整性负责。 纳税人签字：张明　2022年03月10日			
经办人签字：张明 经办人身份证件类型：身份证 经办人身份证件号码：280××××××××××××××× 代理机构签章： 代理机构统一社会信用代码：		受理人： 受理税务机关（章）： 受理日期：　年　月　日	

国家税务总局监制

【情境实战6-3——自行申报个人所得税的计算】

1. 工作任务要求

（1）计算张明2021年综合所得的应纳税所得额。

（2）计算张明2021年综合所得的应纳个人所得税。

（3）计算张明2021年综合所得汇算清缴时应补缴或者申请退回的个人所得税。

2. 情境实战设计

居民个人张明为中国境内山东运伟机械有限责任公司（纳税人识别号为：91370890900984123P）的员工，手机号为：131××××××××，电子邮箱为：×××@163.com，邮政编码为：250001，联系地址为：山东省济南市市中区西关街道青年路22号，开户银行名称：中国工商银行，开户银行省份：山东省，银行账号：955××××××××××××××，身份证上载明的“公民身份号码”为：280×××××××××××××××，2021年取得的收入情况如下：

（1）每月取得中国境内山东运伟机械有限责任公司支付的税前工资、薪金收入10 000元。三险一金的计提基数为10 000元，每月个人负担的养老保险、医疗保险、失业保险、住房公积金分别为：800元、200元、50元、800元，每月子女教育专项附加扣除额为2 000元，每月赡养老人专项附加扣除额为2 000元。

(2) 为中国境内乙公司提供咨询,全年取得税前劳务报酬收入共计40 000元。

(3) 出版小说一部,全年取得中国境内丙出版社支付的税前稿酬收入共计30 000元。

(4) 取得中国境内丁公司支付的税前特许权使用费收入,全年共计20 000元。

甲公司、乙公司、丙出版社、丁公司已经为张明预缴(代扣代缴)了个人所得税共计6 000元。

3. 实战操作步骤

第一步:计算张明2021年综合所得的应纳税所得额。

2021年综合所得的应纳税所得额＝10 000×12＋40 000×(1－20%)＋30 000×(1－20%)×70%＋20 000×(1－20%)－60 000－800×12－200×12－50×12－800×12－2 000×12－2 000×12＝54 600(元)

第二步:计算张明2021年综合所得的应纳个人所得税。

2021年综合所得的应纳个人所得税＝54 600×10%－2 520＝2 940(元)

第三步:计算张明2021年综合所得汇算清缴时应补缴的个人所得税。

2021年综合所得的应退个人所得税＝6 000－2 940＝3 060(元)

【情境实战6-4——个人所得税的自行申报】

1. 工作任务要求

张明2022年3月10日对2022年度的综合所得的个人所得税进行汇算清缴,填写“个人所得税年度自行纳税申报表(A表)(仅取得境内综合所得年度汇算适用)”。

2. 情境实战设计

接【情境实战6-3——自行申报个人所得税的计算】。

3. 实战操作步骤

填写“个人所得税年度自行纳税申报表(A表)(仅取得境内综合所得年度汇算适用)”(表6-8)。

项 目 小 结

本项目内容的小结如表6-9所示。

表6-9　　项目小结

项目名称	任务名称	典型工作任务	职业能力目标
个人所得税纳税实务	个人所得税的认知	个人所得税纳税人和扣缴义务人的确定	会界定个人所得税纳税人和扣缴义务人
		个人所得税征税对象的确定	会判断哪些业务应当缴纳个人所得税
		个人所得税税率的判定	会选择个人所得税适用税率
		个人所得税优惠政策的运用	能充分运用个人所得税优惠政策

续　表

项目名称	任务名称	典型工作任务	职业能力目标
个人所得税纳税实务	个人所得税的计算	居民个人综合所得应纳税额的计算	能根据相关业务资料计算居民个人综合所得的应纳税额
		非居民个人工资、薪金所得，劳务报酬所得，稿酬所得，特许权使用费所得应纳税额的计算	能根据相关业务资料计算非居民个人工资、薪金所得，劳务报酬所得、稿酬所得、特许权使用费所得的应纳税额
		经营所得应纳税额的计算	能根据相关业务资料计算经营所得的应纳税额
		财产租赁所得应纳税额的计算	能根据相关业务资料计算财产租赁所得的应纳税额
		财产转让所得应纳税额的计算	能根据相关业务资料计算财产转让所得的应纳税额
		利息、股息、红利所得和偶然所得应纳税额的计算	能根据相关业务资料计算利息、股息、红利所得和偶然所得的应纳税额
		个人所得税几种特殊情况下应纳税额的计算	能根据相关业务资料计算个人所得税几种特殊情况的应纳税额
		个人所得税的纳税调整	能对个人所得税进行纳税调整
		个人所得税的信息管理规定	能明确个人所得税的信息管理规定
	个人所得税的纳税申报及扣缴	个人所得税的代扣代缴（含预扣预缴）实务	能根据相关业务资料填写“个人所得税扣缴申报表”及其附表，并能进行个人所得税的代扣代缴纳税申报
		个人所得税的自行申报实务	能根据相关业务资料填写“个人所得税年度自行纳税申报表（A表）（仅取得境内综合所得年度汇算适用）”，并能进行个人所得税的自行纳税申报

项目七　其他税种纳税实务（上）

【素养提升】

纳税人应当充分运用国家出台的相关税收政策，合法合规纳税。

1. 我国征收资源税，有利于实施全面节约战略，推进各类资源节约集约利用，加快构建废弃物循环利用体系，促进产业结构优化升级，促进资源再生产业的发展，实现我国经济社会可持续发展。

2. 我国征收房产税，有利于抑制房产投资投机行为，调控房产市场价格，节约和优化配置社会资源，规范房地产行业的发展，缩小财富差距，实现社会公平。

【情境认知】

初学其他税种（小税种）纳税实务的李丽到公司见习

李丽：刘主管您好！我已经学习了个人所得税纳税实务，感觉内容比较容易，接下来准备学习城市维护建设税、教育费附加和地方教育附加、土地增值税、资源税、城镇土地使用税、房产税和耕地占用税纳税（费）实务，您能具体介绍一下上述税种纳税（费）实务的典型工作任务吗？

刘主管：好的，李丽。小税种的纳税实务学习起来就更容易了。首先要学会各小税种纳税人的确定、税率的判定和税收优惠政策的运用等内容；然后要学会各小税种的计算；最后还要学会各小税种的纳税申报。其中，房产税纳税实务是重点，土地增值税纳税实务是难点。

总之，与前面所学税种纳税实务相比，小税种纳税实务学起来更加容易。

李丽：好的，谢谢刘主管，大头已拿下，这点就小菜一碟了。

任务一 城市维护建设税、教育费附加和地方教育附加纳税(费)实务①

【情境引例】

甲公司为增值税一般纳税人,本年10月出口产品退还了100万元的增值税。请问:甲公司是否可以要求同时退还城市维护建设税、教育费附加和地方教育附加?

【知识准备与业务操作】

一、城市维护建设税、教育费附加和地方教育附加的认知

(一) 城市维护建设税、教育费附加和地方教育附加纳税(费)人和扣缴义务人的确定

1. 城市维护建设税、教育费附加和地方教育附加的纳税(费)人

城市维护建设税(简称"城建税")、教育费附加和地方教育附加的纳税(费)人,是指在我国境内缴纳增值税、消费税(简称"两税")的单位和个人。

单位包括国有企业、集体企业、私营企业、股份制企业、其他企业和行政单位、事业单位、军事单位、社会团体、其他单位;个人包括个体工商户以及其他个人。

自2010年12月1日起,对外商投资企业、外国企业及外籍个人征收城市维护建设税、教育费附加和地方教育附加。

情境答疑:我国征收城市维护建设税的主要目的是什么?

答:我国征收城市维护建设税的主要目的是筹集城镇设施建设和维护资金。

【情境辨析 7-1】

1. 情境辨析目的

掌握城市维护建设税的纳税人。

2. 情境辨析设计

根据城市维护建设税法律制度的规定,下列各项中,属于城市维护建设税纳税人的有(　　)。

A. 实际缴纳增值税的合资企业　　B. 实际缴纳消费税的私营企业

C. 实际缴纳消费税的个体工商户　　D. 实际缴纳增值税的国有银行

3. 情境辨析过程

答案:A、B、C、D

解析:城市维护建设税的纳税人,是指在我国境内缴纳增值税、消费税的单位和个人。单位,包括国有企业、集体企业、私营企业、股份制企业、其他企业和行政单位、事业单位、军

① 本任务中的"城市维护建设税"部分主要根据2021年9月1日起施行的《中华人民共和国城市维护建设税法》编写。

事单位、社会团体、其他单位；个人，包括个体工商户以及其他个人。

2. 城市维护建设税、教育费附加和地方教育附加的扣缴义务人

代扣代缴、代收代缴增值税、消费税的单位和个人，同时也是城市维护建设税、教育费附加和地方教育附加的代扣代缴、代收代缴义务人。

【特别提示】代扣代缴，不含因境外单位和个人向境内销售劳务、服务、无形资产代扣代缴增值税情形。

（二）城市维护建设税、教育费附加和地方教育附加征税(费)对象的确定

城市维护建设税、教育费附加和地方教育附加以纳税人依法实际缴纳的增值税、消费税税额为计税（费）依据，随增值税、消费税同时征收，其本身没有特定的征税（费）对象，其征管方法也应完全比照增值税、消费税的有关规定办理。

【特别提示】城市维护建设税、教育费附加和地方教育附加的征税（费）范围没有覆盖到进口环节，也就是说，对进口货物或者境外单位和个人向境内销售劳务、服务、无形资产缴纳的增值税、消费税税额，不征收城市维护建设税、教育费附加和地方教育附加。

二、城市维护建设税、教育费附加和地方教育附加的计算

（一）城市维护建设税、教育费附加和地方教育附加计税(费)依据的确定

城市维护建设税、教育费附加和地方教育附加的计税（费）依据，是指纳税人依法实际缴纳的增值税、消费税税额。

具体来说，依法实际缴纳的增值税、消费税税额，是指纳税人依照增值税、消费税相关法律法规和税收政策规定计算的应当缴纳的增值税、消费税税额（不含因进口货物或境外单位和个人向境内销售劳务、服务、无形资产缴纳的增值税、消费税税额），加上增值税免抵税额，扣除直接减免的增值税、消费税税额和期末留抵退税退还的增值税税额后的金额。

增值税免抵税额，是指出口货物、劳务或者跨境销售服务、无形资产增值税免抵税额。

直接减免的增值税、消费税税额，是指依照增值税、消费税相关法律法规和税收政策规定，直接减征或免征的增值税、消费税税额，不包括实行先征后返、先征后退、即征即退办法退还的增值税、消费税税额。

【特别提示】纳税人自收到留抵退税额之日起，应当在下一个税费申报期从城市维护建设税、教育费附加和地方教育附加计税（费）依据中扣除。留抵退税额仅允许在按照增值税一般计税方法确定的城市维护建设税、教育费附加和地方教育附加计税（费）依据中扣除。当期未扣除完的余额，在以后税费申报期按规定继续扣除。

【点拨指导】对于增值税小规模纳税人更正、查补此前按照一般计税方法确定的城市维护建设税、教育费附加和地方教育附加计税（费）依据，允许扣除尚未扣除完的留抵退税额。

【特别提示】对增值税免抵税额征收的城市维护建设税、教育费附加和地方教育附加，纳税人应在税务机关核准免抵税额的下一个税费申报期内向主管税务机关申报缴纳。

纳税人违反增值税、消费税有关税法而加收的滞纳金和罚款，是税务机关对纳税人违法行为的经济制裁，不作为城市维护建设税、教育费附加和地方教育附加的计税（费）依据，但纳税人在被查补增值税、消费税和被处以罚款时，应同时对其偷（逃）漏的城市维护建设税、教育费附加和地方教育附加进行补税（费）、征收滞纳金和罚款。

城市维护建设税、教育费附加和地方教育附加以纳税人依法实际缴纳的增值税、消费税

税额为计税(费)依据,随增值税、消费税同时征收,如果要免征或者减征增值税(出口货物、劳务或者跨境销售服务、无形资产增值税免抵税额除外)、消费税,也就要同时免征或者减征城市维护建设税、教育费附加和地方教育附加。

【情境辨析7-2】

1. 情境辨析目的

掌握城市维护建设税、教育费附加和地方教育附加的计税(费)依据。

2. 情境辨析设计

下列各项中,符合城市维护建设税、教育费附加和地方教育附加的计税(费)依据有关规定的有(　　)。

A. 偷(逃)漏增值税而被查补的税款

B. 偷(逃)漏消费税而加收的滞纳金

C. 出口货物免抵的增值税税额

D. 出口货物征收的消费税税额

3. 情境辨析过程

答案:A、C、D

解析:城市维护建设税、教育费附加和地方教育附加的计税(费)依据,是指纳税人依法实际缴纳的增值税、消费税税额。城市维护建设税、教育费附加和地方教育附加的计税(费)依据应当按照规定扣除期末留抵退税退还的增值税税额。依法实际缴纳的增值税、消费税税额,是指纳税人依照增值税、消费税相关法律法规和税收政策规定计算的应当缴纳的增值税、消费税税额(不含因进口货物或境外单位和个人向境内销售劳务、服务、无形资产缴纳的增值税、消费税税额),加上增值税免抵税额,扣除直接减免的增值税、消费税税额和期末留抵退税退还的增值税税额后的金额。

(二) 城市维护建设税税率、教育费附加和地方教育附加征收率的判定

1. 城市维护建设税的税率

城市维护建设税采用比例税率。按纳税人所在地的不同,设置三档差别比例税率,如表7-1所示。

表7-1　　城市维护建设税税率表

纳税人所在地	税　率
市　区	7%
县城、镇	5%
市区、县城、镇以外的其他地区	1%

7

【点拨指导】城市维护建设税纳税人按所在地在市区、县城、镇和不在上述区域适用不同税率。市区、县城、镇按照行政区划确定。行政区划变更的,自变更完成当月起适用新行政区划对应的城市维护建设税税率,纳税人在变更完成当月的下一个纳税申报期按新税率申报缴纳。

【特别提示】开采海洋石油资源的中外合作油(气)田所在地在海上,其城市维护建设税适用1%的税率。

城市维护建设税的适用税率，应当按照纳税人所在地的规定税率执行。但是，对下列两种情况，可按缴纳增值税、消费税所在地的规定税率就地缴纳城市维护建设税：

（1）由受托方代扣代缴、代收代缴增值税、消费税的单位和个人，其代扣代缴、代收代缴的城市维护建设税按受托方所在地适用税率执行；

（2）流动经营等无固定纳税地点的单位和个人，在经营地缴纳增值税、消费税的，其城市维护建设税的缴纳按经营地适用税率执行。

2. 教育费附加和地方教育附加的征收率

现行教育费附加的征收率为3%。地方教育附加的征收率统一为2%。

（三）城市维护建设税、教育费附加和地方教育附加优惠政策的运用

城市维护建设税、教育费附加和地方教育附加原则上不单独减免，但因城市维护建设税、教育费附加和地方教育附加又具有附加税（费）性质，当主税（增值税、消费税）发生税收减免时，城市维护建设税、教育费附加和地方教育附加相应发生税费减免。城市维护建设税、教育费附加和地方教育附加的税费减免具体有以下几种情况：

（1）城市维护建设税、教育费附加和地方教育附加按减免后实际缴纳的增值税、消费税税额计征，即随增值税、消费税的减免而减免（出口货物、劳务或者跨境销售服务、无形资产增值税免抵税额除外）。

（2）对由于减免增值税、消费税而发生退税的，可同时退还已征收的城市维护建设税、教育费附加和地方教育附加。但对出口货物、劳务和跨境销售服务、无形资产以及因优惠政策退还增值税、消费税的，不退还已缴纳的城市维护建设税、教育费附加和地方教育附加。

【知识链接】对进口货物或者境外单位和个人向境内销售劳务、服务、无形资产缴纳的增值税、消费税税额，不征收城市维护建设税、教育费附加和地方教育附加。

（3）因纳税人多缴发生的增值税、消费税退税，同时退还已缴纳的城市维护建设税、教育费附加和地方教育附加。对增值税、消费税实行先征后返、先征后退、即征即退办法的，除另有规定外，对随增值税、消费税附征的城市维护建设税、教育费附加和地方教育附加，一律不退（返）还。

（4）对国家重大水利工程建设基金免征城市维护建设税、教育费附加和地方教育附加。

实务咨询：我公司进口货物缴纳了进口环节的增值税和消费税。请问：是否需要缴纳城市维护建设税？

另外，由省、自治区、直辖市人民政府根据本地区实际情况，以及宏观调控需要确定，自2019年1月1日至2021年12月31日，对增值税小规模纳税人可以在50%的税额幅度内减征资源税、城市维护建设税、房产税、城镇土地使用税、印花税（不含证券交易印花税）、耕地占用税和教育费附加、地方教育附加。增值税小规模纳税人已依法享受资源税、城市维护建设税、房产税、城镇土地使用税、印花税、耕地占用税、教育费附加、地方教育附加其他优惠政策的，可叠加享受上述优惠政策。自2022年1月1日至2024年12月31日，由省、自治区、直辖市人民政府根据本地区实际情况，以及宏观调控需要确定，对增值税小规模纳税人、小型微利企业和个体工商户，可以在50%的税额幅度内减征资源税、城市维护建设税、房产税、城镇土地使用税、印花税(不含证券交易印花税)、耕地占用税和教育费附加、地方教育附加。增值税小规模纳税人、小型微利企业和个体工商户已依法享受资源税、城市维护建设税、房产税、城镇土地使用税、印花税、耕地占用税、教育费附加、地方教育附加其他优惠政策的,可叠加享受上述规定的优惠政策。

【归纳总结】对于城市维护建设税、教育费附加和地方教育附加,进口不征,出口不退,免抵要征。

【情境引例解析】

《财政部关于城市维护建设税几个具体业务问题的补充规定》(财税字第〔1985〕143号)规定:"对出口产品退还消费税、增值税的,不退还已纳的城市维护建设税。"

《财政部关于征收教育费附加几个具体问题的通知》(财税字〔1986〕第120号)规定:"对出口产品退还消费税、增值税的,不退还已征的教育费附加。"

因此,甲公司不可以要求同时退还城市维护建设税和教育费附加。

(四) 城市维护建设税、教育费附加和地方教育附加应纳税(费)额的计算

城市维护建设税、教育费附加和地方教育附加应纳税(费)额的计算公式分别如下:

应纳城市维护建设税=纳税人依法实际缴纳的增值税、消费税税额×适用税率

应纳教育费附加=纳税人依法实际缴纳的增值税、消费税税额×征收率(3%)

应纳地方教育附加=纳税人依法实际缴纳的增值税、消费税税额×征收率(2%)

三、城市维护建设税、教育费附加和地方教育附加的税费申报

(一) 城市维护建设税、教育费附加和地方教育附加的纳税(费)义务发生时间

城市维护建设税、教育费附加和地方教育附加的纳税(费)义务发生时间与增值税、消费税的纳税义务发生时间一致,分别与增值税、消费税同时缴纳;城市维护建设税、教育费附加和地方教育附加的扣缴义务人为负有增值税、消费税扣缴义务的单位和个人,在扣缴增值税、消费税的同时扣缴城市维护建设税、教育费附加和地方教育附加。

【点拨指导】同时缴纳是指在缴纳增值税、消费税时,应当在增值税、消费税同一缴纳地点、同一缴纳期限内,一并缴纳对应的城市维护建设税、教育费附加和地方教育附加。采用委托代征、代扣代缴、代收代缴、预缴、补缴等方式缴纳增值税、消费税的,应当同时缴纳城市维护建设税、教育费附加和地方教育附加。代扣代缴,不含因境外单位和个人向境内销售劳务、服务、无形资产代扣代缴增值税情形。

(二) 城市维护建设税、教育费附加和地方教育附加的纳税(费)期限

城市维护建设税、教育费附加和地方教育附加的纳税(费)期限与增值税、消费税的纳税期限一致。增值税、消费税的纳税期限分别为1日、3日、5日、10日、15日、1个月或者1个季度;纳税人的具体纳税期限,由税务机关根据纳税人应纳税额的大小分别核定;不能按照固定期限纳税的,可以按次纳税。

【特别提示】扣缴义务人解缴税(费)款的期限,依照上述规定执行。

(三) 城市维护建设税、教育费附加和地方教育附加的纳税(费)地点

纳税人缴纳增值税、消费税的地点,就是该纳税人实际缴纳城市维护建设税、教育费附

加和地方教育附加的地点，但是下列情况除外：

(1) 代扣代缴、代收代缴增值税、消费税的单位和个人，同时也是城市维护建设税、教育费附加和地方教育附加的代扣代缴、代收代缴义务人，其城市维护建设税、教育费附加和地方教育附加的纳税(费)地点在代扣代收地。

(2) 跨省开采的油田，下属生产单位与核算单位不在一个省内的，其生产的原油，在油井所在地缴纳增值税，其应纳税款由核算单位按照各油井的产量和规定税率，计算汇拨各油井所在地缴纳。因此，各油井应纳的城市维护建设税、教育费附加和地方教育附加，应由核算单位计算，随同增值税一并汇拨油井所在地，由油井在缴纳增值税的同时，一并缴纳城市维护建设税、教育费附加和地方教育附加。

(3) 对流动经营等无固定纳税地点的单位和个人，城市维护建设税应随同增值税、消费税在经营地按适用税率缴纳，教育费附加和地方教育附加应随同增值税、消费税在经营地缴纳。

(4) 纳税人跨地区提供建筑服务、销售和出租不动产的，应在建筑服务发生地、不动产所在地预缴增值税时，以预缴增值税税额为计税依据，并按预缴增值税所在地的城市维护建设税适用税率、教育费附加征收率和地方教育附加征收率就地计算缴纳城市维护建设税、教育费附加和地方教育附加。

预缴增值税的纳税人在其机构所在地申报缴纳增值税时，以其实际缴纳的增值税税额为计税依据，并按机构所在地的城市维护建设税适用税率、教育费附加征收率和地方教育附加征收率就地计算缴纳城市维护建设税、教育费附加和地方教育附加。

(四) 城市维护建设税、教育费附加和地方教育附加税费申报实务

纳税人对城市维护建设税、教育费附加和地方教育附加进行税费申报时，应当根据不同的情形分别填报“增值税及附加税费预缴表附列资料(附加税费情况表)”(略)，以及“增值税及附加税费预缴表”(略)；“增值税及附加税费申报表(一般纳税人适用)附列资料(五)(附加税费情况表)”(见表 2-16)，以及“增值税及附加税费申报表(一般纳税人适用)”(见表 2-17)；“增值税及附加税费申报表(小规模纳税人适用)附列资料(二)(附加税费情况表)”(见表 2-18)，以及“增值税及附加税费申报表(小规模纳税人适用)”(见表 2-19)；“消费税附加税费计算表”(见表 3-5)，以及“消费税及附加税费申报表”(见表 3-6)。

【情境实战 7-1——增值税一般纳税人城市维护建设税、教育费附加和地方教育附加的计算和税费申报】

1. 工作任务要求

(1) 计算北京光明有限责任公司 2022 年 1 月应缴纳的城市维护建设税、教育费附加和地方教育附加。

(2) 北京光明有限责任公司 2022 年 2 月 10 日对城市维护建设税、教育费附加和地方教育附加进行税费申报，填写“增值税及附加税费申报表(一般纳税人适用)附列资料(五)(附加税费情况表)”以及“增值税及附加税费申报表(一般纳税人适用)”的第 39-41 栏次。

2. 情境实战设计

接【情境实战 2-1——一般纳税人增值税应纳税额的计算】和【情境实战 2-2——一般纳税人增值税的纳税申报】。

7

3. 实战操作步骤

第一步：计算北京光明有限责任公司 2022 年 1 月的应纳城市维护建设税、教育费附加和地方教育附加。

应纳城市维护建设税＝64 280×7％＝4 499.6(元)
应纳教育费附加＝64 280×3％＝1 928.40(元)
应纳地方教育附加＝64 280×2％＝1 285.60(元)

第二步：对城市维护建设税、教育费附加和地方教育附加进行税费申报。

北京光明有限责任公司 2022 年 2 月 10 日对 2022 年 1 月的城市维护建设税、教育费附加和地方教育附加进行税费申报，填写"增值税及附加税费申报表(一般纳税人适用)附列资料(五)(附加税费情况表)"(见表 2-16)以及"增值税及附加税费申报表(一般纳税人适用)"(见表 2-17)的第 39-41 栏次。

【情境实战 7-2——增值税小规模纳税人城市维护建设税、教育费附加和地方教育附加的计算和税费申报】

1. 工作任务要求

(1) 计算山东宏达贸易有限公司 2022 年第 1 季度应缴纳的城市维护建设税、教育费附加和地方教育附加。

(2) 山东宏达贸易有限公司 2022 年 4 月 10 日对城市维护建设税、教育费附加和地方教育附加进行税费申报，填写"增值税及附加税费申报表(小规模纳税人适用)附列资料(二)(附加税费情况表)"以及"增值税及附加税费申报表(小规模纳税人适用)"的第 23-25 栏次。

2. 情境实战设计

接【情境实例 2-28】。

3. 实战操作步骤

第一步：计算山东宏达贸易有限公司 2022 年第 1 季度的应纳城市维护建设税、教育费附加和地方教育附加。

应纳城市维护建设税＝20 132.04×7％＝1 409.24(元)
应纳教育费附加＝20 132.04×3％＝603.96(元)
应纳地方教育附加＝20 132.04×2％＝402.64(元)
作为增值税小规模纳税人城市维护建设税减征额＝1 409.24×50％＝704.62(元)
作为增值税小规模纳税人教育费附加减征额＝603.96×50％＝301.98(元)
作为增值税小规模纳税人地方教育附加减征额＝402.64×50％＝201.32(元)
本期应补(退)城市维护建设税＝1 409.24－704.62＝704.62(元)
本期应补(退)教育费附加＝603.96－301.98＝301.98(元)
本期应补(退)地方教育附加＝402.64－201.32＝201.32(元)

第二步：对城市维护建设税、教育费附加和地方教育附加进行税费申报。

2022 年 4 月 10 日，山东宏达贸易有限公司对 2022 年第 1 季度的城市维护建设税、教育费附加和地方教育附加进行税费申报，填写"增值税及附加税费申报表(小规模纳税人适用)附列资料(二)(附加税费情况表)"(见表 2-18)以及"增值税及附加税费申报表(小规模纳税人适用)"(见表 2-19)的第 23-25 栏次。

【情境实战 7-3——消费税纳税人城市维护建设税、教育费附加和地方教育附加的计算和税费申报】

1. 工作任务要求

(1) 计算山东立运卷烟有限公司 2022 年 1 月应缴纳的城市维护建设税、教育费附加和地方教育附加。

(2) 山东立运卷烟有限公司 2022 年 2 月 10 日对城市维护建设税、教育费附加和地方教育附加进行税费申报，填写“消费税附加税费计算表”以及“消费税及附加税费申报表等申报表”的第 15-17 栏次。

2. 情境实战设计

接【情境实战 3-1——消费税应纳税额的计算】和【情境实战 3-2——消费税的纳税申报】。

3. 实战操作步骤

第一步：计算山东立运卷烟有限公司 2022 年 1 月的应纳城市维护建设税、教育费附加和地方教育附加。

应纳城市维护建设税＝1 345 000×7%＝94 150(元)

应纳教育费附加＝1 345 000×3%＝40 350(元)

应纳地方教育附加＝1 345 000×2%＝26 900(元)

第二步：对城市维护建设税、教育费附加和地方教育附加进行税费申报。

山东立运卷烟有限公司 2022 年 2 月 10 日对 2022 年 1 月的城市维护建设税、教育费附加和地方教育附加进行税费申报，填写“消费税附加税费计算表”(见表 3-5)以及“消费税及附加税费申报表等申报表”(见表 3-6)的第 15-17 栏次。

任务二　土地增值税纳税实务

【情境引例】

安邦公司是一家房地产开发企业。请问：该房地产企业在土地增值税清算时，未开票的房产应如何确认收入？

【知识准备与业务操作】

一、土地增值税的认知

(一) 土地增值税纳税人的确定

土地增值税的纳税人，是指转让国有土地使用权、地上建筑物及其附着物并取得收入的单位和个人。单位包括各类企业、事业单位、国家机关和社会团体及其他组织。个人包括个体经营者(个体工商户)。土地增值税也适用于外商投资企业、外国企业及外籍纳税人。

【知识链接】在中华人民共和国境内转移土地、房屋权属，承受的单位和个人为契税的纳税人。

(二) 土地增值税征税范围的确定

1. 土地增值税征税范围的基本规定

(1) 土地增值税对转让国有土地使用权的行为征税，对出让国有土地的行为不征税。

7

转让国有土地使用权,是指土地使用者通过向国家支付土地出让金等形式取得国有土地使用权后,将国有土地使用权再转让的行为,是国有土地使用权二级市场上的转让行为。

土地增值税征税范围不包括国有土地使用权出让。国有土地出让,是指土地使用者为得到国有土地使用权而向国家支付土地出让金,国家以土地所有者的身份将土地使用权在一定期限内让与土地使用者的行为。因为土地使用权的出让方是国家,出让收入在性质上相当于政府凭借其拥有的国有土地所有权而在土地一级市场上收取的租金,所以,政府出让土地的行为及取得的收入不属于土地增值税的征税范围。

(2) 土地增值税既对转让国有土地使用权的行为征税,也对地上的建筑物及其附着物连同国有土地使用权一并转让的行为征税。

地上的建筑物,是指建于土地上的一切建筑物,包括地上地下的各种附属设施。附着物,是指附着于土地上的不能移动,一经移动即遭损坏的物品。

(3) 土地增值税只对有偿转让的房地产征税,对以继承、赠与等方式无偿转让的房地产,不予征税。

转让国有土地使用权、地上的建筑物及其附着物并取得收入,是指以出售或者其他方式有偿转让房地产的行为,不包括以继承、赠与方式无偿转让房地产的行为。不征土地增值税的房地产赠与行为包括以下两种情况:①房产所有人、土地使用权所有人将房屋产权、土地使用权赠与直系亲属或承担直接赡养义务人的行为。②房产所有人、土地使用权所有人通过中国境内非营利的社会团体、国家机关将房屋产权、土地使用权赠与教育、民政和其他社会福利、公益事业的行为。社会团体是指中国青少年发展基金会、希望工程基金会、宋庆龄基金会、减灾委员会、中国红十字会、中国残疾人联合会、全国老年基金会、老区促进会,以及经民政部门批准成立的其他非营利的公益性组织。

【知识链接】国有土地使用权出让、土地使用权转让时,承受人均应缴纳契税。

2. 土地增值税征税范围的特殊规定

(1) 房地产开发企业开发的房地产转为自用或出租。

房地产开发企业将开发的部分房地产转为企业自用或用于出租等商业用途时,如果产权未发生转移,不征收土地增值税。

(2) 房地产的交换。

由于房地产交换既发生了房产产权、土地使用权的转移,交换双方又取得了实物形态的收入,因此属于土地增值税的征税范围。但对个人之间互换自有居住用房地产的,经当地税务机关核实,可以免征土地增值税。

【知识链接】土地使用权互换、房屋互换,互换价格相等的,互换双方计税依据为零;互换价格不相等的,以其差额为计税依据,由支付差额的一方缴纳契税。

(3) 合作建房。

对于一方出地,另一方出资金,双方合作建房,建成后按比例分房自用的,暂免征收土地增值税;建成后转让的,应征收土地增值税。

(4) 房地产的出租。

房地产出租,出租人虽取得了收入,但没有发生房产产权、土地使用权的转让,因此不属于土地增值税的征税范围。

(5) 房地产的抵押和抵债。

房产的产权、土地使用权在抵押期间并没有发生权属的变更,因此,对房地产的抵押,在抵押期间不征收土地增值税。待抵押期满后,视该房地产是否转移占有而确定是否征收土地增值税。

对于以房地产抵债而发生房地产权属转让的，应列入土地增值税的征税范围。

【知识链接】土地、房屋权属的抵押，不属于契税的征税范围。以土地、房屋权属偿还债务，视同发生权属转移，承受人应当缴纳契税。

（6）房地产的代建行为。

房地产的代建行为，是指房地产开发公司代客户进行房地产的开发，开发完成后向客户收取代建收入的行为。对于房地产开发公司而言，代建行为虽然取得了收入，但没有发生房地产权属的转移，其收入属于劳务收入性质，因此不属于土地增值税的征税范围。

（7）房地产的评估增值。

国有企业在清产核资时对房地产进行重新评估而产生的评估增值，因其既没有发生房地产权属的转移，房产产权、土地使用权人也未取得收入，因此不属于土地增值税的征税范围。

（8）土地使用者处置土地使用权。

土地使用者转让、抵押或置换土地，无论其是否取得了该土地的使用权属证书，无论其在转让、抵押或置换土地过程中是否与对方当事人办理了土地使用权属证书变更登记手续，只要土地使用者享有占有、使用、收益或处分该土地的权利，且有合同等证据表明其实质转让、抵押或置换了土地并取得了相应的经济利益，土地使用者及其对方当事人就应按依照税法规定缴纳土地增值税和契税等。

3. 与企业改制重组有关的土地增值税征税范围的规定

（1）企业按照《中华人民共和国公司法》有关规定整体改制，包括非公司制企业改制为有限责任公司或股份有限公司，有限责任公司变更为股份有限公司，股份有限公司变更为有限责任公司，对改制前的企业将国有土地使用权、地上的建筑物及其附着物（以下简称“房地产”）转移、变更到改制后的企业，暂不征土地增值税。整体改制是指不改变原企业的投资主体，并承继原企业权利、义务的行为。

（2）按照法律规定或者合同约定，两个或两个以上企业合并为一个企业，且原企业投资主体存续的，对原企业将房地产转移、变更到合并后的企业，暂不征土地增值税。

（3）按照法律规定或者合同约定，企业分设为两个或两个以上与原企业投资主体相同的企业，对原企业将房地产转移、变更到分立后的企业，暂不征土地增值税。

（4）单位、个人在改制重组时以房地产作价入股进行投资，对其将房地产转移、变更到被投资的企业，暂不征土地增值税。

（5）上述改制重组有关土地增值税政策，不适用于房地产转移任意一方为房地产开发企业的情形。

（6）改制重组后再转让房地产，需要申报缴纳土地增值。

（7）上述政策的执行期限为 2021 年 1 月 1 日至 2023 年 12 月 31 日。

【情境辨析 7-3】

1. 情境辨析目的

掌握土地增值税的征税范围。

2. 情境辨析设计

下列各项中，应当征收土地增值税的是（　　）。

A. 公司与公司之间互换房产　　B. 房地产开发公司为客户代建房产

C. 兼并企业从被兼并企业取得房产　　D. 双方企业合作建房后按比例分配自用房产

3. 情境辨析过程

答案:A

解析:选项A应当征收土地增值税;选项B不属于土地增值税的征税范围;选项C、D暂免征收土地增值税。

二、土地增值税的计算

(一) 土地增值税计税依据的确定

土地增值税的计税依据是纳税人转让房地产所取得的土地增值额。而土地增值额为纳税人转让房地产所取得的收入减除《中华人民共和国土地增值税暂行条例》(以下简称"《土地增值税暂行条例》")规定扣除项目金额后的余额。其中:

1. 应税收入的确定

纳税人转让房地产取得的应税收入,包括转让房地产取得的全部价款及有关的经济利益,从形式上看包括货币收入、实物收入和其他收入。非货币收入要折合货币金额计入收入总额。

营业税改征增值税后,土地增值税纳税人转让房地产取得的收入为不含增值税收入。适用增值税一般计税方法的纳税人,其转让房地产的土地增值税应税收入不含增值税销项税额;适用简易计税方法的纳税人,其转让房地产的土地增值税应税收入不含增值税应纳税额。免征增值税的,确定计税依据时,转让房地产取得的收入不扣减增值税税额。

为方便纳税人,简化土地增值税预征税款计算,房地产开发企业采取预收款方式销售自行开发的房地产项目的,可按照以下方法计算土地增值税预征计征依据:

土地增值税预征的计征依据=预收款-应预缴增值税税款

房地产开发企业在营改增后进行房地产开发项目土地增值税清算时,按以下公式确定应税收入:

土地增值税应税收入=营改增前转让房地产取得的收入+营改增后转让房地产取得的不含增值税收入

实务咨询:我公司为一家房地产开发企业,收取顾客的违约金及更名费是否需要缴纳土地增值税?

实务释疑:我公司为一家房地产开发企业,转让地下车位使用权,与业主签订合同约定使用年限为20年,使用费一次性收取,请问该业务是否应当缴纳土地增值税?

答:《土地增值税暂行条例》规定:"转让国有土地使用权、地上的建筑物及其附着物(以下简称"转让房地产")并取得收入的单位和个人,为土地增值税的纳税义务人(以下简称"纳税人"),应当依照本条例缴纳土地增值税。"土地增值税是对出售或者其他方式有偿转让国有土地使用权、地上的建筑物及其附着物的行为所征收的税。转让应当以办理相应产权为标志,产权未发生转移就不构成转让。转让地下车位使用权实质上为出租(而非"转让")地下车位的行为,不缴纳土地增值税,地下车位成本在计算土地增值税时也不得扣除。转让地下车位使用权的行为只需按照"不动产经营租赁"以9%的税率计算缴纳增值税。

2. 纳税人从转让收入中减除的扣除项目

(1) 取得土地使用权所支付的金额(适用新建房转让和存量房地产转让),包括地价款和取得土地使用权时按国家规定缴纳的费用。

(2) 房地产开发成本(适用新建房转让),包括土地征用及拆迁补偿费、前期工程费、建筑安装工程费、基础设施费、公共配套设施费、开发间接费用。

(3) 房地产开发费用(适用新建房转让),包括与房地产开发项目有关的销售费用、管理费用、财务费用。房地产开发费用的计算方法如下:

① 纳税人能按转让房地产项目分摊利息支出并能提供金融机构贷款证明的,最多允许扣除的房地产开发费用＝利息＋(取得土地使用权所支付的金额＋房地产开发成本)×5%以内。

② 纳税人不能按转让房地产项目分摊利息支出或不能提供金融机构贷款证明的(也包含全部使用自有资金的无借款的情况),最多允许扣除的房地产开发费用＝(取得土地使用权所支付的金额＋房地产开发成本)×10%以内。

③ 房地产开发企业既向金融机构借款,又有其他借款的,其房地产开发费用计算扣除时不能同时适用上述①、②项所述两种办法。

(4) 与转让房地产有关的税金(适用新建房转让和存量房地产转让)。营改增后,与转让房地产有关的税金包括城市维护建设税、印花税(非房地产开发企业的印花税可以在此扣除;房地产开发企业由于印花税包含在管理费用中且通过管理费用扣除,故不能在此重复扣除)。教育费附加视同税金扣除。营改增后,计算土地增值税增值额的扣除项目中"与转让房地产有关的税金"不包括增值税。土地增值税扣除项目涉及的增值税进项税额,允许在销项税额中计算抵扣的,不计入扣除项目,不允许在销项税额中计算抵扣的,可以计入扣除项目。

【点拨指导】地方教育附加是否可以视同"与转让房地产有关的税金"在土地增值税前扣除,从法理上是可以扣除的,但国家层面上没有明确的文件规定,各地具体执行也不一样。纳税人应当事先咨询当地税务机关,然后进行具体的操作。

根据《财政部 国家税务总局关于土地增值税一些具体问题规定的通知》(财税字〔1995〕48号)的规定,房地产开发企业在转让房地产时缴纳的印花税已列入管理费用,故不允许单独再扣除。非房地产开发企业转让房地产时缴纳的印花税允许在此扣除。

【特别提示】自2016年5月1日销售不动产营改增之后,转让不动产不再缴纳营业税,而是缴纳增值税,但增值税属于价外税,不作为税金单独扣除。

营改增后,房地产开发企业实际缴纳的城市维护建设税和教育费附加,凡能够按清算项目准确计算的,允许据实扣除。凡不能按清算项目准确计算的,则按该清算项目预缴增值税时实际缴纳的城市维护建设税、教育费附加扣除。其他转让房地产行为的城市维护建设税、教育费附加扣除比照上述规定执行。

房地产开发企业在营改增后进行房地产开发项目土地增值税清算时,按以下方法确定与转让房地产有关的税金:

7

与转让房地产有关的税金＝营改增前实际缴纳的营业税、城市维护建设税、教育费附加
＋营改增后允许扣除的城市维护建设税、教育费附加

情境答疑:为什么"与转让房地产有关的税金"中对非房地产企业来说,包含印花税;而对于房地产开发企业来说,不包含印花税?

答:对于房地产开发企业来说,印花税计入“管理费用”科目。在计算土地增值税时,房地产开发企业的房地产开发费用(含管理费用)作为可扣除项目,不是据实扣除的,而是按照公式计算扣除的[纳税人能按转让房地产项目分摊利息支出并能提供金融机构贷款证明的,最多允许扣除的房地产开发费用=利息+(取得土地使用权所支付的金额+房地产开发成本)×5%以内;纳税人不能按转让房地产项目分摊利息支出或不能提供金融机构贷款证明的(也包含全部使用自有资金的无借款的情况),最多允许扣除的房地产开发费用=(取得土地使用权所支付的金额+房地产开发成本)×10%以内]。也就是说,对于房地产开发企业而言,印花税作为管理费用的一部分已经包含在上述公式中了,不能再重复扣除。

对于非房地产开发企业来说,印花税计入“税金及附加”科目。在计算土地增值税时,非房地产开发企业的印花税作为可扣除项目,据实扣除。

(5) 财政部规定的其他扣除项目(适用新建房转让)。

从事房地产开发的纳税人可加计扣除=(取得土地使用权所支付的金额+房地产开发成本)×20%。

【特别提示】加计扣除20%仅对房地产开发企业有效,非房地产开发企业不享受此项政策;取得土地使用权后未经开发就转让的,不得加计扣除。

(6) 旧房及建筑物的评估价格(适用存量房地产转让)。

税法规定,转让旧房的,应按房屋及建筑物的评估价格、取得土地使用权所支付的地价款和按国家统一规定缴纳的有关费用以及在转让环节缴纳的税金作为扣除项目金额计征土地增值税。

① “旧房及建筑物的评估价格”是指转让已使用过的房屋及建筑物时,由政府批准设立的房地产评估机构评定的重置成本价乘以成新度折扣率后的价格。评估价格须经当地税务机关确认,其计算公式如下:

评估价格=重置成本价×成新度折扣率

【点拨指导】重置成本价是指对旧房及建筑物,按转让时的建材价格及人工费用计算建造同样面积、同样层次、同样结构、同样建设标准的新房及建筑物所需花费的成本费用。成新度折扣率是指按旧房的新旧程度作一定比例的折扣。

纳税人转让旧房及建筑物,凡不能取得评估价格,但能提供购房发票的,经当地税务部门确认,根据取得土地使用权所支付的金额、新建房及配套设施的成本、费用,或者旧房及建筑物的评估价格,可按发票所载金额并从购买年度起至转让年度止每年加计5%计算扣除。计算扣除项目时,“每年”按购房发票所载日期起至售房发票开具之日止,每满12个月计1年;超过1年,未满12个月但超过6个月的,可以视同为1年。

7

营改增后,纳税人转让旧房及建筑物,凡不能取得评估价格,但能提供购房发票的,《土地增值税暂行条例》第六条第一、三项规定的扣除项目的金额按照下列方法计算:

a. 提供的购房凭据为营改增前取得的营业税发票的,按照发票所载金额(不扣减营业税)并从购买年度起至转让年度止每年加计5%计算。

b. 提供的购房凭据为营改增后取得的增值税普通发票的,从购买年度起至转让年度止,按照发票所载价税合计金额每年加计5%计算。

c. 提供的购房发票为营改增后取得的增值税专用发票的，按照发票所载不含增值税金额加上不允许抵扣的增值税进项税额之和，并从购买年度起至转让年度止每年加计 5%计算。

对纳税人购房时缴纳的契税，凡能提供契税完税凭证的，准予作为“与转让房地产有关的税金”予以扣除，但不作为加计 5%的基数。

对于转让旧房及建筑物，既没有评估价格，又不能提供购房发票的，税务机关可以根据《税收征管法》第三十五条的规定，实行核定征收。

② 对取得土地使用权时未支付地价款或不能提供已支付的地价款凭据的，不允许扣除取得土地使用权时所支付的金额。

（二）土地增值税税率的判定

土地增值税采用的是四级超率累进税率。与超额累进税率相比，超额累进税率累进依据为绝对数；超率累进税率累进依据为相对数，本税种的累进依据为增值额与扣除项目金额之间的比率。土地增值税税率如表 7-2 所示。

表 7-2　　土地增值税税率表

级数	增值额与扣除项目金额的比率	税率	速算扣除系数
1	不超过 50%的部分	30%	0
2	超过 50%～100%的部分	40%	5%
3	超过 100%～200%的部分	50%	15%
4	超过 200%的部分	60%	35%

（三）土地增值税优惠政策的运用

（1）建造普通标准住宅出售，增值额未超过扣除项目金额 20%的免税。

普通标准住宅与其他住宅的具体划分界限，2005 年 5 月 31 日以前，由各省、自治区、直辖市人民政府规定。2005 年 6 月 1 日起，普通标准住宅应同时满足：住宅小区建筑容积率在 1.0 以上；单套建筑面积在 120 平方米以下；实际成交价格低于同级别土地上住房平均交易价格 1.2 倍以下。各省、自治区、直辖市要根据实际情况，制定本地区享受优惠政策住房具体标准。允许单套建筑面积和价格标准适当浮动，但向上浮动的比例不得超过上述标准的 20%。

实务咨询：我公司为房地产开发企业，本期开发一栋高级公寓出售，增值额未超过扣除项目金额的 20%。请问：是否可以免征土地增值税？

（2）因国家建设需要依法征用、收回的房地产，免征土地增值税。

（3）因城市实施规划、国家建设的需要而搬迁，由纳税人自行转让原房地产的，免征土地增值税。

（4）从 2008 年 11 月 1 日起，对个人销售住房暂免征收土地增值税。

（四）土地增值税应纳税额的计算

计算土地增值税的步骤和公式如下：

第一步，计算转让房地产应税收入总额。

第二步,计算扣除项目金额。

第三步,用转让房地产应税收入总额减除扣除项目金额计算增值额,其计算公式如下:

增值额 = 转让房地产应税收入总额 − 扣除项目金额

第四步,计算增值额与扣除项目金额之间的比例,以确定适用税率和速算扣除系数。

第五步,计算应纳税额,其计算公式如下:

应纳税额 = 增值额 × 税率 − 扣除项目金额 × 速算扣除系数

(五) 房地产开发企业土地增值税的清算

1. 土地增值税的清算单位

土地增值税以国家有关部门审批的房地产开发项目为单位进行清算,对于分期开发的项目,以分期项目为单位清算。

开发项目中同时包含普通住宅和非普通住宅的,应分别计算增值额。

2. 土地增值税的清算条件

(1) 符合下列情形之一的,纳税人应进行土地增值税的清算:

① 房地产开发项目全部竣工、完成销售的。

② 整体转让未竣工决算房地产开发项目的。

③ 直接转让土地使用权的。

(2) 符合下列情形之一的,主管税务机关可要求纳税人进行土地增值税清算:

① 已竣工验收的房地产开发项目,已转让的房地产建筑面积占整个项目可售建筑面积的比例在 85%以上,或该比例虽未超过 85%,但剩余的可售建筑面积已经出租或自用的。

② 取得销售(预售)许可证满 3 年仍未销售完毕的。

③ 纳税人申请注销税务登记但未办理土地增值税清算手续的。

④ 省税务机关规定的其他情况。

3. 非直接销售和自用房地产的收入确定

(1) 房地产开发企业将开发产品用于职工福利、奖励、对外投资、分配给股东或投资人、抵偿债务、换取其他单位和个人的非货币性资产等,发生所有权转移时应视同销售房地产,其收入按下列方法和顺序确认:

① 按本企业在同一地区、同一年度销售的同类房地产的平均价格确定;

② 由主管税务机关参照当地当年、同类房地产的市场价格或评估价值确定。

(2) 房地产开发企业将开发的部分房地产转为企业自用或用于出租等商业用途时,如果产权未发生转移,不征收土地增值税,在税款清算时不列收入,不扣除相应的成本和费用。

(3) 土地增值税清算时,已全额开具商品房销售发票的,按照发票所载金额确认收入;未开具发票或未全额开具发票的,以交易双方签订的销售合同所载的售房金额及其他收益确认收入。销售合同所载商品房面积与有关部门实际测量面积不一致,在清算前已发生补、退房款的,应在计算土地增值税时予以调整。

4. 土地增值税的核定征收

房地产开发企业有下列情形之一的,税务机关可以参照与其开发规模和收入水平相近的当地企业的土地增值税税负情况,按不低于预征率的征收率核定征收土地增值税:

(1) 依照法律、行政法规的规定应当设置但未设置账簿的。

(2) 擅自销毁账簿或拒不提供纳税资料的。

(3) 虽设置账簿,但账目混乱或者成本资料、收入凭证、费用凭证残缺不全,难以确定转让收入或扣除项目金额的。

(4) 符合土地增值税清算条件,未按照规定的期限办理清算手续,经税务机关责令限期清算,逾期仍不清算的。

(5) 申报的计税依据明显偏低,又无正当理由的。

核定征收必须严格依照税收法律法规规定的条件进行,任何单位和个人不得擅自扩大核定征收范围,严禁在清算中出现"以核定为主、一核了之""求快图省"的做法。凡擅自将核定征收作为本地区土地增值税清算主要方式的,必须立即纠正。对确需核定征收的,要严格按照税收法律法规的要求,从严、从高确定核定征收率。

【特别提示】为了规范核定工作,核定征收率原则上不得低于5%,各省级税务机关要结合本地实际,区分不同房地产类型制定核定征收率。

5. 清算后再转让房地产的处理

在土地增值税清算时未转让的房地产,清算后销售或有偿转让的,纳税人应按规定进行土地增值税的纳税申报,扣除项目金额按清算时的单位建筑面积成本费用乘以销售或转让面积计算。

单位建筑面积成本费用=清算时的扣除项目总金额÷清算的总建筑面积

6. 土地增值税清算后应补缴的土地增值税是否加收滞纳金的问题处理

纳税人按规定预缴土地增值税后,清算补缴的土地增值税,在主管税务机关规定的期限内补缴的,不加收滞纳金。

【情境引例解析】

《国家税务总局关于土地增值税清算有关问题的通知》(国税函〔2010〕220号)规定:"土地增值税清算时,已全额开具商品房销售发票的,按照发票所载金额确认收入;未开具发票或未全额开具发票的,以交易双方签订的销售合同所载的售房金额及其他收益确认收入。销售合同所载商品房面积与有关部门实际测量面积不一致,在清算前已发生补、退房款的,应在计算土地增值税时予以调整。"

情境讨论: 房地产开发企业在清算时补缴的土地增值税,是否需要缴纳滞纳金?

三、土地增值税的纳税申报

(一) 土地增值税的纳税期限

土地增值税的纳税人应在转让房地产合同签订后的7日内,到房地产所在地主管税务机关办理纳税申报,并向税务机关提交房屋及建筑物产权、土地使用权证书,土地转让、房产买卖合同,房地产评估报告及其他与转让房地产有关的资料。纳税人因经常发生房地产转让而难以在每次转让后申报的,经税务机关审核同意后,可以定期进行纳税申报,具体期限由税务机关根据情况确定。

7

(二) 土地增值税的纳税地点

土地增值税的纳税人应向房地产所在地主管税务机关办理纳税申报,并在税务机关核定的期限内缴纳土地增值税。

【点拨指导】房地产所在地，是指房地产的坐落地。纳税人转让的房地产坐落在两个或两个以上地区的，应按房地产所在地分别申报纳税。

在实际工作中，纳税地点的确定又可分为以下两种情况：

(1) 纳税人是法人的。当转让的房地产坐落地与其机构所在地或经营所在地一致时，则在办理税务登记的原管辖税务机关申报纳税即可；如果转让的房地产坐落地与其机构所在地或经营所在地不一致时，应在房地产坐落地所管辖的税务机关申报纳税。

(2) 纳税人是自然人的。当转让的房地产坐落地与其居住所在地一致时，则在住所所在地税务机关申报纳税；当转让的房地产坐落地与其居住所在地不一致时，在办理过户手续所在地的税务机关申报纳税。

纳税人对土地增值税进行纳税申报时，应当填报“土地增值税税源明细表”(如表7-3所示)、“财产和行为税减免税明细申报附表”(略)、“财产和行为税纳税申报表”(如表7-4所示)[①]。

【点拨指导】自2021年6月1日起，纳税人申报缴纳城镇土地使用税、房产税、车船税、印花税、耕地占用税、资源税、土地增值税、契税、环境保护税、烟叶税中的一个或多个税种时，使用“财产和行为税纳税申报表”。纳税人新增税源或税源变化时，需先填报“财产和行为税税源明细表”。“财产和行为税税源明细表”具体包括“城镇土地使用税房产税税源明细表”“契税税源明细表”“耕地占用税税源明细表”“土地增值税税源明细表”“印花税税源明细表”“车船税税源明细表”“烟叶税税源明细表”“环境保护税税源明细表”“资源税税源明细表”。

表7-3　　土地增值税税源明细表(节选)[②]

税款所属期限：自2023年03月31日至2023年03月31日

纳税人识别号(统一社会信用代码)：91370709864220777P

纳税人名称：山东伟泽合美铁矿有限公司　　金额单位：人民币元(列至角分)；面积单位：平方米

土地增值税申报计算及减免信息
申报类型：
1. 从事房地产开发的纳税人预缴适用 □
2. 从事房地产开发的纳税人清算适用 □
3. 从事房地产开发的纳税人按核定征收方式清算适用 □
4. 纳税人整体转让在建工程适用□
5. 从事房地产开发的纳税人清算后尾盘销售适用 □
6. 转让旧房及建筑物的纳税人适用☑
7. 转让旧房及建筑物的纳税人核定征收适用□

7

① “财产和行为税纳税申报表”适用于申报城镇土地使用税、房产税、契税、耕地占用税、土地增值税、印花税、车船税、烟叶税、环境保护税、资源税。本表根据各税种税源明细表自动生成，申报前需填写税源明细表。本表包含一张附表“财产和行为税减免税明细申报附表”。

② 土地增值税税源明细表原表的内容较多，涉及不同情形土地增值税的缴纳，为了研究需要，此处为节选后的土地增值税税源明细表。土地增值税税源明细表原表可以通过国家税务总局下载。

续　表

<table>
<tr><td colspan="2">项目名称</td><td colspan="2">略</td><td colspan="2">项目编码</td><td colspan="2">略</td></tr>
<tr><td colspan="2">项目地址</td><td colspan="6">略</td></tr>
<tr><td colspan="2">项目总可售面积</td><td colspan="2">略</td><td colspan="2">自用和出租面积</td><td colspan="2">略</td></tr>
<tr><td>已售面积</td><td>略</td><td>其中:普通住宅已售面积</td><td>略</td><td>其中:非普通住宅已售面积</td><td>略</td><td>其中:其他类型房地产已售面积</td><td>略</td></tr>
<tr><td colspan="2">清算时已售面积</td><td colspan="2">略</td><td colspan="2">清算后剩余可售面积</td><td colspan="2">略</td></tr>
<tr><td>申报类型</td><td colspan="3">项　　目</td><td colspan="2">序　号</td><td colspan="2">金　额</td></tr>
<tr><td rowspan="27">6. 转让旧房及建筑物的纳税人适用
7. 转让旧房及建筑物的纳税人核定征收适用</td><td colspan="3">一、转让房地产收入总额</td><td colspan="2">1=2+3+4</td><td colspan="2">114 285 714.29</td></tr>
<tr><td colspan="3">1. 货币收入</td><td colspan="2">2</td><td colspan="2">114 285 714.29</td></tr>
<tr><td colspan="3">2. 实物收入</td><td colspan="2">3</td><td colspan="2"></td></tr>
<tr><td colspan="3">3. 其他收入</td><td colspan="2">4</td><td colspan="2"></td></tr>
<tr><td colspan="3">二、扣除项目金额合计</td><td colspan="2">(1) 5=6+7+10+15
(2) 5=11+12+14+15</td><td colspan="2">88 637 142.86</td></tr>
<tr><td colspan="3">(1) 提供评估价格</td><td colspan="2"></td><td colspan="2"></td></tr>
<tr><td colspan="3">1. 取得土地使用权所支付的金额</td><td colspan="2">6</td><td colspan="2">40 000 000.00</td></tr>
<tr><td colspan="3">2. 旧房及建筑物的评估价格</td><td colspan="2">7=8×9</td><td colspan="2">48 000 000.00</td></tr>
<tr><td colspan="3">其中:旧房及建筑物的重置成本价</td><td colspan="2">8</td><td colspan="2">80 000 000.00</td></tr>
<tr><td colspan="3">成新度折扣率</td><td colspan="2">9</td><td colspan="2">60%</td></tr>
<tr><td colspan="3">3. 评估费用</td><td colspan="2">10</td><td colspan="2">120 000.00</td></tr>
<tr><td colspan="3">(2) 提供购房发票</td><td colspan="2"></td><td colspan="2"></td></tr>
<tr><td colspan="3">1. 购房发票金额</td><td colspan="2">11</td><td colspan="2"></td></tr>
<tr><td colspan="3">2. 发票加计扣除金额</td><td colspan="2">12=11×5%×13</td><td colspan="2"></td></tr>
<tr><td colspan="3">其中:房产实际持有年数</td><td colspan="2">13</td><td colspan="2"></td></tr>
<tr><td colspan="3">3. 购房契税</td><td colspan="2">14</td><td colspan="2"></td></tr>
<tr><td colspan="3">4. 与转让房地产有关的税金等</td><td colspan="2">15=16+17+18+19</td><td colspan="2">517 142.86</td></tr>
<tr><td colspan="3">其中:营业税</td><td colspan="2">16</td><td colspan="2"></td></tr>
<tr><td colspan="3">城市维护建设税</td><td colspan="2">17</td><td colspan="2">285 714.29</td></tr>
<tr><td colspan="3">印花税</td><td colspan="2">18</td><td colspan="2">60 000.00</td></tr>
<tr><td colspan="3">教育费附加</td><td colspan="2">19</td><td colspan="2">171 428.57</td></tr>
<tr><td colspan="3">三、增值额</td><td colspan="2">20=1-5</td><td colspan="2">25 648 571.43</td></tr>
<tr><td colspan="3">四、增值额与扣除项目金额之比(%)</td><td colspan="2">21=20÷5</td><td colspan="2">28.94%</td></tr>
<tr><td colspan="3">五、适用税率(核定征收率)(%)</td><td colspan="2">22</td><td colspan="2">30%</td></tr>
<tr><td colspan="3">六、速算扣除系数(%)</td><td colspan="2">23</td><td colspan="2">0</td></tr>
<tr><td colspan="3">七、减免税额</td><td colspan="2">24=26+28+30</td><td colspan="2"></td></tr>
</table>

7

续 表

申报类型	项	目	序 号	金 额
	其中: 减免税(1)	减免性质代码和项目名称(1)	25	
		减免税额(1)	26	
	减免税(2)	减免性质代码和项目名称(2)	27	
		减免税额(2)	28	
	减免税(3)	减免性质代码和项目名称(3)	29	
		减免税额(3)	30	

表 7-4　　财产和行为税纳税申报表

纳税人识别号(统一社会信用代码):91370709864220777P

纳税人名称:山东伟泽合美铁矿有限公司　　金额单位:人民币元(列至角分)

序号	税种	税目	税款所属期起	税款所属期止	计税依据	税率	应纳税额	减免税额	已缴税额	应补(退)税额
1	土地增值税		2023 年 03 月 31 日	2023 年 03 月 31 日	25 648 571.43	30%	7 694 571.42	0.00	0.00	7 694 571.42
2	资源税	黑色金属*铁	2023 年 03 月 01 日	2023 年 03 月 31 日	2 800 000.00	2%	56 000.00	0.00	0.00	56 000.00
3	城镇土地使用税		2023 年 01 月 01 日	2023 年 03 月 31 日	4 500.00	8.00	36 000.00	0.00	0.00	36 000.00
4	房产税		2023 年 01 月 01 日	2023 年 03 月 31 日	10 500 000.00	1.2%	126 000.00	0.00	0.00	126 000.00
5	耕地占用税		2023 年 04 月 01 日	2023 年 04 月 01 日	15 000.00	50.00	750 000.00	0.00	0.00	750 000.00
6	车船税	乘用车	2023 年 04 月 01 日	2023 年 12 月 31 日	0.833 33	360.00	300.00	0.00	0.00	300.00
7	印花税	买卖合同	2023 年 03 月 01 日	2023 年 03 月 31 日	3 100 000.00	0.3‰	930.00	0.00	0.00	960.00
8	印花税	产权转移书据	2023 年 03 月 01 日	2023 年 03 月 31 日	120 000 000.00	0.5‰	60 000.00	0.00	0.00	60 000.00
9	契税		2023 年 04 月 05 日	2023 年 04 月 05 日	12 000 000.00	3%	360 000.00	0.00	0.00	360 000.00
10	环境保护税	大气污染物	2023 年 01 月 01 日	2023 年 03 月 31 日	1 050.00	1.20	1 260.00	0.00	0.00	1 260.00

7

续　表

序号	税种	税目	税款所属期起	税款所属期止	计税依据	税率	应纳税额	减免税额	已缴税额	应补(退)税额
11	合计	—	—	—	—	—	9 085 061.42	0.00	0.00	9 085 061.42
声明:此表是根据国家税收法律法规及相关规定填写的,本人(单位)对填报内容(及附带资料)的真实性、可靠性、完整性负责。 纳税人(签章):山东伟泽合美铁矿有限公司　　2023 年 04 月 05 日										
经办人:李玲 经办人身份证号:略 代理机构签章: 代理机构统一社会信用代码:					受理人: 受理税务机关(章): 受理日期:　年　月　日					

【情境实战 7-4——土地增值税的计算和纳税申报】

1. 工作任务要求

(1) 计算山东伟泽合美铁矿有限公司 2023 年 3 月份下列业务的应纳增值税和应纳土地增值税。

(2) 山东伟泽合美铁矿有限公司 2023 年 4 月 5 日对土地增值税进行纳税申报,填写“土地增值税税源明细表”“财产和行为税纳税申报表”。

2. 情境实战设计

山东伟泽合美铁矿有限公司的纳税人识别号为 91370709864220777P,法定代表人为张明,办税员为李玲,注册地址和生产经营地址均为山东省济南市开发区幸福街道和平路 777 号,开户银行为中国工商银行济南和平路支行,账号为 3301022009011517788,电话号码为 0531-888777××。山东伟泽合美铁矿有限公司 2023 年 3 月 31 日转让其自建的位于县城的一栋办公楼,取得含增值税销售收入 120 000 000 元(作为产权转移书据的商品房销售合同中价税未分别列明)。山东伟泽合美铁矿有限公司与购买方于 2023 年 3 月 31 日签订商品房销售合同。2011 年建造该办公楼时,取得土地使用权所支付的金额为 40 000 000 元(能够提供取得土地使用权支付金额的凭据),发生建造成本 40 000 000 元。该办公楼转让时已经计提折旧 32 000 000 元。转让时经政府批准的房地产评估机构评估后,确定该办公楼的重置成本价为 80 000 000 元,成新度折扣率为 60%。产权转移书据印花税税率为 0.5‰,山东伟泽合美铁矿有限公司支付给房地产评估机构的评估费用为 120 000 元。山东伟泽合美铁矿有限公司选择简易计税方法缴纳增值税。假设当地规定地方教育附加不视同“与转让房地产有关的税金”,不作为土地增值税的扣除项目。山东伟泽合美铁矿有限公司 2023 年 4 月 5 日对土地增值税进行纳税申报。

3. 实战操作步骤

第一步:根据经济业务计算应纳土地增值税。

(1) 计算应纳增值税。

一般纳税人转让其 2016 年 4 月 30 日前自建的不动产,可以选择适用简易计税方法计税,

7

以取得的全部价款和价外费用为销售额,按照5%的征收率计算应纳税额。纳税人应按照上述计税方法向不动产所在地主管税务机关预缴税款,向机构所在地主管税务机关申报纳税。

应预缴增值税=120 000 000÷(1+5%)×5%=5 714 285.71(元)

应纳增值税=应预缴增值税=5 714 285.71(元)

(2) 计算应纳土地增值税。

营改增后,土地增值税纳税人转让房地产取得的收入为不含增值税收入。

转让房地产的收入(不含增值税收入)=120 000 000÷(1+5%)=114 285 714.29(元)

取得土地使用权所支付的金额=40 000 000(元)

办公楼的评估价格=80 000 000×60%=48 000 000(元)

支付的评估费用=120 000(元)

应纳城市维护建设税=5 714 285.71×5%=285 714.29(元)

应纳教育费附加=5 714 285.71×3%=171 428.57(元)

应税产权转移书据印花税的计税依据,为产权转移书据所列的金额,不包括列明的增值税税款。

计算土地增值税时可扣除的印花税=120 000 000×0.5‰=60 000(元)

与转让房地产有关的税金等=285 714.29+171 428.57+60 000=517 142.86(元)

计算土地增值税时允许扣除项目金额的合计数=40 000 000+48 000 000+120 000+517 142.86=88 637 142.86(元)

转让办公楼的增值额=114 285 714.29−88 637 142.86=25 648 571.43(元)

增值率=25 648 571.43÷88 637 142.86×100%=28.94%

适用税率为30%,速算扣除系数为0。

应纳土地增值税=25 648 571.43×30%=7 694 571.42(元)

第二步:对土地增值税进行纳税申报。

填写"土地增值税税源明细表"(见表7-3)、"财产和行为税纳税申报表"(见表7-4)。

任务三 资源税纳税实务[①]

【情境引例】

我公司是一家生产建材产品的企业,请问我公司在收购资源税应税矿产品时有代扣代缴资源税的义务吗?

【知识准备与业务操作】

7

一、资源税的认知

(一) 资源税纳税人的确定

资源税的纳税人是指在中华人民共和国领域和中华人民共和国管辖的其他海域开发应税资源(产品)的单位和个人。

① 本节主要根据自2020年9月1日起施行的《中华人民共和国资源税法》编写。

对资源税纳税义务人的理解，应注意以下两点：

(1) 按规定资源税仅对在中国领域及管辖海域从事应税产品开采或生产的单位和个人征收，进口的相关产品不征收资源税；

(2) 资源税纳税义务人不仅包括符合规定的中国企业和个人，还包括外商投资企业和外国企业；

【情境引例解析】

根据《国家税务总局关于公布取消一批税务证明事项以及废止和修改部分规章规范性文件的决定》(国家税务总局令第48号)的规定，废止《中华人民共和国资源税代扣代缴管理办法》(国税发〔1998〕49号文件印发，国家税务总局令第44号修改)。根据《关于〈国家税务总局关于公布取消一批税务证明事项以及废止和修改部分规章规范性文件的决定〉的解读》，废止《中华人民共和国资源税代扣代缴管理办法》(国税发〔1998〕49号文件印发，国家税务总局令第44号修改)，涉及《国家税务总局关于取消一批税务证明事项的决定》(国家税务总局令第46号)取消的“资源税管理证明”。该证明取消后，资源税实行纳税人自主申报，不再采用代扣代缴的征管方式。因此，资源税由在中华人民共和国领域和中华人民共和国管辖的其他海域开发应税资源的单位和个人自行缴纳，你公司没有代扣代缴的义务。

(二) 资源税征税范围的确定

应税资源的具体范围，由《中华人民共和国资源税法》所附“资源税税目税率表”确定。我国目前资源税的征税范围仅涉及矿产品和盐两大类，具体包括：

(1) 能源矿产：包括原油；天然气、页岩气、天然气水合物；煤；煤成(层)气；铀、钍；油页岩、油砂、天然沥青、石煤；地热。

(2) 金属矿产：包括黑色金属和有色金属。

(3) 非金属矿产：包括矿物类、岩石类和宝玉石类。

(4) 水气矿产：包括二氧化碳气、硫化氢气、氦气、氡气；矿泉水。

(5) 盐：包括钠盐、钾盐、镁盐、锂盐；天然卤水；海盐。

纳税人开采或者生产应税产品自用的，应当依照《中华人民共和国资源税法》规定缴纳资源税；但是，自用于连续生产应税产品的，不缴纳资源税。

【特别提示】由于资源产品属于有形动产，资源税的征税范围与增值税的征税范围有一定程度的重叠。

【知识链接】纳税人自产自用的应税消费品，用于连续生产应税消费品的，不纳税(消费税)；用于其他方面的(用于生产非应税消费品、在建工程、管理部门、馈赠、赞助、集资、广告、样品、职工福利、奖励等)，视同销售，在移送使用时纳税(消费税)。

【特别提示】资源税对应税产品的生产者或开采者征收，并且于其销售或自用时一次性征收，批发、零售等环节不征收资源税。

【点拨指导】资源税只针对开采我国境内的不可再生的自然资源征收，且仅限于初级矿产品或者原矿。

【特别提示】自2016年7月1日起，在河北省开展水资源税改革试点，采取水资源费改税方式，将地表水和地下水纳入征税范围，实行从量定额计征。自2017年12月1日起，在北京、天津、山西、内蒙古、山东、河南、四川、陕西、宁夏等9个省(自治区、直辖市)扩大水资源税改革试点。

国务院根据国民经济和社会发展需要，依照《中华人民共和国资源税法》的原则，对取用地表水或者地下水的单位和个人试点征收水资源税。征收水资源税的，停止征收水资源费。

水资源税根据当地水资源状况、取用水类型和经济发展等情况实行差别税率。

【特别提示】中外合作开采陆上、海上石油资源的企业依法缴纳资源税。2011年11月1日前已依法订立中外合作开采陆上、海上石油资源合同的，在该合同有效期内，继续依照国家有关规定缴纳矿区使用费，不缴纳资源税；合同期满后，依法缴纳资源税。

【情境辨析7-4】

1. 情境辨析目的

掌握资源税的征收范围。

2. 情境辨析设计

下列各项中，应当缴纳资源税的有(　　)。

A. 批发商批发天然气

B. 零售商零售天然气

C. 天然气厂销售其开采的天然气

D. 天然气厂自用其开采的天然气

3. 情境辨析过程

答案：C、D

解析：资源税对应税产品的生产者或开采者征收，并且于其销售或自用时一次性征收，批发、零售等环节不征收资源税。

(三) 资源税税目的确定

资源税的税目、税率，依照“资源税税目税率表”(如表7-5所示)执行。

二、资源税的计算

(一) 资源税计税依据的确定

资源税按照“资源税税目税率表”实行从价计征或者从量计征。

“资源税税目税率表”中规定可以选择实行从价计征或者从量计征的，具体计征方式由省、自治区、直辖市人民政府提出，报同级人民代表大会常务委员会决定，并报全国人民代表大会常务委员会和国务院备案。

实行从价计征的，应纳税额按照应税资源产品(以下称“应税产品”)的销售额乘以具体适用税率计算。实行从量计征的，应纳税额按照应税产品的销售数量乘以具体适用税率计算。

应税产品为矿产品的，包括原矿和选矿产品。

1. 资源税从价计征计税依据的确定

资源税从价计征的计税依据为应税产品的销售额。

(1) 关于销售额的认定。

资源税应税产品(简称“应税产品”)的销售额，按照纳税人销售应税产品向购买方收取的全部价款确定，不包括增值税税款。

计入销售额中的相关运杂费用，凡取得增值税发票或者其他合法有效凭据的，准予从销售额中扣除。相关运杂费用是指应税产品从坑口或者洗选（加工）地到车站、码头或者购买方指定地点的运输费用、建设基金以及随运销产生的装卸、仓储、港杂费用。

纳税人扣减的运杂费用明显偏高导致应税产品价格偏低且无正当理由的，主管税务机关可以合理调整计税价格。

【特别提示】纳税人将其开采的应税产品直接出口的，按其离岸价格（不含增值税）计算销售额征收资源税。

(2) 原矿销售额与精矿销售额的换算或折算。

为公平原矿与精矿之间的税负，对同一种应税产品，征税对象为精矿的，纳税人销售原矿时，应将原矿销售额换算为精矿销售额缴纳资源税；征税对象为原矿的，纳税人销售自采原矿加工的精矿，应将精矿销售额折算为原矿销售额缴纳资源税。换算比或折算率原则上应通过原矿售价、精矿售价和选矿比计算，也可通过原矿销售额、加工环节平均成本和利润计算。

金矿以标准金锭为征税对象，纳税人销售金原矿、金精矿的，应比照上述规定将其销售额换算为金锭销售额后缴纳资源税。

换算比或折算率应按简便可行、公平合理的原则，由省级财税部门确定，并报财政部、国家税务总局备案。

纳税人将其开采的原矿加工为精矿销售的，按精矿销售额（不含增值税）和适用税率计算缴纳资源税。纳税人开采并销售原矿的，将原矿销售额（不含增值税）换算为精矿销售额计算缴纳资源税。精矿销售额不包括从洗选厂到车站、码头或用户指定运达地点的运输费用。

纳税人销售（或者视同销售）其自采原矿的，可采用成本法或市场法将原矿销售额换算为精矿销售额计算缴纳资源税。其中成本法公式如下：

精矿销售额＝原矿销售额＋原矿加工为精矿的成本×(1＋成本利润率)

市场法公式如下：

精矿销售额＝原矿销售额×换算比

换算比＝同类精矿单位价格÷(原矿单位价格×选矿比)

选矿比＝加工精矿耗用的原矿数量÷精矿数量

原矿销售额不包括从矿区到车站、码头或用户指定运达地点的运输费用。

纳税人以自采原矿（经过采矿过程采出后未进行选矿或者加工的矿石）直接销售，或者自用于应当缴纳资源税情形的，按照原矿计征资源税。

纳税人以自采原矿洗选加工为选矿产品（通过破碎、切割、洗选、筛分、磨矿、分级、提纯、脱水、干燥等过程形成的产品，包括富集的精矿和研磨成粉、粒级成型、切割成型的原矿加工品）销售，或者将选矿产品自用于应当缴纳资源税情形的，按照选矿产品计征资源税，在原矿移送环节不缴纳资源税。对于无法区分原生岩石矿种的粒级成型砂石颗粒，按照砂石税目征收资源税。

情境讨论:企业既开采原矿,又将自采原矿洗选加工为选矿产品。请问:什么情况下按照原矿计算缴纳资源税?什么情况下按照选矿产品计算缴纳资源税?

2. 资源税从量计征计税依据的确定

资源税从量计征的计税依据为从量计征的应税产品的销售数量。销售数量的具体规定为:①销售数量,包括纳税人开采或者生产应税产品的实际销售数量和自用于应当缴纳资源税情形的应税产品数量。②纳税人不能准确提供应税产品销售数量的,以应税产品的产量或者主管税务机关确定的折算比换算成的数量为计征资源税的销售数量。

【特别提示】原矿和精矿的销售额或者销售数量应当分别核算,未分别核算的,从高确定计税销售额或者销售数量。

(二) 资源税税率的判定

资源税采用比例税率和定额税率两种形式。资源税税目税率表如表7-5所示。

表 7-5　　资源税税目税率表

税目			征税对象	税率
能源矿产	原油		原矿	6%
	天然气、页岩气、天然气水合物		原矿	6%
	煤		原矿或者选矿	2%~10%
	煤成(层)气		原矿	1%~2%
	铀、钍		原矿	4%
	油页岩、油砂、天然沥青、石煤		原矿或者选矿	1%~4%
	地热		原矿	1%~20%或者每立方米1~30元
金属矿产	黑色金属	铁、锰、铬、钒、钛	原矿或者选矿	1%~9%
	有色金属	铜、铅、锌、锡、镍、锑、镁、钴、铋、汞	原矿或者选矿	2%~9%
		铝土矿	原矿或者选矿	2%~9%
		钨	选矿	6.5%
		钼	选矿	8%
		金、银	原矿或者选矿	2%~6%
		铂、钯、钌、锇、铱、铑	原矿或者选矿	5%~10%
		轻稀土	选矿	7%~12%
		中重稀土	选矿	20%
		铍、锂、锆、锶、铷、铯、铌、钽、锗、镓、铟、铊、铪、铼、镉、硒、碲	原矿或者选矿	2%~10%

续 表

税目			征税对象	税率
非金属矿产	矿物类	高岭土	原矿或者选矿	1%～6%
		石灰岩	原矿或者选矿	1%～6%或者每吨(或者每立方米)1～10 元
		磷	原矿或者选矿	3%～8%
		石墨	原矿或者选矿	3%～12%
		萤石、硫铁矿、自然硫	原矿或者选矿	1%～8%
		天然石英砂、脉石英、粉石英、水晶、工业用金刚石、冰洲石、蓝晶石、硅线石(矽线石)、长石、滑石、刚玉、菱镁矿、颜料矿物、天然碱、芒硝、钠硝石、明矾石、砷、硼、碘、溴、膨润土、硅藻土、陶瓷土、耐火黏土、铁矾土、凹凸棒石黏土、海泡石黏土、伊利石黏土、累托石黏土	原矿或者选矿	1%～12%
		叶蜡石、硅灰石、透辉石、珍珠岩、云母、沸石、重晶石、毒重石、方解石、蛭石、透闪石、工业用电气石、白垩、石棉、蓝石棉、红柱石、石榴子石、石膏	原矿或者选矿	2%～12%
		其他黏土(铸型用黏土、砖瓦用黏土、陶粒用黏土、水泥配料用黏土、水泥配料用红土、水泥配料用黄土、水泥配料用泥岩、保温材料用黏土)	原矿或者选矿	1%～5%或者每吨(或者每立方米)0.1～5 元
	岩石类	大理岩、花岗岩、白云岩、石英岩、砂岩、辉绿岩、安山岩、闪长岩、板岩、玄武岩、片麻岩、角闪岩、页岩、浮石、凝灰岩、黑曜岩、霞石正长岩、蛇纹岩、麦饭石、泥灰岩、含钾岩石、含钾砂页岩、天然油石、橄榄岩、松脂岩、粗面岩、辉长岩、辉石岩、正长岩、火山灰、火山渣、泥炭	原矿或者选矿	1%～10%
		砂石	原矿或者选矿	1%～5%或者每吨(或者每立方米)0.1～5 元
	宝玉石类	宝石、玉石、宝石级金刚石、玛瑙、黄玉、碧玺	原矿或者选矿	4%～20%
水气矿产	二氧化碳气、硫化氢气、氦气、氡气		原 矿	2%～5%
	矿泉水		原 矿	1%～20%或者每立方米 1～30 元
盐	钠盐、钾盐、镁盐、锂盐		选矿	3%～15%
	天然卤水		原 矿	3%～15%或者每吨(或者每立方米)1～10 元
	海盐		原矿或者选矿	2%～5%

“资源税税目税率表”中规定实行幅度税率的，其具体适用税率由省、自治区、直辖市人民政府统筹考虑该应税资源的品位、开采条件以及对生态环境的影响等情况，在“资源税税目税率表”规定的税率幅度内提出，报同级人民代表大会常务委员会决定，并报全国人民代表大会常务委员会和国务院备案。“资源税税目税率表”中规定征税对象为原矿或者选矿的，应当分别确定具体适用税率。

(三) 资源税优惠政策的运用

(1) 有下列情形之一的,免征资源税:

① 开采原油以及在油田范围内运输原油过程中用于加热的原油、天然气。

② 煤炭开采企业因安全生产需要抽采的煤成(层)气。

③ 青藏铁路公司及其所属单位运营期间自采自用的砂、石等材料。

(2) 有下列情形之一的,减征资源税:

① 从低丰度油气田开采的原油、天然气,减征 20%资源税。

② 高含硫天然气、三次采油和从深水油气田开采的原油、天然气,减征 30%资源税。

③ 稠油、高凝油减征 40%资源税。

④ 从衰竭期矿山开采的矿产品,减征 30%资源税。

⑤ 自 2018 年 4 月 1 日至 2021 年 3 月 31 日,对页岩气资源税减征 30%。

⑥ 自 2014 年 12 月 1 日至 2023 年 8 月 31 日,对充填开采置换出来的煤炭,资源税减征 50%。根据国民经济和社会发展需要,国务院对有利于促进资源节约集约利用、保护环境等情形可以规定免征或者减征资源税,报全国人民代表大会常务委员会备案。

(3) 有下列情形之一的,省、自治区、直辖市可以决定免征或者减征资源税:

① 纳税人开采或者生产应税产品过程中,因意外事故或者自然灾害等原因遭受重大损失。

② 纳税人开采共伴生矿、低品位矿、尾矿。

这里的免征或者减征资源税的具体办法,由省、自治区、直辖市人民政府提出,报同级人民代表大会常务委员会决定,并报全国人民代表大会常务委员会和国务院备案。

【特别提示】纳税人的免税、减税项目,应当单独核算销售额或者销售数量;未单独核算或者不能准确提供销售额或者销售数量的,不予免税或者减税。

纳税人开采或者生产同一应税产品,其中既有享受减免税政策的,又有不享受减免税政策的,按照免税、减税项目的产量占比等方法分别核算确定免税、减税项目的销售额或者销售数量。

纳税人开采或者生产同一应税产品同时符合两项或者两项以上减征资源税优惠政策的,除另有规定外,只能选择其中一项执行。

(四) 资源税应纳税额的计算

资源税的应纳税额,按照从价计征或者从量计征的办法,分别以应税产品的销售额乘以纳税人具体适用的比例税率或者以应税产品的销售数量乘以纳税人具体适用的定额税率计算。

纳税人开采或者生产不同税目应税产品的,应当分别核算不同税目应税产品的销售额或者销售数量;未分别核算或者不能准确提供不同税目应税产品的销售额或者销售数量的,从高适用税率。纳税人开采或者生产同一税目下适用不同税率应税产品的,应当分别核算不同税率应税产品的销售额或者销售数量;未分别核算或者不能准确提供不同税率应税产品的销售额或者销售数量的,从高适用税率。

(1) 采用从价计征办法应纳税额的计算公式:应纳税额=应税产品的销售额×比例税率。

(2) 采用从量计征办法应纳税额的计算公式:应纳税额=应税产品的销售数量×定额税率。

【特别提示】纳税人开采或者生产应税产品,自用于连续生产应税产品的,不缴纳资源税;自用于其他方面的,视同销售,缴纳资源税。

纳税人自用应税产品应当缴纳资源税的情形，包括纳税人以应税产品用于非货币性资产交换、捐赠、偿债、赞助、集资、投资、广告、样品、职工福利、利润分配或者连续生产非应税产品等。

(3) 纳税人申报的应税产品销售额明显偏低且无正当理由的，或者有自用应税产品行为而无销售额的，主管税务机关可以按下列方法和顺序确定其应税产品销售额：

① 按纳税人最近时期同类产品的平均销售价格确定。

② 按其他纳税人最近时期同类产品的平均销售价格确定。

③ 按后续加工非应税产品销售价格，减去后续加工环节的成本利润后确定。

④ 按应税产品组成计税价格确定。

组成计税价格＝成本×(1＋成本利润率)÷(1－资源税税率)

上述公式中的成本利润率由省、自治区、直辖市税务机关确定。

⑤ 按其他合理方法确定。

(4) 原煤加工为洗选煤的资源税应纳税额的计算。

纳税人将其开采的原煤加工为洗选煤销售的，以洗选煤销售额乘以折算率作为应税煤炭销售额计算缴纳资源税。

洗选煤应纳税额＝洗选煤销售额×洗选煤折算率×适用税率。

洗选煤销售额包括洗选副产品的销售额，不包括洗选煤从洗选煤厂到车站、码头等的运输费用。折算率可通过洗选煤销售额扣除洗选环节成本、利润计算，也可通过洗选煤市场价格与其所用同类原煤市场价格的差额及综合回收率计算。折算率由省、自治区、直辖市财税部门或其授权地市级财税部门确定。具体来说，洗选煤折算率的公式有以下两种。

公式一：洗选煤折算率＝(洗选煤平均销售额－洗选环节平均成本－洗选环节平均利润)÷洗选煤平均销售额×100%。

公式二：洗选煤折算率＝原煤平均销售额÷(洗选煤平均销售额×综合回收率)×100%。

其中，综合回收率＝洗选煤数量÷入洗前原煤数量×100%。

【情境实例 7-1】

1. 工作任务要求

(1) 计算业务一应缴纳的资源税。

(2) 计算业务二中洗选煤的折算率以及业务二应缴纳的资源税。

(3) 计算业务三应缴纳的资源税。

2. 情境实例设计

某煤炭开采企业，为增值税一般纳税人，原煤适用的资源税税率为 6%。本年 7 月发生如下业务：

业务一：开采原煤 50 万吨，其中 30 万吨销售给电力公司，不含税售价为 0.07 万元/吨(该售价为该企业销售原煤的平均售价)。

业务二：向某能源公司销售甲型洗选煤 8 万吨，含税售价为 0.113 万元/吨(该售价为该企业销售洗选煤的平均售价)，另收取洗选煤厂到购买方的运输费 109 万元，洗选煤的综合回收率为 80%。

业务三：将乙型洗选煤 10 万吨用于连续生产焦炭，乙型洗选煤无市场同类可比售价，其成本为0.08万元/吨,成本利润率为10%。

3. 任务实施过程

(1) 业务一应缴纳的资源税＝300 000×0.07×6%＝1 260(万元)

(2) 业务二洗选煤折算率＝原煤平均销售额÷(洗选煤平均销售额×综合回收率)×100%＝0.07÷[0.113÷(1＋13%)×80%]×100%＝87.5%

洗选煤销售额包括洗选煤副产品的销售额,不包括收取的增值税销项税额以及从洗选煤厂到车站、码头或购买方指定地点的运输费用。

业务二应纳资源税＝80 000×0.113÷(1＋13%)×87.5%×6%＝420(万元)

(3) 纳税人以自采原煤直接或者经洗选加工后连续生产焦炭、煤气、煤化工、电力及其他煤炭深加工产品的,视同销售,在原煤或者洗选煤移送环节缴纳资源税。

业务三应纳资源税＝100 000×0.08×(1＋10%)÷(1－6%)×87.5%×6%＝491.49(万元)

---

(5) 已税产品的税务处理。

纳税人用已纳资源税的应税产品进一步加工应税产品销售的,不再缴纳资源税。纳税人外购应税产品与自采应税产品混合销售或者混合加工为应税产品销售的,在计算应税产品销售额或者销售数量时,准予扣减外购应税产品的购进金额或者购进数量;当期不足扣减的,可结转下期扣减。纳税人应当准确核算外购应税产品的购进金额或者购进数量,未准确核算的,一并计算缴纳资源税。

【特别提示】纳税人核算并扣减当期外购应税产品购进金额、购进数量,应当依据外购应税产品的增值税发票、海关进口增值税专用缴款书或者其他合法有效凭据。

纳税人以外购原矿与自采原矿混合为原矿销售,或者以外购选矿产品与自产选矿产品混合为选矿产品销售的,在计算应税产品销售额或者销售数量时,直接扣减外购原矿或者外购选矿产品的购进金额或者购进数量。

纳税人以外购原矿与自采原矿混合洗选加工为选矿产品销售的,在计算应税产品销售额或者销售数量时,按照下列方法进行扣减:

准予扣减的外购应税产品购进金额(数量)＝外购原矿购进金额(数量)
×(本地区原矿适用税率÷本地区选矿产品适用税率)

不能按照上述方法计算扣减的,按照主管税务机关确定的其他合理方法进行扣减。

(6) 关联企业之间业务往来的税务处理。

纳税人与其关联企业之间的业务往来,应当按照独立企业之间的业务往来收取或者支付价款、费用。不按照独立企业之间的业务往来收取或者支付价款、费用,而减少其计税销售额的,税务机关可以按照《税收征管法》及其实施细则的有关规定进行合理调整。

7

三、资源税的纳税申报

(一) 资源税的纳税义务发生时间

资源税在应税产品的销售或自用环节计算缴纳。纳税义务发生时间具体如下:

(1) 纳税人销售应税产品采取分期收款结算方式的,其纳税义务发生时间为销售合同规定的收款日期的当日。

(2) 纳税人销售应税产品采取预收货款结算方式的,其纳税义务发生时间为发出应税产品的当日。

(3) 纳税人销售应税产品采取其他结算方式的，其纳税义务发生时间为收讫销售款项或者取得索取销售款项凭据的当日。

(4) 纳税人自产自用应税产品的，其纳税义务发生时间为移送使用应税产品的当日。

【特别提示】纳税人以自采原矿直接加工为非应税产品或者以自采原矿加工的精矿连续生产非应税产品的，在原矿或者精矿移送环节计算缴纳资源税。

(5) 纳税人以自采原矿加工精矿产品的，在原矿移送使用时不缴纳资源税，在精矿销售或自用时缴纳资源税。

(6) 纳税人以自采原矿加工金锭的，在金锭销售或自用时缴纳资源税。纳税人销售自采原矿或者自采原矿加工的金精矿、粗金，在原矿或者金精矿、粗金销售时缴纳资源税，在移送使用时不缴纳资源税。

(7) 纳税人以应税产品投资、分配、抵债、赠与、以物易物等，视同销售，依照税法有关规定计算缴纳资源税。

情境讨论：资源税纳税义务发生时间的规定与增值税、消费税相同吗？

答：由于资源税进口不征，也不存在代扣代缴的情形，因此资源税没有进口环节和代扣代缴纳税义务发生时间的规定。除此以外，资源税纳税义务发生时间的规定与增值税、消费税基本相同。

(二) 资源税的纳税期限

资源税按月或者按季申报缴纳；不能按固定期限计算缴纳的，可以按次申报缴纳。

纳税人按月或者按季申报缴纳的，应当自月度或者季度终了之日起 15 日内，向税务机关办理纳税申报并缴纳税款；按次申报缴纳的，应当自纳税义务发生之日起 15 日内，向税务机关办理纳税申报并缴纳税款。

【特别提示】自 2022 年 7 月 14 日起，歇业状态的市场主体可以选择按次申报缴纳资源税(不含水资源税)。但被税务机关认定为非正常户的市场主体，在解除非正常状态之前，其歇业期间不适用上述简化纳税申报方式。

(三) 资源税的纳税地点

(1) 纳税人应当在矿产品的开采地或者海盐的生产地的税务机关申报缴纳资源税。

(2) 纳税人在本省、自治区、直辖市范围开采或者生产应税产品，其纳税地点需要调整的，由省级税务机关决定。

(3) 纳税人跨省开采资源税应税产品，其下属生产单位与核算单位不在同一省、自治区、直辖市的，对其开采的矿产品一律在开采地纳税，其应纳税款由独立核算、自负盈亏的单位，按照开采地的实际销售(或者自用)额或数量及适用的税率计算划拨。

(4) 海上开采的原油和天然气资源税，由海洋石油税务管理机构征收管理。

【特别提示】税务机关与自然资源等相关部门应当建立工作配合机制，加强资源税征收管理。

(四) 资源税的纳税申报实务

纳税人对资源税进行纳税申报时，应当填报“资源税税源明细表”(如表 7-6 所示)、“财产和行为税减免税明细申报附表”(略)、“财产和行为税纳税申报表”(如表 7-4 所示)。

表 7-6　　　　资源税税源明细表

税款所属期限：自 2023 年 03 月 01 日至 2023 年 03 月 31 日
纳税人识别号(统一社会信用代码)：91370709864220777P
纳税人名称：山东伟泽合美铁矿有限公司　　　　金额单位：人民币元(列至角分)

申报计算明细										
序号	税目	子目	计量单位	销售数量	准予扣减的外购应税产品购进数量	计税销售数量	销售额	准予扣除的运杂费	准予扣减的外购应税产品购进金额	计税销售额
	1	2	3	4	5	6=4−5	7	8	9	10=7−8−9
1	黑色金属＊铁	原矿	吨	4 000.00		4 000.00	2 800 000.00	0.00	0.00	2 800 000.00
2										
合计							2 800 000.00	0.00	0.00	2 800 000.00

减免税计算明细									
序号	税目	子目	减免性质代码和项目名称	计量单位	减免税销售数量	减免税销售额	适用税率	减征比例	本期减免税额
	1	2	3	4	5	6	7	8	9①=5×7×8 9②=6×7×8
1									
2									
合计									

【情境实战 7-5——资源税应纳税额的计算和纳税申报】

1. 工作任务要求

(1) 计算山东伟泽合美铁矿有限公司 2023 年 3 月下列业务的增值税销项税额和应纳资源税。

(2) 山东伟泽合美铁矿有限公司 2023 年 4 月 5 日对 2023 年 3 月的资源税进行纳税申报，填写“资源税税源明细表”“财产和行为税纳税申报表”。

2. 情境实战设计

接【情境实战 7-4——土地增值税的计算和纳税申报】，山东伟泽合美铁矿有限公司 2023 年 3 月生产铁矿原矿 8 000 吨。当月对外销售铁矿原矿 4 000 吨，双方买卖合同(2023 年 3 月 20 日签订)上记载每吨不含增值税售价为 700 元，合计不含增值税售价为 2 800 000 元。已售出的铁矿原矿的成本为 2 200 000 元。该批铁矿原矿已经发出，款项以银行存款收讫。该批铁矿原矿的资源税税率为 2%。山东伟泽合美铁矿有限公司于 2023 年 4 月 5 日对 2023 年 3 月的资源税进行纳税申报。

3. 实战操作步骤

第一步：根据经济业务计算当期增值税销项税额和应纳资源税。

增值税销项税额＝4 000×700×13%＝2 800 000×13%＝364 000(元)

应纳资源税＝4 000×700×2%＝2 800 000×2%＝56 000(元)

第二步：对资源税进行纳税申报。

填写"资源税税源明细表"(见表 7-6)和"财产和行为税纳税申报表"(见表 7-4)。

任务四　城镇土地使用税纳税实务

【情境引例】

立德公司有一块地属于用于经营采摘、观光农业的用地，请问该用地是否需要缴纳城镇土地使用税？

【知识准备与业务操作】

一、城镇土地使用税的认知

(一) 城镇土地使用税纳税人的确定

城镇土地使用税的纳税人，是指在城市、县城、建制镇、工矿区范围内使用土地的单位和个人。单位，包括国有企业、集体企业、私营企业、股份制企业、外商投资企业、外国企业及其他企业和事业单位、社会团体、国家机关、军队及其他单位。个人，包括个体工商户及其他个人。

城镇土地使用税纳税人的具体规定如下：

(1) 拥有土地使用权的单位和个人，为纳税人。

(2) 拥有土地使用权的单位和个人不在土地所在地的，土地的代管人或实际使用人为纳税人。

(3) 土地使用权未确定或权属纠纷未解决的，土地的实际使用人为纳税人。

(4) 土地使用权共有的，共有各方均为纳税人，以共有各方实际使用土地的面积占总面积的比例，分别计算城镇土地使用税，由共有各方分别缴纳。

【特别提示】用于租赁的房屋，由出租方缴纳城镇土地使用税。

实务释疑：我公司向村委租用村集体用地。请问：是否由我公司缴纳城镇土地使用税？

答：《财政部 国家税务总局关于集体土地城镇土地使用税有关政策的通知》(财税〔2006〕56 号)规定："自 2006 年 5 月 1 日起，在城镇土地使用税征税范围内实际使用应税集体所有建设用地，但未办理土地使用权流转手续的，由实际使用集体土地的单位和个人按规定缴纳城镇土地使用税。"

因此，对你公司租用的、未办理土地使用权流转手续的村集体用地，应由你公司缴纳城镇土地使用税。

【情境辨析 7-5】

1. 情境辨析目的

掌握城镇土地使用税纳税人的具体规定。

2. 情境辨析设计

下列各项中,符合城镇土地使用税纳税人规定的有(　　)。

A. 拥有土地使用权的单位和个人是城镇土地使用税的纳税人,但不包括外商投资企业、外国企业

B. 拥有土地使用权的单位和个人不在土地所在地的,实际使用人和代管人为纳税人

C. 土地使用权未确定的或权属纠纷未解决的,其实际使用人为土地使用税的纳税人

D. 土地使用权共有的,共有各方都是土地使用税的纳税人

3. 情境辨析过程

答案:B、C、D

解析:城镇土地使用税的纳税人,是指在城市、县城、建制镇、工矿区范围内使用土地的单位和个人。单位,包括国有企业、集体企业、私营企业、股份制企业、外商投资企业、外国企业及其他企业和事业单位、社会团体、国家机关、军队及其他单位;个人,包括个体工商户及其他个人。

(二) 城镇土地使用税征税范围的确定

城镇土地使用税的征税范围是税法规定的纳税区域内的土地。根据《城镇土地使用税暂行条例》的规定,凡在城市、县城、建制镇、工矿区范围内的土地,不论是属于国家所有的土地,还是集体所有的土地,都属于城镇土地使用税的征税范围。建立在城市、县城、建制镇和工矿区以外的工矿企业则不需缴纳城镇土地使用税。

情境答疑:什么是城市、县城、建制镇、工矿区?

答:《国家税务局关于检发〈关于土地使用税若干具体问题的解释和暂行规定〉的通知》(国税地字〔1988〕第 15 号)规定:"城市,是指国务院批准设立的市。城市的征税范围包括市区和郊区。县城,是指县人民政府所在地,县城的征税范围为县人民政府所在地的城镇。建制镇,是经省级人民政府批准设立的建制镇,建制镇的征税范围为镇人民政府所在地的地区,但不包括镇政府所在地所辖行政村。工矿区,是指工商业比较发达,人口比较集中,符合国务院规定的建制镇标准,但尚未设立建制镇的大中型工矿企业所在地,工矿区的设立必须经省级人民政府批准。"

7

【特别提示】自 2009 年 1 月 1 日起,公园、名胜古迹内的索道公司经营用地,应按规定缴纳城镇土地使用税。

二、城镇土地使用税的计算

(一) 城镇土地使用税计税依据的确定

城镇土地使用税以纳税人实际占用的土地面积为计税依据,土地面积计量标准为平方米。即税务机关根据纳税人实际占用的土地面积,按照规定的税额计算应纳税额,向纳税人

征收城镇土地使用税。

纳税人实际占用的土地面积按下列方法确定：

(1) 由省、自治区、直辖市人民政府确定的单位组织测定土地面积的，以测定的面积为准。

(2) 尚未组织测量，但纳税人持有政府部门核发的土地使用证书的，以证书确认的土地面积为准。

(3) 尚未核发土地使用证书的，应由纳税人申报土地面积据以纳税，待核发土地使用证以后再作调整。

【情境辨析 7-6】

1. 情境辨析目的

掌握城镇土地使用税的计税依据。

2. 情境辨析设计

城镇土地使用税的计税依据是(　　)。

A. 纳税人建筑面积　　B. 纳税人使用面积

C. 纳税人居住面积　　D. 纳税人实际占用的土地面积

3. 情境辨析过程

答案：D

解析：城镇土地使用税以纳税人实际占用的土地面积为计税依据。

(二) 城镇土地使用税税率的判定

城镇土地使用税采用定额税率，即采用有幅度的差别税额，按大、中、小城市和县城、建制镇、工矿区分别规定每平方米城镇土地使用税年应纳税额。城镇土地使用税税率如表 7-7 所示。

表 7-7　城镇土地使用税税率

级　别	人口/人	每平方米税额/元
大城市	50 万以上	1.5～30
中等城市	20 万～50 万	1.2～24
小城市	20 万以下	0.9～18
县城、建制镇、工矿区		0.6～12

省、自治区、直辖市人民政府，应当在表 7-7 规定的税额幅度内，根据市政建设状况、经济繁荣程度等条件，确定所辖地区的适用税额幅度。

【特别提示】经济落后地区，城镇土地使用税的适用税额标准可适当降低，但降低幅度不得超过上述规定最低税额的 30%。

(三) 城镇土地使用税优惠政策的运用

1. 城镇土地使用税减免的一般规定

(1) 国家机关、人民团体、军队自用的土地(仅指这些单位的办公用地和公务用地)，免征城镇土地使用税。

(2) 由国家财政部门拨付事业经费的单位自用的土地，免征城镇土地使用税。

(3) 宗教寺庙、公园、名胜古迹自用的土地，免征城镇土地使用税。

7

【特别提示】公园、名胜古迹中附设的营业单位、影剧院、饮食部、茶社、照相馆、索道公司经营用地等均应按规定缴纳城镇土地使用税。

(4) 市政街道、广场、绿化地带等公共用地，免征城镇土地使用税。

【特别提示】非社会性的公共用地如企业内的广场、道路、绿化等占用的土地，不能免税。

(5) 直接用于农、林、牧、渔业的生产用地，免征城镇土地使用税。

(6) 经批准开山填海整治的土地和改造的废弃土地，从使用的月份起免缴土地使用税5年至10年。

(7) 由财政部另行规定免税的能源、交通、水利设施用地和其他用地，免征城镇土地使用税。

(8) 企业办的学校、医院、托儿所、幼儿园，其用地能与企业其他用地明确区分的，免征城镇土地使用税。

(9) 对机场飞行区(包括跑道、滑行道、停机坪、安全带、夜航灯光区)用地，场内外通信导航设施用地和飞行区四周排水防洪设施用地，免征城镇土地使用税。机场道路，区分为场内、场外道路，场外道路用地免征城镇土地使用税；场内道路用地依照规定征收城镇土地使用税。

(10) 对盐场的盐滩、盐矿的矿井用地，暂免征收城镇土地使用税。

【情境引例解析】

《财政部 国家税务总局关于房产税、城镇土地使用税有关政策的通知》(财税〔2006〕186号)规定："在城镇土地使用税征税范围内经营采摘、观光农业的单位和个人，其直接用于采摘、观光的种植、养殖、饲养的土地，根据《中华人民共和国城镇土地使用税暂行条例》第六条中'直接用于农、林、牧、渔业的生产用地'的规定，免征城镇土地使用税。"除此以外的其余用地则应按规定征收城镇土地使用税。

2. 城镇土地使用税减免的特殊规定(包括但不限于)

(1) 凡是缴纳了耕地占用税的，从批准征用之日起满1年后征收城镇土地使用税；征用非耕地因不需要缴纳耕地占用税，应从批准征用之次月起征收城镇土地使用税。

(2) 对免税单位无偿使用纳税单位的土地(如公安、海关等单位使用铁路、民航等单位的土地)，免征城镇土地使用税；对纳税单位无偿使用免税单位的土地，纳税单位应照章缴纳城镇土地使用税。

【点拨指导】主要看无偿使用方是否为免税单位：若为免税单位的，相应免税；若为纳税单位的，应照章纳税。

(3) 房地产开发公司开发建造商品房的用地，除经批准开发建设经济适用房的用地外，对各类房地产开发用地一律不得减免城镇土地使用税。

(4) 老年服务机构自用的土地，免征城镇土地使用税。

7

(5) 对于各类危险品仓库、厂房所需的防火、防爆、防毒等安全防范用地，可由各省、自治区、直辖市税务局确定，暂免征收城镇土地使用税。

(6) 自2019年6月1日至2025年12月31日，为社区提供养老、托育、家政等服务的机构自有或其通过承租、无偿使用等方式取得并用于提供社区养老、托育、家政服务的土地，免征城镇土地使用税。

(7) 自2019年1月1日至2023年12月31日，对农产品批发市场、农贸市场(包括自有和承租)专门用于经营农产品的房产、土地，暂免征收城镇土地使用税。对同时经营其他产品的，按其他产品与农产品交易场地面积的比例确定征免城镇土地使用税。

【特别提示】农产品批发市场、农贸市场的行政办公区、生活区，以及商业餐饮娱乐等非直接为农产品交易提供服务的房产、土地，应按规定征收城镇土地使用税。

(8) 自 2019 年 1 月 1 日至 2023 年 12 月 31 日，对国家级、省级科技企业孵化器、大学科技园和国家备案众创空间自用以及无偿或通过出租等方式提供给在孵对象使用的房产、土地，免征城镇土地使用税。

(9) 自 2020 年 1 月 1 日起至 2022 年 12 月 31 日，对物流企业自有(包括自用和出租)或承租的大宗商品仓储设施用地，减按所属土地等级适用税额标准的 50%计征城镇土地使用税。

实务咨询：我公司有一批地下建筑用地，请问其城镇土地使用税如何征收？

【情境辨析 7-7】

1. 情境辨析目的

掌握城镇土地使用税优惠政策的规定。

2. 情境辨析设计

下列各项中，免征城镇土地使用税的有(　　)。

A. 盐矿的矿井用地　　B. 工业企业仓库用地

C. 公园中附设的饮食部经营用地　　D. 机场场外道路用地

3. 情境辨析过程

答案：A、D

解析：选项 B，工业企业仓库用地应当正常征收城镇土地使用税。选项 C，公园、名胜古迹中附设的营业单位、影剧院、饮食部、茶社、照相馆、索道公司经营用地等均应按规定缴纳城镇土地使用税。

(四) 城镇土地使用税应纳税额的计算

城镇土地使用税应纳税额可以通过纳税人实际占用的土地面积乘以该土地所在地段的适用税率求得。其计算公式如下：

全年应纳税额 = 实际占用应税土地面积(平方米) × 适用税率

三、城镇土地使用税的纳税申报

(一) 城镇土地使用税的纳税义务发生时间

(1) 纳税人购置新建商品房，自房屋交付使用之次月起，缴纳城镇土地使用税。

(2) 纳税人购置存量房，自办理房屋权属转移、变更登记手续，房地产权属登记机关签发房屋权属证书之次月起，缴纳城镇土地使用税。

(3) 纳税人出租、出借房产(由房产所有人缴纳)，自交付出租、出借房产之次月起，缴纳城镇土地使用税。

(4) 以出让或转让方式有偿取得土地使用权的，应由受让方从合同约定交付土地时间的次月起缴纳城镇土地使用税；合同未约定交付时间的，由受让方从合同签订的次月起缴纳城镇土地使用税。

(5) 纳税人新征用的耕地,自批准征用之日起满1年时开始缴纳城镇土地使用税。

(6) 纳税人新征用的非耕地,自批准征用的次月起缴纳城镇土地使用税。

【特别提示】自2009年1月1日起,纳税人因土地的权利发生变化而依法终止城镇土地使用税纳税义务的,其应纳税款的计算应截止到土地权利发生变化的当月末。

(二) 城镇土地使用税的纳税期限

城镇土地使用税适用按年计算、分期缴纳的征收方法,具体纳税期限由省、自治区、直辖市人民政府确定。

(三) 城镇土地使用税的纳税地点

城镇土地使用税在土地所在地缴纳。

纳税人使用的土地不属于同一省、自治区、直辖市的,由纳税人分别向土地所在地的税务机关缴纳城镇土地使用税;在同一省、自治区、直辖市管辖范围内,纳税人跨地区使用的土地,其纳税地点由各省、自治区、直辖市税务局确定。

(四) 城镇土地使用税的纳税申报实务

纳税人城镇土地使用税进行纳税申报时,应当填报"城镇土地使用税 房产税税源明细表"(如表7-8所示)、"财产和行为税减免税明细申报附表"(略)、"财产和行为税纳税申报表"(见表7-4)。

【情境实战7-6——城镇土地使用税应纳税额的计算和纳税申报】

1. 工作任务要求

(1) 计算山东伟泽合美铁矿有限公司2023年第1季度的应纳城镇土地使用税。

(2) 山东伟泽合美铁矿有限公司2023年4月5日对2023年第1季度的城镇土地使用税进行纳税申报,填写"城镇土地使用税 房产税税源明细表"中的"一、城镇土地使用税税源明细""财产和行为税纳税申报表"。

2. 情境实战设计

接【情境实战7-4——土地增值税的计算和纳税申报】,山东伟泽合美铁矿有限公司生产经营用地的土地面积为18 000平方米,土地名称为A土地。山东伟泽合美铁矿有限公司为土地使用权人。土地性质为国有土地。土地取得方式为转让。土地用途为工业用途。土地坐落地址为山东省济南市开发区幸福街道和平路777号。土地所属主管税务所为山东省济南市开发区税务局。土地取得时间为2018年7月。该土地为一级土地,城镇土地使用税的单位税额为每平方米8元。按照当地规定,城镇土地使用税按年计算、每季度缴纳一次。山东伟泽合美铁矿有限公司2023年4月5日对2023年第1季度的城镇土地使用税进行纳税申报。

3. 实战操作步骤

第一步:根据经济业务计算2023年第1季度的应纳城镇土地使用税。

2023年第1季度应纳城镇土地使用税$=18\ 000\times8\div4=18\ 000\div4\times8=4\ 500\times8=36\ 000$(元)

第二步:对城镇土地使用税进行纳税申报。

填写"城镇土地使用税 房产税税源明细表"(见表7-8)中的"一、城镇土地使用税税源明细"和"财产和行为税纳税申报表"(见表7-4)。

表 7-8

城镇土地使用税 房产税税源明细表

纳税人识别号(统一社会信用代码):91370709864220777P

纳税人名称:山东伟泽合美铁矿有限公司　　　　金额单位:人民币元(列至角分);面积单位:平方米

<table>
<tr><td colspan="8">一、城镇土地使用税税源明细①</td></tr>
<tr><td colspan="2">* 纳税人类型</td><td colspan="2">土地使用权人☑　集体土地使用人□　无偿使用人□　代管人□　实际使用人□(必选)</td><td>土地使用权人纳税人识别号(统一社会信用代码)</td><td>91370709864220777P</td><td>土地使用权人名称</td><td>山东伟泽合美铁矿有限公司</td></tr>
<tr><td colspan="2">* 土地编号</td><td colspan="2">系统自动赋予编号</td><td>土地名称</td><td>A 土地</td><td>不动产权证号</td><td>略</td></tr>
<tr><td colspan="2">不动产单元代码</td><td colspan="2">略</td><td>宗地号</td><td>略</td><td>* 土地性质</td><td>国有☑　集体□(必选)</td></tr>
<tr><td colspan="2">* 土地取得方式</td><td colspan="2">划拨□　出让□　转让☑　租赁□　其他□(必选)</td><td>* 土地用途</td><td colspan="3">工业☑　商业□　居住□　综合□　房地产开发企业的开发用地□　其他□(必选)</td></tr>
<tr><td colspan="2">* 土地坐落地址(详细地址)</td><td colspan="6">山东省(自治区、直辖市)　济南市(区)　开发县(区)幸福乡镇(街道)和平路 777 号(必填)</td></tr>
<tr><td colspan="2">* 土地所属主管税务所(科、分局)</td><td colspan="6">系统自动带出</td></tr>
<tr><td colspan="2">* 土地取得时间</td><td>2018 年 07 月</td><td>变更类型</td><td colspan="2">纳税义务终止(权属转移□　其他□)
信息项变更(土地面积变更□　土地等级变更□
减免税变更□　其他□)</td><td>变更时间</td><td>年　月</td></tr>
<tr><td colspan="2">* 占用土地面积</td><td>18 000.00</td><td>地价</td><td>略</td><td>* 土地等级　一级</td><td>* 税额标准</td><td>8.00</td></tr>
<tr><td rowspan="5">减免税部分</td><td rowspan="2">序号</td><td colspan="2" rowspan="2">减免性质代码和项目名称</td><td colspan="2">减免起止时间</td><td rowspan="2">减免税土地面积</td><td rowspan="2">月减免税金额</td></tr>
<tr><td>减免起始月份</td><td>减免终止月份</td></tr>
<tr><td>1</td><td colspan="2"></td><td>年　月</td><td>年　月</td><td></td><td></td></tr>
<tr><td>2</td><td colspan="2"></td><td></td><td></td><td></td><td></td></tr>
<tr><td>3</td><td colspan="2"></td><td></td><td></td><td></td><td></td></tr>
</table>

①　首次进行纳税申报的纳税人,需要填写全部土地的相关信息。此后办理纳税申报时,纳税人的土地及相关信息未发生变化的,可仅对已填报的信息进行确认;发生变化的,仅就变化的内容进行填写。

7

续 表

<table>
<tr><td colspan="8">二、房产税税源明细①</td></tr>
<tr><td colspan="8">(一)从价计征房产税明细</td></tr>
<tr><td colspan="2">*纳税人类型</td><td colspan="2">产权所有人☑ 经营管理人□
承典人□
房屋代管人□ 房屋使用人□ 融资租赁承租人□
(必选)</td><td>所有权人纳税人识别号(统一社会信用代码)</td><td>91370709864220777P</td><td>所有权人名称</td><td>山东伟泽合美铁矿有限公司</td></tr>
<tr><td colspan="2">*房产编号</td><td colspan="2">系统赋予编号</td><td>房产名称</td><td colspan="3">A房产</td></tr>
<tr><td colspan="2">不动产权证号</td><td colspan="2">略</td><td>不动产单元代码</td><td colspan="3">略</td></tr>
<tr><td colspan="2">*房屋坐落地址(详细地址)</td><td colspan="6">山东省(自治区、直辖市) 济南市(区) 开发县(区)幸福乡镇(街道)和平路777号(必填)</td></tr>
<tr><td colspan="2">*房产所属主管税务所(科、分局)</td><td colspan="6">系统自动带出</td></tr>
<tr><td colspan="2">房屋所在土地编号</td><td colspan="2">系统自动带出</td><td>*房产用途</td><td colspan="3">工业☑ 商业及办公□ 住房□ 其他□(必选)</td></tr>
<tr><td colspan="2">*房产取得时间</td><td>2018年07月</td><td>变更类型</td><td colspan="2">纳税义务终止(权属转移□ 其他□)信息项变更(房产原值变更□ 出租房产原值变更□ 减免税变更□ 申报租金收入变更□ 其他□)</td><td>变更时间</td><td>年 月</td></tr>
<tr><td colspan="2">*建筑面积</td><td>略</td><td>其中:出租房产面积</td><td colspan="4">0.00</td></tr>
<tr><td colspan="2">*房产原值</td><td>60 000 000.00</td><td>其中:出租房产原值</td><td colspan="2">0.00</td><td>计税比例</td><td>70%</td></tr>
<tr><td rowspan="5">减免税部分</td><td rowspan="2">序号</td><td colspan="2" rowspan="2">减免性质代码和项目名称</td><td colspan="2">减免起止时间</td><td rowspan="2">减免税房产原值</td><td rowspan="2">月减免税金额</td></tr>
<tr><td>减免起始月份</td><td>减免终止月份</td></tr>
<tr><td>1</td><td colspan="2"></td><td>年 月</td><td>年 月</td><td></td><td></td></tr>
<tr><td>2</td><td colspan="2"></td><td></td><td></td><td></td><td></td></tr>
<tr><td>3</td><td colspan="2"></td><td></td><td></td><td></td><td></td></tr>
</table>

① 首次进行纳税申报的纳税人，需要填写全部房产的相关信息，此后办理纳税申报时，纳税人的房产及相关信息未发生变化的，可仅对已填报的信息进行确认；发生变化的，仅就变化的内容进行填写。

续 表

<table>
<tr><td colspan="7">（二）从租计征房产税明细</td></tr>
<tr><td colspan="2">* 房产编号</td><td></td><td colspan="2">房产名称</td><td colspan="2"></td></tr>
<tr><td colspan="2">* 房产所属主管税务所（科、分局）</td><td colspan="5"></td></tr>
<tr><td colspan="2">承租方纳税人识别号（统一社会信用代码）</td><td></td><td colspan="2">承租方名称</td><td colspan="2"></td></tr>
<tr><td colspan="2">* 出租面积</td><td></td><td colspan="2">* 申报租金收入</td><td colspan="2"></td></tr>
<tr><td colspan="2">* 申报租金所属租赁期起</td><td></td><td colspan="2">* 申报租金所属租赁期止</td><td colspan="2"></td></tr>
<tr><td rowspan="5">减免税部分</td><td rowspan="2">序号</td><td rowspan="2">减免性质代码和项目名称</td><td colspan="2">减免起止时间</td><td rowspan="2">减免税租金收入</td><td rowspan="2">月减免税金额</td></tr>
<tr><td>减免起始月份</td><td>减免终止月份</td></tr>
<tr><td>1</td><td></td><td>年 月</td><td>年 月</td><td></td><td></td></tr>
<tr><td>2</td><td></td><td></td><td></td><td></td><td></td></tr>
<tr><td>3</td><td></td><td></td><td></td><td></td><td></td></tr>
</table>

7

任务五 房产税纳税实务

【情境引例】

甲公司按揭买房产生了利息支出。请问:该利息支出是否计入房屋原值计征房产税?

【知识准备与业务操作】

一、房产税的认知

(一) 房产税纳税人的确定

房产税的纳税人是指在我国城市、县城、建制镇和工矿区(不包括农村)内拥有房屋产权的单位和个人,具体包括产权所有人、承典人、房产代管人或者使用人。

(1) 产权属于国家的,其经营管理的单位为纳税人。

(2) 产权属于集体和个人的,集体单位和个人为纳税人。

(3) 产权出典的,承典人为纳税人。

【点拨指导】产权出典是指产权所有人为了某种需要,将自己的房屋在一定的期限内转让给他人使用,以押金形式换取一定数额的现金(或者实物),并立有某种合同(契约)的行为。在此,房屋所有人称为房屋"出典人",支付现金(或者实物)的人称为房屋的"承典人"。

【知识链接】房产出租的,房产产权所有人(出租人)为纳税人。

(4) 产权所有人、承典人均不在房产所在地的,房产代管人或者使用人为纳税人。

(5) 产权未确定以及租典(租赁、出典)纠纷未解决的,房产代管人或者使用人为纳税人。

【点拨指导】租典纠纷,是指产权所有人在房产出典和租赁关系上,与承典人、租赁人发生各种争议,特别是有关权利和义务的争议悬而未决的。此外,还有一些产权归属不清的问题,也都属于租典纠纷。

(6) 纳税单位和个人无租使用房产管理部门、免税单位及纳税单位的房产,由使用人代为缴纳房产税。

(7) 房地产开发企业建造的商品房,在出售前,不征收房产税,但对出售前房地产开发企业已使用或出租、出借的商品房应按规定征收房产税。

实务释疑:甲企业(我公司)与乙企业合作建房,在建工程的成本仅在甲企业账上反映,工程尚未竣工,产权证也没有办理。现甲企业和乙企业已分别将各自应分得的房产投入使用,请问房产税由哪方缴纳?

答:《中华人民共和国房产税暂行条例》(国发〔1986〕90号)规定:"房产税由产权所有人缴纳。产权所有人、承典人不在房产所在地的,或者产权未确定及租典纠纷未解决的,由房产代管人或者使用人缴纳。"

因此,甲企业和乙企业应当分别就自己使用的房产部分缴纳房产税。

【情境辨析 7-8】

1. 情境辨析目的

掌握房产税纳税义务人的相关规定。

2. 情境辨析设计

根据房产税法律制度的规定,下列各项中,符合房产税纳税义务人规定的是(　　)。

A. 产权未确定的,不纳税

B. 房屋产权出典的,由出典人纳税

C. 产权纠纷未解决的,由代管人或使用人纳税

D. 产权属于国家的,不纳税

3. 情境辨析过程

答案:C

解析:选项 A、C 产权未确定或者纠纷未解决的,房产代管人或者使用人为纳税人;选项 B 产权出典的,承典人为纳税人;选项 D 产权属于国家的,其经营管理的单位为纳税人。

(二) 房产税征税范围的确定

房产税的征税对象是房产,即有屋面和围护结构(有墙或两边有柱),能够遮风避雨,可提供人们在其中生产、学习、工作、娱乐、居住或储藏物资的场所。

房产税的征税范围是城市、县城、建制镇和工矿区的房屋,不包括农村。

【特别提示】独立于房屋之外的建筑物,如围墙、烟囱、水塔、菜窖、室外游泳池等不属于房产税的征税范围。

二、房产税的计算

(一) 房产税计税依据的确定

1. 房产税从价计征计税依据的确定

房产税从价计征的计税依据为按照房产原值一次减除 10%~30%损耗后的余值(扣除比例由省、自治区、直辖市人民政府确定)。

对于房产原值的规定主要有以下两点:

(1) 房产原值是指纳税人按照会计制度规定,在会计账簿"固定资产"账户中记载的房屋原价。因此,凡按会计制度规定在账簿中记载有房屋原价的,应以房屋原价按规定减除一定比例后作为房产余值计征房产税;没有记载房屋原价的,按照上述原则,并参照同类房屋确定房产原值,按规定计征房产税。

【特别提示】自 2009 年 1 月 1 日起,对依照房产原值计税的房产,不论是否记载在会计账簿固定资产账户中,均应按照房屋原价计算缴纳房产税。房屋原价应根据国家有关会计制度规定进行核算。对纳税人未按国家会计制度规定核算并记载的,应按规定予以调整或重新评估。

【情境引例解析】

根据《财政部 国家税务总局关于房产税、城镇土地使用税有关问题的通知》(财税〔2008〕152 号)第 1 条规定,对依照房产原值计税的房产,不论是否记载在会计账簿固定资产账户中,均应按照房屋原价计算缴纳房产税。房屋原价应根据国家有关会计制度规定进行核算。对纳税人未按国家会计制度规定核算并记载的,应按规定予以调整或重新评估。因此,甲公司按揭买房发生的利息支出,凡按照国家会计制度规定应该计入房产原价的,需要计征房产税。

(2) 房产原值应包括与房屋不可分割的各种附属设备或一般不单独计算价值的配套设施。主要有:暖气、卫生、通风、照明、煤气等设备;各种管线,如蒸汽、压缩空气、石油、给水排水等管道及电力、电讯、电缆导线;电梯、升降机、过道、晒台等。属于房屋附属设备的水管、下水道、暖气管、煤气管等应从最近的探视井或三通管起,计算原值;电灯网、照明线从进线盒连接管起,计算原值。

【点拨指导】凡以房屋为载体,不可随意移动的附属设备和配套设施,如给排水、采暖、消防、中央空调、电气及智能化楼宇设备等,无论在会计核算中是否单独记账与核算,都应计入房产原值,计征房产税。

(3) 纳税人对原有房屋进行改建、扩建的,要相应增加房屋的原值。

【特别提示】对更换房屋附属设备和配套设施的,在将其价值计入房产原值时,可扣减原来相应设备和设施的价值;对附属设备和配套设施中易损坏、需要经常更换的零配件,更新后不再计入房产原值。

2. 房产税从租计征计税依据的确定

房产税从租计征的计税依据为租金收入(包括实物收入和货币收入)。以劳务或其他形式抵付房租收入的,按当地同类房产租金水平确定。

营业税改征增值税后,房产出租的,计征房产税的租金收入不含增值税。免征增值税的,确定计税依据时,租金收入不扣减增值税税额。

3. 特殊业务房产税计税依据的确定

(1) 对于投资联营的房产的计税规定。

a. 对以房产投资联营、投资者参与投资利润分红、共担风险的,按房产余值作为计税依据计缴房产税。

b. 对以房产投资收取固定收入、不承担经营风险的,实际上是以联营名义取得房屋租金,应以出租方取得的租金收入为计税依据计缴房产税。

【特别提示】融资租赁房屋,实质上相当于分期付款购买固定资产,因此应以房产余值计征房产税。由承租人自融资租赁合同约定开始日的次月起依照房产余值缴纳房产税。合同未约定开始日的,由承租人自合同签订的次月起依照房产余值缴纳房产税。

(2) 居民住宅区内业主共有的经营性房产的计税规定。从 2007 年 1 月 1 日起,对居民住宅区内业主共有的经营性房产,由实际经营(包括自营和出租)的代管人或使用人缴纳房产税。自营房产的,依照房产原值减除 10%~30%后的余值计征,没有房产原值或不能将业主共有房产与其他房产的原值准确划分开的,由房产所在地税务机关参照同类房产核定房产原值;出租房产的,按照租金收入计征。

(二) 房产税税率的判定

1. 房产税从价计征税率的判定

7

房产税从价计征的年税率为 1.2%。

2. 房产税从租计征税率的判定

房产税从租计征的税率为 12%。

对个人出租住房,不区分用途,按 4%的税率征收房产税;对企事业单位、社会团体以及其他组织按市场价格向个人出租用于居住的住房,减按 4%的税率征收房产税。

【特别提示】自 2021 年 10 月 1 日起,对企事业单位、社会团体以及其他组织向个人、专业化规模化住房租赁企业出租住房的,减按 4%的税率征收房产税。企事业单位、社会团体以及其他组织，对利用非居住存量土地和非居住存量房屋（含商业办公用房、工业厂房改造后出租用于居住的房屋）建设的保障性租赁住房，取得保障性租赁住房项目认定书后，向个人、专业化规模化住房租赁企业出租上述保障性租赁住房，比照适用上述房产税政策。其中，住房租赁企业，是指按规定向住房城乡建设部门进行开业报告或者备案的从事住房租赁经营业务的企业。专业化规模化住房租赁企业的标准为：企业在开业报告或者备案城市内持有或者经营租赁住房1 000套（间）及以上或者建筑面积3万平方米及以上；各省、自治区、直辖市住房城乡建设部门会同同级财政、税务部门，可根据租赁市场发展情况，对本地区全部或者部分城市在50%的幅度内下调标准。

（三）房产税优惠政策的运用

房产税的税收优惠政策主要有以下几项：

（1）国家机关、人民团体、军队自用的房产免征房产税。但对出租房产以及非自身业务使用的生产、营业用房，不属于免税范围。

（2）由国家财政部门拨付事业经费的单位（全额或差额预算管理的事业单位），本身业务范围内使用的房产免征房产税。对于其所属的附属工厂、商店、招待所等不属单位公务、业务的用房，应照章纳税。

（3）宗教寺庙、公园、名胜古迹自用的房产免征房产税。但宗教寺庙、公园、名胜古迹中附设的营业单位，如影剧院、饮食部、茶社、照相馆等所使用的房产及出租的房产，不属于免税范围，应照章纳税。

（4）个人所有非营业用的房产免征房产税。对个人拥有的营业用房或者出租的房产，不属于免税房产，应照章纳税。

（5）中国人民银行（含国家外汇管理局）所属分支机构自用的房产，免征房产税。

（6）纳税人因房屋大修导致连续停用半年以上的，在房屋大修期间免征房产税，免征税额由纳税人在申报缴纳房产税时自行计算扣除，并在申报表附表或备注栏中作相应说明。

（7）在基建工地为基建工地服务的各种工棚、材料棚、休息棚和办公室、食堂、茶炉房、汽车房等临时性房屋，在施工期间，一律免征房产税。但工程结束后，施工企业将这种临时性房屋交还或估价转让给基建单位的，应从基建单位接收的次月起，照章纳税。

（8）自2019年1月1日至2023年12月31日，对农产品批发市场、农贸市场（包括自有和承租）专门用于经营农产品的房产、土地，暂免征收房产税。对同时经营其他产品的，按其他产品与农产品交易场地面积的比例确定征免房产税。

【特别提示】农产品批发市场、农贸市场的行政办公区、生活区，以及商业餐饮娱乐等非直接为农产品交易提供服务的房产、土地，应按规定征收房产税。

（9）2019年1月1日至2023年12月31日，对国家级、省级科技企业孵化器、大学科技园和国家备案众创空间自用以及无偿或通过出租等方式提供给在孵对象使用的房产、土地，免征房产税。

（10）经财政部批准免税的其他房产。

实务咨询：我公司本年度对厂房进行大修，请问在房屋大修停用期间是否需要缴纳房产税？

(四) 房产税应纳税额的计算

(1) 从价计征房产税应纳税额的计算公式如下:

应纳税额=房产原值×(1-扣除比例)×年税率=房产原值×(1-扣除比例)×1.2%

【特别提示】由上述公式计算出来的房产税税额是年税额。

(2) 从租计征房产税应纳税额的计算公式如下:

应纳税额=租金收入×税率=租金收入×12%(或4%)

【情境实例7-2】

1. 工作任务要求

计算甲公司本年应缴纳的房产税。

2. 情境实例设计

甲公司拥有的办公大楼的原值为30 000万元。本年3月31日,甲公司将其中部分闲置房间出租,租期为2年。出租部分房产原值为5 000万元,租金每年为1 000万元(不含增值税)。当地规定房产税原值减除比例为20%。

3. 任务实施过程

本年1—3月从价计征应纳房产税=30 000×(1-20%)×1.2%÷12×3=72(万元)

本年4—12月从价计征应纳房产税=25 000×(1-20%)×1.2%÷12×9=180(万元)

本年4—12月从租计征应纳房产税=1 000×12%÷12×9=90(万元)

应纳房产税合计=72+180+90=342(万元)

三、房产税的纳税申报

(一) 房产税的纳税义务发生时间

(1) 纳税人将原有房产用于生产经营,从生产经营之月起,缴纳房产税。

(2) 纳税人自行新建房屋用于生产经营,从建成之日的次月起,缴纳房产税。

(3) 纳税人委托施工企业建设的房屋,从办理验收手续的次月起,缴纳房产税。

(4) 纳税人购置新建商品房,自房屋交付使用之次月起,缴纳房产税。

(5) 纳税人购置存量房,自办理房屋权属转移、变更登记手续,房地产权属登记机关签发房屋权属证书之次月起,缴纳房产税。

(6) 纳税人出租、出借房产,自交付出租、出借房产之次月起,缴纳房产税。

(7) 房地产开发企业自用、出租、出借本企业建造的商品房,自房屋使用或交付之次月起,缴纳房产税。

(8) 自2009年起,纳税人因房产的实物或权利状态发生变化而依法终止房产税的纳税义务的,其应纳税款的计算应截止到房产的实物或权利发生变化的当月末。

7

(二) 房产税的纳税期限

房产税实行按年计算,分期缴纳的征收办法。具体纳税期限由省、自治区、直辖市人民政府规定。一般可采取按季或半年缴纳,按季缴纳的,可在1月、4月、7月、10月缴纳;按半年缴纳的,可在1月、7月缴纳;税额比较大的,可按月缴纳;个人出租房产的,可按次缴纳。

(三) 房产税的纳税地点

房产税在房产所在地缴纳。对房产不在同一地方的纳税人,应按房产的坐落地点分别向房产所在地的税务机关缴纳。

【情境辨析 7-9】

1. 情境辨析目的

掌握房产税的纳税义务发生时间。

2. 情境辨析设计

下列各项中,符合房产税纳税义务发生时间规定的有(　　)。

A. 纳税人购置新建商品房,自房屋交付使用之次月起缴纳房产税

B. 纳税人委托施工企业建设的房屋,自建成之次月起缴纳房产税

C. 纳税人将原有房产用于生产经营,自生产经营之次月起缴纳房产税

D. 纳税人购置存量房,自房地产权属登记机关签发房屋权属证书之次月起缴纳房产税

3. 情境辨析过程

答案:A、D

解析:选项 B,纳税人委托施工企业建设的房屋,从办理验收手续之次月起缴纳房产税;选项 C,纳税人将原有房产用于生产经营,从生产经营之月起缴纳房产税。

(四) 房产税的纳税申报实务

纳税人对房产税进行纳税申报时,应当填报“城镇土地使用税 房产税税源明细表”(见表 7-8)、“财产和行为税减免税明细申报附表”(略)和“财产和行为税纳税申报表”(见表 7-4)。

【情境实战 7-7——房产税应纳税额的计算和纳税申报】

1. 工作任务要求

(1) 计算山东伟泽合美铁矿有限公司 2023 年第 1 季度的应纳房产税。

(2) 山东伟泽合美铁矿有限公司 2023 年 4 月 5 日对 2022 年第 1 季度的房产税进行纳税申报,填写“城镇土地使用税 房产税税源明细表”“财产和行为税纳税申报表”。

2. 情境实战设计

接【情境实战 7-4——土地增值税的计算和纳税申报】,山东伟泽合美铁矿有限公司 2023 年度拥有一栋房产,房产名称为 A 房产,房产原值为 60 000 000 元,全部自用。山东伟泽合美铁矿有限公司为房产的产权所有人,房屋坐落地址为山东省济南市开发区幸福街道和平路 777 号,房产用途为工业用途,房产取得时间为 2018 年 7 月。当地规定房产税计算余值的扣除比例为 30%。按照当地规定,房产税按年计算、每季度缴纳一次。山东伟泽合美铁矿有限公司 2023 年 4 月 5 日对 2023 年第 1 季度的房产税进行纳税申报。

3. 实战操作步骤

第一步:根据经济业务计算 2023 年第 1 季度的应纳房产税。

2023 年第 1 季度应纳房产税=60 000 000×(1−30%)×1.2%÷4=42 000 000×1.2%÷4=42 000 000÷4×1.2%=10 500 000×1.2%=126 000(元)

第二步:对房产税进行纳税申报。

填写“城镇土地使用税 房产税税源明细表”(见表 7-8)中的“二、房产税税源明细”“财产和行为税纳税申报表”(见表 7-4)。

7

任务六　耕地占用税纳税实务①

【情境引例】

甲公司新占用了耕地，已经缴纳了耕地占用税，请问是否还需要再缴纳城镇土地使用税？

【知识准备与业务操作】

一、耕地占用税的认知

(一) 耕地占用税纳税人的确定

在我国境内占用耕地建设建筑物、构筑物或者从事非农业建设的单位和个人，为耕地占用税的纳税人。

【点拨指导】经批准占用耕地的，纳税人为农用地转用审批文件中标明的建设用地人；农用地转用审批文件中未标明建设用地人的，纳税人为用地申请人，用地申请人为各级人民政府的，由同级土地储备中心、自然资源主管部门或政府委托的其他部门、单位履行耕地占用税申报纳税义务。未经批准占用耕地的，纳税人为实际用地人。

(二) 耕地占用税征税范围的确定

耕地占用税的征税范围包括纳税人为建设建筑物、构筑物或者从事非农业建设而占用的耕地。耕地，是指用于种植农作物的土地。

占用园地、林地、草地、农田水利用地、养殖水面、渔业水域滩涂以及其他农用地建设建筑物、构筑物或者从事非农业建设的，依照税法规定缴纳耕地占用税。但占用上述农用地建设直接为农业生产服务的生产设施的，占用耕地建设农田水利设施的，不缴纳耕地占用税。

【特别提示】纳税人因建设项目施工或者地质勘查临时占用耕地，应当依照税法规定缴纳耕地占用税。纳税人在批准临时占用耕地期满之日起 1 年内依法复垦，恢复种植条件的，全额退还已经缴纳的耕地占用税。

【特别提示】因挖损、采矿塌陷、压占、污染等损毁耕地属于税法所称的非农业建设，应依照税法规定缴纳耕地占用税；自自然资源、农业农村等相关部门认定损毁耕地之日起 3 年内依法复垦或修复，恢复种植条件的，按规定办理退税。

情境答疑：占用耕地建设农田水利设施的，是否缴纳耕地占用税？

答：《中华人民共和国耕地占用税法》规定：“占用耕地建设农田水利设施的，不缴纳耕地占用税。”

【情境引例解析】

《中华人民共和国城镇土地使用税暂行条例》规定：“征收的耕地，自批准征用之日起满 1 年时开始缴纳土地使用税。”因此，甲公司对于新占用的耕地，自批准征用之日起满 1 年时开始缴纳城镇土地使用税。

① 本任务主要根据自 2019 年 9 月 1 日起施行的《中华人民共和国耕地占用税法》编写。

【情境辨析 7-10】

1. 情境辨析目的

掌握耕地占用税的征税范围。

2. 情境辨析设计

下列各项中，属于耕地占用税征税范围的有（　　）。

A. 占用耕地建设农田水利设施

B. 占用林地从事非农业建设

C. 占用草地建设建筑物

D. 占用农田水利用地建设直接为农业生产服务的生产设施

3. 情境辨析过程

答案：B、C

解析：选项 A，占用耕地建设农田水利设施的，不缴纳耕地占用税。选项 D，占用园地、林地、草地、农田水利用地、养殖水面、渔业水域滩涂以及其他农用地建设建筑物、构筑物或者从事非农业建设的，依照税法规定缴纳耕地占用税；但占用上述农用地建设直接为农业生产服务的生产设施的，不缴纳耕地占用税。

二、耕地占用税的计算

（一）耕地占用税计税依据的确定

耕地占用税以纳税人实际占用耕地的面积为计税依据。

【点拨指导】实际占用的耕地面积，包括经批准占用的耕地面积和未经批准占用的耕地面积。

（二）耕地占用税税率的判定

耕地占用税实行幅度地区差别定额税率，以县、自治县、不设区的市、市辖区为单位，按人均占有耕地面积分设四档定额。耕地占用税税率如表 7-9 所示。

表 7-9　耕地占用税税率表

级数	人均耕地面积/亩	每平方米税额/元	级数	人均耕地面积/亩	每平方米税额/元
1	≤1	10～50	3	>2～≤3	6～30
2	>1～≤2	8～40	4	>3	5～25

《中华人民共和国耕地占用税法》（以下简称“《耕地占用税法》”）第四条第二款规定：各地区耕地占用税的适用税额，由省、自治区、直辖市人民政府根据人均耕地面积和经济发展等情况，在前款规定（表 7-9）的税额幅度内提出，报同级人民代表大会常务委员会决定，并报全国人民代表大会常务委员会和国务院备案。各省、自治区、直辖市耕地占用税适用税额的平均水平，不得低于《各省、自治区、直辖市耕地占用税平均税额表》（如表 7-10 所示）规定的平均税额。

《耕地占用税法》第五条规定：在人均耕地低于 0.5 亩的地区，省、自治区、直辖市可以根据当地经济发展情况，适当提高耕地占用税的适用税额，但提高的部分不得超过《耕地占用税法》第四条第二款确定的适用税额的 50%。

占用基本农田的，应当按照《耕地占用税法》第四条第二款或者第五条确定的当地适用税额，加按 150%征收。

表 7-10 各省、自治区、直辖市耕地占用税平均税额表

省、自治区、直辖市	每平方米平均税额/元	省、自治区、直辖市	每平方米平均税额/元	省、自治区、直辖市	每平方米平均税额/元
上海	45	江苏、浙江、福建、广东	30	广西、海南、贵州、云南、陕西	20
北京	40	辽宁、湖北、湖南	25	山西、吉林、黑龙江	17.5
天津	35	河北、安徽、江西、山东、河南、重庆、四川	22.5	内蒙古、西藏、甘肃、青海、宁夏、新疆	12.5

占用园地、林地、草地、农田水利用地、养殖水面、渔业水域滩涂以及其他农用地建设建筑物、构筑物或者从事非农业建设的，适用税额可以适当低于本地区按照《耕地占用税法》第四条第二款确定的适用税额，但降低的部分不得超过 50%。具体适用税额由省、自治区、直辖市人民政府提出，报同级人民代表大会常务委员会决定，并报全国人民代表大会常务委员会和国务院备案。

(三) 耕地占用税优惠政策的运用

(1) 军事设施、学校、幼儿园、社会福利机构、医疗机构占用耕地，免征耕地占用税。

【点拨指导】免税的学校，具体范围包括县级以上人民政府教育行政部门批准成立的大学、中学、小学，学历性职业教育学校和特殊教育学校，以及经省级人民政府或其人力资源社会保障行政部门批准成立的技工院校。

【特别提示】学校内经营性场所和教职工住房占用耕地的，按照当地适用税额缴纳耕地占用税。

【点拨指导】免税的幼儿园，具体范围限于县级以上人民政府教育行政部门批准成立的幼儿园内专门用于幼儿保育、教育的场所。

(2) 铁路线路、公路线路、飞机场跑道、停机坪、港口、航道、水利工程占用耕地，减按每平方米 2 元的税额征收耕地占用税。

(3) 农村居民在规定用地标准以内占用耕地新建自用住宅，按照当地适用税额减半征收耕地占用税；其中，农村居民经批准搬迁，新建自用住宅占用耕地不超过原宅基地面积的部分，免征耕地占用税。

(4) 农村烈士遗属、因公牺牲军人遗属、残疾军人以及符合农村最低生活保障条件的农村居民，在规定用地标准以内新建自用住宅，免征耕地占用税。根据国民经济和社会发展的需要，国务院可以规定免征或者减征耕地占用税的其他情形，报全国人民代表大会常务委员会备案。依照税法规定免征或者减征耕地占用税后，纳税人改变原占地用途，不再属于免征或者减征耕地占用税情形的，应当按照当地适用税额补缴耕地占用税。

情境讨论：农民占用耕地新建房屋是否缴纳耕地占用税？

(四) 耕地占用税应纳税额的计算

耕地占用税以纳税人实际占用的耕地面积为计税依据，按照规定的适用税额一次性征收，应纳税额为纳税人实际占用的耕地面积(平方米)乘以适用税额。其计算公式如下：

应纳税额 = 实际占用的耕地面积(平方米) × 适用定额税率(适用单位税额)

式中，应税土地面积包括经批准占用面积和未经批准占用面积，以平方米为单位。当地适用税额是指省、自治区、直辖市人民代表大会常务委员会决定的应税土地所在地县级行政区的现行适用税额。

三、耕地占用税的纳税申报

（一）耕地占用税的纳税义务发生时间

耕地占用税由税务机关负责征收。耕地占用税的纳税义务发生时间为纳税人收到自然资源主管部门办理占用耕地手续的书面通知的当日。

未经批准占用耕地的，耕地占用税纳税义务发生时间为自然资源主管部门认定的纳税人实际占用耕地的当日。

【特别提示】因挖损、采矿塌陷、压占、污染等损毁耕地的纳税义务发生时间为自然资源、农业农村等相关部门认定损毁耕地的当日。

【点拨指导】纳税人改变原占地用途，需要补缴耕地占用税的，其纳税义务发生时间为改变用途的当日，具体为：经批准改变用途的，纳税义务发生时间为纳税人收到批准文件的当日；未经批准改变用途的，纳税义务发生时间为自然资源主管部门认定纳税人改变原占地用途的当日。

（二）耕地占用税的纳税期限

纳税人应当自纳税义务发生之日起 30 日内申报缴纳耕地占用税。自然资源主管部门凭耕地占用税完税凭证或者免税凭证和其他有关文件发放建设用地批准书。

纳税人改变原占地用途，不再属于免征或减征情形的，应自改变用途之日起 30 日内申报补缴税款，补缴税款按改变用途的实际占用耕地面积和改变用途时的当地适用税额计算。

（三）耕地占用税的纳税地点

纳税人占用耕地或其他农用地，应当在耕地或其他农用地所在地申报纳税。

（四）耕地占用税的纳税申报实务

纳税人对耕地占用税进行纳税申报时，应填报“耕地占用税税源明细表”（如表 7-11 所示）、“财产和行为税减免税明细申报附表”（略）、“财产和行为税纳税申报表”（如表 7-4 所示）。

【情境实战 7-8——耕地占用税应纳税额的计算和纳税申报】

1. 工作任务要求

（1）计算山东伟泽合美铁矿有限公司 2023 年 4 月 5 日的应纳耕地占用税。

（2）山东伟泽合美铁矿有限公司 2023 年 4 月 5 日对 2023 年 4 月 1 日新占用耕地的耕地占用税进行纳税申报，填写“耕地占用税税源明细表”和“财产和行为税纳税申报表”。

2. 情境实战设计

接【情境实战 7-4——土地增值税的计算和纳税申报】，山东伟泽合美铁矿有限公司 2023 年 4 月 1 日新占用 15 000 平方米耕地（位于山东省济南市开发区幸福街道和平路 888 号）用于工业建设，所占耕地适用的定额税率为 50 元/平方米。2023 年 4 月 5 日申报缴纳耕地占用税。

3. 实战操作步骤

第一步：根据经济业务计算 2023 年 4 月应缴纳的耕地占用税税额。

应纳耕地占用税＝15 000×50＝750 000（元）

第二步：对耕地占用税进行纳税申报。

填写“耕地占用税税源明细表”（见表 7-11）、“财产和行为税纳税申报表”（见表 7-4）。

表 7-11

耕地占用税税源明细表

纳税人识别号(统一社会信用代码):91370709864221122Y

纳税人名称:山东伟泽合美铁矿有限公司

面积单位:平方米;金额单位:人民币元(列至角分)

<table>
<tr><td rowspan="4">占地方式</td><td rowspan="3">1. 经批准按批次转用□
2. 经批准单独选址转用☑
3. 经批准临时占用□</td><td>项目(批次)名称</td><td colspan="2">略</td><td>批准占地文号</td><td colspan="2">略</td></tr>
<tr><td>批准占地部门</td><td colspan="2">略</td><td>经批准
占地面积</td><td colspan="2">15 000.00</td></tr>
<tr><td>收到书面通知日期(或收到经批准改变原占地用途日期)</td><td colspan="2">2023 年
04 月 01 日</td><td>批准时间</td><td colspan="2">2023 年
04 月 01 日</td></tr>
<tr><td>4. 未批先占□</td><td>认定的实际占地日期(或认定的未经批准改变原占地用途日期)</td><td colspan="2">年 月 日</td><td>认定的实际
占地面积</td><td colspan="2"></td></tr>
<tr><td>损毁耕地</td><td colspan="2">挖损☑ 采矿塌陷□ 压占□ 污染□</td><td colspan="2">认定的损毁耕地日期</td><td>2023 年
04 月 01 日</td><td>认定的损毁耕地面积</td><td>15 000.00</td></tr>
<tr><td>税源编号</td><td>占地位置</td><td>占地用途</td><td>征收品目</td><td>适用税额</td><td>计税面积</td><td>减免性质代码
和项目名称</td><td>减免税面积</td></tr>
<tr><td>系统自动生成</td><td>山东省济南市开发区
幸福街道和平路 888 号</td><td>工业建设</td><td>耕地——
基本农田</td><td>50.00</td><td>15 000.00</td><td></td><td></td></tr>
<tr><td></td><td></td><td></td><td></td><td></td><td></td><td></td><td></td></tr>
<tr><td></td><td></td><td></td><td></td><td></td><td></td><td></td><td></td></tr>
</table>

7

项 目 小 结

本项目内容的小结如表 7-12 所示。

表 7-12　　项目小结

项目名称	任务名称	典型工作任务	职业能力目标
其他税种纳税实务（上）	城市维护建设税、教育费附加和地方教育附加纳税（费）实务	城市维护建设税、教育费附加和地方教育附加的认知	能判定哪些业务应缴纳城市维护建设税、教育费附加和地方教育附加
		城市维护建设税、教育费附加和地方教育附加的计算	能根据相关业务资料计算城市维护建设税、教育费附加和地方教育附加
		城市维护建设税、教育费附加和地方教育附加的税费申报	能根据相关业务资料填写“增值税及附加税费预缴表附列资料（附加税费情况表）”“增值税及附加税费预缴表”“增值税及附加税费申报表附列资料（五）（附加税费情况表）”“增值税及附加税费申报表（一般纳税人适用）”“增值税及附加税费申报表（小规模纳税人适用）附列资料（二）（附加税费情况表）”“增值税及附加税费申报表（小规模纳税人适用）”“消费税附加税费计算表”“消费税及附加税费申报表”，并能进行城市维护建设税、教育费附加和地方教育附加的税费申报
	土地增值税纳税实务	土地增值税的认知	能判定哪些业务应缴纳土地增值税
		土地增值税的计算	能根据相关业务资料计算土地增值税
		土地增值税的纳税申报	能根据相关业务资料填写“土地增值税税源明细表”“财产和行为税纳税申报表”等申报表，并能进行土地增值税的纳税申报
	资源税纳税实务	资源税的认知	能判定哪些业务应缴纳资源税
		资源税的计算	能根据相关业务资料计算资源税
		资源税的纳税申报	能根据相关业务资料填写“资源税税源明细表”“财产和行为税纳税申报表”等申报表，并能进行资源税的纳税申报
	城镇土地使用税纳税实务	城镇土地使用税的认知	能判定哪些业务应缴纳城镇土地使用税
		城镇土地使用税的计算	能根据相关业务资料计算城镇土地使用税
		城镇土地使用税的纳税申报	能根据相关业务资料填写“城镇土地使用税房产税税源明细表”“财产和行为税纳税申报表”等申报表，并能进行城镇土地使用税的纳税申报

续 表

项目名称	任务名称	典型工作任务	职业能力目标
其他税种纳税实务（上）	房产税纳税实务	房产税的认知	能判定哪些业务应缴纳房产税
		房产税的计算	能根据相关业务资料计算房产税
		房产税的纳税申报	能根据相关业务资料填写“城镇土地使用税 房产税税源明细表”“财产和行为税纳税申报表”等申报表，并能进行房产税的纳税申报
	耕地占用税纳税实务	耕地占用税的认知	能判定哪些业务应缴纳耕地占用税
		耕地占用税的计算	能根据相关业务资料计算耕地占用税
		耕地占用税的纳税申报	能根据相关业务资料填写“耕地占用税税源明细表”“财产和行为税纳税申报表”等申报表，并能进行手工纳税申报及网上纳税申报

项目八　其他税种纳税实务(下)

【素养提升】

纳税人应当遵守国家出台的相关税收政策,合法合规纳税。

1. 我国对承受荒山、荒地、荒滩土地使用权用于农、林、牧、渔业生产的,免征契税,有利于拓宽农民增收致富渠道,增强脱贫地区和脱贫群众内生发展动力,恢复生态环境,促进农业发展。

2. 我国征收环境保护税,有利于坚持绿水青山就是金山银山的理念,抑制纳税人污染环境的不良行为,提高纳税人环境保护意识,推进生态文明建设和可持续发展,促进节能环保产业结构的优化升级。

【情境认知】

初学其他税种(小税种)纳税实务的李丽再次到公司见习

李丽:刘主管您好!我已经学习了城市维护建设税、教育费附加和地方教育附加、土地增值税、资源税、城镇土地使用税、房产税和耕地占用税纳税实务,学习起来比较容易,接下来准备学习车船税、契税、环境保护税、车辆购置税、印花税和烟叶税纳税实务,这与前面的小税种纳税实务的学习思路是一样的,是吧?

刘主管:是的,李丽。学习财税必须学会前后联系,举一反三,熟练记忆,不断总结。

李丽:好的,谢谢刘主管一学期以来的指导,我今后会更加努力的!

任务一　车船税纳税实务

【情境引例】

甲公司将使用了两年的车辆出售给乙公司,但是今年的车船税在出售之前已经缴纳。请问:甲公司能否申请退税,然后由购买方乙公司履行纳税义务?

【知识准备与业务操作】

一、车船税的认知

(一) 车船税纳税人和扣缴义务人的确定

1. 车船税的纳税人

车船税的纳税人是指在中华人民共和国境内属于《中华人民共和国车船税法》(以下简称"《车船税法》")所附"车船税税目税额表"规定的车辆、船舶(简称车船)的所有人或者管理人。其中,车船的所有人是指在我国境内拥有车船的单位和个人,对于私家车来说,也就是我们通常所说的车主;车船的管理人是指对车船具有管理权或者使用权,不具有所有权的单位。外商投资企业、外国企业、华侨、外籍人员和港、澳、台同胞,也属于车船税的纳税人。境内单位和个人租入外国籍船舶的,不征收车船税。境内单位和个人将船舶出租到境外的,应依法征收车船税。

【情境辨析 8-1】

1. 情境辨析目的

掌握车船税的纳税人。

2. 情境辨析设计

下列纳税主体中,属于车船税纳税人的有(　　)。

A. 在中国境内拥有并使用船舶的国有企业

B. 在中国境内拥有并使用车辆的外籍个人

C. 在中国境内拥有并使用船舶的内地居民

D. 在中国境内拥有并使用车辆的外国企业

3. 情境辨析过程

答案:A、B、C、D

解析:车船税的纳税人是指在中华人民共和国境内的车辆、船舶(简称"车船")的所有人或者管理人。外商投资企业、外国企业、华侨、外籍人员和港、澳、台同胞,也属于车船税的纳税人。

2. 车船税的扣缴义务人

从事机动车第三者责任强制保险业务的保险机构为机动车车船税的扣缴义务人。

(二) 车船税征税范围的确定

"车辆、船舶"是指依法在车船登记管理部门登记的机动车辆和船舶,以及依法不需要在车船登记管理部门登记的在单位内部场所行驶或者作业的机动车辆和船舶。

(1) 车辆。包括:①乘用车;②商用车客车(包括电车);③商用货车(包括半挂牵引车、三轮汽车和低速载货汽车等);④挂车;⑤摩托车;⑥其他车辆(不包括拖拉机)。

【点拨指导】其他车辆包括专用作业车和轮式专用机械车等。

(2) 船舶,包括机动船舶、游艇。

【特别提示】拖拉机、电动自行车不属于车船税的征税范围。纯电动乘用车和燃料电池乘用车不属于车船税的征税范围。

(三) 车船税税目的确定

车船税的税目可参见"车船税税目税额表"(如表 8-1 所示)。

二、车船税的计算

（一）车船税计税依据的确定

1. 车船税计税依据的一般规定

（1）乘用车、商用车客车、摩托车：以辆数为计税依据。

（2）商用车货车、挂车、其他车辆：按整备质量吨位数为计税依据。

（3）机动船舶：按净吨位数为计税依据。

（4）游艇：按艇身长度为计税依据。

2. 车船税计税依据的特殊规定

（1）拖船按照发动机功率每 1 千瓦折合净吨位 0.67 吨计算征收车船税。

（2）车船税法及其实施条例涉及的整备质量、净吨位、艇身长度等计税单位，有尾数的，一律按照含尾数的计税单位据实计算车船税应纳税额。计算得出的应纳税额小数点后超过两位的，可四舍五入保留两位小数。

（3）乘用车以车辆登记管理部门核发的机动车登记证书或者行驶证书所载的排气量毫升数确定税额区间。

（二）车船税税率的判定

车船税采用定额税率，又称固定税额。省、自治区、直辖市人民政府根据《车船税法》所附“车船税税目税额表”确定车辆具体适用税额时，应当遵循以下原则：

（1）乘用车依排气量从小到大递增税额。

（2）客车按照核定载客人数 20 人以下和 20 人（含）以上两档划分，递增税额。

省、自治区、直辖市人民政府确定的车辆具体适用税额，应当报国务院备案。“车船税税目税额表”如表 8-1 所示。

其中，对于在设计和技术特性上用于特殊工作，并装置有专用设备或器具的汽车，应认定为专用作业车，如汽车起重机、消防车、混凝土泵车、清障车、高空作业车、洒水车、扫路车等。以载运人员或货物为主要目的的专用汽车，如救护车，不属于专用作业车。

客货两用车，又称多用途货车，是指在设计和结构上主要用于载运货物，但在驾驶员座椅后带有固定或折叠式座椅，可运载 3 人以上乘客的货车。客货两用车依照货车的计税单位和年基准税额计征车船税。

表 8-1　　车船税税目税额表

税目		计税单位	年基准税额	备注
乘用车[按发动机汽缸容量（排气量）分档]	1.0 升（含）以下	每辆	60～360 元	核定载客人数 9 人（含）以下
	1.0 升以上至 1.6 升（含）		300～540 元	
	1.6 升以上至 2.0 升（含）		360～660 元	
	2.0 升以上至 2.5 升（含）		660～1 200 元	
	2.5 升以上至 3.0 升（含）		1 200～2 400 元	
	3.0 升以上至 4.0 升（含）		2 400～3 600 元	
	4.0 升以上		3 600～5 400 元	

续 表

税目		计税单位	年基准税额	备注
商用车	客车	每辆	480～1 440 元	核定载客人数 9 人以上，包括电车
	货车	整备质量每吨	16～120 元	包括半挂牵引车、三轮汽车和低速载货汽车等；客货两用车依照货车的计税单位和年基准税额计征车船税
挂车			按照货车税额的 50%计算	
其他车辆	专用作业车		16～120 元	不包括拖拉机
	轮式专用机械车		16～120 元	
摩托车		每辆	36～180 元	
机动船舶	净吨位不超过 200 吨	净吨位每吨	3 元	拖船、非机动驳船分别按照机动船舶税额的 50% 计算车船税
	净吨位超过 200 吨但不超过 2 000 吨		4 元	
	净吨位超过 2 000 吨但不超过 10 000 吨		5 元	
	净吨位超过 10 000 吨		6 元	
游艇	艇身长度不超过 10 米	艇身长度每米	600 元	
	艇身长度超过 10 米但不超过 18 米		900 元	
	艇身长度超过 18 米但不超过 30 米		1 300 元	
	艇身长度超过 30 米		2 000 元	
	辅助动力帆艇		600 元	

【点拨指导】排气量、整备质量、核定载客人数、净吨位、千瓦、艇身长度，以车船登记管理部门核发的车船登记证书或者行驶证所载数据为准。

【点拨指导】客货两用车，又称多用途货车，是指在设计和结构上主要用于载运货物，但在驾驶员座椅后带有固定或折叠式座椅，可运载 3 人以上乘客的货车。

（三）车船税优惠政策的运用

1. 法定减免

（1）捕捞、养殖渔船。

（2）军队、武警专用的车船。

（3）警用车船。

（4）悬挂应急救援专用号牌的国家综合性消防救援车辆和国家综合性消防救援船舶。

（5）对节约能源、使用新能源的车船可以减征或者免征车船税；对受严重自然灾害影响纳税困难以及有其他特殊原因确需减税、免税的，可以减征或者免征车船税。节约能源、使用新能源的车辆包括纯电动汽车、燃料电池汽车和混合动力汽车。纯电动汽车、燃料电池汽车和插电式混合动力汽车免征车船税，其他混合动力汽车按照同类车辆适用税额减半征税。

（6）各地根据法律授权，对城乡公共交通车船、农村居民拥有并主要在农村地区使用的摩托车、三轮汽车和低速货车基本都给予定期减免车船税的税收优惠。

（7）依照我国有关法律和我国缔结或者参加的国际条约的规定应当予以免税的外国驻华使馆、领事馆和国际组织驻华机构及其有关人员的车船。

【点拨指导】注意不征税和免税的区别。拖拉机、电动自行车本身就不属于车船税的征税范围，因此不属于免税项目。

2. 特定减免

（1）临时入境的外国车船和香港特别行政区、澳门特别行政区、台湾地区的车船，不征收车船税。

（2）按照规定缴纳船舶吨税的机动船舶，自车船税法实施之日起5年内免征车船税。

（3）依法不需要在车船登记管理部门登记的机场、港口、铁路站场内部行驶或者作业的车船，自车船税法实施之日（2012年1月1日）起5年内免征车船税。

（四）车船税应纳税额的计算

（1）车船税各税目应纳税额的计算公式如下：

应纳车船税＝计税单位×适用年基准税额

拖船和非机动驳船的应纳车船税＝计税单位×适用年基准税额×50％

（2）购置的新车船，购置当年的应纳税额自纳税义务发生的当月起按月计算。其计算公式为：应纳车船税＝年应纳税额÷12×应纳税月份数。

【情境实例8-1】

1. 工作任务要求

计算甲公司本年应缴纳的车船税。

2. 情境实例设计

甲公司本年拥有机动船4艘，每艘净吨位为3 000吨；拖船1艘，每艘净吨位为1 600吨。机动船舶车船税计税标准为净吨位201吨至2 000吨的，每吨4元；净吨位2 001吨至10 000吨的，每吨5元。

3. 任务实施过程

拖船、非机动驳船分别按照机动船舶税额的50％计算车船税。

本年应纳车船税＝3 000×4×5＋1 600×4×50％＝63 200（元）

三、车船税的纳税申报

（一）车船税的纳税方式

（1）自行申报方式：纳税人自行向主管税务机关申报缴纳车船税。

8

(2) 代收代缴方式:纳税人在办理机动车交通事故责任强制保险时由保险机构作为扣缴义务人代收代缴车船税。

(二) 车船税的纳税义务发生时间

(1) 车船税纳税义务发生时间为取得车船所有权或管理权的当月。纳税人在首次购买机动车交通事故责任强制保险时缴纳车船税或者自行申报缴纳车船税的,应当提供购车发票及反映排气量、整备质量、核定载客人数等与纳税相关的信息及其相应凭证。

购置的新车船,购置当年的应纳税额自纳税义务发生的当月起按月计算。应纳税额为年应纳税额除以 12,再乘以应纳税月份数。

【点拨指导】车船税的纳税义务发生时间,为车船管理部门核发的车船登记证书或者行驶证书所记载日期的当月。纳税人未按照规定到车船管理部门办理应税车船登记手续的,以车船购置发票所载开具时间的当月作为车船税的纳税义务发生时间。对未办理车船登记手续且无法提供车船购置发票的,由主管税务机关核定纳税义务发生时间。

(2) 在一个纳税年度内,已完税的车船被盗抢、报废、灭失的,纳税人可以凭有关管理机关出具的证明和完税证明,向纳税所在地的主管税务机关申请退还自被盗抢、报废、灭失月份起至该纳税年度终了期间的税款。已办理退税的被盗抢车船,失而复得的,纳税人应当从公安机关出具相关证明的当月起计算缴纳车船税。已经缴纳车船税的车船,因质量原因,车船被退回生产企业或者经销商的,纳税人可以向纳税所在地的主管税务机关申请退还自退货月份起至该纳税年度终了期间的税款。退货月份以退货发票所载日期的当月为准。

保险机构作为车船税扣缴义务人,在代收车船税并开具增值税发票时,应在增值税发票备注栏中注明代收车船税税款的信息。具体包括:保险单号、税款所属期(详细至月)、代收车船税金额、滞纳金金额、金额合计等。该增值税发票可作为纳税人缴纳车船税及滞纳金的会计核算原始凭证。车船税已经由保险机构代收代缴的,车辆登记地的主管税务机关不再征收该纳税年度的车船税。再次征收的,车辆登记地主管税务机关应予退还。

实务释疑:我公司因未按规定缴纳车船税需要缴纳滞纳金,滞纳金能否在办理机动车交通事故责任强制保险时由保险公司作为扣缴义务人代收代缴?

答:《中华人民共和国车船税法实施条例》规定:"纳税人没有按照规定期限缴纳车船税的,扣缴义务人在代收代缴税款时,可以一并代收代缴欠缴税款的滞纳金。"因此,你公司因未按规定缴纳车船税需要缴纳滞纳金,滞纳金可以在办理机动车交通事故责任强制保险时由保险公司作为扣缴义务人代收代缴。

实务咨询:我公司本年 1 月购置车辆,在购买"交强险"时,由扣缴义务人代收代缴车船税,车辆登记地的主管税务机关再次征收了本年度的车船税。请问:我公司是否应当重复缴纳车船税?

【情境引例解析】

《中华人民共和国车船税法实施条例》规定:"已缴纳车船税的车船在同一纳税年度内办理转让过户的,不另纳税,也不退税。"因此,甲公司将使用了 2 年的车辆出售给乙公司,虽然今年的车船税在出售之前已经缴纳,但甲公司不能申请退税。

（三）车船税的纳税期限

车船税是按年申报，分月计算，一次性缴纳。纳税年度自公历1月1日起至12月31日止。具体申报纳税期限由各省、自治区、直辖市人民政府规定。但下列情形的纳税期限应按规定执行：

（1）机动车辆在投保交强险时尚未缴纳当年度车船税的，应当在投保的同时向保险机构缴纳。

（2）新购置的机动车辆，应当在办理缴纳车辆购置税手续的同时缴纳。

（3）新购置的船舶，应当在取得船舶登记证书的当月缴纳。其他应税船舶，应当在办理船舶年度检验之前缴纳。

（4）在申请车船转籍、转让交易、报废时尚未缴纳当年度车船税的，应当在办理相关手续之前缴纳。

（5）已办理退税的被盗抢车船又找回的，纳税人应从公安机关出具相关证明的当月起计算缴纳车船税。

（四）车船税的纳税地点

纳税人自行向主管税务机关申报缴纳车船税的，纳税地点为车船登记地；依法不需要办理登记的车船，纳税地点为车船的所有人或者管理人的所在地。由保险机构代收代缴车船税的，纳税地点为保险机构所在地。

【特别提示】由于从事机动车交通事故责任强制保险业务的保险机构为机动车车船税扣缴义务人，因此，纳税人在办理机动车交通事故责任强制保险业务时，应当一并缴纳车船税；如果已经自行申报缴纳了车船税，应当提供机动车的完税证明。

【情境辨析8-2】

1. 情境辨析目的

掌握车船税的纳税地点。

2. 情境辨析设计

纳税人自行向主管税务机关申报缴纳车船税的，车船税的纳税地点为（　　）。

A. 车辆使用地　　　　B. 车船的登记地

C. 纳税人住所所在地　　　　D. 纳税人领取车船牌照地

3. 情境辨析过程

答案：B

解析：纳税人自行向主管税务机关申报缴纳车船税的，纳税地点为车船登记地。

（五）车船税的纳税申报实务

纳税人对车船税进行纳税申报时，应当填报“车船税税源明细表”（如表8-2所示）、“财产和行为税减免税明细申报附表”（略）、“财产和行为税纳税申报表”（如表7-4所示）。

【情境实战8-1——车船税应纳税额的计算和纳税申报】

1. 工作任务要求

（1）计算山东伟泽合美铁矿有限公司新购置乘用车2023年3月至12月的应纳车船税。

（2）山东伟泽合美铁矿有限公司2023年4月5日对新购置乘用车2023年3月至12月

的车船税进行纳税申报,填写“车船税税源明细表”“财产和行为税纳税申报表”。

2. 情境实战设计

接【情境实战7-4——土地增值税的计算和纳税申报】,山东伟泽合美铁矿有限公司2023年3月25日新购置一辆乘用车,车牌号码为鲁A123××,车辆识别代码(车架号)为ABCD1232565001232,发动机气缸容量为1.8升,载客人数为4人。按照当地规定,从事机动车第三者责任强制保险业务的保险机构为机动车车船税的扣缴义务人,应当在收取保险费时依法代收车船税,并出具代收税款凭证。但本例属于特殊情况,即纳税人自行申报缴纳车船税。假设当地规定,对新购置的车船应当于车船购置的次月15日之前同时进行车船税和车辆购置税的纳税申报。车船税税率为:发动机气缸容量为1.6升以上至2.0升(含)、载客人数9人(含)以下的乘用车每辆为360元。山东伟泽合美铁矿有限公司于2023年4月5日对新购置乘用车2023年3月至12月的车船税进行纳税申报。

3. 实战操作步骤

第一步:根据经济业务计算2023年3月至12月新购置乘用车的应纳车船税。

新购置乘用车2023年3月至12月的应纳车船税$=360\div12\times10=10\div12\times360=0.833\ 33\times360=300$(元)

第二步:对车船税进行纳税申报。

填写“车船税税源明细表”(见表8-2)、“财产和行为税纳税申报表”(见表7-4)。

表8-2　　车船税税源明细表

纳税人识别号(统一社会信用代码):91370709864220777P

纳税人名称:山东伟泽合美铁矿有限公司　　体积单位:升;质量单位:吨;功率单位:千瓦;长度单位:米

车辆税源明细

序号	车牌号码	*车辆识别代码(车架号)	*车辆类型	车辆品牌	车辆型号	*车辆发票日期或注册登记日期	排(气)量	核定载客	整备质量	*单位税额	减免性质代码和项目名称	纳税义务终止时间
1	鲁A123××	ABCD1232565001232	乘用车	略	略	2023年03月25日	1.8升	4人		360元		
2												
3												

船舶税源明细

序号	船舶登记号	*船舶识别号	*船舶种类	*中文船名	初次登记号码	船籍港	发证日期	取得所有权日期	建成日期	净吨位	主机功率	艇身长度(总长)	*单位税额	减免性质代码和项目名称	纳税义务终止时间
1															
2															
3															

任务二 契税纳税实务

【情境引例】

张某将个人拥有的房地产投入自己投资的个人独资企业，请问是否需要缴纳契税？

【知识准备与业务操作】

一、契税的认知

（一）契税纳税人的确定

在中华人民共和国境内转移土地、房屋权属，承受的单位和个人为契税的纳税人。土地、房屋权属是指土地使用权和房屋所有权。单位是指企业单位、事业单位、国家机关、军事单位和社会团体以及其他组织。个人是指个体经营者（个体工商户）及其他个人，包括中国公民和外籍人员。

【点拨指导】征收契税的土地、房屋权属，具体为土地使用权、房屋所有权。

【特别提示】下列情形发生土地、房屋权属转移的，承受方应当依法缴纳契税：①因共有不动产份额变化的；②因共有人增加或者减少的；③因人民法院、仲裁委员会的生效法律文书或者监察机关出具的监察文书等因素，发生土地、房屋权属转移的。

【点拨指导】契税由权属的承受人缴纳。这里所说的承受，是指以受让、购买、受赠、互换等方式取得土地、房屋权属的行为。

（二）契税征税范围的确定

契税的征税范围如下：

（1）土地使用权出让；

（2）土地使用权转让（包括出售、赠与、互换）；

（3）房屋买卖、赠与、互换。

对于契税的征税范围，需要注意以下几点：

（1）土地使用权的转让不包括土地承包经营权和土地经营权的转移。

（2）土地、房屋权属的典当、分拆（分割）、出租、抵押等行为，不属于契税的征税范围。

（3）以作价投资（入股）、偿还债务、划转、奖励等方式转移土地、房屋权属的，应当缴纳契税（土地、房屋权属承受方应当缴纳契税）。

【特别提示】以作价投资（入股）、偿还债务等应交付经济利益的方式转移土地、房屋权属的，参照土地使用权出让、出售或房屋买卖确定契税适用税率、计税依据等。以划转、奖励等没有价格的方式转移土地、房屋权属的，参照土地使用权或房屋赠与确定契税适用税率、计税依据等。

【点拨指导】公司增资扩股中，对以土地、房屋权属作价入股或作为出资投入企业的，征收契税；企业破产清算期间，对非债权人承受破产企业土地、房屋权属的，征收契税。

【情境引例解析】

《财政部 税务总局关于继续执行企业、事业单位改制重组有关契税政策的公告》（财政部 税务总局公告2021年第17号）规定："同一投资主体内部所属企业之间土地、房屋权属的划转，包括母公司与其全资子公司之间，同一公司所属全资子公司之间，同一自然人与其设立的个人独资企业、一人有限公司之间，土地、房屋权属的划转，免征契税。"因此，张某将他自己拥有的房地产投入他的个人独资企业，免征契税。

【情境辨析 8-3】

1. 情境辨析目的

掌握契税的征税范围。

2. 情境辨析设计

下列各项中,应当缴纳契税的有(　　)。

A. 债权人接受债务人以房屋还债,并承受房屋权属

B. 企业购置一间厂房

C. 承包者获得土地承包经营权

D. 运动员因成绩突出获得国家奖励的住房

3. 情境辨析过程

答案:A、D

解析:选项 A、D,以作价投资(入股)、偿还债务、划转、奖励等方式转移土地、房屋权属的,应当缴纳契税(土地、房屋权属承受方应当缴纳契税)。选项 B,房屋买卖、赠与、互换,属于契税的征税范围。选项 C,土地使用权的转让,属于契税的征税范围,但土地使用权的转让不包括土地承包经营权和土地经营权的转移。

二、契税的计算

(一) 契税计税依据的确定

1. 契税计税依据的基本规定

(1) 只有一个价格的情况下契税的计税依据。

土地使用权出让、出售,房屋买卖,契税的计税依据为土地、房屋权属转移合同确定的成交价格,包括应交付的货币以及实物、其他经济利益对应的价款。

【点拨指导】营改增后计征契税的成交价格不含增值税。免征增值税的,确定计税依据时,成交价格不扣减增值税税额。

【知识链接】财税〔2016〕43 号文对营改增后契税、房产税、土地增值税、个人所得税的计税依据有关问题明确如下:

① 计征契税的成交价格不含增值税。

② 房产出租的,计征房产税的租金收入不含增值税。

③ 土地增值税纳税人转让房地产取得的收入为不含增值税收入。《中华人民共和国土地增值税暂行条例》等规定的土地增值税扣除项目涉及的增值税进项税额,允许在销项税额中计算抵扣的,不计入扣除项目;不允许在销项税额中计算抵扣的,可以计入扣除项目。

④ 个人转让房屋的个人所得税应税收入不含增值税,其取得房屋时所支付价款中包含的增值税计入财产原值,计算转让所得时可扣除的税费不包括本次转让缴纳的增值税。

个人出租房屋的个人所得税应税收入不含增值税,计算房屋出租所得可扣除的税费不包括本次出租缴纳的增值税。

个人转租房屋的,其向房屋出租方支付的租金及增值税税额,在计算转租所得时予以扣除。

⑤ 免征增值税的,确定计税依据时,成交价格、租金收入、转让房地产取得的收入不扣减增值税税额。

⑥ 在计征上述税种时，税务机关核定的计税价格或收入不含增值税。

（2）无价格的情况下契税的计税依据。

土地使用权赠与、房屋赠与以及其他没有价格的转移土地、房屋权属行为，契税的计税依据为税务机关参照土地使用权出售、房屋买卖的市场价格依法核定的价格。

【点拨指导】纳税人申报的成交价格、互换价格差额明显偏低且无正当理由的，由税务机关依照《中华人民共和国税收征收管理法》的规定核定。

【特别提示】税务机关依法核定计税价格，应参照市场价格，采用房地产价格评估等方法合理确定。

（3）补缴契税的情况下契税的计税依据。

以划拨方式取得的土地使用权，经批准转让房地产时，契税的计税依据为补缴的土地使用权出让费用或者土地收益。

2. 契税计税依据的若干具体情形

（1）以划拨方式取得的土地使用权，经批准改为出让方式重新取得该土地使用权的，应由该土地使用权人以补缴的土地出让价款为计税依据缴纳契税。

（2）先以划拨方式取得土地使用权，后经批准转让房地产，划拨土地性质改为出让的，承受方应分别以补缴的土地出让价款和房地产权属转移合同确定的成交价格为计税依据缴纳契税。

（3）先以划拨方式取得土地使用权，后经批准转让房地产，划拨土地性质未发生改变的，承受方应以房地产权属转移合同确定的成交价格为计税依据缴纳契税。

（4）土地使用权及所附建筑物、构筑物等（包括在建的房屋、其他建筑物、构筑物和其他附着物）转让的，计税依据为承受方应交付的总价款。

（5）土地使用权出让的，计税依据包括土地出让金、土地补偿费、安置补助费、地上附着物和青苗补偿费、征收补偿费、城市基础设施配套费、实物配建房屋等应交付的货币以及实物、其他经济利益对应的价款。

（6）房屋附属设施（包括停车位、机动车库、非机动车库、顶层阁楼、储藏室及其他房屋附属设施）与房屋为同一不动产单元的，计税依据为承受方应交付的总价款，并适用与房屋相同的税率；房屋附属设施与房屋为不同不动产单元的，计税依据为转移合同确定的成交价格，并按当地确定的适用税率计税。

（7）承受已装修房屋的，应将包括装修费用在内的费用计入承受方应交付的总价款。

（8）土地使用权互换、房屋互换，互换价格相等的，互换双方计税依据为零；互换价格不相等的，以其差额为计税依据，由支付差额的一方缴纳契税。

（9）契税的计税依据不包括增值税。

【点拨指导】契税计税依据不包括增值税，具体情形为：①土地使用权出售、房屋买卖，承受方计征契税的成交价格不含增值税；实际取得增值税发票的，成交价格以发票上注明的不含税价格确定。②土地使用权互换、房屋互换，契税计税依据为不含增值税价格的差额。③税务机关核定的契税计税价格为不含增值税价格。

实务咨询：我公司是一家房地产开发企业，现以竞标方式取得一处国有土地使用权，请问如何确定契税的计税依据？

【情境辨析 8-4】

1. 情境辨析目的

掌握契税的计税依据。

2. 情境辨析设计

根据契税法律制度的规定,下列各项中,以成交价格作为契税计税依据的有( )。

A. 房屋买卖　　B. 土地使用权互换

C. 房屋赠与　　D. 土地使用权转让

3. 情境辨析过程

答案:A、D

解析:选项 A、D,土地使用权出让、出售,房屋买卖,契税的计税依据为土地、房屋权属转移合同确定的成交价格,包括应交付的货币以及实物、其他经济利益对应的价款。选项 B,土地使用权互换、房屋互换,互换价格相等的,互换双方计税依据为零;互换价格不相等的,以其差额为计税依据,由支付差额的一方缴纳契税。选项 C,土地使用权赠与、房屋赠与以及其他没有价格的转移土地、房屋权属行为,契税的计税依据为税务机关参照土地使用权出售、房屋买卖的市场价格依法核定的价格。

(二)契税税率的判定

契税采用比例税率,并实行 3%～5%的幅度税率。契税的具体适用税率,由省、自治区、直辖市人民政府在上述规定的税率幅度内提出,报同级人民代表大会常务委员会决定,并报全国人民代表大会常务委员会和国务院备案。

(三)契税优惠政策的运用

1. 契税的免税政策

(1) 国家机关、事业单位、社会团体、军事单位承受土地、房屋权属用于办公、教学、医疗、科研、军事设施的,免征契税。

(2) 非营利性的学校、医疗机构、社会福利机构承受土地、房屋权属用于办公、教学、医疗、科研、养老、救助的,免征契税。

(3) 承受荒山、荒地、荒滩土地使用权用于农、林、牧、渔业生产的,免征契税。

(4) 婚姻关系存续期间夫妻之间变更土地、房屋权属的,免征契税。

(5) 法定继承人通过继承承受土地、房屋权属的,免征契税。

(6) 依照法律规定应当予以免税的外国驻华使馆、领事馆和国际组织驻华代表机构承受土地、房屋权属的,免征契税。

(7) 夫妻因离婚分割共同财产发生土地、房屋权属变更的,免征契税。

(8) 城镇职工按规定第一次购买公有住房的,免征契税。

【特别提示】公有制单位为解决职工住房而采取集资建房方式建成的普通住房或由单位购买的普通商品住房,经县级以上地方人民政府房改部门批准、按照国家房改政策出售给本单位职工的,如属职工首次购买住房,比照公有住房免征契税。已购公有住房经补缴土地出让价款成为完全产权住房的,免征契税。

(9) 外国银行分行按照《中华人民共和国外资银行管理条例》等相关规定改制为外商独

资银行(或其分行),改制后的外商独资银行(或其分行)承受原外国银行分行的房屋权属的,免征契税。

根据国民经济和社会发展的需要,国务院对居民住房需求保障、企业改制重组、灾后重建等情形可以规定免征或者减征契税,报全国人民代表大会常务委员会备案。

【特别提示】享受契税免税优惠的非营利性的学校、医疗机构、社会福利机构,限于上述三类单位中依法登记为事业单位、社会团体、基金会、社会服务机构等的非营利法人和非营利组织。

2. 省、自治区、直辖市可以决定免征或者减征契税的情形

(1) 因土地、房屋被县级以上人民政府征收、征用,重新承受土地、房屋权属;

(2) 因不可抗力灭失住房,重新承受住房权属。

上述规定的免征或者减征契税的具体办法,由省、自治区、直辖市人民政府提出,报同级人民代表大会常务委员会决定,并报全国人民代表大会常务委员会和国务院备案。

【特别提示】纳税人改变有关土地、房屋的用途,或者有其他不再属于上述规定的免征、减征契税情形的,应当缴纳已经免征、减征的税款。

3. 企业、事业单位改制重组有关契税政策

为支持企业、事业单位改制重组,优化市场环境,财政部、税务总局就 2021 年 1 月 1 日至 2023 年 12 月 31 日继续执行的有关契税政策公告如下:

(1) 企业改制。企业按照《中华人民共和国公司法》有关规定整体改制,包括非公司制企业改制为有限责任公司或股份有限公司,有限责任公司变更为股份有限公司,股份有限公司变更为有限责任公司,原企业投资主体存续并在改制(变更)后的公司中所持股权(股份)比例超过 75%,且改制(变更)后公司承继原企业权利、义务的,对改制(变更)后公司承受的原企业土地、房屋权属,免征契税。

(2) 事业单位改制。事业单位按照国家有关规定改制为企业,原投资主体存续并在改制后企业中出资(股权、股份)比例超过 50%的,对改制后企业承受原事业单位土地、房屋权属,免征契税。

(3) 公司合并。两个或两个以上的公司,依照法律规定、合同约定,合并为一个公司,且原投资主体存续的,对合并后公司承受原合并各方土地、房屋权属,免征契税。

(4) 公司分立。公司依照法律规定、合同约定分立为两个或两个以上与原公司投资主体相同的公司,对分立后公司承受原公司土地、房屋权属,免征契税。

(5) 企业破产。企业依照有关法律法规规定实施破产,债权人(包括破产企业职工)承受破产企业抵偿债务的土地、房屋权属,免征契税;对非债权人承受破产企业土地、房屋权属,凡按照《中华人民共和国劳动法》等国家有关法律法规政策妥善安置原企业全部职工规定,与原企业全部职工签订服务年限不少于三年的劳动用工合同的,对其承受所购企业土地、房屋权属,免征契税;与原企业超过 30%的职工签订服务年限不少于三年的劳动用工合同的,减半征收契税。

(6) 资产划转。对承受县级以上人民政府或国有资产管理部门按规定进行行政性调整、划转国有土地、房屋权属的单位,免征契税。

同一投资主体内部所属企业之间土地、房屋权属的划转,包括母公司与其全资子公司之间,同一公司所属全资子公司之间,同一自然人与其设立的个人独资企业、一人有限公司之间土地、房屋权属的划转,免征契税。

母公司以土地、房屋权属向其全资子公司增资,视同划转,免征契税。

(7) 债权转股权。经国务院批准实施债权转股权的企业,对债权转股权后新设立的公司承受原企业的土地、房屋权属,免征契税。

(8) 划拨用地出让或作价出资。以出让方式或国家作价出资(入股)方式承受原改制重组企业、事业单位划拨用地的,不属上述规定的免税范围,对承受方应按规定征收契税。

(9) 公司股权(股份)转让。在股权(股份)转让中,单位、个人承受公司股权(股份),公司土地、房屋权属不发生转移,不征收契税。

【点拨指导】上述企业、公司,是指依照我国有关法律法规设立并在中国境内注册的企业、公司。投资主体存续,是指原改制重组企业、事业单位的出资人必须存在于改制重组后的企业,出资人的出资比例可以发生变动。投资主体相同,是指公司分立前后出资人不发生变动,出资人的出资比例可以发生变动。

(四) 契税应纳税额的计算

契税的应纳税额按照计税依据乘以具体适用税率计算。其计算公式如下:

$$应纳税额=计税依据\times税率$$

【情境实例 8-2】

1. 工作任务要求

(1) 计算居民甲应缴纳的契税税额;

(2) 计算居民乙应缴纳的契税税额;

(3) 计算居民丙应缴纳的契税税额。

2. 情境实例设计

居民甲有两套住房,将一套住房出售给居民乙,成交价格为 2 000 000 元;将另一套住房与居民丙的住房互换,并支付给丙换房差价款 600 000 元。以上价格均为不含增值税价格。当地适用的契税税率为 3%。

3. 任务实施过程

(1) 居民甲应纳契税=600 000×3%=18 000(元)

(2) 居民乙应纳契税=2 000 000×3%=60 000(元)

(3) 居民丙不缴纳契税。

三、契税的纳税申报

(一) 契税的纳税义务发生时间

契税的纳税义务发生时间为纳税人签订土地、房屋权属转移合同的当日,或者纳税人取得其他具有土地、房屋权属转移合同性质凭证的当日。

关于契税纳税义务发生时间的具体情形如下:

(1) 因人民法院、仲裁委员会的生效法律文书或者监察机关出具的监察文书等发生土地、房屋权属转移的,纳税义务发生时间为法律文书等生效当日。

(2) 因改变土地、房屋用途等情形应当缴纳已经减征、免征契税的,纳税义务发生时间为改变有关土地、房屋用途等情形的当日。

(3) 因改变土地性质、容积率等土地使用条件需补缴土地出让价款，应当缴纳契税的，纳税义务发生时间为改变土地使用条件当日。

发生上述情形，按规定不再需要办理土地、房屋权属登记的，纳税人应自纳税义务发生之日起 90 日内申报缴纳契税。

【点拨指导】契税申报以不动产单元为基本单位。

（二）契税的纳税期限

纳税人应当在依法办理土地、房屋权属登记手续前申报缴纳契税。纳税人办理纳税事宜后，税务机关应当开具契税完税凭证。纳税人办理土地、房屋权属登记，不动产登记机构应当查验契税完税、减免税凭证或者有关信息。未按照规定缴纳契税的，不动产登记机构不予办理土地、房屋权属登记。

【特别提示】在依法办理土地、房屋权属登记前，权属转移合同、权属转移合同性质凭证不生效、无效、被撤销或者被解除的，纳税人可以向税务机关申请退还已缴纳的税款，税务机关应当依法办理。

【知识链接】纳税人应当在转让房地产合同签订之日起 7 日内，到房地产所在地主管税务机关办理土地增值税纳税申报。

（三）契税的纳税地点

契税由土地、房屋所在地的税务机关依照《中华人民共和国契税法》和《中华人民共和国税收征收管理法》的规定征收管理。

【特别提示】税务机关应当与相关部门建立契税涉税信息共享和工作配合机制。自然资源、住房城乡建设、民政、公安等相关部门应当及时向税务机关提供与转移土地、房屋权属有关的信息，协助税务机关加强契税征收管理。

税务机关及其工作人员对税收征收管理过程中知悉的纳税人的个人信息，应当予以保密，不得泄露或者非法向他人提供。

实务释疑：我公司完成购置房屋的交易后，已按规定缴纳了契税，但后来因人民法院判决导致房屋权属转移行为被撤销，且房屋权属变更至原权利人，请问我公司是否可以申请退还契税？

答：《财政部 税务总局关于贯彻实施契税法若干事项执行口径的公告》（财政部 税务总局公告 2021 年第 23 号）规定："纳税人缴纳契税后发生下列情形，可依照有关法律法规申请退税：①因人民法院判决或者仲裁委员会裁决导致土地、房屋权属转移行为无效、被撤销或者被解除，且土地、房屋权属变更至原权利人的；②在出让土地使用权交付时，因容积率调整或实际交付面积小于合同约定面积需退还土地出让价款的；③在新建商品房交付时，因实际交付面积小于合同约定面积需返还房价款的。"因此，你公司可以申请退还契税。

（四）契税的纳税申报实务

纳税人对契税进行纳税申报时，应当填报"契税税源明细表"（如表 8-3 所示）、"财产和行为税减免税明细申报附表"（略）、"财产和行为税纳税申报表"（见表 7-4）。

【情境实战 8-2——契税应纳税额的计算和纳税申报】

1. 工作任务要求

(1) 计算山东伟泽合美铁矿有限公司 2023 年 4 月相关业务的应纳契税。

(2) 山东伟泽合美铁矿有限公司 2023 年 4 月 5 日对契税进行纳税申报，填写“契税税源明细表”“财产和行为税纳税申报表”。

2. 情境实战设计

接【情境实战 7-4——土地增值税的计算和纳税申报】，山东伟泽合美铁矿有限公司 2023 年 4 月 5 日从山东运达房地产开发股份有限公司(纳税人识别号为 91370209092090765A)手中购入一套办公用房，该商品房位于山东省济南市开发区幸福街道光明路 3 号，面积为 2 000 平方米，成交价格为 12 000 000 元(不含增值税)，款项购买当日通过银行存款支付，取得由山东运达房地产开发股份有限公司开具的增值税专用发票。山东伟泽合美铁矿有限公司取得的增值税专用发票 2023 年 4 月符合抵扣规定。省政府规定契税税率为 3%。山东伟泽合美铁矿有限公司于 2023 年 4 月 5 日对契税进行纳税申报。

3. 实战操作步骤

第一步：根据经济业务计算应纳契税。

应纳契税＝12 000 000×3%＝360 000(元)

第二步：对契税进行纳税申报。

填写“契税税源明细表”(见表 8-3)、“财产和行为税纳税申报表”(见表 7-4)。

表 8-3　　契税税源明细表

纳税人识别号(统一社会信用代码)：91370709864220777P

纳税人名称：山东伟泽合美铁矿有限公司　　金额单位：人民币元(列至角分)；面积单位：平方米

*税源编号	(系统自动带出)	*土地房屋坐落地址	山东省济南市开发区幸福街道光明路 3 号	不动产单元代码	略
合同编号	略	*合同签订日期	2023 年 04 月 05 日	*共有方式	☑ 单独所有 ☐ 按份共有(转移份额：____) ☐ 共同共有(共有人：____)
*权属转移对象	房屋-存量房-非住房	*权属转移方式	房屋买卖	*用途	办公
*成交价格(不含增值税)	12 000 000.00	*权属转移面积	2 000.00	*成交单价	系统自动计算
*评估价格	12 000 000.00		*计税价格	12 000 000.00	
*适用税率	3%		权属登记日期	略	
居民购房减免性质代码和项目名称			其他减免性质代码和项目名称(抵减金额：)		

任务三 环境保护税纳税实务

【情境引例】

甲公司向依法设立的污水集中处理、生活垃圾集中处理场所排放应税污染物。甲公司是否需要缴纳环境保护税？

【知识准备与业务操作】

一、环境保护税的认知

（一）环境保护税纳税人的确定

环境保护税纳税人是在我国领域和我国管辖的其他海域，直接向环境排放应税污染物的企业事业单位和其他生产经营者。

（二）环境保护税征税范围的确定

应税污染物，是指《中华人民共和国环境保护税法》（以下简称“《环境保护税法》”）所附《环境保护税税目税额表》《应税污染物和当量值表》规定的大气污染物、水污染物、固体废物和噪声。

依法设立的城乡污水集中处理、生活垃圾集中处理场所超过国家和地方规定的排放标准向环境排放应税污染物的，应当缴纳环境保护税。

【点拨指导】城乡污水集中处理场所是指为社会公众提供生活污水处理服务的场所，不包括为工业园区、开发区等工业聚集区域内的企业事业单位和其他生产经营者提供污水处理服务的场所，以及企业事业单位和其他生产经营者自建自用的污水处理场所。

企业事业单位和其他生产经营者贮存或者处置固体废物不符合国家和地方环境保护标准的，应当缴纳环境保护税。

【点拨指导】达到省级人民政府确定的规模标准并且有污染物排放口的畜禽养殖场，应当依法缴纳环境保护税；依法对畜禽养殖废弃物进行综合利用和无害化处理的，不属于直接向环境排放污染物，不缴纳环境保护税。

【情境引例解析】

《环境保护税法》规定：“有下列情形之一的，不属于直接向环境排放污染物，不缴纳相应污染物的环境保护税：①企业事业单位和其他生产经营者向依法设立的污水集中处理、生活垃圾集中处理场所排放应税污染物的；②企业事业单位和其他生产经营者在符合国家和地方环境保护标准的设施、场所贮存或者处置固体废物的。”

因此，甲公司向依法设立的污水集中处理、生活垃圾集中处理场所排放应税污染物，不需要缴纳环境保护税。

二、环境保护税的计算

（一）环境保护税计税依据的确定

应税污染物的计税依据，按照下列方法确定：

（1）应税大气污染物按照污染物排放量折合的污染当量数确定。

（2）应税水污染物按照污染物排放量折合的污染当量数确定。

（3）应税固体废物按照固体废物的排放量确定。

(4) 应税噪声按照超过国家规定标准的分贝数确定。

应税大气污染物、水污染物的污染当量数,以该污染物的排放量除以该污染物的污染当量值计算。每种应税大气污染物、水污染物的具体污染当量值,依照《环境保护税法》所附《应税污染物和当量值表》执行。

每一排放口或者没有排放口的应税大气污染物,按照污染当量数从大到小排序,对前三项污染物征收环境保护税。

每一排放口的应税水污染物,按照《环境保护税法》所附《应税污染物和当量值表》,区分第一类水污染物和其他类水污染物,按照污染当量数从大到小排序,对第一类水污染物按照前五项征收环境保护税,对其他类水污染物按照前三项征收环境保护税。

省、自治区、直辖市人民政府根据本地区污染物减排的特殊需要,可以增加同一排放口征收环境保护税的应税污染物项目数,报同级人民代表大会常务委员会决定,并报全国人民代表大会常务委员会和国务院备案。

应税大气污染物、水污染物、固体废物的排放量和噪声的分贝数,按照下列方法和顺序计算。

(1) 纳税人安装使用符合国家规定和监测规范的污染物自动监测设备的,按照污染物自动监测数据计算。

(2) 纳税人未安装使用污染物自动监测设备的,按照监测机构出具的符合国家有关规定和监测规范的监测数据计算。

(3) 因排放污染物种类多等原因不具备监测条件的,按照国务院生态环境主管部门规定的排污系数、物料衡算方法计算。

(4) 不能按照本条第(1)项至第(3)项规定的方法计算的,按照省、自治区、直辖市人民政府生态环境主管部门规定的抽样测算的方法核定计算。

应税固体废物的计税依据,按照固体废物的排放量确定。固体废物的排放量为当期应税固体废物的产生量减去当期应税固体废物的贮存量、处置量、综合利用量的余额。

【点拨指导】固体废物的贮存量、处置量是指在符合国家和地方环境保护标准的设施、场所贮存或者处置的固体废物数量;固体废物的综合利用量是指按照国家发展和改革委员会、工业和信息化部关于资源综合利用要求以及国家和地方环境保护标准进行综合利用的固体废物数量。

纳税人有下列情形之一的,以其当期应税固体废物的产生量作为固体废物的排放量:

(1) 非法倾倒应税固体废物。

(2) 进行虚假纳税申报。

应税大气污染物、水污染物的计税依据,按照污染物排放量折合的污染当量数确定。

纳税人有下列情形之一的,以其当期应税大气污染物、水污染物的产生量作为污染物的排放量:

(1) 未依法安装使用污染物自动监测设备或者未将污染物自动监测设备与生态环境主管部门的监控设备联网。

(2) 损毁或者擅自移动、改变污染物自动监测设备。

(3) 篡改、伪造污染物监测数据。

(4) 通过暗管、渗井、渗坑、灌注或者稀释排放以及不正常运行防治污染设施等方式违法排放应税污染物。

(5) 进行虚假纳税申报。

【特别提示】从两个以上排放口排放应税污染物的，对每一排放口排放的应税污染物分别计算征收环境保护税；纳税人持有排污许可证的，其污染物排放口按照排污许可证载明的污染物排放口确定。

（二）环境保护税税率的判定

环境保护税税目税率如表 8-4 所示。

表 8-4　　环境保护税税目税率表

税目		计税单位	税额	备注
大气污染物		每污染当量	1.2 元至 12 元	
水污染物		每污染当量	1.4 元至 14 元	
固体废物	煤矸石	每吨	5 元	
	尾矿	每吨	15 元	
	危险废物	每吨	1 000 元	
	冶炼渣、粉煤灰、炉渣、其他固体废物（含半固态、液态废物）	每吨	25 元	
噪声	工业噪声	超标 1～3 分贝	每月 350 元	1. 一个单位边界上有多处噪声超标，根据最高一处超标声级计算应纳税额；当沿边界长度超过 100 米有两处以上噪声超标，按照两个单位计算应纳税额 2. 一个单位有不同地点作业场所的，应当分别计算应纳税额，合并计征 3. 昼、夜均超标的环境噪声，昼、夜分别计算应纳税额，累计计征 4. 声源一个月内超标不足 15 天的，减半计算应纳税额 5. 夜间频繁突发和夜间偶然突发厂界超标噪声，按等效声级和峰值噪声两种指标中超标分贝值高的一项计算应纳税额
		超标 4～6 分贝	每月 700 元	
		超标 7～9 分贝	每月 1 400 元	
		超标 10～12 分贝	每月 2 800 元	
		超标 13～15 分贝	每月 5 600 元	
		超标 16 分贝以上	每月 11 200 元	

（三）环境保护税优惠政策的运用

下列情形，暂予免征环境保护税：

（1）农业生产（不包括规模化养殖）排放应税污染物的。

（2）机动车、铁路机车、非道路移动机械、船舶和航空器等流动污染源排放应税污染物的。

（3）依法设立的城乡污水集中处理、生活垃圾集中处理场所排放相应应税污染物，不超过国家和地方规定的排放标准的。

（4）纳税人综合利用的固体废物，符合国家和地方环境保护标准的。

（5）国务院批准免税的其他情形。

其中，第（5）项免税规定，由国务院报全国人民代表大会常务委员会备案。

纳税人排放应税大气污染物或者水污染物的浓度值低于国家和地方规定的污染物排放标准 30%的，减按 75%征收环境保护税。纳税人排放应税大气污染物或者水污染物的浓度值低于国家和地方规定的污染物排放标准 50%的，减按 50%征收环境保护税。

【特别提示】应税大气污染物或者水污染物的浓度值，是指纳税人安装使用的污染物自动监测设备当月自动监测的应税大气污染物浓度值的小时平均值再平均所得数值或者应税水污染物浓度值的日平均值再平均所得数值，或者监测机构当月监测的应税大气污染物、水污染物浓度值的平均值。

情境讨论：规模化养殖排放应税污染物的，是否免征环境保护税？

(四) 环境保护税应纳税额的计算

1. 应税大气污染物应纳税额的计算

应税大气污染物应纳税额的计算公式如下：

应税大气污染物的应纳税额＝污染当量数×具体适用税额

2. 应税水污染物应纳税额的计算

应税水污染物应纳税额的计算公式如下：

应税水污染物的应纳税额＝污染当量数×具体适用税额

3. 应税固体废物应纳税额的计算

应税固体废物应纳税额的计算公式如下：

应税固体废物的应纳税额＝固体废物排放量×具体适用税额

4. 应税噪声应纳税额的计算

应税噪声应纳税额的计算公式如下：

应税噪声的应纳税额＝超过国家规定标准的分贝数对应的具体适用税额

【情境实例 8-3】

1. 工作任务要求

计算甲公司本年 1 月应缴纳的环境保护税。

2. 情境实例设计

甲公司本年 1 月向大气直接排放二氧化硫 80 千克、氟化物 100 千克、一氧化碳 200 千克、氯化氢 100 千克，假设当地大气污染物每污染当量税额 1.2 元。该公司只有一个排放口。二氧化硫的污染当量值为 0.95，氟化物的污染当量值为 0.87，一氧化碳的污染当量值为 16.7，氯化氢的污染当量值为 10.75。假设甲公司排放应税大气污染物的浓度值均不低于国家和地方规定的污染物排放标准。

3. 任务实施过程

应税大气污染物、水污染物的污染当量数，以该污染物的排放量除以该污染物的污染当量值计算。

二氧化硫污染当量数＝80÷0.95＝84.21

氟化物污染当量数＝100÷0.87＝114.94

一氧化碳污染当量数＝200÷16.7＝11.98

氯化氢污染当量数＝100÷10.75＝9.30

按污染当量数排序：氟化物污染当量数(114.94)＞二氧化硫污染当量数(84.21)＞一氧

化碳污染当量数(11.98)>氯化氢污染当量数(9.30)。

该公司只有一个排放口,排序选取前三项污染物为:氟化物、二氧化硫、一氧化碳。

应纳环境保护税 =(114.94 + 84.21 + 11.98) × 1.2 = 253.36(元)

三、环境保护税的纳税申报

(一)环境保护税的纳税义务发生时间

环境保护税的纳税义务发生时间为纳税人排放应税污染物的当日。

(二)环境保护税的纳税期限

环境保护税按月计算,按季申报缴纳。不能按固定期限计算缴纳的,可以按次申报缴纳。

纳税人申报缴纳环境保护税时,应当向税务机关报送所排放应税污染物的种类、数量,大气污染物、水污染物的浓度值,以及税务机关根据实际需要要求纳税人报送的其他纳税资料。

纳税人按季申报缴纳的,应当自季度终了之日起 15 日内,向税务机关办理纳税申报并缴纳税款。纳税人按次申报缴纳的,应当自纳税义务发生之日起 15 日内,向税务机关办理纳税申报并缴纳税款。

(三)环境保护税的纳税地点

环境保护税的纳税人应当向应税污染物排放地的税务机关申报缴纳环境保护税。

情境答疑:“应税污染物排放地”具体指什么?

答:《中华人民共和国环境保护税法实施条例》第十七条规定:“《环境保护税法》第十七条所称应税污染物排放地是指:①应税大气污染物、水污染物排放口所在地;②应税固体废物产生地;③应税噪声产生地。”

(四)环境保护税的纳税申报实务

纳税人对环境保护税进行纳税申报时,应当填报“环境保护税税源明细表”(如表 8-5 所示)、“财产和行为税减免税明细申报附表”(略)、“财产和行为税纳税申报表”(见表 7-4)。

【情境实战 8-3——环境保护税应纳税额的计算和纳税申报】

1. 工作任务要求

(1)计算山东伟泽合美铁矿有限公司 2023 年第 1 季度的应纳环境保护税。

(2)山东伟泽合美铁矿有限公司 2023 年 4 月 5 日对 2023 年第 1 季度的环境保护税进行纳税申报,填写“环境保护税税源明细表”“财产和行为税纳税申报表”。

2. 情境实战设计

接【情境实战 7-4——土地增值税的计算和纳税申报】,山东伟泽合美铁矿有限公司环境保护税的税源编号为 A37021201800256,排放口名称为粉尘排放口,污染物排放量计算方法为排污系数,2023 年 1 月向大气排放一般性粉尘的计算基数 20 吨(经计算,排放一般性粉尘 1 400 千克);2023 年 2 月向大气排放一般性粉尘的计算基数 18 吨(经计算,排放一般性粉尘 1 260 千克);2023 年 3 月向大气排放一般性粉尘的计算基数 22 吨(经计算,排放一般性粉尘 1 540 千克)。假设当地大气污染物每污染当量税额为 1.2 元(单位税额)、排污系数为 0.07、污染当量值为 4 千克。该公司只有一个排放口。山东伟泽合美铁矿有限公司排污许可证载

8

明的有效期起止日期为 2022 年 1 月 1 日至 2024 年 12 月 31 日。

3. 实战操作步骤

第一步:根据经济业务计算应纳环境保护税。

(1) 计算污染物排放量。

2023 年 1 月一般性粉尘排放量=20×1 000×0.07=1 400(千克)

2023 年 2 月一般性粉尘排放量=18×1 000×0.07=1 260(千克)

2023 年 3 月一般性粉尘排放量=22×1 000×0.07=1 540(千克)

(2) 计算污染物污染当量数。

2023 年 1 月一般性粉尘污染当量数=1 400÷4=350

2023 年 2 月一般性粉尘污染当量数=1 260÷4=315

2023 年 3 月一般性粉尘污染当量数=1 540÷4=385

(3) 2023 年第 1 季度应纳环境保护税=(350+315+385)×1.2=1 260(元)。

第二步:对环境保护税进行纳税申报。填写"环境保护税税源明细表"(如表 8-5 所示)、"财产和行为税减免税明细申报附表"(略)、"财产和行为税纳税申报表"(见表 7-4)。

表 8-5　　环境保护税税源明细表

纳税人识别号(统一社会信用代码):91370709864220777P

纳税人名称:山东伟泽合美铁矿有限公司　　　　金额单位:人民币元(列至角分)

1. 按次申报□			2. 从事海洋工程□	
3. 城乡污水集中处理场所□			4. 生活垃圾集中处理场所□	
*5. 污染物类别	大气污染物 ☑水污染物 □固体废物 □噪声 □			
6. 排污许可证编号				
*7. 生产经营所在区划	山东省济南市开发区幸福街道和平路 777 号			
*8. 生态环境主管部门	济南市生态环境保护局开发区分局			
税源基础采集信息				
新增□ 变更□ 删除□				
*税源编号	(1)	A37021201800256		
排放口编号	(2)			
*排放口名称或噪声源名称	(3)	粉尘排放口		
*生产经营所在街乡	(4)	东关街道		
排放口地理坐 *经度	(5)	略		
排放口地理坐 *纬度	(6)	略		
*有效期起止	(7)	2022 年 1 月 1 日至 2024 年 12 月 31 日		
*污染物类别	(8)	大气污染物		
水污染物种类	(9)			
*污染物名称	(10)	粉尘		
危险废物污染物子类	(11)			
*污染物排放量计算方法	(12)	排污系数		

续　表

大气、水污染物标准排放限值	*执行标准	(13)	略		
	*标准浓度值(毫克/升或毫克/标立方米)	(14)	略		
产(排)污系数	*计税基数单位	(15)	吨		
	*污染物单位	(16)	千克		
	*产污系数	(17)			
	*排污系数	(18)	0.07		
固体废物信息	贮存情况	(19)			
	处置情况	(20)			
	综合利用情况	(21)			
噪声信息	*是否昼夜产生	(22)			
	*标准值——昼间(6时至22时)	(23)			
	*标准值——夜间(22时至次日6时)	(24)			
申报计算及减免信息					
*税源编号		(1)	A37021201800256	A37021201800256	A37021201800256
*税款所属月份		(2)	2023年01月	2023年02月	2023年03月
*排放口名称或噪声源名称		(3)	粉尘排放口	粉尘排放口	粉尘排放口
*污染物类别		(4)	大气污染物	大气污染物	大气污染物
*水污染物种类		(5)			
*污染物名称		(6)	粉尘	粉尘	粉尘
危险废物污染物子类		(7)			
*污染物排放量计算方法		(8)	排污系数	排污系数	排污系数
大气、水污染物监测计算	*废气(废水)排放量(万标立方米、吨)	(9)			
	*实测浓度值(毫克/标立方米、毫克/升)	(10)			
	*月均浓度(毫克/标立方米、毫克/升)	(11)			
	*最高浓度(毫克/标立方米、毫克/升)	(12)			
产(排)污系数计算	*计算基数	(13)	20.00	18.00	22.00
	*产污系数	(14)			
	*排污系数	(15)	0.07	0.07	0.07

续 表

固体废物计算	* 本月固体废物的产生量(吨)	(16)			
	* 本月固体废物的贮存量(吨)	(17)			
	* 本月固体废物的处置量(吨)	(18)			
	* 本月固体废物的综合利用量(吨)	(19)			
噪声计算	* 噪声时段	(20)			
	* 监测分贝数	(21)			
	* 超标不足 15 天	(22)			
	* 两处以上噪声超标	(23)			
抽样测算计算	特征指标	(24)			
	特征单位	(25)			
	特征指标数量	(26)			
	特征系数	(27)			
污染物排放量(千克或吨)		大气、水污染物监测计算:(28)=(9)×(10)÷100(1 000) 大气、水污染物产(排)污系数计算:(28)=(13)×(14)×M (28)=(13)×(15)×M pH 值、大肠菌群数、余氯量等水污染物计算:(28)=(9) 色度污染物计算:(28)=(9)×色度超标倍数固体废物排放量(含综合利用量):(28)=(16)-(17)-(18)	1 400.00	1 260.00	1 540.00
* 污染当量值(特征值)(千克或吨)		(29)	4.00	4.00	4.00
* 污染当量数		大气、水污染物污染当量数计算:(30)=(28)÷(29)	350.00	315.00	385.00
减免性质代码和项目名称		(31)			
* 单位税额		(32)	1.20	1.20	1.20

续　表

*本期应纳税额	大气、水污染物应纳税额计算：(33)＝(30)×(32) 固体废物应纳税额计算：(33)＝(28)×(32) 噪声应纳税额计算：(33)＝0.5或1[(22)为是的用0.5；为否的用1]×2或1[(23)为是的用2，为否的用1]×(32) 按照税法所附表二中畜禽养殖业等水污染物当量值表计算：(33)＝(26)÷(29)×(32) 采用特征系数计算：(33)＝(26)×(27)÷(29)×(32) 采用特征值计算：(33)＝(26)×(29)×(32)	420.00	378.00	462.00
本期减免税额	大气、水污染物减免税额计算：(34)＝(30)×(32)×N 固体废物减免税额计算：(34)＝(19)×(32)			
本期已缴税额	(35)			
*本期应补(退)税额	(36)＝(33)－(34)－(35)	420.00	378.00	462.00

任务四　车辆购置税纳税实务①

【情境引例】

甲公司购买车辆，取得了机动车销售发票，其中一联次为报税联，请问该联发票应该由哪方留存？有什么用途？

【知识准备与业务操作】

一、车辆购置税的认知

（一）车辆购置税纳税人的确定

在中国境内购置汽车、有轨电车、汽车挂车、排气量超过150毫升的摩托车(以下统称

① 本任务主要根据自2019年7月1日起施行的《中华人民共和国车辆购置税法》编写。

8

"应税车辆")的单位和个人,为车辆购置税的纳税人。购置,是指以购买、进口、自产、受赠、获奖或者其他方式取得并自用应税车辆的行为。

【特别提示】购置后自用的,才需要缴纳车辆购置税。购入待售车辆不需要缴纳车辆购置税,待进一步处置时再行确定纳税人,缴纳车辆购置税。

【点拨指导】与契税相同,车辆购置税由承受方缴纳。

(二)车辆购置税征税范围的确定

车辆购置税以列举的车辆作为征税对象,未列举的车辆不纳税。其征税范围包括汽车、有轨电车、汽车挂车、排气量超过150毫升的摩托车。

实务咨询:我公司于本年3月1日购置一辆排气量为125毫升的摩托车。请问:是否需要缴纳车辆购置税?

二、车辆购置税的计算

(一)车辆购置税计税依据的确定

1. 车辆购置税计税依据的基本规定

车辆购置税的计税依据为应税车辆的计税价格。应税车辆的计税价格,按照下列规定确定:

(1)纳税人购买自用应税车辆的计税价格,为纳税人实际支付给销售者的全部价款,不包括增值税税款。

购买自用应税车辆计征车辆购置税的计税依据,与销售方计算增值税的计税依据一致。

计税价格=含增值税的销售价格÷(1+增值税税率或征收率)
=(含增值税价款+价外费用)÷(1+增值税税率或征收率)

【点拨指导】纳税人购买自用应税车辆实际支付给销售者的全部价款,依据纳税人购买应税车辆时相关凭证载明的价格确定,不包括增值税税款。

(2)纳税人进口自用应税车辆的计税价格,为关税完税价格加上关税和消费税。

纳税人进口自用应税车辆的计税价格,为关税完税价格加上关税和消费税,即为组成计税价格。进口自用应税车辆计征车辆购置税的计税依据,与进口方计算增值税的计税依据一致。

① 如果进口车辆是属于消费税征税范围的小汽车、摩托车等应税车辆,则其组成计税价格如下:

计税价格(组成计税价格)=关税完税价格+关税+消费税
=(关税完税价格+关税)÷(1-消费税税率)

② 如果进口车辆是不属于消费税征税范围的应税车辆,则组成计税价格公式简化如下:

计税价格(组成计税价格)=关税完税价格+关税

【点拨指导】纳税人进口自用应税车辆,是指纳税人直接从境外进口或者委托代理进口自用的应税车辆,不包括在境内购买的进口车辆。

(3) 纳税人自产自用应税车辆的计税价格，按照纳税人生产的同类应税车辆的销售价格确定，不包括增值税税款。

纳税人自产自用应税车辆的计税价格，按照同类应税车辆(即车辆配置序列号相同的车辆)的销售价格确定，不包括增值税税款；没有同类应税车辆销售价格的，按照组成计税价格确定。其组成计税价格计算公式如下：

$$组成计税价格=成本\times(1+成本利润率)$$

属于应征消费税的应税车辆，其组成计税价格中应加计消费税税额。

上述公式中的成本利润率，由国家税务总局各省、自治区、直辖市和计划单列市税务局确定。

(4) 纳税人以受赠、获奖或者其他方式取得自用应税车辆的计税价格，按照购置应税车辆时相关凭证载明的价格确定，不包括增值税税款。

【特别提示】纳税人以外汇结算应税车辆价款的，按照申报纳税之日的人民币汇率中间价折合成人民币计算缴纳税款。

2. 车辆购置税计税依据的特殊规定

免税、减税车辆因转让、改变用途等原因不再属于免税、减税范围的，纳税人应当在办理车辆转移登记或者变更登记前缴纳车辆购置税。计税价格以免税、减税车辆初次办理纳税申报时确定的计税价格为基准，每满一年扣减 10%。

(二) 车辆购置税税率的判定

车辆购置税实行统一比例税率，税率为 10%。

(三) 车辆购置税优惠政策的运用

1. 法定减免税规定

(1) 依照法律规定应当予以免税的外国驻华使馆、领事馆和国际组织驻华机构及其有关人员自用的车辆。

(2) 中国人民解放军和中国人民武装警察部队列入装备订货计划的车辆。

(3) 悬挂应急救援专用号牌的国家综合性消防救援车辆。

(4) 设有固定装置的非运输专用作业车辆。

(5) 城市公交企业购置的公共汽电车辆。

根据国民经济和社会发展的需要，国务院可以规定减征或者其他免征车辆购置税的情形，报全国人民代表大会常务委员会备案。

2. 其他优惠政策

自 2018 年 7 月 1 日至 2023 年 12 月 31 日，对购置挂车减半征收车辆购置税。挂车是指由汽车牵引才能正常使用且用于载运货物的无动力车辆。

自 2018 年 1 月 1 日至 2022 年 12 月 31 日，对购置的新能源汽车免征车辆购置税。

3. 车辆购置税的退税

纳税人将已征车辆购置税的车辆退回车辆生产企业或者销售企业的，可以向主管税务机关申请退还车辆购置税。退税额以已缴税款为基准，自缴纳税款之日至申请退税之日，每满一年扣减 10%。

【情境辨析 8-5】

1. 情境辨析目的

掌握车辆购置税的征税范围以及免税范围。

2. 情境辨析设计

单位或个人购置下列车辆应按规定缴纳车辆购置税的有(　　)。

A. 汽车　　　　　　B. 排气量超过 150 毫升的摩托车

C. 有轨电车　　　　D. 悬挂应急救援专用号牌的国家综合性消防救援车辆

3. 情境辨析过程

答案:A、B、C

解析:选项 A、B、C,车辆购置税的征税范围包括:汽车、有轨电车、汽车挂车、排气量超过 150 毫升的摩托车。选项 D,悬挂应急救援专用号牌的国家综合性消防救援车辆免征车辆购置税。

(四) 车辆购置税应纳税额的计算

车辆购置税实行从价定率的方法计算应纳税额,其计算公式如下:

应纳税额 = 计税价格 × 税率

由于应税车辆的来源、应税行为的发生以及计税依据组成的不同,因而,车辆购置税应纳税额的计算方法也有区别。

1. 购买自用应税车辆应纳税额的计算

在应纳税额的计算当中,应注意以下费用的计税规定:

(1) 购买者随购买车辆支付的工具件和零部件价款应作为购车价款的一部分,并入计税依据中征收车辆购置税。

(2) 支付的车辆装饰费应作为价外费用并入计税依据中计税。

(3) 代收款项应区别征税。凡使用代收单位(受托方)票据收取的款项,应视作代收单位价外收费,购买者支付的价费款,应并入计税依据中一并征税;凡使用委托方票据收取,受托方只履行代收义务和收取代收手续费的款项,应按其他税收政策规定征税。

(4) 销售单位开给购买者的各种发票金额中包含增值税税款,因此,计算车辆购置税时,应换算为不含增值税的计税价格。

(5) 购买者支付的控购费,是政府部门的行政性收费,不属于销售者的价外费用范围,不应并入计税价格计税。

(6) 销售单位开展优质销售活动所开票收取的有关费用,应属于经营性收入,企业在代理过程中按规定支付给有关部门的费用,企业已作为经营性支出列支核算,其收取的各项费用并在一张发票上难以划分的,应作为价外收入计算征税。

2. 进口自用应税车辆应纳税额的计算

纳税人进口自用的应税车辆应纳税额的计算公式分为两种情况:

(1) 如果进口车辆是属于消费税征税范围的小汽车、摩托车等应税车辆,则其应纳税额的计算公式如下:

应纳税额 =(关税完税价格 + 关税 + 消费税)× 税率

（2）如果进口车辆是不属于消费税征税范围的应税车辆，则其应纳税额的计算公式如下：

应纳税额＝（关税完税价格＋关税）×税率

3. 自产自用应税车辆应纳税额的计算

纳税人自产自用应税车辆应纳税额的计算公式如下：

应纳税额＝同类应税车辆的销售价格×税率

4. 以受赠、获奖或者其他方式取得自用应税车辆应纳税额的计算

以受赠、获奖或者其他方式取得自用应税车辆应纳税额的计算公式如下：

应纳税额＝购置应税车辆时相关凭证载明的价格×税率

5. 纳税人申报的应税车辆计税价格明显偏低，又无正当理由的应税车辆应纳税额的计算

纳税人申报的应税车辆计税价格明显偏低，又无正当理由的，由税务机关依照《税收征管法》的规定核定其应纳税额。

6. 特殊情形下自用应税车辆应纳税额或应退税额的计算

（1）减税、免税条件消失车辆应纳税额的计算。

免税、减税车辆因转让、改变用途等原因不再属于免税、减税范围的，纳税人应当在办理车辆转移登记或者变更登记前缴纳车辆购置税。计税价格以免税、减税车辆初次办理纳税申报时确定的计税价格为基准，每满一年扣减10%，并据此计算缴纳车辆购置税。

已经办理免税、减税手续的车辆因转让、改变用途等原因不再属于免税、减税范围的，纳税人、纳税义务发生时间、应纳税额按以下规定执行：

① 发生转让行为的，受让人为车辆购置税纳税人；未发生转让行为的，车辆所有人为车辆购置税纳税人。

② 纳税义务发生时间为车辆转让或者用途改变等情形发生之日。

③ 应纳税额的计算公式如下：

应纳车辆购置税＝初次办理纳税申报时确定的计税价格×（1－使用年限×10%）×10%－已纳税额

应纳税额不得为负数。

使用年限的计算方法是，自纳税人初次办理纳税申报之日起，至不再属于免税、减税范围的情形发生之日止。使用年限取整计算，不满一年的不计算在内。

（2）应税车辆退回时应退税额的计算。

纳税人将已征车辆购置税的车辆退回车辆生产企业或者销售企业的，可以向主管税务机关申请退还车辆购置税。退税额以已缴税款为基准，自缴纳税款之日至申请退税之日，每满一年扣减10%。

已征车辆购置税的车辆退回车辆生产或销售企业，纳税人申请退还车辆购置税的，应退税额的计算公式如下：

应退车辆购置税＝已纳税额×（1－使用年限×10%）

应退税额不得为负数。

使用年限的计算方法是，自纳税人缴纳税款之日起，至申请退税之日止。

三、车辆购置税的纳税申报

(一) 车辆购置税的纳税环节

车辆购置税由税务机关负责征收。车辆购置税是对应税车辆的购置行为课征,选择单一环节,实行一次课征制度。征税环节选择在使用环节(即最终消费环节)。具体而言,纳税人应当在向公安机关交通管理部门办理车辆注册登记前,缴纳车辆购置税。公安机关交通管理部门办理车辆注册登记,应当根据税务机关提供的应税车辆完税或者免税电子信息对纳税人申请登记的车辆信息进行核对,核对无误后依法办理车辆注册登记。购置已征车辆购置税的车辆,不再征收车辆购置税。但减税、免税条件消失的车辆,应按规定缴纳车辆购置税。

实务释疑:我公司在二手车市场购买了一辆已完税(缴纳了车辆购置税)的应税车辆,还需要再缴纳车辆购置税吗?

答:《中华人民共和国车辆购置税法》规定:"车辆购置税实行一次性征收。购置已征车辆购置税的车辆,不再征收车辆购置税。"因此,你公司在二手车市场购买了一辆已完税(缴纳了车辆购置税)的应税车辆,不需要再缴纳车辆购置税。

【情境引例解析】

《国家税务总局关于使用新版机动车销售统一发票有关问题的通知》(国税函〔2006〕479号)规定:"《机动车发票》为电脑六联式发票。即第一联发票联(购货单位付款凭证),第二联抵扣联(购货单位扣税凭证),第三联报税联(车购税征收单位留存),第四联注册登记联(车辆登记单位留存),第五联记账联(销货单位记账凭证),第六联存根联(销货单位留存)。"因此,第三联报税联由车辆购置税征收单位留存,用于办理车辆购置税。

(二) 车辆购置税的纳税义务发生时间

车辆购置税的纳税义务发生时间为纳税人购置应税车辆的当日。

【点拨指导】车辆购置税的纳税义务发生时间以纳税人购置应税车辆所取得的车辆相关凭证上注明的时间为准。具体来说:①购买自用应税车辆的为购买之日,即车辆相关价格凭证的开具日期。②进口自用应税车辆的为进口之日,即海关进口增值税专用缴款书或者其他有效凭证的开具日期。③自产、受赠、获奖或者以其他方式取得并自用应税车辆的为取得之日,即合同、法律文书或者其他有效凭证的生效或者开具日期。

(三) 车辆购置税的纳税期限

纳税人应当自纳税义务发生之日起60日内申报缴纳车辆购置税。

【情境辨析8-6】

1. 情境辨析目的

掌握车辆购置税的纳税义务发生时间和纳税期限。

2. 情境辨析设计

下列关于车辆购置税纳税义务发生时间和纳税期限的说法中,正确的有(　　)。

A. 车辆购置税的纳税义务发生时间为纳税人购置应税车辆的当日
B. 纳税人应当自纳税义务发生之日起 60 日内申报缴纳车辆购置税
C. 车辆购置税的纳税义务发生时间为纳税人购置应税车辆的次日
D. 纳税人应当自纳税义务发生之日起 30 日内申报缴纳车辆购置税

3. 情境辨析过程

答案：A、B

解析：车辆购置税的纳税义务发生时间为纳税人购置应税车辆的当日；纳税人应当自纳税义务发生之日起 60 日内申报缴纳车辆购置税。

（四）车辆购置税的纳税地点

纳税人购置需要办理车辆登记的应税车辆的，应当向车辆登记地的主管税务机关申报缴纳车辆购置税；购置不需要办理车辆登记的应税车辆的，应当向纳税人所在地的主管税务机关申报缴纳车辆购置税，其中，单位纳税人向其机构所在地的主管税务机关申报纳税，个人纳税人向其户籍所在地或者经常居住地的主管税务机关申报纳税。

（五）车辆购置税的纳税申报实务

纳税人对车辆购置税进行纳税申报时，应填报“车辆购置税纳税申报表”，如表 8-6 所示。

表 8-6　　车辆购置税纳税申报表

填表日期：2023 年 04 月 05 日　　金额单位：元

<table>
<tr><td colspan="2">纳税人名称</td><td>山东伟泽合美铁矿有限公司</td><td>申报类型</td><td colspan="2">☑征税 ☐免税 ☐减税</td></tr>
<tr><td colspan="2">证件名称</td><td>营业执照</td><td>证件号码</td><td colspan="2">91370709864220777P</td></tr>
<tr><td colspan="2">联系电话</td><td>0531-888777××</td><td>地　址</td><td colspan="2">山东省济南市开发区
幸福街道和平路 777 号</td></tr>
<tr><td colspan="2">合格证编号
（货物进口证明书号）</td><td>略</td><td>车辆识别代号/
车架号</td><td colspan="2">ABCD1232565001232</td></tr>
<tr><td colspan="2">厂牌型号</td><td colspan="4">略</td></tr>
<tr><td colspan="2">排量(cc)</td><td>略</td><td>机动车销售
统一发票代码</td><td colspan="2">略</td></tr>
<tr><td colspan="2">机动车销售
统一发票号码</td><td>略</td><td>不含税价</td><td colspan="2">300 000.00</td></tr>
<tr><td colspan="4">海关进口关税专用缴款书（进出口货物征免税证明）号码</td><td colspan="2">略</td></tr>
<tr><td>关税完税价格</td><td></td><td>关　税</td><td></td><td>消费税</td><td></td></tr>
<tr><td>其他有效
凭证名称</td><td></td><td>其他有效
凭证号码</td><td></td><td>其他有效
凭证价格</td><td></td></tr>
<tr><td>购置日期</td><td>2023 年
03 月 25 日</td><td>申报计税
价格</td><td>300 000.00</td><td>申报免（减）税
条件或者代码</td><td></td></tr>
<tr><td>是否办理
车辆登记</td><td>否</td><td>车辆拟
登记地点</td><td colspan="3">济南</td></tr>
</table>

续 表

<table>
<tr><td colspan="6">纳税人声明：
本纳税申报表是根据国家税收法律法规及相关规定填报的，我确定它是真实的、可靠的、完整的。
纳税人(签名或盖章)：山东伟泽合美铁矿有限公司</td></tr>
<tr><td colspan="6">委托声明：
现委托(姓名)________(证件号码)___________________办理车辆购置税涉税事宜，提供的凭证、资料是真实、可靠、完整的。任何与本申报表有关的往来文件，都可交予此人。
委托人(签名或盖章)：　　　　被委托人(签名或盖章)：</td></tr>
<tr><td colspan="6">以下由税务机关填写①</td></tr>
<tr><td colspan="2">免(减)税条件代码</td><td colspan="4"></td></tr>
<tr><td>计税价格</td><td>税率</td><td>应纳税额</td><td>免(减)税额</td><td>实纳税额</td><td>滞纳金金额</td></tr>
<tr><td>300 000.00</td><td>10%</td><td>30 000.00</td><td></td><td>30 000.00</td><td></td></tr>
<tr><td colspan="2">受理人：
年 月 日</td><td colspan="2">复核人(适用于免、减税申报)：
年 月 日</td><td colspan="2">主管税务机关(章)</td></tr>
</table>

【情境实战 8-4——车辆购置税应纳税额的计算和纳税申报】

1. 工作任务要求

(1) 计算山东伟泽合美铁矿有限公司 2023 年 3 月的应纳车辆购置税。

(2) 山东伟泽合美铁矿有限公司 2023 年 4 月 5 日对 2023 年 3 月新购置乘用车的车辆购置税进行纳税申报，填写“车辆购置税纳税申报表”。

2. 情境实战设计

接【情境实战 7-4——土地增值税的计算和纳税申报】资料，山东伟泽合美铁矿有限公司 2022 年 3 月 25 日新购置一辆乘用车，支付给销售方价款 339 000 元(含增值税)，并取得销售方开具的机动车销售统一发票。买卖合同(2023 年 3 月 25 日签订)记载不含增值税价款 300 000 元，记载增值税 39 000 元。车辆购置税的税率为 10%。该乘用车的车牌号码为鲁 A123××，车辆识别代码(车架号)为 ABCD1232565001232，发动机气缸容量为 2.5 升，载客人数为 4 人。

3. 实战操作步骤

第一步：根据经济业务计算应缴纳的车辆购置税税额。

应纳车辆购置税＝339 000÷(1＋13%)×10%＝300 000×10%＝30 000(元)

第二步：对车辆购置税进行纳税申报。

填写“车辆购置税纳税申报表”(见表 8-6)。

① 车辆购置税的纳税申报时，由税务机关计算税额。

任务五 印花税纳税实务[①]

【情境引例】

我公司为证券交易的受让方，请问是否需要缴纳印花税？

【知识准备与业务操作】

一、印花税的认知

（一）印花税纳税人和扣缴义务人的确定

1. 印花税的纳税人

在中华人民共和国境内书立应税凭证、进行证券交易的单位和个人，为印花税的纳税人，应当依照《中华人民共和国印花税法》规定缴纳印花税。

在中华人民共和国境外书立在境内使用的应税凭证的单位和个人，应当依照《中华人民共和国印花税法》规定缴纳印花税。

【点拨指导】印花税纳税人的具体情形。

（1）书立应税凭证的纳税人，为对应税凭证有直接权利义务关系的单位和个人。

（2）采用委托贷款方式书立的借款合同纳税人，为受托人和借款人，不包括委托人。

（3）按买卖合同或者产权转移书据税目缴纳印花税的拍卖成交确认书纳税人，为拍卖标的的产权人和买受人，不包括拍卖人。

2. 印花税的扣缴义务人

纳税人为境外单位或者个人，在境内有代理人的，以其境内代理人为扣缴义务人；在境内没有代理人的，由纳税人自行申报缴纳印花税，具体办法由国务院税务主管部门规定。

证券登记结算机构为证券交易印花税的扣缴义务人，应当向其机构所在地的主管税务机关申报解缴税款以及银行结算的利息。

（二）印花税征税范围的确定

印花税征税范围中的应税凭证，是指《中华人民共和国印花税法》（以下简称《印花税法》）所附《印花税税目税率表》列明的合同、产权转移书据和营业账簿。

【特别提示】我国并非对所有类型的合同、产权转移书据和营业账簿征收印花税，只对《印花税法》所附《印花税税目税率表》列明的合同、产权转移书据和营业账簿征收印花税。

印花税征税范围中的证券交易，是指转让在依法设立的证券交易所、国务院批准的其他全国性证券交易场所交易的股票和以股票为基础的存托凭证。

证券交易印花税对证券交易的出让方征收，不对受让方征收。

【情境引例解析】

根据《印花税法》的规定，证券交易印花税对证券交易的出让方征收，不对受让方征收。因此，你公司作为证券交易的受让方，不缴纳印花税。

---

① 本教材中印花税的内容，主要根据2022年7月1日起施行的《中华人民共和国印花税法》编写。2022年6月30日之前，纳税人仍然应当按照《中华人民共和国印花税暂行条例》计算缴纳印花税。

(三) 印花税税目的确定

印花税的税目依照《印花税税目税额表》(如表 8-7 所示)执行。

(四) 印花税应税凭证的具体情形

(1) 在中华人民共和国境外书立在境内使用的应税凭证,应当按规定缴纳印花税。包括以下几种情形:

① 应税凭证的标的为不动产的,该不动产在境内;

② 应税凭证的标的为股权的,该股权为中国居民企业的股权;

③ 应税凭证的标的为动产或者商标专用权、著作权、专利权、专有技术使用权的,其销售方或者购买方在境内,但不包括境外单位或者个人向境内单位或者个人销售完全在境外使用的动产或者商标专用权、著作权、专利权、专有技术使用权;

④ 应税凭证的标的为服务的,其提供方或者接受方在境内,但不包括境外单位或者个人向境内单位或者个人提供完全在境外发生的服务。

(2) 企业之间书立的确定买卖关系和明确买卖双方权利义务的订单、要货单等单据,且未另外书立买卖合同的,应当按规定缴纳印花税。

(3) 发电厂与电网之间、电网与电网之间书立的购售电合同,应当按买卖合同税目缴纳印花税。

(4) 下列情形的凭证,不属于印花税征收范围:

① 人民法院的生效法律文书,仲裁机构的仲裁文书,监察机关的监察文书。

② 县级以上人民政府及其所属部门按照行政管理权限征收、收回或者补偿安置房地产书立的合同、协议或者行政类文书。

③ 总公司与分公司、分公司与分公司之间书立的作为执行计划使用的凭证。

二、印花税的计算

(一) 印花税计税依据的确定

1. 印花税计税依据的一般规定

(1) 应税合同的计税依据,为合同所列的金额,不包括列明的增值税税款。

(2) 应税产权转移书据的计税依据,为产权转移书据所列的金额,不包括列明的增值税税款。

(3) 应税营业账簿的计税依据,为账簿记载的实收资本(股本)和资本公积的合计金额。

(4) 证券交易的计税依据,为成交金额。

【特别提示】不记载实收资本(股本)、资本公积金额的营业账簿(例如记载固定资产金额的营业账簿),不属于印花税的征税范围。

2. 印花税计税依据的特殊规定

(1) 应税合同、产权转移书据未列明金额的,印花税的计税依据按照实际结算的金额确定。

(2) 计税依据按照上述规定仍不能确定的,按照书立合同、产权转移书据时的市场价格确定;依法应当执行政府定价或者政府指导价的,按照国家有关规定确定。

(3) 证券交易无转让价格的,按照办理过户登记手续时该证券前一个交易日收盘价计算确定计税依据;无收盘价的,按照证券面值计算确定计税依据。

（4）同一应税凭证由两方以上当事人书立的，按照各自涉及的金额分别计算应纳税额。

（5）已缴纳印花税的营业账簿，以后年度记载的实收资本（股本）、资本公积合计金额比已缴纳印花税的实收资本（股本）、资本公积合计金额增加的，按照增加部分计算应纳税额。

情境答疑：印花税应税合同中列明不含增值税价款和增值税税款，请问印花税的计税依据是含增值税价款还是不含增值税价款？

答：《印花税法》规定，应税合同的计税依据，为合同所列的金额，不包括列明的增值税税款。因此，应税合同中列明不含增值税价款和增值税税款，印花税的计税依据为合同所列的不含增值税价款。

3. 印花税计税依据的其他规定以及补税和退税的具体情形

（1）同一应税合同、应税产权转移书据中涉及两方以上纳税人，且未列明纳税人各自涉及金额的，以纳税人平均分摊的应税凭证所列金额（不包括列明的增值税税款）确定计税依据。

（2）应税合同、应税产权转移书据所列的金额与实际结算金额不一致，不变更应税凭证所列金额的，以所列金额为计税依据；变更应税凭证所列金额的，以变更后的所列金额为计税依据。已缴纳印花税的应税凭证，变更后所列金额增加的，纳税人应当就增加部分的金额补缴印花税；变更后所列金额减少的，纳税人可以就减少部分的金额向税务机关申请退还或者抵缴印花税。

（3）纳税人因应税凭证列明的增值税税款计算错误而导致应税凭证的计税依据减少或者增加的，纳税人应当按规定调整应税凭证列明的增值税税款，重新确定应税凭证计税依据。已缴纳印花税的应税凭证，调整后计税依据增加的，纳税人应当就增加部分的金额补缴印花税；调整后计税依据减少的，纳税人可以就减少部分的金额向税务机关申请退还或者抵缴印花税。

（4）纳税人转让股权的印花税计税依据，按照产权转移书据所列的金额（不包括列明的认缴后尚未实际出资权益部分）确定。

（5）应税凭证金额为人民币以外的货币的，应当按照凭证书立当日的人民币汇率中间价折合人民币确定计税依据。

（6）境内的货物多式联运，采用在起运地统一结算全程运费的，以全程运费作为运输合同的计税依据，由起运地运费结算双方缴纳印花税；采用分程结算运费的，以分程的运费作为计税依据，分别由办理运费结算的各方缴纳印花税。

（7）未履行的应税合同、产权转移书据，已缴纳的印花税不予退还及抵缴税款。

（8）纳税人多贴的印花税票，不予退税及抵缴税款。

（二）印花税税率的判定

印花税的税率依照《印花税税目税额表》（见表 8-7）执行。

表 8-7　　印花税税目税率表

税目		计税依据及税率	备注
合同(指书面合同)	借款合同	借款金额的万分之零点五	指银行业金融机构、经国务院银行业监督管理机构批准设立的其他金融机构与借款人(不包括同业拆借)的借款合同
	融资租赁合同	租金的万分之零点五	
	买卖合同	价款的万分之三	指动产买卖合同(不包括个人书立的动产买卖合同)
	承揽合同	报酬的万分之三	
	建设工程合同	价款的万分之三	
	运输合同	运输费用的万分之三	指货运合同和多式联运合同(不包括管道运输合同)
	技术合同	价款、报酬或者使用费的万分之三	不包括专利权、专有技术使用权转让书据
	租赁合同	租金的千分之一	
	保管合同	保管费的千分之一	
	仓储合同	仓储费的千分之一	
	财产保险合同	保险费的千分之一	不包括再保险合同
产权转移书据	土地使用权出让书据	价款的万分之五	转让包括买卖(出售)、继承、赠与、互换、分割
	土地使用权、房屋等建筑物和构筑物所有权转让书据(不包括土地承包经营权和土地经营权转移)	价款的万分之五	
	股权转让书据(不包括应缴纳证券交易印花税的)	价款的万分之五	
	商标专用权、著作权、专利权、专有技术使用权转让书据	价款的万分之三	
营业账簿		实收资本(股本)、资本公积合计金额的万分之二点五	
证券交易		成交金额的千分之一	

(三) 印花税优惠政策的运用

下列凭证免征印花税：

(1) 应税凭证的副本或者抄本；

(2) 依照法律规定应当予以免税的外国驻华使馆、领事馆和国际组织驻华代表机构为获得馆舍书立的应税凭证；

（3）中国人民解放军、中国人民武装警察部队书立的应税凭证；

（4）农民、家庭农场、农民专业合作社、农村集体经济组织、村民委员会购买农业生产资料或者销售农产品书立的买卖合同和农业保险合同；

【点拨指导】享受印花税免税优惠的家庭农场，具体范围为以家庭为基本经营单元，以农场生产经营为主业，以农场经营收入为家庭主要收入来源，从事农业规模化、标准化、集约化生产经营，纳入全国家庭农场名录系统的家庭农场。

（5）无息或者贴息借款合同、国际金融组织向中国提供优惠贷款书立的借款合同；

（6）财产所有权人将财产赠与政府、学校、社会福利机构、慈善组织书立的产权转移书据；

【点拨指导】①享受印花税免税优惠的学校，具体范围为经县级以上人民政府或者其教育行政部门批准成立的大学、中学、小学、幼儿园，实施学历教育的职业教育学校、特殊教育学校、专门学校，以及经省级人民政府或者其人力资源社会保障行政部门批准成立的技工院校。②享受印花税免税优惠的社会福利机构，具体范围为依法登记的养老服务机构、残疾人服务机构、儿童福利机构、救助管理机构、未成年人救助保护机构。③享受印花税免税优惠的慈善组织，具体范围为依法设立、符合《中华人民共和国慈善法》规定，以面向社会开展慈善活动为宗旨的非营利性组织。

（7）非营利性医疗卫生机构采购药品或者卫生材料书立的买卖合同；

【点拨指导】享受印花税免税优惠的非营利性医疗卫生机构，具体范围为经县级以上人民政府卫生健康行政部门批准或者备案设立的非营利性医疗卫生机构。

（8）个人与电子商务经营者订立的电子订单。

【点拨指导】享受印花税免税优惠的电子商务经营者，具体范围按《中华人民共和国电子商务法》有关规定执行。

根据国民经济和社会发展的需要，国务院对居民住房需求保障、企业改制重组、破产、支持小型微型企业发展等情形，可以规定减征或者免征印花税，报全国人民代表大会常务委员会备案。

【特别提示】对应税凭证适用印花税减免优惠的，书立该应税凭证的纳税人均可享受印花税减免政策，明确特定纳税人适用印花税减免优惠的除外。

实务咨询：王某与电子商务经营者订立了电子订单。请问：是否需要缴纳印花税？

（四）印花税应纳税额的计算

印花税的应纳税额按照计税依据乘以适用税率计算。其计算公式如下：

$$应纳税额=计税依据\times适用税率$$

同一应税凭证载有两个以上税目事项并分别列明金额的，按照各自适用的税目税率分别计算应纳税额;未分别列明金额的,从高适用税率。

三、印花税的纳税申报

(一) 印花税的缴纳方式

印花税可以采用粘贴印花税票或者由税务机关依法开具其他完税凭证的方式缴纳。

印花税票粘贴在应税凭证上的,由纳税人在每枚税票的骑缝处盖戳注销或者画销。

印花税票由国务院税务主管部门监制。

(二) 印花税的纳税义务发生时间

印花税的纳税义务发生时间为纳税人书立应税凭证或者完成证券交易的当日。

证券交易印花税扣缴义务发生时间为证券交易完成的当日。

(三) 印花税的纳税期限

印花税按季、按年或者按次计征。实行按季、按年计征的,纳税人应当自季度、年度终了之日起 15 日内申报缴纳税款;实行按次计征的,纳税人应当自纳税义务发生之日起 15 日内申报缴纳税款。

证券交易印花税按周解缴。证券交易印花税扣缴义务人应当自每周终了之日起 5 日内申报解缴税款以及银行结算的利息。

【点拨指导】应税合同、产权转移书据印花税可以按季或者按次申报缴纳,应税营业账簿印花税可以按年或者按次申报缴纳,具体纳税期限由各省、自治区、直辖市、计划单列市税务局结合征管实际确定。

【点拨指导】境外单位或者个人的应税凭证印花税可以按季、按年或者按次申报缴纳,具体纳税期限由各省、自治区、直辖市、计划单列市税务局结合征管实际确定。

【特别提示】应税合同、产权转移书据未列明金额,在后续实际结算时确定金额的,纳税人应当于书立应税合同、产权转移书据的首个纳税申报期申报应税合同、产权转移书据书立情况,在实际结算后下一个纳税申报期,以实际结算金额计算申报缴纳印花税。

(四) 印花税的纳税地点

纳税人为单位的,应当向其机构所在地的主管税务机关申报缴纳印花税;纳税人为个人的,应当向应税凭证书立地或者纳税人居住地的主管税务机关申报缴纳印花税。

不动产产权发生转移的,纳税人应当向不动产所在地的主管税务机关申报缴纳印花税。

纳税人为境外单位或者个人,在境内有代理人的,以其境内代理人为扣缴义务人。境外单位或者个人的境内代理人应当按规定扣缴印花税,向境内代理人机构所在地(居住地)主管税务机关申报解缴税款。

纳税人为境外单位或者个人,在境内没有代理人的,纳税人应当自行申报缴纳印花税。境外单位或者个人可以向资产交付地、境内服务提供方或者接受方所在地(居住地)、书立应税凭证境内书立人所在地(居住地)主管税务机关申报缴纳;涉及不动产产权转移的,应当向不动产所在地主管税务机关申报缴纳。

【情境辨析 8-7】

1. 情境辨析目的

掌握印花税的纳税申报。

2. 情境辨析设计

下列有关印花税纳税申报的说法中，正确的有（　　）。

A. 印花税可以采用粘贴印花税票或者由税务机关依法开具其他完税凭证的方式缴纳

B. 印花税的纳税义务发生时间为纳税人书立应税凭证或者完成证券交易的当日

C. 证券交易印花税按月解缴

D. 不动产产权发生转移的，纳税人应当向不动产所在地的主管税务机关申报缴纳印花税

3. 情境辨析过程

答案：A、B、D

解析：选项 C，证券交易印花税按周解缴。

（五）印花税的纳税申报实务

纳税人对印花税进行纳税申报时，应当填报"印花税税源明细表"（如表 8-8 所示）、"财产和行为税减免税明细申报附表"（略）、"财产和行为税纳税申报表"（见表 7-4）。

【情境实战 8-5——印花税应纳税额的计算和纳税申报】

1. 工作任务要求

（1）计算山东伟泽合美铁矿有限公司 2023 年 3 月相关业务的应纳印花税。

（2）山东伟泽合美铁矿有限公司 2023 年 4 月 5 日对 2023 年 3 月的印花税进行纳税申报，填写"印花税税源明细表""财产和行为税纳税申报表"。

2. 情境实战设计

接【情境实战 7-4——土地增值税的计算和纳税申报】【情境实战 7-5——资源税应纳税额的计算和纳税申报】【情境实战 8-4——车辆购置税应纳税额的计算和纳税申报】，假设山东伟泽合美铁矿有限公司属于按期汇总缴纳印花税的纳税人，纳税期限为 1 个月，纳税申报期限为税款所属时期后 15 天内。

3. 实战操作步骤

第一步：根据经济业务计算当期应纳印花税。

（1）转让办公楼，按照土地使用权、房屋等建筑物和构筑物所有权转让书据税目的应纳印花税＝120 000 000×0.5‰＝60 000（元）

（2）销售铁矿原矿，按照买卖合同税目的应纳印花税＝2 800 000×0.3‰＝840（元）

（3）购置乘用车，按照买卖合同税目的应纳印花税＝300 000×0.3‰＝90（元）

第二步：对印花税进行纳税申报。

填写"印花税税源明细表"（见表 8-8）、"财产和行为税纳税申报表"（见表 7-4）。

8

表 8-8

印花税税源明细表

纳税人识别号(统一社会信用代码):91370709864220777P

纳税人(缴费人)名称:山东伟泽合美铁矿有限公司

金额单位:人民币元(列至角分)

序号	应税凭证税务编号	应税凭证编号	*应税凭证名称	*申报期限类型	应税凭证数量	*税目	子目	*税款所属期起	*税款所属期止	*应税凭证书立日期	*计税金额	实际结算日期	实际结算金额	*税率	减免性质代码和项目名称	对方书立人信息		
																对方书立人名称	对方书立人纳税人识别号(统一社会信用代码)	对方书立人涉及金额
1			产权转移书据	按次申报		产权转移书据	房屋等建筑物和构筑物所有权转让书据(不包括土地承包经营权和土地经营权转移)	2023年03月01日	2023年03月31日	2023年03月31日	120 000 000.00			0.5‰				
2			买卖合同	按期申报		买卖合同		2023年03月01日	2023年03月31日	2023年03月20日	2 800 000.00			0.3‰				
3			买卖合同	按期申报		买卖合同		2023年03月01日	2023年03月31日	2023年03月25日	300 000.00			0.3‰				

任务六　烟叶税纳税实务

【情境引例】

甲卷烟厂从烟农手中收购一批烟叶用于生产卷烟，货物已验收入库，收购价款 80 000 元，另向烟农支付了价外补贴 6000 元。请问：甲卷烟厂购进烟叶准予抵扣的增值税进项税额为多少？甲卷烟厂将价外补贴与烟叶收购价格在同一张农产品收购发票上分别注明。

【知识准备与业务操作】

一、烟叶税的认知

（一）烟叶税纳税人的确定

在中华人民共和国境内，依照《中华人民共和国烟草专卖法》的规定收购烟叶的单位为烟叶税的纳税人。纳税人应当依照《中华人民共和国烟叶税法》（简称“《烟叶税法》”）规定缴纳烟叶税。

实务释疑：甲农民专业合作社向乙卷烟厂销售烟叶一批，请问甲农民专业合作社是否缴纳烟叶税？

答：《中华人民共和国烟叶税法》规定：“在中华人民共和国境内，依照《中华人民共和国烟草专卖法》的规定收购烟叶的单位为烟叶税的纳税人。”烟叶税的纳税人是收购烟叶的单位，而非销售烟叶的单位，因此，甲农民专业合作社不缴纳烟叶税，乙卷烟厂才应当缴纳烟叶税。

（二）烟叶税征税范围的确定

烟叶税的征税范围是烟叶。烟叶，是指烤烟叶、晾晒烟叶。

二、烟叶税的计算

（一）烟叶税计税依据的确定

烟叶税的计税依据为纳税人收购烟叶实际支付的价款总额。纳税人收购烟叶实际支付的价款总额包括纳税人支付给烟叶生产销售单位和个人的烟叶收购价款和价外补贴。

【特别提示】价外补贴统一按烟叶收购价款的 10% 计算。

情境讨论：价外补贴实际发生额不到烟叶收购价款的 10%。请问：在计算烟叶税时是否按照实际发生额确定价外补贴？

（二）烟叶税税率的判定

烟叶税实行比例税率，税率为 20%。

(三)烟叶税应纳税额的计算

烟叶税的应纳税额按照纳税人收购烟叶实际支付的价款总额乘以税率计算。应纳税额的计算公式如下:

应纳烟叶税税额=纳税人收购烟叶实际支付的价款总额(烟叶收购价款总额)×税率
=(烟叶收购价款+价外补贴)×税率

其中,价外补贴=烟叶收购价款×10%。

因此,应纳烟叶税税额=烟叶收购价款×(1+10%)×20%。

【情境引例解析】

在计算烟叶税时,价外补贴统一暂按烟叶收购价款的10%计算,即:应纳烟叶税=烟叶收购价款×(1+10%)×烟叶税税率(20%)。但是,在计算收购烟叶准予抵扣的增值税进项税额时,价外补贴不一定就是烟叶收购价款的10%,而应当按照实际支付的价外补贴,即:准予抵扣的增值税进项税额=(烟叶收购价款+实际价外补贴+应纳烟叶税)×扣除率。

纳税人收购烟叶实际支付的价款总额=80 000×(1+10%)=88 000(元)

应纳烟叶税=88 000×20%=17 600(元)

取得(开具)农产品销售发票或收购发票的,以农产品销售发票或收购发票上注明的农产品买价和扣除率计算进项税额(买价,是指纳税人购进农产品在农产品收购发票或者销售发票上注明的价款和按照规定缴纳的烟叶税)。

自2019年4月1日起,纳税人购进用于生产销售或委托加工13%税率货物的农产品,按照10%的扣除率计算进项税额。

购进烟叶准予抵扣的增值税进项税额=(80 000+6 000+17 600)×10%=10 360(元)

其中,购买时先抵扣增值税进项税额=(80 000+6 000+17 600)×9%=9 324(元);用于生产卷烟领用时,再抵扣增值税进项税额=(80 000+6 000+17 600)×1%=1 036(元)。

三、烟叶税的纳税申报

烟叶税由税务机关依照《烟叶税法》和《税收征管法》的有关规定征收管理。

(一)烟叶税的纳税义务发生时间

烟叶税的纳税义务发生时间为纳税人收购烟叶的当日。

(二)烟叶税的纳税期限

烟叶税按月计征,纳税人应当于纳税义务发生月终了之日起15日内申报并缴纳税款。

(三)烟叶税的纳税地点

纳税人应当向烟叶收购地的主管税务机关申报缴纳烟叶税。

(四)烟叶税的纳税申报实务

纳税人对烟叶税进行纳税申报时,应填报"烟叶税税源明细表"(如表8-9所示)、"财产和行为税减免税明细申报附表"(略)、"财产和行为税纳税申报表"(如表8-10所示)。

表 8-9　　烟叶税税源明细表

税款所属期限：自 2023 年 01 月 01 日至 2023 年 01 月 31 日
纳税人识别号（统一社会信用代码）：91410150258325288K
纳税人名称：山东立运卷烟有限公司　　金额单位：人民币元（列至角分）

序号	烟叶收购价款总额	税　率
1	2 200 000.00	20%
2		
3		
4		
5		
6		

表 8-10　　财产和行为税纳税申报表

纳税人识别号（统一社会信用代码）：91410150258325288K
纳税人名称：山东立运卷烟有限公司　　金额单位：人民币元（列至角分）

序号	税种	税目	税款所属期起	税款所属期止	计税依据	税率	应纳税额	减免税额	已缴税额	应补（退）税额
1	烟叶税		2023 年 01 月 01 日	2023 年 01 月 31 日	2 200 000.00	20%	440 000.00	0.00	0.00	440 000.00
2	略									
3	略									
4	略									
5	略									
6	略									
7	略									
8	略									
9	略									
10	略									
11	合计	—	—	—	—	—	440 000.00	0.00	0.00	440 000.00

声明：此表是根据国家税收法律法规及相关规定填写的，本人（单位）对填报内容（及附带资料）的真实性、可靠性、完整性负责。

纳税人（签章）：山东立运卷烟有限公司　　2023 年 02 月 10 日

经办人：略 经办人身份证号：略 代理机构签章： 代理机构统一社会信用代码：	受理人： 受理税务机关（章）： 受理日期：　年　月　日

【情境实战 8-6——烟叶税应纳税额的计算和纳税申报】

1. 工作任务要求

(1) 计算山东立运卷烟有限公司 2023 年 1 月的应纳烟叶税和准予抵扣的增值税进项税额。

(2) 山东立运卷烟有限公司 2023 年 2 月 10 日对 2023 年 1 月的烟叶税进行纳税申报，填写“烟叶税税源明细表”和“财产和行为税纳税申报表”。

2. 情境实战设计

接【情境实战 3-1——消费税应纳税额的计算】【情境实战 3-2——消费税的纳税申报】，山东立运卷烟有限公司 2023 年 1 月收购用于生产卷烟的烟叶(中橘一)200 000 千克，烟叶收购价格为 10 元/千克，收购价款总计 2 000 000 元，另外支付给烟叶销售者的烟叶价外补贴为 200 000 元(即收购价款的 10%)，货款已全部支付。2023 年 1 月，该公司将该批烟叶全部领用用于生产卷烟。

3. 实战操作步骤

第一步：计算大连白云卷烟有限公司 2023 年 1 月的应纳烟叶税和准予抵扣的增值税进项税额。

从农业生产者手中收购烟叶时，一方面征收烟叶税，烟叶税应纳税额＝烟叶收购金额×税率(20%)＝烟叶收购价款×(1＋10%)×20%(“烟叶收购金额”，包括纳税人支付给烟叶销售者的烟叶收购价款和价外补贴。按照简化手续、方便征收的原则，对价外补贴统一暂按烟叶收购价款的 10%计入烟叶收购金额征税)。另一方面，准予抵扣的增值税进项税额＝(烟叶收购金额＋烟叶税应纳税额)×扣除率＝[烟叶收购价款×(1＋10%)＋烟叶收购价款×(1＋10%)×20%]×扣除率＝烟叶收购价款×(1＋10%)×(1＋20%)×扣除率＝烟叶收购价款×1.1×1.2×扣除率。

烟叶收购金额＝2 000 000×(1＋10%)＝2 200 000(元)

应纳烟叶税＝2 200 000×20%＝440 000(元)

取得(开具)农产品销售发票或收购发票的，以农产品销售发票或收购发票上注明的农产品买价和扣除率计算进项税额(买价，是指纳税人购进农产品在农产品收购发票或者销售发票上注明的价款和按照规定缴纳的烟叶税)。自 2019 年 4 月 1 日起，纳税人购进用于生产销售或委托加工 13%税率货物的农产品，按照 10%的扣除率计算进项税额。

购进烟叶准予扣除的增值税进项税额＝(烟叶收购金额＋烟叶税应纳税额)×扣除率＝(2 200 000＋440 000)×10%＝264 000(元)

或：购进烟叶准予扣除的增值税进项税额＝烟叶收购价款×1.1×1.2×扣除率＝2 000 000×1.1×1.2×10%＝264 000(元)

应纳烟叶税＝2 200 000×20%＝440 000(元)

第二步：对烟叶税进行纳税申报。

填写“烟叶税税源明细表”(见表 8-9)、“财产和行为税纳税申报表”(见表 8-10)。

8

项 目 小 结

本项目内容的小结如表 8-11 所示。

表 8-11　　　　项目小结

项目名称	任务名称	典型工作任务	职业能力目标
其他税种纳税实务（下）	车船税纳税实务	车船税的认知	能判定哪些业务应缴纳车船税
		车船税的计算	能根据相关业务资料计算车船税
		车船税的纳税申报	能根据相关业务资料填写“车船税税源明细表”“财产和行为税纳税申报表”，并能进行车船税的纳税申报
	契税纳税实务	契税的认知	能判定哪些业务应缴纳契税
		契税的计算	能根据相关业务资料计算契税
		契税的纳税申报	能根据相关业务资料填写“契税税源明细表”“财产和行为税纳税申报表”，并能进行契税的纳税申报
	环境保护税纳税实务	环境保护税的认知	能判定哪些业务应缴纳环境保护税
		环境保护税的计算	能根据相关业务资料计算环境保护税
		环境保护税的纳税申报	能根据相关业务资料填写“环境保护税税源明细表”“财产和行为税纳税申报表”，并能进行环境保护税的纳税申报
	车辆购置税纳税实务	车辆购置税的认知	能判定哪些业务应缴纳车辆购置税
		车辆购置税的计算	能根据相关业务资料计算车辆购置税
		车辆购置税的纳税申报	能根据相关业务资料填写“车辆购置税纳税申报表”，并能进行车辆购置税的纳税申报
	印花税纳税实务	印花税的认知	能判定哪些业务应缴纳印花税
		印花税的计算	能根据相关业务资料计算印花税
		印花税的纳税申报	能根据相关业务资料填写“印花税税源明细表”“财产和行为税纳税申报表”，并能进行印花税的纳税申报
	烟叶税纳税实务	烟叶税的认知	能判定哪些业务应缴纳烟叶税
		烟叶税的计算	能根据相关业务资料计算烟叶税
		烟叶税的纳税申报	能根据相关业务资料填写“烟叶税税源明细表”“财产和行为税纳税申报表”，并能进行烟叶税的纳税申报

主要参考文献

[1] 中国注册会计师协会.会计[M].北京:中国财政经济出版社,2022.

[2] 中国注册会计师协会.税法[M].北京:中国财政经济出版社,2022.

[3] 全国税务师职业资格考试教材编写组.税法(Ⅰ)[M].北京:中国税务出版社,2022.

[4] 全国税务师职业资格考试教材编写组.税法(Ⅱ)[M].北京:中国税务出版社,2022.

[5] 全国税务师职业资格考试教材编写组.涉税服务相关法律[M].北京:中国税务出版社,2022.

[6] 陈小球.2022年税务师职业资格考试应试指导及全真模拟测试.涉税服务相关法律:上下册(轻松过关1)[M].北京:北京科学技术出版社,2022.

[7] 东奥会计在线注会网上辅导税法讲义.2022.

[8] 中华会计网校注会网上辅导税法讲义.2022.

[9] 财政部会计资格评价中心.经济法基础[M].北京:经济科学出版社,2021.

[10] 梁伟样.税费计算与申报[M].4版.北京:高等教育出版社,2019.

[11] 盖地.税务会计学[M].14版.北京:中国人民大学出版社,2020.

[12] 梁文涛.企业纳税实务习题与实训.4版.北京:高等教育出版社,2022.

[13] 梁文涛.纳税筹划[M].6版.北京:中国人民大学出版社,2022.

[14] 梁文涛,苏杉,吴朋波.税法[M].4版.大连:东北财经大学出版社,2021.

[15] 梁文涛,彭新媛.税务会计实务[M].4版.大连:东北财经大学出版社,2021.

[16] 梁文涛.中国税收:税费计算与申报[M].5版.北京:中国人民大学出版社,2021.

[17] 1990—2022年中华人民共和国相关财经、会计、税收等法律法规文件.

高等教育出版社

教学资源服务指南

仅限教师索取

感谢您使用本书。为方便教学，我社为教师提供资源下载、样书申请等服务，如贵校已选用本书，您只要关注微信公众号“高职财经教学研究”，或加入下列教师交流QQ群即可免费获得相关服务。

“高职财经教学研究”公众号

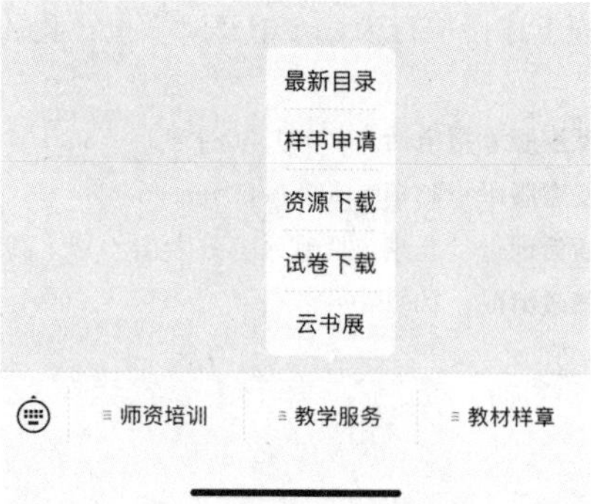

资源下载： 点击“**教学服务**”—“**资源下载**”，或直接在浏览器中输入网址（http://101.35.126.6/），注册登录后可搜索相应的资源并下载。（建议用电脑浏览器操作）

样书申请： 点击“**教学服务**”—“**样书申请**”，填写相关信息即可申请样书。

试卷下载： 点击“**教学服务**”—“**试卷下载**”，填写相关信息即可下载试卷。

样章下载： 点击“**教材样章**”，即可下载在供教材的前言、目录和样章。

师资培训： 点击“**师资培训**”，获取最新会议信息、直播回放和往期师资培训视频。

联系方式

会计QQ3群：473802328　　会计QQ2群：370279388　　会计QQ1群：554729666

（以上3个会计QQ群，加入任何一个即可获取教学服务，请勿重复加入）

联系电话：（021）56961310　　电子邮箱：3076198581@qq.com

在线试题库及组卷系统

我们研发有10余门课程试题库：“基础会计”“财务会计”“成本计算与管理”“财务管理”“管理会计”“税务会计”“税法”“审计基础与实务”等，平均每个题库近3000题，知识点全覆盖，题型丰富，可自动组卷与批改。如贵校选用了高教社沪版相关课程教材，我们可免费提供给教师每个题库生成的各6套试卷及答案（Word格式难中易三档，索取方式见上述“试卷下载”），教师也可与我们联系咨询更多试题库详情。